普通高等教育“十一五”国家级规划教材

现代法学教材

司法部高等学校法学规划教材

国家级精品课程教材

国际私法

（第六版）

主　编　刘仁山

撰稿人（按编写章节顺序）

刘仁山　黄志惠　潘　定

徐伟功　付文佚　粟烟涛

中国法制出版社

CHINA LEGAL PUBLISHING HOUSE

作者简介

刘仁山 法学博士，中南财经政法大学教授、副校长，国际法专业博士生导师。“新世纪百千万人才工程”国家级人选，教育部“霍英东基金会第九届高校优秀青年教师科研资助奖”获得者，享受国务院政府特殊津贴及湖北省政府特殊津贴。加拿大约克大学奥斯古德大厦法学院访问学者，德国马克斯普朗克比较法与国际私法研究所访问学者，美国国务院“国际访问学者领导项目”访问学者。主要兼任教育部法学教学指导委员会副主任委员、中国国际私法学会副会长，《中国国际私法与比较法年刊》主编。自1989年起从事国际私法、国际法的教学和研究，主要成果有《加拿大国际私法研究》（专著）、教育部“十一五”规划统编教材《国际私法》（主编）、司法部法学教材编辑部编审教材《国际私法》（主编）、《国际私法》（副主编）、《国际民商事程序法通论》（主编）等。现为教育部国家级精品课程“国际私法”课程的负责人，教育部首批“涉外法律人才教育培养基地”负责人。先后主持国家社科基金重大招标项目、中国法学会部级重大课题、国家社科基金重点项目、国家社科基金青年项目、司法部法学理论与法治建设重点项目和教育部人文社科研究项目等。先后在《法学研究》《中国法学》《中国国际法年刊》《环球法律评论》《法学家》《现代法学》《法商研究》《法学评论》《法制与社会发展》《法律科学》以及《荷兰国际法评论》《瑞士国际私法年刊》《韩国国际私法杂志》、我国台湾地区《法学研究》等刊物上发表论文及译文八十余篇，其中多篇分别被《新华文摘》《中国社会科学文摘》、中国人民大学《复印报刊资料·国际法》以及《高等学校文科学报文摘》等全文转载。

黄志慧，法学博士，中南财经政法大学法学院讲师，中国国际私法学会理事。主要研究方向为国际私法、国际民事诉讼法及国际商事仲裁法。在《环球法律评论》《政法论坛》《现代法学》《法商研究》等刊物上发表论文10余篇，并被人大复印资料《国际法学》全文转载多篇。主持国家社科基金青年项目、中国法学会部级科研项目等多项课题。参与国家社科基金重大项目、国家社科基金重点项目等多个课题的研究工作。曾获中国国际私法学会优秀学术成果一等奖。

潘　定，法学硕士，中南财经政法大学法学院讲师，研究生学历，长期从事国际私法、国际民事诉讼和国际商事仲裁等方面的教学与研究工作，参与编写《国际私法》（中国法制出版社）、《国际民商事程序法》（中国法制出版社）等法学类教材的编撰工作。

徐伟功，法学博士，中南财经政法大学教授、博士生导师；中国国际法学会理事，中国国际私法学会常务理事，武汉、青岛仲裁委员会仲裁员；澳大利亚悉尼大学、美国匹兹堡大学、加州大学戴维斯分校访问学者；曾在国内外法学期刊发表法学学术论文百余篇，出版专著四部，曾获国家教学成果二等奖，湖北省社会科学优秀成果奖二等奖等奖项。

付文佚，法学博士，昆明理工大学法学院副教授，副院长。在瑞士比较法研究所，海牙国际法学院和国际统一私法协会有工作或学习的经历。出版著作五本，发表中英文论文二十余篇，主持并完成项目六项。任中国国际私法学会和中国欧洲法学会理事、中国贸促会调解员、中国贸促会（云南）南亚东南亚商事法律中心专家等学术兼职。

粟烟涛，法学博士，中南财经政法大学法学院副教授，中国国际私法学会理事。瑞士比较法研究所访问学者（2003年3月至6月），巴黎第一大学法学硕士（2010年9月至2011年9月），中国驻比利时大使馆二等秘书（2015年1月至2018年6月）。

编写说明

本教材是在教育部“十一五”规划教材和原司法部法学教材编辑部审定的“高等学校法学规划教材”基础上修订的。根据司法部法学教材编辑部“高等学校法学教材建设规划”，司法部法学教材编辑部于1999年组织编写并审定了由我担任主编的《国际私法》。本教材主要适用于司法部直属的政法院校的法学本科教学，于2001年获得司法部“优秀法学科研成果及优秀教材”三等奖，于2008年被遴选为国家“十一五”规划教材。承蒙国内同行厚爱，本教材得到国内各高校法学院系的广泛使用。

我国实行对外开放四十年以来，国际私法已经从象牙塔内的一门学问，逐步进入人们的日常生活中。尤其是在对外开放中维护国际民商事活动当事人及国家的利益方面，其所发挥的巨大作用已无可替代。当今交通工具更为便捷，现代科技尤其是互联网、移动通信和人工智能等日新月异，新一轮全球化对各国乃至整个国际社会的影响和冲击将无所不及，我们赖以生存的地球逐渐向一个没有距离感的村落发展。在这样的背景和情势下，国际民商事交流的加速发展态势将毋庸置疑。国际民商事新秩序的构建，将成为我国推进人类命运共同体建设的重要组成部分。正因为此，我国将“建设通晓国际法律规则、善于处理涉外法律事务的涉外法治人才队伍”作为全面推进依法治国的重要方略。伴随“一带一路”国际合作倡议的推进和实施，我们可以预见，中国国际私法的又一个春天即将来临。

本次修订工作，既有上述时代背景缘由，也有基于开启我国民法典编纂序幕的《民法总则》对《涉外民事关系法律适用法》（以下简称《涉外关系法律适用法》）所做相应回应的考虑。当然，还有《涉外关系法律适用法》颁行以来对我国国际私法领域一系列新发展新实践的总结之需要。因此，本书在内容上的更新和完善，是较为明显的。希望本书的出版，对同行有引玉和借鉴之用，尤其是对国际私法初学者及参加国家统一法律职业资格考试的读者，能提供有益帮助。

本书由我任主编并负责全书统稿及定稿工作。各章撰稿分工为：刘仁山（第一章、第六章第五节、第八章、第十一章、第十五章、第十七章、第十八章、第十九章、第二十章、第二十二章)；黄志慧（第二章、第三章、第十三章)；潘定、刘仁山（第四章、第五章、第二十一章)；徐伟功（第六章第一节至第四节与第六节至第七节、第七章、第九章、第十章)；付文佚（第十二章)；刘仁山、粟烟涛（第十四章、第十六章)。

中南财经政法大学国际私法博士生谭晓杰、陈杰，硕士生刘佳、李思佳，中国社会科学院大学博士生黄晓原等同学以及广西师范大学讲师陈丽平博士等，为此次修订做了大量校对工作，在此表示衷心感谢！

刘仁山

2018 年 4 月于北京市大兴区清源北路校长大厦 1307 室

目　录

第一编　总　论

第一章　国际私法的概念 …… 3
　第一节　国际私法的对象与方法 …… 3
　第二节　国际私法的范围 …… 7
　第三节　国际私法的渊源 …… 12
　第四节　国际私法的性质 …… 18
　第五节　国际私法的定义 …… 20
　第六节　国际私法的基本原则 …… 26
　第七节　国际私法学 …… 29
第二章　国际私法的历史 …… 33
　第一节　国际私法的学说史 …… 33
　第二节　国际私法的立法史 …… 59
　第三节　我国国际私法史 …… 70
第三章　冲突规范与准据法的确定 …… 79
　第一节　法律冲突 …… 79
　第二节　冲突规范 …… 83
　第三节　准据法的确定 …… 94
第四章　国际私法的主体 …… 103
　第一节　自然人 …… 103
　第二节　法人 …… 110
　第三节　国家 …… 115
　第四节　国际组织 …… 120
第五章　外国人民事法律地位 …… 123
　第一节　外国人民事法律地位概述 …… 123
　第二节　外国人民事法律地位的制度 …… 125
　第三节　外国人在我国的民事法律地位 …… 131

第二编 法律适用

第六章 法律适用中的普遍性问题 …… 139
第一节 识别 …… 139
第二节 实质问题与程序问题 …… 145
第三节 反致 …… 150
第四节 法律规避 …… 156
第五节 强制性规定 …… 160
第六节 外国法的查明 …… 170
第七节 公共秩序保留 …… 177
第七章 民事身份和能力的法律适用 …… 185
第一节 自然人权利能力和行为能力 …… 185
第二节 法人权利能力和行为能力 …… 194
第八章 法律行为、代理及时效的法律适用 …… 197
第一节 法律行为 …… 197
第二节 代理 …… 202
第三节 时效 …… 208
第九章 物权的法律适用 …… 214
第一节 物之所在地法原则 …… 214
第二节 国有化问题 …… 223
第三节 信托 …… 226
第四节 我国的涉外物权制度 …… 231
第十章 知识产权的法律适用 …… 234
第一节 知识产权的冲突法调整 …… 236
第二节 保护知识产权的国际公约 …… 243
第三节 我国的涉外知识产权制度 …… 256
第十一章 债权的法律适用(一)
——合同之债的法律适用概述 …… 261
第一节 概述 …… 262
第二节 合同法律适用的理论与原则 …… 266
第三节 我国关于涉外合同法律适用的规定 …… 277
第十二章 债权的法律适用(二)
——主要国际贸易与经济合作合同的法律适用 …… 284
第一节 国际货物买卖合同 …… 284

第二节 国际货物运输合同 …………………………………………… 291
第三节 国际货物运输保险 …………………………………………… 298
第四节 国际贸易支付 ………………………………………………… 299
第五节 国际技术转让合同 …………………………………………… 307
第六节 电子商务合同 ………………………………………………… 310
第七节 国际投资合同 ………………………………………………… 314
第八节 国际借贷合同 ………………………………………………… 316
第九节 国际劳务合作合同 …………………………………………… 319
第十节 国际消费合同 ………………………………………………… 321
第十三章 债权的法律适用(三)
——非合同之债的法律适用 ………………………………… 325
第一节 一般侵权行为 ………………………………………………… 325
第二节 特殊侵权行为 ………………………………………………… 335
第三节 不当得利和无因管理 ………………………………………… 348
第十四章 破产的法律适用 ………………………………………… 354
第一节 破产概述 ……………………………………………………… 354
第二节 破产宣告的域外效力 ………………………………………… 361
第三节 和 解 ……………………………………………………… 365
第十五章 婚姻家庭关系的法律适用 ……………………………… 368
第一节 结 婚 ……………………………………………………… 369
第二节 离 婚 ……………………………………………………… 377
第三节 夫妻关系 ……………………………………………………… 383
第四节 父母子女关系 ………………………………………………… 386
第五节 收 养 ……………………………………………………… 391
第六节 扶 养 ……………………………………………………… 393
第七节 监 护 ……………………………………………………… 395
第十六章 继承的法律适用 ………………………………………… 398
第一节 法定继承 ……………………………………………………… 398
第二节 遗嘱继承 ……………………………………………………… 402
第三节 无人继承财产 ………………………………………………… 409
第四节 关于继承的国际公约 ………………………………………… 412

第三编　国际民事程序法

第十七章　国际民事诉讼(一)
——国际民事诉讼法的一般性问题 …… 419
第一节　国际民事诉讼的概念 …… 419
第二节　外国人的民事诉讼地位 …… 425
第十八章　国际民事诉讼(二)
——国际民事管辖权 …… 436
第一节　概　　述 …… 436
第二节　国际民事管辖权的立法 …… 438
第三节　国际平行诉讼及其协调 …… 446
第四节　我国关于国际民事管辖权的规定 …… 450
第十九章　国际民事诉讼(三)
——国际民事诉讼中的期间与诉讼保全 …… 464
第一节　期　　间 …… 464
第二节　诉讼保全 …… 467
第二十章　国际民事诉讼(四)
——国际民商事司法协助 …… 474
第一节　概　　述 …… 475
第二节　域外送达 …… 483
第三节　域外取证 …… 490
第四节　外国法院判决的承认与执行 …… 495
第二十一章　国际商事仲裁 …… 504
第一节　概　　述 …… 504
第二节　仲裁协议 …… 517
第三节　国际商事仲裁中的法律适用 …… 524
第四节　网上仲裁 …… 528
第五节　国际商事仲裁裁决的承认和执行 …… 533

第四编　区际私法

第二十二章　区际法律冲突与我国区际私法 …… 541
第一节　区际私法概述 …… 541
第二节　我国的区际法律冲突概述 …… 547
第三节　我国区际法律冲突的解决 …… 550
第四节　我国的区际司法协助 …… 558

CONTENTS

Part One General Survey

Chapter I CONCEPT OF PRIVATE INTERNATIONAL LAW 3
1. Objects and Methods of Private International Law 3
2. Scope of Private International Law 7
3. Sources of Private International Law 12
4. Nature of Private International Law 18
5. Definition of Private International Law 20
6. Basic Principles of Private International Law 26
7. Discipline of Private International Law 29
Chapter II HISTORY OF PRIVATE INTERNATIONAL LAW 33
1. Theoretical History of Private International Law 33
2. Legislative History of Private International Law 59
3. Chinese History of Private International Law 70
Chapter III CONFLICT RULES AND DETERMINATION OF LEX CAUSAE 79
1. Conflict of Laws 79
2. Conflict Rules 83
3. Determination of Lex Causae 94
Chapter IV THE SUBJECTS OF PRIVATE INTERNATIONAL LAW 103
1. Individuals 103
2. Legal Person 110
3. States 115
4. International Organizations 120
Chapter V CIVIL LEGAL STATUS FOR FOREIGNERS 123
1. Introduction of Civil Legal Status for Foreigners 123
2. Systems of Civil Legal Status for Foreigners 125
3. Civil Legal Status for Foreigners in China 131

PART TWO CHOICE OF LAW

Chapter VI CHOICE OF LAW IN RESPECT OF GENERAL ISSUES 139

1. Characterization ········· 139
2. Substantial Matters and Procedural Matters ········· 145
3. Renvoi ········· 150
4. Evasion of Law ········· 156
5. Mandatory Rules ········· 160
6. Ascertainment of Foreign Law ········· 170
7. Reservation of Public Order ········· 177
Chapter VII CHOICE OF LAW IN RESPECT OF CIVIL IDENTITY AND CAPACITY ········· 185
1. Capacity for Civil Rights and Civil Conduct of Individuals ········· 185
2. Capacity for Civil Rights and Civil Conduct of Legal Person ········· 194
Chapter VIII CHOICE OF LAW IN RESPECT OF LEGAL ACTS, AGENCY AND PRESCRIPTION ········· 197
1. Legal Acts ········· 197
2. Agency ········· 202
3. Prescription ········· 208
Chapter IX CHOICE OF LAW IN RESPECT OF REAL RIGHTS ········· 214
1. Principle of Lex Situs ········· 214
2. Nationalization ········· 223
3. Trust ········· 226
4. China's Foreign-related Real Rights Systems ········· 231
Chapter X CHOICE OF LAW IN RESPECT OF INTELLECTUAL PROPERTY ········· 234
1. Conflict of Laws of Intellectual Property ········· 236
2. International Treaties on Intellectual Property ········· 243
3. China's Foreign-related Intellectual Property Systems ········· 256
Chapter XI CHOICE OF LAW IN RESPECT OF OBLIGATIONS (I) ········· 261
——GENERAL FOREIGN-RELATED CONTRACTS
1. Introduction ········· 262
2. Theories and Principles of Choice of Law in Respect of Contracts ········· 266
3. China's Conflict Rules of Foreign-related Contracts ········· 277
Chapter XII CHOICE OF LAW IN RESPECT OF OBLIGATIONS (II) ········· 284
——MAIN TYPES OF INTERNATIONAL CONTRACTS
1. The Contract of International Sales of Goods ········· 284
2. The Contract of International Carriage of Goods ········· 291

3. The Insurance Contract of International Carriage of Goods …… 298
4. Payment in International Trade …… 299
5. The Contract of International Transfer of Technology …… 307
6. The International Electric Commercial Contract …… 310
7. The International Investment Contract …… 314
8. The International Loan Contract …… 316
9. The International Labor Service Cooperation Contract …… 319
10. The International Consumer Contract …… 321
Chapter XIII CHOICE OF LAW IN RESPECT OF OBLIGATIONS (III) …… 325
——NON-CONTRACTUAL OBLIGATIONS
1. General Torts …… 325
2. Particular Torts …… 335
3. Unjust Enrichment and Voluntary Service …… 348
Chapter XIV CHOICE OF LAW IN RESPECT OF INSOLVENCY …… 354
1. Introduction of Insolvency …… 354
2. Extraterritorial Effect of Bankruptcy …… 361
3. Composition …… 365
Chapter XV CHOICE OF LAW IN RESPECT OF FAMILY MATTERS …… 368
1. Marriage …… 369
2. Divorce …… 377
3. Relations between Spouses …… 383
4. Relations between Parents and Children …… 386
5. Adoption …… 391
6. Maintenance …… 393
7. Custody …… 395
Chapter XVI CHOICE OF LAW IN RESPECT OF SUCCESSION TO ESTATES … 398
1. Statutory Succession …… 398
2. Testament …… 402
3. Heirless Estates …… 409
4. International Treaties on Applicable Law to Succession of Estates …… 412

Part Three International CIVIL PROCEDURE

Chapter XVII INTERNATIONAL CIVIL LITIGATION (I) …… 419
——GENERAL THEORY OF INTERNATIONAL CIVIL LITIGATION
1. Concept of International Civil Litigation …… 419

2. Status of Aliens Civil Litigation ······ 425
Chapter XVIII INTERNATIONAL CIVIL LITIGATION(Ⅱ) ······ 436
——INTERNATIONAL CIVIL JURISDICTION
1. Introduction ······ 436
2. Legislation of International Civil Jurisdiction ······ 438
3. International Parallel Proceedings and Its Coordination ······ 446
4. China's Regulations of International Civil Jurisdiction ······ 450
Chapter XIX INTERNATIONAL CIVIL LITIGATION(Ⅲ) ······ 464
——PERIOD AND ATTACHMENT IN INTERNATIONAL CIVIL LITIGATION
1. Period ······ 464
2. Attachment ······ 467
Chapter XX INTERNATIONAL CIVIL LITIGATION(Ⅳ) ······ 474
——JUDICIAL CO-OPERATIONIN INTERNATIONAL CIVIL AND COMMERCIAL MATTERS
1. Introduction ······ 475
2. Service Abroad ······ 483
3. Taking of Evidence Aborad ······ 490
4. Recognition and Enforcement of Foreign Judgments ······ 495
Chapter XXI INTERNATIONAL COMMERCIAL ABITRATION ······ 504
1. Introduction ······ 504
2. Arbitration Agreement ······ 517
3. Choice of Law in Respect of International Arbitration ······ 524
4. Online Arbitration ······ 528
5. Recognition and Enforcement of International Arbitration Awards ······ 533

Part Four Private Inter-regional Law

Chapter XXII INTER-REGIONAL CONFLICT OF LAWS AND CHINA'S PRIVATE INTER-REGIONAL LAW ······ 541
1. Introduction of Private Inter-regional Law ······ 541
2. Introduction of China's Private Inter-regional Law ······ 547
3. Resolution of China's Inter-regional Conflict of Laws ······ 550
4. China's Inter-regional Judicial Co-operation ······ 558

第一编

总　　论

第一章　国际私法的概念

§学习目的与要求：

明确国际私法的调整对象与方法，掌握国际私法的范围，了解国际私法的渊源，并在此基础上认识国际私法的性质，形成关于国际私法学这个部门法学科的整体性认识，为学习国际私法各领域的知识及原理打下基础。

对一个部门法概念的界定，往往要经历一个从具体到抽象的过程。亦即通过认识该部门法的若干基本因素，来抽象出对该部门法的一般性认识。作为一个部门法，国际私法的基本因素主要包括调整对象、调整方法、规范构成、法律渊源以及该部门法的性质等。本章对国际私法概念的阐述，也遵循这样一种思维过程。

第一节　国际私法的对象与方法

一、国际私法的对象

部门法的对象即部门法所调整的社会关系。一个部门法之所以产生、存在和发展，就是因为有对特定社会关系予以调整的需要。一般认为，国际私法的对象就是涉外民事关系。

所谓涉外民事关系（civil legal relationship involving foreign elements），是指具有涉外因素的民事法律关系。从法律关系的构成因素看，其涉外性的具体表现主要如下。

（一）主体可能具有涉外因素

当某一民事法律关系之所以成为涉外民事关系，是因为主体具有涉外因素时，则该民事关系的主体中，必须至少有一方为外国自然人或法人（有时也可能是外国国家、国际组织或无国籍人)。比如,一中国男子与一日本女子在中国境内登记结婚;一美国公司与一中国公司在中国境内设立合资企业;某一中国公民拥有某一外国政府发行的债券。对所有这类因主体具有涉外因素而形成的民事法律关系,均可称为涉外民事法律关系。

(二)客体可能具有涉外因素

当某一民事法律关系之所以成为涉外民事关系,是因为客体具有涉外因素时,则该民事关系的客体必须是位于外国的物或者是需要在外国履行的行为。比如,某一中国公民继承其父遗留在英国的遗产;中国某建筑公司承建位于巴基斯坦境内的发电站。所有这类因客体具有涉外因素而形成的民事法律关系,即为涉外民事法律关系。

(三)权利义务据以发生的法律原因或事实可能具有涉外因素

当某一民事法律关系之所以成为涉外民事关系,是因为其权利义务据以发生的法律原因或事实具有涉外因素时,则该法律原因或事实必须发生在国外。比如,引起继承产生的被继承人死亡的事实发生在外国;导致损害赔偿责任产生的侵权行为发生在外国等。对所有这类因权利义务据以发生的法律原因或事实具有涉外因素而形成的民事法律关系,也应称为涉外民事关系。

以上是民事关系构成因素中分别仅有一项具有涉外因素的情况,而在实践中,往往是同时有两项或者三项构成因素均具有涉外因素。如中国某公司与日本某公司在英国签订一项货物买卖合同,双方约定购买一批在新加坡制造的家用电器。该合同关系中,主体一方为日本法人,客体位于新加坡,而导致合同当事人权利义务据以产生的事实即合同的缔结发生在英国。但无论如何,只要某一民事关系有一项构成因素涉及外国时,该民事关系就属涉外民事关系了。①

此外,对涉外民事关系的认识,还应注意以下几点:

第一,对这里所说的"外国"(foreign)应当作广义的理解。一般我们所说的外国,是指外国国家。据此,我们一般将涉外民事关系也称为国际民事关系(international civil legal relationship)或跨国民事关系(transnational civil legal relationship)。但有的国家如英国、美国、加拿大和澳大利亚等复合法域国家,有时则将一国内部

---

① 在我国,目前主要依据2012年《最高人民法院关于适用〈中华人民共和国涉外民事关系法律适用法〉若干问题的解释(一)》(以下简称《法律适用法司法解释一》)第1条之规定来判定涉外性:

"民事关系具有下列情形之一的,人民法院可以认定为涉外民事关系:

(一)当事人一方或双方是外国公民、外国法人或者其他组织、无国籍人;

(二)当事人一方或双方的经常居所地在中华人民共和国领域外;

(三)标的物在中华人民共和国领域外;

(四)产生、变更或者消灭民事关系的法律事实发生在中华人民共和国领域外;

(五)可以认定为涉外民事关系的其他情形。"

的不同法域（territorial legal unit）也视为外国。如英国国际私法就把苏格兰、威尔士及北爱尔兰看作与德国、法国一样的“外国”。[①] 当然，也有国家将一国内部跨法域的民事关系称为区际民事关系，以与国际民事关系相区别。[②]

第二，涉外民事关系是广义上的民事关系。一般意义上的民事关系是指平等主体之间的财产关系和与财产有联系的人身关系，包括物权关系、知识产权关系、债权关系、婚姻家庭关系和继承关系等。而在有些国家如法国、德国和日本等，则专门制定有商法，用来调整公司关系、票据关系、海商事关系、保险关系和破产关系等各类商事关系。但国际私法所调整的涉外民事关系既包括涉外物权关系、涉外知识产权关系、涉外债权关系、涉外婚姻家庭关系和涉外继承关系，也包括涉外公司关系、涉外票据关系、涉外海商事关系、涉外保险关系、涉外破产关系和涉外劳务关系等，因而应称为涉外民商事关系（civil and commercial legal relationship involving foreign elements）或国际民商事关系（international civil and commercial legal relationship）。

第三，可能会导致法律冲突产生。涉外民事关系是指与外国法律发生联系的民事法律关系。如果各国法律对同一民事法律问题的规定一致，则对于该规定调整范围内的某一民事争议无论在何国处理和适用何国法律，都将获得一致的结果。但实际情况是，受诸如政治、经济、文化、历史甚至地理环境等多种因素的影响，各国民事立法千差万别。这样，对基于某一涉外民事法律关系而产生的同一民事争议，适用该民事争议所涉及的一国法律的结果，与适用所涉另一国法律的结果，会不同甚至截然相反。这一现象在国际私法上被称为法律冲突。当然，各国出于促进民商事流转关系发展的考虑，可能会在民商事领域的某些问题上达成共识，即签订调整国际民商事关系的国际条约。这类条约通常被称为实体法条约，以避免法律冲突的产生。由于这类条约无论在数量上还是所涉及的范围上均是有限的，因而，国际民商事实体法条约的出现，并不能完全消除或避免国际民商事领域的法律冲突。[③]

---

① See Peter North & J. J. Fawceet, *Cheshire & North's Private International Law*, Butterworth, 13th ed., 1999, p. 9.

② 如南斯拉夫联邦社会主义共和国就是采取两套不同的法律制度，即1979年的《解决关于民事地位、家庭关系及继承的法律冲突与管辖权冲突的条例》和1982年的《关于解决在某些问题上与其他国家法律规则的法律冲突法》，来分别调整区际民事法律关系和国际民事法律关系。值得注意的是，自20世纪90年代开始，存在多法域地区的加拿大和澳大利亚，司法实践中已出现将区际民事法律关系与国际民事法律关系的调整予以分别对待的趋势。See J. – G. Castel, *Canadian Conflict of Law*, Butterworth Toronto, 3rd ed., 1994, p. 2; P. E. Nygh, *Conflict of Laws in Australia*, Butterworths Australia, 7th ed., 2002, p. 8.

③ 涉外民事法律关系可能会导致法律冲突产生，也可能不会导致法律冲突产生。如某一涉外民事法律关系属于某一实体法条约的适用范围时，就不会产生法律冲突。因而，在国际私法的对象问题上，就形成了两种观点：一种认为国际私法的对象仅限于会产生法律冲突的那部分涉外民事法律关系（参见《中国大百科全书·法学》，中国大百科全书出版社1984年版，第228页）；另一种认为国际私法的对象是所有涉外民事法律关系（参见姚壮、任继圣：《国际私法基础》，中国社会科学出版社1981年版，第1~7页）。

二、国际私法的方法

法律的调整方法，是指法律借以作用于社会的方式、手段和方法的总称。任何部门法都有其调整方法，这是划分不同部门法的辅助标准。一般认为，国际私法调整涉外民事关系的方法有两种：一种是间接调整方法，另一种是直接调整方法。

所谓间接调整方法，是指在有关的国内法或国际条约中规定某类涉外民事关系受何国（或地区）法律调整或支配，而不直接规定涉外民事法律关系当事人之间实体权利义务的方法。如日本2007年《法律适用通则法》第13条第1款规定："关于动产及不动产的物权及其他应登记之权利，依其标的物所在地法。"这一规定只是指明了确定有关当事人在动产或不动产方面的权利义务应以标的物所在地法为准，而并没有直接对当事人在动产或不动产方面的权利义务作出规定。这种指明确定某种涉外民事关系当事人的权利义务应当适用何国法律的规范，被称为冲突规范（conflict rules）。这种规范就是对间接调整方法制度化的结果。冲突规范是国际私法所特有的规范，间接调整方法是国际私法调整涉外民事关系所特有的方法。①

所谓直接调整方法，是指有关国内法、国际条约或国际惯例直接就法律关系主体权利义务作出规定的方法。如1980年《联合国国际货物销售合同公约》的第二部分"合同的订立"和第三部分"货物买卖"，均就国际货物买卖合同当事人权利义务作出规定，这类规范即为民商事实体法规范（substantive rules）。这种依靠实体法规范来确定涉外民事关系当事人权利义务的方法，就是国际私法调整涉外民事关系的直接方法。这里，有关直接规定涉外民事关系当事人权利义务的国内法，被称为"国内专用实体法规范"；有关直接规定涉外民事关系当事人权利义务的国际条约或国际惯例，被称为"国际统一实体法规范"。

直接调整方法或直接方法也是国际私法调整涉外民事关系的方法。② 对于国际私法的方法问题应当用发展的眼光来看待。国际私法从产生之初直到19世纪末，其对涉外民事关系的调整，主要采取的是间接调整方法。但即使在这一阶段，也存在

---

① 有学者主张，国际私法就是以国际社会中存在不同内容的法律为前提，当发生涉外争议时，选择并指定应适用何国法律以解决争议的法律。也就是说，国际私法本身不像各国民法、商法一样直接调整私人间的法律关系或行为，而是在涉外的法律关系中，指定应适用何国民法或商法的法律，可以说是间接地调整涉外法律关系。因此，国际私法又被称为适用规范或间接法。参见［日］北胁敏一：《国际私法》，姚梅镇译，法律出版社1989年版，第3页、第6页。

② 主张国际私法的对象是所有的涉外民事法律关系的学者认为，既然国际私法的对象是所有的涉外民事法律关系，那么所有调整涉外民事法律关系的方法（当然包括直接调整方法）都是国际私法的方法。有学者甚至认为，由于实体法规范能避免或消除法律冲突，因而该类规范被适用时所体现出的直接调整方法相对于间接调整方法而言，是更高一级的调整方法。见［匈牙利］萨瑟：《欧洲人民民主国家的国际私法》，1964年英文版，第25~29页。

用直接调整方法调整涉外民事关系的情况。如在判定某一外国人（包括外国法人）在内国是否具有相应的民事活动权利时，就必须用直接调整方法。20世纪后，尤其是第二次世界大战以后，涉外民事关系迅速发展，其所涉及的范围急剧扩大，而间接调整方法本身由于在针对性、明确性、可预见性等方面存在缺陷，就有了以其他方法来顺应对迅速发展着的涉外民事关系进行调整的需要。也正因为如此，这一时期就产生了大量的以直接方法调整涉外民事关系的统一实体法规范。这类统一实体法规范能避免法律冲突或能够直接确定当事人的权利义务，因而能克服冲突规范缺乏针对性和可预见性的缺陷。但这并不能说直接调整方法完全可以取代间接调整方法。因为，从目前的情况看，规定直接调整方法的统一实体法规范，无论在数量上，还是在所涉及的领域及普遍效力上，都是相当有限的。而且，对某些传统领域的涉外民事法律关系如涉外婚姻家庭关系的调整，仍然将主要或完全以间接调整方法来进行。所以，同样作为调整涉外民事关系的手段，间接调整方法和直接调整方法在调整涉外民事关系的过程中是相辅相成，互为补充的。从国际民商事交往的实际看，这种现象还将在相当长的时期内存续下去。①

第二节 国际私法的范围

国际私法的范围问题即国际私法的规范构成问题。对这一问题的认识，既是构建国际私法教学及研究体系的依据，也是我们构建和认识国际私法法律体系的依据。

一、关于国际私法范围的主张

在国际私法范围问题上，国内外学者历来有着不同认识，这种情况还直接影响到了各国国际私法的立法及实践。

（一）国外学者的主张

在普通法系国家中，冲突规范或者冲突法被认为是国际私法的同义语。普通法系国家的国际私法学者多从法院立场出发，认为国际私法主要解决三个方面的问题：第一，对某一涉外民事案件而言，法院首先应确定对该案件有无管辖权；第二，如果法院有管辖权，然后就应解决法律的选择及法律适用问题，即应决定适

① 参见刘仁山：《再论国际私法的对象与方法——基于技术革命的影响所形成的认识》，载《中国国际私法与比较法年刊》（2001第4卷），法律出版社2001年版，第98～106页。

用哪一国家的法律来确定当事人的权利与义务；第三，在法院作出判决后，如果内国的判决要在外国法院获得承认和执行，或者外国判决要在内国法院获得承认和执行，那么，法院就应解决判决的承认和执行问题。因此，他们认为，国际私法主要由管辖权规范、冲突规范（或法律选择规范）以及判决的承认和执行规范三部分构成。①

在大陆法系国家中，多数学者从立法者或法学教育者的立场出发，认为既然国际私法以涉外民事关系为调整对象，国际私法首先就必须要解决与这种民事关系主体相关的问题（诸如国籍、住所及民事法律地位问题），其次才是法律选择问题。如果当事人之间的纠纷需要诉诸法院（或向仲裁机构提起仲裁）时，就需要解决法院（或仲裁机构）的管辖权问题以及对外国判决（或仲裁裁决）的承认和执行问题。他们认为，国际私法主要由国籍规范、外国人民事地位规范、冲突规范和国际民商事案件管辖权规范（包括国际民事诉讼和仲裁程序以及对外国法院判决和仲裁机构裁决的承认与执行在内的司法协助规范）构成。② 当然，其中的分歧也是较大的。如以法国学者为代表，他们不仅探讨国籍冲突的解决问题，还对国籍问题进行一般的探讨；而以德国和日本为代表的多数学者则认为，国际私法的全部任务或主要目的就是要解决涉外民商事关系中的法律冲突问题，因而国际私法仅由调整涉外民商事关系的冲突规范构成，国际私法就是冲突法或“间接法”。③

在苏联和东欧国家中，较普遍的观点是：国际私法由外国人民事地位规范、冲突规范、国际统一实体法规范以及国际民事诉讼程序与国际商事仲裁规范构成。如苏联学者隆茨认为，在对外贸易方面，采用可以消除法律冲突问题的统一实体规范的方式，意味着国家之间有更密切的合作，因而是一种更高的规定方式。④

---

① ［英］J. H. C. 莫里斯主编：《戴西和莫里斯论冲突法》，李双元等译，中国大百科全书出版社1998年版，第3~4页。值得注意的是，由中国国际私法学会组织起草的《中国国际私法（示范法）》由这样几部分构成：（一）总则；（二）管辖权；（三）法律适用；（四）司法协助；（五）附则。可见，英美学者的这种观点，对我国国际私法理论界是有一定影响的。

② ［法］亨利·巴蒂福尔、保罗·拉加德：《国际私法总论》，陈洪武等译，中国对外翻译出版公司1989年版，第7~8页。我国学者也有持与之近似甚至相同观点的。参见张仲伯主编：《国际私法学》，中国政法大学出版社2007年版，第8~13页。

③ 参见［法］魏斯（Weiss）：《国际私法手册》“绪言”，1925年法文版，第34页；［日］折茂丰：《国际私法讲话》，有斐阁1978年版，第10页。转引自韩德培主编：《国际私法》，武汉大学出版社1989年版，第5~6页。我国著名国际私法学家李浩培对国际私法所下的定义也与之相同。参见《中国大百科全书·法学》，中国大百科全书出版社1984年版，第228页。

④ 参见韩德培主编：《国际私法新论》，武汉大学出版社2003年版，第6页。我国学者还有比这更进一步的观点，即认为国际私法除了包括外国人民事地位规范、冲突规范、国际统一实体法规范和国际民事诉讼与国际商事仲裁规范外，还包括国内法中专门用于调整涉外民事法律关系的规范（简称专用实体法规范）。参见姚壮、任继圣：《国际私法基础》，中国社会科学出版社1981年版，第3~8页。

以上表明，各国学者对国际私法的规范构成虽有分歧，但仍存在两点共识：第一，冲突规范是国际私法所特有的规范，是国际私法的本体或核心；第二，在以冲突规范作为国际私法基本构成规范的前提下，应将调整涉外民商事关系和解决民商事法律冲突的有关规范也纳入国际私法的范围。

（二）国内学者的主张

我国学者关于国际私法范围的主张，大体上可以分为冲突法或传统国际私法、中国际私法及大国际私法三个学派。

冲突法或传统国际私法学派认为，国际私法就是冲突法，国际私法的法律规范的范围仅局限于冲突规范，以及外国人民事法律地位规范和国际民事诉讼程序规范。该学派的主要代表人物有李浩培①、卢峻②、张仲伯③和董立坤④等学者。我国台湾地区学者也持同样的观点。如梅仲协教授认为："国际私法者，规定内外国私法适用区域之法则也。"⑤ 马汉宝教授认为："国际私法者，对于涉外案件，就内外国之法律，决定其应适用何国法律之法则也。"⑥ 刘铁铮教授也认为，"国际私法乃一国对于涉外法律关系，就内外之法律，决定其孰应适用之法则"。⑦ 持类似观点的学者还有曾陈明汝教授等。⑧

中国际私法学派以我国国际法学界已故的一代宗师、国际私法学泰斗、武汉大

---

① 李浩培教授认为，国际私法是指"在世界各国民法和商法相互歧异的情况下，对含有涉外因素的民法关系，解决应适用哪国法律的法律"。参见《中国大百科全书·法学》，中国大百科全书出版社1984年版，第228页。

② 卢峻教授认为，国际私法应包括国籍问题、外国人的地位问题以及法律冲突问题（商法、民事诉讼法、国际破产法）。参见卢峻：《国际私法之理论与实际》，中国政法大学出版社1998年版，第16～19页。

③ 张仲伯教授认为，国际私法的范围仅限三类，即国内立法和国际条约中的冲突规范、国籍和规定外国人的民事地位规范、国际民事管辖权规范，包括对外国法院判决和仲裁机构裁决的承认与执行在内的司法协助规范。参见张仲伯：《国际私法学》，中国政法大学出版社2012年版，第11页。

④ 董立坤教授认为，国际私法的范围应该是：（1）冲突规范是国际私法中起着主要的、决定作用的规范，是国际私法之所以区别于其他法律学科的根本所在。因此，国际私法应该主要研究涉外的各种民事法律关系的法律适用问题。（2）为了保证冲突规范的实现，有关外国人的民事法律地位、国籍与住所、国际民事诉讼程序等问题也应该予以研究。但与冲突规范相比，这些都处于从属的地位，从根本上说，它们是为冲突规范的适用服务的。（3）有关涉外经济法律关系中的法律适用问题仍属于国际私法的范围。国际私法不应包括国际统一实体规范，更不应把所谓的调整具有涉外因素的国内实体法规范纳入国际私法的范围。参见董立坤：《国际私法论》，法律出版社2000年版，第18页。

⑤ 参见梅仲协：《国际私法新论》，三民书局1974年版，第8页。

⑥ 参见马汉宝：《国际私法总论》，汉林出版社1983年版，第1页。

⑦ 参见刘铁铮：《国际私法论丛》，三民书局1984年版，第1页。

⑧ 曾陈明汝教授认为，国际私法本身并不在于直接解决系争问题，而仅在于就国际社会中之私人间的关系，指定应适用之法律。换言之，国际私法乃系就各种具有涉外因素之私法关系，指定应由何国法院管辖及应适用何国法律之法则。参见曾陈明汝：《国际私法原理》，三民书局1991年版，第4页。

学教授韩德培先生曾提出的“一机两翼论”为代表。韩先生认为：“国际私法就如同一架飞机一样，其内涵是飞机的机身，其外延是飞机的两翼。具体在国际私法上，这内涵包括冲突法，也包括统一实体法，甚至还包括国家直接适用于涉外民事法律关系的法律。而两翼之一则是国籍及外国人法律地位问题，这是处理涉外民事法律关系的前提；另一翼则是在发生纠纷时，解决纠纷的国际民事诉讼及仲裁程序，这包括管辖权、司法协助、外国判决和仲裁裁决的承认与执行。”①

大国际私法学派认为，国际私法应当从总体上包括所有涉外民事法律规范，既包括冲突规范、统一实体法规范，也包括专门用以调整涉外民事法律关系的国内实体法规范，如专门调整国际经济贸易关系的国内实体法规范等。国际民事诉讼程序规范因与涉外民事法律关系的正确处理息息相关，也应放在国际私法中进行研究。②如余先予教授认为国际私法应从总体上包括冲突规范、统一实体法规范和国内法专用实体规范，同时也容纳国际民事诉讼程序和国际商事仲裁程序规范。③李双元教授也持同样的观点。④

中国国际私法学界在国际私法范围问题上分歧的焦点，在于是否应将国际统一实体法规范和国内法中的专用实体法规范纳入国际私法的范围。本书认为，对国际私法的规范构成问题，一方面，我们要立足于国际私法这一部门法的传统及其本身所固有的特色；另一方面，我们又必须兼顾国际民商事法律关系发展的现实。国际统一实体法规范是为了克服冲突规范解决涉外民事法律冲突中缺乏针对性、明确性和可预见性的情况而发展起来的，随着国际交往的频繁和涉外民事法律冲突的增多，这种直接调整方法在调整涉外民事关系方面将发挥更大作用。国际统一实体法规范是一种直接调整方法，和冲突规范这种间接调整方法互相补充、互相配合，有助于

---

① 韩德培主编：《国际私法新论》，武汉大学出版社2003年版，第7页。另外，1996年6月初，应时任上海财经大学教授余先予之邀，韩德培先生赴上海参加余先予教授主持的课题成果鉴定会。其间，韩德培先生应复旦大学法学院张乃根教授和时任上海外贸学院法学院教授周汉民及朱照敏教授的邀请，先后在复旦大学和上海外贸学院做了两场学术报告。在两场报告中，韩先生先后从不同角度系统阐述了关于国际私法范围的“一机两翼论”。本书主编刘仁山当时正在韩先生门下读国际私法专业博士研究生，有幸陪同韩先生，聆听并见证了韩先生的精彩报告及其“一机两翼论”。

② 对于大国际私法，李浩培教授认为，大国际私法实际上“大”而不大，因为其名义上虽然很大，但实际上，它只是把应该独立成为法律部门的、需要仔细研究的那些东西，稍微在大国际私法中加入了一些，而不是原原本本地详细论述。而且，大国际私法“大”而不精，因为它不能由浅入深，由表及里，而且把国内实体商法中的一些东西也塞了进去，从而使国际私法这门学科成为大杂烩，失去其应有的同一性和科学性。参见李浩培：《李浩培文选》，法律出版社2000年版，第33页。

③ 参见余先予主编：《简明国际私法学》，中央广播电视大学出版社1986年版，第13页。

④ 李双元教授在其《国际私法》教材中曾明确反对把国内法中调整涉外民事关系的实体法归入国际私法的主张，但在1996年前后，李双元教授提出在全球化到来的21世纪，应把国际私法的功能转变为构筑国际民商事新秩序的观点后，修正了之前的观点，主张应将其纳入国际私法的范围。参见李双元：《国际私法（冲突法篇）》，武汉大学出版社2016年版，第39页。

更好地解决涉外民事法律冲突，促进国际私法的健康发展。

二、国际私法的规范

根据前述，本书主张国际私法主要由外国人民事法律地位规范、冲突规范、国际统一实体法规范、国际民事诉讼程序与国际商事仲裁规范构成。

（一）外国人民事法律地位规范

外国人民事法律地位规范，是直接规定外国自然人、法人以及外国国家和国际组织在内国民事领域的权利与义务的规范。这类规范既可以规定在国内法中,[①] 也可以规定在国际条约中。[②]

外国人民事法律地位规范是产生涉外民事关系的前提。在国际交往中，只有承认外国人在内国取得了民事主体资格，能享有相应的民事权利或有关的民事利益能够得到保护，并且能够承担相应的民事义务，国际民事交往才能得以进行，由此才可能产生适用外国法的问题。因此，外国人民事法律地位规范是与冲突规范有着紧密联系的规范，应当属于国际私法规范中的一种。

（二）冲突规范

冲突规范就是规定涉外民事法律关系当事人权利义务应适用何国法律的规范。冲突规范作为国际私法所特有的规范，又称间接规范，其调整涉外民事法律关系当事人权利义务的间接性，主要体现在它解决了确定当事人权利义务的法律适用或法律选择的依据问题。冲突规范一直是国际私法的本体或核心，也一直是国际私法学研究的重点。

（三）国际统一实体法规范

国际统一实体法规范即国际统一实体私法规范，是指国际条约和国际惯例中具体规定涉外民商事法律关系当事人权利义务的规范。这类规范是为了克服冲突规范的间接调整方式的局限性而产生的。虽然从整体上看，其出现晚于冲突规范，但它们与冲突规范在调整涉外民商事法律关系的过程中互为补充，相辅相成。而且，随着国际民事交往的日益发达，这类国际条约和国际惯例也在逐渐增多，这类规范所起的作用也越来越重要。

---

① 如我国《宪法》第 18 条规定：“中华人民共和国允许外国的企业和其他经济组织或者个人依照中华人民共和国法律的规定在中国投资，同中国的企业或者其他经济组织进行各种形式的经济合作。在中国境内的外国企业和其他外国经济组织以及中外合资经营的企业，都必须遵守中华人民共和国的法律。它们的合法的权利和利益受中华人民共和国法律的保护。”

② 如《中华人民共和国和美利坚合众国贸易关系协定》规定：“为了促进两国经济贸易关系，缔约双方同意：一、向对方的商号、公司和贸易组织提供的待遇不低于给予任何第三国或地区的待遇……”

（四）国际民事诉讼程序与国际商事仲裁规范

国际民事诉讼程序规范，是指司法机关在审理涉外民事案件时专门适用的程序规范。这类规范主要包括涉外民事案件的管辖权规范、司法协助规范、外国判决的承认与执行规范等。国际商事仲裁规范，是指对于发生在国际贸易、国际运输、国际投资、国际金融、国际保险，以及国际商事交易中的争议进行仲裁时适用的规范。这类规范涉及仲裁范围、仲裁协议、仲裁员和仲裁机构、仲裁程序、仲裁裁决、仲裁费用、仲裁裁决的撤销以及仲裁裁决的承认与执行等方面的内容。这两类规范虽属程序性规范，但国际民商事争议或案件的处理，一般都要通过这两类程序法进行，亦即它们是解决国际民商事争议或案件的程序性依据。因此，应将这两类规范作为国际私法的规范构成。①

第三节　国际私法的渊源

一般而言，法的渊源即法的创制及其表现形式（即形式渊源）。国际私法的渊源即指国际私法规范的存在及其表现形式。国际私法的渊源具有双重性，既有国内法渊源，也有国际法渊源。

一、国内法渊源

国际私法的国内法渊源包括国内立法和判例。

（一）国内立法

国内立法是国际私法渊源的最早形式，也是当今国际私法的主要渊源之一。基于本书关于国际私法规范构成的认识，结合各国国际私法的立法现实，我们可以看出，国际私法在国内法中的表现主要有以下三种方式：

1. 分散立法式。即在民法和其他单行法规的有关章节中，分散规定一些基本的国际私法规范。1804 年《法国民法典》就是这种立法模式的典型代表。② 受其影响，

---

① 参见韩德培主编：《国际私法》，高等教育出版社、北京大学出版社 2007 年版，第 8 页。

② 在《法国民法典》的 2000 多个条文中，第 14、15、47、48、170、310、311、999、1000、2128 等条，分别就涉外合同、涉外结婚、涉外离婚、涉外父母子女关系、涉外继承、涉外物权等方面的法律适用问题作出了规定。

1811年《奥地利民法典》、1838年《荷兰民法典》[①]、1856年《希腊民法典》、1865年《意大利民法典》、1868年《葡萄牙民法典》以及1889年《西班牙民法典》，均采取分散立法式。此外，我国现行的部分国际私法立法，也采取了分散立法式的模式。[②]

2. 专章专篇式。即在民法典或其他法典中以专篇或专章形式较系统地就各类法律适用问题作出规定。这种立法模式是19世纪中期后出现的。1961年苏联《民事立法纲要》第八章、《民事诉讼法纲要》第六章以及《婚姻家庭立法纲要》第五章采用的就是这种立法模式。[③] 相对于前一立法模式而言，这种模式能相对集中地、较系统地规定各类国际私法规范，因而，一些原采取前一立法模式的国家如希腊、意大利[④]和葡萄牙在修订其民法典时，就转而采用这种专章专篇式的立法模式。在《涉外关系法律适用法》颁布前，我国国际私法立法也主要采用这种模式。[⑤]

---

① 荷兰的国际私法规范散见于民法典或其他法律之中，作为荷兰国际私法渊源的国内法律首先是1829年5月15日颁布的《荷兰王国立法总则》，其关于冲突法的规定共有7条，它们分别是第6、7、8、9、10、13和14条；其次是1992年1月1日生效的《荷兰民法典》（该法典是在1838年颁布的《荷兰民法典》和《荷兰商法典》的基础上修订而成的，其由9编组成，但按照所有的私法都应在《民法典》之中的主导思想，将来会增加关于国际私法的第10编）；再次是1838年施行的《荷兰民事诉讼法典》也有一些关于国际民事诉讼规范的规定；最后是荷兰陆续颁布的一些国际私法单行法规，如1981年3月25日颁布的《国际离婚法》、1989年《涉外结婚法》、1991年《涉外夫妻财产法》、1992年《荷兰国际私法一般制定法草案》以及2001年《侵权冲突法》等。参见袁泉：《荷兰国际私法研究》，法律出版社2000年版，第8~9页；［荷］亚科布·海玛：《1992年荷兰新民法典概况》，刁君姝、田志钢译，载《比较法研究》2006年第1期。

② 我国1982年《宪法》第18条、第32条就有外国人民事法律地位的内容；1986年《继承法》第36条，2017年修正的《民用航空法》第184条、第188条、第190条，1999年《合同法》第126条，等等，就是对有关的涉外民事法律关系法律适用的规定。

③ 1961年苏联《民事立法纲要》最核心的一些条款被吸收到1991年颁布的《苏联和各加盟共和国民事立法纲要》第七编之中，共15个条文。该纲要计划于1992年1月1日起生效，但随着苏联于1991年年底的解体而胎死腹中。为了确保法律关系的稳定，俄罗斯最高苏维埃于1992年通过决议，《民事立法纲要》中的规定只要不违反新主权国家俄罗斯的立法，可以从1992年8月3日起予以适用。但1991年《民事立法纲要》的适用毕竟只是权宜之计。2001年11月26日经俄罗斯总统普京发布《关于使俄罗斯联邦民法典第三部分生效》的第147号联邦法律正式颁布，并于2002年3月1日起生效。俄罗斯新的国际私法立法被纳入《民法典》当中，位于《民法典》的第三卷，是整个《民法典》的第六编，标题为“国际私法”。参见杜涛：《国际私法的现代化进程——中外国际私法改革比较研究》，上海人民出版社2007年版，第142~144页。

④ 在1995年前，意大利国际私法的规定散见于《民法典》《民事诉讼法典》以及《航运法典》等单独立法中，这种分散的立法方式导致意大利的国际私法规则很不系统。1995年5月31日意大利正式公布《国际私法改革法》，1995年9月1日起，该法规有关国际管辖和法律适用的部分（第1~63条）生效，而关于外国判决承认与执行的第64~71条于1996年12月31日起生效。该《改革法》分五部分：总则、意大利法院的管辖权、法律适用、外国判决和法律文书的效力、过渡条款与最后条款，共74条。参见梁慧星主编：《民商法论丛（第15卷）》，法律出版社2000年版，第489~491页。

⑤ 1986年《民法通则》第八章是关于主要涉外民事关系法律适用的规定，1992年《海商法》第十四章是关于涉外海商事关系法律适用的规定，1995年《票据法》第五章是关于涉外票据关系法律适用的规定，2017年《民事诉讼法》第四编是关于涉外民事诉讼程序的特别规定，以及2013年修订的《公司法》第十一章是关于外国公司的分支机构的规定。

3. 单行立法式。即以单行法或法典的形式系统制定国际私法。最早的国际私法单行法规是1896年颁布的德国《民法典施行法》。[①] 之后，荷兰、奥地利[②]、瑞士[③]、日本[④]、泰国以及波兰等国制定的单行国际私法法规，都不同程度地受到了德国《民法典施行法》的影响。“二战”后，国际私法立法进入新阶段，即逐步形成了20世纪国际私法立法法典化的基本走势。奥地利1978年《关于国际私法的联邦法》和瑞士1987年《关于国际私法的联邦法》就是其中规定较全面、较系统的国际私法法律。这一立法模式的诞生，标志着国际私法立法逐步走向成熟，开始进入法典化阶段。[⑤] 基于国际私法立法的特殊性和重要性之考量，我国也有必要制定一部具有中国特色的、继承人类现代文明成果的、独立的国际私法法典。[⑥]

（二）判例

判例是指可作为先例而据以决案的法院判决。[⑦] 在英美法系国家，判例与制定法（statute law）是相对而言的，是法律的重要渊源。

在国际私法领域，英美法系国家虽然也有少量的成文性规范，但大量的或主要的规范则表现在国际私法判例中。由于判例较为零散且有的在内容上相互抵触，为解决法律适用上的困难，有些著名的国际私法学者或学术机构便对各种国际私法判例进行整理和归纳，并汇编成册，成为司法机关处理涉外民事案件的权威依据。例

---

① 该法规主要是关于冲突规范的规定。联邦德国于1986年公布的《联邦德国关于改革国际私法的立法》（以下称德国《民法典施行法》）对该单行法进行了重大修改并于同年9月生效。

② 奥地利《关于国际私法的联邦法》于1978年6月15日通过，自1979年1月1日起施行。此后，为适应欧盟统一国际私法发展的需要，奥地利先后于1998年、1999年、2000年、2003年、2004年、2009年、2011年、2013年和2015年对《关于国际私法的联邦法》进行了多次修改，废除了第22条、第28～30条及第36～47条，并增订了第27a～27d条、第33a条、第35a条。

③ 瑞士《关于国际私法的联邦法》于1987年12月18日通过，1988年1月12日公布，自1989年1月1日起施行。自20世纪90年代以来，瑞士《关于国际私法的联邦法》先后经历了21次修订，现行文本为2017年4月1日文本。

④ 日本于1898年颁布的《法例》共31条，分别就各种涉外民事法律关系的法律适用作出了规定。2006年6月21日，日本对《法例》进行全面修订后颁布了《法律适用通则法》（千成十八年法津第78号）。该法于2007年1月1日起施行。参见李旺：《关于日本新国际私法的立法——日本〈法律适用通则法〉介评》，载《环球法律评论》2007年第5期。

⑤ 我国2010年10月28日通过的《涉外关系法律适用法》也采取了这种立法模式，该法已自2011年4月1日起生效。《涉外关系法律适用法》分为八章，共计52条，分别就法律适用的一般规定、民事主体、婚姻家庭、继承、物权、债权、知识产权以及不同冲突规则间的关系问题作出了明确规定。

⑥ 详文参见刘仁山：《中国国际私法立法应独立于民法典的编纂》，载《法制日报》2015年5月6日，第10版。

⑦ 确认判例法的国家有“法官造法”之说，这是英美法系国家的特点。判例法的根本原则是“遵循先例”，其含义是指某一判决所依据的法律原则，不仅适用于该案，而且作为一种先例适用于该法院及其所属下级法院管辖的案情基本相同或相近的案件。参见张文显主编：《法理学》，高等教育出版社、北京大学出版社2011年版，第55页。

如，英国著名法学家戴赛（Dicey）于1896年出版的《冲突法》，就系统而全面地整理出了英国判例法中的冲突法规则，并逐条加以阐释。该书经莫里斯（Morris）等人的修订，到2015年已出至第16版，它一直是英国法院处理涉外民事案件的重要依据；美国冲突法判例的编纂工作，是由美国法学会这一民间学术团体完成的。1934年由比尔（Beal）任报告员出版的《冲突法重述（第一次）》（*the First Restatement on the Conflict of Laws*，以下简称美国1934年《重述》），和1971年由里斯（Reese）任报告员出版的《冲突法重述（第二次）》（*the Second Restatement on the Conflict of Laws*，以下简称美国1971年《重述》），也先后成为美国法院审理涉外民事案件的权威性依据；加拿大著名国际私法学家卡斯特尔（Castel）所著的《加拿大冲突法》，也是加拿大法院审理涉外民事案件时经常援引的依据。① 其他如澳大利亚和印度等国国际私法的主要渊源也是判例。

早期的大陆法系国家一般不承认判例是法律的渊源，后来，在著名的“李查蒂案”（*Lizardi case*）、“福果案”（*Forgo case*）、“鲍富莱蒙案”（*Bauffrement case*）等的影响下，法院也开始逐步采用判例作为判决的根据。② 因此，在成文法系国家，国际私法的渊源主要是成文法，但判例在部分国家的实践中也起着不可忽视的作用，是国际私法的辅助性渊源。如日本于1965年和1966年出版《判例体系中的国际私法》（第一、二卷）以及1967年出版《涉外判例百选》作为其成文法的补充，它们也是其国际私法的渊源之一。③ 法国国际私法的主要渊源至今还是最高法院及其下属法院的判例。④

我国不承认判例的法律拘束力，判例不被认为是法律的渊源。但有学者认为，最高人民法院的司法解释作为各级法院审理案件的指导性依据，是具有我国特色的判例法。⑤ 在国际私法领域，尤其如此。为了保护中外当事人正当合法权益，保护我国国家和社会的利益，必须对有关国家的国际私法判例认真加以研究和运用。在“一国两制”方针下，《中华人民共和国政府对香港的基本方针政策的具体说明》指出，香港“法院依照香港特别行政区的法律审判案件，其他普通法适用地区的司法判例可作参考”。⑥

---

① 参见刘仁山：《加拿大国际私法研究》，法律出版社2001年版，第7页。

② 参见张仲伯：《国际私法学》，中国政法大学出版社2012年版，第20页。

③ 参见张仲伯：《国际私法学》，中国政法大学出版社2012年版，第20页。

④ 参见［法］亨利·巴蒂福尔、保罗·拉加德：《国际私法总论》，中国对外翻译出版公司1989年版，第22页。

⑤ 参见韩德培主编：《国际私法》，高等教育出版社、北京大学出版社2007年版，第24~25页。

⑥ 参见章尚锦、徐青森主编：《国际私法》，中国人民大学出版社2007年版，第19页。

二、国际法渊源

国际私法的国际法渊源包括国际条约和国际惯例。

(一) 国际条约

国际条约是至少两个国际法主体意在原则上按照国际法产生、改变或废止相互权利义务的意思表示的一致。① 国际条约是国际私法的主要国际渊源。作为国际私法渊源的国际条约既包括普遍性国际条约，也包括区域性国际条约和双边国际条约。其中普遍性和区域性国际条约可分为四类：

1. 外国人民事法律地位方面的条约。如1883年的《保护工业产权巴黎公约》、1928年签订于哈瓦那的《关于外国人法律地位公约》、1930年签订于海牙的《关于国籍法律冲突公约》和1954年签订于纽约的《关于无国籍人法律地位的公约》等，均对外国人民事法律地位有关方面的问题作出了规定。

2. 统一冲突法条约。这类国际条约中，普遍性的国际条约主要是海牙国际私法会议所签订的一系列条约。从内容方面看，涉及属人法、公司承认、货物买卖、代理、财产、信托、公文书认证、交通事故、产品责任、结婚、婚姻财产、离婚承认、收养、扶养、未成年人保护、儿童诱拐、遗嘱方式、遗产管理以及继承等广泛的领域。如1902年《离婚和别居公约》、1902年《未成年人监护公约》、1985年《国际货物买卖合同法律适用公约》、1989年《死者遗产继承的准据法公约》和2002年《关于由中间人持有证券的特定权利的法律适用公约》等。区域性的国际条约有泛美国际私法会议于1928年签订的《布斯塔曼特法典》、欧洲经济共同体成员国于1980年签订的《关于合同之债法律适用公约》(以下简称《罗马公约》)等。值得关注的是，近年来，欧盟作为区域性国际组织，又在向超国家的统一共同体方向发展，主要通过颁布指令和制定条例(规则)的方式来进行国际私法的统一活动。在统一冲突法方面，如2000年5月29日欧盟公布的《破产程序规则》以及欧洲议会和欧盟理事会于2007年7月11日正式通过的《非合同义务法律适用条例》(以下简称《罗马条例Ⅱ》)。

3. 统一实体法条约。这类国际条约主要调整国际经贸关系，其内容主要涉及国际货物买卖、国际货物运输、国际投资保护和知识产权的国际保护等。② 这类条约是19世纪后陆续签订的，其中最为主要的有1980年《联合国国际货物销售合同公约》、1924年《统一提单的若干法律规则的国际公约》(简称1924年《海牙规

---

① 参见李浩培：《条约法概论》，法律出版社2003年版，第3页。

② 这些统一实体法条约中，有的也规定有冲突法条款，如1980年《联合国国际货物销售合同公约》第1条1款b项。

则》)、1968 年《关于修改海牙规则的议定书》（简称 1968 年《维斯比规则》)、1978 年《联合国海上货物运输公约》(简称 1978 年《汉堡规则》)、1969 年《国际油污损害民事责任公约》、1929 年《统一国际航空运输某些规则的公约》、1980 年《联合国国际货物多式联运公约》、1883 年《保护工业产权巴黎公约》、1886 年《保护文学艺术作品伯尔尼公约》、1891 年《商标国际注册马德里协定》、1952 年《世界版权公约》以及 1967 年《建立世界知识产权组织公约》等。

4. 国际民事诉讼和国际商事仲裁程序条约。关于国际民事诉讼的国际条约，较有影响的主要是海牙国际私法会议所签订的一系列条约，如涉及域外司法协助的 1965 年《关于向国外送达民事或商事司法文书和司法外文书公约》(以下简称 1965 年《送达公约》) 及 1970 年《关于从国外获取民事或商事证据公约》（以下简称 1970 年《取证公约》)，涉及管辖权的 2005 年《选择法院协议公约》，等等。区域性国际条约中较有影响的主要有欧洲经济共同体成员国于 1968 年在布鲁塞尔通过的《关于民商事案件管辖权及判决执行的公约》(以下简称 1968 年《布鲁塞尔公约》)、1987 年卢加诺《民商事司法管辖权和判决执行公约》(以下简称 1987 年《卢加诺公约》) 以及美洲国家和北欧国家签订的一系列条约等；关于国际商事仲裁的国际条约，最主要的有 1958 年《关于承认和执行外国仲裁裁决的公约》(以下简称 1958 年《纽约公约》) 和 1965 年《关于解决国家和他国国民间投资争议的公约》(以下简称 1965 年《华盛顿公约》)。

自对外开放以来，我国参加和缔结的国际公约和双边条约逐年增多，国际条约已成为我国国际私法的重要渊源。我国《民法通则》第 142 条第 2 款规定："中华人民共和国缔结或者参加的国际条约同中华人民共和国的民事法律有不同规定的，适用国际条约的规定，但中华人民共和国声明保留的条款除外。"这无疑是我国坚持"条约必须信守"原则的体现，同时也表明国际条约是我国国际私法的重要渊源。

（二）国际惯例

国际惯例是指在长期国际交往中，经过反复实践、反复适用而逐步形成的习惯性法律规范。[①] 国际惯例的适用有赖于国家的承认和允许以及当事人的选择，它一般是作为成文法的补充而适用的。[②]

国际私法中的国际惯例，既有冲突法方面的，也有实体法方面的，还有程序法方面的。冲突法方面的国际惯例有物权依"物之所在地法原则"（lex rei sitae doc-

---

① 参见曹建明主编：《国际经济法学》，中国政法大学出版社 1999 年版，第 15 页。

② 当然，国际惯例的适用还会受到一定的限制，如我国《民法通则》第 150 条规定："依照本章规定适用外国法律或者国际惯例的，不得违背中华人民共和国的社会公共利益。"

trine)、法律行为方式依“场所支配行为原则”（locus regit actum doctrine）等，不过，这类国际惯例多已被各国立法和国际条约所吸收和采纳而转化为成文法；实体法方面的国际惯例大量表现为国际商事交易中的价格术语、贸易支付规则等，如国际商会1936年制定的关于价格术语的《国际贸易术语解释通则》（现行文本是2000年修订的INCOTERMS 2000）①、调整国际贸易支付的1958年《托收统一规则》（现行版本是1996年生效的URC 522）② 以及1933年《跟单信用证统一惯例》（现在通行的是2007年生效的UCP 600）③ 等；程序法方面的国际惯例则有程序问题依法院地法原则和国际商事仲裁不得违反仲裁地法律等。④ 我国《民法通则》第142条第3款规定：“中华人民共和国法律或者中华人民共和国缔结或者参加的国际条约没有规定的，可以适用国际惯例。”所以，国际惯例也是我国国际私法的渊源之一。

第四节 国际私法的性质

国际私法的调整对象是涉外民事法律关系，调整方法既有直接调整方法，又有间接调整方法；其范围既有冲突规范，又有实体规范，还有程序规范；其法律渊源既有国内法渊源，又有国际法渊源。所以，对国际私法的性质问题的探讨牵涉的因素众多，始终是学界长期以来争论不已的理论问题之一。该问题主要涉及国际私法是国内法还是国际法、国际私法是实体法还是程序法以及国际私法是公法还是私法等，本书专门讨论国际私法是国内法还是国际法这一问题。

国际私法是国内法还是国际法这一问题，是国际私法性质问题的核心。基于对这一问题的不同认识，国际私法学者被分为“世界主义学派”或“国际法学派”，“民族主义学派”或“国内法学派”，以及“二元论学派”或“综合论学派”。

一、国际私法是国际法

这一观点为“世界主义学派”或“国际法学派”所主张。其代表人物主要有德国的萨维尼（Karl von Savigny）、冯·巴尔（Ludwig von Bar），法国的魏斯、毕叶（Pillet），意大利的孟西尼（P. S. Mancini），苏联的克雷洛夫，以及日本的迹部定次

---

① 2010年9月27日，国际商会正式推出《2010国际贸易术语解释通则》（简称INCOTERMS 2010），与INCOTERMS 2000并用。

② 参见姚新超：《国际贸易惯例与规则实务》，对外经济贸易大学出版社2016年版，第352页。

③ 参见陈忠、邵李津主编：《外贸单证实务》，南京大学出版社2015年版，第13页。

④ 参见张仲伯主编：《国际私法学》，中国政法大学出版社1999年版，第22页；赵相林主编：《国际私法》，中国政法大学出版社2007年版，第15页。

郎等人。他们主张国际私法是国际法的主要理由为：（1）国际私法产生于国际社会。如萨维尼在1849年出版的《现代罗马法体系》第8卷中认为，国际社会的存在是国际私法产生的原因，适用外国法的根本原因也在于涉外民事法律关系是在国际社会中产生的。（2）国际私法所调整的社会关系在本质上与国际公法所调整的社会关系没有什么不同。如苏联学者克雷洛夫就认为，在国际交往中，每一个商行、每一个个人都有其祖国做后盾，因此这种民法领域的任何争执和冲突，甚至关于离婚的家庭纠纷，归根结底都会变成国家之间的冲突。从法律渊源和调整目的来看，国际私法规范是广义的国际法的组成部分。①（3）国际私法的作用在于划分国家之间主权扩及的范围。如冯·巴尔就认为，国际私法是划分主权扩及范围的法律部门。毕叶也认为，国际私法任务在于协调相互“冲突的主权权能”。因此，国际私法虽然调整的是涉外民事关系，但从根本上讲，它调整的是国家之间的主权关系。（4）国际私法的目的在于建立一套世界性的通用规则，以便为不同民法体系的共处创造条件。也正是基于这种考虑，各国通过条约方式制定了大量统一冲突法规范、统一实体法规范和统一程序法规范，国际条约和国际惯例也日益成为国际私法的重要渊源。

以上表明，这些学者所讲的国际法，主要是指国家之间的法律即国际公法，可见，他们实质上是将国际私法看作调整国家之间关系的法律，而未将国际私法与国际公法严格区分开来。②

二、国际私法是国内法

这一观点为“民族主义学派”或“国内法学派”所主张。其代表人物主要有法国的巴丹（Bartin）、尼波埃（Niboyet）、巴迪福（Batiffol），德国的卡恩（Kahn）、努斯鲍姆（Nussbaum）、沃尔夫（Wolff），英国的戴赛、切希尔（Cheshire）、诺斯（North）、莫里斯、施米托夫（Schmitthoff），美国的比尔、库克（Cook）、艾伦茨威格（Ehrenzweig）、里斯，以及苏联的隆茨等人。他们主张国际私法是国内法的主要理由为：（1）国际私法调整的是非主权者之间的民法关系，即国际私法的调整对象在多数情况下是自然人和法人之间的具有涉外因素的民商法关系；（2）国际私法的主要渊源是国内法；（3）国际私法上的争议一般由一国法院或仲裁机构解决；（4）国际私法规范的制定和适用均取决于一国的意志，即国际私法是一个国家确定“内外私法适用范围”的法的部门，是否适用外国法，完全出于一国立法者自己的

① 参见邹龙妹：《俄罗斯国际私法研究》，知识产权出版社2008年版，第19页。
② 参见韩德培主编：《国际私法新论》，武汉大学出版社2003年版，第10页。

考虑。①

此外，还有学者认为，从现实情况出发，还不存在统一的国际私法，只能说美国国际私法、英国国际私法等国别国际私法。或者，国际私法在将来可能会成为国际法，但现在不能认为它是国际法。②

三、国际私法既具有国际法性质又具有国内法性质

这一观点为“二元论学派”或“综合论学派”所主张，其代表人物主要有德国的齐特尔曼（Zitelmann）和捷克斯洛伐克的贝斯特里斯基（R. Bystricky）等人。其理由主要为：（1）国际私法所调整的社会关系，既涉及国内，也涉及国际；（2）国际私法本身既涉及一国国内利益，也涉及一国在国际关系中的利益；（3）国际私法的法律渊源具有双重性，既有国内法，又有国际条约和国际惯例。因此，他们认为，不能简单地认为国际私法是国际法或者国内法。齐特尔曼还主张，应将国际私法分为“国际的”国际私法和“国内的”国际私法，国际私法是这两部分的综合体。③

第五节 国际私法的定义

一、国际私法的定义

基于对国际私法对象、范围、渊源及性质的不同认识，国际私法学者们对国际私法下过各种定义，归纳起来主要有：

1. 国际私法是决定涉外民事法律关系法律适用的法。这一定义主要是从法律适用的角度出发的，也是传统国际私法中最为广泛的定义。如德国学者沃尔夫认为，国际私法就是“在同时有效的法律体系中，决定哪个法律体系应该适用于一些特定的事实”。④ 李浩培教授也认为国际私法是“在世界各国民法和商法相互歧异的情况下，对含有涉外因素的民法关系，解决应当适用哪国法律的法律”。⑤ 中华人民共和国成立前，我国国际私法学者及当今我国台湾地区国际私法学者对国际私法的定义，

---

① 参见韩德培主编：《国际私法新论》，武汉大学出版社 2003 年版，第 10 ~ 11 页。
② 参见韩德培主编：《国际私法新论》，武汉大学出版社 2003 年版，第 11 页。
③ 参见韩德培主编：《国际私法新论》，武汉大学出版社 2003 年版，第 11 页。
④ 参见［德］马丁·沃尔夫：《国际私法》，李浩培、汤宗舜译，法律出版社 1988 年版，第 22 页。
⑤ 参见《中国大百科全书·法学》，中国大百科全书出版社 1984 年版，第 228 页。

也多与此相同。①

2. 国际私法主要是调处涉外民事争议过程中用以解决各类相关问题所依据的法律。这一定义主要从法院司法角度出发，多为判例法系国家所采纳。如英国学者切希尔和诺斯认为，国际私法在处理涉外案件时应判定：第一，法院在什么条件下对案件具有管辖权；第二，应适用哪国法律来确定各类案件的当事人的权利义务；第三，在什么条件下可以承认外国判决，以及在什么条件下外国判决可以在英国得到执行。②

3. 国际私法是调整涉外民事法律关系的法律部门。如我国第一本统编《国际私法》教材就认为："国际私法是调整涉外民事法律关系的法的部门。"③ 再如德国学者努斯鲍姆在其1943年的《国际私法原理》一书中指出："国际私法，或冲突法，从广义上讲，是处理涉外关系的私法的一部分。"④ 这两部著作对国际私法的定义，不仅都从国际私法所调整的法律关系的性质出发，而且都认为国际私法只是规范涉外民事法律关系的部门法之一。这样给国际私法下定义的，又分以下几种：

其一，认为"国际私法是以直接规范和间接规范相结合来调整平等主体之间的涉外民商事法律关系并解决涉外民商事法律冲突的法律部门"。⑤ 这一定义是结合国际私法的对象与方法来给国际私法下定义的，强调国际私法主要解决法律冲突。

其二，认为"国际私法是以涉外民事关系为调整对象，以解决法律冲突为中心任务，以冲突规范为最基本的规范，同时包括外国人民事法律地位规范、避免或消

---

① 如程树德教授认为，国际私法者何？即规定适用涉外的法律关系之法律也。参见程树德：《比较国际私法》，上海华通书局1931年版，第7页。周敦礼教授认为，国际私法，在国内外私法之适用范围方面，系经一国立法者之制定并认定之法规也。参见周敦礼：《国际私法新论》，上海中华书局1931年版，第2页。陈顾远教授认为，国际私法不过为法官处理涉外的法律关系之准则而已。国际私法中并无权利义务之直接的规定，仅就涉外的法律关系发生时，规定其应否适用内国法，亦适用外国法，按照法律关系之情形设"适用之准则，必进一步始能采用实质法以处断"。参见陈顾远：《国际私法总论（上）》，上海法学编译社1933年版，第2页。卢峻教授认为，国际私法者，即所以在涉外关系中规定内国法亦某一外国适用之法规也。参见卢峻：《国际私法之理论与实际》，中国政法大学出版社1998年版，第4页。梅仲协教授认为："国际私法者，规定内外国私法适用区域之法则也。"参见梅仲协：《国际私法新论》，三民书局1974年版，第8页。马汉宝教授认为，国际私法是对于涉外案件，就内外国法律，决定其适用何国法律之法则也。参见马汉宝：《国际私法总论》，汉林出版社1983年版，第1页。刘铁铮教授和陈荣传教授认为，国际私法者，乃对于涉外法律关系，就内外国之法域及法律，决定其由何国法院管辖及适用何国法律之国内公法。参见刘铁铮、陈荣传：《国际私法论》，三民书局2004年版，第3页。曾陈明汝教授认为，国际私法乃系就各种具有涉外因素之私法关系，指定应由何国法院管辖及应适用何国法律之法则。参见曾陈明汝：《国际私法原理（上集）总论篇》，新学林出版股份有限公司2008年版，第6页。

② See Peter North & J. J. Fawceet, *Cheshire & North's Private International Law*, 13th ed., Butterworths, 1999, p. 3.

③ 参见韩德培主编：《国际私法》，武汉大学出版社1983年版，第8页。

④ 韩德培主编：《国际私法新论》，武汉大学出版社2003年版，第15页。

⑤ 韩德培主编：《国际私法新论》，武汉大学出版社2003年版，第16页。

灭法律冲突的统一实体法规范，以及国际民事诉讼与仲裁程序规范在内的一个独立的法律部门”。① 这一定义对国际私法的规范构成做了较详细的列举，并将统一实体法作为国际私法规范的构成。

其三，认为“国际私法是以涉外民事关系为调整对象，以确定外国人民事法律地位为前提，以解决法律冲突问题为核心，由法律适用规范、规定外国人民事地位规范所组成，并通过国际民事诉讼和仲裁程序进行司法保护的一个独立的部门法”。② 这一定义与前者的不同之处在于，未将统一实体法规范作为国际私法的规范构成，且认为国际私法是国内法的一个部门。

其四，认为“国际私法是调整国际交往中所产生的民事关系的国际法的一个部门。它是规定外国人民事法律地位规范，调整不同国家之间法律冲突的、确定国际民事关系双方当事人具体权利和义务的冲突规范、统一实体规范，以及解决国际民事争议的诉讼程序和仲裁程序规范的总称”。③ 苏联学者隆茨亦认为：“国际私法可以确定为法的这样一个部门，它的对象为带有涉外因素的民事权利关系、家庭关系和劳动关系。国际私法包括冲突规范，通过国际条约来统一的关于外国公民和外国法人的权利能力的实体法规范。国际私法科学还研究国际民事诉讼规范，包括外贸仲裁规范。”④ 这一定义与前者的主要不同点在于，它强调国际私法是国际法的一个部门。

本书认为，国际私法是规范涉外民事关系或国际民事关系的各类法律规范的总称，亦即国际私法是以涉外民商事法律关系为调整对象，以直接调整和间接调整为手段，以解决法律冲突为核心，由国籍和住所规范、外国人民事法律地位规范、冲突规范、统一实体法规范以及国际民事诉讼和国际商事仲裁程序规范组成的一个与国内民事法律体系相对应的独立的部门法。这一定义认为：

1. 国际私法的对象就是涉外民事关系或国际民事关系。对一国而言，是与该国的纯国内民事法律关系相对应的那部分关系，即涉外民事法律关系；对国际社会而言，则是国际社会内伴随国际民商事交流而产生的各类国际民事关系。

2. 国际私法调整涉外民事法律关系或国际民事关系的方法，包括间接调整方法和直接调整方法。这就决定了冲突规范与统一实体法规范都应该是国际私法的规范。同时，有关确定涉外民事关系或国际民事关系产生前提的规范，如国籍和住所规范及外国人民事地位规范，当然也属于国际私法。而作为解决涉外民事或国际民事争议程序问题的规范，如国际民事诉讼和国际商事仲裁程序规范，也应该属于国际私

① 李双元：《国际私法（冲突法篇）》，武汉大学出版社 2001 年版，第 53 页。

② 张仲伯：《国际私法学》，中国政法大学出版社 2007 年版，第 30 页。

③ 钱骅主编：《国际私法》，中国政法大学出版社 1992 年版，第 22 页。

④ ［苏联］隆茨等：《国际私法》，袁振民、刘若文译，中国金融出版社 1987 年版，第 7 页。

法范畴。这些法律规范，构成调整涉外民事关系或国际民事关系的法律体系。对于一个国家而言，就是与其国内民事法律体系相对应的独立的涉外民事法律体系。而对于国际社会而言，就是规范国际社会内国际民商事关系的国际民商事法律体系。这个法律体系内的相关法律，有的已经基本形成独立部门法，有的虽尚未成为独立部门法，但仍在不断发展之中。它们都是以涉外民事法律关系或国际民事法律关系为对象的国际私法法律体系的有机组成部分。

3. 国际私法是一个兼具国内法和国际法特征的独立的部门法。这是由国际私法的对象、规范构成以及由此产生的法律渊源所决定的。

二、国际私法的名称

同样，基于对国际私法对象、范围及其性质等的不同认识，国际私法学者们对国际私法有不同的称谓。也正因为此，德国学者卡恩曾指出，国际私法可以说是从书名页起就有争议的学科。从国际私法的历史看，主要有以下名称。

（一）“法则区别说”（Theory of Statutes）

这是国际私法最早使用的名称。从13世纪开始，该名称由以巴托鲁斯（Bartolus）为代表的意大利后期注释法学者提出和使用，后为法国和荷兰国际私法学者接受和继承，并一直沿用到18世纪。

（二）私国际法（Private International Law）

这一名称最早由美国的斯托雷（Story）提出。斯托雷于1934年在其名著《冲突法评论》（*Commentaries on the Conflict of Laws*）中指出：“关于法律冲突问题，也可以很适当地称之为‘私国际法’。”但最早正式采用这一名称的是法国学者福立克斯（Foelix），福立克斯于1943年在其著作《私国际法或冲突法评论》（*Traité de Droit International Privéou du Conflict des Lois*）中以法文 droit international privé 来作为国际私法的称谓。但与斯托雷不同的是，福立克斯认为国际私法是国际法。后来，该名称主要为拉丁语系国家所采用。

（三）国际私法（International Private Law）

这一名称最早为德国学者谢夫纳（Schäffner）提出。谢夫纳于1841年在其著作《国际私法的发展》（*Entwicklungen des Internationalen Privatrechts*）中首次使用了这一名称。该名称的德文为 Internationales Privatrecht。直译的英文为 International Private Law。该名称在我国、德国、日本、俄国及其他东欧国家被普遍采用。

（四）冲突法（Conflict of Laws）

这一名称最早为荷兰学者罗登伯格（Rodernburg）提出。罗登伯格用“Conflictu Legum”（可译为“冲突法”“法律冲突”或“法律冲突法”）来称谓国际私法。荷兰另一著名的国际私法学者胡伯（Huber）也于1864年使用过这一名称。该名称现广泛流行于英美法系国家。

国际私法除上述几个较为普遍使用的名称外，还有“法律选择法”“民法施行法”“法例”“外国法之适用”“涉外私法”“国际民法”“国际民商法”等名称。

本书认为，“国际私法”这一名称相对而言是比较合适的。因为，国际私法的调整对象是涉外民事法律关系，也就是涉外私法关系，这一名称符合部门法划分方法，也能较好地反映国际私法这一法律部门的特点。目前，包括我国在内的不少国家都约定俗成地采用“国际私法”这一名称，国际上最重要的致力于国际私法统一化的国际组织——海牙国际私法会议，长期以来也一直使用这一名称。

三、国际私法与邻近部门法的关系

国际私法作为调整涉外民事法律关系的独立的部门法，与其邻近的法律部门主要有国际公法、国内民法和国际经济法等，国际私法与这些部门法既有联系又有区别。明确国际私法与它们之间的关系，有助于进一步加深对国际私法性质和特点的理解。

（一）国际私法与国际公法

据本章第四节关于国际私法性质的阐述，国际私法的国内法学派认为，国际私法与国际公法是两个不同性质的法律部门；而国际私法的国际法学派和二元论者则认为，国际私法与国际公法之间既有联系又有区别。其联系表现在：（1）调整的对象都是国际社会中产生的社会关系，都是为国家对外政策服务的；（2）基本原则相同，如主权原则、平等互利原则等，既是国际私法也是国际公法的基本原则；（3）法律渊源具有相同的一面，即国际条约和国际惯例既是国际公法的渊源也是国际私法的渊源。二者的区别表现在：（1）调整对象不同。国际私法的对象是涉外民商事法律关系；而国际公法的对象则是主权国家之间的政治、经济、外交和军事关系。（2）主体不同。国际私法的主体是自然人、法人，国家、国际组织在某些情况下可以民商事资格身份成为国际私法的主体；而国际公法的主体主要是主权国家，自然人和法人一般情况下不能成为是国际公法的主体。（3）法律渊源不同。国际私法的法律渊源除国际条约和国际惯例外，还有国内立法和判例；而国际公法的法律渊源是国际条约和国际惯例。（4）解决争议的方式不同。国际私法上的争议主要通过国内民事诉讼或仲裁方式解决；而国际公法上的争议则主要通过外交途径或到国际法院诉讼的方式解决。

（二）国际私法与国内民法

国际私法与国内民法既有联系又有区别。二者联系表现在：（1）调整的都是平等主体之间建立在自愿、平等、等价有偿和诚实信用基础上的社会关系（国家参与民事活动时也是如此)；(2) 国际私法对涉外民事法律关系当事人权利义务的确定，往往要借助一国的民法，因此同样可以说，国内民法在特定条件下也担负着调整涉外民事法律关系的任务；(3) 争议的解决都是通过国内民事诉讼或商事仲裁方式进行的。二者的区别表现在：(1) 调整对象不同。国内民法调整的是国内民事法律关系；而国际私法调整的是涉外民事法律关系，并且是广义上的涉外民事法律关系或是涉外民商事法律关系。(2) 法律渊源不同。国内民法的法律渊源仅仅是国内立法和判例；而国际私法的渊源除国内立法和判例外，还有国际条约和国际惯例。(3) 调整方法不同。国内民法对民事法律关系的调整，采用的是直接调整方法；而国际私法对涉外民事法律关系的调整，既有间接调整方法，也有直接调整方法。(4) 坚持的原则不完全相同。国际私法需要坚持国家主权原则、平等互利原则和遵守国际条约等原则；而国内民法则无须坚持这些原则。

(三) 国际私法与国际经济法

国际私法与国际经济法同样既有联系也有区别。二者的联系表现在：(1) 二者的产生都是国际关系发展到一定阶段的产物；(2) 调整对象都具有涉外因素，最终都会涉及不同国家的利益；(3) 都需要适用主权原则、平等互利原则、遵守国际条约原则和尊重国际惯例原则；(4) 在解决争议方面，都需要借助诉讼或仲裁方式。二者的区别表现在：(1) 调整对象的范围及性质不同。国际私法的对象是广义上的民事法律关系，即主要是私人之间的民商事法律关系，属私法调整的范畴；而国际经济法的对象则是国家间的经济关系，属公法调整的范畴。(2) 调整方法不同。国际私法的方法有间接调整方法和直接调整方法两种；而国际经济法只有直接调整方法一种。(3) 法律渊源不同。国际私法的渊源主要是国内立法、国内判例、国际条约和国际惯例；而国际经济法的渊源主要有经济领域内的国际公法规范以及各国国内的涉外经济立法。

综上，我们可以认为，国际私法是以国际关系中的涉外或国际民商事法律关系为调整对象的一个独立的部门法。如同宪法、民法、经济法等构成国内法体系一样，国际私法与国际公法、国际经济法等则构成国际法体系。如果将法学学科体系划分为国内法学体系和国际法学体系的话，那么，以国际私法为研究对象的国际私法学，就是国际法学体系中的一个独立的部门法学。既然宪法学、民法学和经济法学都是法学学科中的独立的二级学科，那么，国际私法学与国际公法学和国际经济法学，也都应当是法学学科中独立的二级学科。因此，将国际公法学、国际私法学和国际经济法学三者硬性捆绑，并由此建立一个所谓的“国际法学科”，然后将该“国际法学”作为一个与国内法学中的宪法学、民法学和经济法学等相并列的二级学科，且以此否认国际公法学、国际私法学和国际经济法学在法学学科中应有地位，显然有违背科学规律之嫌。

第六节 国际私法的基本原则

国际私法的基本原则，是指在制定、实施和解释国际私法时应予遵守的准则，也是在进行国际民商事活动和解决国际民商事争议时必须遵循的原则。国际私法的基本原则有国家主权原则、平等互利原则、有约必守原则以及保护弱者原则。

一、国家主权原则

国家主权原则是调整国际关系的最基本的原则。由于国际私法所调整的社会关系涉及不同国家立法和司法管辖权，国家主权原则也因此是国际私法的一项基本原则。根据该原则：

1. 任何国家都有权通过国内立法或参加国际立法，规定自己的国际私法制度。当然，为了国际民商事交往的顺利发展，各国应当尊重国际惯例的一些基本规则。例如，赋予外国人平等的民商事法律地位，在法律适用以及司法协助中遵循国际社会的一些通行做法。

2. 承认"平等者之间无管辖权"的国际惯例，遵守国家及其财产豁免原则。当国家未以明示或默示的方式表示放弃国家及其财产的豁免权时，如果这种豁免权被侵犯，主权国家有权拒绝参加诉讼或拒绝有关判决的承认与执行，甚至可以采取报复措施。根据国家及其财产豁免原则，未经主权国家的许可，他国法院不得对该国国家财产实施司法管辖；一国在他国法院起诉、应诉时，未经该国同意，他国法院不得对该国国家财产采取查封、扣押、没收等强制措施，也不得强制该国提供证言或证据；一国法院在他国法院起诉、应诉后，若未取得该国明示同意，他国法院不得依其判决对该国国家财产采取强制执行措施。

3. 相互尊重对方国家的属地优越权，相互尊重国家的立法及司法主权。外国人必须遵守东道国的法律、法规；不动产的买卖和继承，应依据财产所在地国家的法律规定进行。

4. 外国法的适用不得损害国家主权，不得违背国家的社会公共利益。国家的社会公共利益是体现各国政治、经济和法律制度的基本原则以及对外基本政策和社会秩序的总概括，是国家维护本国利益的重要工具。

当然，强调国家主权原则，并不是说国家在处理涉外民商事关系时是不受任何约束的。在当今新一轮经济全球化背景下，各国为了合作与发展，国家主权也会受到国际条约和国际惯例的相应限制和约束。

二、平等互利原则

国家享有主权，意味着国家有权独立自主，也意味着国家在国际社会中享有平等地位。即在国际社会中，国家不分大小强弱，都具有平等国际人格，享有平等法律地位。互利是指各国在相互关系中，应当彼此尊重，公平公正对待相互间正当合法利益。国家与国家之间的关系，只有建立在平等基础上，才能做到互利；只有真正实行互利，才算贯彻了平等的原则，才能实现实质上的平等。把平等和互利原则融合起来，作为指导和调整国际关系的一项基本原则，标志着国际法上主权原则的重要发展。国际私法上的平等互利原则主要体现在：

（一）国家之间关系上的平等互利

在发达国家与发展中国家的经济交往中，发达国家有较强的经济优势，无条件地实行形式上的平等会阻碍实质平等和公平互利的实现。因此，要贯彻新的平等观，例如通过非互惠的普遍优惠待遇实现实质意义上的平等互利。

（二）当事人之间关系上的平等互利

不同国籍的当事人在国际民商事交往中，也应建立平等互利的关系。国家应当在一范围内给予外国人国民待遇，切实保护双方当事人的民商事权益。如我国《民事诉讼法》赋予了外国人同我国公民、法人和其他组织平等的民事诉讼地位。[①] 我国《民法总则》第4条也规定民事主体在民事活动中的法律地位一律平等。

（三）民商事判决域外承认与执行中的司法礼让

民商事判决域外承认与执行中的司法礼让，是指主权国家之间或者同一主权国家的不同法域之间，在相互承认和执行民商事判决中所应遵守的原则。该原则应至少包含两方面的内容：第一，如果判决法院所行使的管辖权是恰当的，受托法院一般应对该判决给予充分信任；第二，礼让是互惠的前提，即只有被申请法院根据礼让规则承认和执行管辖法院的判决，才有判决承认和执行中的互惠问题。[②] 对这里所讲的“司法礼让”，我们也可以称之为“司法互信”。

三、有约必守原则

“有约必守”又译为“约定必须遵守”。这是一条古老的民商法基本原则。后来这条原则被援引适用于国家与国家之间的政治、经济等关系，成为国际法上的一条

---

① 《民事诉讼法》第5条第1款规定，外国人、无国籍人、外国企业和组织在人民法院起诉、应诉，同中华人民共和国公民、法人和其他组织有同等的诉讼权利义务。

② 刘仁山：《国际民商事判决承认与执行中的司法礼让原则——对英国与加拿大相关理论及实践的考察》，载《中国法学》2010年第5期。

基本原则。国际私法上的有约必守表现为：

1. 国家间的有约必守。即主权国家之间签订的国际私法条约，应予切实遵守和履行，国家在享受条约赋予的权利同时，也受到条约的约束，必须信守条约的规定，实现自己作为缔约国的诺言，履行自己的国际义务。我国《民法通则》第142条和2017年《民事诉讼法》第260条均明确，在依法调整涉外民商事法律关系时，不论在实体法方面还是在程序法方面，对于我国参加或缔结的国际条约，除我国声明保留的以外，应优先适用国际条约的规定。

2. 当事人之间的有约必守。当事人之间如果签订了有效的合同，就必须严格遵守和履行。否则，就要承担违约责任。我国《合同法》规定依法成立的合同具有法律约束力，当事人应当履行合同约定的义务，任何一方不得擅自变更或者解除合同。我国《民法总则》第7条同样规定："民事主体从事民事活动，应当遵循诚信原则，秉持诚实，恪守承诺。"

当然，有约必守原则不是绝对的、无条件的，它受到两方面的限制：其一是条约或合同必须是合法的、有效的；其二是条约或合同受"情势变迁"的制约。

四、保护弱者原则

保护弱者原则是在"二战"后在国际民商事领域发展起来的一条基本原则，其目的在于实现法律所追求的公平和正义。晚近私法的发展，不仅强调法律面前人人平等，而且力图矫正表面公平而实质不公平的局面。法律不仅借助抽象人格对全体社会成员提供一体保护，而且根据人所处的具体的社会关系，界定某一群体基于社会弱者的地位，再由法律予以倾斜或特殊保护。

国际私法上的保护弱者原则，是指在制定、实施和解释国际私法时，应侧重于保护在国际民商事关系中处于弱势一方当事人的合法权益。国际私法层面上的弱者，是指在涉外民商事关系中处于弱势或不利地位的当事方。[①] 对于弱势或不利地位的考察，可以从经济、技术、信息、权利配置、组织关系和智力体能等方面来进行。例如，在产品责任中侧重于保护消费者，在交通事故中侧重于保护受害人，在夫妻关系中侧重于保护女方，在父母子女关系中侧重于保护未成年子女，在雇佣合同中侧重于保护受雇用者等。如欧盟2007年《罗马条例Ⅱ》、2008年《合同之债法律适用条例》（以下简称《罗马条例Ⅰ》）和《关于民商事案件管辖权和判决执行的第1215/2012号（欧盟）条例》（以下简称《布鲁塞尔条例Ⅰ修正案》）等，均在其序

① 田园：《保护弱者原则对国际私法基本原则的影响》，载《中国国际私法与比较法年刊》（2001第4卷），法律出版社2001年版，第85页。

言中申明该原则，或是将该原则写进具体条文之中。[①]

国际私法通常采用保护弱者原则来限制国际合同中意思自治原则的适用，以达到实质公平的结果。一般而言，国际私法中的意思自治，是双方当事人可以选择国际民商事关系的法律适用，即当事人双方都有选择适用法律的权利，但这种选择适用法律的权利，往往要受到弱者保护原则的限制。而国际私法晚近实践中，尤其是在侵权领域，出现了意思自治的变异，即赋予原告（受害人）单方选择法律的权利，即意思自治的主体不再是当事人双方，而是在法律关系中处于弱者的当事人。[②]还可能在适用最密切联系原则时，法官受制于保护弱者原则，以保护弱者原则作为适用最密切联系原则的依据。此外，为了更好地维护国家在特定领域重大社会经济利益，会制定具有强制力的法律规范，直接适用于涉外民商事法律关系。事实上，许多新近的国际私法的国内立法和国际立法，都力求在有关制度中贯彻这一原则，在冲突规范中更注重内容导向，规定适用保护国际民商事关系中弱方当事人的权益的法律。我国《涉外关系法律适用法》第 25 条、第 30 条等均体现了该原则。

第七节 国际私法学

一、国际私法学的含义

在不同情形下，国际私法这一名称通常有两种含义：有时是指调整特定社会关系的一个独立部门法，即国际私法本身；有时是指法律科学中的一个学科，即国际私法学。

国际私法学即以国际私法本身为研究对象的法律学科，其任务就是通过对国际私法理论的研究，来服务于国际私法的立法及实践。国际私法与国际私法学是既有区别又有联系的两个不同的概念。二者的区别在于：（1）国际私法是由特定法律规范构成的一个独立的法律部门，具有法律效力；而国际私法学则是一门法律学科，它由有关的理论、学者的学说和主张构成，一般不具有法律效力，只是在国际私法的立法和司法过程中起参考作用。（2）国际私法的调整对象是涉外民商事法律关系；而国际私法学的研究对象是国际私法本身。二者的联系在于：（1）都是历史发展到一定阶段的产物，都是为国际经济关系服务的上层建筑的组成部分，其产生、

① 参见李双元：《国际私法（冲突法篇）》，武汉大学出版社 2016 年版，第 58 页。

② 参见黄进、姜茹娇主编：《〈中华人民共和国涉外民事关系法律适用法〉释义与分析》，法律出版社 2011 年版，第 18 页。

存在和发展都以涉外民商事法律关系的产生、存在和发展为前提；（2）既然国际私法学的研究对象就是国际私法本身，那么，国际私法学就必须以国际私法为依据，绝不能脱离国际私法，即国际私法学是以国际私法的存在为基础的；（3）国际私法学虽必须以国际私法为依据，但其研究成果又可为国际私法的立法和实践服务，并促进国际私法的发展。历史上，国际私法最初就是以“学说法”的形式出现的,[①] 在国际私法进入“制定法”阶段后，各国的立法往往都不同程度地受到了有关理论和学说的影响。在判例法系国家，权威国际私法学家的学说在一定条件下还往往被当作国际私法的渊源。

二、国际私法学的特点

国际私法学是一门有着悠久历史的法律科学。西方国际私法学一般以罗马注释法学派的诞生为标志。[②] 但从现有文献看，我国的国际私法学历史更为长久。汉代的“刘细君案”[③]、唐代的《永徽律》[④] 中均可以看到国际私法学的雏形。有人甚至认为，中国古代春秋战国时期就已经有了国际私法学。[⑤] 这门古老的法律科学，在当今已经呈现出以下主要特点。

（一）国际私法学是综合性法律学科

伴随国际民商事交流的发展，国际私法的调整对象已经涉及国际民商事法律关

---

① 葛茨维勒（Max Gutzwiller）在其《国际私法的历史》（*Droit international privé histoirque*）（载《海牙国际法学院演讲集》1929 年第 3 册，第 294 页）一文中，将国际私法的发展分为两个阶段：“法理学和科学的国际私法”（即“学说法”阶段——13 世纪上半期至 18 世纪末叶）和“私法的伟大编纂时代”（即“法律法”阶段——19 世纪整个世纪）。转引自韩德培主编：《国际私法新论》，武汉大学出版社 2003 年版，第 15 页。

② 当罗马征服其邻邦的时候，它并没有把那里的人同罗马人同等对待。因此，在罗马法中逐渐产生了一种专门调整罗马市民与非罗马市民间，以及非罗马市民相互间的民事关系的“万民法”（jus gentium）。这种新的法律制度的显著特征是：由法官根据当事人的血统确定相关法律的适用范围。这常被人们视为国际私法的萌芽。参见韩德培主编：《国际私法新论》，武汉大学出版社 1997 年版，第 51 页。

③ 关于我国国际私法立法的起始时间，也有学者提出应以汉朝的“刘细君案”为界。参见齐湘泉：《涉外民事关系法律适用法·侵权论》，法律出版社 2006 年版，第 522 页。

④ “诸化外人同类自相犯者，各依本俗法；异类相犯者，以法律论。”当时我国尚无刑法、民法之分，唐律中的上述规定既适用于刑事案件，又适用于民事案件。这实际上是国际私法冲突规范的萌芽，在同一时期其他国家的立法中是没有的。参见余先予主编：《国际法律大辞典》，湖南出版社 1995 年版，第 316 页。

⑤ 中国在春秋战国时期，周室衰微，各诸侯国兴起。当时，各诸侯国之间商业往来不少，各诸侯国的法律应有对“外国人”的规定。但当时各国的法律都铸在鼎上或刻在竹简上，称为“铸刑书”或“竹刑”。中国古代刑、民法是在一起的，刑法中包括民商法的条文。但这些古代的法律已大半遗失，不可查考。参见西北政法学院国际法教研室编著：《国际私法纲要》，西北政法学院国际法教研室 1983 年版，第 23 页。

系的各个领域、各个层次。国际私法的渊源既有国际条约、国际惯例，又有国内立法、国内判例；国际私法的范围既有冲突规范，又有国际民事诉讼和商事仲裁规范，还涉及很多的国内民商事实体法规范。因此，国际私法学的综合性是甚为显著的。

（二）国际私法学是涉及不同国家法律制度的比较法学科

比较法是国际私法之母，比较分析的方法是国际私法学的主要研究方法。第二次世界大战结束后，以德国学者拉贝尔（Ernst Rabel）为代表的“比较法说”风靡欧洲。[①] 对不同国家、不同时期的民商事法律的理论和立法实践的分析比较，有利于指导国际私法的立法和司法的发展。

（三）国际私法学也是实践性很强的应用性学科

国际私法的作用在于公正地处理涉外民商事法律关系，因此，无论实践性还是应用性都非常强。国际私法学指导国际私法的立法和实践，这门学科也就具备了实践性和运用性的特点。综观国际私法学所研究的基本法律问题，从识别、实质问题与程序问题、反致、法律规避、外国法的查明到公共秩序保留，都是应用性的法律问题。

三、国际私法学的体系

国际私法学的体系，简言之，就是国际私法的学说体系，是指出于研究的需要，以相应的理论为基础，对国际私法的对象、法律规范等所进行的科学分类和排列。由于学者们对国际私法的调整对象、调整范围、调整方法、规范构成及国际私法的性质的认识不同，对国际私法学的体系也有不同主张。

本书的总体结构分为“总论”“法律适用”“国际民事程序法”和“区际私法”四编。其中，“总论”编主要阐述“国际私法的概念”“国际私法的历史”“冲突规范与准据法的确定”以及“国际私法的主体”和“外国人民事法律地位”等；“法律适用”编则分别阐述在解决法律适用问题过程中的普遍性问题以及相关领域的法律适用问题，主要包括“民事身份和能力”“法律行为、代理及时效”“物权”“知识产权”“债权”（含“合同之债法律适用概述”“主要国际贸易与经济合作合同的法律适用”以及“非合同之债的法律适用”）以及“破产”“婚姻家庭关系”“继承”等；“国际民事程序法”编则由“国际民事诉讼”和“国际商事仲裁”两部分构成，其中“国际民事诉讼”部分主要涉及“国际民事诉讼法的一般性问题”“国际民事管辖权”“国际民事诉讼中的期间与诉讼保全”和“国际民事司法协助”等；“区际私法”编主要阐述区际法律冲突的一般性问题以及我国区际私法的理论与实践。

---

① 参见丁伟主编：《国际私法学》，上海人民出版社2004年版，第21页。

§思考题：

1. 什么是涉外民事法律关系？其涉外性体现在哪些方面？
2. 国际私法的调整方法有哪些？其相互关系如何？
3. 如何认识国际私法的范围？
4. 国际私法的渊源既有国内法渊源，又有国际法渊源，如何理解国际私法的性质？
5. 国际私法的基本原则有哪些？

§“法律职业资格考试”要点提示：

国际私法的调整对象；国际私法的调整方法；在国际私法范围上的不同主张；国际私法的规范；国际私法的渊源；国际私法的名称和定义。

第二章 国际私法的历史

§学习目的与要求:

国际私法的历史由学说史和立法史构成。国际私法的学说史围绕为何适用外国法及如何适用外国法的问题展开，该问题也是国际私法基础理论的重要构成部分。国际私法的立法史包括国内立法史和国际立法史，反映了国际私法的实践面貌。本章主要叙述国际私法的学说史、国际私法的立法史和我国国际私法史三个问题，要求学生理解不同时期主要国际私法理论产生的背景、观点和意义，了解国际私法立法的历史进程和发展趋势，认识国际私法在我国的历史概况和实践现状，从而有助于全面掌握外国法适用中的理论与方法问题。

在国际私法的历史长河中，国际私法的理论学说和法律制度交相辉映，构成了复杂而独特的部门法历史。两大法系国家的理论及实务界不断探寻适用外国法的理论依据和选择准据法的方法，推动着国际私法的发展。

第一节 国际私法的学说史

一般认为，国际私法萌芽于古罗马。在古罗马时代，“市民法”（jus civile）是罗马国家固有的法律，但只适用于罗马市民之间。公元3世纪，在罗马法中出现了专门调整罗马市民与非罗马市民以及非罗马市民之间民事法律关系的万民法（jus gentium）。万民法由外事裁判官（praetor peregrinus）以法律想象、希腊法原则与善意为基础逐步构建而成。古罗马法学家西塞罗（Cicero）指出，万民法在一定程度上系建于自然理念基础上，具有普世效力，故可适用于所有民族。[①] 与市民法相比，万民法更加灵活有效。万民法尽管不是法律适用规范，并非现代意义上的国际私法，但因其调整的是跨民族、跨区域的民商事法律关系，故被认为是国际私法的萌芽。[②]

西罗马帝国于476年灭亡前后，各“蛮族”部落纷纷入侵并定居下来，继续沿用各自原有的习惯法，形成了不同民族的成员各自服从本民族习惯法的局面。即拉丁民族遵守罗马法，日耳曼各部族遵守日耳曼各部族法。法律只支配本民族成员，法律的效力按照当事人的民族属性而非管辖地域确定。这种现象被描述为“五人行坐一处，却各受制于不同的法律”。对于此类法律冲突的解决，实践中当事人只要声称他们属于某一种族，就可以使其中意的法律得到适用。[③] 这一现象大约持续了400年，被称为“种族法时代”或“属人法时代”。这种种族法与现代国际私法上的属人法不同，处理的不是空间法律冲突而是人际法律冲突。即不是在不同国家或地区的法律之间进行选择，而是要求不同民族成员之间的法律行为各受本族法的支配。[④] 所以，它也不是现代意义上的国际私法。但是，种族法规范隐含了产生冲突规范的可能性，一定程度上催生了国际私法的萌芽。

进入中世纪，随着封建制度在西欧的确立，属地观念逐渐加强。[⑤] 为了维护统治者的权威，在一国或某一地区居住的任何人都必须服从当地的法律和习惯，法律的绝对属地原则逐渐代替绝对的属人原则。这一时期被称为“属地法时代”。绝对属地主义势必阻碍各国人民的往来，影响通商贸易的发展。经济的发展使得人们逐渐意识到有必要限制法律严格的属地性。在与法律属地性的斗争中，不同地区之间的法律冲突开始出现。理论界试图通过重新阐释古罗马法来解决这一全新难题，提出了若干理论学说并将其付诸实践。国际私法就是在这样的背景下产生的。

国际私法最初是以学说和理论形式出现的，13世纪至18世纪被称为国际私法的“学说法”时期，它为此后国际私法规范的确立和成文化奠定了基础。最早的学说是“法则区别说”，它起源于13世纪意大利北部，16世纪传入法国。作为学说法的“法则区别说”在长达5个世纪里一直占统治地位，它主张以法律（即“法则”）作为研究问题的出发点，依托对法则的解释将之区分为不同的种类，分

---

① Friedrich K. Juenger, *Choice of Law and Multistate Justice*, Kluwer Academic Publishers, 1993, p. 9.

② “万民法”这一术语被后世用来指称国际公法与国际私法。Friedrich K. Juenger, *Choice of Law and Multistate Justice*, Kluwer Academic Publishers, 1993, p. 9.

③ Friedrich K. Juenger, *Choice of Law and Multistate Justice*, Kluwer Academic Publishers, 1993, p. 11.

④ 参见韩德培主编：《国际私法新论》（上），武汉大学出版社2009年版，第47页。

⑤ 西方学者大都主张，西欧封建制度主要是一种封君封臣的制度，它形成于9世纪查理曼帝国瓦解之后。参见马克垚：《封建经济形态研究》，人民出版社2001年版，第66～67页。

别决定其适用范围。“法则区别说”的出现，标志着真正意义上的国际私法理论的诞生。

一、创设时期的国际私法学说

（一）“法则区别说”

11世纪后，意大利北部地区凭借其得天独厚的地理位置，逐渐成为东西方贸易中心。国际商贸的繁荣带动了资本主义经济的发展，出现了威尼斯、热那亚、米兰、佛罗伦萨等大城市，尔后发展成独立的城邦国家。在13世纪的意大利各城邦国家，同时存在两种有效的法律：一是作为普通法的罗马法，其适用于所有各城邦国家；二是各城邦国家自己的特别法（称之为“法则”），仅在本城邦国家境内有效，对境外无效。由此，便出现了两类法律冲突：一类是特别法与罗马法的法律冲突，即当特别法没有规定或者其规定与罗马法的规定相冲突时，按照“特别法优于普通法”的原则，依城邦国家的特别法解决；另一类是特别法之间的法律冲突，对此种法律冲突的解决，就成为一个从古罗马法中得不到现成答案的崭新课题。严格的属地性使得在其他城邦成立的法律关系在本城邦处于不稳定状态，不利于城邦间商业贸易的发展，所以迫切地需要解决法则之间的冲突，探讨应优先适用哪一城邦的法则问题。在这一背景下，“法则区别说”产生了。

罗马法后期注释法学派集大成者，“法则区别说”的主要代表人物，先后担任过意大利波伦亚、比萨潘鲁大学法学教授的巴托鲁斯（1314—1357）在前人研究基础上，比较系统地叙述法律地域效力范围问题，提出了法律具有域外效力的新见解。

巴托鲁斯依次讨论了合同形式与合同实质、遗嘱方式和立遗嘱能力、侵权行为、物权、禁止性规则、许可性规则、惩罚性规则和刑事判决的域外效力问题，在遗嘱和继承问题上反复讨论，着墨甚多。对于禁止性规则的域外效力，他指出，如果是针对人身的禁止，就要看该规定是否受人欢迎。例如，为防止未成年人受人欺骗而规定未满20岁者不得订立遗嘱的规则是善意的，适用于本城邦的一切市民，不论其身处何地；而有关女孩不能参加继承的规定则属于恶意，不能适用于立法者辖区之外的遗产。针对长子有权继承全部遗产的英格兰习惯法，他认为应仔细研究该规则的措辞。如果措辞为“死者的财产归属于长子”，意味着该规定关注的是财产本身，所以死者所有的遗产都应依照遗产所在地的习惯和立法处理；如果措辞为“长子应当继承”，便表明该规定系针对人。如死者不是英格兰人，该规定便不应适用。如死者系英格兰人，其长子可继承位于英格兰的全部遗产，但位于其他地方的遗产应根据一般法（罗马法）处理，因为该规定剥夺了幼子们的继承权利，是“可憎”的法律，不能发生域外效力、不能适用于死者位于英格兰以外的财产。[①] 这种“令人厌恶的法则”的思想被认为是公共秩序保留制度的雏形。

巴托鲁斯在前人较为零星和分散的论述的基础上，比较完整和系统地讨论法律规则的域外效力问题，阐述了许多流传至今的系属公式，包括人的能力依属人法、行为方式依行为地法、违约责任依合同履行地、侵权行为依行为地法、不动产物权依物之所在地法、诉讼程序依诉讼地法等。和同时代的其他人一样，巴托鲁斯也是从法律规则入手，通过研究法律规则自身的特征、揣摩立法者的意图，尝试解决法律规则的域外效力问题，这被后世学者称为单边主义的思想路线。

作为国际私法学说的最早形态，巴托鲁斯所代表的“法则区别说”具有十分重大的意义和影响：第一，首次提出在不同地区相互冲突的法律之间进行选择的方法，彻底纠正了法律严格属地主义的弊端，标志着真正意义上国际私法的诞生。巴托鲁斯抓住了法律冲突的一个关键点，第一次提出了在一定程度上和范围内承认内国法域外效力的原则，促进了意大利资本主义萌芽的迅速发展。第二，创立了若干基本的冲突规范，对后世国际私法的形成和发展，奠定了坚实理论基础。巴托鲁斯所倡导的一些冲突规范，如关于权利能力和行为能力问题依属人法、合同的成立依场所支配行为的原则适用合同缔结地法、物权适用物之所在地法、诉讼程序问题适用法院地法，均对后世国际私法的形成和发展产生了重大的影响，有的甚至沿用至今。因此，历史上很多著名的法学家都称巴托鲁斯为“国际私法之父”。[②] 第三，深刻影响了后续数百年国际私法的理论与实践。直到19世纪中叶萨维尼提出“法律关系本座说”以前，欧洲冲突法学者一直延续着“法则区别说”所代表的单边主义思想路线，从法律规则入手，揣测甚至歪曲立法者的意图，引申出特定规则应否具有域外效力的结论。尤其突出的是，法国的学者和法官达让特莱（D' Argentré，1519—1590）为了减少外国或外地法律的适用，维护其所在的布列塔尼地区习惯法，将巴托鲁斯等人对法则的众多区别简化为“法则三分说”。他认为一切法则都应划为如下三类：一是处理人身和身份问题的“人的法则”（statuta personalia），适用于立法者的臣民，并且具有域外效力，适用于身在外国的内国臣民；二是处理与物权相关的一切问题的“物的法则”（statuta realia），适用于立法者辖区内的物，不具有域外效力，不适用于辖区之外的物及物上的权利；三是既涉及人又涉及物的“混合法则”（statuta mixta），如“物的法则”一样，也只适用于立法者的辖区之内，不具有

① See Bartolo on the Conflict of Laws, translated by J. A. Clarence Smith, 14 *Am. J. Legal Hist.* 157, 1970.《巴托鲁斯论冲突法》，粟烟涛译，载《中国国际私法与比较法年刊》2010年第13卷，北京大学出版社2011年版，第591页以下。

② See Peter North and J. J. Fawcett. *Cheshire and North*, *Private International Law*, 12th ed., Butterworths, 1992, p. 18.

域外效力。达让特莱进一步认为，当一个法则或者习惯的划分遇有疑问时，应将其视为物法。由于“物的法则”和“混合法则”都只能在本地适用，唯有“人的法则”才可适用于外地，所以绝大多数法则都不能产生域外效力、被外地法官所适用。① 显然，达让特莱更进一步地强化了法律的属地性，压缩了适用外地法律的可能性。但是，就其解决法律冲突的基本思想和方法论而言，无疑深受巴托鲁斯学说的影响。

应该说，巴托鲁斯的学说有其历史局限性，尤其是将法则划分为“人法”与“物法”是缺乏科学性的。从本质上讲，任何一种法律关系都是人与人的关系，纯粹的关于人的法律或者关于物的法律是不存在的。巴托鲁斯本人也无法解决准确划分这两类法律的难题，以至于不得不借助语言结构加以区别。例如，他认为“长子继承不动产”是人的法则，应当具有域外效力；而“不动产归长子继承”却是物的法则，没有域外效力。显而易见，这就暴露了早期“法则区别说”的幼稚和脆弱。② 尽管如此，我们并不能忽视以巴托鲁斯为代表的注释法学家对国际私法理论所做出的杰出贡献，特别是巴托鲁斯所创立的“法则区别说”首倡在各个平等的法则之间按照一定的原则进行选择，并解决相关法律冲突问题。“法则区别说”沿用了近5个世纪之久，对后来出现的各种国际私法学说有着深远影响和指导意义，是国际私法理论进一步发展的理论基石。

（二）意思自治说

16世纪以后，国际贸易交往的中心逐渐从地中海沿岸转移到大西洋沿岸。“法则区别说”进入了第二个发展阶段，其中心从意大利转移到法国。这时法国的工商业和国际贸易有了很大发展，但各省、各地区仍然分别沿用不同的法律。南部是以罗马法为基础的成文法区，北部则是以日耳曼法为基础的习惯法区。除了一般的习惯法外，各省还制定了地方的习惯法。在这种情况下，不仅会产生成文法与习惯法的冲突，一般习惯法和地方习惯法也会发生冲突。当时有谚语称：“易一驿马，换一法律。”③ 尤其是北部的习惯法和南部的成文法相距甚远。这种状况严重地阻碍了经济贸易的发展和人员的流动。在这样的历史条件下，解决法律冲突成为一项重要任

① 达让特莱的主要思想如下：（1）一切习惯法原则上都是属地的，仅在立法者的境内有效，因为主权是属地的，主权仅及于立法者所属国境内，所以法律也只及于其境内，不能及于境外，故一切物权问题应依属地法；（2）凡纯属人的身份和能力的法律，如规定成年年龄、亲属关系的法则等，可以例外地适用属人法；（3）除了人法和物法之外，还有一种“混合法则”，即同一法则兼及人和物两个方面，如关于出卖不动产能力的法则，既及于不动产的物，又及于当事人的能力，这种混合法则与标的物所在地关系很密切，应适用属地法。

② 参见［德］马丁·沃尔夫：《国际私法》，李浩培等译，北京大学出版社2009年版，第27页。

③ 参见梅仲协：《国际私法新论》，三民书局1980年版，第28页。

务。此时，意大利的人文主义思想和“法则区别说”也传入法国，在意大利学说的基础上，法国学者做出了进一步的发展。其中，具有代表性的理论是杜摩兰（Charles Dumoulin，1500～1566）的“意思自治说”。

杜摩兰是法国巴黎的一位著名律师。他所著的《巴黎习惯法评述》一书表现出一种克服法律的属地性、削弱宗教法庭权力、加强中央集权、促进各地区法律统一的强烈愿望。杜摩兰在肯定意大利“法则区别说”的基础上，提出了具有独到见解的国际私法学说。一方面，其认为巴托鲁斯的“物法”是永恒的，凡涉及境内一切具有物权性质的财产关系，不论属于外国人还是内国人，都应适用物之所在地法；另一方面，其认为“人法”应当是能动的，一些涉及契约行为乃至物权转让以及与之关系密切的人身关系，仍要适用当事人的属人法。但是，杜摩兰强烈批评巴托鲁斯关于“人法”与“物法”划分的僵化性与随意性。

杜摩兰对“法则区别说”的突破在于，其提出了对后世影响深远的意思自治说。当同时代的国际私法学者还醉心于对法则进行分类之时，杜摩兰却更为关注当事人选择法律的权利。杜摩兰明确提出，夫妻财产关系应作为合同问题而非财产问题处理，同时应按照当事人默示的意思适用其最初婚后住所地的习惯法。这就包含了所谓的“意思自治”（Autonomie de la volonté，autonomy of will）的思想，成为后世合同及其他类似领域中意思自治原则的萌芽。在其著作中，杜摩兰进一步认为，对于契约的实质问题，应依照契约双方当事人的意愿决定应适用的法律。即便当事人在契约中未作明示选择，法官也应当推定当事人意欲适用的法律。此后，这一学说便成为当事人缔结契约时自由选择法律的理论根据。而且，杜摩兰关于“默示协议”（tacit agreement）的推定，为英国自体法理论（proper law）奠定了基础。

应该说，杜摩兰的学说进一步扩大了法律的域外效力范围。杜摩兰首先提出在财产关系的领域当事人可以选择法律，从而在法则两分法的基础上，注入了极具活力的意思自治原则，受到经济较为发达的南方新兴资产阶级的拥护和推崇，被誉为“契约自由的明珠”。[①]“意思自治说”的影响极其深远，不仅被后来的学者们普遍接受，而且成为各国的立法中调整契约关系的最重要的准据法原则。

杜摩兰的“意思自治说”代表了新兴商人阶级的利益，客观上有利于促进贸易的发展和统一市场的形成。意思自治原则允许当事人选择合同的准据法，当事人会选择法国商业中心巴黎的先进习惯法，摆脱本地区落后法律的束缚，有利于实现全国境内法律的统一，促进法国资本主义的发展。杜摩兰的学说符合自由资本主义时代新兴资产阶级的要求，具有进步意义，并对以后各国国际私法的理论和实践产生了重大影响。

---

① 参见张仲伯主编：《国际私法》，中国政法大学出版社1995年版，第35页。

(三) 国际礼让说

荷兰位于法国北部，原来是西班牙的殖民地，1609 年摆脱了殖民统治，赢得独立，建立了世界上第一个资产阶级共和国。但是每个省区都有相当大的独立权，有自己的习惯法体系，各省习惯管辖着自己领域内的一切人和物，因而法律冲突现象普遍存在。在国际上，周边封建国家对新生资产阶级政权持敌视态度，荷兰面临着捍卫独立、防止周围封建君主国家干涉的任务。在此期间，法国的博丹（Bodin）发表了《论共和》，被誉为“国际法之父”的荷兰学者格劳秀斯（Grotius）发表了《战争与和平法》，他们提出的“国家主权”这一重要概念给荷兰国际私法学者以重要启示。[①] 在达让特莱学说的基础上，荷兰学者提出了“国际礼让说”。

荷兰有众多学者为国际礼让说的形成作出了贡献。保罗·沃特（Paul Voet）从《学说汇纂》（*Digests*）中借用了“礼让”（comitas）一词，并加以发挥。保罗·沃特之子约翰尼斯·沃特（Johannes Voet）解释，礼让之理念根于开明的自利与方便原则。[②] 而对之作出完整阐述的是尤利克·胡伯。他从国家主权概念出发，认为每一个独立主权国家必然享有排斥外国法的权力，但是出于涉外民事交往的需要，只要不违背本国主权与民族利益，基于国际礼让，也可以承认外国法的域外效力。他在 1689 年撰写的《论罗马法与现行法》一书的第二编“各国各种的法律冲突”（De conflictu legum diversarum in diversis imperiis）中提出了著名的“胡伯三原则”：（1）任何主权者的法律，必须在其境内行使并约束其臣民，在境外则无效；（2）凡居住在境内的人，包括常住的与临时的，都可视为主权者的臣民；（3）每一国家的法律只在其本国领域内有效，但根据礼让，行使主权权力者也应让其在自己境内保持效力，只要这样做不致损害自己国家的主权和臣民的利益。在这三项原则中，前两项原则属于国家主权原则的范畴，一国制定的法律对其境内的所有人（临时的或永久性的）具有约束力，若超出颁布法律的国家的范围，法律不再具有约束力。第三项原则阐明了适用外国法的条件和根据，即适用外国法的根据是“国际礼让”，其原因有二：一是外国法的适用得到了主权者的默许；二是主权者执行和适用的并不是外国法本身，而是依据外国法所取得的权利。[③] 显然，与“法则区别说”所不同的是，胡伯不再因循人法、物法与混合法的法律分类法，而是试图从主权与礼让这两个孪生概念中直接推演出一套冲突法制度。

荷兰学派的这种主张提出了国际私法的一项重大原则，就是承认或者不承认外国法的域外效力、适用或者不适用外国法律，完全由各主权国家自主考虑。法律并

---

① 参见韩德培主编：《国际私法新论》（上），武汉大学出版社 2009 年版，第 54 页。

② Friedrich K. Juenger, *Choice of Law and Multistate Justice*, Kluwer Academic Publishers, 1993, p. 21.

③ See J. H. C. Morris, *The Conflict of Laws*, 9th ed. , Sweet & Maxwell, 2012, p. 536.

不像带有浓厚自然法色彩的意大利"法则区别说"所理解的那样，仅仅因为它们本身具有的性质（人的法则）就当然地具有域外适用的普遍效力。但是荷兰学派也并不认为国家可以不顾"国际礼让"而一概地拒绝赋予外国法以域外效力。荷兰学派的这种主张，已经把适用外国法的问题置于国家主权和国家利益的基础上加以考虑，这是国际私法的一大进步。①

"国际礼让说"自身也包含着矛盾性。即一方面要求保护自己的主权，维护内国法律的权威，于是不得不重视法律的属地性；另一方面，为了促进国际民商事交往，又借助国际礼让这样一个极为含糊的概念有条件地承认外国法律的效力并适用外国法律，抑制法律的属地性。荷兰的"国际礼让说"后来为美国法学家斯托雷（Story）所继承发扬，并为19世纪英国学者戴赛因袭，成为英美国际私法的理论来源。

自"法则区别说"开始到"国际礼让说"，这一时期属于国际私法学说的创设期，该时期的各学说大多以法律规则本身为出发点来研讨法律的域外效力问题，这被称作单边主义的思想路线。②

二、近代国际私法

进入19世纪，国际私法学逐渐摆脱了"法则区别说"的束缚，出现了诸多影响深远的国际私法理论。德国法学家萨维尼、意大利法学家孟西尼、美国法学家斯托雷和英国法学家戴赛等，都提出了各自的法律适用主张。他们独具创造性的学说，为近代各国成文国际私法的产生和司法实践的发展奠定了基础。特别是以19世纪初诞生的《法国民法典》为代表的多国法典中均包含了受"法则区别说"影响的冲突规则。

（一）萨维尼的法律关系本座说

19世纪的德国，初步完成了国家统一，资本主义工商业有了较大发展，建立相应的政治制度和法律制度成为社会进一步发展的必然要求。同时，随着工业和贸易的发展，德国与其他国家之间的法律冲突日益频繁。德国的多数法学家们代表着进步的民族工商业者的利益，他们试图改变后起资本主义德国在欧洲利益分配中的不利地位，因而提出了一种超国家的法律适用理论，即"法律关系本座说"。③

德国的"法律关系本座说"的代表人物是萨维尼（1779～1861）。萨维尼是19

---

① 胡伯对国际私法的贡献如下：一是敲响了"法则区别说"的丧钟；二是将冲突法停泊于国际法的港湾中；三是强调判决的一致性；四是遥启了既得权理论；五是引入了公共政策保留。Friedrich K. Juenger, *Choice of Law and Multistate Justice*, Kluwer Academic Publishers, 1993, p. 21.

② 参见张仲伯：《国际私法学》，中国政法大学出版社2007年版，第43页。

③ 参见韩德培主编：《国际私法新论》（上），武汉大学出版社2009年版，第58页。

世纪德国最著名的私法学家、德国历史法学派的巨子，曾任柏林大学校长和普鲁士王朝的法律修订大臣。他在1849年出版的《现代罗马法体系》（*System des heutigen Romischen Rechts*）一书中，提出了著名的"法律关系本座说"（sitz des rechstver hältnisses）。该书共8卷，其中第八卷《法律冲突与法律规则的地域和时间范围》重点阐述了国际私法问题。

萨维尼在充分肯定"法则区别说"历史作用的基础上，比较彻底地指出了这一学说存在的弊端，即"法则区别说"把调整民事关系的法律人为地加以分割，忽略了人法、物法两者的有机联系。在批评"法则区别说"的弊端之后，萨维尼提出了影响深远的"法律关系本座说"。萨维尼站在超国家的普遍主义立场上，认为存在着一个"相互交往的由国家所形成的国际社会"，各国（特别是欧洲大陆国家）在共同的法律传统之下，也形成了一种法律的共同体，共同体内各国的具体法律制度虽然不免各有差异，但基本精神和基本原则相通或者接近，有能力准确、方便地适用彼此的法律规则，所以应当平等地看待内外国的法律。萨维尼认为，涉外民商事法律关系虽然同时涉及两个以上国家，与这些国家的法律发生了联系，但从性质上看，任何法律关系都只能和某一特定地区保有最本质的联系，这个特定的地域就是该法律关系的本座（seat），该法律关系应适用其本座所在地法。任何法律关系都有自己的本座，不同性质的法律关系的本座各不相同，相同性质的法律关系的本座则是相同的。因此，立法者首先应当按照法律关系的不同性质对它们加以分类，进而根据各类法律关系的自身特点找出其本座所在地，然后适用该类法律关系的本座所在地法律。①

萨维尼把涉外民事法律关系区分为人、物、债、行为、程序等几个不同种类。进而认为，住所是人的归属之处，所以人的身份能力关系应以当事人的住所为本座。物是可以感知到的物质，必然占据一定的空间，故物之所在地应为物权法律关系的本座。债为无体物，不占有空间，因而常常需要借助某种可感知的外观形态来表现它的本座所在地。这种外观形态主要有两个：一个是债的发生地；另一个是债的履行地。从债权最终需通过债的履行而得以实现的角度考虑，债的履行地更适合于表现债的外观形态，故应以债的履行地为本座。行为方式则不论财产行为还是身份行为，均应以行为地为其本座。程序问题应以法院地为其本座。但是，如果依照上述方法确定的准据法违反法院地国内法的强制性规定，或者应适用的外国法的内容无法查明，则仍应适用法院地法。②

---

① 参见［德］弗里德里希·卡尔·冯·萨维尼：《法律冲突与法律规则的地域和时间范围》，李双元等译，法律出版社1999年版，第2页。

② 参见董立坤：《国际私法论》，法律出版社2000年版，第22～23页。

萨维尼的“法律关系本座说”具有重要的理论和实践价值。第一，“法律关系本座说”在解决法律冲突问题上实现了方法论的变革。萨维尼从需要调整的法律关系入手，根据其性质加以分类并进而寻找各类法律关系的本座，最终得到应适用的法律，这就形成了与“法则区别说”相反的双边主义（或称多边主义）的思想路线。这种思想路线的改变被西方学者称作国际私法的“哥白尼革命”（Copernican Revolution）。第二，“法律关系本座说”有助于实现国际协调的目标。按照萨维尼的理论，在“法律共同体”和平等看待内外国法律的认识基础上，如果能够按照同样的方法认清各类法律关系的性质，进而找到它们的本座，就可以实现判决一致的目标。也就是说，不论案件由哪一国家审理，均能适用相同的法律，得出相同的判决结果。第三，“法律关系本座说”大大推动了欧洲国际私法成文法的产生和发展，对当时和后世产生了巨大的影响。20世纪以来，盛行在各国国际私法立法和司法实践之中的“最强联系说”“重力中心说”和“最密切联系说”等法律选择理论的思想渊源，都可追溯至“法律关系本座说”。而且，“法律关系本座说”所蕴含的多边主义思维大大促进了欧洲成文国际私法的发展。正因为此，萨维尼被誉为“现代国际私法之父”。

但萨维尼所秉持的“法律共同体”的观念过分高估了人类社会法律的趋同化水平，在相当程度上不切实际。而且，萨维尼判断法律关系的本座所在地的方法，又过分低估了人类社会法律关系的复杂性，有失于简单化。实际上，萨维尼所期望的国际协调目标，在很大程度上会被法律关系的复杂性和国际私法上的识别、反致以及公共政策等制度弱化。

（二）孟西尼的国籍国法说

自12世纪起，意大利一直处于分裂状态中。随着资本主义的发展，意大利的民族统一思潮日益高涨。16世纪的文艺复兴运动，揭开了争取民族独立运动的序幕。随着经济的发展，意大利出现了大批流向海外的移民，维护海外移民的利益成为重要的法律政策目标。[①] 在这样的背景下，孟西尼提出了“国籍国法说”。

孟西尼（1817～1888）是一位著名的政治家兼法学家。1851年在都灵（Turin）大学发表了题为“国籍乃国际法的基础”（Della nazionalità come fondamento del diritto gennti）的专题演讲，把民族利益置于十分重要的地位，推翻了此前历来以住所地法作为唯一属人法的主张，将国籍的地位提到了前所未有的高度，认为国籍是法律选择的最重要的基础。孟西尼将因对祖国效忠而产生的个人与国家之间的关联，看得至为重要。主权国家在制定法律时，主要考虑因素是国民的同根性，即语言、文化、社会性、种族以及宗教信仰的相似性，甚至气候、气温及所属国家土地肥沃的程度

① 参见韩德培主编：《国际私法新论》（上），武汉大学出版社2009年版，第59页。

也被包括在其中。相对于其他国家的法律而言，主权国家为其国民制定的相关法律无疑是更为理想的法律，而不论该国国民居住于何处。因此，凡是为个人利益所制定的法律，均应赋予其域外效力。即在有关人的地位、能力及继承等身份事项上，均应受当事人的国籍国法的支配。他的学说可以概括为三个主要的原则：(1) 国籍原则。按照这一原则，一个人无论走到哪里都应服从其本国法律的支配，因此，法院在审理涉外民事案件时，应尽可能地适用当事人的本国法。(2) 意思自治原则。即应该尊重人的自由，有关债权的法律关系，应适用当事人选择的法律。只有在涉及公共政策、主权及不动产权益时，属人法与当事人意思自治原则才能让位于属地原则。(3) 公共秩序原则。即旨在维护一国公共秩序的法律应适用于该国领域内的一切人，不管他是本国人还是外国人。①

孟西尼的"国籍国法说"对国际私法的贡献是显著的：第一，为格劳秀斯国际法中的国籍概念赋予新的内容，即将国籍国法原则提到了国际私法基本原则的高度；第二，丰富了属人法的内涵，在住所地法之外，将国籍法作为重要的属人法之一。"国籍国法说"反映了意大利人民要求国家统一、维护民族主权和保护海外移民、维系海外移民与祖国的联系的愿望，并且暗合了当时欧洲乃至世界其他国家风行一时的民族主义思潮。孟西尼的理论在民法法系国家得到广泛接受，可资佐证的事实是国际私法在19世纪大陆法系国家获得显著发展的同时，国籍原则也在很多欧洲国家的成文立法中得以确立。

但国籍原则也因其自身存在的一些缺陷而遭到学者们的批评。正如马丁·沃尔夫（M. Wolff）所说的那样："它（国籍主义）的浮夸华丽的言论，在'国籍、主权、自由'这些高唱入云的名词中显而易见，是很难感动冷静而头脑清醒的思想家的。"② 总体而言，"国籍国法说"遭遇的批评如下：其一，该原则容易导致公共秩序保留制度的过度扩张。如果用住所来取代国籍，运用公共秩序保留制度的迫切性就会大为降低。其二，该原则在实践中往往与属人法的目的相悖。属人法的目的主要在于保护当事人的利益，但对于身处外国的个人而言，使其个人利益仍然受已经离开的国家的法律支配，能否达到保护其利益的目的是值得怀疑的。③ 也正因为此，努斯鲍姆（Nussbaum）曾断言国籍原则不会在国际私法中繁荣太久。④ 其三，双重国籍和多重国籍等国籍积极冲突问题的增加，也进一步削弱了国籍作为连结点简单

---

① 参见［德］马丁·沃尔夫：《国际私法》，李浩培等译，北京大学出版社2009年版，第40~42页。

② 参见［德］马丁·沃尔夫：《国际私法》，李浩培等译，北京大学出版社2009年版，第42页。

③ See G. Reed, Domicile and Nationality in Comparative Conflict of Laws, 23 *U. Pitt. L.* 990 (1961 – 1962).

④ See A. Nussbaum, Rise and Decline of the Law – of – Nations Doctrine in the Conflict of Laws, 42 *Colum. L. Rev.* 203 (1942).

和易于适用的优点。因此，卡弗斯（Cavers）曾认为，随着交通技术的进步、劳动力资源的流动性增强，继续坚守国籍原则显然不合时宜。①

（三）斯托雷的属地法说

在美国独立前，殖民地法院在适用法律时享有相当大的自由裁量权，而不必因循英格兰法院的判例法。独立以后，私法的立法权属于各州，虽然同属于普通法系（路易斯安那州除外），但各州的成文法和判例法的分歧进一步加大，跨州法律冲突问题因而日益突出。自19世纪以后，大量移民涌入新大陆，不同国籍的居民间的民事纠纷大量产生，此外，随着资本主义工商业的发展，美国与世界各国交往更加密切，跨国法律冲突越来越多。② 在这种条件下，美国国际私法迅速发展起来。

撰写美国国际私法史上第一部冲突法专著的学者是利弗莫尔（Livermore，1786～1833）。在《论由不同州与国家实定法冲突引发之问题》（*Dissertations on the Questions Which Arises from the Contrariety of the Positive Laws of Different States and Nations*）一书中，利弗莫尔试图推翻胡伯的"国际礼让说"，并将"法则区别说"理论介绍到美国。但是，利弗莫尔对美国国际私法的影响十分有限。③

美国国际私法学说的奠基者是哈佛大学教授、美国最高法院法官斯托雷（1779～1845），他于1834年出版了《冲突法评论》（*Commentaries on the Conflict of Laws*）一书。斯托雷借鉴欧洲大陆的冲突法理论，运用普通法的归纳方法，研究了美、英等国的大量冲突法案例，系统地总结和阐述了解决法律冲突的方法。他承袭荷兰的"国际礼让说"，认为各国在其领土范围内享有绝对的主权和专属的法律管辖权，适用外国法是基于国家之间的礼让。

斯托雷也提出了解决法律冲突问题的三项原则：（1）基于主权原则，内国对境内的一切人、物及法律行为有绝对的支配权；（2）基于平等原则，一国法律不能支配其本国领域外的人和物；（3）一个国家的法律能在另一个国家发生效力，完全取决于另一国家法律上明示或默示的同意。

斯托雷的学说尽管与"胡伯三原则"有相似之处，但有新的发展：一是斯托雷进一步发展了荷兰学派的属地主义路线。他把国际礼让明确地表述为内国的自主决定，从而完全消除了国际礼让是一种国际习惯法上的义务色彩；二是在方法论上，斯托雷采用了普通法特有的案例分析方法，摒弃了欧洲大陆学者的理论演绎路线，通过大量的判例分析归纳出各种可以普遍适用的冲突规则。

---

① See D. Cavers, "Habitual Residence": A Useful Concept?, 21 *Am. U. L. Rev.* 476－477（1971－1972）.

② 参见韩德培主编：《国际私法新论》（上），武汉大学出版社2009年版，第62页。

③ Friedrich K. Juenger, *Choice of Law and Multistate Justice*, Kluwer Academic Publishers, 1993, p. 29.

斯托雷的学说不仅统治美国冲突法达一个世纪之久，还对英国冲突法学说的诞生产生了重大影响。《冲突法评论》一书被认为是国际私法领域“最有影响的著作”，至今仍然被视为西方国家国际私法的经典著作之一。[①] 斯托雷的学说不仅受到萨维尼等欧洲大陆学者的高度评价，更得到了戴赛等英国学者的广泛推崇。因而，斯托雷不仅是美国国际私法的开拓者，也是英美法系国际私法的奠基人之一。

（四）戴赛的既得权说

与欧洲大陆法律的多样性不同的是，英格兰拥有统一的法律制度，缺乏国际私法生存的土壤。对于因涉外交易所产生的纠纷，除非商事或海事法院享有管辖权，普通法法官不能审理此类案件。原因是法官需要在纠纷发生地的附近选择陪审团成员。由于外国人不能担任陪审员，故普通法法庭不得不以确定案件的事实实质性超出国界为由驳回起诉。这也使得英格兰法官常常拒绝审理涉外民商事案件，亦无机会处理法律冲突问题。[②] 正因如此，英格兰的国际私法理论起步较晚。工业革命前后，国际贸易和海外殖民的发展，促使英格兰法院不得不正视涉外民商事交流带来的法律冲突问题，这才形成了数量较多的冲突法案例。尽管如此，直到19世纪前半期，英格兰的国际私法学说和实践仍然深受斯托雷的影响。19世纪后半叶才形成了有别于斯托雷的学说，即“既得权说”（Doctrine of Vested Rights）。

“既得权说”的代表人物是牛津大学法学教授戴赛（1835～1922）。他在1896年出版的《法律冲突法》（*The Conflict of Laws*）一书中阐述了这一学说。该学说的核心是，法官的任务是执行自己所属国家的法律，不能适用外国法律，外国法律在内国不具有任何效力。但是应当承认当事人在外国根据当地法律所合法取得的权利，这种既得权是一种事实，必须予以尊重。戴赛的国际私法思想主要如下：（1）解决涉外民事争议时，首先应该确定英国法院是否有管辖权，只有在具有管辖权的前提下，才能谈得上法律适用问题；（2）凡依外国现行有效的法律取得的权利，一般应当予以承认，如果是依无效法律取得的权利，英国法院则不予承认；（3）依据意思自治原则，英国应当认可当事人自主选择的法律，决定他们之间的民事关系的效力。

戴赛的“既得权说”，本质上坚持的是严格的属地主义，不承认外国法律在内国有效，而只承认当事人依据外国法律已经取得相应权利的事实。这一学说与英国的国情相符。英国在海外拥有众多殖民地，在不承认外国法的域外效力的同时，又要求保护依外国法取得的权利，恰恰迎合了英国的海外殖民利益。“既得权说”是为了调和法律的属地性和适用外国法、保障国际民商事交往之间的矛盾而创造出

① See J. H. C. Morris, *The Conflict of Laws*, 4th ed., Stevens and Sons, 1993, p. 440.

② Friedrich K. Juenger, *Choice of Law and Multistate Justice*, Kluwer Academic Publishers, 1993, p. 22.

来的，但是这一理论却使其自身陷入了更大的矛盾之中。因为权利是根据法律产生的，若不承认外国法的域外效力，自然就不能承认依据该外国法产生的权利；相反，若要保护依照外国法已经取得的权利，也就无异于承认该外国法具有域外效力。戴赛坚持不能适用外国法，又要求承认和保护外国法创设的权利，无疑是自相矛盾的。①

不过，"既得权说"毕竟能够通过尊重既得权而对国际民商事交往起到一定的保障作用，在英美等重视法律属地性的国家产生了很大的影响。哈佛大学教授比尔作为报告人编纂的美国1934年《重述》，就把"既得权说"作为其理论基础加以全面推广，从而结束了斯托雷学说的统治地位。直到现在，保护既得权、维护国际民商事关系的稳定仍然是国际私法的重要目的和任务之一。② 此外，戴赛在其理论基础上，根据英国冲突法实践所归纳出的两百余条似成文法的规则以及对其中所蕴涵方法的说明，一直影响着英国国际私法的实践。

三、当代国际私法

进入20世纪以后，国际政治经济形势发生了重大变化。世界殖民体系瓦解，殖民地获得了独立，使得国际民商事交往主体的区域范围得以扩展；科技的发展和经济全球化的浪潮，使得国际民商事交往的广度和深度都大大提高。③ 在这样的历史条件下，国际私法学出现了许多重要的理论变革。特别是美国"冲突法革命"期间诞生的新理论对传统国际私法学说进行了激烈的批判和重构，在世界范围内产生了深远影响。

（一）英美学派

在当代英国，"既得权说"已经遭到抛弃。权威的国际私法学者莫里斯指出，英国法院适用外国法是为了在当事人之间维护公平，借以保护双方利益，而并非对

---

① "既得权说"也因此受到了库克等人的批判。原因如下：其一，"既得权说"会导致循环论证，只有事先明确用什么地方的法律来确定既得权是否完全取得，才能知道享有哪些既得权；其二，"既得权说"主张法律冲突情形下只存在唯一的管辖权，为了确定唯一的管辖权就必然会忽视法律内容、社会及经济等相关因素，从而导致规则的机械化；其三，"既得权说"依据的是全部事实发生在一国、诉讼发生在另一国的简单情形，对于事实发生在两个外国，或一部分发生在外国、另一部分发生在法院地的情形无法有效解决；其四，不可否认，法院可能基于多种原因拒绝执行外国法下原告的权利，尤其是在涉及公共秩序和法院地明确外国规则仅是程序规范的案件中。See J. H. C. Morris, *The Conflict of Laws*, 9th ed., Sweet & Maxwell, 2012, pp. 540 ~ 541.

② See Peter North & J. J. Fawcett, *Cheshire and North's Private International Law*, 13*th ed.*, Butterworths, 1999, pp. 20 ~ 21.

③ 参见韩德培主编：《国际私法新论》（上），武汉大学出版社2009年版，第63 ~ 64页。

外国人表示礼让或保护当事人的既得权。[1] 莫里斯在合同与侵权领域提出了“自体法”理论，该理论以最密切联系原则为基础，是英国对当代国际私法的主要贡献之一。英国另一位权威国际私法学者切希尔也抛弃了既得权理论，转而认为一国法官完全可以根据本国冲突法的指引适用外国法。[2]

从20世纪30年代开始，美国掀起了一场声势浩大的“冲突法革命”，从理论和方法两方面对传统的冲突法理论进行批判，要求抛弃传统僵化、硬性的规则，对长期以来被忽视的冲突法的价值进行理性分析，采用更加灵活、更富有弹性的法律选择标准。[3] 学者们纷纷提出各种激进的冲突法学说，呼吁用法律选择方法代替传统的法律选择规则。其中具有较大影响的有库克的“本地法说”、柯里（Currie）的“政府利益分析说”、卡弗斯（Cavers）的“优先选择原则”、艾伦茨威格的“法院地法优先说”、利弗拉尔（Leflar）的“法律选择的五点考虑”以及里斯（Reese）的“最密切联系说”等。

1. 库克的“本地法说”

美国现代实证主义法学派的代表人物库克（1878～1943）于1924年在《耶鲁法律评论》上发表了《冲突法的逻辑与法律基础》（The Logical and Legal Bases of the Conflict of Laws）一文，之后，在整理自己已发表论文的基础上于1942年出版了《冲突法的逻辑与法律基础》一书。库克在他的著作中明确阐述了被我们称为“本地法理论”（Local Law Theory）的思想。库克不仅批判了“法则区别说”，而且着重批判了“既得权说”，提出了一个更为保守的、比戴赛走得更远的“属地主义理论”。库克主张，应当彻底抛弃包括国际礼让说、既得权说在内的传统理论，强调一国法院在审理涉外民事案件时适用的是本国法而非外国法。即使在某些情况下适用外国法，也不过是将外国法合并到本地法中加以执行而已。[4] 库克的“本地法说”比戴赛的“既得权说”更为保守，认为内国法院承认与执行的，不但不是外国的法律，也不是外国法创设的权利，而只是一个由它自己的法律所创设的权利，即一个

① See J. H. C. Morris, *Conflict of Laws*, 3rd ed., London: Stevens and Sons, 1984, pp. 5–6.

② 参见韩德培主编：《国际私法新论》（上），武汉大学出版社2009年版，第65页。

③ 关于美国冲突法革命究竟始于何时，学者们众说纷纭。西蒙尼德斯（Symeonides）教授认为冲突法革命开始于20世纪60年代早期。布利梅耶（Brilmayer）教授认为美国冲突法革命有两次：第一次发生于20世纪30年代和40年代，以卡弗斯和库克对比尔美国1934年《重述》中的属地理论的批判为标志；第二次开始于20世纪50年代后期和60年代，以柯里提出“政府利益分析说”为标志。欧洲学者对此也是认识不一。希尔（Siehr）教授认为是富德（Fuld）法官在1963年的 *Babcock v. Jackson* 一案中的推理掀起了美国冲突法革命。维塔（Vitta）教授则认为冲突法革命从20世纪50年代开始主导美国的实践。韩德培教授主编的《国际私法》则认为美国国际私法革命兴起于20世纪60年代。

④ W. Cook, The Logical and Legal Bases of the Conflict of Laws, 33 *The Yale Law Journal* 469 (1923–1924).

内国的权利。

库克的“本地法说”贡献在于：一是冲破了传统概念的偏见，彻底批判了普遍的“国际主义思想”和“既得权学说”，检讨了传统冲突规范所存在的僵化性弊端，同时也揭开了美国国际私法革命的序幕；二是在研究方法上，将法律现实主义的思想引入国际私法领域。库克认为某一法律选择之所以正确，并不在于它符合某种固有的原则，而在于它代表了过去的司法态度，因而也就可以预示将来应该怎么做。[①]库克主张，不要从哲学家或法理学家的逻辑推理中去获得应适用的冲突法原则，而应该通过考察，总结法院在处理冲突时实际上是怎样做的，来得出应适用的规则，从而在美国开辟了以实用主义理论研究国际私法的道路。库克学说的用意，在于调和外国法的适用与领土主权学说。即一国法院依照其国际私法的指示而适用外国法，并无侵害内国主权的嫌疑，因为其适用的是本地法。库克的理论一方面有文字游戏之嫌，[②] 另一方面过分夸大了法律的属地性，把国家主权原则与在一定条件下适用外国法对立起来。因此，许多学者认为库克所鼓吹的是一种无益的滥调，与其说它是建设性的，倒不如说是破坏性的。

2. 柯里的“政府利益分析说”

时任美国杜克大学教授的柯里（Brainerd Currie，1912～1965）将自己曾经发表的论文收集整理，于1963年出版了《冲突法文集》（*Selected Essays on the Conflict of Laws*）一书，书中阐述了著名的“政府利益分析说”（Governmental Interests Analysis）。在美国“冲突法革命”期间，柯里是表现得最为活跃、最为激进的学者之一。

柯里认为，每一个国家的实体法都体现着一定的目的或政策，国家在实现自己法律的目的或政策的过程中，自然会得到一种利益。“政府利益分析说”正是要分析这种隐藏在法律背后的政策，再根据这种政策来分析其利益。他极力反对通过冲突规范来选择法律，而主张应以政府利益作为适用法律的唯一标准。他将法律冲突区分成“虚假冲突”（false conflict）与“真实冲突”（true conflict），指出如果法律相互冲突的两个州或多个州中只有一个州具有正当利益，而其他州无正当利益时，这种冲突就称为“虚假冲突”；而当两个或者两个以上的州在某类民事关系中都具有正当利益，而且这些州的法律规定相互冲突时，这种冲突就是法律的真实冲突。[③]进而，柯里主张在确定涉外民事案件的法律适用时，法院应当分析案件与哪一州或哪一国家有正当利益，来确定其应适用的法律。柯里的“政府利益分析说”针对“真实法律冲突”提出了法律适用的三点原则：第一，凡与涉外民事案件无正当利

---

① See Peter North & J. J. Fawcett, *Cheshire and North's Private International Law*, 13th ed., Butterworths, 1999, pp. 22－23.

② 参见刘铁铮、陈荣传：《国际私法论》，三民书局2004年版，第49页。

③ 参见韩德培、韩健：《美国国际私法（冲突法）导论》，法律出版社1994年版，第121～125页。

益的法院，应当适用那些有正当利益国家的法律；第二，如果有正当利益的国家中有一个是法院地国，则应适用法院地法；第三，如果有正当利益的均为两个外国国家，可以适用法院地法或法院认为应适用的有关外国的法律。由此可见，该理论实质上扩大了法院地法的适用范围。①

柯里认为，冲突规则是“概念式的”“非理性的”“冷酷无情的”“毫无用处的”。他极力主张将整个冲突法及其冲突规则一起全部抛弃。这一学说否定了冲突规范存在的必要性，并且断言“最好抛弃冲突原则”，“没有法律选择规则我们会更好些”。② 该学说对传统的国际私法持虚无主义观点，使得具有几百年历史的国际私法理论发生全面动摇，表现得过于极端。

该学说在国内外引起了强烈反响。这种比库克更为激进和极端的冲突法理论，遭到学术界的诸多批评。莫里斯认为，柯里的学说在英国可能带来诸多困难：一是冲突法涉及的往往是私人利益而非政府利益，冲突法背景下的政府在适用法律时是否真正享有利益是有疑问的，除非政府本身就是当事人一方；二是柯里的观点受美国宪法中的充分信任、正当程序、特权与豁免等影响，在缺乏类似制度规制的情况下，难以预见其理论的实施情况；三是拒绝承认法院有权衡量本州的利益与有关外州的利益、“温和有节制的解释”两种做法存在矛盾；四是过分倾向于法院地法和过分有利于原告，会使无论诉讼在哪一法院提起都应取得一致判决的目的难以实现；五是要求法院地的利益和外州的利益能被律师和法官轻易识别往往只限于简单案件中；六是在存在先例原则的情况下，无法期待法院抛弃法律选择规则而逐案采取政府利益分析方法。③ 我国台湾地区著名国际私法学者陈隆修教授也指出，对于除美国以外的地区而言，利益分析方法不易被接受，其原因在于外国法学者较美国法学

---

① 柯里在这一时期内的国际私法思想主要如下：（1）在国家制定的法律规范中，背后总是隐藏着立法者推行的某种政策，这种政策可能就是政府的“社会政策、行政政策、经济政策”。（2）立法者制定某一法律规范的目的，在于促使政府的某一特定政策得到实现。在这过程中，联邦国家或某州会得到一种利益，而这种利益显然是政府利益，而且必须是合法的或合理的。（3）法律冲突应分为“虚假冲突”和“真实冲突”两种情况。前者指政府之间形式上的法律冲突，即某个案件涉及两个国家的法律具体规定上发生的冲突，而两国的法律规定所体现的政府利益却不存在冲突；后者指政府之间实质上的法律冲突，即两国法律不仅在具体规定上存在冲突，同时两者所体现的政府利益也存在冲突。只有“真实冲突”才是真正体现政府利益的法律冲突，才发生法律选择问题。（4）法院在审理涉外民事案件时，解决法律冲突的最好方法，就是对政府利益进行分析。对于涉外民事案件中出现的法律冲突，如果是“虚假冲突”，就应该适用与政府利益涉及具有合法权益的当事人一方的法律；如果是“真实冲突”，而其中一个为法院地的，则应适用法院地法。当该案件涉及两国政府利益和法律，而法院地所属国为无利益的第三国时，则既可以适用法院地法，也可以适用法院地所属国的冲突规范指向的外国法，但不排除依正义原则，直到有人提出更好的解决办法为止。

② 参见许庆坤：《美国冲突法理论嬗变的法理：从法律形式主义到法律现实主义》，商务印书馆2009年版，第126页。

③ See J. H. C. Morris, *The Conflict of Laws*, 9th ed., Sweet & Maxwell, 2012, pp. 548 - 550.

者重视“国际礼让”，他们无法接受具有浓厚法院地沙文主义（forum chauvinism）的利益分析。而且事实上过度依赖“盲目审判地主义”，将会对整个国际私法本身的基础理论根据造成威胁。①

但也应看到，柯里在汇集和研究典型涉外民事案件的基础上，更为关注具体个案中所涉及的利益和政策问题，对于国际私法价值的实体化有所助益。正因如此，该学说对美国司法实践的影响相当显著，是晚近以来美国国际私法各种学说中影响最大的学说之一。

为回应国际私法学界的批评，柯里在晚年对其第一阶段的理论进行了修正。②主要体现在两个方面：第一，法院在认定或解释本国或本州法院地的政策及适用利益时，应考虑相关的外国或外州的与之冲突的政策或利益，并尽可能地对法院地国的政策或利益进行限制性解释，最大可能地避免“真实冲突”。而在其理论的第一阶段，法官首先只需单方面地考虑本国或本州的政府政策或利益，只有在本州不存在政府政策或适用利益时，才有必要去考虑其他州的法律政策及政府利益。第二，柯里对于法院无权衡量政府利益之间的“真实冲突”的观点有所缓和。他后期的理论重新赋予了法院衡量两种冲突利益的权力，即考虑竞相冲突的政府政策和政府利益，尽量对法院地法的政策和利益进行限制性解释。

3. 卡弗斯的“优先选择原则”

美国哈佛大学法学教授卡弗斯（1902～1986）于1933年在《哈佛法学评论》上发表了一篇题为“法律选择问题批判”（A Critique of the Choice－of－Law Problem）的文章，对传统的美国冲突法理论进行抨击。他认为，美国传统的冲突法只注重特定国家的法律是否具有管辖权（即该国法律应否支配或应否适用于特定民商事

---

① 陈隆修：《美国国际私法新理论》，五南图书出版公司1987年版，第50页。

② 1964年，柯里教授在去世前最后一次表述他的“政府利益分析说”：（1）当事人主张案件应适用与法院地法不同的外州法时，法院应探明相关各州法律所表达的政策，进而探明各州在适用其政策时所具有的合理的利益。在进行这些判断时，法院应采用通常的法律解释程序。（2）如果法院查明只有一个州在其政策适用于案件时具有利益，而另外的州没有利益，法院只应适用那个存在利益的州的法律。（3）如果法院查明两州的利益明显存在冲突，就应该重新审查，对其中一州的政策或利益进行更加温和的、限制性的解释，以期避免冲突。（4）法院重新审查之后，如果查明两州的立法利益无法避免冲突，就应适用法院地法。（5）如果法院地州不存在利益，但其他两州之间无法避免利益冲突，而法院又不能合理地撤销案件，法院就应适用法院地法，至少当法院地法与其中一州的法律相符时应该如此。另一种方法是，法院可以公正无私地运用自由裁量权裁定其中一州利益应作出让步，它相信有权决定利益高下的最高立法机关也会作出同样的取舍。（6）州际存在利益冲突的后果是，针对同一问题有不同的处理方法，而这些取决于诉讼在哪里进行。如果在具体问题上，即使各州判决的不一致严重损害了国家在判决一致性方面所具有的重大国家利益，法院也不应该改变初衷而牺牲本州的合法利益，而应该将问题留给国会，由国会根据充分诚信条款行使其权力，裁定哪个州的利益应该作出让步。See H. Kay, A Defense of Currie's Governmental Interest Analysis, 215 *Recueil des Cours* 76－77（1989）.

关系），而不关心冲突规则所指向的实体法的内容以及法律适用之后的具体判决结果，法院无视其所选择的法律内容将无法确保法律适用的公正性。他主张改变只作“法域选择”（jurisdiction selection）的传统制度，而代之以“规则选择”或“结果选择”的方法。卡弗斯为法律适用的结果提供了两条应遵循的标准：一是对当事人公正；二是符合一定的社会目的。①

1965年，卡弗斯出版了《法律选择程序》（*The Choice of Law Process*）一书，提出了7项解决法律冲突案件“优先选择原则”（the Principles of Preference）。这些原则分别就不同情况下的侵权行为及合同的法律适用问题，给出了解决规则。②

卡弗斯在批判美国传统国际私法理论的基础上，提出了一整套新的法律选择思路，“优先选择原则”对以后“最密切联系说”的最终形成产生了重大的影响，但也有明显的不足：一是该理论不能适用于美国州际冲突以外的国际冲突案件，因为适用机械性的法律规定，可使外国当事人受到平等对待。“自由裁量权只有在无私欲

---

① D. Cavers, A Critique of the Choice - of - Law Problem, 47 *Harvard Law Review* 173 (1933 ~1934).

② 七条优先选择原则的前五条是与侵权行为有关的原则，后两条则是与合同有关的原则。前五条为：（1）如果损害发生地法律比侵权行为人行为地法律或其住所地法律规定了更高的行为标准或经济保护标准，那么就应当适用损害发生地法律来解决有关案件中的行为标准以及经济保护标准问题。但这一原则的适用存在一种例外情况，即如果侵权行为人与受害人之间存在另一种特殊的法律关系，如婚姻关系等，则法院就应当放弃该原则，而适用调整当事人间特殊关系的法律来解决其间的侵权问题。（2）如果侵权行为人行为地或损害发生地法律规定了比受害人住所地法律更低的行为标准或经济保护标准，那么就应当适用侵权行为地或损害发生地法律来决定有关案件中的行为标准问题以及经济保护标准问题。（3）如果法律冲突存在于侵权行为地法律和损害发生地法律之间，对于侵权行为人对另一州或国家的原告所实施的可预见的损害行为，若侵权行为地已经实施了某种特别的控制，其中包括民事责任方面的制裁，那么就应当适用侵权行为地法律。即使损害发生地法律规定了比侵权行为地法律更低的行为标准或经济保护标准，也应当适用侵权行为地法律。（4）为了保护一方当事人，如果双方当事人之间某种法律关系的本座所在地法对另一方当事人所规定的行为标准或经济保护标准，高于损害发生地法所规定的行为标准或经济保护标准，那么应当适用法律关系本座地法律。但是，如果法律冲突存在于双方当事人属人法与损害发生地法或者双方当事人法律关系本座所在地法之间，那么就应当适用双方当事人属人法。（5）为了保护一方当事人，如果双方当事人之间的某种法律关系的本座所在地法对另一方当事人所规定的行为标准或经济保护标准，低于损害发生地法所规定的行为标准或经济保护标准，那么就应当适用法律关系本座所在地法。后两条为：（1）为防止无行为能力、疏忽、过失或不公平交易所产生的后果，如果一个州或国家的法律对缔结合同、转让或抵押财产的能力作了限制性规定，那么就应当适用这个州或国家的限制性规定，只要①被保护人在该州或该国有住所；②该州或该国是被确认的法律关系或者是被保护的财产利益中心地；③尽管缺乏第②项中所列的条件，却存在某种偶然或被操纵的以规避这种保护性法律的事实。（2）如果某一州际交易的当事人明确表示，与该交易有某种联系的特定州的法律应当适用于该交易，那么，只要该州的法律允许该交易实施，即使双方当事人住所地以及交易中心地都不在该州，也应当适用该州的法律。但①该交易同前条关于合同优先选择原则相抵触时；②该交易涉及土地转让并同土地所在地强制性规范相抵触时；③该交易涉及第三方当事人的独立利益时，该优先选择原则就不能适用。参见刘仁山：《加拿大国际私法研究》，法律出版社2001年版，第27~29页。

者手中，才是安全的工具，无私状态，可在联邦体系约束下的法院中，更快获得确信”。[①] 二是该学说会导致法院选择自认为合适的规则，有属地主义倾向。三是期望法院放弃几个世纪以来积累的经验以及传统的冲突法体系是不现实的。里斯教授曾指出，卡弗斯原则的主要困难在于，该等原则很难被正确说明或制定一项明确的公式……因此，我们不禁要怀疑期待法院制定“包含至少大多数部门的法律选择的确定原则”是否真能实现。[②] 但是，“优先选择原则”的最大价值在于能够避免“虚假冲突”。[③]

4. 艾伦茨威格的“法院地法优先说”

艾伦茨威格于1968年在海牙国际法学院对其“法院地法优先说”（Predominance of Lex Fori）作了较全面的概括。[④] 总的来讲，他认为，国际私法所赖以建立和发展的基础是优先适用法院地法，而外国法的适用只是例外。法律冲突的解决是法院地实体法的解释问题。也就是说，可以根据对法院地法的解释结果，来决定应适用什么法律。为了避免当事人由此挑选法院，艾伦茨威格提出了“方便法院”（forum conveniens）和“恰当法院”（proper forum）理论。

艾伦茨威格的理论是法院地法本位的体现，目的在于促成法院地法的适用。因此，该理论与冲突法的性质和目的是相悖的，不能用以解释冲突法发展的原因。而且，法律冲突问题的解决，不能以解决管辖权冲突的方法为基础。对相关案件所要适用的法律的确定，也不能等同于对“恰当法院”的确定。

5. 利弗拉尔的“法律选择的五点考虑”

1966年，利弗拉尔（Leflar）在《纽约大学法律评论》上发表了一篇文章，提出了“影响法律选择的五点考虑”（Five - Choice - Influencing Considerations）：（1）结果的可预见性；（2）州际和国际秩序的维持；（3）司法任务的简单化；（4）法院地

---

① 刘铁铮、陈荣传：《国际私法论》，三民书局2004年版，第50页。

② Willis L. M. Reese, American Trends in Private International Law: Academic and Judicial Manipulation of Choice of Law Rules in Tort Cases, 33 *Vanderbilt Law Review* 717 - 740 (1980).

③ See J. H. C. Morris, *The Conflict of Laws*, 9th ed., Sweet & Maxwell, 2012, p. 546.

④ 艾伦茨威格所概括的原则主要为：（1）对法院地实体法规范的解释，常常导致适用这些实体法规范，即使在涉外案件中也是如此；（2）法院地法适用于程序问题、案件事实的解释问题、行为标准问题、公共政策问题以及当事人协议的效力问题；（3）除国际条约以及联邦国家的宪法性规范外，对法律选择问题的解决是法院地法的职能；（4）必须将选择外国法与法院将其作为判决依据的事实而适用区分开来；（5）适用现行有效的法律选择规则时，要考虑到由于司法解释对事实的识别以及法院地法和准据法实质上的一致，或虽无这种一致，但可能导致一致结果等因素在实际中所带来的重大限制和改动；（6）如果没有确定具体的或日趋形成的法律选择规则，是否适用外国法的问题，必须由法院地的实体法规范来决定；（7）如果通过上述解释程序仍然不能推导出外国规则，就应当将法院地实体法规范作为剩余法律（residuary law）来适用。A. Ehrenzweig, Specific Principles of Private International Law, 124 *Recueil des Cours* 214 - 215 (1969).

政府利益的优先；（5）适用较好的法律规范（better rule of law）。[①] 由于利弗莱尔的第五点考虑是其理论的关键因素，因而人们常常将其理论概括为“较好法律方法”（Better Law Approach）。

利弗拉尔的理论在美国的法律选择实践中有较大影响。该理论不是通过分析各种法律冲突情况去建立一种理论体系，而是试图找出一些常出现并对法律选择起实际作用的因素，以便给法官在法律选择的过程中提供指导。但因没有一个普遍性的标准来判断法律的优劣，该理论也遭到了许多学者的诟病。

6. 里斯的“最密切联系说”

20世纪初，戴赛的“既得权说”流传至美国，在20世纪30年代，哈佛大学的比尔教授（1861—1943）出版了三卷本的《论法律冲突》（*A Treatise on the Conflict of Laws*），并负责起草美国1934年《重述》。美国法律选择的传统体系体现在美国1934年《重述》中。在该《重述》中，比尔教授始终贯穿并发展了戴赛的既得权理论，其核心是适用外国法的根据在于保护当事人已经根据该外国法律合法取得的权利。基于该理论，该书列举了许多僵硬的规则，同时配以一些例外矫正机制。[②]

1934年《重述》出台后，得到了美国大多数州法院的遵循，直到20世纪中期，美国法院在解决侵权法律冲突时仍奉行侵权行为地法。1934年《重述》有利于实现法律选择的可预见性和法院的中立性。通过适用几个简单、明确的规则，使得诉讼无论在何地提起，结果都是明确的。1934年《重述》的规则容易理解并方便适用，但法官们在实践中使用的一系列例外措施，实质上损害了法律选择的可预见性和法院的中立性。更严重的是，1934年《重述》中的法律选择规则，经常指向和争议没有任何利益关联的州的法律。因此，以概念主义为基础建造的大厦很快就暴露出其脆弱的本质结构来。这种由一套盲目的法域选择规则组成的结构，缺乏任何逻辑的推理和结果的验证，显然有悖于正统的解决跨州争议的方法。[③]由于上述缺陷，“美国冲突法革命”以摧枯拉朽之势猛烈冲击着比尔确立的冲突法规范体系，1934年《重述》成为众矢之的，最终促成了美国1971年《重述》的出台。

1971年《重述》的编纂工作开始于1953年，结束于1971年，是对美国1934年《重述》所遭受的尖锐学术批评的回应和普通法司法传统的回归。美国哥伦比亚大学教授里斯是美国1971年《重述》的报告人。他在当代美国学术界对传统冲突法进

---

① R. Leflar, Choice – Influencing Considerations in Conflicts Law, 41 *New York University Law Review* 282 – 302 (1966).

② See William M. Richman & William L. Reynolds, *Understanding Conflict of Laws*, 3rd ed., LexisNexis, 2003, pp. 179 ~ 202.

③ See Alan Reed, The Anglo – American Revolution in Tort Choice of Law Principles: Paradigm Shift or Pandora's Box ?, 18 *Ariz. J. Int' l & Comp. Law* 880 (2001).

行批评的浪潮中，没有根本否定以往的法律选择方法，而是在改善冲突规范机械、呆板缺陷的基础上，赋予其较多的灵活性和合理性。里斯认为，在进行法律选择时，要综合分析哪一个国家或地区与案件的各种因素和当事人有着密切联系，然后以这个国家或地区的法律作为准据法。在运用最密切联系原则时，里斯指出法院应当考虑如下因素：州际或国际体制的需要；[①] 法院州（或国）的相关政策；[②] 其他利益有关的州（或国）的相关政策；[③] 对当事人正当期望的保护；[④] 特定领域的法律所依据的政策；[⑤] 判决结果的确定性、预见性和一致性；应适用的法律应当易于查明和适用。[⑥] 最密切联系原则是美国1971年《重述》对冲突法做出的最大贡献。该书在侵权、合同、物权、代理与合伙、商业公司等重要的民商事领域，全面贯彻最密切联系原则，用以软化传统的依靠单一连结点来选择准据法的僵硬方法。但在实践中，美国各法院往往借现代方法之名，行扩张适用法院地法之实，抑制内外国法的平等地位。[⑦] 灵活的方法虽然为美国各州公共利益的实现和公平解决纠纷提供了理论上的可能性，但实践中容易造成法官在选择法律上的擅断，致使实体法上公正目标的实现大打折扣。方法论上的混乱使得法律适用的稳定性、连续性、统一性及可预见性荡然无存。有学者评论道："以该重述的方法来回应一场正在进行的、结果仍有疑问的革命，将注定是失败的。"[⑧]

经过10多年的理论沉淀和实践发展，进入20世纪80年代之后，各种激进的冲突法学说缺陷日益显露并逐渐遭到司法实践冷落，越来越多的学者开始重新检讨纯粹讨论法律选择方法的各种"新"学说，逐步认同传统冲突法规则在解决法律冲突中具有一些不可替代的优势。这种理论上的转型，导致美国近20年来出现了向冲突

---

① 是指选法规则应寻求各州间和各国间进一步的和谐关系，并促进它们之间的商业往来。

② 每一种法律规则，无论是制定法还是判例法，都是为了达到某些目的而设计的。因此，法院在决定适用内国法或外国法来解决争议时，需要考虑这些目的。对某一涉外案件适用某规则有助于这些目的的实现，就是做上述考虑的重要理由。

③ 法院地不仅应当考虑本身的相关政策，而且应当考虑所有其他利害关系的州或国家的相应政策，并寻求可使这些政策达到最协调状态的结果。

④ 一般规定，一个人依照某个国家的法律规定而为的行为，在另一国应当不会受到质疑。当事人可在限制下自由选择合同应适用的法律，法院应当适用该法律以维护当事人的选法自由，当事人的正当期望应当保护。但有时，特别是在存在过失时，当事人并没有考虑自己行为的法律效果或可能适用的法律，这时，当事人就没有正当期望要保护。

⑤ 有时，各利害关系法域的政策大部分相同，只有在相关地方法间有小的差别时，法院才有理由适用最能达到特定领域的法律所依据的政策。

⑥ 结果的确定性、预见性和一致性，在所有的法律领域都很重要，特别是在当事人可能事先考虑他们之间的交易效果的领域，例如合同和财产领域。将适用的法律易于查明是适用外国法的保障。

⑦ See Lea Brilmayer, *Conflict of Laws*, 4th ed., Little Brown, 1995, p. 203.

⑧ William M. Richman & William L. Reynolds, *Understanding Conflict of Laws*, 3rd ed., LexisNexis, 2003, p. 207.

规则回归的倾向。在1999年美国法学院协会冲突法分会年会上，理论界开始探讨编写《冲突法重述（第三次）》的问题。倡议编纂《冲突法重述（第三次）》的美国国际私法学者西蒙尼德斯（Symeonides）教授认为，国际私法存在五个基本主题：（1）多边方法、单边方法和实体方法三者的对立与共存；（2）确定性目标和灵活性目标之间的张力，以及法律选择规则和法律选择方法的对立与共存；（3）“法域选择”规则和“内容定向”规则或方法的对立与共存；（4）冲突正义与实质正义的两难困境；（5）国际一致性目标与保护国家或州利益之间的冲突。[①] 应该说，只要还有主权国家的存在，只要不同国家的法律还存在着差异，只要国际民商事交往继续进行，国际私法的立法者就不得不在这些困境中作出选择。

鉴于美国1971年《重述》在理论和实践上的缺陷，美国法学会已于2015年正式启动《冲突法重述（第三次）》的编纂工作，并任命宾夕法尼亚大学法学院的科米特·罗斯福三世（Kermit Roosevelt Ⅲ）教授担任重述的报告人，天普大学（Temple University）法学院的劳拉·利特尔（Laura E. Little）教授和加州大学埃尔文分校（University of California，Irvine）法学院的克里斯托弗·维托克（Christopher A. Whytock）教授担任副报告人。目前，美国法学会已经发布了《冲突法重述（第三次）（草案）》目录和侵权编草案。[②] 总体而言，草案中的侵权冲突规则采纳了分割方法，并呈现出由方法向规则回归的趋势。

（二）欧洲学派

20世纪60年代以后，美国“冲突法革命”（conflicts revolution）引起了欧洲大陆国际私法学者的关注，他们也开始对传统的国际私法理论进行审视和改良，并提出了一些颇有影响的理论。总的来说，对于美国现代冲突法革命中的激进学说，大多数欧洲学者持冷静观望的态度，反对彻底抛弃冲突规范与传统国际私法理论。在欧洲大陆学者提出的理论中，有影响的主要有以下几种：

1. 拉贝尔的比较法学说

比较国际私法学派的主要代表人是德国学者拉贝尔（Ernst Rabel，1874～1955）。拉贝尔在晚年完成的四卷本《冲突法：比较研究》（*The Conflict of Laws：A Comparative Study*）是比较国际私法学派目前为止最重要的代表作。其他重要学者还包括马丁·沃尔夫、康·弗鲁恩德、卡格尔以及温格勒等。

比较国际私法学派的理论出发点是，国际私法这个法律部门所要解决的是涉及

① 参见［美］西蒙尼德斯：《20世纪末的国际私法——进步还是退步?》，宋晓译，载《民商法论丛》2002年第3号（总第24卷），香港金桥文化出版有限公司2002年版，第362～467页。

② 来源网址：https：//www. ali. org/projects/show/conflict - laws/#_ status，最后访问日期：2018年1月26日。

不同国家法律制度的问题，因而各国不但要适用自己的内国法，也要适用外国的内国法；各国在考虑本国的冲突法制度时，也不能不考虑相关国家的冲突法制度，甚至在许多场合下（如反致、先决问题）还要适用别国的冲突规范；在保护自己的主权利益时，也要尊重别国的主权利益，以促进公正合理的国际民事关系的发展。他们特别强调采用比较的方法进行研究，以期发现各国冲突法制度的异同，并从中抽象出一些能被国际社会普遍接受的新的冲突规则，从而以签订国际条约的方式实现各国冲突法的统一。①

比较法学派在国际私法中具有重要地位并发挥着显著作用。在国际私法的统一化运动中，该派取得了令人瞩目的成就，如在海牙国际私法会议制定的一些条约以及欧盟冲突法的统一化进程中，都有其贡献。当然，比较法学派具有理想主义的色彩，法律比较的可行性程度有多高，值得怀疑。由于社会背景、司法制度、价值取向、法律文化的不同，寻求普世性的法律规则或更好的解决方案的理想，不一定能够实现。

2. 弗朗西斯卡基斯的“直接适用的法”理论

“直接适用的法”是当代国际私法领域比较有争议的理论，弗朗西斯卡基斯（Francescakis，1910—1992）是当代法国著名的国际私法学者，他于1958年发表了《国际私法上的反致理论与体系间冲突》一书，提出了“直接适用的法”（Loi d'application immédiate）理论。弗朗西斯卡基斯认为，国家为了维护整体的社会和经济利益，制定了一系列具有强制力的法律规范，用以调整某些特殊的社会关系。这些具有强制力的法律规范在调整涉外民事法律关系中，可以撇开传统冲突规范的援引，而直接适用于涉外民事法律关系。这种能被直接适用的法律规范就是“直接适用的法”。

“直接适用的法”理论的提出，是第二次世界大战后国家干预主义思想在国际民商事领域的反映，也是功能主义思想对欧洲大陆国际私法理论产生影响的结果。在历经半个多世纪的实践后，该理论虽然尚在发展中，但已对各国及相关国际立法实践产生了深远影响，且在调整涉外民事法律关系方面具有重要作用。②

一国制定的强制性法律规范直接用于调整某些种类的国际民事法律关系，从表面上看具有片面性，因为立法者的宗旨是维护自己的民族国家利益，但在一定情况下，它调整涉外民事法律关系的效果比冲突规范要好得多。原因是这种直接适用的法律可直接地促成内国立法政策的实现，而冲突规范选择的准据法则未必有利于法

① 参见韩德培主编：《国际私法新论》（上），武汉大学出版社2009年版，第69页。

② 刘仁山：《“直接适用的法”在我国的适用——兼评〈《涉外民事关系法律适用法》解释（一）〉第10条》，载《法商研究》2013年第3期。

院地国甚至该准据法所属国实体法的政策和目的的实现。该学说在调整方法论上采用了单边调整方法，具有较强的属地主义色彩。在国际私法经济格局出现区域化、一体化的当今世界，越来越多的国家主张以富有弹性的、开放性的冲突规范代替僵硬的、封闭性的法律适用规范，在这一历史潮流下，“直接适用的法”无疑容易引起争议。

3. 克格尔的利益法学理论

戈尔哈克·克格尔（Gerhard Kegel，1912~2006）曾任德国国际私法委员会主席，被誉为“德国当代国际私法的建筑师”。克格尔的主要贡献在于，创立并发展了国际私法中的“利益法学理论”。他的主要思想反映在其先后于1953年和1998年发表的两篇论文《国际私法中的概念法学和利益法学》和《国际私法与国际民事诉讼法关于实现判决的制度和利益》中。① 另外，克格尔的其他著述，也反映了他的利益法学思想。② 其利益法学思想主要可概括为以下几点：

（1）从“法则区别说”开始到“法律关系本座说”，国际私法一直是一种概念法学。如“法则区别说”以三个基本概念即“人法”“物法”和“混合法则”为出发点，通过将各种实体法规范归入这三个基本概念中来解决法律适用问题。之后的所有理论包括“法律关系本座说”，如萨维尼认为“本座”是法律关系根据其本性所服从或归属的某一特定的法域，基尔克认为“本座”是指法律关系的“重心地”，冯·巴尔则认为“本座”是“事物的本性”（natur der sache），等等，都是从概念法学出发，以建立体系化的法律适用方面的条文或制度。

（2）从上述以概念法学为基础的体系中可以发展出利益法学，并由此建立多种多样的连结点。国际私法中的利益法学，起源于人们对国际私法基本原则的探讨，但这些基本原则属于“法律的征兆”（rechtsanzeichen），不属于成熟的法律条文，只能在法律解释和法律发展中得到重视。这些基本原则就是利益，可划分为“政治利益”“当事人的利益”“实体协调的利益”“最小冲突的利益”和“可执行的利益”等。而国际私法应当考虑三种基本“利益”，即“政治利益”“实体协调”和“最小

---

① Kegel, *Begriffs – und Internationalen privatrecht*, in: FS Lewald (1953), pp. 259~288; *Das Ordnungsinteresse an Realer Entscheidung im RIP und im Internationalen Privatver fahrensrecht*, in: FS Ulrich Drobnig (1998), pp. 315–336. 转引自杜涛：《德国国际私法：理论、方法和立法的变迁》，法律出版社2006年版，第387~388页。

② 这些著述主要有：1955年为索伊格尔（Soegel）的《民法典评注》第八版撰写的国际私法部分、《国际私法》（2000年出至第八版）、《如履薄冰》、《祖宗之屋与理想之屋——传统国际私法与美国改革者的主要论点》、《国际私法的现状：理论与法律政策》以及《国际私法与比较法百科全书》第三卷“国际私法”的第一章“导论”和第三章“基本方法”。另外，克格尔还撰写有大量的关于国际私法改革尤其是国际婚姻家庭法改革的论文，以及涉及国际私法总论和分论的论著。参见杜涛：《德国国际私法：理论、方法和立法的变迁》，法律出版社2006年版，第387~389页。

冲突利益”。

（3）仅考虑上述三种“利益”是不够的，还必须考虑国际私法上的“公正”或“公平”。“公正”可分为“实体私法上的公正”和“国际私法上的公正”，前者是指适用事实上被认为是最好的法律，即本国法——任何一个国家都认为本国法律是最公正的；后者是指适用“地域上更好的法律”。这样，在需要适用外国法的情况下，国际私法上的利益就优先于实体私法上的利益。因此，不能通过衡量实体私法上更好的结果来确定准据法。否则，人们就会将实体私法上对公正的判断建立在法院地法的基础之上，或者对国际私法案件依照本国实体私法上的公正标准进行判决。国际私法上的“公正”包含当事人利益、交往利益和制度利益三种情形。当事人利益是指个体的权利能力、姓名、婚姻及继承等受有关法律支配时，该当事人就拥有利益，其利益受属人法的保护；交往利益即方便交往的利益，如对法律行为的形式而言，交往的利益即体现在行为地国家，所谓的“有利生效原则”便是交往利益的需要；制度利益包括判决的外在一致性和判决的内在一致性。前者要求实现所有国家间判决的一致，避免因各国国际私法的差异而产生判决不一致的弊端。该利益要求各国采用国际社会通行的连结点，选择可以执行的法律。后者要求实现同一案件在同一国家内部判决的一致，避免将不同的实体私法适用于同一法律关系时法律规范的重叠、空缺或抵触。

（4）国际私法上的利益存在两个例外，即“实体私法上的公正”例外和“本国权利利益”的例外。前者指国家实现其本国“实体私法上的公正”之利益超过实现“国际私法上的公正”利益时，就会根据公共政策条款排除国际私法规范的适用；后者指国家为了实现其本国的利益即“政治利益”和“经济利益”而适用所谓的“公共政策冲突规范”（kollisionsnormen des ordre public，亦称公法冲突法）。

克格尔的理论对我们从一个新的角度认识国际私法，并用以解决国际私法的相关具体问题具有一定积极意义。但仅仅依据利益分析方法是不能直接解决所有法律适用问题的。因此，20 世纪 70 年代以后，克格尔的理论在得到部分学者赞同的同时，也受到其他学者的激烈批判，该理论在德国国际私法的立法改革和司法实践中的作用较为有限。①

以上只是对英美和欧洲若干主要国际私法理论和学说的简要介绍。关于适用外国法的理由和方法还有许多的主张，例如法国巴迪福的“协调论”、德国弗兰根斯坦（Frankenstein）的“国际私法综合论”、德国齐特尔曼（Zitelmann）的“普遍主义国际私法观”等。

---

① 参见杜涛：《德国国际私法：理论、方法和立法的变迁》，法律出版社 2006 年版，第 397～406 页。

上述关于国际私法的学说，尽管形形色色，但都不外乎解决“为何要适用外国法”以及“如何适用外国法”这两个中心问题，分别涉及适用外国法的理由和方法。前者关注的是适用外国法的必要性和正当性，后者关注适用外国法的方法。这些学说不仅有巨大的理论意义，而且有重要的实践价值，它们进一步丰富了现代国际私法的理论，全方位推动着现代国际私法实践的发展。

第二节 国际私法的立法史

国际私法最初作为学说法，是以“法律科学”的学说形态表现出来的。直到18世纪，由于国家间经济贸易和人员往来的增多，产生了制定法律加以规范的需要，国际私法才逐渐走向成文化和法典化。本书将国际私法的立法史分为国内立法史和国际立法史分别阐述。

一、国内立法史

（一）1804年《法国民法典》

18世纪以前，除万民法之外，欧洲大陆也曾出现过一些调整涉外民事关系的法律规定，但由于规定简单以及涉外民事关系不甚发达，这些立法未曾产生较大影响。18世纪末19世纪初，意大利、法国、荷兰的“法则区别说”对欧洲国际私法的发展起了重要推动作用，同时也促进了欧洲成文立法的产生和发展。欧洲最早含有冲突规范的国内立法并非《法国民法典》，而是1756年的《巴伐利亚法典》和1794年的《普鲁士法典》。这两部法典首次接受了“法则区别说”的一些观点。这两部法典是欧洲历史上首次明文规定冲突规范的法典，在国际私法立法史上占有一定地位。但它们毕竟是处于没落阶段的封建王国的法典，无论从内容范围还是从立法技术上看，相关冲突规范既不够成熟，也不成体系。

在国际私法的立法编纂上，上述法典只是初步尝试。真正对后来国际私法立法具有重要影响的，应当是直接地继承了“法则区别说”的成果并对冲突规范规定得相对比较完整的《法国民法典》。特别是该法典第3条概括规定了自巴托鲁斯以来确定的人法与物法的原则，使国际私法的立法进入了新的阶段。该条规定：“有关警察与公共治安的法律，对住在法国领土上的一切人均有强行力。不动产，即使属外国人所有，仍适用法国法律。有关人之身份的法律，适用于全体法国人，即使其居住在外国亦同。”这一规定包括了三项内容：一是指出法国的公法规定，对于居住在法国的任何人有绝对效力，这是最早采用间接限制适用外国法以及确定公共秩序保留制度的先例；二是采用“法则区别说”的物法原则，即位于在法国境内的一切不动产物权关系，均受法国的法律支配；三是明确人法即有关个人权利能力和行为能力的法律，适用于包括居住在境内外所有的法国人，可以说是以国籍为因素的属人法开始隐现。

1804年《法国民法典》的问世，在国际私法的发展史上具有重大意义，主要表现在以下三个方面：第一，国际私法调整领域的扩大。《法国民法典》颁布之前，“法则区别说”主要处理一国内部各地区之间的法律冲突，而颁布《法国民法典》之时已经建立了统一的政权，各地方的法律得到统一，尚待解决的只是内外国的法律冲突问题。因此，《法国民法典》规定的冲突法原则，是真正国际意义上的国际私法。第二，本国法主义的诞生。《法国民法典》颁布之前，欧洲各国还处于混战时期，各国也还未建立起稳定的政治统治，主权国家和自然人国籍的概念还未确立，因此，整个“法则区别说”时期所适用的属人法实际上就是居民的住所地法。而《法国民法典》颁布后，属人法的含义进一步趋于合理完善，法律规定无论居住在国外的法国人，还是居住在法国境内的外国人，其身份能力一律适用当事人的国籍国法，本国法主义在立法上得以确立。第三，成文的国际私法规范的确立。以往的国际私法冲突规则一般反映在学说理论或者习惯法中，而《法国民法典》明确地规定了成文的国际私法的冲突法规则，为后来各国成文的国际私法的大量出现树立了典范。可以说，国际私法由学说法发展到制定法，是一个质的飞跃。

（二）1896年德国《民法典施行法》

萨维尼创立的“法律关系本座说”，在立法方法上为各国制定成文的国际私法提供了重要理论指导。1896年诞生并于1900年生效、共计31条的德国《民法典施行法》，是世界范围内第一部单行国际私法，在国际私法的立法史上具有重要地位。

受孟西尼“国籍法说”的影响，德国《民法典施行法》也沿袭本国法主义，国籍成为该法原则性的连结点，由此产生了不同于住所地法的属人法，尔后很快被欧洲大陆各国立法普遍仿效。德国《民法典施行法》改变了当时欧洲大陆各国民法典中冲突规范分散规定的体制，建立了系统和集中规定的体制。应该注意的是，《法国民法典》颁布后，冲突规范散见式的立法体系曾影响到奥地利、荷兰、意大利、葡萄牙以及西班牙等一些欧洲国家。但在形式上，1896年的德国国际私法立法开始从民法典中分离出来，确立了比较系统和集中的新体系，对波兰等其他国家的立法产生了重要影响。

（三）1898年日本《法例》

日本国际私法是在明治时期借鉴西欧法律的基础上发展起来的。日本曾在《法国民法典》的基础上，参照比利时及意大利民法典关于国际私法的规则，于1887年10月公布了《旧法例》草案。该草案与日本旧民法典一样，并未付诸实施。

1898年《法例》是根据《旧法例》草案修改的，穗积陈重、山田三良等学者对当时的国内法、诸条约中的国际私法规范进行了比较研究。1898年《法例》深受德国《民法典施行法》的影响，基本上参照了德国的立法体例，完全吸收了德国立法的内容，但在各项条款的规定上显得更为充实和完善，具有较高的立法水平。但是，日本立法并非单纯地继承德国法，同时也采纳了当时欧美国家最为发达的法理，因而得到了欧美诸国的积极评价。《法例》所规定的一些条款具有一定的开创性，而且在立法技术上多采用双边冲突规范。《法例》对周边国家如中国、泰国等产生了重大影响，使独具魅力的德国立法在亚洲得到广泛传播。

在《法例》颁行之后的100多年间，日本社会经济形势发生了显著变化，交通工具和通信技术飞速发展，人、物和信息的跨国移动大量增加，国际贸易的内容更为复杂和多样化，以财产法律关系为基础的国际纷争亦日益增多。因此，日本国内要求对《法例》进行全面修订的呼声日益增长。经过3年的工作，日本于2006年6月通过了《法律适用通则法》(2007年1月1日起施行)。《法律适用通则法》被以为实现了日本国际私法立法的现代化。尤其是以下五方面值得关注：第一，在合同法律适用问题上放弃了“行为地”这种僵化的客观连结点，引入了“最密切联系原则”和“特征履行理论”，使得合同法律适用的灵活性与可预测性得到较好统一。第二，出于保护弱者的目的，对某些特殊合同如消费者合同和劳动合同的法律适用作了特别规定。第三，在无因管理、不当得利、侵权的法律适用上，引入了“最密切联系原则”和“意思自治原则”，并对侵权法律适用规则的客观连结点进行了优化处理。在价值取向上，不仅追求保护受害人的客观效果，同时亦兼顾侵权人和受害人间利益的平衡。第四，对产品责任和侵害他人名誉或信誉等个别侵权行为作了特殊处理。第五，在债权转让的法律适用问题上，作了更加切合实际并妥当的调整。①

(四) 瑞士1987年《关于国际私法的联邦法》

国际私法法典编纂之前，瑞士国际私法立法形式分散，内容庞杂。其中，既有制定法规则，又有判例法规则和条约规则。制定法中最主要的是颁布于1891年《关于有住所或居所者民法关系的联邦法》，其适用范围狭窄，条文规定不足，已很难适应日益增长的国际民商事交往的需要。尤其是20世纪70年代以来，瑞士面对的国际民商事法律冲突和管辖权冲突的事件骤然增加，亟须一套成熟完善的国际私法制度加以调整。

瑞士联邦司法部于1973年成立了一个以维希（Vischer）为主席、以贝奇勒

① 参见向在胜：《日本国际私法现代化的最新进展——从〈法例〉到〈法律适用通则法〉》，载《时代法学》2009年第1期。

(Baechler)和沃尔肯(Volken)为副主席的特别委员会。该特别委员会随后被进一步分为六个小组，囊括了瑞士当时最为杰出的国际私法学者。该特别委员会的草案于1987年提交给瑞士联邦委员会，经过激烈讨论，该草案最终于1987年12月17日获得通过。[①] 瑞士1987年《关于国际私法的联邦法》有200多个条文，涵盖自然人、婚姻、亲子关系、监护和其他保护措施、继承、物权、知识产权、债权、公司、破产与清偿协议以及国际仲裁等问题。就涉及的内容来看，该法典是综合性程度最高的国际私法立法。

瑞士1987年《关于国际私法的联邦法》是欧洲第一部超越传统实体法和程序法划分的法典，并且将理论上被认为相互关联的三个议题——管辖权、法律适用及判决（裁决）的承认与执行——规定在同一部立法之中。该法典中的法律适用规范融合了民法法系国家的立法传统及瑞士立法的精确性风格，并且吸纳了美国国际私法新理论。正因如此，瑞士《关于国际私法的联邦法》被视为代表欧洲大陆国际私法法典化的最高成就。[②] 有学者也认为，在欧洲国家的国际私法法典编纂中，晚近最引人瞩目的事件即瑞士1987年《关于国际私法的联邦法》和意大利1995年《国际私法改革法》的制定。[③]

总体而言，当今国际私法的国内立法，在立法模式上，单行法或独立的法典化形式越来越普遍；在调整对象和适用范围上进一步扩大；在价值取向上，确定性和灵活性并重，政策考量以及结果选择越来越受到重视。

二、国际立法史

在各国制定本国国际私法规范的同时，统一各国国际私法的活动在20世纪也有了较大发展。欧洲比较国际私法学派的产生及其努力，一些国际组织在缔结统一国际私法条约方面所发挥的积极作用，都有力推动了统一国际私法的进程，并取得了前所未有的成果。这些统一国际私法的成果，主要表现在以下方面。

（一）区域性统一国际私法

1. 利马会议

利马会议是世界上第一次正式进行国际私法统一化的政府间国际会议。1877年12月9日，秘鲁政府向南美六国即阿根廷、玻利维亚、哥斯达黎加、智利、厄瓜多尔、委内瑞拉发出邀请，在秘鲁首都利马召开七国会议，讨论关于国际私法、国际

---

① Symeon C. Symeonides, The New Swiss Conflicts Codification: An Introduction, 37 *Am. J. Comp. L.* 187 - 190 (1988).

② Symeon C. Symeonides, The New Swiss Conflicts Codification: An Introduction, 37 *Am. J. Comp. L.* 187 (1988).

③ Francois Rigaux, Codification of Private International Law: Pros and Cons, 60 *La. L. Rev.* 1321 (2000).

商法、国际刑法以及民事诉讼冲突原则的统一问题。1878 年 11 月 9 日，与会各国通过了《关于建立国际私法统一规则的公约》，共 18 章 60 条，规定有关人的身份和能力、财产、婚姻、继承、法律行为等法律适用规则，以及涉外民事管辖权、涉外判决的承认与执行、涉外公证与认证等事项。由于该条约受《法国民法典》的影响，采用以本国法为属人法，一些坚持住所地法的国家对此予以保留。最终，除秘鲁外，其他六国均未批准该公约，公约未能生效。但它毕竟是世界上最早的一部综合性国际私法条约，在国际私法立法史上占有重要地位。

2. 蒙得维的亚会议

利马会议制定国际私法公约的失败，并未使拉美各国中止国际私法统一化的努力。在乌拉圭、阿根廷两国发起下，乌拉圭、秘鲁、阿根廷、玻利维亚、智利、巴西、巴拉圭等南美七国，于 1888 年 8 月 25 日又聚会于乌拉圭首都蒙得维的亚，先后制定了 8 项条约和 1 项议定书，即《国际民法条约》《国际商法条约》《国际刑法条约》《国际民事诉讼法条约》《专利权条约》《版权条约》《商标权条约》《选择职业条约》和《关于国际私法公约的附加议定书》。上述条约的特点是内容比较专一，得到了多数缔约国的批准。与前述《利马公约》不同的是，由于南美国家外来移民较多，为保护该国移民的利益，《蒙得维的亚条约》特别强调以住所地法为属人法，只有坚持本国法原则的巴西和智利未签署条约。1939 年 8 月至 1940 年 3 月，为庆祝南美洲国际私法第一届大会五十周年，蒙得维的亚会议再度召开。在 1888 年条约的基础上，扩充了《政治避难与庇护条约》《陆上国际商法条约》《国际商务航行法条约》，其他条约未作变动。由于意见分歧，只有阿根廷、巴拉圭、乌拉圭批准了后来扩充的 3 项条约。

3. 泛美会议

在蒙得维的亚举行的国际私法会议制定的条约，由于批准国不多，没有达到真正统一美洲国际私法的目的。为改变此种局面，在美国政府的邀请下，1889—1890 年在华盛顿召开了第一届美洲国家国际会议（即“泛美会议”），成立了美洲国家联盟，以促进美洲国家政治法律制度的统一化进程。泛美会议先后于 1889 年、1901 年、1906 年、1910 年、1923 年、1928 年在北美和南美国家召开了六届会议。1923 年以前的四次会议由于各国在住所地原则和本国法原则等基本问题上的分歧，在国际私法统一问题上裹足不前。值得注意的是，自第五届泛美会议起，开始制定在美洲具有重大历史意义的“泛美国际私法典”。第五届泛美会议成立了一个“国际法学家委员会”，并于 1924 年 12 月在利马召开临时大会，公开推举以古巴著名法学家布斯塔曼特（Bustamante，1856—1951）为首的法典起草委员会。布斯塔曼特总结了泛美会议在起草统一国际私法工作中的教训，拟订了新的统一国际私法的草案，经反复讨论并将拟成的法典草案提交 1927 年 3 月举行的“国际法学家委员会”讨论，但由于基本问题的分歧未能达成一致意见。同年4月，在里约热内卢召开了由各国派遣的法律专家参加的会议，经过一个月的热烈讨论，初步达成一致意见，并在1928年1月于古巴首都哈瓦那举行的第六届泛美会议上得以通过。为了纪念起草人卓越的工作成绩，该公约也称为《布斯塔曼特法典》。

《布斯塔曼特法典》分四卷共计437条，全面系统地规定了有关"国际民法""国际商法""国际刑法"和"国际程序法"等内容。巴西、委内瑞拉、智利、秘鲁、海地、玻利维亚、洪都拉斯、多米尼加、古巴、哥斯达黎加、尼加拉瓜、巴拿马、萨尔瓦多、厄瓜多尔、危地马拉等15国正式签署和批准了该法典，墨西哥、阿根廷、哥伦比亚、巴拉圭、乌拉圭等5国仅签署而未批准该法典，美国至今没有加入该法典。《布斯塔曼特法典》的制定，是美洲地区几十年来国际私法统一化运动的成果，在国际私法立法史上具有重大意义。此后，尽管在1933年和1938年先后召开过第七届和第八届泛美会议，其间还于1936年召开过泛美会议特别会议，但没有取得任何成就。

4. 美洲国家组织

1948年在哥伦比亚首都波哥大举行的第九届泛美会议上，正式成立了美洲国家组织。① 该组织的章程将"发展与编纂国际公法与国际私法"作为其任务之一。因此，美洲国家组织的成立是美洲地区国际私法统一化运动的重要事件。第二次世界大战结束后，该组织通过"美洲法学家委员会"于1950—1965年继续进行活动，共召开了五届会议，在研究和讨论货物买卖、司法协助等领域统一化问题的同时，亦完成了《布斯塔曼特法典》的修订工作。1971年4月23日，美洲国家组织在哥斯达黎加举行会议，决定今后将召开国际私法特别会议，全面开始美洲的国际私法统一立法运动。1975年1月在巴拿马城召开的第一届特别会议上，通过了《关于汇票、本票、发票的冲突法公约》《关于支票的冲突法公约》《美洲国际商事仲裁公约》《美洲请求司法协助公约》《美洲外国取证公约》《美洲在外国代理权公约》等6项公约。1979年4~5月在蒙得维的亚召开的第二届特别会议上，通过了以往讨论过的有关外国判决的承认与执行、民商事诉讼保全措施、外国法的证明与查询、支付中的支票法律冲突与统一、商业公司法律冲突与统一、国际私法的一般原则、国际货物买卖、水路运输及提单等议题的8项公约。1984年5月在玻利维亚召开的第三届特别会议上，制定了《关于收养未成年人冲突法公约》《关于法人资格和能力公约》《关于国外取证的附加议定书》《关于在国际范围内实现外国判决域外效力的

① 美洲国家组织是由美国和拉丁美洲的国家组成的区域性国际组织，其前身是美洲共和国国际联盟。该组织成立于1890年4月14日，1948年在波哥大举行的第九届泛美会议上改称现名。目前有35个成员国，并先后有70个欧美及亚非的国家或地区在该组织派有常驻观察员。参见 www. oas. org/en，最后访问日期：2018年9月5日。

管辖权公约》。1989年7月在蒙得维的亚召开的第四届特别会议上，通过了《交还被拐卖儿童的美洲公约》《美洲扶养之债的公约》《美洲陆地货物运输公约》。1994年3月在墨西哥城召开的第五届特别会议上，通过了《美洲国家间合同法律适用公约》《美洲国家间交还被拐卖未成年人公约》。

美洲国家组织统一国际私法的立法成果丰富，立法活动的进程较快，但还存在一些严重不足。从全美洲地区的立法来看，在体例上存在"布斯塔曼特"和"蒙得维的亚"两大派。前者追求一步到位的综合性法典式的条约，后者采取的是较切合实际的单行法式的协议。因此，后者在客观上分散了各国的精力，使其影响难以超越本地区的范围。从各类条约的内容来看，有的不属于国际私法条约，如《布斯塔曼特法典》中的第三卷名叫"国际刑法"，蒙得维的亚会议制定的公约中也有公法性质的《国际刑法条约》《政治避难与庇护公约》等。它不像海牙国际私法会议那样，后来演变成为世界性的国际私法组织。

5. 欧洲共同体框架下的统一国际私法条约

以1957年《欧洲经济共同体条约》（简称1957年《罗马条约》）为标志，欧洲经济共同体宣告成立。为了促进共同市场的形成，各成员国根据该条约的规定，通过彼此间的谈判和协商，陆续通过了一系列旨在统一国际私法规则的国际条约，其中取得巨大成功的主要有1968年《布鲁塞尔公约》、欧洲经济共同体各成员国以1968年《布鲁塞尔公约》为蓝本与瑞士、奥地利等当时尚未加入共同体的若干欧洲国家集体签订的1987年《卢迦诺公约》、1980年《罗马公约》。这些国际条约虽不是欧共体直接立法的产物，但都是根据1957年《罗马条约》的相关规定谈判缔结的，除1987年《卢迦诺公约》以外，缔约国也仅限于欧共体成员国，所以仍可被看作欧共体框架下的统一国际私法条约。在《阿姆斯特丹条约》于1999年5月生效之后，依据该条约第65条之规定，欧盟获得在民事司法合作领域的立法权能。欧盟国际私法能够以欧共体立法方式而非缔结条约的方式进行，从而使得欧盟国际私法成为欧共体立法的一部分。依据《阿姆斯特丹条约》修订的《欧共体条约》第65条之规定，为内部市场正常运作之需要，欧盟跨国民事司法合作领域的措施包括"改进和简化跨国司法和司法外文书送达、域外取证及民商事判决与非司法裁决的承认与执行""促进成员国冲突法和管辖权规则的一致性""消除影响民事诉讼正常进行的障碍，必要时促进成员国民事诉讼规则之一致性"。这一时期内具有代表性的欧盟国际私法立法包括以1968年《布鲁塞尔公约》为基础的2001年《民商事案件管辖权和判决承认与执行条例》、以1980年《罗马公约》为基础的2008年《合同义务法律适用条例》等。另一些则是欧盟直接制定的崭新的国际私法规则，如2003年《关于婚姻事项及父母亲责任事项的管辖权及判决的承认与执行条例》、2007年《非合同义务法律适用条例》、2010年《离婚和司法别居法律适用条例》、2012年《关于在遗产继承领域的管辖权、准据法、判决的承认与执行、公证书的接受与执行以及关于欧洲遗产继承证书的设立的条例》、2013年《关于相互承认民事保护措施的条例》、2014年《为促进民商事领域跨境债务追索而创设欧洲账户冻结令程序的条例》等。实践表明，欧盟立法权在国际私法领域的直接行使，取得了比以往更为丰硕的成果，加速了欧盟国际私法的统一化进程。

欧盟国际私法在欧洲国家法律体系的统一性与多样性之间，发挥着重要的协调功能。欧盟国际私法的立法浪潮，既反映了国际私法作为一种协调规则的特别技术之重要性，也证明了欧盟统一国际私法立法在内部市场的构建和运作方面所起到的积极作用。

（二）全球性统一国际私法

1. 海牙国际私法会议

意大利法学家孟西尼在世时便大力倡导通过国际条约的形式统一各国的国际私法规则。1881年孟西尼出任意大利外交大臣，重新提出召开国际会议，讨论国际私法统一问题。孟西尼在1888年去世后，这一工作由著名法学家阿瑟（Asser）在荷兰政府的支持下继续进行。1892年，荷兰政府接受阿瑟的建议，向其他欧洲国家发出邀请商讨统一国际私法事宜。次年召开了第一届海牙国际私法会议。此后又陆续召开了五届海牙国际私法会议，在民事诉讼、结婚、离婚、婚姻效力、监护、禁治产及类似保护措施等方面制定7项国际条约。[①] 1904年的第四次海牙国际私法会议首次有非欧洲国家（日本）参加，这被学者视为海牙国际私法会议超越欧洲的国际化之开端。[②] 而1905年的第五届海牙国际私法会议，荷兰政府为了扩大会议规模，再次邀请英国，并首次邀请美国参加。英国改变其以往态度接受邀请（但未派正式代表与会），而美国则因碍于会议所讨论议题多涉及州管辖范围的问题而未参加会议。[③] 值得注意的是，1928年的海牙国际私法会议已经开始讨论涉外商务问题，而不再局限于亲属、继承及民事诉讼之传统国际私法的范围，堪称海牙国际私法会议在立法主题上的一大突破。

第一次世界大战爆发后，受到持续紧张的国际关系的拖累，海牙国际私法会议陷入停顿，无所作为。“二战”结束后，海牙国际私法会议重新走上正轨，并且在1951年召开的第七届会议上通过了《海牙国际私法会议章程》，从以往的政府间国

---

① 具体包括1896年《关于民事诉讼程序公约》、1902年《关于解决婚姻问题法律冲突公约》、1902年《关于离婚与别居的法律冲突及管辖权冲突公约》、1902年《关于未成年人监护公约》、1905年《关于民事诉讼程序公约》（取代1896年公约）、1905年《关于婚姻对夫妻身份和财产效力的法律冲突公约》、1905年《关于禁治产及与此相类似的保护措施公约》。

② 参见韩德培：《海牙国际私法会议与中国》，载《武汉大学学报（社会科学版）》1993年第3期。

③ 李双元主编：《中国与国际私法统一化进程》，武汉大学出版社1993年版，第246页。

际会议形式正式转化为政府间国际组织，同时增加了许多非欧洲、非大陆法系的成员国，发展成为全球性国际组织。例如，1951 年英国政府终于正式派代表参加，开普通法系国家参会之先河。后于 1952 年成立了由大法官组成的国际私法委员会（The Lord Chancellor's on Private International Law），对国际私法统一之发展颇有影响。美国则于 1963 年正式成为海牙国际私法会议的成员国，结束其对海牙国际私法会议长期观望之态度。[①] 而且正是随着越来越多的英语国家加入海牙国际私法会议，自 1960 年起，海牙国际私法会议改变了以往将法语作为唯一工作语言的做法，将英语作为其第二工作语言。自此之后，海牙国际私法会议所制定的公约均采用法语和英语起草，从而提高了会议文件的准确性和丰富性。

海牙国际私法会议通常每 4 年由荷兰政府经各成员国倡议召开一次全体大会（plenary session），又称"外交大会"（diplomatic session），在需要时也可召开临时大会。会议通过的所有文件载入最后文件，由与会代表签署。截至目前，海牙国际私法会议已举行过 21 届外交大会。外交大会或理事会在外交大会闭会期间可设立特委会，负责准备公约草案或研究国际私法问题。2005 年 6 月 30 日，海牙国际私法会议第 20 届外交大会一致通过《海牙国际私法会议章程修正案》，该修正案于 2006 年 9 月 30 日由成员国批准，并于 2007 年 1 月 1 日生效。[②]

章程修正的主要内容之一是修改海牙国际私法会议各机构会议的议事规则。根据新的议事规则，以往简单多数通过的"表决制"被修改为"协商一致"，即所有决定均应尽最大可能在协商一致基础上作出，只有在不能达成协商一致的例外情况下，才按照原有规则表决通过有关决定；章程修改的重要内容之二是增加关于区域经济一体化组织参与海牙国际私法事务的规则。随着欧盟一体化进程的不断深化，欧盟成员国在海牙国际私法会议中有关管辖事项的权限逐渐转由欧盟行使。欧盟于 2002 年 12 月 19 日提出以"欧共体"这一"区域经济一体化组织"的身份加入海牙国际私法会议。而海牙国际私法会议原章程规定，该组织成员只能限于国家。如接受欧盟这样的国际组织成为成员，海牙国际私法会议章程必须修改。自 2005 年 6 月 30 日《选择法院协议公约》起，海牙国际私法会议开始在其制定的公约中增加区域经济一体化组织成员的规则。2007 年 11 月 23 日《关于国际追索儿童抚养费和其他形式的家庭抚养的公约》和《关于扶养义务法律适用的议定书》也规定了类似规则。新章程中增加：申请成员资格的区域经济一体化组织的条件必须是"其成员国

① 参见曾陈明汝：《海牙国际私法会议探微》，载《台大法学论丛》第 23 卷第 1 期。

② 中华人民共和国国务院 2006 年 9 月 7 日作出《关于决定接受〈海牙国际私法会议章程修正案〉的批复》（国函〔2006〕93 号），接受海牙国际私法会议第 20 届外交大会 2005 年 6 月 30 日通过的《海牙国际私法会议章程修正案》，经修订的《海牙国际私法会议章程》将同时适用于香港特别行政区、澳门特别行政区。见《国务院公报》2006 年第 32 期。

已将对本会议权限之内的事项的权力转交给该组织，包括在这些事项上可作出约束其成员国的决定的权力”，并且“任一申请成为成员的区域经济一体化组织应当在申请时提交一项权限声明，其中应说明其成员国已向该组织转交权限的事项”。在涉及表决权的行使问题上，“成员组织可以在其权限范围内行使相等于其成员国数目的投票权，但上述数目的该成员组织的成员国必须已注册参加会议和有权投票并且已就审议事项将其权限转交给成员组织。成员组织行使投票权时，成员组织的成员则不得行使其投票权，反之亦然”。①

章程修改后，2007年4月3日，欧盟作为区域经济一体化组织，正式以自己的名义成为海牙国际私法会议成员。截至2018年1月，海牙国际私法会议现有83个正式成员。② 我国于1987年正式加入了该组织。在统一国际私法、缔结国际私法公约方面，海牙国际私法会议是目前世界上最有成果和贡献最大的国际组织。

到2018年1月为止，各届会议共通过了包括国籍、外国人民事地位、婚姻家庭、继承、物权、交通事故、产品责任、国际民事管辖权、司法协助等39个统一国际私法条约和1项示范法，③ 对促进各国国际私法规范的统一，发挥了非常重要的作用。从海牙国际私法会议的发展趋势来看，近年来，海牙国际私法会议的立法日益突破传统冲突法这一范围，开始涉及民事诉讼程序甚至实体法方面的规范，而且立法重点也在由民事向商事方面转移，最后逐步走向解决民商事法律冲突问题的终极目标。如海牙国际私法会议2009年2月举行特委会讨论《关于向国外送达民事或商事司法文书和司法外文书公约》（以下简称《送达公约》）、《关于从国外调取民事或商事证据的公约》（以下简称《取证公约》）、《国际司法救助公约》和《取消外国公文认证公约》，会议通过的“结论及建议”中规定：关于海牙送达公约“民事

---

① 田立晓：《海牙国际私法会议及其公约的发展趋势》，载《政法论坛》2009年第3期。

② 截至2018年1月，海牙国际私法会议共有如下83个正式成员：中国、阿尔巴尼亚、阿根廷、澳大利亚、奥地利、白俄罗斯、比利时、波斯尼亚和黑塞哥维那、巴西、保加利亚、加拿大、智利、克罗地亚、塞浦路斯、捷克、丹麦、厄瓜多尔、埃及、爱沙尼亚、芬兰、法国、格鲁吉亚、德国、希腊、匈牙利、冰岛、印度、爱尔兰、以色列、意大利、日本、约旦、韩国、拉脱维亚、立陶宛、卢森堡、马来西亚、马耳他、墨西哥、摩纳哥、黑山、摩洛哥、荷兰、新西兰、挪威、巴拿马、巴拉圭、秘鲁、波兰、葡萄牙、罗马尼亚、俄罗斯、塞尔维亚、斯洛伐克、斯洛文尼亚、南非、西班牙、斯里兰卡、苏里南、瑞典、瑞士、马其顿、土耳其、乌克兰、英国、美国、乌拉圭、委内瑞拉、欧洲共同体、安道尔共和国、亚美尼亚、阿塞拜疆、布基纳法索、哥斯达黎加共和国、毛里求斯、菲律宾、摩尔多瓦共和国、沙特阿拉伯、新加坡、突尼斯、越南、赞比亚、哈萨克斯坦。其中创始成员有16个国家，包括：德国、奥地利、比利时、丹麦、西班牙、芬兰、法国、意大利、日本、卢森堡、挪威、荷兰、葡萄牙、英国、瑞典和瑞士。来源网址：https：//www. hcch. net，最后访问日期：2018年1月26日。

③ 该示范法是《国际商事合同法律选择原则》，其目的在于加强当事人意思自主，确保国际商事交易当事人所选择的法律在不违反明确限制性规定的情况下尽可能得以适用。参见刘仁山：《国际合同法律适用中“意思自治原则”的晚近发展——〈海牙国际合同法律选择原则〉述评》，载《环球法律评论》2013年第6期。

或商事”事项的范围问题，应当按照自主方式解释“民事或商事”，而不应排他性地指明由请求国法律或被请求国法律解释“民事或商事”。[①] 而且，海牙国际私法会议履约监督机制的设立，无疑更能促进海牙国际私法公约的实施。[②] 由此可见，海牙国际私法会议和海牙国际私法公约的相互促进和协调，必将极大地促进国际私法规则的统一。

海牙国际私法会议在2010年年度报告中确定其未来的工作方向和重点包括：(1) 2007年有关弱方跨国追索抚养费的儿童抚养公约的议定书之可行性；(2) 外国法内容的获取；(3) 判决项目的持续，即2005年海牙《选择法院协议公约》中未规定的当事人未作管辖法院选择时，判决的承认与执行问题；(4) 有关经济移民的法律问题；(5) 新议题：儿童问题（包括收养）的立法，特别是父母子女关系的准正，日益增长的跨国代理协议中产生的儿童保护及其他复杂国际私法问题，以及欧盟有关动产财产方面的准据法问题；(6) 其他方面：信息社会的国际私法问题，包括电子商务、网上司法和数据库保护，继承的管辖权、判决的承认与执行问题，未婚伴侣的管辖权、准据法、判决的承认与执行问题，以及有关证券利息的跨国法律问题的评估与分析，特别应考虑其他国际组织进行的相关工作。[③] 2017年发布的2016年海牙国际私法会议年度报告指出其四大任务：一是成为不同私法体系下成员协调关系、发展和实施国际私法普遍规则的重要场合；二是促进家事领域、儿童保护、民事程序和商法领域的司法合作；三是为了使成员利益最大化，为其提供更高标准的法律服务和技术支持；四是为成员提供更高质量的、容易获取的信息。[④]

21世纪之后，伴随着经济全球化和区域经济一体化的趋势，海牙国际私法会议的统一国际私法工作呈现出如下趋势：其一，海牙国际私法公约日益突破传统冲突法的范围，拓展至实体法规则与跨国司法与行政合作问题；其二，重视公约的实施与监督，并强调为公约的良好实施提供充分的指导；其三，强调发展无拘束力国际私法文件的重要性，以便更好地对多样性法律体系予以协调；其四，海牙国际私法会议注意强化与其他国内与国际组织和机构之间的沟通渠道与合作关系。

2. 联合国及其前身国际联盟

① 来源网址：http://www.hcch.net，最后访问日期：2018年1月26日。

② 近期的海牙公约日益强调公约的实际实施，强调履约监督的作用。一些海牙公约专门设立了履约监督机制，通过由海牙国际私法会议常设局和秘书长定期召集由缔约国参加的特委会，设立专门的机制负责根据公约规定审查公约的实施情况。最近的实例是2007年11月23日《关于国际追索儿童抚养费和其他形式的家庭抚养的公约》。公约要求定期召开特委会以审查公约的实际实施情况，实际上赋予了海牙国际私法会议常设局、秘书长和特委会作为公约的履约机构发挥履约监督的职能。参见田立晓：《海牙国际私法会议及其公约的发展趋势》，载《政法论坛》2009年第3期。

③ 来源网址：https://assets.hcch.net，最后访问日期：2018年1月26日。

④ 来源网址：https://assets.hcch.net，最后访问日期：2018年1月26日。

国际联盟和联合国都是规模最大的普遍性政府间国际组织。前者是在为结束第一次世界大战而举行的1919年巴黎和会上成立的，现今已不复存在。后者是于1945年成立的具有巨大影响的国际组织。与海牙国际私法会议从区域性的组织逐渐演变为全球性的国际组织的发展历程不同的是，国际联盟和联合国从一开始就是具有很大规模的政府间的国际组织。这两个重要的国际组织也制定了为数不多但有巨大影响的有关国际私法的公约。

在国际联盟的主持下，主要通过了1923年《关于承认仲裁条款的议定书》、1927年《关于执行外国仲裁裁决的议定书》、1930年《关于国籍法律冲突若干问题的公约》、1930年《关于本票、汇票的日内瓦公约》和1931年《关于支票的日内瓦公约》以及相应的两个冲突法公约。

联合国各机构中致力于国际私法统一工作的是国际法委员会以及联合国贸发会议和贸易法委员会等。联合国框架下订立的涉及国际私法的国际公约主要有1950年《关于宣告失踪者的公约》、1951年《关于难民地位的公约》、1956年《关于征收在外国抚养金的公约》、1957年《关于已婚妇女的国籍公约》、1958年《关于承认与执行外国仲裁裁决公约》、1961年《关于减少无国籍状态公约》、1965年《解决国家与他国国民间的投资争端公约》、1980年《联合国国际货物销售合同公约》、1989年《儿童权利公约》以及2008年《联合国全程或部分海上货物运输公约》（以下简称鹿特丹规则）等。

第三节　我国国际私法史

一、我国国际私法立法史

（一）古代国际私法

我国古代封建社会长达2000多年，在这一漫长的社会形态下，产生了个别类似于现代国际私法的规定。唐朝是我国封建社会繁荣的鼎盛时期。相比同时期的其他国家，唐朝对外要开放得多。贞观之治的盛唐时期，波斯（伊朗）、大食、大秦（东罗马）、林邑（越南）、骠国（匈奴）、天竺（印度）、泥婆罗（尼泊尔）、日本、高丽、百济、新罗等国和地区，就在唐代首府长安派有使节。阿拉伯人建立有伊斯兰教礼拜寺院，“玄奘取经”“鉴真东渡”和“丝绸之路”的开拓，使许多外国人来大唐朝拜、经商、传教和留学，从而不可避免地发生许多含有涉外因素的民事关系。公元651年唐朝制定的《唐律疏议》（《永徽律·名例篇》）曾规定：“诸化外人，同类相犯者，各依本俗法；异类相犯者，依法律论。”[①] 这一规定，实际上是冲突规范的雏形，而在同一时期的世界各国法律中，至今尚未发现类似的成文法规定。[②] 唐律关于化外人的规定，在我国历史上是最早的，在同时期的世界范围内也绝无仅有，体现了《唐律疏议》高超的立法技术和高度的概括性。

唐代的法律是诸法合一，刑民不分的。因此，这一法律适用规范，既适用于确定民事法律纠纷的法律适用问题，也用来确定刑事犯罪的法律适用问题。显然，唐律中只是含有民刑不分、不成体系的个别的法律适用规则，还不是现在意义上的冲突规则，故只能称之为国际私法的萌芽。这种把属人法原则置于一定地域的法律规定，一直沿用至宋代。其在调整我国古代封建社会经济繁荣时期的涉外关系方面，发挥了重要作用。到了明代，统治者则对唐代以来的法律适用原则作了重大修改，其法律规定："凡化外犯罪者，并依法律拟断。"清末著名法学家沈家本评论说："此条本《唐律》。唯唐律有同类、异类之分，明删之，则同类相犯亦以法律论矣。"[③] 由此可见，明代处理涉外法律纠纷的法律适用原则，已着重强调适用法院地法。其原因首先是明代长期面临外邦的侵扰，对涉外关系的法律适用，在思想上主要突出刑事法律的适用；其次属地主义取代属人主义而成为法律适用的唯一原则，这充分反映了统治者的保守和抑制涉外关系的法律思想。

（二）近代国际私法

北洋军阀统治时期，受改良派维新变法主张以及当时国际环境的影响，北洋政府于1918年颁布了《法律适用条例》。该法共七章，27条，内容包括总则、关于人之法律、关于亲族之法律、关于继承之法律、关于财产之法律、关于法律行为之方式之法律和附则。该法是我国历史上第一个国际私法单行法，与同期资本主义国家的国际私法单行法规相比，是条文最多、内容最详尽的法律之一。

从《法律适用条例》中的主要规定看，尽管其在原则、内容、体系等方面，客观上脱离了众多不平等条约严重侵蚀我国司法主权的实际，但从文字表述看，还是在坚持国家主权的基础上，平等地适用内外国的法律，内容比较丰富，体系也较为完整。但是，受限于时代背景，这部法律只是一纸空文。国民政府建都南京后，于1927年8月12日暂准援用1918年的《法律适用条例》。国民党当局败退

① 参见张晋藩主编：《中国法制史》，群众出版社1982年版，第214页。

② 如前文所述，在欧洲直到1756年的《巴伐利亚法典》才第一次有了成文的冲突规范。

③ 沈家本：《历代刑法考》，中华书局1985年版，第1806页。

台湾地区以后依然继续沿用，并从1953年起经过多次修改。① 这部法律没有产生多少积极的影响，仅有的价值是它是我国历史上第一部较为系统、详尽，全面规定涉外民事关系法律适用的成文法典。

（三）中华人民共和国国际私法

中华人民共和国成立时，人民政府废除了包括《法律适用条例》在内的国民党政府的《六法全书》②，开始建立社会主义的法律体系。但是由于极“左”思想和“法律虚无主义”的冲击，立法不受重视。直到1978年，十一届三中全会确定了进行经济改革、发展外向型经济、实行对外开放的基本国策，从此，我国政府开始积极致力于调整涉外民事经济关系的立法工作，制定的国际私法规范的种类和涉及的领域不断扩大，取得了前所未有的成果。在国内立法方面，调整涉外民事经济关系的法律规范主要有：

1. 外国人民事法律地位方面。主要有《宪法》第18条关于允许外国法人和个人来华投资的规定，第32条关于保护在华外国人合法权益的规定。其他还有1979年颁布的《中外合资经营企业法》（1990年和2000年两次修订）第1条、第2条，1982年颁布、2011年修订的《对外合作开采海洋石油资源条例》第4条、第5条，1984年颁布、2008年修订的《专利法》第18条、第19条，1982年颁布、2013年修订的《商标法》第17条、第18条、第25条，1993年颁布、2013年修订的《公司法》第十一章，2014年修订的《中外合资经营企业法实施条例》，等等。

2. 冲突法方面。主要有1983年民政部发布的《中国公民同外国人办理结婚登记的几项规定》，1986年的《民法通则》第八章，1992年的《海商法》第十四章，1995年颁布、2004年修订的《票据法》第五章，1995年《民用航空法》第十四章，1999年颁布的《合同法》第126条。2010年10月28日通过的《涉外关系法律适用

① 目前，在我国台湾地区施行的所谓“涉外民事法律适用法”（2010年），共计63条，除总则性规定之外，分别对人之权利能力、人之行为能力、宣告失踪与宣告死亡、法人及其分支机构、法律行为、代理、票据、证券、无因管理、不当得利、产品责任、不正当竞争、侵权、债、物权、婚姻、夫妻关系、父母子女关系、非婚生子女、收养、监护、扶养、继承、遗嘱等问题进行了规定。

② 《六法全书》是指民国时期国民政府的主要法规汇编。开始包括宪法、民法、商法、刑法、民事诉讼法和刑事诉讼法六项法律，后来将商法中的主要部分纳入民法，并以行政法取代商法。从当时《六法全书》汇编的体系上看，其广泛涵盖与之有关的其他单行条例和单行法规。

法》，则在健全我国国际私法立法体系方面迈出了可喜的一步。① 此外，还有国务院各部委颁布的有关规定以及最高人民法院颁布的若干司法解释。②

3. 国际民事诉讼方面。1991 年颁布实施、2017 年修订的《民事诉讼法》中的第四编“涉外民事诉讼的特别程序”，共计五章 26 条，较为集中地规定了我国涉外民事程序法的原则和内容。1999 年 12 月 25 日，第九届全国人大常委会通过了《海事诉讼特别程序法》。此外，最高人民法院还发布了一系列司法解释。③

4. 国际商事仲裁方面。主要有由中国国际贸易促进委员会设立的对外贸易仲裁委员会于 1956 年制定的《对外贸易仲裁委员会仲裁程序暂行规定》和海事仲裁委员会于 1958 年制定的《海事仲裁委员会仲裁程序暂行规定》。为适应我国涉外经济贸易关系不断发展的需要，国务院于 1987 年 6 月将中国对外经济贸易仲裁委员会改名为中国国际经济贸易仲裁委员会，并于同年 9 月通过了《仲裁委员会规则》，1994 年 3 月该会又对该规则进行了修改，并于 1996 年 6 月 1 日起生效。鉴于我国 1994 年《仲裁法》的颁布，中国国际经济贸易仲裁委员会于 1995 年 9 月再一次修改《仲裁委员会规则》，该《规则》于 1995 年 10 月 1 日起生效，而后又分别于 1998 年、2000 年、2005 年、2012 年、2015 年被多次修订。中国国际商会也分别于 1987 年、1994 年、2000 年、2004 年及 2014 年对《中国海事仲裁委员会仲裁规则》进行了修订。中国国际贸易促进委员会、中国国际商会还于 2005 年制定了《中国国际商会调解规则》。中国国际经济贸易仲裁委员会于 2000 年 12 月还成立了域名争议解决中心，并制定了《中国国际经济贸易仲裁委员会域名争议解决中心域

---

① 刘仁山：《中国国际私法立法应独立于民法典的编纂》，载《法制日报》2015 年 5 月 6 日，第 10 版。《涉外关系法律适用法》分为八章，共计 52 条。各章的具体内容为：第一章“一般规定”，共 10 条，作为总则部分，其赋予了当事人意思自治原则以突出地位，将最密切联系原则作为法律适用的补充性规则，同时明确规定某些强制性法律的直接适用、公共秩序保留、定性、外国法的查明等制度；第二章“民事主体”，共 10 条，其创新性地以经常居所作为主要连结点，分别规定了自然人和法人的权利能力和行为能力、宣告失踪和死亡、代理、信托等方面的法律适用；第三章“婚姻家庭”，共 10 条，分别规定了结婚、夫妻关系、父母子女关系、离婚、收养、扶养和监护等方面的法律适用；第四章“继承”，共 5 条，分别规定了法定继承、遗嘱继承、遗产管理及无人继承的财产的法律适用；第五章“物权”，共 5 条，主要对不动产和动产、运输中的动产、有价证券和权利质权的法律适用作了规定；第六章“债权”，共 7 条，分别就普通合同、消费者合同、劳动合同、一般侵权、产品责任侵权、网络侵权、不当得利和无因管理等民事关系的法律适用作出了规定；第七章“知识产权”，共 3 条，针对实践中发生较多的知识产权确权、转让、侵权等问题的法律适用分别作出了规定；第八章附则，共 2 条，主要为了避免造成新旧冲突规则并存甚至相互抵触的局面，规定了不同的冲突规则间的关系问题。

② 如 2015 年民政部《婚姻登记工作规范》、2004 年《关于贯彻执行〈婚姻登记条例〉若干问题的意见》、2012 年《法律适用法司法解释一》。最高人民法院颁布的涉及冲突规范方面的司法解释，见本书相关章节。

③ 这些司法解释既涉及国际民商事诉讼管辖、域外送达司法文书、域外取证以及外国民商事判决的承认与执行问题，也涉及中国区际民商事司法协助问题。具体文件及内容见本书相关章节。

名争议解决程序规则》。此外，最高人民法院还发布了有关国际商事仲裁的司法解释。①

在国际立法方面，我国加入了1958年《纽约公约》、1965年《送达公约》（于1992年1月1日生效）、1970年《取证公约》（于1998年2月6日生效）、1993年《关于国际收养方面的儿童保护及合作的公约》（于2006年1月1日生效）。此外，我国于2017年9月12日签署了2005年《选择法院协议公约》（该公约于2005年6月30日通过，2015年10月1日生效，目前我国尚未批准公约）。一些已经生效的海牙国际私法会议公约仍继续适用于中华人民共和国香港特别行政区和澳门特别行政区。②

此外，我国还与法国、波兰、比利时、意大利等36个国家签订了双边民商事司法协助条约。③

二、我国国际私法的学术史

（一）古代国际私法

远在我国古代国际私法萌芽时期，在《永徽律》颁布后的永徽四年即653年，司典大臣长孙无忌等19人便奉诏撰写《唐律疏议》，对《永徽律》逐条进行注释。就《名例律》中的“化外人相犯条”注释道：“化外人谓蕃夷之国别立君长者，各

① 如2006年《最高人民法院关于适用〈中华人民共和国仲裁法〉若干问题的解释》（以下简称《仲裁法解释》）。

② 1954年3月1日关于《民事诉讼公约》（自1999年12月20日起继续适用于澳门特别行政区）、1958年4月15日《关于承认与执行儿童抚养义务方面的判决的公约》（自1999年12月20日起继续适用于澳门特别行政区）、1961年10月5日《关于未成年人保护方面的机关管辖权和准据法的公约》（自1999年12月20日起继续适用于澳门特别行政区）、1961年10月5日《关于遗嘱处分形式方面的法律冲突的公约》（自1997年7月1日起继续适用于香港特别行政区）、1961年10月5日《取消对外国公文文书的认证要求的公约》（自1997年7月1日起继续适用于香港特别行政区，自1999年12月20日起继续适用于澳门特别行政区）、1965年11月15日《关于向外国送达民事或商事司法文书和司法外文书的公约》（自1997年7月1日起继续适用于香港特别行政区，自1999年12月20日起继续适用于澳门特别行政区）、1970年3月18日《关于在外国调取民事或商事证据的公约》（自1997年7月1日起继续适用于香港特别行政区，自1999年12月20日起继续适用于澳门特别行政区）、1970年6月1日《关于承认离婚和分居的公约》（自1997年7月1日起继续适用于香港特别行政区）、1980年10月25日《关于儿童国际诱拐的民事方面的公约》（自1997年7月1日起继续适用于香港特别行政区，自1999年12月20日起继续适用于澳门特别行政区）、1985年7月1日《关于信托法律适用及其承认的公约》（自1997年7月1日起继续适用于香港特别行政区）。

③ 根据外交部统计，截至2017年2月，我国已与70个国家缔结司法协助条约、资产返还和分享协定、引渡条约和打击“三股势力”协定共135项（108项生效）。其中民刑事司法协助条约19项（全部生效）、民商事司法协助条约20项（17项生效）。参见外交部网站：http：//www.fmprc.gov.cn，最后访问日期：2018年1月26日。

有风俗，制法不同。其有同类自相犯者，须问本国之制，依其俗法断之。异类相犯者，若高丽之与百济相犯之类，皆以国家法律论定刑名。”这就是说，外国人所属国的风俗习惯和法律都有所不同，如同一国籍的外国人之间发生的纠纷，须适用本国法；不同国籍的外国人之间发生纠纷，则以唐朝法律论处。

需要注意的是，清代以前，我国古代并没有国家主权的观念，内外的观念也并非现代意义上的内国与外国，化外人并不等同于外国人。《唐律疏议》的注释只是我国冲突法理论的最早形态，比意大利的后期注释法学派要早600多年。但是，当时这些见解比较原始，并且不成体系，因此不是现代意义上的国际私法。

自从唐宋以后，腐朽的封建专制制度和闭关锁国政策，严重阻碍了我国资本主义的发展。国际私法等法学领域的研究，与制定法一样基本处于停滞状态，直到清末才得以复苏。

（二）近代国际私法

清朝咸丰、同治年间，瑞士学者的《国际私法》（摘要）和美国学者的《万国公法》等译著开始出版。1862年后，又有英国学者的《公法总论》《各国交涉公法论》《各国交涉便法论》等译著问世。据说，所谓“交涉便法”，是指“两国人民交涉之事”，而“交涉公法则关系两国交涉之事”。[①] 由于《各国交涉便法论》被称为“交涉私法”，故可以说它是外国学者在我国出版的第一部国际私法著作。尔后，又陆续有国际私法的著作出版，如出版于1903年的李叔同、范吉迪各自翻译的《国际私法》，出版于1905年的曹履贞、夏同和、郭斌各自编纂的《国际私法》，出版于1907年的张仁静编纂的《国际私法》。1907年出版的还有袁希濂译的《国际私法》、傅疆编的《国际私法》、刘庚先和萧鸿钧合编的《国际私法》。此外还有1911年出版的李倬译的《国际私法》、熊元楷等编的《国际私法京师法律学堂笔记》等。上述各书多取于日文原文或者直接从日文原著译出。[②]

民国时期我国出版的国际私法书籍，据不完全统计，主要有1930年唐纪翔著的《中国国际私法论》、1931年周敦礼著的《国际私法新论》、1931年于能模著的《国际私法大纲》、1931年程树德著的《比较国际私法》、1933年阮毅成著的《国际私法》、1934年陈顾远著的《国际私法总论》、1935年翟楚编著的《国际私法纲要》、1937年卢峻著的《国际私法之理论与实际》、1948年郭云观撰的《中国国际私法沿革概况》、1945年李浩培著的《国际私法总论》以及王敏英编的《国际私

① 参见田涛：《国际法输入与晚清中国》，济南出版社2001年版，第103页。

② 参见刘正中：《晚清中国国际私法与日本》，载李双元主编：《国际法与比较法论丛》第9辑，中国方正出版社2004年版，第567～580页。

法》等。①

总的来看，民国时期的国际私法著作多属介绍性质的，承袭德、日、法等国的国际私法理论和学说，没有独创性的见解。体系大同小异，都由国籍与住所、外国人的民事法律地位、法律冲突三部分构成。同时，大多数学者都主张废除、取消外国人在华“领事裁判权”和“治外法权”。这些著作介绍了国际私法，有一定的学习和研究价值。

（三）中华人民共和国成立以来的国际私法

中华人民共和国成立后，国际私法的教学与科研在新的基础上，历经了一个艰难曲折的发展历程。国际私法的学术研究大致可分为三个大的阶段：起步阶段、停滞阶段和发展阶段。

1. 起步阶段（1949—1957 年）

中央人民政府成立后，宣布彻底取消帝国主义在我国的一切特权，废除了国民政府时期的旧法统，全面废除了《六法全书》。由于受西方国家的经济封锁，我国主要与苏联进行友好合作。1949 年后，在废除旧法的同时，我国以苏联法律和法学为模式，着手建立社会主义的法律体系和法律学科。1950 年，先后有数名苏联专家来华在中国人民大学讲授国际私法，培养了一批专门从事国际私法教学与研究的骨干。1951 年，由顾世荣翻译的隆茨的《国际私法》，是当时从外国引进的第一本国际私法教材。苏联专家的讲义、苏联的法学教材经过翻译、整理、改写，成为各大学统一使用的法律教科书，同时期我国学者也陆续翻译出版了一批苏联学者的国际私法论著。这样很多学校的国际私法教学与研究从无到有，在借鉴苏联国际私法的基础上逐步建立了中国国际私法的教学理论与体系，为国际私法的进一步发展奠定了基础，这使得我国国际私法进入取法苏联的时代。②

由于当时中国国际私法的体系、观点均只接受苏联的学说，完全排斥西方的学术观点，使得国际私法的研究受到了很大的限制。加之这一阶段我国的特定国情，导致国际私法研究特别强调社会制度和意识形态的对立，较少联系我国的实践。尽管如此，我国学者也编写了一些初步具有我国特色的国际私法教材，为进一步发展我国的国际私法学打下坚实的基础。

2. 停滞阶段（1957～1978 年）

中苏关系急剧恶化以后，在美、苏两个超级大国的双重压力下，我国外交步入低谷，涉外民事交往的空间相当狭小。同时，在极“左”路线的干扰下，我国整个

① 参见韩德培主编：《国际私法新论》（上），武汉大学出版社 2009 年版，第 78 页。

② 参见蔡定剑：《关于前苏联法对中国法制建设的影响——建国以来法学界重大事件研究》，载《法学》1999 年第 3 期。

法学界受到法律虚无主义的影响，国际私法作为适用外国法的一个法律部门更是受到严重冲击。研究机构被取消，政法院校被停办，图书资料散失各处。中华人民共和国刚刚建立起来的国际私法学处于风雨飘摇之中，国际私法的立法也没有什么发展，仅在我国同外国缔结的少数领事条约中含有一些冲突规范，以及外交部、民政部、最高人民法院的一些批复或解答中曾就个别涉外问题零星作出过一些规定。这一状态一直持续到1978年。

3. 发展阶段（1978年至今）

直到党的十一届三中全会决定实行改革开放政策以后，国际私法学才受到党和国家的高度重视。这时，对外开放中发生的种种国际私法问题迫切需要研究解决，中国国际私法学因而重新获得了发展的契机。经过40多年的努力，不但国际私法立法取得了长足进步，国际私法的理论研究也发展起来。

国际私法应当包含哪些内容，在我国国际私法学界引起了很大的分歧，形成了“小国际私法”“中国际私法”和“大国际私法”之争。“小国际私法”体系的学者根据传统的国际私法就是冲突法的观点，只探讨涉外民事关系的法律适用问题。此类著作主要是围绕冲突规范及相关制度的研究和各种涉外民事关系的法律适用两部分问题展开讨论的。“中国际私法”体系的学者认为国际私法包含外国人的民事法律地位、冲突规范和国际民事诉讼（含国际商事仲裁）三部分，并在此基础上构建国际私法的理论体系。“大国际私法”体系是中国国际私法学者的主流观点，认为国际私法应该由外国人的民事地位、冲突规范、统一实体法规范以及国际民事诉讼和国际商事仲裁四大部分构成。本书支持这种主张，并在第一章第二节作了详细论述。国际私法不同学术观点和理论体系的研究和讨论，极大地促进了国际私法的深层发展。

为了推动国际私法学的研究，1985年，在武汉大学韩德培教授的倡导下，部分研究国际私法的前辈学者在贵阳举行了全国第一届国际私法学术研讨会。1987年，在原国家教委和司法部的支持下，全国国际私法教学研讨会在武汉大学召开，会上正式成立了全国性国际私法学术组织——中国国际私法研究会（1994年改名为“中国国际私法学会”），此后学会坚持每年召开年会和专题研讨会。每届学术年会之后，学会将代表提交的质量较高的论文，汇编成论文集，公开出版。1998年学会开始创办大型学术刊物——《中国国际私法与比较法年刊》，在国内外享有很高声誉。

特别值得说明的是，中国国际私法学会组织中国国际私法研究者历经数年制定了《中国国际私法示范法》（以下简称《示范法》）。《示范法》六易其稿，于2000年8月由法律出版社以中英文出版。2004年7月，又由日本东京加除出版株式会社以日文出版，并广为发行。《示范法》由总则、管辖权、法律适用、司法协助和附则五章组成，共计166条，采用了法典式的立法模式，内容涵盖了现有的各种民商事关系，频繁采用选择性冲突规则和最密切联系原则，使得法律选择的方法更趋灵活和合理。《示范法》具有学术性、民间性、超前性的特点，是我国民间学术团体的一项研究成果，仅供我国立法机关、司法机关、政府有关部门和教学科研单位参考。《示范法》发表后对我国国际私法立法和理论研究产生了重要的影响和推动作用，也有利于我国国际私法走向世界。

在学术著作方面，1981 年，姚壮和任继圣合著的《国际私法基础》由中国社会科学出版社出版，这是新中国国际私法的拓荒之作。1983 年我国法学家韩德培教授主编，武汉大学出版社出版了中华人民共和国第一部《国际私法》统编教材。这些教材的公开出版为重新恢复我国国际私法打下了一定的基础。此后，我国国际私法的理论和研究不断取得丰硕成果，国际私法的专著、教材、译著和参考资料雨后春笋般问世。我国老中青学者在新时期，致力于我国国际私法学建设，取得了累累硕果，我国国际私法的学术研究步入发展轨道并逐步走向繁荣。

§思考题：

1. 试述“法则区别说”和“法律关系本座说”的内涵和贡献。
2. 简述现代英美国际私法的主要学说。
3. 如何理解我国是国际私法立法历史最悠久的国家之一？

第三章 冲突规范与准据法的确定

§学习目的与要求：

根据冲突规范的指引确定民商事争议的准据法，是解决国际民商事法律冲突的主要方法之一。通过本章的学习，学生应明确涉外民事法律冲突及其解决方法，系统理解冲突规范、系属公式和准据法的基本内容，掌握区际冲突、时际冲突、人际冲突以及先决问题的准据法确定的主要理论与实践。

第一节 法律冲突

一、法律冲突的概念

（一）法律冲突的含义

一般而言，法律冲突是指两个或两个以上的不同法律同时要求调整一个相同法律关系所产生的矛盾现象。在法律领域，法律冲突是普遍存在的现象。[①] 从法理学的角度来讲，法律冲突又称“法律抵触”。李浩培教授认为称“法律冲突”似乎太严重，还是称为“法律抵触”较为妥当。[②]

国际私法上所讲的法律冲突，主要是指法律适用上的冲突。不过学者们对法律冲突的理解各有侧重。英美学者大多认为，法律冲突是法官在法律选择过程中出现

① 参见黄进主编：《国际私法》，法律出版社2005年版，第10页。

② 李浩培教授认为：“法律冲突乃因内容不一致的两个或两个以上国家的法律同时适用在某一种涉外民商事关系上产生的法律抵触现象。”参见李浩培：《李浩培文选》，法律出版社2000年版，第3页。

的矛盾；欧洲大陆学者则认为，法律冲突是当事人义务不一致、法律规范不一致或者各国实体法差异的冲突。①

（二）法律冲突的类型

法律冲突的表现形式多种多样，依照不同标准，可对之作如下分类：

1. 以法律冲突发生的领域为划分标准，可以分为公法冲突与私法冲突。② 公法与私法划分，最早是由罗马法学家提出的。乌尔比安（Ulpianus）在《学说汇编》一书中指出："它们（意指法律）有的造福于公共利益，有的则造福于私人。公法见之于宗教事务、宗教机构和国家管理机构之中。"③ 查士丁尼也在《法学总论》里明确了这一划分："法律学习分为两个部分：公法与私法。公法涉及罗马帝国的政体，私法则涉及个人利益。"④ 公法一般包括宪法、刑法、行政法和诉讼法等；私法一般包括民法、商法等。公法冲突就是指那些保护社会公共利益的法律之间的冲突，而私法冲突是指保护私人利益的民商事法律之间的冲突。

传统观点一般认为，各国都不承认外国公法的域外效力。因此，公法不会发生法律适用上的冲突，只能说出现了法律规定的分歧。但是，随着当今国际交往的增多，各国也会在一定的条件下适用外国公法，由此也会产生公法适用上的冲突。如瑞士1987年《关于国际私法的联邦法》第13条规定，该法对外国法的指引，包括依照该外国法应适用于案件的所有规定。而对于外国法律的规定，不得仅因其具有公法性质而被排除适用。⑤ 但具有公法性质的外国法的适用，应受以下几个方面的制约：一是必须按照瑞士的法律观念，认为该强行法是合法且具有特别重要的利益；二是争论或待处理的问题与该外国强行法有着密切的联系；三是在适用时，还应考虑到该外国法的目的及其适用的结果。⑥

2. 以法律冲突的性质为划分标准，可分为空间法律冲突、时际法律冲突和人际法律冲突。空间法律冲突，即不同地区之间的法律冲突，包括国际法律冲突和区际法律冲突。其中，国际法律冲突即不同国家之间的法律冲突，它既包括法律制度总体在体系、结构、形式上的冲突，也包括各部门法具体内容上的冲突。区际法律冲突是指在一国范围内的不同地区法域之间的法律冲突，属于空间法律冲突的范畴。

---

① 参见张仲伯：《国际私法学》，中国政法大学出版社2007年版，第98页。

② 参见韩德培主编：《国际私法新论》（上），武汉大学出版社2009年版，第116页。

③ ［意］彼德罗·彭梵得：《罗马法教科书》，黄风译，中国政法大学出版社1992年版，第9页。

④ ［古罗马］查士丁尼：《法学总论》，张企泰译，商务印书馆1996年版，第5页。

⑤ 邹国勇译注：《外国国际私法立法选译》，武汉大学出版社2017年版，第379页。

⑥ 瑞士1987年《关于国际私法的联邦法》第19条规定："（1）以瑞士法律观念为合理且明显占优势的利益要求考虑本法所指定的法律以外的另一法律的强制性规定时，如果所涉及的情况与该另一法律有密切的联系，得考虑其强制性规定。（2）为决定前款所称的外国法的强制性规定是否予以考虑，应考虑其所达到的目的及其适用对于作出依瑞士法律观念为适当的判决所可能产生的后果。"

诸如美国、英国、澳大利亚、加拿大和中国等多法域国家，由于国内不同区域施行不同法律制度，便产生了区际法律冲突。尽管这个独特区际法律制度属于一国主权管辖之下的国内法，但各法域之间的法律仍然是平等的，并且，由这个国家制定统一的区际私法或者由各法域分别制定相应冲突法进行调整。时际法律冲突，亦称新法和旧法、后法和前法的冲突，即颁布的同一内容的法律的新法与旧法或前法与后法之间在时间效力上的法律冲突，是指某一法律关系产生后，由于一国在不同时期先后颁布的调整同一类社会关系的法律在内容上的不一致而产生的法律冲突，即新法与旧法之间的冲突。对于时际冲突的解决，各国的理论与实践普遍采取“新法优于旧法”“后法优于前法”和“法律不溯及既往”的原则，即时际私法的原则。人际法律冲突，是指在一个国家之内适用于不同民族、种族、宗教、部落以及不同阶级、阶层的人的法律之间的冲突。例如，在印度，在民事关系中，信仰印度教的人受印度教法的支配，信仰伊斯兰教的人受伊斯兰教法的支配，居住在印度的英国人则受普通法的支配。如果上述不同宗教教徒与英国人因民事纠纷发生诉讼，印度法院审决此案时就要以印度的人际私法为根据。一些欧洲国家的天主教徒、基督教徒及其与非教徒之间的通婚或婚姻方式的冲突，也往往采取人际私法解决。

3. 以法律冲突的效力为划分标准，可以分为平面法律冲突和垂直法律冲突。平面法律冲突，即发生冲突的法律处于同一层次、同一水平线上，甚至处于同等地位，如国际法律冲突、区际法律冲突；垂直法律冲突是指发生法律冲突的法律处于不同层次，它们之间的关系一般是上位法和下位法的关系，处于高层次的法律优先处于低层次的法律，如中央立法与地方立法之间的冲突等。

此外，还有学者依据法律冲突的表现形态，将其划分为积极法律冲突与消极法律冲突；以及依据法律冲突发生的阶段，将其分为立法冲突、司法冲突和守法冲突。

二、国际民事法律冲突

（一）国际民事法律冲突的含义

国际民事法律冲突，也称国际民商事法律冲突，是指某一民商事法律关系涉及两个或者两个以上国家的法律，因所涉各国法律对该同一民商事法律关系规定不同，且都规定要支配该民商事法律关系，由此所产生的法律适用上的冲突。例如，一对中国男女在西班牙缔结了婚姻关系成为夫妻，举行的是宗教婚姻仪式，尔后他们回我国定居生活，其婚姻是否有效？依照西班牙法律的规定，结婚应举行宗教仪式，该婚姻合法有效；而根据我国2001年《婚姻法》的规定，因该男女双方未到婚姻登记机关办理登记手续，该婚姻无效。① 这种对同一民事法律关系，适用不同国家法律会产生不同的结果的情形，就是法律适用上的冲突。

（二）国际民事法律冲突产生的原因

一般认为，涉外民事法律冲突是在以下因素共同作用下产生的：

1. 各国的民事法律对同一问题的法律规定不同

由于政治、经济、地理和民族传统等因素的影响，各民族国家从本国的利益出发制定相应的法律制度，调整社会经济关系。如我国 1986 年《民法通则》第 80 条第 3 款规定："土地不得买卖、出租、抵押或者以其他形式转让。"而 1942 年《意大利民法典》规定："自然人或者法人可以取得土地的所有权。"再如，通过信件达成的隔地合同，在确定其效力时，英美法系大多采用的是"发信主义"，即以承诺人发出承诺的时间为合同成立的时间；而欧洲大陆法系大多采用"收信主义"，即以要约人收到承诺的时间为合同成立的时间。因此，各国民事法律对同一问题的法律规定不同，是涉外民事法律冲突产生的前提条件。

2. 各国之间存在着正常的民事、经济和文化交往，产生了大量的民事法律关系

只有在这种国际民事交往中，民事法律关系才可能涉及不同国家的法律适用问题，进而产生民事法律冲突。例如，两个国家在某个时期处于政治上的对抗或者战争状态时，就难以存在正常的民事经济交往，也极少产生相应的涉外民事法律关系，由此产生的法律冲突自然并不明显。

3. 各国在一定条件下和范围内承认外国民事法律的域外效力

主权国家法律的效力通常可分为两个方面：法律的域内效力和域外效力。所谓法律的域内效力，是指该国法律管辖该国境内的一切人、物和在该国发生的一切事件；所谓法律的域外效力，是指该国法律可在其所属国境外产生的效力。按照国家主权原则，每个国家在制定自己的法律法规时，都有权确定其法律具有某种域外效力。国家对其法律域内效力的确定一般都能有效实施；然而，对其法律域外效力的确定，只有得到有关国家的承认或者认可，其法律才能在其领域外发生调整社会关系的作用。如果各国之间相互完全拒绝承认外国法律的域外效力，这种法律冲突便不会产生。但在实践中，现代各国为促进和加强国际关系，一般都在一定范围和条件下，承认外国法律在内国的效力。正是因为各国的相互承认，才产生了民事法律冲突。

上述三个条件，对于法律冲突来说，是缺一不可的。也就是说，这三个条件必须同时存在，才会产生法律冲突。

---

① 我国 2001 年《婚姻法》第 8 条规定："要求结婚的男女双方必须亲自到婚姻登记机关进行结婚登记。符合本法规定的，予以登记，发给结婚证。取得结婚证，即确立夫妻关系。未办理结婚登记的，应当补办登记。"依照这一规定，该婚姻当然无效。

(三) 国际民事法律冲突的解决

国际民事法律冲突的解决，一般有两种解决方法，即冲突法方法和实体法方法。

1. 冲突法方法

即在国内立法或国际条约中制定冲突规范来确定某类法律关系应该适用何国法，然后再依据该国的实体法来确定当事人的权利义务关系。就解决当事人实体权利义务而言，冲突法方法必须将冲突规范与其所指引的实体法相结合来确定当事人的实体权利义务。因此，冲突法方法并不直接规定当事人的实体权利与义务，所以也被称为间接调整方法。它是解决法律冲突最基本的方法和途径，可以适用于各种类的民商事法律冲突，适用领域广泛。但冲突法方法也有其明显局限性：由于其间接调整特点，本身缺乏明确性和可预见性。

2. 实体法方法

随着国际民商事交往的发展与深入，国际社会出现了直接调整民商事法律关系的国际条约，所以当代国际私法认为调整法律冲突的方法，除冲突法方法外还有统一实体法方法。这种方法是指通过有关国家之间缔结的双边或多边国际条约，直接规定国际民商事法律关系当事人之间的权利和义务。统一实体法规范明确规定国际民事关系当事人的权利义务，解决国际民商事法律纠纷，起到了避免和消除各国间法律冲突的作用。因此，被称为直接调整方法。从目前的理论和实践来看，它是解决国际民事法律冲突的一种直接的、有效的、理想的途径，但由于其适用领域有限[①]，并不能完全取代间接调整方法。

第二节　冲突规范

一、冲突规范的概念

冲突规范（conflict rules），又称为“法律适用规范”（rules of application of law）[②]、“法律选择规范”（choice of law rules）[③]、“连结规范”（connecting rules）[④]

① 从国际立法实践来看，统一实体法立法目前主要集中在国际商事领域，如1980年《联合国国际货物销售合同公约》，在婚姻、家庭、继承等传统民事领域，由于各国的历史传统和风俗习惯的巨大差异，至今尚未缔结统一实体法公约。

② 《法学词典》编辑委员会编：《法学词典》，上海辞书出版社1980年版，第474页。

③ 余先予主编：《国际法律大辞典》，湖南出版社1995年版，第329页。

④ 杜涛、陈力：《国际私法》，复旦大学出版社2004年版，第170页。

或“国际私法规范”（rules of private international law）①，是在国内法或国际条约中规定的，指明某一涉外民商事法律关系应该适用哪一国家法律或何种法律的规范。由于冲突规范传统上被认为是国际私法的主要规范，因此，狭义的国际私法规范就是指冲突规范。

冲突规范是一种特殊的法律规范，与实体法规范和程序法规范相比，存在如下特征：

第一，冲突规范并不直接规定当事人的具体权利和义务，仅起着选择某一实体法的作用。在调整涉外民商事法律关系时，冲突规范的作用或功能，就是选择某一特定实体法规范，由其选择的实体法规范确定当事人的具体权利和义务。也就是说，冲突规范只有和它所指向的特定实体法相结合，才能最终确定涉外民商事法律关系当事人的权利和义务。

第二，冲突规范是同实体法律规范、程序法律规范相并列的一种独特的法律规范。与实体法律规范不同的是，冲突规范不直接规定当事人的具体权利与义务；同程序规范的不同在于，它是用来指导法院或当事人如何选择和适用法律解决实体权利义务关系的一种特殊的规范。

第三，冲突规范对涉外民商事法律关系的调整是间接的，没有一般法律规范调整社会关系所具有的明确性和可预见性。冲突规范只能指出某一涉外民商事法律关系应该适用哪个国家的实体法规范。而确定当事人之间的权利和义务、指出当事人的行为的合法与否、如果不合法应承担什么样的法律责任等问题则都需要依照冲突规范指定的实体法规范来判断。从这个意义来说，它不同于实体法律规范，其本身不能确定当事人的权利与义务，只能起到间接的调整作用，因此在一定程度上缺乏实体规范那样的明确性和可预见性。

第四，从冲突规范的结构来看，它不同于其他法律规范。传统法律理论认为，一个完整的法律规范的逻辑结构应包括规范的适用条件、概括的行为模式和法律后果三部分；而冲突规范的逻辑结构由互为联系的“范围”和“系属”两部分构成，具有其特殊的结构形式。

二、冲突规范的结构

（一）冲突规范的构成

一般认为，冲突规范的结构由互为联系的“范围”（category）和“系属”（attribution）两个部分构成。“范围”是指冲突规范所要调整的某种涉外民事法律关系，即冲突规范所要调整的对象或者需要解决的法律问题；“系属”是指调整该类民事

① 张仲伯：《国际私法学》，中国政法大学出版社2012年版，第7页。

法律关系应该适用的法律。而对用来解决涉外民事关系的法律的确定或选择，是依据系属部分的连结点来实现的。

以瑞士 1987 年《关于国际私法的联邦法》第 35 条为例，我们来看冲突规范的结构。该条规定："民事行为能力，适用住所地法律。"在这一冲突规范中，"民事行为能力"即是该条冲突规范的范围；"住所地法律"即是该条冲突规范的系属。

（二）连结点

1. 连结点的含义

连结点（point of connect）是冲突规范的系属中的重要组成部分，也被称为"连结因素"（connecting factors）或连结根据（connecting ground）。所谓连结点，是指冲突规范的系属中将特定的涉外民事法律关系和某一特定地域的法律连接起来的"媒介"或"纽带"。或者说，连结点是指冲突规范赖以确定涉外民事法律关系应该适用某一地域法律的一种事实因素，它是冲突规范系属部分最为核心的内容。如美国 1971 年《重述》第 188 条规定："合同的效力依其缔结地法。"其中的"缔结地"就是该条冲突规范的"连结点"。

纵观各国的立法，常用的连结点有国籍、住所、居所、惯常居所、物之所在地、行为地、法院地、船旗国、船舶碰撞地、船舶扣押地以及仲裁地等。为适应处理日益复杂的涉外民事关系的需要，各国的立法实践中除了增加连结点数量的可选择性外，还出现了大量新的、较灵活的连结点，诸如"当事人选择的""与事实有最强联系的""与事件和当事人有最重要联系的"和"适用最有利的"法律等。随着互联网的发展和互联网案件的增多，网址也有成为处理互联网案件的连结点的趋势。上述发展，被学者称为对连结点的"软化处理"。

2. 连结点的法律作用

连结点的法律作用表现在两个方面：从形式上看，它是将冲突规范的"范围"所指明的涉外民事法律关系与一定地域的法律连接起来的媒介；而从实质上来看，连结点本身也反映了该种法律关系与特定地域的法律制度之间的内在联系。如"不动产适用不动产所在地法律"。这一冲突规范系属中的连结点——"不动产所在地"就反映了不动产所在地国家与不动产之间所存在的内在的实质联系。该不动产属于其所在地国家法律的管辖范围，因此，适用不动产所在地的法律。

3. 连结点的分类

依照不同的标准，连结点被划分为以下几组不同的类别。

（1）客观连结点和主观连结点。客观连结点（objective connecting factor）就是依照法律关系各要素中客观存在的事实、行为或事件来作为连结点。这类连结点主要有：国籍、住所、习惯居所地、物之所在地、行为地、义务履行地、法院地等；主观连结点（subjective connecting factor）则是通过一些抽象的概念，需要当事人或法官通过主观判断才能确定的连结点。当事人合意选择适用他们之间的法律，即“意思自治”，是最典型的主观连结点。此外，“最密切联系地”“有利原则”等，亦属主观连结点。

（2）静态连结点和动态连结点。静态连结点就是固定不变的连结点。这类连结点主要是不动产所在地以及过去的行为或事件的发生地。[①] 主要有：侵权行为地、合同缔结地、婚姻缔结地等；动态连结点是指其产生后可以人为改变的连结点。这类连结点主要有：国籍、住所、习惯居所、动产所在地、法人的管理中心所在地等。动态连结点具有灵活性，有时需要从时间上加以限定。我国《涉外关系法律适用法》有关法定继承之规定即为如此，[②] 该条就对“经常居所地”这个连结点进行时间上的限制，增强法律的明确性。

此外，有些学者还将连结点区分为单纯事实的连结点和法律概念的连结点，开放性的连结点和封闭性的“硬性”连结点等。[③]

4. 连结点的软化处理

在传统的冲突规范中，连结点往往规定得很硬性，某一类法律关系只规定一个连结点。但“二战”后，法律关系变得越来越复杂。例如在侵权行为领域，除一般侵权行为以外，还出现了产品责任、交通事故、环境污染、不正当竞争及网络诽谤等一系列复杂多样的侵权行为。在这种情况下，如果仍然沿用传统冲突规范中硬性的连结点，在法律适用中会发生困难与不便。因此，国际上出现了对连结点进行软化处理的潮流，使连结点由僵硬向灵活方向发展。最能体现这种发展方向的是美国1971年《重述》采用“最密切联系原则”作为其基本原则，来“软化”和取代美国1934年《重述》中传统的冲突规则。

从各国立法及国际条约来看，对连结点进行软化处理的方法主要有：采用意思自治原则、最密切联系原则；规定复数连结点（plural connecting factors），以提高可选性；采用分割方法等。对连结点软化处理反映了国际民商事关系发展的需求，也反映了冲突规范这种间接规范开始了内容导向或实体导向的转变。

三、冲突规范的类型

根据冲突规范的系属在连结点规定上的不同，可将冲突规范分为单边冲突规范、双边冲突规范、重叠性冲突规范和选择性冲突规范四种类型。

---

① 参见黄进主编：《国际私法》，法律出版社2005年版，第91页。

② 《涉外关系法律适用法》第31条规定：“法定继承，适用被继承人死亡时经常居所地法律，但不动产法定继承，适用不动产所在地法律。”

③ 参见韩德培主编：《国际私法新论》（上），武汉大学出版社2009年版，第132～133页。

（一）单边冲突规范

单边冲突规范（unilateral conflict rules），是指系属直接指出应适用某国法律的冲突规范。在立法技术上，这类冲突规范有三种形式：

1. 明确指出适用内国法

如我国1999年《合同法》第126条第2款规定："在中华人民共和国境内履行的中外合资经营企业合同、中外合作经营企业合同、中外合作勘探开发自然资源合同，适用中华人民共和国法律。"

2. 明确指出适用外国法

如1929年瑞典王国《关于外国仲裁协议和裁决的法律》（1976年生效）第2条规定："仲裁协议规定仲裁在一个特定的外国举行的，该外国法律适用于该协议。"①

3. 明确指出适用某一特定国家的法律

目前，该种单边冲突规范仅见于国际条约。如《苏联与比利时、卢森堡经济同盟临时贸易专约》第13条规定："关于苏联驻比利时商务代表处订立或担保的贸易合同的一切争议，没有关于司法管辖或仲裁的专门条款，应受比利时法院的司法管辖，并依比利时法律解决。"

单边冲突规范的立法模式，反映出该类规范具有这样一些特征：（1）它是在内国法和外国法之间作出明确的选择，从法律条文中即可得到适用内国法或外国法肯定的回答；（2）从逻辑上来看，单边冲突规范的"范围"是不完整的，它只规定一类法律关系的一个方面的法律适用问题，而对另一方面的法律适用问题不作任何规定；（3）单边冲突规范的适用，往往附有一定的条件，即在立法上将冲突规范的"范围"部分规定为特定条件下的法律问题。

在早期各国国际私法的立法中，单边冲突规范的数量较多，而且单边冲突规范更多地指向适用内国的法律。一方面，这明显地反映出在当时的国际民事经济关系中，多数国家对于国际经济的依赖程度较小，发展涉外民事经济关系的要求并不迫切；另一方面也反映了当时国际私法立法技术上的保守性。现代各国国际私法的立法实践表明，只有对某些在法律适用问题上需要从严掌握的涉外民事关系，才规定此类冲突规范。单边冲突规范作为冲突规范的一种类型，其数量虽逐步减少，但仍然存有价值。

（二）双边冲突规范

双边冲突规范（bilateral conflict rules），是指在系属中规定一个抽象的待推定的连结点，只有根据某一涉外民事关系的客观事实将连结点明确化之后，才能确定该民事关系应适用何国法律的法律适用规则。如瑞士1987年《关于国际私法的联邦

---

① 沈达明、冯大同：《瑞典的法律与仲裁》，中国对外经济贸易出版社1985年版，第208页。

法》第101条规定："因某法律行为而处于运输途中的货物，其物权的取得与丧失，适用目的地国法律。"[①] 在这条冲突规范中，要确定运送中物的物权取得或丧失应适用"目的地"国家的法律，这个目的地就是该条冲突规范的连结点，仅依法律条文是无法确定应依内国法或外国法的，只有结合具体涉外民事法律关系，即运送行为的目的地，才能确定具体民事关系应适用的法律。若该运送物的目的地为澳大利亚的悉尼港，则该涉外民事关系应适用澳大利亚法；若该运送物的目的地为日本的横滨港，则该涉外民事关系应适用日本法。

双边冲突规范主要特征为：（1）双边冲突规范的法律条文，是根据某一法律关系的本质特征来规定其系属的。某一具体涉外民事法律关系应依何国法律，还须由法律实施者根据涉外民事关系的具体法律事实予以确定。（2）从逻辑结构上看，双边冲突规范的"范围"部分对某一涉外民事关系的规定周延，而单边冲突规范的"范围"部分则是不周延的。从内容上讲，任何一个双边冲突规范都可分解为两个对立的单边冲突规范。（3）双边冲突规范在内国法和外国法律的选择上，体现了对等公平原则。双边冲突规范的系属规定更多的是分析涉外民事法律关系的内在本质，客观地规定各类涉外民事法律关系应适用的法律。

在各国的国际私法立法和国际条约中，双边冲突规范占主导地位，在国际商事经济领域尤其如此。从国际私法的发展来看，随着国际民事往来和国际经济联系的不断加强，不仅双边冲突规范在国际私法立法中的比重日益增加，而且其系属中的连结点在国际范围内也出现了趋同化倾向。

（三）重叠性冲突规范

重叠性冲突规范（cumulative conflict rules），是指对某些涉外民事法律关系的调整，在其系属中规定须同时适用两个或两个以上国家的法律来确定当事人之间的权利义务。如1902年海牙《关于离婚与别居的法律冲突和管辖权冲突公约》第2条第1款规定："夫妇非依其本国法及法院地法均许离婚时，不得为离婚之请求。"该条冲突规范指出，缔约国法院受理离婚诉讼，只有同时适用夫妇本国法和法院地法两个国家的法律，才能对其作出裁判。又如瑞士1987年《关于国际私法的联邦法》第135条第2款规定："基于产品的缺陷或有缺陷的产品说明而提出的诉讼请求应适用外国法时，不得在瑞士判给受害人除依瑞士法律因此种损害他可能会得到的损害赔偿金以外的其他损害赔偿金。"该条冲突规范指出，在瑞士提起的产品责任诉讼如果应适用外国法律，在确定损害赔偿金数额方面还需同时适用瑞士法律。

重叠性冲突规范的主要特征为：（1）重叠性冲突规范确定涉外民事关系应适用的法律，一般同时有两个或两个以上，而其他类型的冲突规范确定应予适用的法律

---

① 邹国勇译注：《外国国际私法立法选译》，武汉大学出版社2017年版，第397页。

则是单一的；（2）重叠性冲突规范所确定要适用的法律中，必然有一个为法院地国家的内国法律，这是各国国际私法的普遍做法和司法实践；（3）重叠性冲突规范反映了各国在某些涉外民事领域利益的分歧和立法上的尖锐斗争。无论是传统的婚姻家庭、继承等民事法律领域，还是涉外产品责任等商事领域，由于各国的民族传统、宗教信仰不同和经济发展的不平衡，在涉外民事关系与法院地国有联系，而且法院地国认为涉及本国的重要利益或政策时，法院地国都会力争适用本国法。因此，在立法者认为对某些涉外民事法律关系的法律适用应从严掌握时，在立法技术上往往采用这类冲突规范。

（四）选择性冲突规范

选择性冲突规范（alternative conflict rules），是指对某些涉外民事关系，可以在系属中规定两个或者两个以上的连结点，同时指向两个或者两个以上可适用的法律，最终选择一个适用于某一涉外民事关系的冲突规范。这类冲突规范，依据选择的方式，可分为无条件选择适用的冲突规范和有条件选择适用的冲突规范。

1. 无条件的选择性冲突规范

无条件的选择性冲突规范，也叫任意选择性冲突规范或者无序选择性冲突规范，它是指法律条文系属中所规定的多个可供选择的法律，不分主次先后，具有同等的被选择性，（法院和当事人）可任选其中一国的法律。如1986年7月25日立法修订后的德国《民法典施行法》第11条第1款规定："法律行为如果符合适用于构成法律行为内容的法律关系的法律所规定的形式要件；或如果符合法律行为实施地国家法律规定的形式要件，则其形式有效。"根据该条规定，某一行为方式只要符合其中任何一个法律所规定的形式，均为有效。又如1905年《海牙婚姻对夫妻身份和财产关系效力的法律冲突公约》（以下简称《关于婚姻效力的海牙公约》）第6条规定："夫妻财产契约方式，或依契约缔结地法；或依婚姻举行时为夫妇者各该本国法；或依婚姻存续中各该本国法，均为有效。"也是一条任意适用的选择适用的冲突规范。

该类冲突规范是各国认为对某些涉外民事关系需要宽松掌握时所采取的做法，也是"与其使之无效，不如使之有效"这一现代法律思想在各国国际私法立法中的体现。

2. 有条件的选择性冲突规范

有条件的选择性冲突规范，也叫有序选择性冲突规范，它是指冲突规范的系属部分指出两个或两个以上国家的法律，供法院和当事人进行选择，但这种选择适用有主次先后之分，只有在无前一顺序可选择时，才能选择下一顺序的法律。如2007年《土耳其共和国关于国际私法与国际民事诉讼程序法的第5718号法令》（以下简称《土耳其国际私法法令》）第15条第1款规定："对于调整夫妻财产关系所适用的法律，夫妻双方可在其结婚时的惯常居所地法或结婚时夫妻一方的本国法中作出明确选择。当事人没有选择的，适用夫妻双方共同的本国法，没有共同本国法的，适用结婚时夫妻共同的惯常居所地法，没有共同惯常居所地法的，则适用土耳其法。”[①] 这是一条典型的有条件的选择性冲突规范，法律实施者和当事人在选择适用法律时，必须依照条文规定的先后次序来选择法律。

选择性冲突规范主要特征为：(1) 这种冲突规范系属中规定的多个可供适用的法律具有可选择性，这使它与重叠适用的冲突规范区别开来；(2) 这类冲突规范的范围部分所涉及的涉外民事法律关系通常是各国认为属于非强制性的法律调整的范畴，如遗嘱的形式要件、外国人之间的婚姻关系或者国际商业领域的某些法律关系如合同的形式或者各国从积极意义角度给外国自然人和法人规定的民事权利等。

上述冲突规范的四种类型，不仅是国际私法立法技术上的反映，也是各国的国家利益、经济发展水平和民族传统等因素在法律上的反映。采用单边冲突规范，主要是为了防止立法外延的扩大，明确法律规定的准确性，对某类民事法律关系一个方面的法律适用作出直接的指定，而对另一方面的法律适用问题避免作出规定。双边冲突规范由于具有公平性和规范性，无论国际私法的国内立法还是国际立法，都是冲突规范的主体。重叠适用的冲突规范反映了各国国家民族利益的冲突，以及扩大本国法律的管辖范围和调整作用的立场；选择性冲突规范反映了各国积极促进国际民事经济往来，避免过于强调本国法律的片面作用而带来的负面影响，同时，随着国际经济联系的不断加强，选择性冲突规范的数量逐步增多。因此，冲突规范的四种类型实际上为各国发展涉外民事经济关系，在立法方面提供了不同的手段和工具，已被各国成功运用于国际私法立法之中。

四、系属公式

（一）系属公式的含义

所谓系属公式（formula of attribution），是指双边冲突规范中的系属固定下来，形成用以解决某些类型涉外民事法律关系法律适用问题的一般规则。从冲突规范的构成来看，系属公式是冲突规范的系属部分，也是对各类具体冲突规范“系属”部分的抽象或概括。系属公式需要同冲突规范的范围部分结合起来，才能构成完整的冲突规范。

理解系属公式应注意以下两个方面的问题：其一，系属公式的形成是长期实践的结果。即在长期的国际实践中，人们在某些民商事关系中对其应当遵守的法律有共同的认识，也是在长期民事行为过程中形成的习惯。如各类民商事关系的形式要件一般适用行为地法律。这些长期形成的习惯规则被各国立法和司法实践所接受而

---

① 邹国勇译注：《外国国际私法立法选译》，武汉大学出版社 2017 年版，第 292 页。

成为某一领域的一般法律适用规则。其二，系属公式是对各类双边冲突规范系属部分的抽象或归纳，并加以固定化，用以解决某些类别涉外民事法律关系的法律适用问题。如合同形式适用“合同缔结地法”、侵权行为适用“侵权行为地法”、婚姻的效力适用“婚姻缔结地法”等。

（二）常用系属公式

在长期国际民事经济交往的实践中，国际私法领域形成的常用的系属公式主要有：属人法、物之所在地法、行为地法、当事人合意选择的法律、法院地法、最密切联系地国法、旗国法等。

1. 属人法

属人法（lex personalis），是指以涉外民事法律关系当事人的国籍、住所或习惯居所地等为连结点的系属公式。它主要用于确定当事人的权利能力、行为能力以及身份关系等方面应适用的法律。属人法还可以分为自然人属人法和法人属人法两类。

从各国立法和司法实践来看，对于自然人属人法有着两种不同的规定和主张。一种是把属人法规定为当事人的本国法（lex patriae），即当事人的国籍国法律。这一法律上的主张最初被规定在1804年《法国民法典》中，尔后经过意大利国际私法学者孟西尼的倡导，该主张为欧洲大陆多数国家、南美等国家，以及亚洲部分国家的立法相继采用；[①] 另一种是把属人法规定为当事人的住所地法（lex domicilii），即当事人住所所在地国家的法律。在意大利后期注释法学派的杰出代表巴托鲁斯的“法则区别说”时代，他的“人法”适用当事人的住所地法，该住所地法原则长期为欧洲大陆国家普遍采用，只是在《法国民法典》施行之后，这些国家转而相继采用了以国籍为连结点的属人法主张，而住所地法原则现在主要通行在英、美等普通法国家。[②]

各国对属人法的不同主张和规定并非任意确定的，而是各国的政治经济条件和历史传统等因素综合作用的结果。以国籍为属人法最早出现在1804年《法国民法典》中，后为欧洲大陆法系国家采用。其主要原因是该时期欧洲国家的资本输出及向外移民呈上升趋势，将国籍作为连结点可以扩大本国法律的管辖范围，保护本国移民的利益。与此相反，以英国判例规则为基础的英美普通法系国家，一方面由于

---

① 这些国家主要有：法国、德国、意大利、比利时、荷兰、西班牙、葡萄牙、瑞典、希腊、芬兰、土耳其、日本、泰国、墨西哥、古巴、巴拿马、哥斯达黎加、委内瑞拉、埃及、叙利亚等。参见钱骅主编：《国际私法》，中国政法大学出版社1988年版，第53页。

② 我国1986年《民法通则》第143条规定：“中华人民共和国公民定居国外的，他的民事行为能力可以适用定居国法律。”该条文只规定了我国公民定居国外的，其民事行为能力可以适用定居国法律，而没有一般性地规定任何自然人的民事行为能力均适用定居国法律。由此可见，我国关于自然人的行为能力的冲突规则是倾向于以住所地为连结点的。

本国内部存在法律冲突的背景，另一方面基于大量移民进入的特殊情况，在属人法中规定以当事人的住所地为其属人法的连结点，不仅可以加强本国法律的属地效力，而且对于当事人进行民事经济活动极为方便，这对于商业经济的快速发展具有积极的促进作用。所以英美法系国家一般以住所地为属人法的连结点。

不过，从海牙国际私法会议新近通过的一系列条约和部分国家新近的立法看，自然人属人法连结点出现了多样化的趋势，即除国籍、住所外，还有居所、惯常居所以及行为地等。

伴随着国际经贸往来中大量出现以法人为主体的争议，有关法人法律适用的冲突也日益增多，法人属人法的概念也随之出现。法人乃法律拟制之人，故有关法人成立、组织结构、行为能力、内部关系等涉及法人本身特性的问题也应由法人属人法来决定。类似于自然人属人法的内涵，法人属人法即是与法人的某些本质特征相联系的国家之法律。从各国实践来看，法人属人法通常包括法人的国籍国法、法人登记地国法、法人的住所地法、法人的主事务地法等。一般认为，法人属人法支配的事项包括：法人的权利能力和行为能力、法人的成立和法人的性质、因法人的合并或与分立而产生的债务的继承问题以及法人内部机制与对外关系等。

2. 物之所在地法

物之所在地法（lex rei sitae），是指民事关系客体中的物所在地国家的法律。这一系属公式通常是用于确定涉外物权法律冲突中法律适用的一项原则。物之所在地法这一系属公式，起源于13世纪中叶意大利巴托鲁斯的“法则区别说”，当时作为法律适用的两大原则之一被确立。由于那个时期动产的数量较少，在人们的社会经济生活中还不具有重要意义，因此，早期“物之所在地法”仅指不动产物权的法律适用问题，而动产当时适用的是当事人的属人法。随着生产力及社会经济的发展，动产的数量不断积聚，在社会经济生活中的作用越来越重要，到了17、18世纪，资本主义经济迅速发展，动产大量流转，各国在“物之所在地法”规则中扩大了其适用范围，不仅不动产适用物之所在地法，动产也要受其所在地法的支配。因此，现代物之所在地法原则，既适用于不动产物权，也可适用于动产物权。

3. 行为地法

行为地法（lex loci actus），是指当事人的法律行为或非法行为发生地所属法域的法律。该系属公式来源于“场所支配行为”（locus regit actum）这一习惯规则，其主要用于解决法律行为关系方面的法律适用问题。然而，法律行为种类繁多，各种各样，这一系属公式便相应地包括以下种类：（1）合同缔结地法（lex loci contractus），是指当事人缔结合同所在地国家的法律，其通常用于确定合同方式、内容、效力等方面的法律适用问题；（2）合同履行地法（lex loci solutionis），是指履行合同义务所在地国家的法律，其通常用于解决合同履行过程中发生的法律适用问题，有时也可用于解决合同内容的法律适用问题；（3）侵权行为地法（lex loci delicti），是指侵权人加害行为地或损害结果发生地所在国家的法律，其通常用于解决侵权之债的法律适用问题；（4）婚姻缔结地法（lex loci celebrationis），是指婚姻登记地或仪式举行地所在地国家的法律，通常用来解决涉外婚姻方式、婚姻效力以及夫妻财产契约效力等方面的法律适用问题。

4. 当事人合意选择的法律

当事人合意选择的法律（lex voluntatis），是指涉外民事关系当事人双方协商一致选择的适用于他们之间民事关系的法律。它由16世纪法国学者杜摩兰在其《巴黎习惯法评述》一书中提出，被称为“意思自治”原则，主要用于解决合同的法律适用问题。在现代国际民事关系中，这一系属公式的适用范围在许多国家的立法和司法实践已扩大适用于动产物权、侵权（包括知识产权侵权）、协议离婚、夫妻财产协议、遗嘱继承、管辖权等领域。

5. 法院地法

法院地法（lex fori），是指对某一涉外民事关系行使管辖权的法院或仲裁机构所在地国家的法律。在各国的立法和司法实践中，该系属公式主要解决涉外民事关系司法程序方面的问题与识别问题等。在受案法院运用公共秩序保留制度或者应适用的外国法无法查明时也可能要适用法院地法。此外，一些涉外民事关系如某些公海范围的侵权，各国法律也规定适用法院地法。

6. 最密切联系地法

最密切联系地法（the law with which a relationship is most closely connected），是指与涉外民事法律关系具有最密切联系的国家的法律。该系属公式应用范围较为广泛。它来源于美国的司法判例，由纽约州法官富德（Fuld）1954年在“奥廷案”（Auten v. Auten）中首次采用，法学家里斯（Reese）在美国1971年《重述》中，对该原则作了完整的表述，这标志着最密切联系原则的确立。该原则在现代各国国际私法中占据重要地位。

7. 有利原则

有利原则（favor principle），是指在确定某些法律关系的准据法时，尽量选择对某一特定方当事人有利的法律。有利原则在诸多冲突规范中均有体现。例如，“有利于生效”（favor validitatis）、“有利于交易”（favor nenotii）、“有利于受害者”（favor laesi）、“有利于婚姻”（favor matrimonii）、“有利于离婚”（favor divortii）、“有利于儿童”（favor infantis）、“有利于承认”（favor recognitionis）等。有利原则主要运用于选择性的冲突规范之中，通过复数连结点的方式，由法官或当事人选择对其最有利的法律。在当今国际私法日益关注实质正义目标的情势下，有利原则作为系属公式得到更多采纳。

8. 旗国法

旗国法（law of the flag），是指船舶和航空器悬挂旗帜所代表国家的法律，这里的旗帜包括国旗和特定标记的旗帜。该系属公式主要用来解决船舶、飞机、其他运输设备或飞行器等的物权或侵权以及内部纠纷的法律适用问题。①

第三节 准据法的确定

国际私法的重要任务或者主要目的是解决国际民商事法律冲突。作为解决这种法律冲突的最为重要的方法之一是间接方法，即通过冲突规范的指引确定某一涉外民事法律关系应适用的准据法。正因如此，准据法的确定是国际私法上的重要问题之一。

一、准据法的概念

所谓准据法（applicable law，lex causae），是指冲突规范所援引的、用以确定某一国际民事法律关系双方当事人具体权利和义务的特定的实体法规范。这里的实体法不仅包括被冲突规范所指向的某一主权国家的实体法或者某一具有独特法律制度的“法域”的实体法，而且也包括被冲突规范指向的某一国际统一实体法条约或者国际惯例。

作为国际私法上一个特有的法律概念，准据法存在如下特征。

（一）准据法必须是经过冲突规范援引的实体法

某一实体法作为支配涉外民事关系的准据法，是特定冲突规范援引的结果。未经冲突规范的援引，该实体法是不能被称为准据法的。因此，冲突规范的援引是实体法成为准据法的前提，准据法则是实体法得到冲突规范援引的结果。

一般而言，相关争议解决机构在处理特定国际民事关系的争议时，用来具体解决国际民事法律关系当事人争议的法律主要有三种：第一，法院地国制定的直接调整涉外民事关系的国内实体法律规范，即“直接适用的法”。这类规范无须冲突规范的指引或选择，因此，其不属于准据法的范畴。第二，法院地国缔结或者参加的国际统一实体法条约或者直接适用的国际惯例。根据“条约必须遵守”和“国际条约优先”原则，就国际条约而言，对于缔约国之间的民商事法律关系，得直接适用这类规范。如果某一国际条约未经冲突规范的援引而直接适用于某一缔约国及其自然人或者法人的，则该国际条约就不是某一涉外民事关系的准据法。另外，一国法

① 我国《海商法》第270条规定：“船舶所有权的取得、转让和消灭，适用船旗国法律。”

院在国内、国际法律对某些国际民商事关系均无规定的情况下，可能会直接适用国际惯例，这些当然都不属于准据法的范畴。第三，由冲突规范所援引选择的某一特定的实体法规范。这类法律规范的适用是冲突规范的选择结果，是间接确定的，只有它才是国际私法所说的准据法。

（二）准据法是能够确定国际民商事法律关系当事人权利义务的实体法

从国际私法的角度来看，法律规范可以分为实体法、程序法和冲突法。其中，实体法是规定法律关系主体在一定的法律关系中的权利和义务的法律，如民法、刑法、婚姻法等。[①] 实体法可分为国内实体法和国际实体法。国内实体法主要包括成文法和判例法两种；国际实体法一般则包括统一实体法条约和国际惯例。只有实体法才能经过冲突规范的援引而成为某一涉外民事关系的准据法。因此，在接受反致、转致的情况下，内国冲突规范所援用的外国冲突法，就不能被视为准据法。但是，也不能简单地说能够确定当事人权利和义务的实体法规范就都是准据法，因为准据法必须要经过冲突规范的援引，也就是说当某一实体法被冲突规范选择出来确定某一具体民事关系当事人的权利义务时，该实体法所扮演的才是准据法的角色。

（三）准据法不是冲突规范逻辑结构的组成部分，而是特定的实体法

准据法是特定的实体法，就是说准据法不是法律制度或者法律体系的概称，而是某一法律制度或者法律体系之下的若干具体的法律规则。因此，如果冲突规范仅仅指明某一涉外民商事法律关系应当适用某国法或某国际条约或某国际惯例，并不能说准据法已经确定了。因为法官在处理某一涉外民商事案件时，不可能仅仅依据“中国法”或“美国法”就能裁判案件，而必须要结合案件性质和事实，依据该法中具体的法律规则或条文来处理案件。因此，适用准据法必须是该某国法或某国际条约或国际惯例中的若干具体的法律条文或规则。

二、区际法律冲突情况下准据法的确定

当一主权国家内存在数个具有独特法律制度的区域（即法域）时，就会产生区际法律冲突，此类国家被称为多法域国家或者复合法域国家。对某一涉外民商事法律关系，当冲突规范指明应适用某一外国法，而该外国是一个多法域国家时，就会产生要适用哪一法域的法律作为该民事关系准据法的问题。对此，各国通常有以下解决方法：

（一）根据多法域国家的“区际冲突法”或“区际私法”确定该国某一法域的法律为准据法

“区际冲突法”（interregional conflict of laws）或“区际私法”（interregional pri-

---

① 参见曾庆敏主编：《法学大辞典》，上海辞书出版社1998年版，第1153页。

vate law）是指用于解决主权国家内部不同法域之间民商事法律冲突的法律适用法。而根据多法域国家区际冲突法或区际私法的规定来确定准据法，就是借助准据法所属国的区际冲突法，来确定应以该国哪一个法域的法律作为准据法。如日本1964年《关于遗嘱方法准据法》第6条规定："……如遗嘱人国内法律不同时，依其国籍所属国规则所决定的地区法。"

（二）直接以冲突规范中连结点指定法域的法律为准据法

当法院地国的冲突规范指向某一多法域国家时，如果其系属中的连结点如住所、习惯居所地、物之所在地、行为地、营业地、注册登记地等在某一法域，法院就直接以连结点指定的特定法律为准据法。如果冲突规范系属中的连结点是国籍时，西方多数国家的立法及判例采用的做法是：若当事人在该冲突规范指定的国家内设有住所的，则以该住所地法为准据法；如果住所不明或者不能确定的，则以最后住所地法或者该国首都所在地法为准据法。①

（三）综合方法

即将上述两种方法结合使用的方法。有些多法域国家制订有解决国内区际法律冲突的冲突法规则，它的作用就是解决这类法律冲突的，如果其他国家的冲突规范指向该国，可首先依照该国的区际冲突法确定准据法，如果被指定国无区际冲突规则，则可直接依照法院地国家冲突规范系属中的连结点的指引。如奥地利1978年《关于国际私法的联邦法律》第5条第3款规定："如果外国法由几部分法域组成，则适用该外国法规则所指定的那一法域的法律。如无此种规则，则适用与之有最强联系的那一法域的法律。"

目前在各国的立法和司法实践中，采用这种综合方法的国家越来越多。在我国，关于如何确定区际私法下准据法的问题，《涉外关系法律适用法》第6条规定："涉外民事关系适用外国法律，该国不同区域实施不同法律的，适用与该涉外民事关系有最密切联系区域的法律。"②

① 参见韩德培主编：《国际私法新论》，武汉大学出版社2009年版，第158页。

② 最高人民法院1988年发布的《关于贯彻执行〈中华人民共和国民法通则〉若干问题的意见（试行）》（以下简称《民通意见》）第192条规定："依法应当适用的外国法律，如果该外国不同地区实施不同的法律的，依据该外国法律关于调整国内法律冲突的规定，确定应适用的法律。该国法律未作规定的，直接适用与该民事关系有最密接联系的地区的法律。"我国国际私法学界对解决区际法律冲突和人际法律冲突的主张可见之于《示范法》第16条，该条规定："依照本法规定应适用外国法律时，而该国的不同地区实施不同的法律的，或者该国不同的人受不同的法律支配的，应根据该国法律关于调整国内法律冲突的规定来确定应适用的法律，该国法律没有规定的，直接适用与国际民商事关系有最密切联系的法律。"见中国国际私法学会编：《中华人民共和国国际私法示范法》，法律出版社2000年版，第6页。

三、时际法律冲突情况下准据法的确定

时际法律冲突情况下准据法的确定主要涉及三个方面的情形：

第一，冲突规范发生变更。即法院地国在涉外民事关系产生后制定了新的冲突规范，由此就产生了此前发生的涉外民事法律关系是依新法还是旧法的问题。

第二，连结点发生变更。即涉外民事法律关系发生后，适用于涉外民事关系的冲突规范未变更，但被用作连结点的国籍、住所、注册登记地、物之所在地等事实发生了改变。

第三，准据法发生了变更。即法院地国的冲突法没有变更，但冲突规范援引的作为准据法的实体法发生了变更，由此就会产生是依新法还是旧法来作为准据法的问题。

此外，在上述第三种情况中还有一种比较特殊的情形，即在涉外合同关系中，当事人依据“意思自治”原则选择的某一国家的实体法发生了变更，应以该国何时的法律作为准据法。

（一）冲突规范发生变更

对于此种情况，各国一般采取以下解决方法：

1. 采取新法优先原则

一般情况下，立法者若意图适用新法，会在新法中明确规定其具有溯及力，此时，则应适用新的冲突法规范。例如，1964年日本《关于遗嘱方式准据法》附则第2条规定：“本法也适用于本法施行之前所立的遗嘱，但遗嘱人在本法施行之前死亡的，其遗嘱仍依照其从前的规定。”匈牙利1979年《关于国际私法的法律》第73条规定：“本法令的规定也适用于在本法令生效前而未经确定判决的有关法律关系。”

2. 采新法无溯及力原则

即基于“既得权原则”，对新法在适用上是否优先和是否具有溯及力以及溯及力的范围和条件作出变通的明确规定。如奥地利1978年《关于国际私法的联邦法》第7条规定：“对选择特定法律有确定意义的必要条件，后来如果发生变化，对已经完成的事实不发生影响。”1966年的波兰《关于国际私法的法律》第37条规定：“在特别法中有关本法所决定事项的规定继续有效。”

3. 规定过渡性条款

即在新颁布的法律中，对新法能否优先适用或者是否具有溯及力作出明确规定。如瑞士1987年《关于国际私法的联邦法》第196条规定：“（1）在本法生效之前已经发生并已经产生所有效果的事实或法律行为适用旧法。（2）在本法生效之前已经发生但继续产生法律效果的事实或法律行为，就其法律效果而言，在本法生效之日

以前产生的适用旧法，在本法生效之日以后产生的适用新法。”①

（二）连结点发生变更

涉外民事法律关系发生后，适用于涉外民事关系的冲突规范未变更，但被用作连结点的国籍、住所、注册登记地、物之所在地等事实发生了改变，此被称为“动态冲突”。即，法院根据有关冲突规范确定准据法时，就会产生应依何时的连结点来确定准据法的问题。对此，国际上缺乏较统一的原则。但实践中，各国一般是从涉外民事法律关系的性质出发，并结合案件的具体情况，分别采取“不变原则”和“可变原则”。

“不变原则”是指对某些涉外民事法律关系规定不可根据新的连结点确定准据法。如日本2007年《法律适用通则法》第五章“亲属”部分对离婚效力、父母子女间关系、收养和继承等就规定不得根据新连结点确定准据法。“可变原则”是指对某些涉外民事法律关系规定有时可以根据新的连结点确定准据法。如日本2007年《法律适用通则法》第13、25、26条，对婚姻效力、婚姻财产制及动产物权等就规定可以根据新的连结点确定准据法。②

因连结点的变更而发生的时际冲突，大多数情况是由于当事人的行为所产生的，当事人的这种行为有积极的、善意的，也有消极的、恶意的，因此，如果绝对地采用“可变原则”，对于当事人善意改变连结点的法律关系具有保护作用，但这样会助长某些人恶意改变连结点的事实，规避和逃避法律。相反，如果完全采用“不变原则”，对维护国家法律的严肃性具有积极意义，可以防止有些人规避法律，但对于善意的当事人，连结点的改变可能是由于当事人以外的原因发生的，由此否定其民事关系的效力显然是不公平的。对于连结点的变更，各国在立法实践中，大多对冲突规范中的连结点加以时间上的限制。如我国《涉外关系法律适用法》第31条、《土耳其国际私法法令》第3条、日本2007年《法律适用通则法》第37条等。

（三）冲突规范指定的准据法发生变更

对于冲突规范所指定的准据法发生变更时如何确定准据法的问题，一般区分为两种情况对待：

第一种是因立法程序修改、废除或颁布新法而产生新旧法规定不同的场合。一

---

① 我国1999年《合同法》第428条规定：“本法自1999年10月1日起施行，《中华人民共和国经济合同法》《中华人民共和国涉外经济合同法》《中华人民共和国技术合同法》同时废止。”这一规定表明，在《合同法》生效前，已成立的各类合同关系仍受各类旧合同法的支配，但《合同法》生效后，已成立的各类合同关系和将成立的各类合同关系均受《合同法》的支配。

② 参见张仲伯：《国际私法学》，中国政法大学出版社2012年版，第108页。

般依准据法国的法律来确定，而新法对它是否具有溯及力以及溯及的范围和条件，通常会作出明确的规定。

第二种是在涉外合同关系中，当事人依据“意思自治”原则选择的某一国家的实体法发生了变更，应以该国何时的法律作为准据法？这个问题实际是第一种情况中较为特殊的一种情形。对该问题，在国际私法的理论和实践中存在两种主张：

其一是主张应适用旧的法律，也就是当事人在发生法律关系时协议选择的法律。理由是，“意思自治”原则允许当事人在若干个实体法中选择他们认为公平的或者熟悉的法律为准据法，明确依据这种法律确定自己的权利和义务，能够预知自己行为的法律责任和后果，当事人协议选择某国的法律，无疑是对该国当时法律规定的接受和意欲服从的表示。因此，为了尊重当事人的意愿，维护法律关系和法律秩序的稳定，应当援引该国旧的实体法为准据法。

其二是主张应适用新颁布的法律。理由是：一方面，当事人根据“意思自治”原则协议选择某一国家的法律为准据法，是表示他们之间的法律关系愿意服从该国的整体法律制度。也就是说，当事人协议选择了某一国家的法律，也就与该国的法律制度存在着全面的联系，当事人应服从该国法律的发展变化。另一方面，无论是法律理论还是法律规范，都是不断地在向完善、成熟、公平和进步的方向发展，因此，应该选择这种更公平和更进步的新法律规定作为准据法。①

四、先决问题准据法的确定

（一）先决问题的概念

在国际私法中，当某一争议问题的裁决需要以另一问题的先行解决为前提条件时，则把当事人请求裁决的问题，称为“主要问题”或“本问题”（principal question）。而把必须先行确定的问题，称为“先决问题”（preliminary question）或“附带问题”（incidental problem）。

1963 年加拿大法院受理的“施韦伯尔诉安加案”（Schwebel V. Ungar）中，在匈牙利设有住所的犹太人夫妇俩决定移居以色列，在去以色列途中，在意大利以犹太方式离婚，但未得到作为他们住所地的匈牙利法律的承认，但却为以色列法律承认。他们离婚后各自在以色列取得正式住所，女方在此期间去加拿大多伦多

① 1911 年一位德国人从荷兰银行借得一笔贷款，以马克为货币单位，双方协议受德国法支配。其后发生了战争，德国取消了金本位制，等到借款期届满时，马克的实际价值已等于零。荷兰银行要求依照旧的法律偿还借款，但法院宣称，债权人不能要求按照 1911 年的实际价值偿还，因为当事人双方已事先协议受德国法的支配，也就是说他们一直要受德国法发展、变化的约束。参见李双元：《国际私法（冲突法篇）》，武汉大学出版社 1987 年版，第 183 页。

与第二位丈夫举行了婚礼。婚后其丈夫以重婚为由诉讼至安大略省法院，要求判处这起婚姻无效。据此，本案的主要问题是女方的再婚能力，按照安大略省冲突法，应适用住所地法即以色列法律；而本案的先决问题是女方前婚的离婚效力，如依前婚时当事人住所地法应适用匈牙利法律。如适用匈牙利法律前次离婚无效，如适用以色列法律前次离婚有效。安大略省法院作了确认女方在多伦多再婚有效的判决。根据是：按照他们婚前住所地（以色列）法，该妇女已经取得了单身女子身份，应依以色列法律作为决定先决问题的准据法，也就是说，该案先决问题（前次离婚效力）亦应依该案之主要问题（后婚再婚能力）的准据法而非法院地法。[①]

一般认为，国际私法上的先决问题，最早为德国法学家梅希奥（Melchior）和温格勒（Wengler）在20世纪30年代提出，并由德裔英国学者布雷斯劳（Breslauer）将之引入普通法系。此后，这一问题在理论和实践中受到了普遍的重视，有关理论不断得到发展。[②] 一般认为，先决问题应同时具备以下构成要件：

第一，该先决问题具有相对独立性，可以作为一个单独的问题提出，并有自己独立的冲突规范加以适用；

第二，主要问题依照法院地冲突规范的指引应当适用外国法律；

第三，依主要问题准据法所属国适用于先决问题的冲突规则和法院地国适用于先决问题的冲突规则，会援引不同国家的法律为准据法，进而得出完全相反的结论，从而使主要问题的判决结果也会不同。[③]

（二）先决问题准据法的确定

从相关理论与实践而言，对于先决问题准据法的确定，主要存在如下三种做法：

1. 依照主要问题准据法所属国或地区冲突规范确定

以德国的梅希奥、温格勒、沃尔夫等为代表，主张先决问题应援用主要问题准据法所属国或地区的冲突规范来确定准据法。其理由是：先决问题与主要问题固然是相对独立的，但先决问题是由主要问题引发出来的，和主要问题存在着密切的联系，先决问题应该受主要问题准据法所属国或地区法律的制约。而且，先决问题的准据法依附于主要问题的准据法，有利于实现判决的国际一致性。因此，应依主要问题准据法所属国或地区的冲突法规范确定先决问题的准据法。司法实践中，英国、

---

① See Dicey, Morris & Collins, *The Conflict of Laws*, 15th ed., Sweet & Maxwell, 2012, pp. 57 - 58.

② 李双元、金彭年：《中国国际私法》，海洋出版社1991年版，第141～142页。

③ 参见李双元主编：《中国国际私法通论》，法律出版社2007年版，第147页。

加拿大、澳大利亚、美国以及我国香港地区采用这种做法。[①]

2. 依照法院地冲突规范确定

以拉贝尔、努斯鲍姆和科马克等为代表，主张先决问题应援用法院地国的冲突规范来确定其准据法。其理由是：先决问题既然可以作为一个独立的诉讼，那么就可以与主要问题一样，也依照法院地国的冲突法规范确定准据法。这种主张有助于本国法院审理的类似案件都可以获得同样的判决。另外，先决问题的解决最终将会影响主要问题的处理结果，法院地国从扩张适用其法律的角度考虑，也乐于这样做。因此，有些国家采用了这一主张。如1979年美洲国家国际私法特别会议通过的《关于国际私法一般规则的公约》第四部分第8条规定："因主要问题而提出的先决问题，不必一定依适用于主要问题的法律解决。"

3. 依照个案处理

为调和上述两种主张之间的分歧，以诺斯和切希尔等为代表，主张先决问题的解决应走不同于上述主张的"第三条道路"。即，先决问题的解决采用个案处理的方法，根据案件与国内和国外的联系程度来决定准据法的选择。有些国家的司法实践干脆采取灵活的做法，主张先决问题的解决取决于个案的性质和法院地国家的有关政策。[②] 日本学者桑田三郎也认为，先决问题应根据情况谋求个别合理解决，即看某一先决问题究竟是与法院地法和同本问题的准据法关系何者更为密切。换言之，就是看该先决问题的"重心"究竟偏向哪个方面。[③]

目前，我国立法尚无关于先决问题法律适用的规定，《法律适用法司法解释一》第12条规定："涉外民事争议的解决须以另一涉外民事关系的确认为前提时，人民法院应当根据该先决问题自身的性质确定其应当适用的法律。"[④]

---

① 1968年英国法院曾审理的R. v Brentwood Marriage Registrar案中，丈夫为意大利人，妻子为瑞士人，两人结婚时住所均在瑞士，后来在瑞士获得离婚判决。其后该男子在英国请求与一西班牙女子结婚，遭到英国婚姻登记机关的拒绝，理由是该男子的前一段婚姻未有效解除，不具备结婚能力。该男子于是向英国法院提起诉讼。本案的主要问题是该男子的再婚能力问题，依据英国冲突规则，结婚能力受每一当事人婚前住所地法支配，即瑞士法。可是该主要问题的解决取决于他的前一段婚姻是否有效解除，即在瑞士的离婚是否有效。按照主要问题准据法所属国（瑞士）的冲突规则，此先决问题应适用该男子的本国法，即意大利法，而当时意大利的法律却禁止离婚。最终，英国法院裁决该男子无再婚能力。这可以说是先决问题依主要问题准据法所属国冲突规则选择准据法的一个代表判例。See Dicey, Morris & Collins, *The Conflict of Laws*, 15th ed., Sweet & Maxwell, 2012, p. 59.

② See Peter North & J. J. Fawceet, *Cheshire & North's Private International Law*, 13th ed., Butteworths, 1999, p. 47.

③ 日本国际法学会编：《国际法辞典》，世界知识出版社1985年版，第280页。

④ 《示范法》第15条规定："国际民商事案件或者事项的主要问题的解决依赖另一先决问题的解决时，先决问题所涉及的民商事关系的法律适用应根据本法依照该民事关系的性质加以确定。"见中国国际私法学会编：《中华人民共和国国际私法示范法》，法律出版社2000年版，第6页。

§思考题：

1. 简述涉外民事法律冲突及解决办法。
2. 冲突规范的概念、特征和种类有哪些？
3. 什么是连结点，其有何法律意义？
4. 在国际私法上有哪些主要的系属公式？主要用于解决哪些方面的问题？
5. 试述准据法的概念和特征。
6. 区际法律冲突和时际法律冲突下准据法如何确定？
7. 先决问题及其构成要件有哪些？如何确定先决问题的准据法？

§“法律职业资格考试”要点提示：

国际民商事法律冲突的解决方法；冲突规范的概念和结构；冲突规范的类型；准据法的选择方法及准据法的确定。

第四章　国际私法的主体

§学习目的与要求：

国际私法的主体，亦即涉外民商事法律关系的当事人，是指在涉外民商事法律关系中享有权利和承担义务的法律人格者，一般包括自然人和法人，特定情况下也包括国家和国际组织，它们各有许多特有的法律问题需要加以研究。通过对本章的学习，应深入了解自然人国籍冲突和住所冲突的产生以及解决办法，掌握法人的国籍、住所的确定标准，充分认识国家及国际组织在国际民商事交往中的特殊地位。掌握我国在国际私法主体问题上的法律规定，从而为正确适用自然人及法人的属人法、正确处理涉及国家和国际组织的国际民商事纠纷奠定基础。

第一节　自然人

一、自然人的国籍

（一）国籍的概念

自然人的国籍（nationality）是指自然人作为某一特定国家的成员而隶属于该国的一种法律身份。

在国际私法上，研究自然人的国籍问题具有十分重要的意义。国籍可用来辨别某自然人是否为内国国民，这一点不仅关系到该自然人的民事法律地位，更是辨别涉外民事关系的重要标志之一。大陆法系国家经常使用国籍来确定国际司法管辖权，在自然人的身份、能力、亲权关系、继承关系等领域，也经常使用国籍作为冲突规范的连结点。

（二）国籍的冲突

自然人具有哪一国家的国籍，只能依据相应国家的法律确定，这是国际法上由来已久的一项原则。根据国家主权原则，国籍的取得和丧失是一国主权范围内的事务，通常由各国国内立法加以规定。如1930年海牙《关于国籍法冲突若干问题的公约》第2条规定："关于某人是否具有某一特定国家国籍的问题，应依据该国的法律予以决定。"特定国家关于国籍的立法政策，往往受到该国历史传统、经济状况、人口政策、国防需要等诸多因素的影响。因此，各国关于国籍的取得、丧失以及恢复的法律原则和制度存在很大差异。国籍的取得方式，一般可分为原始取得和继受取得两种，而各国在这两种方式上采用的原则有着比较明显的差别。在原始取得方面，有的国家采取血统主义原则，有的国家采取出生地主义原则，有的国家则采取混合主义原则；在继受取得方面，既有国内法上的原因，如归化、婚姻、收养等，又有国际法上的原因，如领土变更等。因此，常常可能出现一个人同时具有两个或两个以上国籍，或者不具有任何国家的国籍的情况。在国际私法中，一个人同时具有两个或两个以上国籍的，称为国籍的积极冲突；一个人没有任何国家国籍的，称为国籍的消极冲突。

自然人国籍的冲突往往会给国家主权的行使、当事人权利的保护及其义务的履行造成诸多不便和困难。解决国籍冲突是国际法上重要而艰巨的任务之一。国际私法处理自然人国籍冲突的问题，主要是为了具体确定冲突规则所指定的准据法，即当冲突规则指定适用当事人的本国法，而涉案当事人具有多个国家的国籍或不具有任何国家的国籍时，判断应适用哪一国家的法律。

（三）国籍冲突的解决

1. 国籍的积极冲突的解决

对于国籍的积极冲突，各国一般区分两种不同情况，采取不同方法解决：

（1）当事人所具有的国籍中有一个是内国国籍的，以内国国籍作为当事人的国籍，以内国法作为该当事人的本国法。此即所谓"内国国籍优先原则"。如奥地利1978年《关于国际私法的联邦法》第9条第1款规定："自然人的属人法，为该人的国籍所属国法律。如一人除具有外国国籍外，又具有奥地利国籍，则以奥地利国籍为准。其他具有多重国籍者，以与之有最强联系的国家的国籍为准。"①

（2）当事人所具有的国籍均为外国国籍。在这种情况下，又有几种不同的解决方法：第一，以当事人最后取得的国籍为准。此即所谓"后国籍优先原则"。该原则通常在当事人所具有的多重外国国籍属异时取得的情况下适用。如日本1898年

① 邹国勇译注：《外国国际私法立法选译》，武汉大学出版社2017年版，第152～153页。

《日本法例》第27条第1款规定："当事人具有两个以上国籍，依最后取得国籍国的法律为其本国法。"第二，以与当事人有最密切联系的国家的国籍（又称"实际国籍"）为准。此即所谓"实际国籍优先原则"。如瑞士1987年《关于国际私法的联邦法》第23条第2款规定："一人具有多个国籍时，除本法另有规定外，在确定应适用的法律方面，应以与该人有最密切联系的国家的国籍为准。"① 至于何为"实际国籍"或与当事人有最密切联系的国籍，应综合考虑多方面的因素加以确定，如当事人的出生地、住所或惯常居所地、行使政治权利或从事业务活动的国家，以及个人内心的倾向等。这种解决自然人国籍冲突的方法，在各种不同的情况下均可适用，为许多国家的立法和司法实践所采纳。第三，以当事人的住所或惯常居所所在地国的国籍为准。此即所谓"住所或居所地国籍优先原则"。如泰国1938年《关于法律冲突的法律》第6条第2款规定："在应适用本国法时，如当事人同时取得两个以上国籍，则适用住所所在地的本国法；如该当事人在别国又有住所，以诉讼开始时住所所在地法为其本国法；如不知其住所，以居所所在地为其本国法。"

2. 国籍的消极冲突的解决

对于国籍的消极冲突，各国的立法和有关国际条约所采取的解决方法基本一致，通常主张以当事人的住所地所在国的法律，作为其本国法；如无住所时，则以其居所地所在国的法律，作为其本国法；如无居所时，则以法院地法为其本国法。如1954年联合国制定的《关于无国籍人地位的公约》第12条第1款规定："无国籍人的个人身份，应受其住所地国家的法律支配，如无住所，则受其居所地国家的法律支配。"又如2007年《土耳其国际私法法令》第4条第1款规定："对于无国籍人和难民，适用其住所地法；无住所的，适用其惯常居所地法；无惯常居所地的，适用该人在起诉时的所在地法。"②

（四）我国的规定

根据我国1980年公布的《国籍法》各项可知，我国不承认中国公民的双重国籍和无国籍状态。我国《涉外关系法律适用法》第19条规定："依照本法适用国籍国法律，自然人具有两个以上国籍的，适用有经常居所的国籍国法律；在所有国籍国均无经常居所的，适用与其有最密切联系的国籍国法律。自然人无国籍或者国籍不

① 邹国勇译注：《外国国际私法立法选译》，武汉大学出版社2017年版，第381页。
② 邹国勇译注：《外国国际私法立法选译》，武汉大学出版社2017年版，第290页。

明的，适用其经常居所地法律。”①

二、自然人的住所

（一）住所的概念

住所（domicile）是指一个人以久居的意思而居住的处所。住所可以帮助人们确定某一自然人与特定地域法律的联系。一般说来，确定自然人住所的标准，应该考虑主客观两个方面的因素：一是在一定地方有久居的意思；二是在一定地方有居住的事实。

国际私法上，确定自然人的住所具有非常重要的意义。一方面，在1804年《法国民法典》颁布以前，国际私法上的属人法一直只指当事人的住所地法。直至今日，英美法系国家仍以住所地法作为当事人的属人法。即使在采用本国法主义的国家，住所地法也得到了一定程度的适用。另一方面，有些国家甚至把住所用作确定某些财产关系的准据法的连结因素。此外，住所还是很多国家确定国际民事管辖权的重要标志。

按照住所的取得原因，住所可以分为三类：（1）原始住所，即自然人因出生而取得的住所。各国一般以父和母之住所为原始住所。（2）选择住所，即自然人出生后以久居的意思和居住的事实而选择取得的住所。（3）法定住所，即自然人依法律规定而取得的住所。

住所与居所、惯常居所（habitual residence）有所不同。住所是一个人有久居的意思或居住事实的场所，居所一般是指没有久居的意思而居住一定期间的处所。二者的区别在于住所是久住之处，居所只是暂时或客居之地。② 晚近国际私法的理论及实践表明，伴随着自然人流动性的增强，作为国籍和住所的折中产物，惯常居所已广为各国采用，但对于何为当事人的惯常居所各国立法上往往无明确界定。在英国，关于惯常居所的确定依据源于斯卡曼（Scarman）法官在沙诉巴尼特案（Shah

---

① 1988年《民通意见》第182条规定：“有双重或多重国籍的外国人，以其有住所或者与其有最密切联系的国家的法律为其本国法。”第181条规定：“无国籍人的民事行为能力，一般适用其居住国法律；如未定居的，适用其住所地国法。”在解决自然人国籍冲突问题上，《示范法》采取了国际上较为通行的做法，还增加了惯常居所作为连结点。《示范法》第60条建议：“自然人同时具有两个或两个以上外国国籍的，以该自然人的住所或者惯常居所地国法为其本国法。自然人在其所有国籍所属国没有住所或者惯常居所的，以与该自然人有最密切联系的国籍所属国法为其本国法，中华人民共和国不承认中国公民具有双重或者多重国籍。具有中华人民共和国国籍的自然人，以中华人民共和国法律为其本国法。自然人无国籍或者其国籍不能确定的，其本国法以其住所地法代替。自然人住所不明或者不能确定的，其本国法以其惯常居所地法代替。自然人惯常居所不明或者不能确定的，其本国法以其现在居住地法代替。”见中国国际私法学会编：《中华人民共和国国际私法示范法》，法律出版社2000年版，第16页。

② 参见韩德培主编：《国际私法》，高等教育出版社、北京大学出版社2007年版，第63页。

and others v. Barnet LBC）中的阐释。根据斯卡曼法官的陈述，英国法中的惯常居所有两方面的构成要件：一是居住（定居）的意图，二是实际居住的时间与事实。①

（二）住所的冲突

虽然各国对自然人住所的理解不尽相同，但司法实践中均依照法院地国关于住所的概念去认定当事人的住所所在地。如美国1971年《重述》第13条规定，法院在适用自己的冲突法规则时，依自己的标准判定住所。尽管如此，仍有可能出现同一个人在多个国家具有住所，或者在任何国家都没有住所的情况。这既可能是因为多个国家都认为该当事人在自己境内设有住所，也可能是因为某一个国家允许当事人在多个国家同时保有住所。在国际私法中，一个人同时在两个或两个以上国家保有住所的情况，称为住所的积极冲突；一个人在任何国家或地区都没有法律意义上的住所的情况，称为住所的消极冲突。

（三）住所冲突的解决

1. 住所的积极冲突的解决

主要有以下解决办法：（1）依当事人的意思自治确定其住所。法国学者罗梭（Loisseau）主张此说。持此主张者认为，住所的选择属个人的自由。一个人有数个住所时，应依个人的意思决定住所。反对者认为，这种做法势必导致当事人的意思左右属人法的选择，很不妥当。（2）主张依法院地法确定当事人的住所。美国1971年《重述》第13条规定："法院在适用自己的冲突法规则时，依自己的标准确定住所。"反对者认为，仅以法院地法作为解决住所冲突问题，就会因诉讼时法院地的不同而造成同一自然人的住所时有变更，导致住所不确定。（3）依法律关系的性质解决当事人的住所冲突。例如，在解决当事人的身份能力问题时，住所的确定应依当事人本国法；解决无遗嘱继承问题时，依遗产所在地法或当事人的本国法确定住所；解决破产问题时，当事人的住所由法院地法确定。（4）同解决国籍积极冲突的方法相似，冲突的住所中有一个在国内，则适用法院地法，即以内国住所为住所；如果冲突的住所皆为外国的住所，则适用与之有最密切联系的住所地法或当事人最后取得的住所地法。②

2. 住所的消极冲突的解决

对于住所的消极冲突，各国的立法和司法实践多以当事人的居所代替其住所；如无居所时，则以当事人的现在居住地为其住所。如《布斯塔曼特法典》第26条规定，对于无住所的人，以其居所或所在地为其住所。奥地利1978年《关于国际私法的联邦法》第9条第3款："……无住所时，则为其惯常居所地国法律……"

---

① 参见刘仁山：《现实利益重心地是惯常居所地法原则的价值导向》，载《法学研究》2013年第3期。

② 章尚锦、杜焕芳主编：《国际私法》，中国人民大学出版社2014年版，第91页。

(四) 我国的规定

从现行立法来看，自然人的住所、经常居住地以及经常居所地存在区别。《民法总则》第25条规定："自然人以户籍登记或者其他有效身份登记记载的居所为住所；经常居所与住所不一致的，经常居所视为住所。"由此可知，我国公民的住所认定标准有二：第一，自然人的住所为其户籍所在地；第二，如果自然人的经常居所地与依据前述户籍地确认的住所地不一致时，则其经常居所应被视住所。经常居住地的确定，则体现在《最高人民法院关于适用〈中华人民共和国民事诉讼法〉若干问题的解释》(以下简称《民事诉讼法司法解释》) 第4条中，该条规定："公民的经常居住地是指公民离开住所地至起诉时已连续居住一年以上的地方，但公民住院就医的地方除外。"

总体看来，《涉外关系法律适用法》确立了以经常居所为主、以国籍为辅的自然人属人法原则。《涉外关系法律适用法》广泛使用"经常居所地"作为连结点，而没有使用住所为连结点，这既进一步贴近了国际上偏好"惯常居所地"的趋势，也避免了我国的住所概念不适宜调整涉外民商事关系的缺陷。面对经常居所地出现积极冲突或消极冲突的可能性，该法第20条规定："依照本法适用经常居所地法律，自然人经常居所地不明的，适用其现在居所地法律。"①

为了明确《涉外关系法律适用法》中"经常居所地"，《法律适用法司法解释一》第15条规定："自然人在涉外民事关系产生或者变更、终止时已经连续居住一年以上且作为其生活中心的地方，人民法院可以认定为涉外民事关系法律适用法规定的自然人的经常居所地，但就医、劳务派遣、公务等情形除外。"就立法意图而言，《涉外关系法律适用法》中的经常居所与当今国际公约和一些国家国内立法中所用惯常居所的含义是一致的。② 虽然上述规定为具体实践中确定当事人经常居所

---

① 学术界起草的《示范法》第61条建议："自然人以其有久居意愿的居住地为住所。无行为能力人和限制行为能力人以其法定代理人或者监护人的住所为住所。"见中国国际私法学会编：《中华人民共和国国际私法示范法》，法律出版社2000年版，第16页。以往，针对自然人住所的积极冲突和消极冲突现象，《民通意见》第183条规定："当事人的住所不明或者不能确定的，以其经常居住地为住所；当事人有几个住所的，以与产生纠纷的民事关系有最密切联系的住所为住所。"《示范法》第62条建议："自然人同时具有两个或者两个以上住所的，如果其中一个在中华人民共和国境内，以在中华人民共和国境内的住所为住所。如果住所均在外国，以与产生纠纷的民商事关系有最密切联系的住所为住所。自然人住所不明或者不能确定的，以其惯常居所为住所。自然人惯常居所不明或者不能确定的，以其现在居住地代替。"见中国国际私法学会编：《中华人民共和国国际私法示范法》，法律出版社2000年版，第16页。

② 我国《涉外关系法律适用法》颁布的正式英文译本中将经常居所译为"habitual residence"，这与前述海牙国际私法会议相关条约中的术语"habitual residence"是一致的。笔者于2010年6月28日至7月2日应邀参加全国人大法工委组织的"《涉外民事关系法律适用法草案》立法问题专家研讨会"上，与会专家基本上认同草案中的"经常居所"就是"惯常居所"。

提供了初步依据，有助于提高法院在判定经常居所问题上的确定性，但对某些具体案件而言，该规则却会过于僵化和机械。惯常居所作为自然人属人法连结点，其精要就是要关注当事人现时利益，遵从当事人现时利益与特定法域（即现时利益重心地）之间的客观联系。因此对于具体涉外民事案件中当事人惯常居所的确定，应以确定当事人的现时利益重心地为出发点。①

三、《解决本国法和住所地法冲突公约》

（一）公约的背景

国际私法在属人法的适用上，一直存在着本国法主义和住所地法主义的对立。欧洲国家广泛采用国籍作为属人法的连结点，被称为本国法主义；而英美法系国家坚持采用住所地法作为属人法，被称为住所地法主义。

本国法主义和住所地法主义的对立由来已久。在欧洲，自巴托鲁斯以来的“法则区别说”是指当事人住所地法。但随着《法国民法典》的颁布和意大利著名学者孟西尼“国籍法说”的影响，大陆法系国家广泛采用国籍作为属人法的连结点。这种对立，从历史因素观察，是由于18世纪民族国家兴起，强调国家主权，所以在属人法事项上强调以国籍作为连结因素；从政治因素观察，在大量人口外流的国家，为了加强国家与侨民的联系，也主张以国籍为连结因素。反之，在大量接受外来移民的国家，如美国，为使居住在国内的不同国籍的人适用同一法律，应当以住所为连结因素。再者，在多法域的国家内，国内法律不统一的状况使得以住所作为属人法的连结因素更富于现实性和可操作性。这样，属人法上采取的不同政策，产生了本国法主义和住所地法主义的对立。为了协调和解决这一冲突，海牙国际私法会议制定了《解决本国法和住所地法冲突公约》。

（二）1955年《解决本国法和住所地法冲突公约》

该公约第1条规定，如果当事人的住所地国规定适用当事人本国法，而其本国法规定适用住所地法时，凡缔约国均应适用住所地国国内法。② 该公约在一定程度上说明了在本国法和住所地法形成对立时以住所地法优先的倾向。第5条规定：“本公约所称住所者，除以他人之住所或某公共团体之所在地为住所者外，即为其惯常居所地。”这一条款提高了住所在属人法连结因素中的地位，作为大陆法系让步的条件，英美法系国家同意对住所扩大解释而包括惯常居所地。公约的规定对于国际经济交往的开展显然是有利的。至2018年1月，只有比利时、荷兰、法国、卢森堡、

---

① 刘仁山：《现实利益重心地是惯常居所地法原则的价值导向》，载《法学研究》2013年第3期。

② 参见《解决本国法和住所地法冲突公约》第1条。

西班牙5国签署，其中前两国已批准了公约，公约目前尚未生效。① 尽管公约在实践中遭到了抵制和反对，但其确立的原则越来越受到重视，惯常居所这一概念在以后的海牙公约和国家立法中亦被广泛采纳。

第二节 法人

法人是与自然人相对应的民事主体。② 法人（legal person）是指依法定程序成立，有一定的组织机构和独立的财产，能以自己的名义享受民事权利和承担民事义务，并能独立地承担民事责任的组织。③ 法人作为涉外民事法律关系的主体参与国际民商事活动，已是一种非常普遍的现象，并在国际经济交往和合作中日益发挥着重要的作用。但由于各国对于何为法人、法人的成立以及法人的权利能力等有不同的规定，因而在依据何国法律赋予某种组织体以法人资格、规定它们的权利能力的范围等方面就会发生法律冲突。对于这些问题，国际上常用法人属人法来解决。而法人的国籍和住所则是确定法人属人法的前提。因此，法人作为国际私法的主体，首先确定其国籍和住所是非常重要的。

一、法人的国籍

法人的国籍是区分内国法人和外国法人的标准，以及判断外国法人属于何国的依据。但对于如何确定一个法人的国籍，国际上并无统一标准。概括说来，学者们和各国的实践采取了以下几种不同的主张和做法。

（一）成员国籍主义

也称资本控制主义。这种主张认为，法人的国籍应与法人组成成员（即法人设立人）的国籍一致，法人一般总是为法人设立人的国籍国服务的。因此，法人的国籍应该依据法人资本控制者的国籍来确定。但这种主张实行起来有一定的困难：一是法人的国籍应依法人组成成员的人数，还是应依法人组成成员的出资额来确定，这是首先要回答的问题；二是法人的资本究竟为何国人控制也难以确定；三是控制法人资本的股东处于经常变动之中，法人的国籍也会随之变化而难以确定。

---

① 来源网址：https：//www. hcch. net，最后访问日期：2018 年 1 月 30 日。

② 魏振瀛主编：《民法》，北京大学出版社、高等教育出版社 2017 年版，第 77 页。

③ 我国《民法总则》第 57 条规定：“法人是具有民事权利能力和民事行为能力，依法独立享有民事权利和承担民事义务的组织。”

（二）设立地主义

也称登记地主义。这种主张认为，法人的国籍应依其设立地而定，法人在哪一个国家登记注册即为哪一国的法人。这是英美法学及判例的主张，其理由在于，法人的法律人格是在其设立地国通过登记注册程序而取得的，因而，法人应具有登记地（或批准地）国的国籍。采用这种方法确定法人的国籍，其优点在于：法人的登记地或成立地确定无疑，易于辨别；不经登记地国同意，该法人不能变更自己的国籍；且遇有法人严重违法行为的发生，登记地国也易于通过撤销登记而解散该法人。这种主张的缺陷是，当事人有可能到设立法人条件较宽的国家去成立法人，以达到规避法律的目的。如1998年《委内瑞拉国际私法》第20条规定："私法性法人的成立、行为能力、运作及解散，依其设立地的法律。"

（三）住所地主义

这种主张认为，法人的住所是法人的经营管理或经济活动的中心，法人的国籍应依其住所确定。但对于法人的住所应如何确定，学者的学说和各国的实践尚不一致；如果判断法人住所的标准过于宽松，使法人可以随意地选定住所，就可能出现由法人自己决定其国籍的现象。

（四）准据法主义

这种主张认为，由于法人都是依一定国家的法律规定，并基于该国明示或默示的认可而成立，因而，法人的国籍应依法人设立时所依据的法律来确定。这种学说为一般英美学者及少数大陆学派学者所主张。但这种做法易于被当事人利用。如当事人可能选择对法人的成立限制较少的国家去设立法人，从而达到规避法律的目的；或者外国投资者依内国法律而成立为内国法人，从而取得对其有利的权利和待遇，这对内国往往是不利的。如蒙得维的亚《关于国际民法的公约》第4条第1款规定："私法人的存在及其能力按承认其为私法人的国家的法律规定。"①

（五）实际控制主义

这种主张认为，法人实际上为哪个国家控制，便具有哪个国家的国籍，不论该法人由何国人设立或其资本由何国人拥有，英、美、瑞士、法国、瑞典等国在第二次世界大战期间均使用过此种理论确定敌国法人。② 然而，对控制权的认定并非易事，在大型公司股权分散的情况下更为困难。因此，控制主义在实践中仅在战时特殊情形下被适用。③ 如在1916年至1925年间，瑞典就曾通过有关立法，禁止在瑞典组成而实际上为外国所操纵的公司取得瑞典的土地与矿藏。

---

① 卢峻：《国际私法公约集》，上海社会科学院出版社1986年版，第1页。

② 韩德培主编：《国际私法》，高等教育出版社、北京大学出版社2000年版，第69页。

③ 王文宇：《公司法论》，中国政法大学出版社2004年版，第596页。

（六）复合标准说

第二次世界大战以后，随着法人在国际经济交往中的作用日益加强，也出现了一种把法人的住所和法人的登记地结合起来确定法人国籍的主张。例如，日本一般采取准据法主义，但要取得日本内国法人的资格，除依日本法成立外，尚须在日本设有住所。

上述各种主张之中，登记地主义和住所地主义得到了比较广泛的应用。其他几项主张的影响虽小，却也并非毫无意义。实际上，各国在采用某种原则性做法之外，往往还会根据具体情况下的特殊需要，保留使用其他做法的可能性。

（七）我国的规定

中华人民共和国成立初期，为了肃清帝国主义的在华特权，曾经采用实际控制主义，即依据法人的资本实际控制在何国人手中来确定法人的国籍。目前，我国在判断法人国籍的问题上，主要采用登记地标准。2013 年修订的《公司法》第 191 条规定："本法所称外国公司是指依照外国法律在中国境外登记成立的公司。"《民法通则》第 41 条第 2 款，对中国境内与外国法人相关的公司或法人国籍的确定，也采用登记地标准。①

二、法人的住所

在判断法人的国籍时，许多国家采用住所地主义。因此，确定法人的住所也具有重要意义。但对于何处为法人的住所，国际上又有几种不同的主张。

（一）管理中心地说

管理中心地说又称主事务所所在地说。这种主张认为，法人的管理中心是法人的首脑机构，它决定该法人活动的方针政策并监督其施行，因此，应以法人的主事务所所在地为法人的住所地。这种主张为许多国家的立法所采纳。如《日本民法典》第 50 条规定："法人以其主事务所所在地为住所。"但是，由于主事务所或管理中心地由法人自行决定，因而，法人往往很容易通过改变管理中心所在地而达到自我决定住所地的效果。

（二）营业中心地说

这种主张认为，法人运用自己的资本进行营业活动的地方便是该法人实现其经营目的的地方。因而，应以法人实际从事营业活动所在地为法人的住所。其优点是，法人的营业中心地不宜随意改变，具有较高的稳定性。如泰国 1938 年《关于法律冲

① 《民法通则》第 41 条第 2 款规定："在中华人民共和国领域内设立的中外合资经营企业、中外合作经营企业和外资企业，具备法人条件的，依法经工商行政管理机关核准登记，取得中国法人资格。"

突的法律》第7条规定："法人国籍冲突时，以总店或主要营业所所在地国为法人国籍国。"但是，有些法人的营业活动分布广泛，难以确定某个单一的营业中心地；或者有些法人营业活动并不稳定，其营业中心常常发生转移。因此，采用这种做法确定法人的住所也有一定的困难。

（三）依法人章程之规定说

这种主张认为，由于法人在登记时一般应在其章程中指明其住所，因此，法人的住所就应依照其章程的记载而确定；法人的章程未作说明时，一般则以其主事务所所在地为法人的住所。显然，采用这种方法确定法人的住所比较方便、明确，但实际上法人的管理中心地或营业中心地往往与章程中的记载并不一致。例如，在1966年法国最高法院受理的一宗有关某一银行国籍问题的案件中，该银行的章程规定其住所在土耳其，而其实际住所的营业中心却在英国。①

（四）我国的规定

目前，关于法人住所的确定，我国采取的是管理中心地标准。《民事诉讼法司法解释》第3条规定："公民的住所地是指公民的户籍所在地，法人或者其他组织的住所地是指法人或者其他组织的主要办事机构所在地。法人或者其他组织的主要办事机构所在地不能确定的，法人或者其他组织的注册地或者登记地为住所地。"《民法总则》第63条规定："法人以其主要办事机构所在地为住所。依法需要办理法人登记的，应当将主要办事机构所在地登记为住所。"我国2013年修正的《公司法》第10条也作出了相同的规定。

三、外国法人的认可

（一）外国法人的认可的概念

法人的法律人格是由特定国家依据其法律赋予的，在其他国家并不能当然得到承认。所以，外国法人的法律人格须经过内国认可以后，方可作为民事关系的主体在内国开展活动。这一点是世界各国所公认的。所谓外国法人的认可，是指内国对外国法人的民事主体资格及其在内国从事民事活动的认可。它包含两方面的内容：一是外国法人依有关外国法律是否已有效成立的问题；二是依外国法已有效成立的外国法人，是否也被内国承认为法人从而可在内国开展活动的问题。前者涉及外国法人是否存在的事实，当然应依该外国法人的属人法来决定；后者则涉及内国的法律和利益问题，即内国在法律上是否也承认其法人资格并允许其活动的问题，这显然要依据内国的有关规定来处理，如外国法人能否在内国活动、其活动范围和权利

① 屈广清主编：《国际私法》，厦门大学出版社2007年版，第64页。

的限制以及对外国法人的监督等。因此，一个外国法人要在内国进行民事活动，必须同时符合其属人法和内国对外国法人的有关规定。

（二）外国法人的认可方式

外国法人的认可主要有两种方式：

1. 通过国际立法进行认可

这种认可方式又称相互认可，是指有关国家通过缔结国际条约，规定相互认可对方国家的法人。如1968年布鲁塞尔《关于相互承认公司和法人团体的公约》①、1956年海牙《关于承认外国公司、社团和财团的法律人格的公约》② 等，即为例证。

2. 通过国内立法进行认可

即内国在其法律中规定认可外国法人的程序和条件，据此对具体的外国法人进行认可。这种认可方式具体又有三种程序：

（1）特别认可程序。即内国对于外国法人通过特别的登记或批准程序加以认可。这种程序有利于控制外国法人在内国的活动，但逐个认可，程序烦琐，也不便于国际经济贸易活动的进行。

（2）概括认可程序。即内国对属于某一特定外国的法人概括地加以认可。如法国1957年5月30日曾制定一项法律，承认凡经比利时政府许可而成立的法人，均可在法国行使权利；对其他各国法人，只要是在有互惠关系的国家所成立的法人，也应予以承认。③

（3）一般认可程序。即内国对于外国特定种类的法人，不问其属于何国，一般都加以认可。通常，该外国法人只要依内国法的规定办理了必要的登记或注册手续，即可取得在内国活动的权利。这种程序常适用于对一般商业性法人的认可。如《日本民法典》第36条第1款规定："外国法人，除国、国的行政区及商事公司外，不认许其成立。"

对于外国法人的认可，许多国家并不是采取单一的认可方式，而是一方面根据其参加的有关国际公约对缔约国的法人进行认可，另一方面又在国内法中规定外国法人的认可方式和条件。另外，国家总是会根据自己的对外贸易政策来选择特定的认可程序。一般说来，为了促进对外贸易，外国法人的认可程序呈现出宽松化的趋势。

---

① 该公约第1条规定："属于民法或商法的公司，包括合作社，依缔约国之一的法律而成立，由该国法律给予其享有权利和承担义务，并在本公约适用的领土之内设有其法定注册事务所的能力者，当然均应被承认。"

② 该公约第1条规定："凡公司、社团和财团按照缔约国法律在其国内履行登记或公告手续并设有法定所在地而取得法律人格的，其他缔约国当然应予承认。"

③ 韩德培主编：《国际私法新论》，武汉大学出版社2003年版，第76页。

（三）我国的规定

我国关于外国法人的认可问题，现行立法并无系统及专门的规定，主要体现在1980年国务院颁发的《中华人民共和国国务院关于管理外国企业常驻代表机构的暂行规定》、1983年国家工商行政管理局发布的《外国企业常驻代表机构的登记管理办法》、2001年国务院的《中华人民共和国外资金融机构管理条例》（已失效）、中国人民银行2002年《外资金融机构驻华代表机构管理办法》以及2018年修订的《公司法》等法律法规中。概括而言，主要包括：第一，对临时来我国进行货物买卖的外国法人，无须政府审批程序，可理解为采取了一般认可程序；第二，对外国法人的分支机构采取的是特别认可程序；[①] 第三，外国法人在我国境内设立中外合资经营企业、中外合作经营企业、外资企业等，均属中国法人，故不存在认可问题。[②]

第三节　国家

一、国家作为国际私法主体的特殊性

随着国际经济关系的发展，国家的经济职能不断加强，国家直接或间接地参加国际民商事活动的情况也日益增多。如同自然人和法人一样，国家在一定的范围内也可以成为涉外民商事法律关系的主体。但国家作为主权者的本质属性，又使得国家在作为国际私法的主体时具有其特殊性，这主要表现在以下几个方面：

第一，国家参加国际民商事交往，以涉外民商事法律关系的主体身份出现，需要遵守民商事法律关系的平等性，对其主权进行一定的自我限制。

第二，国家参加国际民商事活动，必须以国家本身的名义，并由其授权的机关或负责人进行。

第三，国家作为国际私法的主体，以国库的财产作为后盾，即以国库财产作为承担因此而产生的涉外民事责任，并负无限责任。

---

① 《公司法》第十一章专章规定了外国公司的分支机构问题。该法第192条规定：“外国公司在中国境内设立分支机构，必须向中国主管机关提出申请，并提交其公司章程、所属国的公司登记证书等有关文件，经批准后，向公司登记机关依法办理登记，领取营业执照。外国公司分支机构的审批办法由国务院另行规定。”对外国公司分支机构的法律地位，《公司法》第195条规定：“外国公司在中国境内设立的分支机构不具有中国法人资格。外国公司对其分支机构在中国境内进行经营活动承担民事责任。”

② 《民法通则》第41条第2款规定：“在中华人民共和国领域内设立的中外合资经营企业、中外合作经营企业和外资企业，具备法人条件的，依法经工商行政管理机关核准登记，取得中国法人资格。”

第四，国家享有豁免权。国家虽以涉外民商事法律关系主体的身份参与国际民商事法律关系，但它毕竟是主权者，国家及其财产仍然享有司法豁免权。

二、国家的豁免权问题

（一）国家豁免权问题的提出

国家作为国际私法的主体在国际民商事交往中，同样也可能与其他涉外民事法律关系主体发生纠纷，从而提出国家的豁免问题。具体说来，国家豁免可能在以下几种情况下提出：

1. 国家在外国直接被诉；
2. 国家不是某一涉外诉讼的主体，但该诉讼涉及国家，因而国家主张豁免以维护自己的权利；
3. 国家主动提起诉讼，或在其被诉时明示或默示放弃司法管辖豁免，但在判决作出前或作出后，国家财产有可能被诉讼保全或强制执行时，国家主张诉讼程序豁免或强制执行豁免；
4. 国家提起诉讼，如遇对方当事人提起反诉的范围超出了原诉，国家可能会对该反诉主张豁免权。

（二）国家豁免权的内容

国家豁免（state immunity）包括司法管辖豁免（immunity from jurisdiction）和执行豁免（immunity from execution）。也有一些国家和学者把国家豁免分为司法管辖豁免、诉讼程序豁免和强制执行豁免，但其实质内容与前者是一致的。所谓司法管辖豁免，是指非经国家同意，他国法院不得受理以该国为被告或以该国的财产为诉讼标的的诉讼案件。由于司法管辖豁免主要因国家的特殊法律主体资格而发生，因此西方有些学者又称之为属人理由的豁免；所谓执行豁免，是指他国法院不得采取以国家所有的财产为标的的诉讼保全措施和强制执行措施。这是因为司法管辖豁免和执行豁免具有相对的独立性，即使国家通过明示或默示的方式放弃司法管辖豁免，也不意味着同时放弃诉讼程序豁免和执行豁免。所以，未经国家同意，不得对国家财产采取诉讼保全措施和强制执行措施。由于执行豁免主要涉及国家的财产，因此西方有些学者又称之为属物理由的豁免。

（三）国家豁免权的根据

国家豁免权的根据是国家主权原则。自1234年罗马教皇格列高里九世颁布“平等者之间无管辖权”的教谕以来，国家主权原则作为国际法的基本原则已得到世界各国的普遍赞同。所谓国家主权，是指国家所具有的对内的最高权力和对外的独立与平等的权利。国家主权在其领土范围内所享有的最高权力派生出属地管辖权，而国家主权在国际关系中的平等和独立性则派生出国家豁免权。因此，国家豁免权是国家作为主权者的固有权利，它来源于国家主权原则。

（四）国家豁免权的理论

国家及其财产享有豁免权虽然早已为世界各国所普遍承认，但各国关于国家豁免的理论和实践却有很大不同。其中，具有较大影响的是绝对豁免理论和限制豁免理论。第二次世界大战以后，国际法学界又出现了废除豁免理论和平等豁免理论，但这两种理论在实践中尚未得到采用。

1. 绝对豁免论（The Doctrine of Absolute Immunity）

这是一种最古老的国家豁免理论。这种理论认为，一个国家，不论其行为的性质如何，在他国享有绝对的豁免，除非该国放弃其豁免权；享有国家豁免的主体包括国家元首、国家本身、中央政府及各部、其他国家机构、国有公司或企业等；国家不仅在直接被诉的情况下，且在涉及国家的间接诉讼中均享受豁免；另外，它主张在国家未自愿接受管辖的情况下，通过外交途径解决有关国家的民事争议。绝对豁免理论得到了许多著名的国际法学家如奥本海、海德、戴赛、菲兹莫利斯、哈克沃斯等的支持，并在国际法院所判决的“比利时国会号案”（Parliament Belge）、[①]“佩萨罗号案”（Berizzi Brothers Co. v. Steamship Pessaro）[②] 中也得到肯定。绝对豁免理论在19世纪曾经得到了几乎所有西方国家的支持，只是自20世纪30年代以来才被逐渐放弃，一些发展中国家却仍然支持这一理论。但是，绝对豁免理论在提法上尚欠科学性；而且它把国家豁免的主体过分扩大也显属不当；另外，主张通过外交途径来解决涉及国家的民事争议，也不利于国际民事纠纷的迅速解决。更重要的是，绝对豁免理论明显地把国家置于优先地位，使和国家发生涉外民商事关系的私人当事人处于不平等的地位。在各国广泛和频繁地从事民商事活动以后，其中的缺陷日显突出，于是便产生了限制豁免理论。

2. 限制豁免论（The Doctrine of Relative or Restrictive Immunity）

---

① 1880年英国上诉法院审判的一起涉及国家及其财产豁免的案件。英国上诉法院对比利时国会号案件的判决，确立了绝对豁免主义，而否定了下级法院所持的限制豁免主义。它对英国法院甚至其他普通法国家的法院日后的审判实践具有重要的指导意义。在英国于1978年颁布《国家豁免法》以前，该案是英国法院在处理有关国家及其财产豁免案件时必然要引证的案例。参见余先予主编：《国际法律大辞典》，湖南出版社1995年版，第351页。

② 美国联邦最高法院关于外国政府商船管辖豁免问题作出判决的案件。美国联邦最高法院1926年在该案判决中指出：“我们认为，这些原则适用于所有政府为公共目的而拥有和使用的船只，当一国政府为了发展其人民的贸易时，这些船只如同军舰一样属于公共船只。我们不知道有任何国际惯例认为，在和平时期维持并增加人民的经济福利比维持和训练海军更缺少公共目的。”因此，最高法院判决对佩萨罗号船无管辖权，因为该船属于意大利政府所有和占有，而且经营该船是为其利益服务的。王铁崖主编：《中华法学大辞典·国际法学卷》，中国检察出版社1996年版，第34页。

又称“相对豁免说”或“职能豁免说”。这一理论产生于19世纪末，它主张把国家行为分为主权行为和非主权行为，或称公法行为和私法行为，主权行为享有豁免权，而非主权行为则不享有豁免权。在国家行为性质的识别问题上，一般主张适用法院地法；在国家行为性质的区分标准问题上，主要包括三种：一是目的标准，即考察该国家行为是否为实现其公共职能；二是行为性质标准，即区分该国家行为是否为主权行为，抑或为商业行为；三是混合标准，即兼采以上两种判断标准来认定国家行为的性质。目前以赞成第二种标准的国家为多。如1976年美国颁布的《外国主权豁免法》、1978年英国颁布的《国家豁免法》就在承认国家豁免权的前提下，同时列举了国家不享有豁免权的情形。实质上，限制豁免论是有关国家通过对国家行为性质的自由解释和划分来限制外国的国家豁免权利。

3. 废除豁免论（The Doctrine of Abolishing Immunity）

这一理论产生于20世纪40年代末50年代初，英国国际法学家劳特派特是该理论的创始人。瑞士的拉里夫、荷兰的鲍切兹也赞同这一理论。该理论主张从根本上废除国家豁免原则，即原则上国家不享有豁免权，但某些例外情况除外。在立法技术上，它主张采用否定列举式。显然，这一理论不仅反对绝对豁免理论，而且也与限制豁免理论所主张的国家享有豁免是一般原则、不享有豁免是例外的观点相反。

4. 平等豁免论（The Doctrine of Equal Immunity）

这一理论是由德国学者弗里兹·恩德林首先提出来的，主要是针对社会主义国家公有制占主体地位的情况下的国家豁免问题而产生的。该理论认为，国家豁免是平等原则派生出来的权利，同时也是国家主权的实质组成部分。由于国家主权不是绝对的，国家豁免也同样不是绝对的，国家主权在其他国家主权面前就受到了限制。因此，国家不享有绝对豁免，而只享有平等豁免。① 平等豁免论将国家的司法管辖豁免称为“关于组织的豁免”，将执行豁免称为“关于资产的豁免”。关于组织的豁免，它把国家组织分为两类：一类是要求国家豁免的组织，指靠国家预算维持并实现政治、行政、社会或文化职能的国家机构或组织；另一类是当然已放弃豁免的组织，指具有独立经济责任的国有公司或企业。平等豁免论可以说是绝对豁免理论和职能豁免理论的折中，这一理论有一定的合理之处，但还有待于进一步发展和完善。

目前，坚持限制豁免理论的国家已经占据了多数，比较有影响的立法例有美国1976年《外国主权豁免法》和1978年英国《国家豁免法》以及1972年《关于国家豁免的欧洲公约》。由于各国在国家及其财产豁免问题上存在诸多分歧，1991年联合国国际法委员会起草了《联合国国家及其财产管辖豁免公约》，并在2004年第59届联大会议上获得通过。该公约反映了限制豁免的理论，其规定一国从事的商业性

---

① 参见黄进：《国家及其财产豁免问题研究》，中国政法大学出版社1987年版，第121页。

活动，不应享受豁免。在判断国家活动的性质是否属于商业性时，公约采用了折中的方案，即主要采用交易性质标准，但一国法院也可将目的标准考虑在内。具体来说，商业交易是指：（1）为出售货物或为提供服务而订立的任何商业合同或交易；（2）任何贷款或其他金融性质的交易合同，包括与任何此类贷款或交易有关的任何担保义务或保赔义务；（3）商业、工业、贸易或专业性质的任何合同或交易，但不包括雇用人员的合同。该公约为统一各国的立法和实践提供了基础，2005 年 9 月 14 日，我国签署了该公约。

（五）我国对国家豁免权问题的立场

我国一向坚持国家及其财产享有豁免权的国际法基本原则。现行《民事诉讼法》对享有司法豁免权的外国人、外国组织和国际组织在民事诉讼中的豁免权作了原则性规定，① 而 1986 年颁布的《中华人民共和国外交特权与豁免条例》只对外交豁免问题作了规定，对国家豁免问题并未明确规定。2005 年 10 月 25 日第十届全国人大常委会通过了《外国中央银行财产司法强制措施豁免法》。该法第 1 条、第 3 条规定：“中华人民共和国对外国中央银行财产给予财产保全和执行的司法强制措施的豁免，但是，外国中央银行或者其所属国政府书面放弃豁免的或者指定用于财产保全或执行的财产除外。”“外国不给予中华人民共和国中央银行或者中华人民共和国特别行政区金融管理机构的财产以豁免，或者所给予的豁免低于本法规定的，中华人民共和国根据对等原则办理。”

自中华人民共和国成立以来，我国曾多次被动地在其他一些国家或地区被诉，例如“贝克曼诉中华人民共和国案”（Beckman v. the People's Republic of China）②、“湖广铁路债券案”（Russell Jackson et a1. v. People's Republic of China）③、“沃尔特斯夫妇诉中国工商银行案”（Walters v. Industrial ad Commercial Bank of China，Ltd.，et al.）④ 等。在这些案件中，我国表明了对国家豁免问题的立场，可归纳为以下几点：

1. 坚持国家及其财产的豁免权是国际法上的一项原则，国家本身或者说以国家名义从事的一切活动享有豁免权，除非国家自愿放弃豁免。即我国坚持绝对豁免论，反对限制豁免论和废除豁免论。

---

① 《民事诉讼法》第 261 条：“对享有外交特权与豁免的外国人、外国组织或者国际组织提起的民事诉讼，应当依照中华人民共和国有关法律和中华人民共和国缔结或者参加的国际条约的规定办理。”

② 1957 年瑞典最高法院审判的与中华人民共和国有关的国家及其财产豁免的案件。该案中，多数法官认为：“因为本案所涉及的财产用于中华人民共和国在我国的大使馆，所以，该共和国有权对卡赖和阿凯提起的诉讼主张豁免。”最高法院确认了上诉法院的裁决。参见余先予主编：《国际法律大辞典》，湖南出版社 1995 年版，第 353 页。

③ 参见江平主编：《中国司法大辞典》，吉林人民出版社 1991 年版，第 994 页。

④ 参见李庆明：《中国国家财产在美国的执行豁免——以沃尔斯特夫妇诉中国工商银行为例》，载《武汉大学学报（哲学社会科学版）》2013 年 7 月第 4 期。

2. 在对外贸易及司法实践中，我国已开始把国家本身的活动与国有公司或企业的活动区别开来，认为国有公司或企业是具有独立法律人格的经济实体，不应享受豁免。因此，我国坚持的绝对豁免理论与传统意义上的绝对豁免理论是有所不同的。

3. 我国在外国法院出庭主张豁免权的抗辩不得视为接受外国法院的管辖。

4. 如果外国国家无视我国主权，对我国或我国财产强制行使司法管辖权，我国保留对该国采取对等措施的权利。

5. 我国赞成通过协议来消除各国在国家豁免问题上的分歧。如根据我国 1980 年参加的 1969 年《国际油污损害民事责任公约》第 11 条规定可知，我国实际上已经放弃了油污损害发生地的缔约国法院的管辖豁免。

第四节 国际组织

一、国际组织作为国际私法主体的特殊性

国际组织是国际关系发展到一定阶段，主权国家或地区之间为了共同的政治、经济、军事、文化或其他利益，通过缔结国际条约规定它们共同享有的权利和承担的义务，并以这些国际条约为基础而结成的国际性社会组织。从 19 世纪初国际组织开始出现到现在，影响较大的各类国际组织已达 4000 多个，政府间的国际组织有 500 多个，其中 90% 以上是在 19 世纪 50 年代之后发展起来的。正因为此，有学者将 20 世纪称为“国际组织的世纪”。[①] 因此，国际组织在当今的国际社会中发挥着非常重要的作用。下文所称的国际组织，专指政府间国际组织。

作为国际关系中的一个实体，国际组织必然要与国家、其他国际组织、自然人和法人发生经济和民事关系，因而，国际组织也是国际私法的主体之一。但国际组织又是一种特殊的涉外民商事法律关系主体，其特殊性主要表现在：

1. 国际组织以自身的名义参加涉外民商事法律关系

国际组织虽然由各个成员国（团）组成，但它又有相对的独立性，具有独立的法律人格，以其自身的财产对外承担民事责任，各成员国（团）对其债务并不负连带责任。如 1946 年《联合国特权及豁免公约》和 1947 年《联合国专门机构特权及豁免公约》等都确定了联合国及其专门机构的法律人格，规定它们有“缔结契约”“取得并处置动产和不动产”“从事法律诉讼”的法律行为能力。

---

① 梁西：《国际组织法》，武汉大学出版社 2000 年版，第 33 页。

2. 国际组织所从事的民事活动是执行职务及实现其宗旨所必要的

这种职能是通过成员国（团）缔结的成立该国际组织的国际条约（协议）和该国际组织自身的章程体现出来的。国际组织只有在该国际条约（协议）和章程的范围内活动才具有民事权利能力与行为能力。如《联合国宪章》第104条规定："本组织于每一会员国领土内，应享受于执行其职务及达成其宗旨所必须之法律行为能力。"

3. 政府间的国际组织在参与国际民商事法律关系时享有一定的特权和豁免

二、政府间国际组织的特权与豁免

国际组织本身不享有主权，所以它并不天然地享有豁免权。国际组织的豁免权最初来源于外交特权和豁免。联合国成立以后，制定了一系列以联合国为中心的有关国际组织的法律地位、特权和豁免的公约，才确立了政府间国际组织的豁免权。如1946年制定了《联合国特权及豁免公约》、1947年联合国与美国签订了关于联合国会址的协定、1954年联合国教科文组织同法国签订的协定也对有关国际组织的特权与豁免问题作了规定。由联合国国际法委员会起草并于1975年在维也纳外交会议上通过的《维也纳关于国家在其对普遍性国际组织关系上的代表权公约》，对国际组织的法律地位、特权与豁免问题作了较为明确、全面的规定，但该公约目前尚未生效。

由于国际组织不具有主权，因而其特权与豁免的依据，目前有两种不同的观点：一种是职能说。这种观点认为，成员国是为了使国际组织更好地履行其作为国际组织的职能，完成有关公约及其组织章程规定的宗旨和任务，而授予其享有主权国家才能享有的特权与豁免权。另一种是代表说。这种观点认为，成员国是因为国际组织在一定程度上或某些方面代表着成员国的愿望和利益而授予国际组织以特权和豁免的。有些学者还认为应该将这两种观点结合起来。这些观点都有一定的道理，现在得到较多支持的是职能说。如《联合国宪章》第105条和其他国际组织的章程及有关公约中关于国际组织的特权与豁免的规定，都证明国际组织享有特权与豁免是执行其职务和实现其宗旨所需要的。国际法委员会在制定《维也纳外交关系公约》时也认为"国际组织的豁免权只能建立在职能的基础上"。

国际组织在涉外民商事法律关系中享有的特权与豁免主要有：国际组织的会所、公文档案不受侵犯；国际组织的资产免受搜查、征用、侵夺和其他任何形式的干涉等。

值得注意的是，我国与哈萨克斯坦共和国、吉尔吉斯共和国、俄罗斯联邦、塔吉克斯坦共和国和乌兹别克斯坦共和国于2004年6月17日签署的《上海合作组织特权与豁免公约》，规定了上海合作组织的特权与豁免、官员的特权与豁免以及为执行使命的专家和常驻代表机构的特权和豁免。我国全国人大常委会于2005年2月28

日通过了《关于批准〈上海合作组织特权与豁免公约〉的决定》,[1] 该公约目前对我国已经生效。此外，为了更好地履行我国的条约义务，最高人民法院在2007年颁布了《关于人民法院受理涉及特权与豁免的民事案件有关问题的通知》，对我国法院受理各类特权与豁免案件建立“报告制度”。[2]

§思考题：

1. 国际私法确定自然人属人法的主要方法有哪些？怎样对这两种方法产生的冲突进行协调？我国法律是如何解决自然人的国籍与住所的消极冲突和积极冲突的？
2. 法人国籍的确定标准有哪些？其优劣如何？我国确定法人国籍采用的是什么标准？
3. 简述外国法人的认可的概念和方式。
4. 国家及其财产豁免权包括哪些内容？你对国家豁免问题上存在的几种主要理论的评价是什么？我国关于国家豁免的立法和司法实践有哪些？

§“法律职业资格考试”要点提示：

自然人国籍的积极冲突和消极冲突及其解决；自然人住所的积极冲突和消极冲突及其解决；法人的国籍、住所的确定；外国法人的认可程序；国家及其财产豁免制度。

---

① 来源网址：http：//www. sco - ec. gov. cn，最后访问日期：2018年1月30日。

② 该通知将来中国参加联合国及其专门机构召开的国际会议的外国代表、临时来中国的联合国及其专门机构的官员和专家及联合国系统组织驻中国的代表机构和人员纳入豁免范围。

第五章　外国人民事法律地位

§学习目的与要求：

外国人民事法律地位规范，是涉外民商事法律关系产生的前提。本章主要阐述外国人的民事法律地位的含义，外国人民事法律地位的制度，以及外国人在我国的民事法律地位状况。要求掌握外国人民事法律地位的若干基本概念，把握外国人民事法律地位的主要制度，认识外国人在我国民事法律地位的现状。

第一节　外国人民事法律地位概述

一、外国人民事法律地位的概念

外国人的民事法律地位，是指外国自然人、外国法人在内国享有民事权利和承担民事义务的法律状况。也有学者称之为“外国人在私法上之地位”① 或“外国人地位”②。

外国人在内国的民事法律地位，一般是通过国内立法或国际条约直接加以规定的。外国人在内国依据国内立法或国际条约的规定，能够享有一定的民事权利和承担一定的民事义务，是外国人在内国从事民事活动的法律前提。

所谓“外国人”，一般是指依一国国籍法不具有该国国籍的人。本章所说的外国人，除外国自然人外，还包括外国法人。关于法人国籍的确定，已在本书第四章

① 参见周敦礼：《国际私法新论》，上海中华书局1931年版，第6页。
② 参见梅仲协：《国际私法新论》，大东书局1946年版，第155页。

中讲述。必须指出的是，依属人法成立的外国法人同外国自然人享有的民事权利是有较大差异的。

在一般情况下，外国人在内国大体享有与内国人同等的民事法律地位。在某些情况下，某个方面的民事权利可能对外国人（特别是外国法人）予以限制；在特殊情况下，经一国法律的特别许可，内国人不能享有的民事权利，外国人却可以享有。

二、外国人民事法律地位的历史发展

赋予在内国的外国人一定的民事法律地位，是国际民商事交流发展到一定阶段的必然要求。在历史上，外国人的民事法律地位曾几经变迁，在不同的历史时期和不同的国家有着不同的特点。外国人在内国逐步取得与内国人大体相同的法律地位，是一个渐进的发展过程。

（一）奴隶制时期

在原始社会，由于没有国家和法律，故不存在内、外国人之分，也就没有所谓外国人民事法律地位的问题。奴隶制社会前期，生产力水平极端低下，生存竞争激烈，外国人均被视为敌人，凡被捕获即被杀害或沦为奴隶，根本不享有法律人格及相应地位；奴隶制社会后期，随着社会分工的发展，商品交换开始出现并逐渐超越国界，促使了国家间的贸易关系和民事交往的产生，奴隶主开始逐步承认外国“臣民”或“自由民”享有一定的民事权利并赋予其有限的民事地位。如公元前3世纪，古罗马万民法把“外来人”分为“友民”和“蛮民”两部分，“友民”在万民法的保护之列，而“蛮民”则被排斥在外。我国奴隶制后期（如春秋战国时期）也将外国人划分为“臣民”和“化外民”，均是各诸侯国的属民，但只有外国“臣民”才享有通婚、经商（“朝贡”）乃至从政（“客卿”）的权利，而广大的所谓“东夷”“南蛮”“西戎”“北狄”等“化外民”，则仍处于无权地位。因而，这一时期又被称为“敌视待遇时期”。

（二）封建制时期

在封建社会，自给自足的自然经济占据统治地位，各国都采取闭关自守政策，实行封建割据，相互之间的经济、贸易和文化交往甚少。对偶然入境的“化外民”，在法律管辖上实行绝对属地主义，在法律适用上采取外国人低于内国人的“差别待遇”。不过，不论是东方国家还是西方国家，外国人经封建君主的恩赐或特许，有一定的居住和经商的权利。因此，这一时期又被称为“差别待遇时期”。

（三）资本主义时期

在资本主义社会，商品经济是其存在的必要条件，它的高度发展不仅要求国内通商自由，而且也要求国际通商自由。因此，资产阶级势必要求各国打破闭关锁国状态，改变外国人的无权地位状况，相互承认外国人与内国人享有同等的民事权利和地位，这样就提出了“国民待遇”原则。如1789年法国《人权宣言》第1条宣布“人类……在权利上是平等的”；1804年《法国民法典》第11条最早以国内法形式规定了对外国人的民事权利实行相互平等的待遇原则：“外国人在法国享有与其本国根据条约给予法国人的同样的民事权利。”因而，这一时期又被称为“平等待遇时期”。

自由资本主义进入垄断阶段后，帝国主义列强一方面凭借其政治、经济、军事等优势在外国攫取广泛的特权，另一方面又对位于其内国的外国人的民事权利和地位予以种种不合理的限制或歧视。这一时期可称为“歧视待遇时期”。

第二次世界大战以后，随着社会主义国家的兴起和广大发展中国家的独立，要求在尊重国家主权和平等互利的基础上建立国际政治和经济新秩序、解决外国人的民事法律地位问题，就成为当今必须遵循的主要原则。

第二节　外国人民事法律地位的制度

一国根据什么原则和方式，赋予在内国的外国人以何种民事法律地位，通常规定在各国所实行的各种待遇制度中。从19世纪初到现在，世界各国在实践中逐步形成了以下几种关于外国人民事法律地位的制度。

一、国民待遇（National Treatment）

国民待遇，又称平等待遇，是指一国给予外国人与本国人同等的待遇，使其在与本国国民相同的条件下享有民事权利、承担民事义务。①

作为资产阶级革命的产物，国民待遇制度在其产生和发展的过程中，先后经历过三种形式：一是无条件的国民待遇，即一国不附带任何条件地赋予内外国人以同等的待遇。这种形式的国民待遇仅在资产阶级革命的初期曾经短暂地实行过。二是有条件的国民待遇，又称互惠的国民待遇，即一国给予外国人以国民待遇，是以该外国人所属国也给予内国人以国民待遇为条件的。三是特定的国民待遇，即一国在立法中规定，在某种或几种权利上给予外国人以国民待遇。这种形式的国民待遇通常用在有利于本国经济、技术和文化发展的民事权利方面，也可以不要求互惠。②

必须指出的是，根据国民待遇制度，内国人与外国人享有同等的待遇，享受同

---

①　参见中国大百科全书总编辑委员会编：《中国大百科全书·法学》，中国大百科全书出版社2002年版，第604页。

②　韩德培主编：《国际私法》，高等教育出版社、北京大学出版社2000年版，第78~79页。

等的民事权利和承担同等的民事义务，是仅就一般原则而言的，其并不意味着内国人与外国人享有绝对相同的具体的实体民事权利。从当前各国的有关立法和实践来看，当今的国民待遇制度主要有三个特点：

第一，国民待遇的实行一般都以对等和互惠为原则。所谓对等和互惠，是指国家之间相互给予对方国家的公民和法人以同等的权利和优惠。具体来说，当甲国给予乙国人以一定的国民待遇时，乙国亦应给予甲国人以同等的国民待遇。

依互惠原则给予外国人以对等的国民待遇，立法上有两种表现形式：一是以条约为依据，此方式被称为“条约上的互惠主义”。1804 年《法国民法典》最早确定了这一形式。该法典第 11 条规定：“外国人在法国享有与其本国依条约给予法国人的同样的民事权利。”二是以一国的法律规定为依据，此方式被称为“法律上的互惠主义”。如 1811 年《奥地利民法典》第 13 条规定：“外国人得享有与内国人同样之权利，须经证明其本国亦准予奥国国民享有同一之权利。”现如今，互惠的国民待遇几乎已被认为是一种不言而喻的制度，因此，实行互惠原则有时并非一定以条约或法律上的规定为条件。

我国在有关立法和缔结的条约中，一般也规定了对等、互惠的国民待遇。《民法通则》第 8 条第 2 款规定：“本法关于公民的规定，适用于中华人民共和国领域内的外国人、无国籍人，法律另有规定的除外。”现行《民事诉讼法》第 5 条第 1 款规定：“外国人、无国籍人、外国企业和组织在人民法院起诉、应诉，同中华人民共和国公民、法人和其他组织有同等的诉讼权利义务。”中美《贸易关系协定》第 6 条第 2 款规定：“缔约双方同意在互惠基础上，一方的法人和自然人可根据对方的法律和规章申请商标注册，并获得这些商标在对方领土内的专用权。”对外国人实行对等、互惠的国民待遇，也为我国学者所赞同。①

第二，国民待遇的适用范围一般是特定的。国民待遇的授予范围，以往仅限于公民的人身权、诉讼权的保护方面，现已扩及船舶遇难救助、申请发明专利权、商标注册、版权以及民事诉讼权利方面。我国在有关立法和缔结、参加的国际条约中，也一直坚持在特定的民商事和诉讼程序范围内，授予外国人以国民待遇。但在沿海贸易、内水航运、内水捕捞作业、货物保险、银行、邮电、通信、公用事业等领域，包括我国在内的世界各国，一般不给予外国人以国民待遇。

第三，国民待遇的适用都有一定的例外。当今，国民待遇的适用范围已扩及民商事的许多方面，但从维护国家安全和社会利益出发，各国都规定了在民商事的某

① 《示范法》第 3 条建议：“除法律另有规定外，外国当事人在中华人民共和国领域内进行国际民商事活动享受国民待遇，其合法权益受中华人民共和国法律的保护。外国对在其境内的中华人民共和国当事人的民商事权利加以不公平限制的，中华人民共和国对在中华人民共和国境内的该外国当事人采取对等措施。”见中国国际私法学会编：《中华人民共和国国际私法示范法》，法律出版社 2000 年版，第 4 页。

些领域中适用国民待遇的若干例外。例如，英国不准外国人拥有船舶所有权，外国人不能充任商船船长、总工程师、引水员；美国多数州不准外国人当律师；苏联限制外国人担任飞行员、船长、船员、公证员、领事职务等。我国也规定禁止外国人在我国的军事、外交、公安和机要部门任职，不准外国人同上述部门的现役人员结婚；限制外国人、外国企业及其他经济组织在我国境内架设电台；不让外国人在我国充任律师、专利代理人或商标代理人、引水员等。

在 WTO 体制下，国民待遇是各成员必须遵守的基本原则之一。按照 WTO 相关协定，在货物贸易、服务贸易、知识产权保护方面，各成员都应当给予其他成员的国民以国民待遇，但每一协定中的国民待遇义务并不相同。《关贸总协定》《与贸易有关的知识产权协定》中的国民待遇是成员方必须承担的一般义务，而《服务贸易总协定》中的国民待遇是成员方承担的特殊义务。

二、最惠国待遇（Most Favored—Nation Treatment）

最惠国待遇，是指一国给予另一国国民以不低于它已经或将要给予任何第三国国民的待遇。①

第二次世界大战以后，最惠国待遇被各国广泛采用。为了促进这一法律制度的发展，1978 年 7 月联合国国际法委员会主持通过了《关于最惠国条款的条文草案》，其中第 5 条规定："最惠国待遇是指施惠国给予受惠国或与之有确定关系的人或事的待遇不低于施惠国给予第三国或与之有同于上述关系的人或事的待遇。"显然，最惠国待遇要涉及三类国家或地区：一是施惠国，即承担给予最惠国待遇的缔约一方；二是第三国，又称最惠国，即已经取得或将来取得施惠国所给予的优惠待遇的国家；三是受惠国，即以第三国所享有的最优惠待遇为标准而享受该优惠的缔约另一方。条约中规定的最惠国待遇的有关条款，称为最惠国条款。

同国民待遇相比，最惠国待遇具有以下特点：

第一，最惠国待遇必须以双边或多边条约加以规定；而国民待遇则既可以在国内立法中也可以在国际条约中加以规定。

第二，最惠国待遇的受惠国可以根据最惠国条款的规定，自动取得与第三国同等的待遇，无须再与施惠国另订新约或再作请求；而国民待遇一般不涉及第三方，并且需在法律或条约中加以明确规定。

第三，最惠国待遇的适用范围一般是在经济贸易等商事关系的某些事项方面，通过自然人、法人、货物、商船等所享受的待遇表现出来，如关税、旅客、行李和

---

① 参见中国大百科全书总编辑委员会编：《中国大百科全书·法学》，中国大百科全书出版社 2002 年版，第 604 页。

货物的过境、航行、铁路和公路的使用等；而国民待遇的适用范围一般是在物权、债权、婚姻家庭、财产继承等民事关系方面。

第四，最惠国待遇以第三国所享受的待遇为标准，其目的在于使处于内国的不同外国人之间处于平等地位；而国民待遇以内国人的待遇为标准，其目的是使在内国的外国人在某些领域内享有与内国人同等的民事法律地位。

最惠国待遇从不同的角度进行分类，可以分为不同的表现形式：

第一，从缔约国的多少看，分为双边的和多边的最惠国待遇。双边的最惠国待遇是指在双边条约中规定的仅适用于缔约双方的最惠国待遇；多边的最惠国待遇则是指在多边条约中规定最惠国条款，所有条约参加国据此均自动取得此项待遇，无须另订新约。通常，多边的最惠国待遇要比双边的最惠国待遇稳定，因而这种形式更具优越性。

第二，从给予的条件看，分为有条件的和无条件的最惠国待遇。有条件的最惠国待遇，是指在最惠国条款中规定，受惠国只有像第三国那样在接受优惠时向施惠国提供同等的补偿，才能享受与第三国同等的待遇。这种形式于1848年英国与利比里亚、1871年美国与意大利、1911年美国与日本的《通商航海条约》所采用，故又称为“英国利比里亚条款”或“美国条款”。无条件的最惠国待遇，是指缔约一方将给予第三国的待遇，也自动地、无偿地给予作为受惠国的缔约对方。这种形式为欧洲各国所普遍采用，故又称为“欧洲条款”。从历史上看，有条件的最惠国待遇只在1923年以前美国同其他国家签订的条约中出现过，自1923年《美德友好通商条约》签订后便不再采用。目前，各国较多地采用无条件的最惠国待遇。

第三，从适用的范围看，分为有限制的和无限制的最惠国待遇。有限制的最惠国待遇，是指缔约双方将最惠国条款中的优惠权利，限制在某些民事经济领域或一定的范围内。无限制的最惠国待遇，是指在最惠国条款中规定，施惠国将给予第三国的各方面的优惠待遇，全部给予受惠国。现今，各国都是采用有限制的最惠国待遇这一形式，以避免因所给予的优惠权利过宽而对本国不利。需要明确的是，最惠国待遇的适用范围一般根据两国间的关系程度和经济状况加以确定。通常在以下6个方面适用这一制度：（1）国家之间的商品、支付和服务往来；（2）国家之间交通工具的通过；（3）彼此的公民和法人在对方定居、法律地位和营业上的活动；（4）彼此的外交代表团、领事代表团、商务代表团的特权和豁免；（5）著作权、专利权和商标权的保护；（6）判决和裁决的义务。①

一般来说，各国在条约中规定最惠国待遇时，往往也会同时规定最惠国待遇适用的例外，即最惠国待遇的例外条款，指出一些不属于最惠国待遇的例外事项。这

① 李双元、金彭年：《中国国际私法》，海洋出版社1991年版，第187页。

些例外事项主要有：（1）一国给予邻国的特权与优惠；（2）边境贸易和运输方面的特权与优惠；（3）有特殊的历史、政治、经济关系的国家形成的特定地区的特权与优惠；（4）经济集团内部（如欧盟）各成员国相互给予对方的特权与优惠。[①]

我国早在1955年8月22日与埃及签订的《中国和埃及政府贸易协定》中便开始采用互惠平等的最惠国待遇制度。随着对外开放步伐加快，我国在与许多国家签订的双边或多边的国际条约中也广泛地采用了这一制度。加入WTO以后，我国的立法机构也修改、清理了与WTO最惠国待遇原则不相符的法律法规。

三、不歧视待遇（Non-discriminate Treatment）

不歧视待遇是歧视待遇的对称。所谓歧视待遇，又称差别待遇，是指一国把某些特别的限制性规定专门适用于某一特定外国的自然人和法人，从而导致该外国人的民事地位不仅低于内国人，也低于在内国的所有其他外国人。显然，歧视待遇的实行不利于国家之间平等的民商事交往，因而往往会遭到有关国家的报复。因此，各国为了防止歧视待遇的发生，常常通过签订条约来规定不歧视待遇。

所谓不歧视待遇，又称非歧视待遇或无差别待遇，是指缔约国彼此不把低于其他一般外国人的权利和优惠的专门性限制，适用于对方的公民和法人。[②] 如1986年中英《关于促进和相互保护投资协定》第2条第2款规定，缔约双方“对缔约另一方的国民或公司在其领土内对投资的管理、维持、使用或处置不得采取不合理的或歧视性的措施”。

不歧视待遇可以通过国民待遇或最惠国待遇来实现，但两者又是有差别的。从作用上来看，不歧视待遇要求缔约各方彼此不给予对方国家的公民和法人低于一般外国人应享有的民事权利，因而是从消极的方面预防歧视待遇的发生；而国民待遇和最惠国待遇是要求与内国人或所有外国人处于同等的地位，因而是从积极的方面直接禁止歧视待遇的发生。所以，不歧视待遇有时可以与国民待遇和最惠国待遇一并规定在同一个国际条约中。

四、优惠待遇（Preferential Treatment）

优惠待遇，是指一国为了某种目的给予另一国及其自然人和法人以特定的优惠的一种待遇。[③]

优惠待遇既可以规定在国内立法中，也可以规定在国际条约中。如1957年我国

---

① 韩德培主编：《国际私法新论》，武汉大学出版社2003年版，第85页。

② 参见江平主编：《中国司法大辞典》，吉林人民出版社1991年版，第1100页。

③ 徐开墅主编：《民商法辞典（增订版）》，上海人民出版社2004年版，第233页。

和尼泊尔签订的《关于两国关系中的若干有关事项的换文》第6条规定："双方同意各按本国规定的优惠税率对彼此出入口商品征收关税。"根据优惠待遇制度，一国给予另一国及其自然人和法人的特定优惠，不仅第三国及其自然人和法人不能享有（如前述我国给予尼泊尔的优惠税率，美国就不一定享有），甚至内国人也不能享有。所以，优惠待遇是从积极的意义上给予外国及其自然人和法人以优惠，是一国为了某种目的而在特定方面授予特定国家的。

优惠待遇与国民待遇不同。优惠待遇是在几个特定领域内（如贸易、投资、关税、航运等）给予优惠，而国民待遇则是概括性地给予内外国人以同等的待遇，是对权利的一种泛指；优惠待遇给予外国人的待遇水平可以高于本国人所享有的待遇，也可能低于本国人所享有的待遇，而国民待遇只能与本国人的待遇标准相同。

优惠待遇与最惠国待遇不同。优惠待遇既可以通过国内立法也可以通过国际条约加以规定，而最惠国待遇必须借助于条约中的最惠国条款才能享有。因此，优惠待遇作为一种待遇制度可以单独使用。

五、普遍优惠待遇（Treatment of Generalized System of Preference）

普遍优惠待遇，简称普惠制，是指发达国家对原产于发展中国家或地区的商品给予普遍的、非互惠的和非歧视的关税优惠待遇。[①] 普遍优惠待遇具有以下三个特点：

第一，普遍性。即所有发达国家对所有发展中国家出口的制成品和半制成品给予普遍的优惠待遇。

第二，非互惠性。即由发达国家单方面给予发展中国家或地区以关税优惠待遇，而不要求后者提供对等的"反向优惠"。

第三，非歧视性。即发达国家应无歧视地和无例外地给予所有而非部分发展中国家以普遍优惠待遇。

普遍优惠待遇是发展中国家为建立国际经济新秩序而斗争的结果。在国际经济交往中，由于发达国家和发展中国家经济实力过于悬殊，因而通过国民待遇制度和最惠国待遇制度所赋予的形式上的平等互惠，并不能真正实现事实上的公正互利，相反却会使发展中国家背上沉重的包袱。如在关税方面，一些产品大量出口而又限制进口的发达国家和一些依赖进口而产品出口较少的发展中国家，虽然订有对等、互惠的最惠国条款，但实际上只有发达国家才能从中获得实利，相反，发展中国家却不得不背负沉重的减免关税的义务。这种事实上的交易不公现象，无疑阻碍了平等互利的国际民商事交往。因此，发展中国家为了发展民族经济、维护国民利益，在建立国际经济新秩序的斗争中，向工业发达国家提出了实行普遍优惠待遇制度的

---

① 徐开墅主编：《民商法辞典（增订版）》，上海人民出版社2004年版，第679页。

要求。1968 年联合国贸易与发展会议通过了实行普惠制的决议；1970 年联合国第二十五届大会接受了上述建议，通过了关于建立普惠制的提案；1974 年 12 月联合国大会通过了《各国经济权利和义务宪章》，其中第 19 条规定，为了加速发展中国家的经济增长，弥合发达国家与发展中国家之间的经济差距，发达国家在国际经济合作可行的领域内，应给予发展中国家以普遍优惠的、非互惠的、非歧视的待遇。

由于普遍优惠待遇涉及发达国家的切身经济利益，因此，发达国家在制定普惠制方案时，往往规定了很多限制性条款。主要表现在：（1）对受惠国家和地区的限制。由于国际上并没有一个统一接受的关于“发展中国家”的定义，所以有些发达国家出于其政治、经济等因素的考虑，便可单方面地拒绝给予某些发展中国家以普惠制。如美国在给予 77 国集团成员国以普惠制待遇时，就将古巴、朝鲜、阿富汗、柬埔寨、伊朗、伊拉克等国排除在外。（2）对受惠商品范围的限制，即通过开列受惠商品清单的方式进行严格限制。通常将如纺织品、石油制品、皮革制品和鞋类等排除在受惠计划之外。（3）对受惠商品减免关税幅度的限制。发达国家往往根据受惠商品的敏感性、竞争性的程度，规定了一定的关税减免幅度，超过部分则不予减免。（4）严格实行原产国规则和直接运输规则。即受惠产品必须完全产自作为受惠国的发展中国家或者在该国国内经过实质性加工、制作，并按规定条件运往普惠制的授予国。否则，拒绝授予普惠制待遇。因此，严格说来，国际上现行的关税普惠制实际上还只是各发达国家各种不同给惠方案的简单凑合，远非发展中国家原先所要求的普遍的、非互惠的和非歧视的关税优惠制度。①

第三节　外国人在我国的民事法律地位

一、外国人在 1949 年以前的民事法律地位

从外国人民商事法律地位的历史沿革看，在中华人民共和国成立前可分为三个时期。在这三个不同时期内，外国人所享有的民商事法律地位是不同的。

（一）合理待遇时期

这一时期从西汉一直延续到明末，即自张骞出使西域直至郑和七下西洋（公元前 206 ~ 公元 1518 年）。总体上看，历代封建帝王还是提倡同外国进行经济文化交流，允许外国人较自由地来华经商、朝圣、周游的。如西汉时期，著名的“丝绸之

① 张仲伯：《国际私法学》，中国政法大学出版社 2012 年版，第 160 ~ 161 页。

路”开拓、在长安专门设立接待外商的“蛮夷邸”、开辟张掖、武威、酒泉、敦煌为西域通商的都市等；唐朝鼎盛期间，在长安建立“鸿萨馆”，作为处理外事和对外经济的专门机构，在地方还设有“市舶使”，负责管理中外远洋运输船舶。基于对外交往的发展和解决涉外纠纷的需要，《唐律》规定，凡同一国籍的“化外民”相互侵犯，各依本国法；不同国籍的“化外民”相互侵犯，则依唐律；宋朝时期，对外通商已达50多个国家和地区，继续沿用《唐律》的规定；意大利人马可·波罗（1254～1324年）先后在元朝供职17年之久；①著名的郑和“七下西洋”，导致来我国经商、侨居的外国人更多了，他们的民事权利均可获得不同程度的保护。当然，也有在特定时期对外国人民事权利采取限制或禁止措施的。如唐玄宗曾经敕令不准外国人和我国人通婚，限制外国人从事特定行业的经商、雇工，等等。但比起同一时期极端保守的封建国家，赋予外国人民事权利的做法则要开放得多。

（二）闭关锁国时期

这一时期从明末到清朝道光年间，即自明末倭寇及葡萄牙、荷兰的入侵到中英鸦片战争的爆发（1518—1840年）。由于外国人不断入侵我国东南沿海从而迫使明、清王朝不得不实施闭关锁国政策，对外国人采取极端排外措施，不区分是侵略分子还是善良商民，一律限制或禁止他们正常的民事活动。如清政府当时颁布的“防夷五事”“防患夷人章程”，规定外商只能居住在指定的“商馆”，并与指定的商行如广州的“十主行”进行交易等。所有在我国境内的外国人几乎处于无权地位。这样，帝国主义者便以“护侨”“保护商业利益”为借口，发动了罪恶的“鸦片战争”。

（三）特权待遇时期

这一时期从中英鸦片战争直到中华人民共和国成立（1840～1949年）。西方列强的炮舰，强行打开了清王朝的国门，并迫使清政府签订了一系列丧权辱国的不平等条约，规定所有在华外国人享有一系列非互惠的、片面的国民待遇、最惠国待遇和优惠待遇，享有诸如领事裁判权、征商权、征税权、房地产永租权、内河航行权以及兴办矿山、铁路、金融、海关、邮政、教育等广泛的实体权利。包括英、美、法、德、俄、意、奥、日等在内的20多个帝国主义国家在我国拥有如此广泛的特权地位，是近代我国对外关系史上的显著特点，在整个国际关系史上亦属罕见。②

---

① 《简明社会科学词典》编辑委员会主编：《简明社会科学词典》，上海辞书出版社1984年版，第72页。

② 1842年《中英南京条约》、1843年中英《五口通商章程》、1844年中美《望厦条约》、1858年中美、中英、中俄、中法《天津条约》及中俄《瑷珲条约》、1860年中俄、中法、中英《北京条约》及有关续增条约。王铁崖编：《中外旧约章汇编》（第1册），生活·读书·新知三联书店1957年版，第30、40、51、86～112、144～156页。

二、外国人在 1949 年以后的民事法律地位

中华人民共和国成立后，外国人在我国的民事法律地位状况开始进入真正的平等待遇时期。1949 年颁布的具有宪法效力的《中国人民政治协商会议共同纲领》，在宣布取消帝国主义国家在华特权的基础上，明确规定我国可在平等和互利原则下与各国政府和人民恢复和发展通商贸易关系，给予外国人居留权并保护其正当、合法权益。之后我国于 1954 年和 1982 年颁布的《宪法》及 1986 年《民法通则》等一系列法律、法规和条例中，规定了外国人在中国应有的民事法律地位。现行《宪法》也明确规定，外国自然人和法人及其他经济组织可以依法在我国境内投资和进行各种形式经济合作，我国法律保护外国人在我国境内的合法权利和利益。① 这些规定是外国人在我国获得相应民商事法律地位的基础。同时，我国与外国缔结或参加一系列多边或双边国际条约中，分别规定了涉及民商事地位的国民待遇、最惠国待遇、非歧视待遇等制度，作为授予彼此公民、法人的民商事法律地位的依据。

当然，由于国际历史原因以及国内"左"倾思潮的影响，在相当长的时间内，关于外国人的民事法律地位状况又曾一度回到闭关自守的状态。直到 1978 年十一届三中全会的召开，确定了对外开放的基本国策后，外国人在我国的民事法律地位才进入了一个新的发展时期。

根据有关国内立法和国际条约的规定，外国人在我国享有广泛的民事权利，概括起来主要包括以下几大方面：

一是人身受保护权。根据《民法通则》第 8 条规定，有关公民的规定适用于在我国境内的外国人、无国籍人，法律另有规定的除外。因此，对于在我国境内的外国人，其人格尊严、姓名、名誉等不容侵犯，其宗教信仰自由、通信自由等应受我国法律的保护。《民法总则》第 109 条规定："自然人的人身自由、人格尊严受法律保护。"第 110 条第 1 款规定："自然人享有生命权、身体权、健康权、姓名权、肖像权、名誉权、荣誉权、隐私权、婚姻自主权等权利。"

二是亲权。根据我国有关涉外婚姻家庭关系的法律原则和规定，外国公民同我国公民或外国公民之间在我国境内依《婚姻法》规定申请结婚或解除婚姻关系，涉外的夫妻关系、父母子女关系、兄弟姐妹关系，以及依我国《收养法》成立的涉外收养关系，均受我国法律的合法保护。《民法总则》第 112 条规定："自然人因婚

---

① 我国《宪法》第 18 条规定："中华人民共和国允许外国的企业和其他经济组织或者个人依照中华人民共和国法律的规定在中国投资，同中国的企业或者其他经济组织进行各种形式的经济合作。在中国境内的外国企业和其他外国经济组织以及中外合资经营的企业，都必须遵守中华人民共和国的法律。它们的合法的权利和利益受中华人民共和国法律的保护。"第 32 条第 1 款规定："中华人民共和国保护在中国境内的外国人的合法权利和利益，在中国境内的外国人必须遵守中华人民共和国的法律。"

姻、家庭关系等产生的人身权利受法律保护。”

三是继承权。根据《继承法》《民法通则》和其他有关规定，对于外国人在华的财产继承问题，无论是法定继承、遗嘱继承或无人继承财产的处理，一般均与处理我国人的财产继承问题相同。《民法总则》第124条规定：“自然人依法享有继承权。自然人合法的私有财产，可以依法继承。”

四是投资权与经营权。根据《中外合资经营企业法》《中外合作经营企业法》《外资企业法》《对外合作开采海洋石油资源条例》《对外合作开采陆上石油资源条例》等法律法规的规定，在遵守相关产业政策的前提下，外国人可在我国从事投资活动。从外商投资产业指导目录看，外商投资产业的项目在我国分为鼓励、限制和禁止三类。外商所享有的优惠待遇，因投资产业项目的不同而不同。此外，我国已开始在部分省市实施市场准入负面清单和外商投资负面清单制度，[①] 对境内外投资主体准入市场及外商在华的经营行为，实施特别管理举措。根据我国《公司法》及其他有关法律的规定，外国公司可在我国设立分支机构并经营相关业务如金融业与保险业、民用航空业以及专业服务业、零售业和外贸业等。

五是土地使用权。外国人可以取得土地的长期使用权，根据我国加入WTO对服务贸易所作的具体承诺，中华人民共和国的土地归国家所有，外国成员方的自然人和法人在我国境内取得的土地使用权的最长期限分别为：居住目的为70年，工业目的为50年，教育、科学、文化、公共卫生、体育目的为50年，商业旅游、娱乐目的为40年，综合利用或其他目的为50年。2006年7月11日中国人民银行、国家工商行政管理总局、国家外汇管理局、国家发展和改革委员会、建设部、商务部发布了《关于规范房地产市场外资准入和管理意见》，就房地产市场外资准入和管理作了规定。

六是知识产权。我国有关知识产权方面的法律主要有：2013年修订的《商标法》、2014年修订的《商标法实施条例》、2008年修订的《专利法》和2010年修订的《专利法实施细则》、2010年修订的《著作权法》和2013年修订的《著作权法实施细则》、2013年修订的《计算机软件保护条例》、2001年《集成电路布图设计保护条例》、2002年《奥林匹克标志保护条例》等。同时，我国还先后加入了《建立世界知识产权组织公约》《保护工业产权巴黎公约》《商标注册马德里协定》《保护文学艺术作品伯尔尼公约》《世界版权公约》《专利合作条约》《与贸易有关的知识产权协议》等公约。这些法律和条约规定，外国人、外国企业，依法在我国取得的专利

---

① 参见2015年10月2日《国务院关于实行市场准入负面清单制度的意见》（国发〔2015〕55号）、2016年3月2日国家发展改革委、商务部在天津、上海、福建、广东四个省、直辖市试行的《市场准入负面清单草案（试点版）》（发改经体〔2016〕442号），以及2017年6月5日《国务院办公厅关于印发自由贸易试验区外商投资准入特别管理措施（负面清单）（2017年版）》。

权、商标权、著作权受我国法律的保护，凡条约成员国国民，在知识产权方面，享有各成员国赋予的各种权利之国民待遇。《民法总则》第123条第1款规定："民事主体依法享有知识产权。"

七是劳动权。根据我国有关劳动工资、社会保障法规的规定，除极少数行业（如国防、机要人员、飞行员、引水员等）不允许外国人从事外，外国人可在我国境内从事各种社会劳动，可同我国人一样有获得工资报酬和劳动保障的权利，甚至还可享有法律规定的特别优惠待遇。[①]

八是诉讼及仲裁权。在国际私法领域中，主要是民商事程序权利。根据2017年《民事诉讼法》、2017年《仲裁法》及2014年的《中国国际经济贸易仲裁委员会仲裁规则》和《中国海事仲裁委员会仲裁规则》，外国人、无国籍人在我国人民法院起诉、应诉，同我国公民一样享有同等的权利和承担同等的诉讼义务；外国公民、法人及其他组织可以同我国公民、法人等一样，将有关的民商事争议，提交我国仲裁机构进行仲裁。

§思考题：

1. 确定外国人民事法律地位的制度有哪些？这些制度的具体内容是什么？
2. 国民待遇和最惠国待遇有何差异，它们的作用和地位如何？
3. 外国人在我国享有什么样的民事法律地位？

§"法律职业资格考试"要点提示：

关于外国人的民商事法律地位的制度；外国人在我国的民商事法律地位。

① 根据1996年外国人在中国就业管理规定和1999年《劳动和社会保障部关于印发〈劳动和社会保障事业发展总体规划（1998—2002年）〉的通知》以及有关的劳动工资、社会保障的法规规定，如外国人有权开办独资企业，可在"三资"企业中充当高级管理人员；机关、学校以及国营、集体企业的外籍职工和农村、农场的外籍农工，同中国职工、农民同工同酬，依法享有同等的劳保福利待遇；在外商投资企业的外籍职工在工资及其他劳保福利方面，还享有法律规定的特别优惠待遇。

第二编

法律适用

第六章　法律适用中的普遍性问题

§学习目的与要求：

本章主要论述冲突规范适用及准据法确定过程中需要考虑的一些普遍性问题。要求通过本章学习，掌握识别的概念和依据、实质问题与程序问题的分类、反致、法律规避、强制性规定、外国法的查明，以及公共秩序保留的基本理论，认识我国在这些问题上的立法及实践。

在适用冲突规范确定准据法的过程中，有一系列问题需要首先考虑。这里指的是识别、实质问题与程序问题、反致、法律规避、强制性规定、外国法的查明、公共秩序保留等，本章将依次予以阐述。

第一节　识别

一、识别的概念

识别（characterization），又叫定性（qualification）或归类（classification），是指在适用冲突规范时，依照一定的法律观念或法律概念对有关的事实或问题进行分析，将其归入一定的法律范畴，并对有关的冲突规范的范围或对象进行解释，从而确定应援用哪一种冲突规范的法律认识过程。识别是人类思维活动的一个普遍现象，其目的旨在帮助法官在审理涉外民商事案件时，准确地选择所适用的冲突规范，合理地解决涉外民商事案件。

从上述定义可以得知，识别作为一个法律认识过程，包含相互制约的两个方面：

一方面是对涉外民商事案件中的有关事实或问题，依据一定的法律观念或法律概念加以定性和归类，将其纳入特定的法律范畴。例如，是物权问题还是债权问题，是合同问题还是侵权问题，是财产分割问题还是财产继承问题，是实质问题还是程序问题，等等。因为只有明确这一问题，才能确定该法律关系属于何种性质的问题，才能正确选择冲突规范去援引应当适用的法律作为准据法。另一方面是依据一定的法律观念对冲突规范本身的识别，即对冲突规范中的范围或对象所包含的法律概念进行解释。

二、识别冲突

识别冲突问题是由德国法学家卡恩（Franz Kahn）和法国法学家巴丹（Bartin）分别于1891年和1897年提出来的。后来，劳任森（Lorenzen）和贝克特（Beckett）分别于1920年和1934年引入美国法学界和英国法学界。① 识别冲突问题遂引起了各国学者的广泛注意，并进行全面而深入的探讨。

对于识别冲突问题，各国学者有不同的理解。卡恩和巴丹认为即使两个国家规定了相同的冲突规范，但如果两国赋予相同概念以不同的内涵，也会对同一事实的法律性质做出不同的分类，从而导致适用不同的冲突规范。卡恩将此称为“潜在的冲突”，巴丹称之为“识别冲突”。英国学者戴赛和莫里斯则将此称为“冲突规则之间的冲突”。② 从根本上讲，识别冲突是法院地国与有关外国的法律对冲突规范中同一法律概念赋予不同的内涵，或对同一法律事实做出不同的分类，所导致的适用不同冲突规范和不同准据法的结果。从法院地国角度来说，识别冲突就是依内国法识别和依有关外国法识别的冲突。其产生的原因主要有以下四个方面：

其一，对于同一事实，不同国家的法律赋予它们以不同的法律性质，从而导致适用不同的冲突规范。由于各国社会制度、历史传统、风俗习惯等不同，必然会导致对同一法律事实识别具有很大差异。如英格兰的法律规定赋予死者遗孀的财产权应被视为法定继承权，但法国法律则规定这种权利可能来自某种夫妻财产制，而德国法律规定这种权利可能是扶养权利。这样就会适用不同的冲突规范，可能得出相互抵触的判决结果。

其二，对于同一内容的法律问题，不同国家的法律将其划分到实体法或程序法的不同法律部门。一般而言，程序法只适用法院地法，而实体法问题则要根据具体情况来确定准据法。③ 所以对此做出不同的识别，也常常导致适用不同的冲突规范，

---

① See Lord Collins of Mapesbury and Others, Dicey, Morris and Collins on *the Conflict of Laws*, 15th ed., Sweet & Maxwell, 2012, p. 38.

② ［英］莫里斯：《法律冲突法》，李东来等译，中国对外翻译出版公司1990年版，第483页。

③ 有关实体法问题和程序法问题在下节详细论述。

甚至会得出相互抵触的结果。以1938年英国法院受理的普拉扬诉柯伯案（Societe etc. de Prayon v. Koppel）为例，该案事实为：一个以德国法为准据法的合同，已超过德国法规定的时效期限，但未超过英国法规定的时效期限。若以德国法识别，时效问题属于实体法范畴，根据英国的冲突规则，合同的实质问题应适用合同的准据法——德国法，时效已过，引起实体权利的消灭；若以英国法识别，时效问题属于程序法范畴，应适用法院地法——英国法，则时效未过，没有引起实体权利的消灭。结果英国法院依英国法识别，将之归入程序法范畴，适用了英国法。

其三，不同国家对冲突规范中所包含的名词概念的含义理解不同。一般而言，冲突规范包含范围和系属两个部分，其都是用法律名词或概念表示出来的。有时即使名词或概念表面上相同，但实际上各国的理解也不完全一致。例如，各国法律一般规定“合同形式适用合同缔结地法”，但对合同缔结地各国理解也可能不同。如英美法系国家认为承诺地是合同的缔结地，而大陆法系国家却认为要约发出地为合同缔结地。再如，许多国家都主张“不动产适用不动产所在地法”，但各国对何为动产、何为不动产有不同的理解，例如法国认为蜂房属于动产，荷兰则视蜂房为不动产。

其四，不同国家有时有不同的法律概念或独特的法律概念。由于社会制度、历史文化传统不同，可能出现一个国家所使用的法律概念在另一国家没有或对于同一问题不同国家有不同的法律概念。如许多国家法律规定了占有时效制度，而我国却无此规定，仅规定了诉讼时效制度。因而对此也需进行识别，然后才能确定准据法。

三、识别冲突的解决

（一）依法院地法识别说（Lex fori）

以德国学者卡恩和法国学者巴丹为代表的大多数大陆法系国家的学者主张除了动产与不动产性质的确定应依物之所在地法识别外，其他方面的识别应依法院地实体法的概念和观念进行。其主要理由是：第一，一国法院在处理涉外民事法律关系时，其所要适用的冲突规则是本国制定的，那么其所使用的名词或概念也应依该国的法律，即依法院地法律来识别；第二，依法院地法识别符合国家主权的要求，以防止法院失去对适用本国冲突法的控制；第三，用法院地法识别简便易行，无须外国专家的证明，并常常是唯一可行的方法。但反对者认为，一概依法院地法进行识别，有可能导致有关的法律关系本应适用外国法的却得不到适用，而本不应适用外国法的却适用了外国法。而且，当法院地法中无类似外国法中特有的概念时，则无法用法院地法进行识别。[①] 为了克服上述弊端，有人提出以法院地国的冲突法进行识别，并称之为“新法院地法说”。这一主张有一定的合理性，得到许多学者的支持。如英国学者切希尔和诺斯就认为，对于含有涉外因素的事实情况的识别与纯国内案件应有所不同，因为后者只是对纯国内法的解释问题，而前者是解释国际私法的问题，英国的法官当然不应局限于英国国内法的概念或范畴，否则，在国内法无对应概念的情况下，法官便会束手无策。

（二）依准据法识别说（Lex causae）

此学说为法国学者德帕涅（Despagnet）和德国学者沃尔夫（Wolff）等欧洲大陆国家的少数学者所主张。其基本含义为，用来解决争议问题的准据法同时也是对事实识别的依据。其主要理由是：既然法律关系的所有方面都依准据法的规定，那么对识别问题也应依准据法，这样可以避免因对冲突规范识别不准确而导致歪曲适用法律；另外，法院地国家的冲突规范指向外国法时，即意味着承认外国法的效力，若不按该外国法识别，就意味着损害了外国的立法权和司法权。但反对者指出，准据法说陷入了循环论。因为识别的目的在于寻找准据法，即法院在审理案件时，究竟适用何国法律作准据法，是在识别之后才能确定下来的。[②] 而此学说则要求先用准据法来识别，难免使自己陷入逻辑的恶性循环，难以自圆其说。不过，在实践中，此学说还是有其可行的一面。1954 年英国上诉法院审理关于马尔多纳多遗产案时就用此法进行识别。值得注意的是 1974 年制定的《阿根廷共和国国际私法条例草案》第 2 条明确规定，该法所使用的术语依准据法作出解释，只有在依它不能获得合理解决时，才依阿根廷法。

（三）分析法学和比较法说（Analytical jurisprudence and comparative law）

此学说为德国学者拉贝尔和英国学者贝克特等所主张。他们认为国内冲突规范所使用的概念和实体法中所使用的概念常常是相互独立的。识别应该用分析和比较的方法寻找出所有法律制度的共同认识或普遍性的法律概念，并以此作为识别的标准和依据。其理由是，涉外民商事法律关系和数国法律有联系，冲突规范的作用就在于从数国法律中选出准据法，那么对有关的概念的解释应该带有普遍性并能为不同制度的国家所接受。反对者认为，这种学说虽很具有吸引力，但由于各国民商法、冲突法有着很大的差异，建立在分析法学和比较法学基础上的共同概念、共同观念以及普遍适用的原则却很少。即使比较法研究能够揭示各国法律的差异，但很难彻

① See Lord Collins of Mapesbury and Others, Dicey, Morris and Collins on *the Conflict of Laws*, 15th ed., Sweet & Maxwell, 2012, pp. 41 -42.

② See Lord Collins of Mapesbury and Others, Dicey, Morris and Collins on *the Conflict of Laws*, 15th ed., Sweet & Maxwell, 2012, p. 42.

底消除这种差异。[①] 另外，这种学说极大地增加了法院的负担，法官不可能知晓所有国家的法律，这使法院感到十分为难。实践中采用此学说进行识别的例子并不多见。

（四）个案识别说（case by case）

此学说为苏联学者隆茨、德国学者克格尔和捷克学者贝斯特里斯所主张，他们认为识别的标准问题不应采取统一的解决方法，它归根结底就是一个冲突规范的解释问题。在适用冲突规范时，由于涉及内外国法律的适用问题，对于识别就应依据冲突规范的目的，考虑是依据法院地法，还是依据准据法更为合适。但反对者认为，这种方法太灵活、漫无边际，与法律能为人们所预知才能确保权利安全的要求相矛盾。这种学说，本身并没有解决识别问题，只是将国际私法上的识别问题踢给了法律的“正义性”和“合法性”。[②] 另外，这种学说赋予了法官极大的自由裁量权，容易引起识别制度的混乱。

（五）折中说

此学说为加拿大学者福康布里奇（Falconbridge）所主张，也有学者将其称为“中间途经说”。[③] 福康布里奇试图在法院地法说和准据法说之间寻求一种折中的方法，主张法院在最终确定准据法之前先进行一种临时的或初步的识别，然后根据案情考虑那些可能得到适用的法律，并从它们的一致性结论中决定应当适用的冲突规范和准据法。[④] 英国法院在1945年审理科恩案（Re Cohn）时就采用了这种方法。依英国冲突规范，动产继承实质性问题适用死者死亡时住所地法，程序问题适用法院地法。在该案中，德国母女俩在英国一次空袭中同时死亡，需要推定谁先死，这个问题要么是程序性的，要么是实质性的，处理该案的恩沃特法官首先依1925年《英国财产法条例》第184条进行识别，认为推定死亡制度是实质性的而不是程序性的，接着他又根据《德国民法典》第20条进行识别，认为这也是实质性的而不是程序性的，最后确定应当依英国冲突规范指引，适用德国法来解决。[⑤]

折中说与法院地说、准据法说不同，它对案件的识别并不采用单一标准。它也不同于分析法学和比较法说，它不主张采用所谓各国统一的法律概念、法律观点来识别。“折中说”与“个案识别说”也不同，“折中说”对同一案件可能涉及的各个方面综合考虑了有关国家法律对有关问题的识别；“个案识别说”主张对于识别依据冲突规范的目的，考虑依据法院地法与依据准据法哪个比较合适。“折中说”看

① J. H. C. Morris, *The Conflict of Laws*, 7th ed., Sweet & Maxwell, 2009, p. 526.

② 邹龙妹：《俄罗斯国际私法研究》，知识产权出版社2008年版，第113页。

③ 李双元：《国际私法（冲突法篇）》，武汉大学出版社2016年版，第167页。

④ ［英］莫里斯：《法律冲突法》，李东来等译，中国对外翻译出版公司1990年版，第486页。

⑤ J. H. C. Morris, *The Conflict of Laws*, 7th, Sweet & Maxwell, 2009, pp. 523 – 524.

起来很有效，其实它只有在有关国家法律对同一事实定性一致的情况下才有效。如果有关国家的识别不能获得一致，仍不能解决问题。

（六）二级识别说（primary - secondary characterization）

此学说为英国学者切希尔、罗伯逊等所主张。他们认为识别可分为两个步骤：首先进行"一级识别"，即一般意义上的识别，是适用冲突规范中的识别。而后进行"二级识别"，即对"一级识别"已确定的冲突规范所援引的实体法（准据法）进行再次识别。两者的不同在于"一级识别"是发生在准据法选出之前，要以法院地法来识别。"二级识别"是发生在准据法选出之后，要以准据法来识别。但反对者却认为，区别"一级识别"和"二级识别"是不现实的，况且两者的划分标准又极不统一。[①] 我们认为，准据法一旦确定就不存在识别问题，其实所谓"二级识别"实质上是对外国准据法的解释和适用问题。在实践中还没有哪一个国家法院采用此学说处理涉外民商事案件。

（七）功能识别说（Funktionelle Qualifikation）

该说也称"目的性识别说"，因兼备"法院地法识别说"和"比较法识别说"的要素，而越来越受到各国国际私法学者的青睐。主张功能性识别的学者有两种主要的倾向：其一，德国国际私法学者克格尔（Gerhard Kegel）认为，对于识别来说，法院地国家的冲突规范所追求的目的是决定性的，而这种目的表现为当事人的利益、交易的利益和秩序利益的保护。具有相同利益的事实情况应被涵摄于相同的冲突规范。有人称这种功能识别为"广义的法院地法识别说"。其二，德国国际私法学者诺伊豪斯（Neuhaus）和勒瓦尔特（Hans Lewald）主张依照实体法规范的目的，即根据法律生活中的各项法律制度进行识别。[②] 法国法院曾在"马耳他人婚姻案"[③]（Maltese Marriage Case）中运用这种识别方法。

---

① ［英］莫里斯：《法律冲突法》，李东来等译，中国对外翻译出版公司1990年版，第486页。

② 杜涛、陈力：《国际私法》，复旦大学出版社2004年版，第199～200页。

③ 该案的情况为马耳他人安东婚后携妻子移居法国（当时的法国属地阿尔及利亚），并在那里购置了地产。不久，安东去世，他的妻子安东夫人为了取得死者的地产权益，以马耳他法律为据向法国法院提起诉讼，要求从死者财产管理人处取得该项作为夫妻共同财产的1/2，并要求享有对死者地产用益权的1/4。依马耳他法律规定，未亡配偶有权以配偶身份取得已故配偶的财产，并享有一定比例的地产用益权。而法国法则规定，未亡配偶可以以继承人身份取得已亡配偶的财产，但不能享有地产用益权。本案的关键问题是对争议事实如何进行识别，如果识别为夫妻财产关系依法国法"关于夫妻财产制适用结婚时当事人属人法"的规定，应适用马耳他法律，安东夫人之请求便可以得到满足。如果识别为遗产继承关系，依法国法"关于不动产遗产继承适用财产所在地法"的规定，则应适用该地产所在地的法国法，安东夫人之请求便不能得到满足。因此，基于识别不同导致采用不同的冲突规范去援引不同国家的法律（马耳他法或法国法）处理此案，必然会导致不同的处理结果。但是，法国法院最终还是将此案争论事实识别为夫妻财产关系，并依据法国冲突法援引了马耳他法律作为本案之准据法，从而使安东夫人之要求得到满足。

综上所述，目前还没有获得一致赞同的解决识别冲突的方法，衡量比较以上几种学说，各有利弊，难以尽美。我们认为识别是人类思维活动的一种普遍现象，是根据有关法律观念、法律概念选择冲突规范进而确定准据法的一种步骤。对于究竟依据何国（种）法律来进行识别不能一概而论。法官在处理涉外民商事案件时，应该从有利于促进各国之间的民商事交往、保护民商事关系的稳定、维护当事人的合法权益、合理公正处理案件的目的出发来进行识别。一般来说，主要是依据法院地法对有关的事实或问题进行识别，即运用本国法律对本国冲突规范进行识别。但若遇到在法院地法不能识别的情况下，如关于不动产的识别、对法院地法没有作出任何规定的事实的识别等，也应该适当考虑运用其他方法进行识别。

四、我国的立法与实践

作为援引冲突规范以确定准据法的一个必经过程，识别不仅为理论界所关注，而且也是司法实践部门无法回避的一个现实问题。在立法中，各国一般都倾向于不为识别定出一个统一的标准，而是由法官自由裁量。在实践中，各国法院的做法很难前后和彼此一致，但绝大多数情况下依法院地法进行识别，在特殊情况下依其他国家的法律进行识别。

在识别问题上，《涉外关系法律适用法》第8条规定：“涉外民事关系的定性，适用法院地法律。”可见我国立法规定识别应依法院地法。《示范法》关于识别问题的法律适用更为灵活，即在某些特殊情况下考虑其他的识别方法。①

第二节 实质问题与程序问题

一、实质问题与程序问题的划分

某一问题是实质问题（substance）还是程序问题（procedure），是国际私法识别过程中一个很重要的问题，直接影响到涉外民商事案件的法律适用。某一问题，若被识别为程序问题，就适用法院地法；若被识别为实质问题，则有可能适用外国法。

---

① 《示范法》第9条规定：“对国际民商事关系的定性，适用法院地法。但如果依法院地法不能适当解决的，可以参照可能被选择适用的法律来解决。”见中国国际私法学会编：《中华人民共和国国际私法示范法》，法律出版社2000年版，第5页。该条首先规定识别的一般原则——法院地法；然后又规定例外条款——法院地法不能适当解决的适用其他可能被选择的法律，体现了原则性和灵活性相结合的特点，为法官的自由裁量留下了一定的空间。

程序问题适用法院地法，其理由主要是：（1）程序问题适用法院地法是国家主权原则的体现。主权是国家最重要的属性，是国家固有的在国内的最高权力和在国际上的独立权力。一国法院在审理涉外民商事案件时，必须适用自己国家的程序法，这正是国家主权原则在司法活动中的体现；（2）程序问题适用法院地法是实际的需要。当涉外民商事诉讼开始时，案件所要适用的准据法尚未确定，所以程序问题只能适用法院地法，不可能适用准据法。当准据法确定后，诉讼已到了相当阶段，只有按原程序继续进行。任何国家的法院都不允许在诉讼中途改变程序规则，以免造成混乱，使案件不能得到顺利解决；（3）程序问题适用法院地法是正义的要求。如果程序问题不适用法院地法，对法院来说是不方便的，对诉讼当事人和其他诉讼当事人来说，会造成不公正的结果。一国法院适用自己的程序法，符合正义的要求；（4）法院的活动是按照国家规定的诉讼程序法来进行的，所以与法院的诉讼活动有最密切联系的法律是法院地的诉讼程序法。因此，程序问题适用法院地法是理所当然的事。

实质问题可以适用外国法，其理由主要是：实质问题适用案件的准据法，而经过冲突规范指引的准据法可能是本国法，也可能是外国法。亦即，一个问题若被识别为实质问题，就可能适用外国法。这个原则也得到了各国的普遍认可。

受下列因素影响，程序问题与实质问题的划分变得更加复杂。其一，何为实质问题、何为程序问题，都是由法院依其自身的标准来判断，各国并无统一的标准。有些问题究竟是程序问题还是实质问题，也不易区分。特别是不同法系国家的法律对同一问题常常有不同的识别。例如，普通法系国家把诉讼时效一般识别为程序问题，而欧洲大陆法系国家把诉讼时效普遍识别为实体问题。其二，一些英美普通法系国家特别是英国常常把某些问题识别为程序问题，以达到排除外国法适用的目的。尽管各国都采用公共秩序保留制度作为安全阀门以达到排除外国法的适用，但是使用这种制度很容易招致对方国家的不满，甚至还可能影响到两国之间的关系。而把有关问题识别为程序问题从而排除外国法的适用，一般不会引起对方的反感，容易达到目的，这是排除外国法适用的一个巧妙的方法。①

对实质问题和程序问题的划分标准，不同国家、不同学者提出了不同看法。欧洲大陆法系学者普遍的看法是，当事人间的关系，特别是他们相互间的权利和义务，适用实体法，而法院对于当事人和第三人（证人等）的权利、义务则是程序的一部分。② 英美法系学者普遍的看法是，一般说来，那些会在实质上影响案件结果（materially affect the outcome of a case）的所有争议，都被归类为实质性的问题。而关于诉讼的日常例行规则（house rules of litigation），即案件中对其结果影响甚小的方面，

① 参见林欣、李琼英：《国际私法诸问题研究》，中国人民大学出版社1996年版，第105页。

② 参见［德］马丁·沃尔夫：《国际私法》，李浩培、汤宗舜译，法律出版社1988年版，第338页。

则应受法院地法支配，理由是方便和实际，并能保证司法工作的顺利进行。①

在国际私法上，要对有些争议做出是程序问题还是实质问题的判断绝非易事，如时效、证据、推定、损害赔偿等一系列的问题，不同国家有不同的规定。

二、时效问题（prescription）

时效是指一定事实状态持续存在一定时间后即发生法律后果的一种法律制度。在民商法领域，时效一般被分为两类：其一是取得时效或占有时效，即以占有他人财产持续达到一定时间（法律规定的期间）而发生取得该财产权的法律后果的制度；其二是消灭时效或诉讼时效，即因权利人不行使权利持续到一定时间而发生权利消灭或财产权不受法律保护的法律后果的制度。

各国民法关于时效的规定差异较大，加之对时效的性质有不同的立法规定及实践，因而，时效的法律适用问题，也是一个较为突出的问题。②

关于时效的性质问题，主要有两种观点：其一是认为时效属实体法范畴。这主要是成文法系国家的观点。它们认为，规定时效制度的目的，就在于当事人中的权利人如果不在一定期限内行使权利，法律就不再保护其权利，义务人也就无须再履行义务。即时效与当事人的权利义务得失相关，因而属于实体法范畴，应适用案件自身的准据法。其二是认为时效属程序法范畴。这主要是普通法系国家的观点。它们认为，时效制度所规定的不是人们的实体权利义务，而是取得或消灭实体权利应该满足的一定条件。而且，时效制度属强制性规范，任何人都必须遵守，从某种意义上讲具有“公法”性质，因而属诉讼法范畴，应适用法院地法。但这种做法很容易助长当事人“挑选法院”（forum shopping）的倾向，使原告挑选时效较长的法院去起诉。如果依法律关系本身的准据法，时效期间早已届满，而适用时效期间较长的法院地法，就剥夺了被告以时效进行抗辩的权利，显然有失公平。基于这种原因，英美法系国家的立法和司法实践发生了变化。1980 年英国法律委员会建议英国法院在涉外民事案件中适用外国法的时效，而不适用英国法的时效。1984 年英国议会通过了《外国时效法》，该法规定：英国的冲突规则把所有的外国时效一律识别为实体法问题，而不管外国法把它识别为实体法还是程序法问题。如果英国的冲突法规则规定要适用一个外国国内法时，包括适用该外国国内法关于时效的规定，并排除适用英国国内法关于时效的规定。这样，英国在时效的识别问题上，就与大陆法系国家完全一致。美国 1934 年《重述》和 1971 年《重述》都将诉讼时效识别为程序问题。但之后许多州采用“借用法规”（borrowing statute）的做法，将此识别为实体

---

① 参见韩德培、韩健：《美国国际私法（冲突法）导论》，法律出版社 1994 年版，第 237 页。

② 本节主要探讨时效的识别问题。关于时效的法律冲突及其解决，见本书第八章第三节。

法问题。所谓“借用法规”，就是把外州或外国的诉讼时效法规识别为实体问题，在涉外民事案件中予以适用。[①] 1982 年美国统一州法委员会制定了《统一冲突法——时效法》，将此识别为实体法问题。但美国最高法院对诉讼时效的识别没有一致的态度：有时将此识别为实体法问题，有时又识别为程序法问题。

我国《涉外关系法律适用法》第 7 条规定：“诉讼时效，适用相关涉外民事关系应当适用的法律。”这表明我国把诉讼时效问题看作实质问题，适用准据法的规定。[②] 但对于取得时效，则没有作出规定。

三、证据问题

证据问题一般来说都是程序性的，但在举证责任（burden of proof）问题是程序问题还是实质问题的判定上，各国分歧较大。欧洲大陆法系国家都将举证责任规定在实体法中，如《法国民法典》《德国民法典》就是如此。一些国际条约，如 1973 年《产品责任法律适用公约》、1980 年《罗马公约》，也将举证责任问题视为实体法问题。英国和加拿大等普通法系国家把举证责任视为程序法问题，适用法院地法。但英国也有学者认为，有理由把举证责任看作实体性的，因为案件的结果可能取决于在何处举证。[③] 美国原来把举证责任视为程序法问题，适用法院地法，但 1929 年纽约州上诉法院在菲茨帕特里克诉国际铁路公司案中，则认为举证责任是实体问题。美国 1971 年《重述》第 133 条规定，当事人的哪一方负有举证责任，由法院决定；除非准据法关于举证责任的规定影响案件的决定，而不是调整审判的进行，则适用准据法。这就表明，如果准据法中有关举证责任规则的主要目的是影响争议的判决、而不是调整审判行为的，那么其应优先于法院地法的规则。总之，英美普通法系国家的司法实践表明，举证责任并不都是程序问题，若证据是矛盾的且当事人双方都不能说服陪审团的，举证责任落在何方就对案件的结局起决定的作用。[④] 例如，在侵权案件中，如果受伤者死亡，又没有证据证明他需要分担过失，在此情况下，若举证责任在被告人身上，则原告胜诉；若举证责任在原告身上，则被告胜诉。

---

① 参见韩德培、韩健：《美国国际私法（冲突法）导论》，法律出版社 1994 年版，第 110 页。

② 我国最高人民法院 1988 年的《关于贯彻执行〈中华人民共和国民法通则〉若干问题的意见（试行）》第 195 条规定：“涉外民事法律关系的诉讼时效，依冲突规范确定的民事关系的准据法确定。”《示范法》作出了类似的规定，其第 73 条规定：“时效，适用其所属民商事关系的准据法。”见中国国际私法学会编：《中华人民共和国国际私法示范法》，法律出版社 2000 年版，第 18 ~ 19 页。

③ 参见［英］J. H. C 莫里斯主编：《戴西和莫里斯论冲突法》，李双元等译，中国大百科全书出版社 1998 年版，第 1717 页。

④ 参见林欣、李琼英：《国际私法理论诸问题研究》，中国人民大学出版社 1996 年版，第 117 ~ 118 页。

四、推定问题

推定（presumptions）是指根据已知的事实或法律规定而进行推断，得出结论的一种思维活动。其可分为事实的推定（presumptions of fact）和法律的推定（presumptions of law）。前者是指根据已知事实而进行的推断，例如关于婚生子的推定；后者是指根据法律规定而进行的推断，例如关于死亡宣告的推定。其又可分为可反驳的法律推定（rebuttable presumptions of law）和不可反驳的法律推定（irrebuttable presumptions of law）。

关于推定是程序问题还是实质问题，各国有不同的认识。

欧洲大陆法系国家一般把推定识别为实质问题。如《法国民法典》第1319条规定，推定为法律或审判员依已知的事实推论未知事实所得的结果。1980年《罗马公约》第14条第1款也把此问题识别为实质问题。

英国、加拿大等国家对推定则根据不同种类有不同的认识。一般来说，事实推定视为程序法问题，适用法院地法；至于法律推定，学者则有不同的观点。英国学者莫里斯认为，不可反驳的法律推定是实体法问题，可反驳的法律推定，部分是实体法问题，部分是程序法问题。① 加拿大学者麦克洛德（Mcleod）却从诉讼不同的阶段来分析这一问题，他认为，在确定准据法之前，有关推定是用来决定案件的法律性质或解释联系因素或确定管辖权的，则视为程序法问题。一旦诉讼到了确定准据法之后，则这时可反驳的法律推定应被视为实体法问题，因为它与当事人的权利更具有密切的联系。美国早期的判例把推定都视为程序法问题，适用法院地法。后来有所改变，例如美国1971年《重述》第134条规定，法院将根据法院地法决定哪一方当事人有进一步的举证责任，除非准据法关于进一步举证责任的规则影响案件的决定，而不是调整审判的进行，则适用准据法。

我们认为，对推定问题是实质问题还是程序问题，不能一概而论，应根据实际情况将其分别归入程序法或实体法中。若推定仅仅是证明的一种方式，则应归入程序法中，适用法院地法；若推定影响到案件的实质，则应归入实体法中，适用该法律关系准据法的规定。

五、赔偿问题

关于赔偿问题是属于实质问题还是程序问题，各国有不同认识。

大陆法系国家认为，赔偿是与当事人的权利和义务直接有关的问题，因此将其

---

① 参见［英］J. H. C 莫里斯主编：《戴西和莫里斯论冲突法》，李双元等译，中国大百科全书出版社1998年版，第1717～1718页。

视为实体法问题，在涉外民商事诉讼中应适用案件的准据法。

英国法院一般将赔偿问题视为程序法问题，适用法院地法。但后来一些判例推翻了这种做法，认为赔偿的间接性或类型应由准据法支配。英国学者莫里斯认为，虽然有法官认为，损害赔偿决定于法院地法，但现在看来，与损害赔偿有关的法律，部分为程序性的，部分为实体性的。损害赔偿的间接性和类型属于实体问题，由准据法支配；而损害赔偿的方式或估价，属于程序问题，由法院地法支配。前者包括原告对于什么损失可以请求赔偿的问题；后者包括对被告作金钱赔偿损失所进行的估价。① 在判例中，皮切尔（Pilcher）法官在达尔梅达诉贝克公司案（D' Almeida Araujo Lda v. Sir Frederick Becker and Co. Ltd）中采取的就是这种区分方法。②

美国1971年《重述》第207条规定，对违约赔偿的计算由契约的准据法决定。根据美国法学家解释，违约赔偿的计算是指恢复原状，还是赔偿金钱，原告人除了收回发送给被告人的货物以外，是否还可以得到赔偿；赔偿金是否要增付从违约日期到判决日期之间的利息；如果要增付利息，应按什么利率计息；等等。这条表明了美国一般倾向于把赔偿问题识别为实体问题。

我国在《涉外关系法律适用法》中仅仅规定了诉讼时效，其他如举证责任、推定、赔偿的识别尚无规定。对这些问题，外国的实践经验可以作为我国立法和司法工作的借鉴。

第三节 反致

一、反致的概念

冲突规范是指定应适用何国或何种法律为准据法的根据，其所指定的外国法究竟仅是该国除冲突规范之外的那部分实体法，还是包括该外国冲突法在内的全部外国法，这一直是国际私法理论和实践中分歧颇大的一个问题。如果仅指该外国实体法，则准据法很容易确定。如果总括指定（有的称之为全体指定）包括外国冲突法在内的全部法律，若此时被指定国的冲突规范又指向内国法或第三国法，法院接受这个指定，而以内国法或第三国法为准据法，这就产生了国际私法上的反致。所谓反致（renvoi）是指法院在审理某种涉外民事案件时，依内国冲突规范的规定，应适

① ［英］J. H. C 莫里斯主编：《戴西和莫里斯论冲突法》，李双元等译，中国大百科全书出版社 1998 年版，第 1709 页。

② ［1953］2 QB 329.

用某外国法律，而依该国的冲突规范的规定，又应适用内国法或他国法，法院把内国法或他国法作为本案的准据法。反致学说于1841年在英国立足。[①] 反致有狭义和广义之分。狭义的反致仅指反致本身（remission）；广义的反致包括狭义的反致、转致（transmission）、间接反致（indirect remission）和外国法院说（foreign court theory）。

（一）狭义的反致

亦称“一级反致”或“直接反致”，是指对于某一涉外民商事案件，法院根据本国冲突规范的规定，本应适用外国法，而该外国的冲突规范却指定应适用法院地法，法院结果适用了本国的实体法。例如，法国法院受理了一件在法国有住所的英国人的行为能力的案件，根据法国冲突规范人的行为能力依其本国法的规定，应适用英国法，而英国冲突规范又规定，人的行为能力依其住所地法决定。如果此时法国法院适用法国法确定该英国人有无行为能力，就构成反致。

虽然法国法学家佛罗兰德（Froland）曾论及过反致制度，但真正引起法学界对反致问题的重视，则始于1878年的福果案（Forgo case）。福果本是一个具有巴伐利亚国籍的非婚生子，1801年出生，1806年随母移居法国。在法国，福果设有巴伐利亚法所认为的事实上的住所。1869年福果未立遗嘱死亡，其母与妻均已死亡，又无子女，因此他母亲的旁系亲属向法国法院提出要求继承福果在法国银行的一笔存款。法国法院按照法国的冲突规范，动产继承依死者的本国法，即巴伐利亚的法律，而巴伐利亚的冲突规范规定动产继承应依其事实住所地法，即法国法，于是法国法院接受反致，适用本国的继承法解决此案。依法国继承法规定，非婚生子的旁系亲属除同胞兄弟姊妹外均无继承权，从而认定该项存款为无人继承财产，收归法国国库。[②]

（二）转致

在法文中亦称“二级反致”，是指对某一涉外民商事案件，甲国法院根据本国的冲突规范指定应适用乙国的法律，而依乙国的冲突规范指定应适用丙国法律，结果是甲国法院适用了丙国的实体法。英国法院在1887年判决的特鲁福特案（Truffort case）是关于转致的著名案例。特鲁福特是一位瑞士公民，在法国有住所，英国有动产，于1878年死于法国。他在遗嘱中将包括在英国的全部财产留给其教子。其独

---

① 主要有三个因素促使其得到承认：一是那时英国冲突规则很刻板，坚持遗嘱的形式只能依照遗嘱人的最后住所地通行的形式——唯一适用于遗嘱的形式；二是相邻的欧洲国家的冲突规则更为灵活，对于遗嘱的形式允许或者依照遗嘱人的属人法，或者依照遗嘱制作地法；三是法院倾向于对那些确实表达了遗嘱人的最后意愿，而只是在形式上有缺陷的遗嘱，维护其有效性。参见［英］莫里斯：《法律冲突法》，李东来等译，中国对外翻译出版公司1990年版，第470页。

② 参见［德］马丁·沃尔夫：《国际私法》，李浩培、汤宗舜译，北京大学出版社2009年版，第216～217页。

生子于是向英国法院起诉，要求继承这笔遗产。英国法院受理此案后，按本国冲突规范的规定，动产继承适用被继承人住所地法，即法国法，但按法国冲突规范规定，动产继承依被继承人本国法，即瑞士法。最后，英国法院按瑞士实体法律的规定（被继承人的亲生子享有合法继承90%的应继份）判决此案，满足了原告的要求。[①]

（三）间接反致

又称“大反致”，是指对于某一涉外民商事案件，甲国法院根据本国冲突规范指定应适用乙国法律，依乙国的冲突规范指定应适用丙国法律，而依丙国冲突规范指定应适用甲国法律，于是甲国法院适用自己的实体法作为准据法。例如，A国公民在B国有住所，死在B国，在C国有不动产，因此项不动产继承在C国法院涉讼。依C国关于继承的冲突规则“继承依死者死亡时之本国法”的规定本应适用A国法，而C国关于其冲突规则指定外国法的范围又规定：“对外国的法律的指定，也包括它的冲突法在内。”那么根据A国的冲突规则“继承，适用死者最后住所地法律，而不论财产位于何处”的规定，则适用B国法。而又依B国冲突规范却应适用不动产所在地法，即C国法。如果C国接受这种间接指引，适用自己的实体法，即构成了间接反致。不过，间接反致在司法实践中是非常罕见的，它只不过是法学家们在研究反致理论时的一种推断。

（四）外国法院说

外国法院说是英国冲突法中的一项独特制度，有的学者称之为“双重反致”（double renvoi）、“完全反致”（total renvoi）或“英国反致原则”（the English doctrine of renvoi）。它是指英国法官在处理特定范围的涉外民事案件时，[②] 如果依英国的冲突规范指定应适用某一外国法，英国法官应设身处地将自己视为在外国审判，再依该外国对反致所抱的态度决定应适用的法律。[③] 例如，一起由英国法院审理在德国有住所的英国人的动产继承案件。依英国关于“动产继承依被继承人死亡时的住所地法”的规定，应当适用德国法，而依德国“继承适用死者死亡时之国籍国法律”的规定，则又反致适用英国法，形成了循环状态。于是，英国法官为了解决这个问题，把自己视为在德国审理该案，即英国法官把自己当成与德国法官审理此案一样，根据德国冲突规范适用死者死亡时国籍国法即英国法。若德国拒绝反致，认为本国冲突规范所指引的外国法仅是指实体法，于是英国法官就把英国法作为准据

---

① 余先予主编：《国际法律大辞典》，湖南出版社1995年版，第339页。

② 由于英国在成文立法的某些领域已经排除了反致，因而现今在下列领域可能运用到“双重反致”理论：（1）对位于外国的土地的权利；（2）对位于外国的动产的权利；（3）婚姻的形式效力；（4）其他的某些案件。See Dicey，Morris & Collins，The Conflict of Laws，14th ed.，Thomson Sweet &Maxwell，2006，pp. 83 –85.

③ 韩德培主编：《国际私法新论》，武汉大学出版社1997年版，第183页。

法来处理此案；若德国承认反致，那么根据英国冲突规范又指向德国法。因为德国接受反致，从而适用德国法作为准据法。从上得知，英国法官在审理涉及反致问题的案件时，往往以相关外国对反致的态度为依据。若该外国拒绝反致时，英国法院则适用英国的法律；若该外国承认反致时，英国法院则适用该外国的法律。所以我们认为用“双重反致”来概括英国的反致理论是失之偏颇的，最恰当的名称应称之为“外国法院说”。

二、反致产生的条件

一般认为，反致的产生有以下三个条件：

第一，法院在处理涉外民商事案件时，运用本国冲突规范指向某一外国法律，并认为其冲突规范所指引的外国法，既包括该国实体法，也包括该国的冲突法。如果法院地国把本国冲突规范所援引的外国法仅仅理解为该国实体法，不包括该国的冲突规范，即可直接根据该国的实体法确定当事人的权利义务，就根本不会产生反致问题。因此，认为依本国冲突规范所援引的外国法是该外国法的全部法律制度，这是反致产生的主观条件。

第二，相关国家的冲突规范规定不同，彼此冲突。① 也就是说，不同国家对同一涉外民事法律关系或法律问题制定的冲突规范连结点不同，或者即使所规定的连结点字面相同，但对其各自有不同的解释。如上述福果案中，对同一问题，法国的冲突规范为动产继承依死者的本国法；巴伐利亚的冲突规范为动产继承依死者事实住所地法。若相关国家的冲突规范相同，都指向同一国家，也就不会产生反致。因此，相关国家冲突规范的冲突是反致产生的法律条件。

第三，致送关系没有中断。② 如上述福果案中，就有相互致送的关系。如果依法院地冲突规范的规定适用法院地法，根本无致送关系，即使有关国家都认为本国冲突规范指定的外国法都包括对方的冲突法且并不相同，也无法产生反致。这是反致产生的客观条件。

由此可见，反致问题的产生，必须同时具备上述三个条件，缺一不可，否则就不会产生反致问题。

三、反致的理论与实践

（一）理论上的对立

对于反致问题，理论界争论的焦点主要有：是否尊重国家主权；是否能达到判

---

① 参见韩德培：《国际私法上的反致问题》，载《韩德培文选》，武汉大学出版社 1996 年版，第 10～34 页。

② 参见李双元主编：《中国国际私法通论》，法律出版社 2007 年版，第 159 页。

决结果的一致性；能否把外国法分割为冲突规范和实体规范等问题。

1. 关于尊重国家主权问题

赞成反致的学者认为，采用反致制度符合国家主权原则的要求。因为，根据外国冲突规范而适用法院地法或第三国的法律是对外国立法主权的尊重。外国法中的这种规定，说明该外国自动放弃了自己的实体法而适用法院地法或第三国法律，与该国的主权和立法意旨相一致。另外，因为法官对内国法总是最熟悉的，采用反致（除转致外）可以免除调查和证明外国实体法的任务，在某种程度上可以减轻法院的司法负担；反对者却认为，赞成者只看到外国的主权，而忽视了法院地国家的主权，既然法院地国的冲突规范规定应适用外国法，就应依据法律的规定适用外国实体法。如果不适用该外国法解决有关涉外民商事案件，就是不尊重自己的主权和立法意旨，即承认反致就等于在处理涉外民商事案件时放弃了本国的立法权。

2. 关于判决结果一致性问题

赞成反致的学者认为，采用反致可使同一涉外民商事案件，不论涉诉于何国，因适用相同的法律，从而获得一致的判决，这正是国际私法的一个主要价值取向。而且，这样既可以避免当事人挑选法院，还可以增加判决的执行效力，对他国也是一种礼让的表示；① 反对者却认为，在各国都接受反致的情况下，这将会导致恶性循环的"乒乓游戏"，使准据法得不到确定，也并不一定能取得判决结果的一致。如前述福果案中，若法国、巴伐利亚都接受反致，那么分别在法国法院和巴伐利亚法院处理的话，结果就不可能一致。

3. 关于法律体系分割的问题

赞成反致的学者认为，法院地国家的冲突规范援引外国法是总括指定，即不仅指外国实体法，也指外国冲突法，从而有利于维护一国法律体系的完整性。例如，《法国民法典》第488条规定："年满18岁为成年；满18周岁的人，有能力实施民事生活之所有行为。"但该法典第3条又规定："有关人之身份与能力的法律，适用于全体法国人，即使其居住外国，亦同。"显然，依后一条规则对前一条确定的成年年龄的实体规则，仅适用于全体法国人而不适用于非法国人。两类规则互相依赖，是一个不可分割的整体。如果外国法院依本国的冲突规则援引法国法以确定法国人的成年年龄时，只适用法国有关人之身份与能力的规则、而不考虑适用法国有关成年的规则，这将会歪曲立法者的本意，割裂法国法律体系。因此，采取反致的方法有利于维护和尊重一国法律的完整性，是非常合理的。反对者则认为，冲突法与实体法是两个不同性质的法律部门，它们各自具有独立的法律体系以及不同的调整方法。如果坚持两者不可分割，试图以反致进行协调，势必使准据法永远难以确定。

---

① 参见韩德培主编：《国际私法新论》，武汉大学出版社1999年版，第185页。

4. 关于合理性和稳定性问题

赞成反致的学者认为，采用反致有时可得到更合理的判决结果。因为反致的采用增加了法律选择的灵活性，法院可以在几个相关的法律之间进行选择，有利于达到更合理的判决结果；反对者则认为，采用反致有悖法律的稳定性。法律不是朝令夕改的，其适用力求稳定，以维护法律的尊严，维护当事人的合法利益。对内国法适用如此，对外国法也应该如此。所以一国法院在审理涉外民商事案件，一旦选择了某国（种）法律，应该给予适用而少改动，而反致制度和这一要求是背道而驰的。

对以上观点，实难评断谁是谁非。总的说来，是否采用反致，应从国家调整涉外民事关系的法律政策及国际私法的基本任务加以考虑。法律选择的过程并不是机械地适用冲突规范的过程，不能不顾及所选外国实体法适用的结果。允许反致（转致），无疑会增加一种法律选择的手段，扩大法律选择的范围，这显然更有利于保证涉外民事争议得到合理、公正的解决。①

（二）立法上的分歧

正是由于理论上的对立，各国立法和司法实践对反致的态度不一。大致有两种情况：

1. 接受反致

法国、瑞典、西班牙、葡萄牙、英国、泰国、日本、意大利、瑞士等国家都接受反致，但在接受的程度上有所不同。一些国家只接受反致，而不接受转致，如匈牙利1979年《关于国际私法的法律》第4条规定："如果本法令的规定要求适用外国法，就应适用该外国实体法规则。但是，如果该外国法规定该问题应当适用匈牙利法，就应适用匈牙利法。"一些国家既接受反致，也接受转致，如奥地利1978年《关于国际私法的联邦法》第5条、波兰《关于国际私法的法律》第4条等。也有的国家只限在特定民事关系中接受反致或转致。如英国只是限于遗嘱的形式及实质要件、无遗嘱继承、婚姻形式、子女因事后结婚获得准正等问题上适用反致，在合同、侵权、保险、票据关系中拒绝反致。海牙国际私法会议在2005年《选择法院协议公约》中也认可了反致。②

2. 拒绝反致

荷兰、希腊、埃及、摩洛哥、叙利亚、伊拉克、巴西等国家完全拒绝反致。如《希腊民法典》第32条规定："在应适用的外国法中，不包括该外国法的国际私法

① 参见李双元等著：《中国国际私法通论》，法律出版社2007年版，第162页。

② 解释报告指出，当事人协议选择的法律也包括该国的冲突法。See Trevor Hartley & Masato Dogauchi, Explanatory Report of the 2005 Hague Convention on Choice of Court Agreements, para. 125.

在内。”1980 年《罗马公约》第 15 条规定：“本公约规定适用的任何国家的法律，系指适用该国现行的法律规则，而不是它的国际私法规则。”也表明了该公约拒绝反致制度。

我国《涉外民事关系法律适用法》第 9 条规定：“涉外民事关系适用的外国法律，不包括该国的法律适用法。”由此可见，我国在立法上对于反致的态度是一概排除的。实践中，我国基本上是不接受反致的。①《示范法》起草人也认为，我国一般不接受反致，但在民事身份领域除外。②

第四节　法律规避

一、法律规避的概念

法律规避（evasion of law），又称法律欺诈（fraud à la loi），是指涉外民商事法律关系的当事人为了实现利己的目的，故意制造某种连结点，以避开本应适用的对其不利的法律，从而使对自己有利的法律得以适用的一种逃法或脱法行为。

1878 年法国法院审理的鲍富莱蒙（Bauffremont）案是有关法律规避的著名案例。该案中，鲍富莱蒙是法国王子，其妻鲍富莱蒙夫人为了达到与其离婚的目的（当时法国法律不准离婚），于是前往德国萨克森阿尔腾堡公国，并归化为德国国籍，以避开法国法的离婚禁令。在德国取得离婚判决后与罗马尼亚王子比别斯克结婚。婚后又回到法国。鲍富莱蒙王子随即在法国法院起诉，要求认定鲍富莱蒙夫人归化为德国国籍及再婚无效。1878 年 3 月，法国最高法院做出判决，认为鲍富莱蒙夫人改变连结因素——国籍，以欺诈规避本应适用的准据法——法国法，否定了德国法院的离婚判决。至于其加入德国国籍问题，应由德国国籍法裁判，法国法院无权审理。③

二、法律规避的构成

从法律规避的概念和上述鲍富莱蒙案可以得知，法律规避的构成必须具备以下

---

① 1988 年《民通意见》第 178 条第 2 款规定：“人民法院在审理涉外民商事案件时，应当依照民法通则第八章的规定来确定适用的实体法。”2007 年最高人民法院《关于审理涉外民事或商事合同纠纷案件法律适用若干问题的规定》（已失效，以下简称 2007 年《规定》）第 1 条规定：“涉外民事或商事合同应适用的法律，是指有关国家或地区的实体法，不包括冲突法和程序法。”

② 《示范法》第 8 条中规定：“本法规定应适用的法律，是指现行有效的民商事实体法律，不包括冲突规范，但本法另有规定的除外。在民事身份领域，外国冲突规范对中华人民共和国法律的反致应予接受。”中国国际私法学会编：《中华人民共和国国际私法示范法》，法律出版社 2000 年版，第 5 页。

③ 余先予主编：《国际法律大辞典》，湖南出版社 1995 年版，第 342 页。

要件：

第一，从主观上讲，当事人规避某法律必须是出于故意，亦即当事人有规避本应适用某法律的意图。

第二，从行为主体上讲，法律规避必须是当事人自己的行为造成的。在适用反致和公共秩序保留制度的情况下，虽然法院国的冲突规范所援引的准据法没有被适用，而适用其他法律，但这都是由于各国冲突法本身的规定不同造成的，与当事人无关，当事人也没有责任。另外，由于战争等原因导致土地的割让致使土地上的居民国籍改变而适用其他法律，这也不是当事人的本人行为所致。而法律规避则完全是当事人本身的行为所致，当事人负有法律上的责任。

第三，从行为方式上讲，当事人规避法律必须通过故意改变或制造某种连结点的手段来实现的。改变或制造某种连结点的方式是多种多样的，常见的有改变国籍或住所、改变行为地、改变动产所在地、改变宗教信仰。

第四，从规避的对象上讲，被规避的法律一般应是依法院地国冲突规范本应适用的强制性或禁止性的法律。如果当事人规避的法律是任意性法规，就可能不构成法律规避问题。

第五，从客观结果上讲，法律规避行为必须是既遂的，即当事人已经因规避行为而达到其适用对自己有利的法律的目的。

三、法律规避的性质

法律规避的性质是指它是一个独立的问题，还是公共秩序保留制度的一部分。对于这个问题，有两种不同的意见。

以梅希奥（Melchior）、巴丹、马卡洛夫（Makarov）、贝特拉姆（Bertram）、萨瑟为代表的部分学者认为，法律规避是公共秩序保留制度的一部分。他们主张法律规避的目的是使原来应该适用的法律未得到适用，应当从公共秩序方面寻找原因和根据，它与公共秩序保留一样，也是为了维护内国法的权威和强制性，所以法律规避可以视为公共秩序保留问题的一个附带条件。以巴迪福、克格尔、拉贝尔为代表的部分学者认为，法律规避是一个独立的问题，不应与公共秩序保留制度混为一谈。因为公共秩序保留不适用外国法，是着眼于外国法的内容，而法律规避不适用外国法，却是着眼于当事人的行为。[①] 我国学者绝大多数赞成后一种主张。他们认为，法律规避与公共秩序保留有着明显的区别：第一，起因不同。法律规避是由于当事人改变或制造连结点的故意行为引起的，公共秩序保留一般是基于冲突规范所指引的外国法的内容与冲突规范所属国的公共秩序相抵触所致，与当事人毫无关系；第

① 韩德培主编：《国际私法》，武汉大学出版社 1989 年版，第 85 页。

二，性质不同。法律规避是一种私人行为，一般说来具有违法性。公共秩序保留则是一种国家机关的行为，只要法院不滥用，都是正当的、合法的；第三，保护的对象不同。法律规避既可以保护本国法，也可以保护外国法，并且多为禁止性的法律规范。而公共秩序保护的只是内国法，且是内国法中的基本原则、基本精神，并不一定是禁止性的法律规范；第四，后果不同。因当事人的法律规避行为使适用的外国法的效力遭到否定之后，当事人可能负法律责任，而公共秩序保留虽然也排除外国法的适用，但当事人却不承担任何法律责任；第五，地位和立法上的表现不同。法律规避被认为是一种学术观点，除少数国家外，绝大多数国家的立法还没有明文做出规定，而公共秩序保留得到世界各国的广泛赞同，各国的国际私法立法大都规定了公共秩序保留制度。①

四、法律规避的效力

法律规避的效力是指由于规避行为所产生的适用对当事人有利的准据法究竟是有效还是无效的问题。在内国法上，当事人为了达到某种目的，也经常故意规避一种实体法而适用另一种实体法，它的实现不需借助冲突规范中连结点的改变。这种欺诈行为损害了内国法的权威，其显然不为法律所承认。但在国际私法上，由于法律规避是通过改变或制造连结点才能达到的，被规避的法律有时是内国法，有时是外国法，因此，对其效力的认定自然也就比对内国法的法律规避效力认定复杂得多，各国理论和实践也难以一致。大致可以归纳为三种情况。

（一）规避内国法、外国法一概无效

欧洲大陆法系国家的学者大多认为，法律规避是一种欺诈行为，因而在发生法律规避的情况下，应当排除当事人所希望援用的法律的适用，而适用本应适用的法律。古罗马格言“欺诈使一切归于无效”（fraus omnia corrumpit）是这一主张的理论根据。在立法上，有些国家或国际条约作此规定，如《阿根廷民法典》第1207条规定：“在国外缔结的规避阿根廷法律的契约是毫无意义的，虽然这个契约依缔结地法是有效的。”该法第1208条又规定：“在阿根廷缔结的规避外国法的契约是无效的。”1979年美洲国家《关于国际私法一般规则的公约》第6条规定：“成员国的法律，不得在另一成员国的法律基本原则被欺诈规避时，作为外国法而适用。”这些规定表明了被规避的法律不论是内国法还是外国法一律无效。

（二）规避内国法无效、规避外国法有效

欧美学者如韦希特尔、魏斯等认为，既然双边冲突规范承认可以适用内国法，

① 如韩德培主编：《国际私法新论》，武汉大学出版社2009年版，第182页；肖永平主编：《国际私法学习指导书》，武汉大学出版社1999年版，第52页；赵相林主编：《国际私法》，中国政法大学出版社2010年版，第130页。

也可以适用外国法，当事人通过改变连结点使对自己有利的法律得以适用，并未违背冲突规范的原意。还有学者认为，既然冲突规范给予当事人选择法律的可能，那么，当事人为了达到自己的某种目的而选择某一法律时，不应归咎于当事人。如果要防止冲突规范被人利用，就应在立法上明确规定。这种观点遭到诸多的批评——承认法律规避的效力，会造成法律关系的不稳定，影响社会安定。于是，有学者提出规避内国法无效，规避外国法有效的主张。1922 年法国法院审理的佛莱（Ferrai）案就采取这种观点。该案为，意大利佛莱夫妇俩为了规避意大利法律只允许分居不许离婚的限制性规定，商定由妻子归化为法国人，并在法国法院提出离婚请求，法国法院受案后，没有否定女方规避意大利法律的行为，而是依法国“关于离婚适用本国法的规定”，做出离婚判决（当时的法国已在法律中取消了限制离婚的规定）。法国最高法院这一判例，受到国际私法学者的尖锐批评，认为承认规避外国法有效的这种片面做法是极不合理的。

（三）仅仅规定规避内国法无效

绝大多数国家的立法都明确否定当事人规避内国法律的效力，而对规避外国法律的效力不作规定。如匈牙利 1979 年《关于国际私法的法律》第 8 条第 1 款规定：“当事人矫揉造作或欺诈地造成涉外因素时，有关的外国法不得适用。”再如南斯拉夫《法律冲突法》第 5 条规定：“如适用依本法或其他联邦法可以适用的外国法，是为了规避南斯拉夫法的适用，则该外国法不得适用。”

我国《涉外关系法律适用法》未对法律规避作出规定，《法律适用法司法解释一》第 11 条规定：“一方当事人故意制造涉外民事关系的连结点，规避中华人民共和国法律、行政法规的强制性规定的，人民法院应认定为不发生适用外国法律的效力。”1988 年《民通意见》第 194 条规定：“当事人规避我国强制性或者禁止性法律规范的行为，不发生适用外国法律的效力。”① 从上述条文可以看出，当事人规避我国强制性或禁止性的法律一律无效，对规避外国法则无明确规定。理论上，大部分学者认为对规避外国法的行为应该具体问题具体分析，若当事人规避外国法中某些正当、合理的规定，应该认为规避无效；若当事人规避外国法中非正当的规定，如种族歧视规定、奴隶制的规定，应当认为规避行为有效。《示范法》也仅仅规定了

① 2007 年《规定》（已失效）第 6 条规定：“当事人规避中华人民共和国法律、行政法规的强制性规定的行为，不发生适用外国法律的效力，该合同争议应当适用中华人民共和国法律。”参见最高人民法院《关于废止 1997 年 7 月 1 日至 2011 年 12 月 31 日期间发布的部分司法解释和司法解释性质文件（第十批）的决定》。

规避本国法律无效，至于规避外国法律是否有效，它回避了这一问题。①

我们认为，前述学者的意见虽然在实践中有可行的一面，但必须看到用本国法的标准去判断外国法是否合理、是否正当，往往会与主权平等原则相违背。因此，在国际私法立法中，恰当的做法是：规定当事人规避内外国法都一律无效。即使外国法的规定确实不合理，当法院在适用它时，如果与本国的公共政策相抵触，便可借公共秩序排除其适用。

但也有学者根据法律规避制度在国外的现状和趋势以及我国的司法实践，认为我国应摒弃法律规避制度。并认为：（1）法律规避制度与《涉外关系法律适用法》的立法宗旨不相符；（2）法律规避制度与遍布《涉外关系法律适用法》的当事人的意思自治原则相互掣肘；（3）弹性的法律选择规则使当事人规避法律的机会渺茫；（4）“直接适用的法”和公共秩序保留制度协调使法律规避制度多此一举；（5）过去的司法实践证实法律规避制度并非现实亟须；（6）国内实体法的自由宽松制度在我国存在被误用或滥用的危险；（7）《法律适用法司法解释一》中的法律规避制度条文有违常理。②

第五节 强制性规定

一、强制性规定的概念

国际私法上讲的强制性规定，或称“直接适用的法”，③ 是指国家为实现重大社会和经济利益而制定的直接适用于涉外民事法律关系的具有强制力的实体性法律规范。

一般认为，强制性规定源于希腊裔法国学者弗朗西斯卡基斯（Francescakis）所提出的“直接适用的法”（Loi d’application immediate）理论。在总结法国司法实践

---

① 《示范法》第13条规定：“当事人故意规避中华人民共和国强制性或者禁止性法律规定的，不得适用当事人企图适用的法律。”见中国国际私法学会编：《中华人民共和国国际私法示范法》，法律出版社2000年版，第6页。

② 徐庆坤：《国际私法中的法律规避制度：再生还是消亡》，载《法学研究》2013年第5期。

③ 强制性规定还有其他称谓，诸如“强行法规则”（mandatory rules）、“国际强行法规则”（internationally mandatory rules）、“警察法”（loi de police）、“即刻适用的规则”（rules of immediate application）、“自我限定的规则”（self－limiting rules）、“特殊法律选择条款”（Particular Choice of Law Clauses）、“必须适用的法”（loi d’application necessaire）、“立法定位法”（Legislative Localized Laws）、“空间受限制的规范”（spatially conditioned rules）、“干涉规范”（Eingriffsnormen），以及“专属规范”（Exclusivnormen）等。参见刘仁山：《“直接适用的法”在我国的适用——兼评〈涉外民事关系法律适用法〉解释（一）第10条》，载《法商研究》2013年第3期。

的基础上，弗朗西斯卡基斯在1958年发表的《反致理论与国际私法的体系冲突》及之后的系列论文中，明确提出并较为系统地阐释了“直接适用的法”理论。弗朗西斯卡基斯指出，随着国家职能的改变及国家在经济生活中作用的增强，国家对经济生活的干预与日俱增。为了使法律在国际经济和国际民商事交往中更能维护国家及其社会经济利益，国家在这些领域制定了具有强制力的法律规范（实体法），用以规范某些特殊类型的私法关系。① 弗朗西斯卡基斯所说的这类法律，就是本节所讲的强制性规定。

强制性规定具有排他性的直接适用的效力。弗朗西斯卡基斯在考察法国司法实践的过程中发现，对这些特殊类型的涉外民事法律关系，只要涉及上述国家重大社会和经济利益的法律，诸如涉及国际保险、国际金融、反不正当竞争等领域相关法律，② 法国法院往往会排除冲突法的适用，而直接适用法国的具有强制性效力的实体法。弗朗西斯卡基斯将那些无须冲突法的援引而直接适用的强行法或实体法，就称之为“直接适用的法”。

“直接适用的法”这一现象很早就存在于国际民商事交流中。萨维尼在提出“法律关系本座说”之时就已提及该问题。在1849年《现代罗马法体系》第八卷《法律冲突与法律规则的地域和时间范围》一书中，萨维尼在阐述“法律关系本座说”的同时，还提出了适用法律关系“本座”地法的“绝对强制性法律”（strictly positive law）之例外情形。萨维尼的这一思想，被认为正是“直接适用的法”学说之源起。③ 并将

---

① Francescakis, La Theorie du Renvoi et les conflicts de systemes en droit international Privé, pp. 11 – 15. 随后，弗朗西斯卡基斯又陆续发表了其他有关“直接适用的法”的专论，诸如1966年《直接适用的法与冲突规范关系评述》、1967年《直接适用的法与冲突规范》、1968年《冲突法（一般原理）》，以及1974年《劳动法中的直接适用的法》等论文。Francescakis, Quelques précisions sur les ‘Lois d'application immédiate’ et les rapports avec les régles de conjlits de lois, 55 Revue Critique de droit international prive 1 – 18 (1966). Francescakis, Lois d'application immédiate et régles de conflits, 3 Rivista di diritto internazionale private e processuale 691 – 698 (1967). Francescakis, Conflits de lois (principes généraux), in Répertoire de droit international, edited by Francescakis, Phocion, Vol. I, 1968, pp. 470 – 497. Francescakis, Lois d'application immédiate et droit du travail, 63 Revue Critique de droit international privé, pp. 273 – 296 (1974)，亦参见刘仁山：《“直接适用的法”及其在中国大陆之实践》，载《法学研究》（中国台湾）2013年第39期。

② See Parra – Aranguren, Gonzalo, General Course on Private International Law: Selected Problems, Recueil des Cours, 1985 II, p. 129; Frank Vischer, General Course on Private International Law, Recueil des Cours, Vol. 1992 Ⅰ, pp. 153 – 156.

③ “I will endeavour to reduce such exceptions to two classes: A. Laws of a strictly positive, imperative nature, which are consequently inconsistent with that freedom of application which pays no regard to the limits of particular states. B. Legal institutions of a foreign state, of which the existence is not at all recognised in ours, and which, therefore, have no claim to the protection of our courts.” See F. von Savigny, A Treatise on the Conflict of Laws, 2d ed. W. Guthrie transi, 1880, pp. 77 – 85. Also see Juenger Friedrich K, General Course on Private International Law, (1983) Rec. des Cours, 1985, IV, p. 160.

"强制性规则"视为"异常规则"，认为它将随着时间的推移而销声匿迹。①

但弗朗西斯卡基斯明确提出"直接适用的法"绝非偶然，而是与其所处的时代背景相呼应。伴随现代福利国家的出现，尤其是20世纪50年代之后，在经济干预主义兴起并不断得以强化的前提下，一些国家为了所谓共同社会和经济利益而制定大量的"绝对强制性法律"，以解决可能影响国家重大社会和经济利益的问题。这些所谓的"绝对强制性法律"不仅适用于本国法律关系，而且扩展适用于涉外法律关系。

半个多世纪以来，该理论不仅广为各国司法实践所运用，而且也逐步为相关国内及国际立法所采纳。当然，该理论本身仍在不断丰富和发展中。②

二、强制性规定的性质与适用条件

自弗朗西斯卡基斯明确提出这一概念后，强制性规定问题在备受学者关注的同时，也引起了相当大的争议。不论是对强制性规定问题性质的认定还是对适用条件问题，不同学者都有不同看法。

（一）强制性规定的性质

强制性规定属于公法还是私法，国内外学者有不同观点。法国学者巴迪福认为其属公法范畴，巴迪福以鲍尔案③为例，说明瑞典关于为保护儿童权益而制定的监护法规是具有公法性质的法律而必须予以适用。④法国学者兰多则认为，国际法律中要求直接适用的强制性规范同时存在于公法和私法领域。⑤弗朗西斯卡基斯则同样以鲍尔案为例，指出"直接适用的法"是为维护国家的政治、经济和社会利益而必须予以实施的法律，这些法律包括"调整国家占主导、支配地位关系的规范"以及"具有公法性质的规范或者介于公法和私法之间的灰色区域内的混合规范"。⑥我国学者认为，作为"公法私法化"的一种表现形式，"直接适用的法"兼具公法和私法性质。⑦

---

① Juenger Friedrich K, General Course on Private International Law, (1983) Rec. des Cours, 1985, IV, p. 160.

② 当然，学界也有学者认为，强制性规定（或者所谓"直接适用的法"）本身是个多余的概念。参见陈隆修：《中国思想下的全球化选法规则》，台湾五南图书出版公司2012年版，第303页。

③ Boll case, Netherlands v. Sweden, Judgment, 28 November, I. C. J. Reports 1958.

④ 黄进、姜茹娇：《〈中华人民共和国涉外民事关系法律适用法〉释义与分析》，法律出版社2011年版，第23页。

⑤ See Lando, The Conflict of Laws of Contracts, General Principles, Rec. des Course, Vol. 189, 1984, pp. 394 – 397.

⑥ P. Francescakis, Anlluaire de I' lstitut de droit international, Vol. 56, 1975, p. 192. 转引自徐冬根：《论"直接适用的法"与冲突规范的关系》，载《中国法学》1990年第3期。

⑦ 黄进、姜茹娇：《〈中华人民共和国涉外民事关系法律适用法〉释义与分析》，法律出版社2011年版，第73页。

事实上，偏好于逻辑思考的大陆法系所发展出的区分公法与私法体系的理论已经式微。随着国家对经济社会领域的干预逐渐加大，以及公法私法化与私法公法化的趋势，公法与私法之间的界限已经越来越模糊。对于“直接适用的法”而言，其已经被广泛地认为存在于公法与私法领域。①

（二）强制性规定的适用条件②

一般而言，国际私法对民商事关系的调整有直接调整和间接调整两种方法。由此产生的问题是，直接方法调整国际民商事关系所适用的实体法，与根据“直接适用的法”规则所适用的实体法之间，在适用条件上有何不同呢？

就前者而言，实体法的适用往往基于这样两种情况：第一，基于国家间的条约义务。在国际民商事领域内，已经存在大量实体法条约，这些条约在成员国的适用显然是基于国家所承担的条约义务；第二，基于法律适用的补缺需要或“意思自治”的缘由。在国际民商事领域，也存在大量实体性的民商事国际惯例。这类国际惯例的适用，要么是因为法院地国家的国内法或者其参加或缔结的国际条约没有规定而得以适用，要么是当事人根据“意思自治原则”作出的选择而得以适用。总之，国际民商事领域内实体法的适用，必须基于一国冲突法或法律选择的相关规定。

就后者而言，“直接适用的法”中的法律，是指那些可直接适用于跨国或跨法域民商事关系的强制性实体法。这类法律对特定类型法律关系具有排他性管辖效力或强制性效力，亦即这类法律之所以能够直接适用，是基于该类法律本身的效力要求。如果某类法律不属于强制性法律，是不会产生直接适用之效力的。也正因为此，有人认为，这类规范是直接依照自我设定的“适用范围”来调整涉外民商事法律关系的。③

因此，“直接适用的法”中的“直接”，显然不同于“直接调整方法”中的“直接”。前者是指某类强制性法律的直接适用效力；后者是指依据某类民商事实体法（包括民商事实体法国际条约和国际惯例在内）直接确定国际民商事法律关系当事人之间的具体权利义务。当然，在功能上，二者在确定当事人权利义务方面，都具有直接性和明确性的特点，但二者适用的条件显然是不同的。

三、强制性规定的范围与效力

国际私法上的强制性规定具有排他性的直接适用的效力，这与传统国际私法的法律适用思维有一定出入。即使是“法院地法”理论，也不否认法院地法律作为准

---

① 参见刘仁山：《“直接适用的法”及其在中国大陆之实践》，载《法学研究》（中国台湾）2013年第39期。

② 参见刘仁山：《“直接适用的法”及其在中国大陆之实践》，载《法学研究》（中国台湾）2013年第39期。

③ 参见徐冬根：《论国际私法规范的柔性化与刚性化》，载《法制与社会发展》2003年第3期。

据法必须以冲突规范的援引为前提。国际私法的对象既然是国际民商事关系，那么，就有必要明确强制性规定的范围及其效力问题。

（一）强制性规定的范围

国际私法所指"强制性规定"，并非一般强制性规定，而是涉及国家在相关社会和经济领域内极有其重大利益的法律。① 但到底应包括哪些法律，亦即强制性规定的范围问题，各国的理论及实践不尽一致。

从理论上看，学界尽管认为强制性规定必须与法院地国家重大社会和经济利益相关，但关于强制性规定的构成问题，却存在一定分歧。这种分歧主要表现在两方面问题上：第一，具体是哪些领域的强制性规定事关国家重大社会和经济利益；第二，一个国家在民商事部门法中规定的单边冲突规范所指定必须要适用的实体法，是否属于强制性规定。②

从各国实践上看，近年来各国在冲突法领域明确强制性规定适用问题，已呈增

---

① 参见［法］亨利·巴蒂福尔、保罗·拉加德：《国际私法总论》，陈洪武等译，中国对外翻译出版公司1989年版，第349～351页；徐冬根：《国际私法趋势论》，北京大学出版社2005年版，第392～433页；宋晓：《当代国际私法的实体取向》，武汉大学出版社2004年版，第251～307页。

② 如弗朗西斯卡基斯认为，强制性规定大多与国家管理经济的法规相结合的事关社会经济生活秩序的法律，是法院地国家在适用上有重大利益的法律（See Parra－Aranguren，Gonzalo，General Course on Private International Law：Selected Problems，Recueil des Cours，1985 II，p. 129；Frank Vischer，General Course on Private International Law，Recueil des Cours，Vol. 1992 I，pp. 153－156）；而兰多（Lando）则认为，强制性规定包括限制性贸易惯例、价格法规、外汇管制法规、进出口管制法规、与敌对国贸易法规、禁运法规、涉及契约实质有效性的政治经济法规等（See Lando，Ole，The Conflict of Laws of Contacts General Principles，Receil des Cours，1984 VI，p. 394.）；戴蒙德（Diamond）认为，强制性规定包括契约的一般性规定、刑法、公法、侵权行为法、契约的默示条款、竞争法、海上货物运输法等（See Diamond，Aubrey L，Harmonization of Private International Law Relating to the Contractual Obligations，1986 IV，p. 288）；维希尔（Vischer）则认为，在法院地国具有重大利益的案件中应予适用的强制性规定包括市场及经济管制法规、关于保护国家土地财产利益的法规、保护货币资源的法规、保护证券市场的法规、环境保护法规、劳工保护法规、保护合同弱势一方的法规、保护儿童的法规、关于抚养的法规、避免因种族性别宗教歧视的法规等（See Frank Vischer，General Course on Private International Law，1992 Rec. des Cours 232，pp. 157－158.）。我国台湾地区柯泽东教授认为强制性规定大体包含两类：第一类为公安、政策性的公法性法律，如经济、财税、社会安全性质之实质性规定，或其法律关系为属于政策性、社会公安、国家财经安全目的者，虽不一定有法律明文依据，概得有法官决定直接适用法院地法，抑或是法律明文所指之某国实体法，不必透过冲突法则而直接适用于涉外民事法律关系；第二类亦属政策性之考虑，原属私法冲突法则之范畴，但法律明文规定其属特别的"直接适用的法"的范围。此等法律关系究其性质而言，原颇难确定究竟应依其法律内涵或是其功能性目的加以界定准据法，但为政策考虑认为应适用某国实体法为妥。诸如涉外劳动契约薪资之争议、未成年子女教育及其财产之保护、外国企业或多国籍企业所雇佣本国人之保护及其雇主之责任、不动产租赁契约、在本国有居所之消费者权益的保护、契约中之指数条款以防止通货膨胀为目的者应依付款地法或债务人事务所所在地法、竞争法之争议应依公平竞争发生效果之国家市场法等。参见柯泽东：《国际私法》，元照出版有限公司2002年版，第110～113页。

长态势。这一点在成文法系国家尤为明显。[①] 但各国一般在立法中不对强制性规定做明确界定，往往将该问题留待法院自由裁量或交由司法实践部门予以规定。因而，在具体实践中，各国在强制性规定的范围问题上的分歧仍然是较大的。[②]

另外，强制性规定的适用问题也日益为相关国际立法活动所重视。如海牙国际私法会议、欧盟及美洲国家国际私法专门会议（IASCPIL）在新近立法活动中，都不同程度地就强制性规定的适用问题作出了规定。[③] 尤其是欧盟，在立法实践中将强制性规定分为“普通强制规则”[④] 和“超越性的强制规则”（Overriding Mandatory Rules）。[⑤] 前者是指只能优先于当事人基于意思自治原则选择的准据法而适用的法律；后者则是指事关国家重大的政治、社会和经济组织的安全等公共利益，而可以优先于公约指定应适用法律的所有至关重要的法律法规（包括当事人没有选择法律时应被适用法律）。[⑥]

强制性规定的范围问题，还涉及法院地国家对强制性规定的渊源范围问题的明确。在该问题上，理论及实践上有以下两种认识和做法：

第一，仅指应予直接适用的本国的强制性规定。弗朗西斯卡基斯将“直接适用

---

① 在判例法系国家，法院不应该具备“重大政策”的立法功能，因而，判例法在传统上没有强制性规定。但判例法系国家可通过国会立法途径制定所谓超越性成文法（overriding statutory law），如英国 the Unfair Contract Terms Act 1977，s. 27（2）；而美国则将强制性规定称之为“基本政策”，如 2004 年美国《统一商法典》U. C. C. s. 1 – 301（f）。此外，判例法系国家的强制性规定，其优先性或排他性效力须由判例法解释，但这类法律的适用范围则有明文规定。参见陈隆修：《中国思想下的全球化选法规则》，台湾五南图书出版公司 2012 年版，第 206 ~ 220 页。

② 如日本 2007 年《法律适用通则法》有关于强制性规定的适用（如第 11 条），但何为强制性规定？有学者认为，日本的“介入规范”（即“直接适用的法”）包括：卡特尔法、外汇法、劳动标准法、工会法、最低劳动工资法、因公事故保险法、利息限制法、承租人保护法，以及关于消费者保护的特别法等。《瑞士关于国际私法的联邦法》第 18、19 条均涉及强制性规定，而瑞士学者则认为，该法所指的强制性法律规范涉及：对市场和国民经济的调整与控制（如反垄断、进出口限制）、对土地财产上国家利益的保护（如禁止外国人取得本国土地）、对货币来源的保护（如外汇平衡的保障）、对证券市场的控制（如兼并和信息披露）、对环境及劳动者的保护（如工作时间、最低工资保障）等问题。See Frank Vischer, General Course on Private International Law, 232 Recueil des Cours 9, 157（1992）.

③ 海牙《代理法律适用公约》第 16 条；欧共体 1980 年《罗马公约》第 7 条第 1 项；1994 年《美洲国家之间的国际合同法律适用法》第 11 条第 2 项（在 1989 年的美洲国家间专门的国际私法会议上，会议关于起草国际合同准据法公约的决议中，就明确了要就强制性规定问题作出规定。参见 Netherlands Private International Law, 1989, Issue 3.）；欧盟《罗马条例Ⅰ》序言第 28、34、37。

④ 参见《罗马公约》第 3 条第 3 款、第 5 条第 2 款和第 6 条第 1 款。

⑤ 参见《罗马条例Ⅰ》第 9 条。

⑥ 当然，欧盟关于强制性规则的这种划分是备受争议的（参见陈隆修：《中国思想下的全球化选法规则》，台湾五南图书出版公司 2012 年版，第 203 ~ 213 页）。值得注意的是，2012 年海牙《国际合同法律选择原则》仅借鉴了欧盟关于“超越性强制规则”的规定（参见刘仁山：《国际合同法律适用中意思自治原则的晚近发展》，载《环球法律评论》2013 年第 6 期）。

的法”限于法院地的“直接适用的法”。[①] 这也是长期以来相关国家的主要做法。[②]

第二，既包括法院地国家的强制性规定，也包括与案件有联系的相关外国的强制性规定。从现有司法实践和立法规定来看，有从只承认法院地国的强制性规定到扩大承认外国强制性规定的趋势。切希尔和诺斯认为，“直接适用的法”是指一国的特定国内法，[③] 在特定情况下也有可能是外国的“直接适用的法”，而不仅限于法院地的“直接适用的法”。[④] 这里所涉及的外国的强制性规定，既包括冲突规范所指引的外国准据法所属国的强制性规范，也包括法院地国和准据法所属国之外的第三国的强制性规范，如瑞士[⑤]、白俄罗斯[⑥]、立陶宛[⑦]、俄罗斯、土耳其等国的立法实践就是如此。[⑧]

根据《涉外关系法律适用法》规定及相关实践，我国司法实践部门也对强制性规定做了初步界定。[⑨]

（二）强制性规定的效力

强制性规定因涉及国家重大社会和经济利益，尽管应具有排他性的优先适用效力，但就其效力问题而言，仍有以下问题需要明确。

强制性规定的优先适用效力，究竟属公法性效力还是私法性效力？对此，前文就学界关于强制性规定的性质问题已有述及，这里仅讨论强制性规定与公共秩序原则效力的范围分界问题。

---

① Thomas G. Guedj, The Theory of the Lois de Police, A Functional Trend In Continental Private International Law - A Comparative Analysis With Modern American Theories, 39 Am. J. Comp. L. 663 1991, p. 670.

② Boll case, Netherlands v. Sweden, Judgment, 28 November 1958, I. C. J. Reports 1958, p. 55; Thomas G. Guedj, The Theory of the Lois de Police, A Functional Trend In Continental Private International Law - A Comparative Analysis With Modern American Theories, 39 Am. J. Comp. L. 663 1991, p. 670. Also see Lipstein, General principles of Private International Law, Recueil des Cours 1972, Ⅰ, p. 205; A. Philip, General Course on Private International Law, Recueil des Cours 1978, II, p. 64. 立法上如意大利《国际私法改革法》第17条、2007年《马其顿共和国关于国际私法的法律》第14条等，均规定法院地强制性规定具有优先效力。

③ “The Concept of Mandatory Rules Is A Positive One; the Concern Is to Apply A Particular Domestic Rule.” See Cheshire, North & Fawcett, Private International Law, Oxford University Press, 2008, p. 151.

④ Discussed in Ralli Bros v. Compania Naviera Sotay Aznar, [1920] 2 KB 287 (CA). Cited from Audley Sheppard, Mandatory Rules in International Commercial Arbitration - An English Law Perspective, 18Am. Rev. Int'l Arb. 121 (2007).

⑤ 瑞士1987年《关于国际私法的联邦法》第19条。

⑥ 1999年《白俄罗斯共和国民法典》第1100条。

⑦ 2001年《立陶宛共和国民法典》第二章“国际私法”第1.11条第2款。

⑧ 近来我国的相关司法实践中也有法院考虑第三国强制性规范的效力的案例。在最高人民法院审理的“厦门厦友集装箱制造有限公司诉现代综合商事株式会社案”中，韩国卖方因合同纠纷向中国法院起诉，要求买方支付所欠货款。买方提出的抗辩认为，系争合同是第三方为了规避韩国政府的法律以便达到向其海外公司提供原材料的目的。由于韩国法为第三国法，审理法院所考虑的因素就涉及第三国强制性规范的效力问题。参见中华人民共和国最高人民法院（1999）经终字第97号民事判决书。

⑨ 参见《法律适用法司法解释一》第10条规定。

强制性规定最初往往被归为公共秩序范畴或被混同于公共秩序原则。随着时间推移，这种错误逐渐得以澄清。从“直接适用的法”与“公共秩序原则”既有实践看，二者间既有紧密联系又有显著区别。

二者间的联系主要体现为：第一，从立法技术上讲，“直接适用的法”是“公共秩序”的一种表述方式，[①] 从立法的表述方式及适用效果看，“直接适用的法”类似于“公共秩序原则”立法上的“间接排除方式”；第二，“直接适用的法”所追求的目的，通常具有“公共秩序”的属性。[②]

但二者之间也存在显著区别：第一，根据“公共秩序原则”排除外国法（或外法域法）的适用，是适用法院地冲突规范的结果，即在公共秩序保留制度发生效力之前，法院地的冲突规范已经得以适用，只是因其所指向的外国法的适用（或者该外国法的内容）将与法院地公共秩序相抵触而被排除适用，而“直接适用的法”则是“直接适用”，无须法院地冲突规范的援引；第二，“公共秩序原则”密切关注外国法在案件中适用的结果，只有当外国法适用的结果与公共秩序相抵触时，法院才以公共秩序为由排除外国法的适用，[③] 而“直接适用的法”只强调法律的强制适用效力，并不关注外国法在案件中适用的结果；第三，“公共秩序原则”通常为一般性原则，其适用范围并无特定限制，从理论上而言，该制度应该适用于国际民商事交流的所有领域，而且，在特定问题上是否适用该制度，法官往往具有宽泛的自由裁量权，而“直接适用的法”的效力仅限于涉及国家重大社会和经济利益的领域，这也决定了两者的适用范围是不可以等同的。

四、我国的实践

我国自 1978 年以来，在一些特殊的涉外经济法律关系领域，制定了一系列强制性规则以维护国家重大经济利益，这些法律分别涉及涉外借贷[④]、涉外担保[⑤]、货物

---

① P. Nygh, Autonomy in International Contracts, Oxford, Clarendon Press, 1999, p. 206. Cited from Adeline Chong, Public Policy and Mandatory Rules of Third Countries in International Contracts, Journal of Private International Law, Vol. 2 No. 1, April. 2006, p. 32.

② AN Zhilsov, Mandatory and Public Policy Rules in International Commercial Arbitration, 1995, Netherlands International Law Review, p. 88. Cited from Adeline Chong, Public Policy and Mandatory Rules of Third Countries in International Contracts, Journal of Private International Law, Vol. 2 No. 1, April. 2006, p. 32.

③ 当然，从各国理论及实践看，公共秩序保留有所谓主观标准和客观标准之分。本文的这一观点是基于公共秩序的客观标准而言的。

④ 如《外汇管理条例》第 18 条规定：“国家对外债实行规模管理。借用外债应当按照国家有关规定办理，并到外汇管理机关办理外债登记。国务院外汇管理部门负责全国的外债统计与监测，并定期公布外债情况。”

⑤ 依据 2010 年《国家外汇管理局关于境内机构对外担保管理问题的通知》（汇发［2010］39 号）的规定，境内银行提供融资性对外担保实行余额管理，在核定的指标内此类担保无须逐笔审批。当然，非银行金融机构与企业提供的对外担保仍以逐笔审批为主、余额管理为辅。因此，有关的强制性规范仍会发生影响。

进出[①]、海上货物运输[②]、涉外合同[③]等方面。但这些强制性规定如何适用于相关涉外民商事关系，司法实践中存在不同做法。[④] 为此，我国《涉外关系法律适用法》，首次明确了强制性规定的适用制度，[⑤]《法律适用法司法解释一》第10条就其范围作出了明确规定。[⑥] 从法律适用角度确立了“直接适用的法”的适用制度，这无疑是我国涉外民事立法的一大进步，第10条关于“直接适用的法”之解释性规定，虽

① 《对外贸易法》（2016年11月7日修正，2004年7月1日起施行）第16条规定：“国家基于下列原因，可以限制或者禁止有关货物、技术的进口或者出口：（一）为维护国家安全、社会公共利益或者公共道德，需要限制或者禁止进口或者出口的；（二）为保护人的健康或者安全，保护动物、植物的生命或者健康，保护环境，需要限制或者禁止进口或者出口的；（三）为实施与黄金或者白银进出口有关的措施，需要限制或者禁止进口或者出口的；（四）国内供应短缺或者为有效保护可能用竭的自然资源，需要限制或者禁止出口的；（五）输往国家或者地区的市场容量有限，需要限制出口的；（六）出口经营秩序出现严重混乱，需要限制出口的；（七）为建立或者加快建立国内特定产业，需要限制进口的；（八）对任何形式的农业、牧业、渔业产品有必要限制进口的；（九）为保障国家国际金融地位和国际收支平衡，需要限制进口的；（十）依照法律、行政法规的规定，其他需要限制或者禁止进口或者出口的；（十一）根据我国缔结或者参加的国际条约、协议的规定，其他需要限制或者禁止进口或者出口的。”另见2011年《中华人民共和国技术进出口管理条例》第29条和2007年《中华人民共和国反垄断法》第13条。

② 1992年《海商法》第44条规定，海上货物运输合同和作为合同凭证的提单或者其他运输单证中的条款，均必须符合《海商法》第四章的规定。2001年《国际海运条例》第2条的规定，进出中华人民共和国港口的国际海上运输经营活动以及与国际海上运输相关的辅助性经营活动，均必须直接适用这一条例。

③ 1985年《涉外经济合同法》（已失效，第5条第2款）和现行的1999年《合同法》（第126条）都规定：在中华人民共和国境内履行的中外合资经营企业合同、中外合作经营企业合同、中外合作勘探开发自然资源合同，适用中华人民共和国法律。针对《合同法》第126条的这一规定，2007年《规定》（第8条）扩大了“直接适用”法律的合同范围。根据该规定，除上述三种合同之外，以下合同也必须适用我国法律：中外合资经营企业、中外合作经营企业、外商独资企业股份转让合同；外国自然人、法人或者其他组织承包经营在领域内设立的中外合资经营企业、中外合作经营企业的合同；外国自然人、法人或者其他组织购买领域内的非外商投资企业股东的股权的合同；外国自然人、法人或者其他组织认购领域内的非外商投资有限责任公司或者股份有限公司增资的合同；外国自然人、法人或者其他组织购买领域内的非外商投资企业资产的合同；法律、行政法规规定应适用我国法律的其他合同。

④ 相关案例如：中国银行（香港）有限公司诉中国广澳开发集团公司、刘天茂保证合同纠纷案；中国银行（香港）有限公司诉香港新纪元实业有限公司、佛山市东建集团有限公司等借款担保合同纠纷案；澳门大丰银行有限公司诉澳门桂兴置业有限公司、南海市桂城商业贸易物资总公司；南海市人民政府、南海市桂城区办事处、赵焕堂、何绍泉借款担保纠纷案；交通银行香港分行诉香港威宝登化工有限公司、广东省化工原料公司、谭丽仪借款及担保合同纠纷案；华比富通银行诉广东省水利厅担保合同纠纷案；中国银行（香港）有限公司与中国长城工业总公司担保合同纠纷案。详见万鄂湘主编：《〈中华人民共和国涉外民事关系法律适用法〉条文理解与适用》，中国法制出版社2011年版，第36~42页。

⑤ 参见《涉外关系法律适用法》第4条。

⑥ 《法律适用法司法解释一》第10条规定，有下列情形之一，涉及中华人民共和国社会公共利益、当事人不能通过约定排除适用、无须通过冲突规范指引而直接适用于涉外民事关系的法律、行政法规的规定，人民法院应当认定为涉外民事关系法律适用法第4条规定的强制性规定：（1）涉及劳动者权益保护的；（2）涉及食品或公共卫生安全的；（3）涉及环境安全的；（4）涉及外汇管制等金融安全的；（5）涉及反垄断、反倾销的；（6）应当认定为强制性规定的其他情形。

然在一定程度上明确了我国法律体系中属于“强制性规定”的范畴，有助于避免法官在实践中由于滥用《涉外关系法律适用法》第4条而折损国际私法的功效，但就完善我国“直接适用的法”制度而言，必须关注和恰当处理以下两方面问题：(1)是否赋予法官在强制性规范认定上的自由裁量权问题。该问题又分为法官对国内强制性规范的认定和对外国强制性规范的认定两个方面：①对于国内强制性规范的认定问题，我们认为应禁止或避免法官在本国强制性规范认定上的自由裁量权。《法律适用法司法解释一》第10条第6项规定的“应当认定为强制性规定的其他情形”需要谨慎予以对待。从国际私法的目的而言，不宜过分扩大“直接适用的法”制度之适用。对于已被学术界和司法实务界公认的属于“直接适用的法”之范畴，如涉及消费者保护等方面的法律，可认定为该司法解释中“强制性规定的其他情形”。②对于外国强制性规范的认定问题，我们认为在审慎地将“直接适用的法”扩及外国强制性法律的前提下，在外国强制性法律认定上，是否有必要考虑赋予法官于相关个案中一定自由裁量权是我们必须应对的问题。《法律适用法司法解释一》未涉及外国“直接适用的法”之适用问题，这即意味着，司法实践中必然会遇到的这类问题将有赖于法官在个案中慎重处理。从理论上而言，本国立法不能对外国哪些法律属于“直接适用的法”作出界定，这涉及外国立法主权的问题。但在司法实践中，法官又必须对相关外国法律是否属于强制性规范作出判断，尤其是案件牵涉法院地国法律和相关外国法律的适用而所涉外国法律宣称为强制性规范时，就必须借由法官依据案件整体情况，对相关外国法律是否属于必须适用的外国“直接适用的法”作出判断；(2)处理好“直接适用的法”制度与法律规避制度在适用上的序位。鉴于《法律适用法司法解释一》第11条规定了法律规避制度，在当事人所规避的法律属上述强制性规范的情形下，从法律渊源以及规则的效力而言，作为立法的《涉外关系法律适用法》所规定的“直接适用的法”制度，应优先于《法律适用法司法解释一》所规定的法律规避制度的适用。①

“直接适用的法”理论在历经半个多世纪的实践后，虽然尚在发展中，但已对各国及相关国际立法实践产生深远影响。我们应该认识到，一国制定强制性规范直接用于调整某些国际民商事关系，其宗旨是维护民族国家的利益。而且这种直接适用的法律可较好促成内国立法政策的实现，因而从表象上看，通过这类规范调整国际民商事关系的效果，似乎优于通过冲突规范调整的效果。但是，“直接适用的法”理论在方法论上属单边主义，具有浓厚的属地主义色彩，而在国际经济格局呈现出区域化乃至全球化趋势的今天，越来越多的国家主张以富有弹性的、开放性的法律

① 参见刘仁山：《“直接适用的法”在我国的适用——兼评〈涉外民事关系法律适用法〉解释(一)第10条》，载《法商研究》2013年第3期。

适用规范代替僵硬的、封闭性的法律适用制度。那么，对于一个以对外开放为基本国策的国家而言，平等对待内外国法律，无疑是健全和保障公平和谐的国际民商事秩序的基本要求。因此，如何审慎地实施好《涉外关系法律适用法》第4条的规定，对于建构和完善我国涉外民商事领域的强制性法律制度体系，意义重大且影响深远。[①]

第六节 外国法的查明

一、外国法查明的概念

外国法的查明（the ascertainment of foreign law），又称之为外国法内容的确定或外国法内容的认定，英美法上则称之为外国法的证明（the proof of foreign law），是指一国法院在审理涉外民商事案件时，根据本国的冲突规范指定作为准据法的某一外国法时，如何查明该外国法的存在和内容问题。

由于各国的历史文化传统、政治、经济制度不同，各国法律千差万别，任何法官都不可能通晓所有国家的法律。因此，一国法官在审理涉外民商事案件时，如果本国冲突规范指引应适用外国法，那么就必须依据一定的方法来查找和确定该外国法的内容。外国法究竟属于事实还是法律，这将直接影响到外国法查明的方法。若把外国法看成法律，由法官依职权查明；若把外国法看成事实，则由当事人举证。

关于外国法的性质，主要有三种主张：（1）事实说。英美普通法系国家多主张事实说。它们认为，依本国冲突规范所援引的外国法相对于内国法而言，只是一个单纯的事实，而不是法律。[②] 外国法为事实问题这一原则早已为英国法院所确立。[③] 在长期的司法实践中，英国法院将外国法视作一种事实，并发展出与之相适应的民事诉讼制度。[④] 英国法院在审理具体的涉外民商事案件中，要求当事人对应适用的外国法加以举证证明，可以引入专家作为证人从旁协助，但其获取渠道并不限于专

---

① 参见刘仁山：《“直接适用的法”在我国的适用——兼评〈涉外民事关系法律适用法〉解释（一）第10条》，载《法商研究》2013年第3期。

② See Lord Collins of Mapesbury and Others, Dicey, Morris and Collins on the Conflict of Laws, 15th ed., Sweet & Maxwell, 2012, p. 318.

③ Fremoult v. Dedire (1718) 1 p. Wms. 429; Mostyn v. Fabrigas (1774) 1 Cowp. 161, 174.

④ See Richard Fentiman, Foreign Law in English Courts: Pleading, Proof, and Choice of Law, Oxford University Press, 1998, p. 4.

家提供的意见资料。(2)法律说。法律说主要为多数大陆法系国家如德国所遵从。[①]这种学说认为，内国法院适用外国法，是根据法律关系的本座而适用的。由于内外国法律是完全平等的，因此，本国法官适用外国法同适用内国法一样，没有什么区别。得益于萨维尼的倡导，德国是将外国法视为法律的主要代表国家。萨维尼站在超国家的普遍主义立场之上，以法律共同体为基础，主张平等对待内外国法律。因此，作为法律的外国法应当由法院强制适用。在萨维尼的影响下，《德国民事诉讼法》明确了外国法的法律地位。[②](3)折中说。折中说的主要目的在于调和事实说与法律说的矛盾，这种观点认为：外国法既非单纯的事实，也非绝对的法律，而是经过本国冲突规范援引的外国法律。从本国法观点来看，它适用的是外国法。从外国法观点来看，它是依据法院地国法而被援用的。因此，它既有别于本国法，又有别于外国法，是一个特殊的法律事实。所以，其证明方法不能一概而论，必须采取不同于确定事实的方法，也不同于确定法律的方法。

虽然理论上存在上述区分，但这种区分在某些国家却并未如此泾渭分明。例如，在美国，外国法的性质问题是不断变化的。起初，美国延续了英国法院的做法，将外国法认定为事实。斯托雷和比尔都将外国法视为事实，并作为他们所倡导之既得权理论的前提。比尔在美国1934年《重述》中就曾明确指出，法院所遵从的外国法，不是法律而是事实。然而，到20世纪中期，美国明显出现了偏离传统转而将外国法视为法律的趋势。一方面，“事实说”对后续外国法查明责任的分配与查明方法产生巨大影响，因而在美国学术界饱受争议。[③]另一方面，美国1966年出台的《联邦民事程序规则》第44条第1款规定，“法院对外国法内容的确定应被视为对一项法律问题所作的裁决”。[④]由此，在美国联邦法院，外国法不再是事实问题，而是法律问题。但是，美国各州对外国法性质的看法不一：有的州坚持将外国法视为事实，并按证据法的规则由当事人证明；有的州则通过立法规定，以司法认知的方式对待外国法和外州的法律；还有的州则将外国法视为法律，而非事实。[⑤]

---

① Trevor C. Hartley, Pleading and Proof of Foreign Law: The Major European Systems Compared, 45 Int'l & Comp. L. Q. 271, 273 (1996).

② 《德国民事诉讼法》第293条规定：“外国法、习惯法和自治法规，仅限于法院所不知道的范围应予以证明。在调查这些法规时法院应不以当事人所提出的证据为限；法院有使用其他调查方法并为使用的目的而发出必要的命令的权限。”

③ Arthur Nussbaum, The Problem of Proving Foreign Law, 50 *Yale L. J.* 1080 (1941).

④ 根据1966年《联邦民事程序规则》第44条第1款的规定，当事人必须以诉状或其他合法的书面形式对有关外国法的事项提出申请。法院可以依据任何相关资料或意见确定该外国法，包括证言，而不论该证言是否是由当事人做出的，也不论该证言是否符合《联邦证据规则》。其中还明确规定，法院对外国法内容的确定应被视为对一项法律问题所作的裁决。

⑤ Stephen L. Sass, Foreign Law in Civil Litigation, A Comparative Survey, 16 Am. J. Comp. L 332, 341 (1968).

二、外国法查明的责任分配

从各国立法及实践看，对外国法的查明责任分配，主要有以下三种方式。

（一）当事人举证证明

英美等普通法系国家和部分拉美国家采用这种做法。他们认为，经本国冲突规范指引的外国法不是法律而是事实。对于外国法的有无、内容如何必须由当事人举证证明，法官没有义务去查明。证明的方法是在诉状或答辩状中就外国法做出书面举证（包括专家、律师作为代理人提供的证言），如果双方当事人对所适用的外国法有一致理解，法院便以确认证据加以采用，即使双方的理解是错误的也是如此。如果双方当事人对外国法理解有争议，则由双方各自提供证据或通过具有外国法知识的人提供证言来证明各自的主张，然后由法院断定哪一方的主张是正确的。在英国司法实践中，法院依照证据法的规定来评定当事人的引证或专家证言。另外，法官在知晓外国法的前提下，也可直接认定。英国1972年《民事证据法》第4条第2款规定，如果任何外国法的问题是在民事或刑事诉讼中确定的，并且初审法院为高等法院、皇室法院、四季法庭、兰开斯特或达拉漠的特权郡衡平法院，或者是在受理联合王国以外的法院上诉的枢密院提出的确定的上诉中，那么对这一问题的任何裁决或判决在任何民事诉讼中都可能接受为证据，并且除非有相反的规定，外国法应被视为与裁决或判决相符。英国法学家莫里斯也认为，尽管外国法是一个事实，但它是一个奇怪的事实问题，并且认为在以下几种情况下，外国法不须查明：（1）法律明确规定法院知法；（2）外国法被视为已知事实；（3）外国法与英格兰法相同或相似，法院可以了解；（4）外国法被承认；（5）双方要求不经查明而决定外国法的适用。①

（二）法官依职权查明

欧洲大陆国家如奥地利、荷兰、意大利和东欧一些国家认为，冲突规范指引的外国法是法律。按照“法官知法”这一法律格言，其内容的查明由法官承担，无须当事人举证证明。例如，奥地利1978年《关于国际私法的联邦法》第4条第1款规定：“外国法应由法官依职权查明。”《秘鲁民法典》第2507条也规定：“依本法规定应适外国法，必须由法官依职权予以查明。”

（三）兼采法官依职权查明和当事人提供证明

德国、瑞士、巴西、南斯拉夫等国基本上把外国法视为法律，由法官依职权查明，同时法院也有权要求双方当事人提供外国法内容的证据。如瑞士1987年《关于

---

① 参见［英］J. H. C莫里斯主编：《戴西和莫里斯论冲突法》，李双元等译，中国大百科全书出版社1998年版，第1753～1757页。

国际私法的联邦法》第16条第1款规定："外国法的内容由法院依职权查明，为此也可以要求当事人予以合作。涉及财产请求权的由当事人负责查明。"1982年南斯拉夫《法律冲突法》第13条第1、3款也规定："法院或其他主管机关按职权确定应适用的外国法律的内容。""诉讼当事人也可以提交有关外国法内容的公证。"

值得注意的是，外国法的查明责任分配和查明途径是两个独立的问题。不论外国法查明的责任分配采用何种方式，查明外国法的途径却是多种多样的，甚至可能在不同国家，由不同的主体通过相同的途径查明外国法。例如，在英国，专家证人是被运用得最为广泛和常见的外国法查明途径。[①] 而在德国，法院对于通过何种途径查明则享有自由裁量权。通常情况下，法院可能通过查询专业书籍或者咨询马克斯普朗克学会外国法研究所等权威机构提供外国法的内容。法院还可以采用司法协助的方式查明外国法，例如，通过1968年《外国法信息的欧洲公约》来查明外国法，或者咨询德国驻外国或外国驻德国的外交机构，或者咨询外国律师，等等。[②]

三、外国法无法查明时问题的解决

在外国法查明过程中，如果采用一切可能的办法仍不能查明外国法的内容时，各国立法实践有以下做法。

（一）直接适用内国法

这种做法为大多数国家所采用。如瑞士1987年《关于国际私法的联邦法》第16条第2款规定："外国法不能查明，适用瑞士法律。"奥地利1978年《关于国际私法的联邦法》第4条第2款规定："如果经过充分努力，在适当时期内外国法仍不能查明时，应适用奥地利法。"

（二）类推适用内国法

英美等国家法院在当事人不能提供外国法的内容，或认为当事人所提供的证据不充分时，则采用类推方法，适用本国法。[③] 美国做法和英国做法略有不同，即它在适用类推时只限于普通法系国家的法律，对其他法系国家的法律则不采用。

（三）驳回当事人的诉讼请求或抗辩

德国和美国在实践中采取这种做法。当外国法不能确定时，即认为缺乏诉由，

---

① 刘来平：《外国法的查明》，法律出版社2007年版，第93页。

② Trevor C. Hartley, Pleading and Proof of Foreign Law: The Major European Systems Compared, 45 Int' l & Comp. L. Q. 271, 275 - 276 (1996).

③ 参见［英］J. H. C 莫里斯主编：《戴西和莫里斯论冲突法》，李双元等译，中国大百科全书出版社1998年版，第1759页。

驳回诉讼，或者驳回当事人的抗辩。如《德国民事诉讼法》第293条规定，德国法院依职权确定外国法的内容，但也有权要求当事人双方提供有关外国法的证据，如果负责提供有关外国法证据的一方提不出证据，法院则以证据不足驳回诉讼请求或抗辩。前述美国采用的类推适用内国法的做法不适用于非普通法系国家，如果当事人无法证明非普通法系国家的法律时，或法律认为提供的证据不充分时，法院则以证据不足驳回原告之诉或被告之抗辩。

（四）适用习惯法或一般法理

即在外国法无法查明或内国法欠缺规定时，顺次依习惯法或法理途径解决。不过，除日本判例外，采用这种主张的并不多见。

（五）适用近似或类似的法律

在外国法不能查明、适用内国法代替不宜时，应适用与该外国法最相近的或类似的法律。可以从是否属于同一法系、是否由一母国独立而来、是否有特殊的政治联系等情形来判断是否有相类似的或相近似的法。例如，加拿大的魁北克法律制度受到法国法影响，在适用魁北克法律并无法查明时，法官即可以根据他所熟悉的类似于魁北克法的法国法作为判案依据。在实践中德国和日本均曾有判例采用此种做法。[①] 在立法中，明确规定此种做法的并不多见，1978年《瑞士联邦国际私法草案》第15条第3款规定："外国法内容无法查明的，法官可以考虑适用最相近的法律。没有相近的法律，则适用瑞士法律。"但1987年瑞士《关于国际私法的联邦法》删除了此项规定。

四、外国法错误适用的救济

外国法的错误适用有两种情况：一是适用内国冲突法的错误，即指由于错误适用或不正确解释内国冲突规范而导致作为准据法的外国法的错误适用。具体地说是依本国冲突规范应适用外国法却错误地适用内国法，或本应适用内国法却错误地适用了外国法，或本应适用甲外国法却错误地适用了乙外国法。虽说上述错误属于适用外国法的错误，但其实是适用内国冲突规范的错误，应视其与违反内国法错误的性质相同，故各国对这种错误一般都允许当事人通过上诉来纠正；二是适用外国法的错误，即对作为准据法的外国法的解释发生错误。具体地说，本应适用外国法的甲项条款却错误地适用该法的乙项条款，或适用条款正确但对条款的内容做出错误的解释。各国对这类错误是否允许当事人上诉加以纠正，在理论和实践中，有两种不同的主张：

---

① 参见黄进：《论国际私法中外国法的查明》，载《河北法学》1990年第6期。

（一）不允许当事人上诉

这些国家有法国、德国、瑞士、比利时、卢森堡、西班牙、荷兰等国。例如，《德国民事诉讼法》第293条规定，在当事人一方提不出外国法证据时，法院可以证据不足驳回诉讼。同时又规定，适用外国法发生错误时，也不得把法律审作为上诉理由。根据这些国家的诉讼法，它们把审判分为“事实审”和“法律审”。上诉法院只忠实于法律，对下级法院适用法律错误可做出更改，以保证法律的统一性和正确性。但对事实的审查，只是主审法院的职责，上级法院必须接受下级法院对事实的认定。在国际私法上，对于作为事实的外国法发生适用错误，属于事实审的范畴。上级法院不得对此上诉案件进行受理。

（二）允许当事人上诉

采用这种主张的有奥地利、意大利、波兰、芬兰、葡萄牙、英国以及美洲等一些国家。奥地利等国家认为，作为准据法的外国法以内国冲突规范的指定为依据，如果适用的外国法有错误，应将之与错误地适用内国法同等看待，视为违反内国法，允许当事人通过上诉加以纠正。1928年《布斯塔曼特法典》第412条也规定：“在有上诉或其他类似制度的各缔约国内，得以违反另一缔约国的法律或对之作错误解释或不当适用为理由提起上诉，与对其本国法有同样情况者相同，并以同样的条件为依据。”虽然英美普通法系国家，把外国法看作事实而不看作法律，但它们的上诉审包括事实审和法律审，上诉法院可以对下级法院关于外国法的认定进行审查，允许当事人通过上诉对适用外国法错误加以纠正。

五、我国关于外国法查明的规定

《最高人民法院关于人民法院为“一带一路”建设提供司法服务和保障的若干意见》规定，要依照《涉外关系法律适用法》等冲突规范的规定，全面综合考虑法律关系的主体、客体、内容、法律事实等涉外因素，充分尊重当事人选择准据法的权利，积极查明和准确适用外国法，消除沿线各国中外当事人国际商事往来中的法律疑虑。《最高人民法院关于为自由贸易试验区建设提供司法保障的意见》规定，要建立合理的外国法查明机制。人民法院审理的涉自贸试验区的涉外民商事案件，当事人约定适用外国法律，在人民法院指定的合理期限内无正当理由未提供该外国法律或者该国法律没有规定的，适用中华人民共和国法律。人民法院了解查明途径的，可以告知当事人。当事人不能提供、按照我国参加的国际条约规定的途径亦不能查明的外国法律，可在一审开庭审理之前由当事人共同指定专家提供。根据冲突法规范应当适用外国法的，人民法院应当依职权查明外国法。关于如何查明外国法的问题，我国《涉外关系法律适用法》第10条第1款规定：“涉外民事关系适用的外国法律，由人民法院、仲裁机构或者行政机关查明。当事人选择适用外国法律的，应当提供该国法律。"[①]《法律适用法司法解释一》第 17 条第 1 款规定："人民法院通过由当事人提供、已对中华人民共和国生效的国际条约规定的途径、中外法律专家提供等合理途径仍不能获得外国法律的，可以认定为不能查明外国法律。"同时第 2 款规定："根据涉外民事关系法律适用法第十条第一款的规定，当事人应当提供外国法律，其在人民法院指定的合理期限内无正当理由未提供该外国法律的，可以认定为不能查明外国法律。"可见我国主要是由相应的机关和机构依职权查明外国法，当事人只有在选择适用外国法的情况下，才承担外国法证明的责任。在外国法无法查明时，《涉外关系法律适用法》第 10 条第 2 款规定："不能查明外国法律或者该国法律没有规定的，适用中华人民共和国法律。"可见我国的立法与大多数国家所采用的做法一致，即直接适用法院地法。对于"无法查明外国法"的认定，则被规定在《法律适用法司法解释一》第 17 条之中。[②] 另外，我国对外签订的大量的司法协助条约中大多规定有提供法律证明的方式。

值得注意的是，随着"一带一路"国际合作的深入和对外民商事交往的迅速发展，快速、准确地确定外国法的内容成为解决涉外民商事争议、适用外国法的最大挑战。在此情形下，一些法律院校受最高人民法院委托，就涉外民商事案件审判过程中的法律适用问题，尤其是外国法的查明问题，进行理论研究，提供咨询意见，如设立华东政法大学外国法查明中心及中国政法大学外国法查明中心等。2015 年 9 月 20 日，由最高人民法院、中国法学会和国家司法文明协同创新中心共同支持设立的"中国港澳台和外国法律查明研究中心""最高人民法院港澳台和外国法律查明基地""最高人民法院港澳台和外国法律研究基地"落户深圳前海，奠定了前海在域外法查明中的重要地位。[③] 这些外国法查明中心的设立为法院和仲裁机构准确查明外国法、正确适用法律提供了便利条件，对于提高我国司法效率和司法公信力发挥了重大作用。此外，前海合作区人民法院出台的《域外法查明办法》，对查明途径和程序、当事人权利义务等方面作了详细规定，对前海法院涉外、涉港澳台商

---

① 1988 年《民通意见》第 193 条规定，在应适用外国法作为准据法时，人民法院如果不能确定其内容，可以通过以下途径查明：当事人提供；由与我国订立司法协助协定的缔约对方的中央机关提供；由我国驻该国使领馆提供；由该国驻我国使馆提供；由中外法律专家提供。2007 年 7 月 23 日发布的《规定》（已失效）中对涉外合同的准据法是外国法时，外国法查明的主体和查明的方法作了进一步的规定，本书第十一章第三节将详细介绍。对依我国冲突规范指定应适用的外国法通过以上途径仍不能查明或无法证明时，上述《意见》规定："适用中华人民共和国法律。"

② 《法律适用法司法解释一》第 17 条规定："人民法院通过由当事人提供、已对中华人民共和国生效的国际条约规定的途径、中外法律专家提供等合理途径仍不能获得外国法律的，可以认定为不能查明外国法律。根据涉外民事关系法律适用法第十条第一款的规定，当事人应当提供外国法律，其在人民法院指定的合理期限内无正当理由未提供该外国法律的，可以认定为不能查明外国法律。"

③ 来源网址：http://www.sz.gov.cn/fzb/ztzl/yfxz/gqgbm_64625/201603/t20160308_3518546.htm，最后访问日期：2018 年 1 月 30 日。

事案件审理产生了积极的影响。

对于外国法的错误适用问题。根据我国诉讼法的立法精神，无论发生适用冲突规范的错误还是适用外国法的错误，只要当事人不服一审判决，均可以通过上诉加以纠正。即使是二审，当事人亦可通过审判监督程序加以纠正，以维护我国当事人和外国当事人的合法民事权利。

第七节 公共秩序保留

一、公共秩序保留的概念

公共秩序保留（reservation of public order），是指法院在依内国冲突规范本应适用外国法作为准据法时，如其适用（或其内容本身）将与法院国的重大利益、道德准则、法律原则相抵触而排除其适用的一种保留制度。

公共秩序保留，在英美法中被称为“公共政策”，或“法律秩序”。大陆法系国家称之为“保留条款”，或称之为“排除条款”，或称之为“公共秩序”。我国目前多称之为“公共秩序保留”，有的简称为“公共秩序”。

公共秩序保留的思想早在13、14世纪的意大利“法则区别说”中已有萌芽。巴托鲁斯在肯定“人法”可以适用于域外的同时，提出人法中那些“令人厌恶的法则”是不能随人之所至而适用的。到了17世纪，荷兰法学家胡伯提出“国际礼让说”，把公共秩序保留引进到国际法律冲突中。他认为，一国出于礼让而承认外国法在内国的效力，但不得损害内国主权者及其臣民的权益。其实这个但书就是我们所说的公共秩序保留。从立法实践来说，正式在法律中直接提出“公共秩序”条款的是1804年的《法国民法典》。此后，各国国际私法的立法都有这方面的规定，它为各国立法及国际条约所肯定，适用范围相当广泛。

公共秩序保留是国家在通过冲突规范调整涉外民商事法律关系过程中，借以维护统治阶级利益的重要工具。公共秩序保留有两个方面的作用：一是历史作用。当它为革命阶级所利用，就起进步作用；当它为反动阶级所利用，就起反动作用。二是法律作用。其包括消极否定作用和积极肯定作用两个方面。前者是当本国法院依冲突规范指定应适用外国法，而其适用结果与本国的公共秩序相抵触，便可排除该外国法的适用；后者是内国法的某些规定，由于涉及国家或社会重大利益、道德与法律的基本原则，因而是直接适用的，根本不考虑有关的冲突规范如何规定，从而直接排除了外国法的适用。

二、公共秩序保留的理论

综观各国学者的论述，可以大致分为两派：一派是萨维尼提出的公共秩序保留例外说，另一派是孟西尼所主张的公共秩序保留原则说。

（一）公共秩序保留例外说

此说为德国法学家萨维尼所主张。他认为，一个国家的强行法由两个部分组成：一类是纯粹为了保护个人利益而制定的，如那些根据年龄或性别而限制当事人行为能力的法律，以及种种不同方式限制所有权转移的法律等，这一类法律不能因个人的约定而排除适用，但在有关情况依内国冲突规范应受外国法支配时，它们得让位于外国法；另一类是不仅为了保护个人利益，而且是根据政治上、经济上、道德上的公共利益而制定的，这一类法律具有绝对效力，在任何情况下都不适用外国法。另外，萨维尼还认为，凡不为内国法所承认的外国法制度，也不得在德国适用。萨维尼根据自己所创立的法律关系本座说，主张只应适用那个最适合于某一法律关系本座的法律，而不管本座在何国。至于以有损内国公共安全或公共利益而排除外国法的适用，只是上述原则的例外，故称萨维尼的主张为公共秩序保留例外说。此说不仅对大陆法系影响很大，即使英美国家也深受萨维尼的影响，例如美国的库恩、英国的戴赛等人的学说，也认为限制外国法的适用是国际私法基本原则的一种例外。

（二）公共秩序保留原则说

意大利政治家兼法学家孟西尼主张此学说。他认为国际私法上有三个基本原则，即国籍原则（本国法原则）、公共秩序保留原则（主权原则）和意思自治原则（自由原则）。这样孟西尼把公共秩序保留提到了基本原则的高度。他认为，在任何国家的法律包含两类不同的规则：一类是为了个人利益而制定的，应以国籍为标准确定适用于其所属的所有公民，不管他出现在哪个国家；另一类是为保护公共秩序而制定的，必须依属地原则适用于其所属国家领域内的一切人，包括内国人和外国人，而属于这类法律范畴的事项根本不适用外国法。孟西尼及其学派将下列法律列为公共秩序法律：宪法、财政法、行政法、刑法、警察和安全法、物权法、强制执行法、道德法、秩序法等。① 法国、比利时、瑞士等国深受孟西尼学说的影响。例如，瑞士学者布鲁歇（Brocher）将公共秩序划为两类：国内公共秩序和国际公共秩序。国内公共秩序，纯属一国范围内的公共秩序。调整这类公共秩序的法律，在国内具有绝对法律效力，但当发生了涉外民商事关系而应适用外国法时，国内法的各项规定就不一定具有绝对效力，可以代之适用外国法。国际公共秩序，是指国际私法意义

① 参见黄进：《区际冲突法研究》，学林出版社 1991 年版，第 196～197 页。

上的公共秩序。在涉外民事关系中，若冲突规范指定适用的外国法导致违反国际公共秩序时，便可排除其适用。布鲁歇的这些观点和孟西尼的观点是一脉相承的，都将公共秩序保留作为国际私法的一项基本原则。

概括地说，无论是大陆法系国家，还是英美法系国家，它们无一例外地赞成公共秩序保留制度。只不过大陆法系国家一般把公共秩序保留原则作为国际私法的基本原则，摆在十分重要的地位。而英美法系国家一般将公共秩序保留看作国际私法原则的例外。另外，由于大陆法系国家对属人法采用国籍作为连结点，适用外国法的机会较多，所以常借助公共秩序保留制度以达到排除外国法适用的目的。英美法系国家都普遍地采用住所作为属人法的连结点，适用外国法机会较少。此外，英美法系国家面临的区际法律冲突也远多于国际层面法律冲突，因而在实践中运用公共秩序保留原则较少。

三、公共秩序保留的立法

（一）立法标准问题

公共秩序是国际私法的一项基本制度，但是，各国立法通常只是概括地规定适用外国法不得违背内国的公共秩序，因而，如何适用公共秩序以及适用标准如何，是必须解决的问题。[①] 综观各国学者的论述，主要有以下两种学说：

1. 主观说

该说认为，法院国依自己的冲突规范本应适用某一外国法时，如果该外国法本身的规定与法院国的公共秩序相抵触，便可排除其适用，而不问具体案件与适用该外国法的结果如何。它强调了外国法本身的可恶性、有害性或邪恶性，而不注重法院国的公共秩序是否因适用该外国法而受到损害。如朝鲜民主主义人民共和国1995年《对外民事关系法》第13条规定："依照本法的规定应予适用的外国法的规则或基于国际私法而发生的权利义务与我国的法律秩序相抵触的，适用朝鲜民主主义人民共和国的法律。"

2. 客观说

该学说注重外国法的适用结果客观上是否违反法院国的公共秩序，又可分为联系说和结果说。联系说认为，外国法是否应排除适用，除了看该外国法适用的结果是否违反法院地公共秩序，还要看案件与法院国有无实质联系。如果案件与法院国有实质联系，则应排除该外国法的适用；如果案件与法院国无实质联系，则不应排除该外国法的适用。结果说并不注重案件是否与法院国有密切联系，而是认为在运用此原则时，不仅要注重外国法规定的内容是否违反法院国公共秩序，而且要注重

① 参见李双元主编：《中国国际私法通论》，法律出版社2007年版，第170页。

外国法的适用结果是否违反法院国的公共秩序。仅是内容违反，不一定妨碍外国法的适用。只有结果违反，才可排除外国法的适用。如德国《民法典施行法》第 6 条规定："他国法律规范的适用，导致与德国法重要的原则明显地相抵触的结果的，不适用之。其适用与基本权利相抵触的，尤其不得适用之。"奥地利 1978 年《关于国际私法的联邦法》第 6 条、瑞士 1987 年《关于国际私法的联邦法》第 17 条均是采用"客观说"立法的典范。

主观说运用方便，但现在外国法内容违反法院地国的公共秩序的情况很少见，各国很少采用。客观说注重案件的实际情况，既能维护法院地的公共秩序，又能使案件得到公正解决，故被各国实践所普遍采用。

（二）立法方式

公共秩序保留的立法方式可分为三种：

1. 直接限制立法方式

即在有关法律中规定，如果适用外国法将违反内国的公共秩序，则该外国法不予适用。如我国《民法通则》第 150 条规定："依照本章规定适用外国法律或者国际惯例的，不得违背中华人民共和国的社会公共利益。"日本 2007 年《法律适用通则法》第 42 条也规定："应依外国法，其规定的适用违反公共秩序或者善良风俗时，不适用之。"这种立法方式赋予法官较大的自由裁量权，有利于法院或法官根据案件的实际情况做出适当的裁决。因此，为绝大部分国家所采用。不过，这种立法方式又为法官滥用公共秩序保留打开了方便之门。

2. 间接限制立法方式

即在有关法律中规定内国某些法律具有绝对的普遍效力，从而间接地排除有关外国法在内国适用的可能。例如 1804 年《法国民法典》第 3 条第 1 款规定："有关警察与公共治安的法律，对于居住在法国境内的居民均有强行力。"该条并没有直接指出拒绝适用外国法而是通过指定适用内国法以排除外国法，故称之为间接限制方式。这种限制方式虽然在运用中比较主动，能起到积极防范作用，但在实际运用中，需进行法律理论上的解释方能奏效。否则，容易混淆民法、国际私法上的公共秩序条款。

3. 合并限制的立法方式

即在内国法律规定中同时采用直接限制和间接限制两种立法方式。如 1978 年《意大利民法典》第 28 条规定："刑法、警察与公共治安的法律适用于意大利境内所有的人。"第 31 条又规定："不论上述条文作何规定，外国国家的行为，任何机构或实体的章程或行为、或个人的处置与协议，如其与公共秩序或良好道德相抵触时，均不得在意大利域内发生效力。"前者为间接排除方式，后者为直接排除方式。显然这种方式更为完善，更有利于保证国内法的基本原则得以实现。

（三）我国立法中的公共秩序保留条款

和其他国家一样，我国也承认和采用公共秩序保留制度，在立法上也比较完备。《民法总则》第 8 条[①]、现行《民事诉讼法》第 276 条和第 282 条[②]、1986 年《民法通则》第 150 条[③]分别就民事活动的基本原则、国际司法协助、外国法院判决的承认和执行和外国法的适用问题规定了公共秩序保留制度。此外，《海商法》第 276 条、《民用航空法》第 190 条、《涉外关系法律适用法》第 5 条[④]、《法律适用法司法解释一》第 9 条[⑤]对于法律适用也规定了公共秩序保留条款。值得注意的是，1986 年《民法通则》将公共秩序保留同国际惯例联系起来，指出适用国际惯例时亦不得违反我国的社会公共利益，学术界对此规定存在一定分歧，之后的《涉外关系法律适用法》第 5 条则未再坚持这一做法。

前述规定表明，我国公共秩序保留条款具有如下特点：第一，在立法的方式上，《涉外关系法律适用法》采取了直接限制的立法方式，即外国法的适用如果将违反我国的公共秩序，则该外国法不予适用。这种方式赋予了法官较大的自由裁量权，有助于法官根据实际案件的具体情况作出判断，但也为法官滥用公共秩序打开了方便之门。第二，在立法标准上，《涉外关系法律适用法》采纳了“客观说”标准，即不仅考察外国法的内容与法院地的公共秩序相悖，也注重外国法适用之具体结果与法院地的公共秩序相悖。第三，在排除的对象上，一方面，《涉外关系法律适用法》剔除了以往相关立法中对国际惯例之排除，而界定为损害我国社会公共利益的外国法；另一方面，《法律适用法司法解释一》将“尚未对中华人民共和国生效的国际条约”纳入公共秩序的排除对象之中，这无疑是对公共秩序内涵的一种正确认识。

---

① 《民法总则》第 8 条规定：“民事主体从事民事活动，不得违背公序良俗。”

② 《民事诉讼法》第 276 条第 2 款规定：“外国法院请求协助的事项有损于中华人民共和国的主权、安全或者社会公共利益的，人民法院不予执行。”第 282 条规定：“人民法院对申请或者请求承认和执行的外国法院作出的发生法律效力的判决、裁定，依照中华人民共和国缔结或者参加的国际条约，或者按照互惠原则进行审查后，认为不违反中华人民共和国法律的基本原则或者国家主权、安全、社会公共利益的，裁定承认其效力，需要执行的，发出执行令，依照本法的有关规定执行。违反中华人民共和国法律的基本原则或者国家主权、安全、社会公共利益的，不予承认和执行。”

③ 《民法通则》第 150 条规定：“依照本章规定适用外国法律或者国际惯例的，不得违背中华人民共和国的社会公共利益。”

④ 《涉外关系法律适用法》第 5 条规定：“外国法律的适用将损害中华人民共和国社会公共利益的，适用中华人民共和国法律。”

⑤ 《法律适用法司法解释一》第 9 条规定：“当事人在合同中援引尚未对中华人民共和国生效的国际条约的，人民法院可以根据该国际条约的内容确定当事人之间的权利义务，但违反中华人民共和国社会公共利益或中华人民共和国法律、行政法规强制性规定的除外。”

四、公共秩序保留的运用

公共秩序保留条款是一种弹性条款，它赋予了法官一定限度的自由裁量权，这样有利于法官根据实际情况随机应变地决定是否运用此原则。但是，随着经济交往的不断深入，法官不能滥用这项制度，否则会影响到两国间的国际交往。所以，在运用公共秩序保留时，必须注意以下问题：

（一）正确区别国内民法上的公共秩序和国际私法上的公共秩序

国际私法上的公共秩序和国内民法上的公共秩序虽然基本精神一致，都是维护统治阶级利益的，但两者又有所不同。许多处理纯国内民法关系时作为强行法加以规定的事项，在处理涉外民事关系时就不一定也是强行性的。例如，就本国公民来说，婚龄的法律规定都是强制的，但在涉外婚姻中，这一规定就不一定必须排除婚姻举行地或当事人住所地法有关结婚年龄规定的效力。因为这一强行性规定只属于国内民法上的公共秩序。因此，两者有不同的内涵和适用条件。

（二）援用公共秩序保留不应与他国主权相抵触并且不应与对外国公法的排除混为一谈

资本主义国家过去常借口违背其本国的公共秩序以否定其他主权国家的国有化法令的域外效力，这是不尊重他国主权的行为。国家主权是国家的根本属性，只要国家主权行为不违反国际法，任何国家都无权干涉，并应予尊重。排除外国公法的适用，完全是基于国际法基本原则的考虑，是建立在公法具有严格域内性的基础上，与公共秩序保留问题有着根本区别。另外，对于冲突规范指定适用的是一未被承认的国家或政府的法律是否可借公共秩序保留排除的问题，有两种主张：一种是可以借公共秩序保留排除，理由是外交权和立法权、司法权应保持一致；另一种是不可以借公共秩序保留排除，理由是应从有利于国家间民事交往的发展、涉外民事关系的妥善解决的角度考虑。我们认为前一种观点不妥，后一种观点是正确的。

（三）公共秩序保留是否可以排除适用条约中的冲突规则

在过去的实践中，除条约允许保留外，一般不得援用公共秩序保留限制其效力。但从目前所订立的冲突法条约来看，几乎都规定了公共秩序条款，允许缔约国在认为根据条约中的规定适用某外国法律与自己的公共秩序相抵触时，可以援用这种保留条款来排除公约中的规定。之所以这么规定，目的在于在保障缔约国国内强行法的效力下，推动各国较快地在更为广泛的范围内达成协议，以推动国际私法统一化的进程。对于先前签订的没有包含公共秩序保留条款的国际私法条约，缔约国是否可以援用公共秩序限制其效力，该问题目前存在争议。但越来越多的学者认为，这种公约也暗含公共秩序保留制度。这种观点为劳特派特在1958年国际法院判决的荷兰诉瑞典一案时所主张。劳特派特的解释是："在国际私法中，公共秩序保留或公共政策，作为一种在特殊情况下排除适用外国法的根据，是一般，甚至是普遍承认的。尽管承认的方式不同，强调的程度不同，有时在它适用的问题上，也会有些实质差别的……但是整个来看，其结果在绝大多数国家都是一样的，以至可以说它是国际私法方面的一个公认的普遍原则。因此把它理解为《国际法院规约》第38条所指的一般法律原则，就不是不恰当的。"所以，他认为，一个国际公约在无明白的相反规定的情况下，应认为它本身并不排除公共秩序的运用。①

（四）在指定的外国法被排除后，是否一概代之以法院地法

一般认为应以法院地法代替被排除的外国法。目前，许多国家都采用这种规定，如奥地利②、土耳其③等国法律中都有类似规定。但也有学者认为，对于这个问题，应根据案件的具体情况具体分析，不能一律代之以法院地国法，可以考虑适用与该国相近似的法律，或考虑适用与该外国法有较密切联系的另一国法。

值得注意的是，"二战"以后，随着国际经济、政治形势的变化发展，各国在公共秩序保留问题上出现了积极变化，即公共秩序制度的限制适用已成为许多国家的共识。主要体现在以下方面：一是有关国内立法及国际公约的措辞体现了限制公共秩序援用的精神，反映了国际社会限制公共秩序制度的普遍意向和努力；二是越来越多的国家在立法和司法实践中认同运用公共秩序标准的客观说和结果说；三是区分国内民法上的公共秩序与国际私法上的公共秩序，严格定义公共秩序以限制公共秩序的适用；四是运用公共秩序排除本应适用的外国法后，并不一律代之以法院地国的内国法，从而间接地遏制了公共秩序的滥用。④

§思考题：

1. 简述识别冲突和解决识别冲突的依据。
2. 简述区分实质问题和程序问题的意义。
3. 简述在反致问题上理论和立法上的分歧。
4. 法律规避的含义是什么？其构成要件有哪些？我国关于法律规避是如何规定的？

---

① 参见李双元：《国际私法》，法律出版社1986年版，第67~69页。

② 奥地利共和国《关于国际私法的联邦法》第6条规定："外国法的规定，在其适用会导致与奥地利法律体系的基本价值相抵触的结果时，不予适用。如有必要，应代之以适用奥地利法律中的相应规定。"参见邹国勇译注：《外国国际私法立法选译》，武汉大学出版社2017年版，第152页。

③ 《土耳其国际私法法令》第5条规定："如果适用于特定案件的外国法规定，明显违背土耳其的公共秩序，则不予适用；此时，如有必要，适用土耳其法律。"参见邹国勇译注：《外国国际私法立法选译》，武汉大学出版社2017年版，第290页。

④ 参见李双元主编：《中国与国际私法统一化进程》，武汉大学出版社2016年版，第116~118页。

5. 简述我国关于外国法查明的方法。

6. 试论公共秩序保留在国际私法中的地位和作用。

§“法律职业资格考试”要点提示：

识别冲突产生的原因及其解决、我国关于识别法律适用的规定；反致的类型及我国关于反致的规定；法律规避的性质；我国关于外国法查明的规定；我国关于公共秩序保留的规定。

第七章　民事身份和能力的法律适用

§ 学习目的与要求：

与国内民事法律关系一样，国际民事法律关系的主体绝大多数情况下是自然人和法人。这产生的一个主要的问题，就是权利能力与行为能力的法律冲突及其法律适用。要求通过本章的学习，了解自然人和法人权利能力和行为能力产生法律冲突的原因，掌握自然人和法人权利能力和行为能力的法律适用规则，并能灵活运用我国相关规定，解决现实中出现的法律冲突问题。

第一节　自然人权利能力和行为能力

一、自然人权利能力的法律适用

（一）自然人权利能力的法律冲突

自然人的权利能力，是指自然人享有民事权利和承担民事义务的资格，① 是自然人作为涉外民事法律关系主体的前提，自然人具有民事权利能力即具有法律上的人格。各国法律虽然均规定自然人的权利能力始于出生、终于死亡，但各国对于出生和死亡的理解不一，民法上的规定也不尽相同，仍然会引起自然人权利能力的冲突。具体来说，表现在以下两个方面：

首先，在民事权利能力开始的方面，概括起来有阵痛说、露头说、独立呼吸说、生命体征说、出生完成说、存活说等几种主张。各国民法对出生的理解与规定有很

① 魏振瀛主编：《民法》，北京大学出版社、高等教育出版社 2017 年版，第 51 页。

大差异，例如法国法律采取的是存活说；西班牙法律在此基础上又更进一步，要求婴儿必须存活24小时才能取得权利能力；依据我国《民法总则》第15条的规定，自然人的出生时间和死亡时间，以出生证明、死亡证明记载的时间为准；没有出生证明、死亡证明的，以户籍登记或者其他有效身份登记记载的时间为准。有其他证据足以推翻以上记载时间的，以该证据证明的时间为准。第16条又规定，涉及遗产继承、接受赠与等胎儿利益保护的，胎儿视为具有民事权利能力。但是胎儿娩出时为死体的，其民事权利能力自始不存在。由于各国法律对于自然人权利能力开始的时间标准规定不同，法律冲突不可避免地产生。①

其次，在民事权利能力终止方面，各国均以自然人的死亡为权利能力的终期，但关于死亡的时间、标准以及宣告死亡等具体的法律规定也存在歧异。我国《民法总则》第13条规定："自然人从出生时起到死亡时止，具有民事权利能力，依法享有民事权利，承担民事义务。"第15条规定："自然人的出生时间和死亡时间，以出生证明、死亡证明记载的时间为准；没有出生证明、死亡证明的，以户籍登记或者其他有效身份登记记载的时间为准。有其他证据足以推翻以上记载时间的，以该证据证明的时间为准。"

1. 生理死亡

生理死亡，又称自然死亡或绝对死亡，是指自然人的生命的终结。② 引起自然死亡的原因多种多样，如疾病、灾害、事故、杀害、处决等。无论哪种情况，只要其生命终结，其民事权利能力就归于终止。关于公民自然死亡的时间界限，各国采用的标准不尽相同，有停止呼吸说、心脏停止跳动说、脑死亡说等。除此之外，各国关于推定存活制度（presumption of life）的规定也不相同。推定存活制度，即针对互有继承权的数人死亡于同一事故，在不能确定谁先死亡时，推定先逝者的制度。③各国民法对这一制度规定了不同的解决办法。如《瑞士民法典》第32条第2款规定，如不能证明多数人死亡的先后顺序时，得推定其为同时死亡。《法国民法典》的规定更具体，其第720条至第722条规定，互有继承权的数人，如在同一事故中死亡，何人死亡在先无法辨明时，死亡在后的推定，根据事实情况确定；无此种情况，根据年龄或性别确定，如同时死亡的人均不足15岁时，年龄最长的人为后死之人；如年龄均在60岁以上时，年龄最小的人推定为后死之人；如同时死亡的数人，年龄均在45岁以上、60岁以下年龄相等或相差不超过一岁时，男性应被推定为后死之人；如同时死亡之数人为同一性别时，死亡在后的推定，应使继承能按照自然

---

① 如一对西班牙夫妇定居在法国，在法国生下一婴儿，仅存活10个小时，其父在其出生后3个小时死亡。根据法国法律，婴儿有权利能力，具有继承权。根据西班牙法律，婴儿未存活24小时，无权利能力，没有继承权。由此就会导致自然人的权利能力冲突。

② 魏振瀛主编：《民法》，北京大学出版社、高等教育出版社2017年版，第54页。

③ 韩德培主编：《国际私法新论》，武汉大学出版社2003年版，第163~164页。

的顺序开始，即年龄较幼者被推定为比年龄较长者死亡在后。《德国民法典》第20条则规定，数人因共同危难而死亡者推定同时死亡。我国最高人民法院在1985年《关于贯彻执行〈中华人民共和国继承法〉若干问题的意见》第2条规定，"相互有继承关系的几个人在同一事件中死亡，如不能确定死亡先后时间的，推定没有继承人的人先死亡。死亡人各自都有继承人的，如几个死亡人辈分不同，推定长辈先死亡；几个死亡人辈分相同，推定同时死亡，彼此不发生继承，由他们各自的继承人分别继承"。由此可见，因推定存活制度的规定不同，也会使自然人的权利能力产生冲突。

2. 宣告失踪（declaration of absence）和宣告死亡（declaration of death）

宣告失踪，是指自然人离开自己的住所或居所，下落不明达到一定的期限，经利害关系人的申请，法院宣布其为失踪人的制度。[①] 宣告死亡，则是指自然人下落不明达到法定期限，经利害关系人申请，人民法院宣告其死亡的法律制度。[②] 对于宣告死亡或宣告失踪，各国立法大相径庭。主要表现为四个方面：[③]（1）在制度的设置上存在不同。有的国家如法国和日本只有宣告失踪而无宣告死亡，有的国家如德国只有宣告死亡而无宣告失踪，有的国家如我国则同时存在着宣告失踪和宣告死亡制度。（2）失踪宣告或死亡宣告的时间不同。法国规定，凡停止在其住所或居所出现并杳无音信者，经四年即可宣告失踪；日本却规定需满7年；我国《民法总则》第40条、第46条规定，当事人生死下落不明满2年可宣告失踪，满4年可宣告死亡。因意外事故下落不明，从事故发生之日起满2年即可宣告死亡。因意外事件下落不明，经有关机关证明该自然人不可能生存的，申请宣告死亡不受2年时间的限制。（3）失踪宣告或死亡宣告发生效力的日期不同。有的主张从法律规定的失踪期届满之日起发生效力；有的主张从宣告所认定的死亡之日起发生效力；有的主张从宣告之日起发生效力；有的主张从最后消息日起发生效力。根据我国现行《民事诉讼法》第183条至第186条可知，当事人下落不明届满法律规定的期限后，由其利害关系人向失踪人住所地基层人民法院提出请求。人民法院受理案件后，发出寻找失踪人的公告。宣告死亡的公告期间为1年，宣告失踪的公告期为3个月。但对因意外事故下落不明的，经有关机关证明该公民不可能生存的宣告死亡的公告期也只有3个月。因此，在我国，宣告死亡从下落不明之日起一般须经过5年才能发生效力；意外事故下落不明的也须经过2年3个月才能发生效力。（4）宣告失踪与宣告死亡的法律后果不同。有的国家，在宣告失踪情况下，失踪人的财产由其继承人假占有，一旦宣告死亡，才完全按继承处理；有的国家，则对失踪人的财产设立监护，

① 魏振瀛主编：《民法》，北京大学出版社、高等教育出版社2017年版，第69页。
② 魏振瀛主编：《民法》，北京大学出版社、高等教育出版社2017年版，第72页。
③ 参见余先予主编：《国（区）际民商事法律适用法》，人民日报出版社1995年版，第125~127页。

只有在宣告死亡之时才转移财产所有权。《民法总则》第42条规定，“失踪人的财产由其配偶、成年子女、父母或者其他愿意担任财产代管人的人代管。代管有争议，没有前款规定的人，或者前款规定的人无代管能力的，由人民法院指定的人代管”。对于被宣告死亡的人又重新出现，我国《民法总则》第45条第1款规定：“失踪人重新出现，经本人或者利害关系人申请，人民法院应当撤销失踪宣告。”第53条规定：“被撤销死亡宣告的人有权请求依照继承法取得其财产的民事主体返还财产。无法返还的，应当给予适当补偿。利害关系人隐瞒真实情况，致使他人被宣告死亡取得其财产的，除应当返还财产外，还应当对由此造成的损失承担赔偿责任。”①

（二）自然人权利能力的法律适用

解决自然人权利能力的法律冲突主要有三种方法：

1. 适用有关法律关系准据法所属国法律

这一做法的理由是，权利能力是特定的人在特定的涉外民事法律关系中能否享有权利和承担义务的能力问题。如权利能力涉及物权关系，则适用物之所在地法判定；涉及合同关系，则应适用合同准据法所属国法律。瑞士1987年《关于国际私法的联邦法》即采用这种做法，该法第34条第2款规定：“自然人的权利能力的产生和终止，适用调整民事权利关系的法律。”但这种做法忽视了权利能力问题的相对独立性，采用国家较少。

2. 适用法院地法

这一做法的理由是，自然人的权利能力关系到法院地国法律的基本原则，关系到法院地国的重大公共利益。所以，认定自然人的权利能力应依法院地法。如瑞士1987年《关于国际私法的联邦法》第34条第1款规定：“民事权利能力，适用瑞士法。”这是一条指向法院地法的单边冲突规范。依照该冲突规范，只要瑞士司法或行政机关有国际管辖权，无论是瑞士内国人还是外国人，其权利能力都适用作为法院地法的瑞士法。但采用这种主张的国家也较少。

3. 适用当事人的属人法

这一做法的理由是，权利能力是自然人的基本属性，特定的人的这种属性是由一国社会、经济、政治、伦理、历史等方面的条件决定的，因而只应适用其属人法来判定。例如匈牙利1979年《关于国际私法的法律》第10条第1款规定：“人的权利能力……依其属人法决定。”自然人权利能力的法律冲突采用属人法已成为一项公认的原则，但大陆法系国家一般是指国籍国法或本国法，英美法系国家一般是指住所地法。②

---

① 我国《民法通则》第25条规定：“被撤销死亡宣告的人有权请求返还财产。依照继承法取得他的财产的公民或者组织，应当返还原物；原物不存在的，给予适当补偿。”

② 韩德培主编：《国际私法新论》，武汉大学出版社2003年版，第166页。

上述三种方法虽各有道理，但不宜绝对化。在判定自然人的权利能力时，原则上适用当事人的属人法。但在特定情况下，也不排除法院地法和有关法律关系准据法的适用。只有这样，才有利于自然人权利能力的稳定，促进国际民事交往的发展。

我国《涉外关系法律适用法》第 11 条规定："自然人的民事权利能力，适用经常居所地法律。"《法律适用法司法解释一》第 15 条规定："自然人在涉外民事关系产生或者变更、终止时已经连续居住一年以上且作为其生活中心的地方，人民法院可以认定为涉外民事关系法律适用法规定的自然人的经常居所地，但就医、劳务派遣、公务等情形除外。"《民法总则》第 12 条规定："中华人民共和国领域内的民事活动，适用中华人民共和国法律。法律另有规定的，依照其规定。"[①] 这与当前大多数国家关于自然人的权利能力适用属人法的立法实践相一致。

（三）失踪和死亡宣告的管辖权与法律适用

在讨论自然人权利能力的法律冲突时，失踪和死亡宣告的管辖权问题和法律适用问题，也是国际私法上一个重要的问题。

1. 失踪和死亡宣告的管辖权

对于失踪和死亡宣告的管辖权问题，有三种不同主张：（1）由当事人国籍国管辖。此主张认为个人的权利能力的开始与终止，只能由国籍国法决定。但反对意见认为如果一个人远离祖国，已在外国设立住所，而住所地国却无权宣告的话，会使得在那里的法律关系处于不确定状态。（2）由当事人住所地国管辖。其理由是为了保护失踪人的住所地国的公共秩序和经济利益。但反对者认为如果该人仍生活在国籍国或他国，也会给这些国家带来不便。（3）原则上由当事人国籍国管辖，但在一定条件和一定范围内，也可由当事人住所地国管辖。大多数国家如德国、捷克斯洛伐克等国就采用这种做法。例如，捷克共和国 2012 年《关于国际私法的法律》第 39 条第 1 款规定："捷克国民的死亡或失踪宣告，由捷克法院专属管辖。"第 2 款规定："捷克法院可宣告外国人死亡或失踪，其法律后果及于捷克国民、在捷克共和国境内有经常居所的人以及位于捷克共和国境内的财产。"[②] 日本 2007 年《法律适用通

---

① 我国《民法通则》对自然人的权利能力的法律适用问题未作明确规定，但该法第 8 条规定："在中华人民共和国领域内的民事活动，适用中华人民共和国法律，法律另有规定的除外。本法关于公民的规定，适用于在中华人民共和国领域内的外国人、无国籍人，法律另有规定的除外。"根据这一条规定，外国人、无国籍人的民事权利能力应适用我国法律。可见《民法通则》的规定和大多数国家做法不一致。《示范法》第 65 条规定："自然人的权利能力，适用其住所地法或者惯常居所地法。"见中国国际私法学会编：《中华人民共和国国际私法示范法》，法律出版社 2000 年版，第 17 页。

② 邹国勇译注：《外国国际私法立法选译》，武汉大学出版社 2017 年版，第 313 页。

则法》第 6 条[①]也作了类似的规定。1950 年联合国《关于失踪者死亡宣告的公约》也肯定了这一做法，公约认为，凡失踪人的最后住所或居住地、本国、财产所在地、死亡地，以及一定的亲属申请人的住所或居住地、都可以行使这些人的死亡宣告管辖权。

2. 失踪和死亡宣告的法律适用

对于失踪和死亡宣告的法律适用问题，也有三种不同主张：（1）适用失踪人的本国法。理由是失踪宣告或死亡宣告涉及自然人的权利能力，而自然人的权利能力一般应适用其本国法，失踪或死亡宣告也应遵从国际私法公认的这一原则。如奥地利 1978 年《关于国际私法的联邦法》第 14 条规定："死亡宣告及死亡证明程序的要件、效力和撤销，依失踪人最后为人所知的属人法。"但反对者认为，如果该人已远离国籍国而在其他国家生活多年，并在该外国发生许多法律关系，该外国无权宣告就会使在那里的许多法律关系处于不确定状态。（2）适用失踪人住所地法。如《秘鲁民法典》第 2069 条规定，失踪宣告，依失踪人最后住所地法，失踪宣告对失踪财产的后果亦依该法。1950 年联合国《关于失踪者死亡宣告的公约》也肯定了这一做法。（3）原则上适用失踪人本国法，但又规定一些例外情况。如泰国 1938 年《关于法律冲突的法律》第 11 条规定了涉及本国的不动产时例外，该条内容为："对外国人的失踪宣告及宣告的效力，除在泰国的不动产外，依外国人本国法。"波兰共和国 2011 年 2 月 4 日《关于国际私法的法律》第 14 条规定："1. 自然人的死亡宣告或者死亡认定，适用其本国法；2. 波兰法院就外国人的死亡宣告或者死亡认定做出裁决时，适用波兰法律。"[②]

对涉外死亡宣告和失踪宣告的管辖权问题，我国法律无明确规定。对涉外死亡宣告和失踪宣告的法律适用问题，我国《涉外关系法律适用法》第 13 条规定："宣告失踪或者宣告死亡，适用自然人经常居所地法律。"学界一般认为涉外失踪宣告或死亡宣告的法律适用主要应适用当事人的属人法来解决，但如果外国人在我国境内有财产或设有法律关系时，也可由我国法院管辖并适用我国法律。[③]

---

① 日本 2007 年《法律适用通则法》第 6 条规定："（1）能够确认为生存的最后时间，生死不明者在日本有住所时或者有日本国籍时，法院可以依日本法进行失踪的宣告；（2）即使不符合前款规定的情况，生死不明者的财产在日本时，只限于此财产，与生死不明者相关的法律关系应依日本法时及其他综合考虑法律关系的性质，当事人的住所或者国籍及其他情况与日本有关时，只限于此法律关系，法院也可以依日本法进行失踪的宣告。"可见现今日本关于失踪宣告的管辖权已将住所和国籍置于同等地位作为失踪宣告管辖的依据。

② 邹国勇译注：《外国国际私法立法选译》，武汉大学出版社 2017 年版，第 137 页。

③ 《示范法》第 22 条规定："对宣告失踪、宣告死亡申请，如申请人的住所地或者惯常居所地位于中华人民共和国境内，中华人民共和国法院享有管辖权。"第 66 条规定："自然人的宣告失踪或者宣告死亡，适用被宣告人的住所地法或者惯常居所地法，但中华人民共和国法院也可以就其在中华人民共和国境内的财产，或者对应由中华人民共和国法院决定的法律关系，依照中华人民共和国法律进行宣告失踪或者宣告死亡。"见中国国际私法学会编：《中华人民共和国国际私法示范法》，法律出版社 2000 年版，第7 ~8 页、第 17 页。

二、自然人行为能力的法律适用

（一）自然人行为能力的法律冲突

自然人的行为能力是指自然人通过自己的行为取得民事权利承担民事义务的资格。[①] 自然人行为能力的取得必须符合一定的条件：一是自然人必须达到一定的年龄；二是自然人必须精神正常、心智健全，能够承担自己行为的法律后果。只有具备这两个条件才能具有完全行为能力。不具备或不完全具备这两个条件的自然人，则属于无行为能力人或限制行为能力人。由于各国民法对成年年龄、构成限制民事行为能力的条件以及禁治产制度的规定不同，自然人行为能力方面的冲突也是常见的。

1. 各国关于法定的成年年龄的规定不同

成年年龄是划分完全行为能力人、限制行为能力人和无行为能力人的重要标志。所谓成年人，是指达到法律规定的一定年龄的人；凡未达到这个法定年龄的未成年人为限制行为能力人或为无行为能力人，这种人必须依法设定代理、监护，或者给予必要的限制。因此，成年人制度的设立，对于确保公民权利的实施，有着非常重要的意义。

各国关于法定成年年龄的规定差异很大。德国、英国、法国为 18 周岁；瑞士、日本为 20 周岁；泰国为 21 周岁；意大利为 22 周岁；荷兰为 23 周岁；奥地利为 24 周岁；丹麦、西班牙、智利为 25 周岁。我国《民法总则》第 17 条规定："十八周岁以上的自然人为成年人。不满十八周岁的自然人为未成年人。"第 18 条规定："成年人为完全民事行为能力人，可以独立实施民事法律行为。十六周岁以上的未成年人，以自己的劳动收入为主要生活来源的，视为完全民事行为能力人。"第 19 条规定："八周岁以上的未成年人为限制民事行为能力人，实施民事法律行为由其法定代理人代理或者经其法定代理人同意、追认，但是可以独立实施纯获利益的民事法律行为或者与其年龄、智力相适应的民事法律行为。"第 20 条规定："不满八周岁的未成年人为无民事行为能力人，由其法定代理人代理实施民事法律行为。"

2. 各国关于禁治产制度的规定不同

禁治产制度是各国为了保护虽达到成年年龄，但由于先天或后天原因而造成其能力低下的人的利益而禁止其经营自己财产的制度。自然人被宣告为禁治产人后，法院为其设定法定代理人或保护人，其法律地位与未成年人一样。其制度的差别主要表现在宣告禁治产的原因和法律效力两个方面。多数国家对精神失常不能独立处理自己事务的人宣告其为禁治产人；而有的国家规定对因酒精中毒或服用麻醉品神智遭严重损害者也可宣告其为禁治产人；有的国家对那些浪费无度者也可宣告其为

---

① 魏振瀛主编：《民法》，北京大学出版社、高等教育出版社 2017 年版，第 55 页。

禁治产人；还有些国家规定，聋、哑、盲人可宣告为准禁治产人；有的国家则没有这种法律制度。我国《民法总则》第24条第1款、第2款规定：“不能辨认或者不能完全辨认自己行为的成年人，其利害关系人或者有关组织，可以向人民法院申请认定该成年人为无民事行为能力人或者限制民事行为能力人。”“被人民法院认定为无民事行为能力人或者限制民事行为能力人的，经本人、利害关系人或者有关组织申请，人民法院可以根据其智力、精神健康恢复的状况，认定该成年人恢复为限制民事行为能力人或者完全民事行为能力人。”① 据此，我国民法上规定了不能辨认或者不能完全辨认自己行为的成年人为无民事行为能力或者限制民事行为能力人，但没有明确使用“禁治产”这一概念。至于禁治产宣告的效力，多数国家主张被宣告禁治产者，其法律行为无效。即使其宣告原因已消失，只要其本人或利害关系人没有向法院申请撤销其禁治产宣告，则其法律行为始终无效。有的国家认为被宣告为禁治产者，其法律行为是可撤销行为，并不当然无效。宣告禁治产原因消失后，只要其本人或利害关系人不要求撤销其法律行为，应该认为有效，即使法院没有取消其禁治产宣告。

（二）自然人行为能力的法律适用

自然人行为能力的法律冲突，自巴托鲁斯提出“法则区别说”以来，各国一般依当事人属人法解决，即依当事人的本国法或住所地法。对于无国籍人的行为能力，一般依其住所地法，住所不能确定的，依据所地法；居所地也不能确定的，依其现在所在地法。一般情况下，自然人只要依属人法具有行为能力，无论在哪里都应被认为有行为能力；反之，如依属人法为无行为能力，无论在哪里都应被认为无行为能力。把属人法作为自然人的行为能力准据法，对于保护欠缺行为能力的人来说，是很合适的。

然而，严格适用属人法有时会损害内国的利益。随着国际经济贸易的发展，为了稳定国际民商事法律关系，保护相对人或善意第三人，特别是本国当事人不会因不知晓对方属人法的规定而蒙受损失，许多国家在运用这一原则时，都对此作了一定的限制。即在立法上规定，除原则上适用属人法外，将在本国国内为与经贸有关的法律行为作为例外而多适用行为地法。法国最高法院于1861年审理的李查蒂（Lizardi）一案是限制适用属人法的一个早期判例。在该案中，李查蒂是一个22岁的墨西哥人，在法国订立一项买卖合同，后来他拒绝执行合同，理由是他订立合同时，依其属人法即墨西哥法他未成年（墨西哥法规定25岁为成年年龄），无缔结合

① 我国《民法通则》第19条规定：“精神病人的利害关系人，可以向人民法院申请宣告精神病人为无民事行为能力人或限制民事行为能力人。”“被人民法院宣告为无民事行为能力人或限制民事行为能力人的，根据他健康恢复的状况，经本人或利害关系人申请，人民法院可以宣告他为限制民事行为能力人或完全民事行为能力人。”

同的能力。法国最高法院却认为，依行为地法即法国法，李查蒂已经成年，具有缔结合同的能力，该合同为有效合同。① 德国1896年《民法典施行法》第7条明确规定：“外国人依其本国法为无能力或限制能力的人，而依德国法为有能力者，就其在德国所为之法律行为视为有能力，但本款规定不适用于亲属法立法之法律行为及其外国不动产之法律行为。”此外，日本《法律适用通则法》第4条，波兰2011年《关于国际私法的法律》第11、12条，瑞士1987年《关于国际私法的联邦法》第36条第1款，《解决汇票本票法律冲突公约》第2条和《解决支票法律冲突公约》第2条也都采取了这种规定。

另外，自然人的权利能力和行为能力的准据法由于自然人的国籍、住所等连结点发生变更，其属人准据法一般也会发生变更。关于这个问题，一般原则是适用现时的属人准据法。但该原则必须受到以下限制：适用新的准据法只能导致权利能力或行为能力的扩张或“升级”，而不能导致原本已经取得的权利能力或行为能力的限缩或“降级”。在有些国家，曾经取得的权利能力或行为能力被当作“既得权”对待，不因准据法的变更而剥夺。代表性的立法例如德国《民法典施行法》第7条第2款：“曾经取得的权利能力和行为能力，不因取得或丧失作为德国人的法律地位而受侵害。”韩国2001年《涉外私法》第13条第2款：“业已取得的行为能力，不因国籍的变更或丧失而受到限制。”瑞士1987年《关于国际私法的联邦法》第35条：“民事行为能力一经取得，即不受住所变更的影响。”

关于自然人行为能力的法律适用，我国《涉外关系法律适用法》第12条规定：“自然人的民事行为能力，适用经常居所地法律。自然人从事民事活动，依照经常居所地法律为无民事行为能力，依照行为地法律为有民事行为能力的，适用行为地法律，但涉及婚姻家庭、继承的除外。”② 该立法规定充分吸收了《示范法》的建议。③

---

① 参见邹瑜、顾明主编：《法学大辞典》，中国政法大学出版社1991年版，第734页。

② 我国《民法通则》第143条规定：“中华人民共和国公民定居国外的，他的民事行为能力可以适用定居国法律。”最高人民法院在1988年《民通意见》中又作了进一步补充：（1）定居国外的我国公民的民事行为能力，如其行为是在我国境内所为，适用我国法律，在定居国所为，可以适用其定居国法律；（2）外国人在我国领域内进行民事活动，如依其本国法律为无民事行为能力，而依我国法律为有民事行为能力，应当认定为有民事行为能力；（3）无国籍人的民事行为能力，一般适用其定居国法律，如未定居，适用其住所地国法律。2004年修订后的《票据法》第96条第1款规定：“票据债务人的民事行为能力，适用其本国法。”这些规定表明，我国以往关于人的行为能力问题，主张适用住所地法为主的属人法。

③ 《示范法》第67条规定：“自然人的行为能力，适用其住所地法或者惯常居所地法。外国人在中华人民共和国进行法律行为，如依照其住所地法或者惯常居所地法无行为能力或者仅有限制行为能力，而依中华人民共和国法律有行为能力的，应适用中华人民共和国法律，视其有行为能力，但关于婚姻家庭、继承以及处理不动产的法律行为除外。”见中国国际私法学会编：《中华人民共和国国际私法示范法》，法律出版社2000年版，第7~8页、第17页。

（三）禁治产宣告的管辖权与法律适用

1. 禁治产宣告的管辖权

禁治产宣告一般由被宣告禁治产人的本国法院进行管辖，但是为了照顾其住所地或行为地的交易安全，也允许住所地国法院管辖。1905 年《海牙禁治产公约》采用了这种以属人管辖与属人法为主、兼顾属地管辖与属地法的原则。公约第 2、3、6 条规定：宣告某人为禁治产者的管辖权属于他的国籍国，并且不管他的住所或居所。其宣告禁治产的条件，也概依他的本国法规定；但其人所在地的国家，为保护其人身和财产，在依其本国法已具备宣告条件时，可以采取一些必要的临时措施，并及时通知其本国有关方面，一俟其本国采取充分措施如宣告为禁治产人后，这种临时措施即行终止；只有在其本国表示不愿予闻或于 6 个月内不作答复时，居住国才可作正式的禁治产宣告。

2. 禁治产宣告的法律适用

禁治产宣告适用被宣告禁治产人的属人法，这是目前各国立法、司法判例和有关国际条约中所采用的基本原则。但同时，为了维护内国的公共利益和内国交易的安全，多数国家都规定，在一定条件下应由内国法院依内国法为禁治产宣告，只是各国对宣告条件的宽严规定不尽相同。因此，关于涉外禁治产宣告的准据法，也应原则上适用当事人的属人法，在一定条件下适用法院地法。

我国目前尚无涉外禁治产宣告的管辖权和法律适用方面的规定。《示范法》对此也无明确规定。对这些问题，外国的实践经验可以为我国国际私法立法所借鉴。

第二节　法人权利能力和行为能力

一、法人权利能力和行为能力的法律冲突

法人的权利能力，是法人所具有的参与民事法律关系，取得民事权利和承担民事义务的资格；法人的行为能力，是法人通过自身的行为取得民事权利并承担民事义务的资格。[①] 法人的权利能力和行为能力同自然人的权利能力和行为能力有所不同，法人的权利能力和行为能力是同时产生、同时终止的，两者在范围上也是一致的。正因如此，有必要将两者的法律冲突问题结合起来加以讨论。

各国立法关于法人权利能力和行为能力的规定有很大差异。有的国家如法国、

---

① 魏振瀛主编：《民法》，北京大学出版社、高等教育出版社 2017 年版，第 86 ~ 87 页。

意大利等承认无限责任公司是法人，有的国家如德国、瑞士等则不承认无限责任公司是法人；有的国家如德国认为登记是公司成立的要件，公司非经登记不得成立，有的国家如日本则认为登记并非公司成立的要件，仅为对抗第三人的要件；有的国家规定法人除因自己决定或破产解散外，还规定法人可因违背善良风俗而被解散，有的国家则对后者不加规定；有的国家如比利时、法国等认为有限责任公司不能向公众发行债券，有的国家如德国则无此方面的禁止规定；有的国家如英国认为权限外的行动无效，有的国家如德国则无此限制。因此，这些差异不可避免地会导致关于法人的权利能力和行为能力的法律冲突的产生。

二、法人权利能力和行为能力的法律适用

关于如何解决法人权利能力和行为能力的法律冲突问题，国际上通行的做法是依法人属人法的规定，即依法人的国籍或住所所属国的法律的规定。前面我们已经分析过，各国对法人的国籍、法人的住所地确定有不同的标准，因此，各国在适用法人属人法解决法人的权利能力和行为能力的法律冲突的准据法并不相同。有的以法人主事务所所在国法为法人属人法，奥地利1978年《关于国际私法的联邦法》第10条规定："法人，或其他任何承受权利或负担义务的社团或财团，其属人法应是法人实体设有主事务所的国家的法律。"有的以法人登记地国法为法人属人法，如匈牙利1979年《关于国际私法的法律》第18条第2款规定："法人的属人法为法人登记国法。"有的以管理中心地法为法人属人法，如土耳其2007年《国际私法法令》第9条第4款规定："法人、团体的权利能力和行为能力，依其章程所规定的管理中心所在地的法律。如果管理中心的实际所在地位于土耳其境内，则可适用土耳其法律。"①

应该指出的是，外国法人在内国从事民事活动，其权利能力和行为能力的法律冲突一般依法人属人法解决，但这并不表明外国法人在内国可以不受限制地享受任何权利和进行任何活动，外国法人在内国的活动范围常常受到内国法的支配和制约，外国法人只能在内国法所许可的范围内从事民商事活动。超出范围，即使依法人本国法可以享有的，在内国还是不享有；反之，依法人本国法不享有的，但在内国可以享有。即外国法人在内国的活动，其在内国的权利能力、行为能力的范围，必须重叠适用其本国法和内国法，受到内国法和本国法的双重限制和制约。

一般来说，法人属人法适用以下几个方面：（1）法人的成立和法人的性质；（2）法人的权利能力；（3）法人的内部体制和对外关系；（4）法人的解散；（5）法人的合并或分立对前法人债务的继承。

---

① 邹国勇译注：《外国国际私法立法选译》，武汉大学出版社2017年版，第290～291页。

在实体法层面上，我国《民法总则》第三章就法人及其分支机构的民事权利能力、民事行为能力、法人及其法定代表人民事责任的承担、法人的住所、法人的终止、清算、破产宣告、分支机构的设立、法人的民事责任等事项作出了详细规定。在法律适用层面上，《涉外关系法律适用法》第14条规定："法人及其分支机构的民事权利能力、民事行为能力、组织机构、股东权利义务等事项，适用登记地法律。法人的主营业地与登记地不一致的，可以适用主营业地法律。法人的经常居所地，为其主营业地。"《法律适用法司法解释一》第16条规定，人民法院应当将法人的设立登记地认定为涉外民事关系法律适用法规定的法人的登记地。《民法总则》第63条规定："法人以其主要办事机构所在地为住所。依法需要办理法人登记的，应当将主要办事机构所在地登记为住所。"《民事诉讼法司法解释》第3条规定："公民的住所地是指公民的户籍所在地，法人或者其他组织的住所地是指法人或者其他组织的主要办事机构所在地。法人或者其他组织的主要办事机构所在地不能确定的，法人或者其他组织的注册地或者登记地为住所地。"可见我国立法关于法人的权利能力和行为能力原则上适用法人登记地法。登记地与主营业地不一致的情况下，也可以适用主营业地法律，并明确了主营业地的判断标准。这与《示范法》第68、69条的规定不太一致。[①]

§思考题：

1. 自然人和法人权利能力和行为能力的法律冲突是如何产生的？
2. 自然人的失踪宣告和死亡宣告的管辖权和法律适用规则有哪些？
3. 我国关于自然人行为能力的法律适用。

§"法律职业资格考试"要点提示：

我国关于自然人的权利能力和行为能力法律适用的规定；我国关于法人的权利能力和行为能力法律适用的规定；宣告失踪和宣告死亡的法律适用。

---

① 《示范法》第68条规定："法人及非法人组织的权利能力，适用其成立地法或者主要办事机构所在地法。"第69条规定："法人及非法人组织的行为能力，除适用其成立地法或者主要办事机构所在地法外，还须适用行为地法。"见中国国际私法学会编：《中华人民共和国国际私法示范法》，法律出版社2000年版，第7~8页、第17~18页。

第八章 法律行为、代理及时效的法律适用

§学习目的与要求：

民事法律行为是引起各类民事法律关系产生、变更或消灭的最基本的法律事实，民事代理制度可以补充当事人在民事活动中行为能力上的某些不足。民事法律行为和民事代理的法律适用是国际私法立法和实践中的一个重要问题。要求通过本章的学习，了解民事法律行为法律冲突的产生以及解决办法，重点掌握确定法律行为形式要件准据法的主要方法，理解代理的内部关系、外部关系与代理权的法律适用问题，了解《代理法律适用公约》的规定，了解时效的法律冲突和法律适用，为解决我国司法实践中的这类涉外法律问题打下基础。

第一节 法律行为

一、概述

民事法律行为是指民事主体以设立、变更或终止民事权利义务为目的，以意思表示为要素的一种法律事实。①

作为法技术的构造物，民事法律行为概念是历史的产物，是作为近代大陆法中与资本主义经济相适应的私法体系根基的基本概念。现代民商事交往的发展，使得民事法律行为制度获得了充分发展与完善，各国法律中大多对这一制度作了明确规定。我国《民法通则》第四章第一节及《民法总则》第六章都是关于民事法律行为

① 参见梁慧星：《民法总论》，法律出版社1996年版，第152~153页。

的专门规定。

从不同角度出发，对民事法律行为可作多种分类。但无论何种民事法律行为，其成立和生效都必须具备法律所规定的要件。民事法律行为的要件分实质要件和形式要件两方面。所谓实质要件是指行为人、意思表示以及标的三方面所应具备的法定条件。具体而言，是指行为人应具有相应的行为能力，行为人的意思所表示必须真实，标的必须合法、可能和确定；所谓形式要件或法律行为的方式，是指行为人的意思表示应采取的法定形式，如书面形式、口头形式，以及某些特定形式，如登记、公证等。各国民商法关于民事法律行为法定要件具体规定的差异，必然导致国际民事法律行为法律适用冲突问题的产生。民事法律行为是各类国际民事法律关系产生、变更或终止的最典型或最基本的法律事实之一，而且，国际私法领域中某些具体法律行为问题的法律适用，实质上即是从总体上而言的民事法律行为法律适用的具体化和延伸，从而，民事法律行为的法律适用就成为国际私法的一个基本问题，或者说是一般原则性问题。正因为此，在许多国家的国际私法中，都专门设置了关于民事法律行为法律适用的一般性规定。

二、民事法律行为的法律冲突

各国立法在以下两方面的差异，必然导致国际民事法律行为法律冲突的产生。

（一）实质要件方面

1. 关于当事人的行为能力。各国法律对公民享有何种行为能力的年龄限制的规定，和对某些行为主体范围的限定，都存在差异。我国《民法总则》详细规定了自然人的民事权利能力和民事行为能力。

2. 关于意思表示。各国立法的歧异主要表现为：第一，在意思表示内容的确定上，因着重点不同，各国立法有意思主义、表示主义和折中主义之别。意思主义着重于意思；表示主义着重于表示；折中主义则是在意思与表示不一致的情况下，或采用意思主义，或采用表示主义，如日本民法就是如此。从我国《民法通则》第58条、第59条的规定来看，有学者认为我国在此问题上采用的是折中主义；[①]第二，在意思表示的生效问题上，有发信主义（投邮生效）和收信主义之别。前者为普通法系国家所采用，后者为大陆法系的多数国家以及《联合国国际货物销售合同公约》所采用；第三，在对意思表示错误的处理问题上，有的国家如日本规定为无效，有的国家如德国规定为可撤销。我国《民法总则》第137条至第142条专门就意思自治作了规定，其不仅充分考虑了《合同法》相关规定，也沿袭了联合国《国际货物销售合同公约》的做法。其中，第140条还专门就默示的意思表示作出了规定。

---

① 参见梁慧星：《民法总论》，法律出版社1996年版，第164页。

3. 关于行为的标的。虽然各国立法一般都规定，民事法律行为的标的必须合法、可能和确定，但在具体规定上，却存在较大差异。如仅就标的合法而言，尽管各国多规定法律行为之标的不得违反法律的强行性规定及公序良俗，但各国在衡量某一民事法律行为之标的是否合法时，所采用的标准不一，而且还要受自身利益的影响。

（二）形式要件方面

各国在民事法律行为形式要件立法上的差异主要表现为：第一，虽然各国多规定意思表示的方式一般为书面和口头形式，但哪些行为可以书面方式为之，哪些行为可以口头方式为之，各国的规定不一致。如《民法总则》第135条规定，民事法律行为可以采用书面形式、口头形式或者其他形式；法律、行政法规规定或者当事人约定采用特定形式的，应当采用特定形式。有些国家及《联合国国际货物销售合同公约》则规定合同在形式方面可不受任何其他条件的限制；第二，对于要式行为与非要式行为的范围，各国的划分不同。如对有些民事法律行为，在甲国被要求采用特定形式，而在乙国则可能完全是私法自治；第三，对特定类型的民事法律行为，虽然各国都要求采用特定形式，但这些特定形式却可能是互不相同的。如各国虽然都规定结婚应以特定形式进行，但英国同时承认宗教方式和民事登记方式，而有些国家或者只承认宗教方式，或者只承认民事登记方式；第四，对不遵守法定形式的民事行为的效力，虽然各国法律一般认定其无效，但有些国家规定其对任何人均无效，有的则仅规定对某些特定的人无效。

三、民事法律行为的法律适用

（一）实质要件的法律适用

原则而言，民事法律行为实质要件适用各类法律关系自身的准据法。

前述从不同角度出发，对民事法律行为可作多种分类。因而，对民事法律行为实质要件准据法的确定，并无统一冲突法规则可以遵循。通常的做法是根据国际民事法律关系的不同性质和种类，依照调整各类关系的冲突法规则来确定具体民事法律行为的准据法。如合同行为受当事人选择的法律支配，物权行为受物之所在地法支配。因此，本节对民事法律行为法律适用问题的探讨，主要限于法律行为形式要件的法律适用问题。

（二）形式要件的法律适用

从国际私法的立法及实践看，各国关于民事法律行为形式要件的法律适用原则主要有以下几种：

1. 适用行为地法

这一原则主要来自“场所支配行为”原则。把行为地法作为法律行为形式要件的准据法，其理由大致有这样几种：（1）以“法则区别说”为由，认为属行为的法律关系应受行为地法的支配；（2）以主权为由，认为主权原则要求法律行为（包括法律行为的方式）必须遵守行为地法；（3）以意思表示为由，认为当事人在某一地点为某种法律行为，即有服从该行为地法的意思；（4）以国际习惯为由，认为法律行为方式依行为地法是已被国际社会广泛接受的通例，某一法律行为只要符合行为地法的，其效力应为其他国家所承认；（5）以证明便利为由，认为法律行为方式是当事人意思的外部化，适用行为地法是对当事人意思表示予以证明的方便性考虑；（6）以法律适用便利为由，认为在国际民事交往日益发达的今天，国际民事法律行为也日益增多，以行为地法为准据法，是出于法律适用便利的考虑。

由于科技的进步，通常可能出现的情况是，某一法律行为地会涉及多个地方，这样就会导致行为地法适用的困难。这种情况下，一般的做法是对有关的各种连结因素进行综合考虑，适用与该行为最密切联系地的法律。

需要说明的是，尽管“场所支配行为”是“法则区别说”创立以来的一项已为各国理论及实践所承认和采纳的原则，但各国对该原则的性质却有不同的看法。有的认为它属强行性规范，因而在实践中采取的是绝对适用主义，即坚持法律行为方式只适用行为地法。如阿根廷、智利、古巴、哥伦比亚、危地马拉、洪都拉斯、荷兰以及西班牙等国，就是如此；有的认为它属任意性规范，因而在实践中采取的是相对选择适用主义，即坚持法律行为既可以适用行为地法，也可以在一定条件下选择适用其他法律。如德国、瑞士、比利时、意大利、波兰、瑞典以及日本等国，就是如此。从当今国际私法的趋势看，各国多倾向于认为“场所支配行为”原则属任意性规范，由此而采取相对选择适用主义。

2. 选择适用民事法律行为本身的准据法和行为地法

采取这种做法的国家实质上是把民事法律行为实质要件的准据法兼作为民事法律行为形式要件的准据法。这一方法又可分为两类：（1）以行为地法为主，以民事法律行为本身的准据法为辅。采取这种做法的国家有南斯拉夫和土耳其等国。如《土耳其国际私法法令》第 7 条规定：“法律行为，可以采用行为实施地法或者适用于法律行为的准据法中的实体法规范所规定的方式完成。”① （2）以民事法律行为本身的准据法为主，以行为地法为辅。采取这种做法的国家有德国、奥地利、匈牙利、挪威、日本、波兰、瑞典和瑞士等国。如奥地利 1978 年《关于国际私法的联邦法律》第 8 条规定：“法律行为的方式，依支配该法律行为本身的同一法律；但符合该法律行为发生地国对方式的要求者亦可。”

---

① 邹国勇译注：《外国国际私法立法选译》，武汉大学出版社 2017 年版，第 290 页。

3. 依尽量使之有效的原则，选择适用多种规范

具体而言，这种方法是采用多种连结因素，以更灵活和更富弹性的方法来确定民事法律行为方式的准据法。20世纪30年代以来，受简式主义思想和“意思自治原则”的影响，立法上出现了对连结点进行软化处理或规定复数连结点以增加可选性的趋势，其目的之一就是要尽量使民事法律行为有效。表现在民事法律行为方式的法律适用上，就是此类冲突规范允许选择的准据法可包括民事法律行为成立和效力的准据法、行为地法、属人法和法院地法等。如1946年《希腊民法典》第11条规定：“法律行为的方式如果符合决定行为内容的法律，或者符合行为地法，或者符合全体当事人的本国法，皆认为有效。”

需明确的是，某些特殊类型的法律行为的方式并不受上述一般原则的约束。如关于票据行为的方式，通常只能适用行为地法；关于物权行为，尤其是不动产物权的行为方式（包括登记或进行处分的行为方式如土地抵押权的设定方式、房屋的转让方式、财产的租赁方式等），一般只能适用物之所在地法。如日本2007年《法律适用通则法》第10条第5款就规定：“前3款规定不适用于设定或者处理关于动产或者不动产的物权及其他应登记权利的法律行为的方式。”

我国立法中没有关于民事法律行为方式法律适用的一般规定，[①] 仅在涉及某些具体法律行为时，对其作出特别规定。例如《涉外关系法律适用法》第22条即为结婚法律行为方式的法律适用规定。[②] 此外，根据《民法通则》第144条的精神，对有关不动产法律行为的方式，应适用不动产所在地法；对涉外合同的形式问题，以我国参加的1980年《联合国国际货物销售合同公约》规定为准。但对于国内合同的形式问题，则以我国《合同法》的规定为准。[③]根据《票据法》第98条、第99条的规定，对票据行为，一般应适用相关票据的行为地法。

---

① 但在中国国际私法学会起草的《示范法》中，对法律行为方式的法律适用作出了明确规定。《示范法》第70条规定：“法律行为方式，适用法律行为地法或者支配法律行为本身的法律，还可由当事人选择其他的法律作为法律行为方式的准据法。但关于不动产的处分行为，其方式适用不动产所在地法。”见中国国际私法学会编：《中华人民共和国国际私法示范法》，法律出版社2000年版，第18页。

② 《涉外关系法律适用法》第22条规定：“结婚手续，符合婚姻缔结地法律、一方当事人经常居所地法律或者国籍国法律的，均为有效。”

③ 实际上，《合同法》关于合同形式的规定，已经与1980年《联合国国际货物销售合同公约》的规定一致。参见赵相林主编：《国际私法》，中国政法大学出版社2000年版，第271页。

第二节 代理

一、概述

民事代理是指代理人在代理权限内，以被代理人（即本人）名义，向第三人为意思表示或接受意思表示，其效力直接及于被代理人的民事法律行为。[①]代理一般分为法定代理、指定代理和委托代理（又称意定代理）。我国关于代理的一般规定、委托代理和代理终止等事项，主要体现在《民法总则》第七章中。[②]

国际私法上的代理，是指具有涉外因素的代理，即涉外或国际代理。具体是指：被代理人和代理人具有不同国家的国籍或在不同国家有住所；代理人和第三人具有不同国家的国籍或在不同国家有住所；或代理人根据被代理人的委托，在另一国家或地区实施代理行为。由于各国关于民事代理的法律规定存在较大差异，[③]因此，涉外民事代理的法律适用问题（主要是委托代理）也是国际私法的重要内容之一。

二、民事代理关系的法律适用

涉外民事代理法律关系主要涉及被代理人与代理人的关系、被代理人与第三人的关系、代理人与第三人的关系三种，其法律适用规则分别如下。

（一）被代理人与代理人关系的法律适用

被代理人与代理人的关系，即所谓代理的内部关系，一般被认为是基于合同关系而建立的，属委托合同关系。因而，合同关系的准据法，便是被代理人与代理人关系的准据法。代理合同的准据法，主要用于解决代理关系的成立、代理人的权限、被代理人与代理人的权利义务、代理关系的终止，以及无权代理情况下代理人的责任等。

由于在合同关系的法律适用问题上，各国多把“意思自治原则”作为确定准据法的首要原则，即允许涉外合同当事人选择适用于合同的法律。因此，就涉外代理合同而言，若当事人协议选择了某一国家或地区法律，则该被选择的法律即为被代理人与代理人关系的准据法。而在当事人未选择法律时，究竟应把哪一法律作为确

---

① 参见梁慧星：《民法总论》，法律出版社1996年版，第220～221页。

② 参见《民法总则》第161～175条。

③ 参见韩德培主编：《国际私法新论》，武汉大学出版社1997年版，第248～249页。

定被代理人与代理人权利义务关系的准据法，从各国理论与实践看，主要有以下做法：

1. 适用代理人为代理行为地法

采这一做法的国家以奥地利为代表。奥地利1978年《关于国际私法的联邦法》第49条规定，就委托人和代理人的关系而言，"如果适用的法律未予指定，则依代理人按委托人为第三者明显可见的意旨而在其中行事的国家的法律；如果代理人受委托为几种行为，则依代理人在通常情况下按委托人为第三者明显可见的意旨而在其中行事的国家的法律"。该条第3款还规定，如果依前款规定仍不能做出法律选择的，依代理人在其中为代理行为的国家的法律。①

2. 适用代理关系成立地法或代理行为地法

采用这一做法的国家以英国和美国为代表。英国主张在代理合同当事人未选择法律时，原则上应适用代理合同成立地法。但也有判例主张，如果被代理人与代理人居所位于不同国家时，应主要适用被代理人从事经营活动的国家的法律。切希尔和诺斯则主张，根据案件的具体情况，适用于代理内部关系的法律可以是被代理人营业地法，也可以是代理人行为地法；②美国1971年《重述》第291条则规定，在这种情况下，应适用与当事人具有最密切联系地的法律。而在确定这里的最密切联系地法时，通常要考虑的法律就包括代理关系成立地法或代理人为代理行为地法。③

3. 适用代理人营业地法（或住所地法）

采用这一做法的国家主要有法国、德国、匈牙利、波兰、捷克斯洛伐克及南斯拉夫等国。如德国《民法典施行法》第11条第3款规定："如果一份合同系通过代理人订立，则在适用第1款和第2款时应以该代理人所在国为准。"④

（二）被代理人与第三人关系的法律适用

被代理人与第三人的关系问题，实质即代理人与第三人所为法律行为之后果是否及于被代理人的问题。一般而言，代理人与第三人所为法律行为之后果及于被代理人必须具备两项条件：（1）代理权实际而有效地存在于被代理人与代理人之间；（2）代理人与第三人所为法律行为系有效法律行为。

代理人与第三人所为法律行为属代理关系的外部范畴，对其准据法的确定，各

---

① 参见韩德培、李双元主编：《国际私法教学参考资料选编》（上），武汉大学出版社1991年版，第237页。

② Dicey & Morris, The Conflict of Law, 12th ed., Thomson Sweet &Maxwell, 1993, pp. 1453 ~ 1454.

③ 参见韩德培、李双元主编：《国际私法教学参考资料选编》（上），武汉大学出版社1991年版，第181页、第164页。

④ 参见邹国勇译注：《外国国际私法立法精选》，中国政法大学出版社2011年版，第6页。

国一般是根据有关合同的法律适用原则进行的。因而这里仅对证明代理权是否存在的准据法原则予以阐述。在这一问题上，各国代表性的做法主要有以下几种：

1. 适用代理人行为地法

亦即适用代理人与第三人缔结合同地的法律。采用这一做法的国家主要有美国、荷兰、卢森堡及比利时等国。如美国 1971 年《重述》第 292 条第 1 款规定，被代理人是否受其代理人在交易中与第三人所为行为的约束，可适用第 6 条所确定的与当事人及交易有最重要联系的州的本地法。但该条第 2 款规定，依据代理人与第三人从事交易地州的本地法，被代理人应受其代理人行为的约束时，得认为被代理人应受此种约束，但至少必须以被代理人此前已授权代理人以其名义在该州进行活动，或已使第三人有理由相信代理人有此授权为条件。《卢荷比统一国际私法条约》第 18 条也规定，被代理人与第三人之间的关系受代理人为代理行为地法律的支配。

2. 适用主要合同准据法

即适用代理人与第三人所缔结的主要合同的准据法。该准据法或为代理人与第三人协议选择的法律，或为合同缔结地法，或为合同履行地法。这一做法的法理有二：（1）有利于保护第三人的利益，因为代理人与第三人所缔结的主要合同准据法是第三人能选定或知晓的；（2）可将代理权是否存在这一问题，视为代理人与第三人缔结合同这一主要问题的先决问题，故二者应受同一法律的支配。采用这一做法的国家以英、法两国为代表。此外，《蒙得维的亚公约》也主张以主要合同准据法，即支配代理外部关系的法律来支配被代理人与第三人之间的关系。

3. 适用被代理人住所地法或调整被代理人与代理人内部关系的法律

代理权的存在与否适用被代理人住所地法，是 19 世纪后期为各国采用的普遍做法，其着眼点在于保护被代理人的利益。这一做法的法理为：代理制度的目的在于补充被代理人的法律上的行为能力和扩大被代理人的行为能力。既然人之行为能力适用当事人属人法，那么代理权的存在与否也应适用被代理人的属人法（主要是被代理人住所地法）；也有学者主张被代理人与第三人之间的关系应适用支配被代理人与代理人之间关系的准据法，但这种主张在实践中采用较少。

需注意的是，对于下列情况下的代理，被代理人与第三人之间的关系一般应单独确定其准据法：

（1）复代理。所谓复代理是指代理人为处理其权限内事务之全部或一部，而另选他人为代理行为的代理。被选任之人为复代理人。代理人是否可以替被代理人选任复代理人，各国的规定不尽一致。国际私法对这类代理的调整方式一般为：①就被代理人与代理人之间的关系而言，多适用支配代理内部关系的法律即被代理人与代理人之间关系的准据法，以确定代理人能否选任复代理人；②就被代理人与第三人之间的关系而言，多适用复代理人实施代理行为地的法律，以确定代理人能否选任复代理人。

（2）表见代理。表见代理是指本属于无权代理，但因本人与无权代理人之间的关系，存在授予代理权的假象，致使相对人信其有代理权而与其发生法律行为，法律使之发生与有权代理相同的法律效果。①规定表见代理制度的目的，在于保护交易的安全，致使相对人的利益不受损害。在表见代理情况下，被代理人与第三人之间的关系问题，就是要确定被代理人的行为是否构成表见代理及其限制等问题。对此，多适用代理人实施代理行为地法律。

（3）隐名代理。隐名代理是指代理人未透露其代理身份，即未以本人名义而径以自己名义所实施的代理行为。这类代理在英美法系国家通常可获得承认，但在坚持代理上的“显名主义”的大陆法系国家，则不承认隐名代理的法律效力。在该问题的法律适用上，各国的做法存在一定歧异：有的主张适用主要合同（代理人与第三人缔结的合同）的准据法；有的主张不分隐名代理和显名代理，一律适用代理行为地法律。

（4）有关不动产物权的代理行为。对有关不动产物权的代理行为，诸如代理人代为转让土地利益和设定担保物权的行为，有的国家适用的是物之所在地法律。

（5）船长的代理权。船长的代理权问题即船长的行为后果能否及于船主的问题。对此，各国多适用船旗国法律。

（三）代理人与第三人关系的法律适用

一般情况下，代理人在代理权限内以被代理人名义所为代理行为的法律后果直接及于被代理人，即代理人与第三人因代理行为的发生而产生法律关系的权利义务由被代理人享有和承担，与代理人并无关联。但在下列条件下，代理人与第三人之间的关系仍会产生法律适用问题：

其一，代理人因实施代理行为而构成对第三人的侵权。对此，各国一般适用侵权行为地法来确定代理人的侵权责任。

其二，代理人无权代理或超越代理权，且根据支配被代理人与第三人关系的准据法，被代理人对第三人不承担任何责任。对此，有不同的法律适用主张：有的主张适用无权代理人实施代理行为地法律；有的主张适用支配代理人与第三人缔结的合同的法律；有的主张适用支配被代理人与第三人关系的法律；有的主张适用代理人属人法或代理人主营业所所在地法律。

我国《涉外关系法律适用法》第16条规定：“代理适用代理行为地法律，但被代理人与代理人的民事关系，适用代理关系发生地法律。当事人可以协议选择委托

---

① 参见我国1999年《合同法》第49条，第50条。

代理适用的法律。”可见我国立法对委托代理、指定代理和法定代理的法律适用问题，是未予区分的。这与《示范法》的规定有所不同。[①]

三、关于代理法律适用的海牙公约

海牙国际私法会议于1978年3月14日通过的《代理法律适用公约》[②]（Convention on the Law Applicable to Agency，以下简称1978年《海牙代理公约》），共5章28条，分别就适用范围、被代理人与代理人之间的关系，以及被代理人与第三人之间关系的法律适用等问题作出了规定。

（一）适用范围

公约第1条规定，公约主要适用于具有国际性质的商行为代理，但也并不排除适用于代理人负责以他人名义接受和传达意思表示，或者与第三人进行谈判等场合。公约既适用于显名代理，也适用于隐名代理；既适用于常设代理，也适用于临时代理。

根据公约第2条规定，下列事项不属公约的适用范围：（1）当事人的行为能力；（2）形式方面的要求；（3）家庭法、夫妻财产制或继承法上的法定代理；（4）根据司法机关或准司法机关决定的代理，或在这类当局直接监督下的代理；（5）关于司法程序上的代理；（6）船长执行其职务上的代理。

（二）被代理人与代理人之间的关系

公约第5条规定，被代理人与代理人之间的关系，适用当事人选择的某国国内法。但当事人的选择必须是明示的，或者是从当事人之间的协议及案件的事实中合理而必然地可以推定的。

公约第6条规定，在当事人未选择法律时，则适用代理关系成立时代理人营业所所在地国家的国内法；没有营业所的，则适用代理人惯常居所地国家的国内法。但是，如果被代理人在代理人主要活动地国设有营业所，或虽无营业所但在该国设有惯常居所的，则适用代理人主要活动地国法律。如果被代理人或代理人有一个以上营业所时，则上述营业所是指与代理关系有最密切联系的营业所。

---

① 《示范法》第71条规定：“在委托代理中，被代理人与代理人之间的关系，适用双方明示选择的法律。没有选择法律的，适用代理关系成立时代理人的营业所所在地法；代理人没有营业所的，适用代理关系成立时其住所地法或者惯常居所地法。被代理人与第三人以及代理人与第三人之间的关系，适用代理人实施代理行为时的营业所所在地法；代理人无营业所或者在非营业所所在地进行代理活动的，适用其代理行为地法。”第72条规定：“法定代理和指定代理，适用代理行为地法或者代理人实施代理行为时的住所地法或者惯常居所地法。”见中国国际私法学会编：《中华人民共和国国际私法示范法》，法律出版社2000年版，第18页。

② 该公约已于1992年5月1日对阿根廷、法国、葡萄牙生效，于1992年10月1日对荷兰生效。但荷兰声明该公约不适用于在欧洲的保险事项；葡萄牙提出该公约第18条所涉及的事项不适用于该国。来源网址：https：//www. hcch. net. 最后访问日期：2018年3月1日。

公约第 8 条规定，被代理人与代理人之间关系的准据法，应支配代理关系的成立及其效力、双方当事人的义务、履行的条件、不履行的后果以及此项义务的消灭。该条第 2 款则进一步强调该准据法特别适用于下列事项：（1）代理权的存在和范围、变更或终止，代理人越权或滥用代理权的后果；（2）代理人指定替补代理人、分代理人或增设代理人的权利；（3）在代理人和被代理人之间存在潜在利益冲突的场合，代理人以被代理人名义订立合同的权利；（4）非竞争性营业的条款和信用担保条款；（5）在顾客中树立的信誉的补偿；（6）可以获得赔偿的损害的种类。

公约第 10 条规定，若代理关系因雇佣合同而产生时，则被代理人与代理人之间关系的准据法的确定，不适用公约第二章的规定。

（三）被代理人与第三人之间的关系

公约第 11 条第 1 款规定，在被代理人与第三人之间，代理权的存在、范围以及代理人行使或打算行使其权限所产生的效力，应适用代理人实施代理行为时的营业所所在地法律；该条第 2 款又规定，有下列情形之一的，则适用代理人实施代理行为地法律：（1）被代理人在该国境内设有营业所，或虽无营业所但设有惯常居所，且代理人以被代理人名义进行活动的；（2）第三人在该国境内设有营业所，或虽无营业所但设有惯常居所的；（3）代理人在交易所或拍卖行实施代理行为的；（4）代理人无营业所。若当事人一方有数个营业所时，公约第 11 条所称的营业所是指与代理人的有关行为有最密切联系的营业所。

公约第 12 条规定，根据代理人与被代理人之间的雇佣合同而进行活动的代理人，如果没有营业所，则视被代理人的营业所为代理人的营业所。即在此情况下，应以被代理人的营业所所在地法来适用于被代理人与第三人之间的关系。

公约第 13 条规定，如果代理人与第三人在不同国家通过信件、电报、电传打字、电话或其他类似手段进行通信联络的，适用代理人营业所所在地法；无营业所的，则适用代理人惯常居所地法。这一规定可视为公约第 11 条第 2 款的例外。

公约第 14 条规定，如果被代理人或第三人已就第 11 条所涉及问题的法律适用作了书面规定，且此项规定已为另一方当事人所接受时，则该指定的法律应适用于此类问题。这表明，在被代理人与第三人之间关系的法律适用问题上，公约也是允许适用意思自治原则的。

（四）代理人与第三人之间的关系

关于代理人与第三人之间关系的法律适用问题，公约第 15 条规定，根据第三章确定适用于被代理人与第三人之间关系的法律，也适用于代理人与第三人之间因代理人行使其代理权、超越代理权或无权代理所产生的关系。

此外，公约还就法律规避问题和公共秩序保留问题作出了规定。公约第 16 条规定，如果根据与案件有重大联系的任何国家的法律规定，该国强制性规范必须适用的，则无论该国国际私法规则规定应适用何国法律，该强制性规范都必须予以适用。这无疑是为避免当事人企图通过“意思自治原则”规避有关强制性规范而作出的规定；公约第 17 条规定，本公约规定应适用的法律只有在其适用会明显地与公共政策相抵触时才可拒绝适用。这表明，公约虽然允许公约成员国适用公共秩序保留制度，但又对该制度的适用采严格的限制态度。其目的在于使公共秩序保留条款对公约普遍效力的限制减少到最低限度。

第三节　时效

一、时效问题上的法律冲突

时效是一定的事实状态经过一定时间而导致一定的法律后果的法律制度。各国关于时效的规定，一般属于强制性规范，当事人不得通过协议方式予以排除、延长或缩短，当事人也不得将时效利益事先予以抛弃。因而，当事人关于排除时效适用、变更时效期间或预先抛弃时效利益的约定，都是无效的。

各国虽然都有时效制度，但各国关于时效的具体内容、时效的期间及效力、适用范围，以及法院是否主动适用时效、时效的中止、中断、延长等的规定，却存在差异。由此就会导致涉外民事法律关系中时效问题的法律冲突。为此，国际社会通过努力，希望能够通过制定国际条约来解决这一问题，并首先在国际货物销售领域里取得成效。1974 年联合国《国际货物销售时效期限公约》规定了完整的统一的时效规则，这将有助于避免由于各国民事法律的不同规定而产生的法律冲突，从而有助于保障当事人双方均享受公平待遇。

二、时效的准据法

（一）适用案件的准据法

大陆法系国家认为时效属实体法范畴，因而应适用案件的准据法，即时效所属民事法律关系的准据法。国内立法如 1979 年《匈牙利国际私法》第 30 条第 4 款规定：“诉讼时效适用该诉讼请求的准据法。”瑞士 1987 年《关于国际私法的联邦法》第 148 条第 1 款也规定：“适用于债权的法律，支配它的时效和消灭。”其他如 1964 年《苏俄民法典》、波兰共和国 2011 年 2 月 4 日《关于国际私法的法律》、1986 年修订后的德国《民法典施行法》等，也有类似规定。国际条约如 1973 年海牙《产品责任法律适用公约》、1980 年《合同之债法律适用公约》（《罗马公约》）也均视时效问题属实体法问题，由案件的准据法支配。

(二) 以适用案件准据法为主，辅以适用法院地法

普通法系国家原来多坚持时效属程序法范畴，主张时效问题适用法院地法。早在19世纪初，英美两国就确认了这一规则。该规则在当时得以确立主要有两方面的原因：第一，外国人不应获得法院地居民所不能获得的利益；第二，在普通法上，诉由可赋予原告一种永久性的权利，而有关时效的法律规定则能起到剥夺当事人在法院获得司法救济的作用。英国于19世纪初确立的时效属程序法范畴的规则，是有着深刻历史原因的。一方面，它反映了殖民主义时期英国法院在法律冲突情况下对法院地法的偏爱，另一方面也反映出时效制度的确立似乎有些神秘主义色彩。但现在，将时效制度划归程序法范畴的历史原因已不存在。而且，这种做法还会产生诸多难以解决的问题。如戴赛和莫里斯就认为，由于各国关于时效的性质认识不同，加之时效的长短不一，就可能会产生如下四种情况：(1) 法院地法和案件的准据法所属国均将时效制度归为程序法。这种情况下，如果当事人的诉讼已过法院地的时效而未过案件准据法所属国的时效，当事人的诉讼请求会被驳回；如果法院地的时效长于案件准据法所属国的时效，且当事人起诉时未过法院地的时效而已过案件准据法所属国的时效，则当事人的请求会得到支持。就前一情形而言，当事人会尽量挑选有利于自己诉讼的法院。就后一情形而言，不仅会产生当事人挑选法院的结果，还会导致对被告的不公平（因为被告即使根据案件准据法所属国的时效已不需要承担义务，但根据法院地法他仍然要承担义务）。① (2) 法院地的时效为程序法，案件准据法所属国的时效为实体法。这种情况下，如果当事人的起诉已过法院地的时效但未过案件准据法所属国的时效，当事人的请求会被驳回；如果当事人的起诉未过法院地的时效但已过案件准据法所属国的时效，当事人的请求也会被驳回。这种情况下，就会产生无可执行权利的结果。(3) 法院地法和案件的准据法所属国均将时效制度归为实体法。这种情况下，同样会产生前面无可执行权利的结果。(4) 法院地法的时效为实体法，案件准据法所属国的时效为程序法。这种情况下，就会产生二者都不适用，从而导致权利可被永久执行的结果。②

在戴赛和莫里斯所说的四种情况中，我们不难发现，如果法院地国将无论本国

---

① 马丁·沃尔夫对此也持同样观点。他认为，消灭时效的主要目的之一，在于使已经清偿债务的债务人可以放心地销毁他所得到的收据。他进一步举例说，如果一个德国籍的债务人本可以把所有两年以前商业债务的清偿收据放心销毁掉，但他必须要考虑到，他可能在英格兰法院被诉请清偿一个旧债务，且英格兰法院会适用长得多的英格兰消灭时效期间，他就会处在对他极不公平的不利地位。See Martin Wolff, Private International Law, 2nd ed., Oxford At The Clarendon Press, 1950, pp. 232 - 233.

② 参见［英］J. H. C 莫里斯主编：《戴西和莫里斯论冲突法》，李双元等译，中国大百科全书出版社1998年版，第1710～1712页。

的还是外国的时效制度均归为程序法，最直接的结果就是导致当事人挑选法院。因此，普通法系国家现在转而采取成文法系国家的做法，对时效问题适用案件准据法所属国法律。但又考虑以上其他三种情况，在以适用案件准据法所属国法律为主的同时，仍以法院地法为补充。

（三）区分取得时效和消灭时效，分别适用不同的法律

对时效的法律冲突问题，部分国家的国内法和相关国际公约采取的做法是，区分取得时效和消灭时效，分别适用不同准据法。对取得时效，无论动产还是不动产，一般适用财产所在地法；对消灭时效，又往往根据诉讼的不同（即对人诉讼和对物诉讼）分别适用不同法律。这类做法的典型为《布斯塔曼特法典》。该法典第227条规定："不动产和动产的取得时效，均受财产所在地法律的支配。"第229条规定："对人诉权的取得时效，受将被消灭的债务所服从的法律支配。"第230条则规定："对物诉权的消灭时效，受有关标的物所在地法支配。"其他如捷克斯洛伐克的《国际私法和国际民事诉讼法》、1984年《秘鲁民法典》以及1940年蒙得维的亚《国际民法公约》也有类似规定。

（四）我国的理论与立法实践

关于时效问题，我国理论上认为时效应包括取得时效和消灭时效。中华人民共和国成立以来，对取得时效一直持否定态度。我国许多单行民事法规和司法实践仅规定或承认诉讼时效。《民法通则》专章规定了诉讼时效，从而确立了我国的诉讼时效制度。我国《民法总则》第九章专门规定了诉讼时效制度。相较于《民法通则》而言，《民法总则》之规定有较大变化：其一，诉讼时效期间由2年变为3年；其二，规定未成年人遭受性侵的损害赔偿请求权的诉讼时效期间，自受害人年满18周岁之日起计算；其三，规定法院不得主动适用诉讼时效。但我国理论界认为，诉讼时效并不能实现时效的全部职能，而且不分民事权利之性质，统一适用一定诉讼时效期间，对作为民事权利之一的所有权的保护并非有利。因此，对如何认识取得时效的作用以及应否确立该制度，理论界仍在进行研究和讨论。

《民法通则》和《民法总则》的规定表明，我国将时效识别为实体法问题。《涉外关系法律适用法》第7条规定："诉讼时效，适用相关涉外民事关系应当适用的法律。"可见，我国立法只规定了诉讼时效的法律适用，且将其视为实体法问题，这与我国以往的司法实践中的做法一致。①这一做法也得到了国际私法理论界的赞同。②

---

① 1988年《民通意见》第195条规定："涉外民事法律关系的诉讼时效，依冲突规范确定的民事法律关系的准据法确定。"

② 如《示范法》第73条也规定："时效，适用其所属民商事关系的准据法。"见中国国际私法学会编：《中华人民共和国国际私法示范法》，法律出版社2000年版，第18～19页。

（五）《国际货物销售时效期限公约》

《国际货物销售时效期限公约》既是国际私法在时效方面发展的一个新趋势，也是国际统一实体法发展的重要表现。

前述表明，由于各国在时效问题上的法律冲突，势必影响国际民商事交流的发展。在国际贸易领域，这种冲突对国际贸易争议当事人权益的影响尤为明显。为此，联合国的许多成员国要求国际贸易法委员会首先解决时效的统一问题。该委员会于1969年开始研究时效公约问题，于1974年向联合国召开的外交会议提交了《国际货物销售时效期限公约》草案并获得通过。到1980年，为了使该公约与《联合国国际货物销售合同公约》一致，又签订了《国际货物销售时效期限公约议定书》（以下简称1980年议定书），对1974年公约进行了修订。截至2018年2月，1974年文本的成员国已达30个，1980年议定书的成员国已达23个。①公约的主要内容如下：

1. 适用范围

公约第1～7条是关于其适用范围的规定。公约第1～3条规定了公约可适用的范围，第4～7条则规定了公约不能适用的具体问题。

公约适用于国际货物销售合同直接当事人之间的相关请求权行使的时效期限问题。所谓国际货物销售合同，从公约第3条规定看，是指营业地所在不同国家的当事人所缔结的货物销售合同。公约第3条第1、2款规定："本公约仅在订立契约时，国际货物买卖契约当事各方在缔约国有营业所的情况下适用。除本公约另有规定外，本公约不问依照国际私法的规则应适用的法律如何，应一律适用。"②所谓直接当事人，从公约第1条规定看，是指买、卖货物或约定买、卖货物的人，以及依照货物买卖契约的规定承受权利或义务的继承人和受让人。所谓相关请求权，则是指买卖双方相互间因国际货物买卖契约所引起的或与此项契约的违反、终止或无效有关的问题而产生的请求权。

公约不适用于解决下列货物的买卖：供个人、家属或家庭使用的货物；拍卖、从事执行法律所授权的行为或其他行为；债券、股票、投资证券、流通票据或货币；船只、船舶或飞机；电力。公约也不适用于下列事由的请求权：任何人的死亡或人身伤害；由所卖货物造成的核损害；财产的留置权、抵押权或其他担保利益；法律程序中所作的判决或裁决；依照请求执行所在地法律，能够据以获得直接执行的文件；汇票、支票或本票。公约也不适用于卖方的主要义务是提供劳动力或其他劳务的买卖和来料加工的买卖。

---

① 来源网址：http：//www.uncitral.org，最后访问日期：2018年3月1日。

② 1980年议定书第1条对该条第2款进行了修订，其规定，当冲突规则指向一个缔约国法律时，适用该公约。但议定书又允许缔约国保留1974年公约第3条。

2. 时效期限及其开始

公约第8条规定，时效期限应为4年。公约还规定，当事人不得通过任何声明和协议的方式变更或影响时效期限。[①]这即是说，当事人不得故意延长或缩短公约规定的时效期限。但是，在合同订立后时效届满前，若债务人以书面方式向债权人承认其所负债务的，或债务人在时效期限持续中以书面方式向债权人声明延长该期限的，时效期限可以延长，即可以重新计算时效期限。[②]这样，公约这一规定就会在特定条件下使其规定的4年期限得以延长。当然，这种延长绝不是毫无限制的。因为公约在第23条中规定，无论公约的规定如何，时效期限自开始起算之日起满10年届满。

公约第9～12条规定了时效期限起算的规则。公约规定起算的基本规则是：时效期限自请求权产生之日起算。[③]具体规定为：因违约引起的请求权时效，自违约行为发生之日起计算；因货物瑕疵或不符合契约规定而引起的请求权时效，自实际交货之日或买方拒收之日起计算；因欺诈行为产生的请求权时效，自该欺诈被发现或理应被发现之日起计算；因卖方提出的质量保证期引起的请求权时效，自买方将该请求权所根据的事实通知卖方之日起计算（但卖方应在保证期届满前通知）；因违背分期交货或分期付款契约而引起的请求权时效，就每一期来讲，自该项违约行为发生之日起计算。但如果根据契约的准据法的规定，当事人一方有权以该违约行为为由声明终止契约并行使了该项权利的，则全部有关各期的时效期限，应自向他方当事人作此声明之日起计算。

3. 时效中断

公约第13～16条规定了中断时效期限的行为。根据公约的规定，相关行为发生时，时效中断。这些行为有：提起司法诉讼或在已开始的司法诉讼中坚持请求行为；开始仲裁；债权人就破产和遗嘱问题提出请求。

4. 时效期限届满的后果

前面已经提及，部分国家将时效分为取得时效和消灭时效。时效届满后，有的认为当事人仅丧失请求权，但权利本身并未消灭；有的认为，当事人不仅丧失请求权，权利本身也归于消灭。公约采纳的是前一种主张。其规定，任何请求权在时效期限届满后开始进行的任何法律程序中，均不得予以承认或执行；尽管时效期限已经届满，但在特定条件下，当事人一方仍可以凭借其请求权对他方当事人所提出的请求权进行抗辩或抵销；如果债务人在时效期限届满后履行债务，即使他偿还时不

① 参见公约第22条第1款。

② 参见公约第20条第1款，第22条第2款。

③ 参见公约第9条第1款。

知时效期限已届满，也不因此有权请求收回。①

综上，尽管《国际货物销售时效期限公约》的适用范围甚为有限，但它的问世，已经使国际私法中时效问题的发展进入一个新阶段。

§思考题：

1. 法律行为形式要件的法律适用原则有哪些？
2. 关于民事代理的法律适用中，被代理人与代理人关系、代理权是否存在、代理人与第三人关系的法律适用原则分别是什么？
3. 海牙《代理法律适用公约》是用什么方法来解决代理的法律冲突的？
4. 如何完善我国有关涉外代理法律适用的规定？
5. 联合国《国际货物销售时效期限公约》的主要规定有哪些？

§“法律职业资格考试”要点提示：

我国关于代理法律适用的规定；我国关于诉讼时效法律适用的规定。

① 参见公约第25～26条。

第九章 物权的法律适用

§学习目的与要求:

“物之所在地法原则”是解决各种物权关系适用的最为普遍的冲突法原则。要求通过本章学习，领会物之所在地法原则的产生、发展和适用范围，理解物之所在地的确定以及物权的法律适用，理解国有化的概念和补偿的方式；领会信托的法律冲突及其解决办法，掌握并能综合运用我国关于涉外物权的法律适用的原则和规定，解决涉外物权的法律冲突问题。

第一节 物之所在地法原则

在民法理论界，物权（right in rem）并没有十分明确的定义。① 根据我国《物权法》的规定，物权是指权利人依法对特定的物享有直接支配和排他的权利，包括所有权、用益物权和担保物权。② 物权为对世权，其权利主体是特定的，义务主体是不特定的。对于物权的种类，不同的历史时期和不同的国家法律的规定是不同的。一般来说，物权包括所有权、抵押权、质权、留置权、典权、永佃权、地上权以及地役权等。按不同的标准，物权有不同的分类：所有权与定限物权；不动产物权、动产物权与权利物权；主物权与从物权；意定物权与法定物权；登记物权与不登记

① 关于物权的界定，学理上有三种区分：有对物关系说（对物支配之财产权），对人关系说（对抗一般人之财产权）及折中说（对物得直接支配，且得对抗一般人之财产权）。我国《物权法》采用了上述“折中说”。参见谢在全：《民法物权论》（上册），中国政法大学出版社2011年版，第8页。

② 参见《中华人民共和国物权法》第2条。

物权；有期限物权与无期限物权；本权与占有。[①] 国际私法上的物权问题，是指具有涉外因素的物权。由于各国立法对物权的规定存在着很大的差异，从而需要解决法律适用问题。在当今，涉外物权关系法律适用的普遍原则是物之所在地法原则。

一、物之所在地法原则的概念及源起

物之所在地法，拉丁语表述为 lex loci rei sitae，lex rei sitae 或 lex situs，即物权关系客体物所在地的法律。物之所在地法原则，是国际私法上用来解决涉外物权关系法律冲突的一项冲突法原则，是对物权法律冲突依标的物所在地法解决的概括表述，它反映了物权关系与特定法律之间的规律性联系。[②]

物之所在地法原则的产生，可追溯到中世纪的意大利的“法则区别说”。“法则区别说”的奠基人巴托鲁斯，针对意大利北部城邦之间的法律冲突问题，提出了不动产物权依物之所在地法。至于动产，他认为应适用当事人的属人法。

巴托鲁斯提出的不动产物权适用物之所在地法这一主张，得到了国际私法学者的广泛支持和肯定，也为绝大多数国家的立法所采纳。例如1804年《法国民法典》第3条第2款规定：“不动产，即使属于外国人所有，仍适用法国法律。”1811年《奥地利民法典》第300条、1865年《意大利民法典》第7条以及其他国家的民事立法也同样规定了这一原则。英美普通法系国家在司法实践中也采纳了该项原则。其他如1948年《埃及民法典》第18条规定：“占有、所有以及其他物权，不动产适用不动产所在地法。”我国《民法通则》第144条、《涉外关系法律适用法》第36条也肯定了这一原则。可以说，不动产物权依物之所在地法，已成为国际私法上一项得到普遍承认的冲突规则。

至于动产物权的法律适用，目前国际上一般亦主张适用物之所在地法。这一认识的形成经过了一个漫长的发展过程。意大利“法则区别说”时代到19世纪中期，由于当时的法律关系比较简单，动产的种类较少，经济价值不大，适用当事人的属人法解决动产物权冲突问题还不会感到不方便。于是，在意大利“法则区别说”的影响下，欧洲各国提出了“动产随人”（mobilia sequuntur personam）、“动产附骨”（mobilia ossibus inhaerent）、“动产无场所”的观点。这就是说，动产物权适用所有人或占有人的住所地法来解决。近代的一些法典，如1794年《普鲁士法典》、1811年《奥地利民法典》、1865年《意大利民法典》、1888年《西班牙民法典》等，都曾采用了这一规则。英美法系国家在审判实践中也采用了这一做法，学者也都持这一主张。美国国际私法的奠基人斯托雷曾说：“动产的转移，如果依照所有人的住所地法是有效的，那么不论该财产在什么地方，都是有效的。”但是到了19世纪中后期，随着

---

① 参见王泽鉴：《民法物权（第二版）》，北京大学出版社2010年版，第38～39页。

② 参见章尚锦主编：《国际私法》，中国人民大学出版社2000年版，第125页。

资本主义经济和国际民商事交往的进一步发展，国际民商事关系越来越复杂，国际商品流转的速度进一步加快，流动资本增加，动产数目越来越多，动产所有者的住所与动产所在地经常不一致，一个动产所有者的动产可能遍及多国，并涉及数国的活动，而动产所在地国也不愿意用所有人的属人法来解决位于自己境内的动产物权问题。因此，“动产随人”的规则已不能适应解决涉外动产物权关系的实际需要。为了确保动产所有人权利的稳定性和可靠性，不少法学家对“动产随人”的规则进行了批判。他们认为，在国际民商事交往中，物的所有人的住所经常发生变化，购买人或受让人很难知道所有人的住所到底在什么地方，即使知道，也很难了解其住所地法的具体内容，而适用物之所在地法更易于为当事人所掌握。就一项权利归属有争议的动产来说，如双方当事人住所不在同一国家，究竟适用哪一人的住所地法，也不好确定。而在适用当事人的国籍国法作属人法时，在跨国贸易大量发生的情况下，动产所有人可能久已与其国籍国没什么联系，仍得在有关交易中受其本国法的制约，于所有人亦并不有利。① 于是，萨维尼提出了“动产三分说”。他把动产分为三类：一类是能够确定其所在地的动产，如摆设用的家具，适用物之所在地法；一类是不能确定其所在地的动产，如旅行者的随身行李，适用所有者住所地法；还有一类是介于以上两者之间的，如所有者在住所地以外的地方不定期托人保管的商品或旅行者在国外暂时寄存的随身行李，对这一类动产，则根据实际情况，或适用所有者住所地法，或适用物之所在地法。萨维尼的学说对动产适用物之所在地法原则的形成起了重要作用。从19世纪末开始，许多国家的立法与司法实践以及国际条约抛弃了“动产随人”的主张，转而开始不区分动产和不动产，一律适用物之所在地法的原则。如1898年日本《法例》第10条规定：“关于动产及不动产物权及其他应登记之权利，依其标的物所在地法。”② 1928年拉丁美洲国家所签订的关于国际私法的国际条约《布斯塔曼特法典》第105条规定：“一切财产，不论其种类如何，均从其所在地法。”1938年泰国《关于法律冲突的法律》第16条规定：“动产及不动产，依物之所在地法。”现代国际私法法规如奥地利③、瑞士④、

---

① 参见李双元等：《中国国际私法通论》，法律出版社2007年版，第238页。

② 日本《法例》经过1942年、1947年、1964年、1986年和1989年先后5次对个别条文进行了修订，仍然坚持物之所在地法原则。2007日本《法律适用通则法》第13条第1款的规定照搬了《法例》第10条的规定，即不区分动产和不动产，一律适用物之所在地法。

③ 奥地利《关于国际私法的联邦法》第31条第1款规定：“有形物的物权的取得与丧失，依照以取得或丧失该物权的事实完成时该物之所在地国法律判定。”第32条规定：“不动产物权，即使其在内国其他指引规范的适用范围之列，也应以第31条的规定为准。”

④ 瑞士《关于国际私法的联邦法》第99条第1款规定：“不动产物权，适用不动产所在地法律。”第100条第1款规定：“动产物权的取得与丧失，适用据以取得或丧失物权的事实发生时该动产的所在地国法律。”

土耳其[①]等国法律都确立了这一原则。因此，动产和不动产物权均由物之所在地法支配，是现代各国普遍适用的冲突法原则。

二、物权关系适用物之所在地法的理论依据

关于物权关系适用物之所在地法的理由，学者们提出过种种学说。

（一）主权说

这一学说为法国学者梅兰（Merlin）所主张。他认为任何国家都有自己的主权，且主权是不可分割的，对内表现为最高权。物权关系依物之所在地法是国家主权原则在物权关系法律适用中的体现，因为任何国家都不愿意外国法适用于本国境内的物。否则，主权将丧失其不可分割的性质，违背了国家主权原则。[②]

（二）法律关系本座说

这一学说为德国学者萨维尼所主张。他从“法律关系本座说”出发，认为物权关系的“本座”在标的物所在地，任何人要取得、占有、使用或处分某物，就必须委身于该物之所在地，并自愿受制于该地区所实施的法律，所以物权关系应该适用物之所在地法。

（三）利益需要说

这一学说为德国学者冯·巴尔（von Bar）和法国学者毕叶（Pillet）所主张。有学者也称之为“实际需要说”。[③] 他们认为法律依其社会目的，具有普遍的属地性。法律是为了集体利益而制定的，物权关系适用物之所在地法是集体利益和全人类利益的需要。如果不依物之所在地法解决，物权关系就陷入不确定状态，社会秩序将会遭到破坏，全人类的利益也将受到损害。

（四）方便说和控制说

这一学说为英国学者戴赛和莫里斯所主张。他们认为，有关不动产的所有权适用不动产所在地法是基于便利和适宜这样明显的理由。对土地的最后救济只能采取所在地法允许的方式，任何其他规则都没有如此有效。同时，他们还指出，土地所在地的国家对于土地享有绝对的控制权，其可以对土地赋予有效的权利，其法院也享有对该土地的管辖权。因此，不动产的所有权应适用不动产所在地法。至于其他物权适用物之所在地法，他们认为所在地是第三人可以合理地寻求确定所有权的客

---

① 《土耳其国际私法法令》第21条第1款规定：“动产、不动产的所有权及其他物权，依实施法律行为时该物之所在地国法。”

② 德国的齐特尔曼和弗兰根斯坦也赞成主权说。参见［德］马丁·沃尔夫：《国际私法》，李浩培、汤宗舜译，北京大学出版社2009年版，第559页。

③ 参见李双元：《国际私法（冲突法）》，武汉大学出版社2016年版，第341页。

观而易于确定的连结因素，并且所在地国对财产能进行控制，与所在地法冲突的判决通常不能生效。

我们认为，以上几种学说并没有充分揭示物权关系适用物之所在地法的客观依据。实际上，物权关系依物之所在地法，是物权关系本身的性质决定的。首先，物权关系最能体现各国所有制关系，各国总希望用自己的法律严格控制位于本国的物；其次，物权关系是对于物的直接物质利用的权利关系，为了圆满地实现这种权利，谋求经济上的利益，只有适用物之所在地法，才能更好地保护这种利益；再次，对处于某国的物去适用他国法律，在技术上有困难，且会使物权关系变得复杂，使正常的国际民商事交往的稳定和安全遇到明显的障碍，即使能够适用他国法律，也往往会遇到判决承认与执行方面的困难；最后，物权关系的标的物是物，标的物在物权关系中具有重要的地位。物权即是人对标的物的权利，其只有置于物之所在地法的控制之下，才能得到最有效的保障。因此，在物权关系的法律适用上，物之所在地法原则得到了普遍的支持和肯定。

三、物之所在地的确定

适用物之所在地法原则时，首先要确定物之所在地。由于不同的物具有不同的性质与特点，因而其所在地的确定难易程度上有所不同。相对来说，不动产容易，而动产难；有体物容易，而无体物难。

不动产是不能移动或移动就会损害其经济价值的物，对其所在地的确定是十分容易的，即不动产物理上的所在地。

对于有体动产的所在地，一般也应是其物理上的所在地。但是对于处在运动或运输过程之中的有体动产，由于其处所经常移动，确定其所在地比较困难，各国一般采取以下两种方法：第一，在冲突规范中对动产所在地加以时间上的限定。如瑞士 1987 年《关于国际私法的联邦法》第 100 条第 1 款规定："动产物权的取得与丧失，适用物权取得或丧失的事实发生时动产所在地国家的法律。"1948 年《埃及民法典》第 18 条规定："占有、所有以及其他物权，不动产适用不动产所在地法，动产适用导致取得或丧失占有、所有或其他物权原因发生时该动产所在地法。"又如，1966 年波兰《关于国际私法的法律》第 24 条规定："所有权及其他物权的取得或丧失及其内容的变更，或者其他物权的优先顺序，依产生法律效力的原因事实发生时标的物所在地法。"第二，对一些特殊的动产物权关系，不论其所在地，而由冲突规范中的连结点直接指定的法律来决定，即不采用物之所在法原则，而用其他的冲突规则代替。如奥地利 1978 年《关于国际私法的联邦法》第 33 条第 1 款规定："经备案或登记于一注册处的水上或空中运输工具的物权，除第 2 款另有规定外，依注册国的法律；铁路车辆依在营业中使用该车辆的铁路企业有其主营业所的国家的法律。”又如2007年《土耳其国际私法法令》第21条第2款规定：“处于运输中之物的物权，适用送达地国法律。”

对于无体动产，因为其不存在一个自然物理的空间，所以确定其所在地比较困难，各国的实践也不一致。一般情况下，无体动产以该项财产能被追索或执行的地方为其所在地。例如，戴赛和莫里斯认为，债的所在地应被认为在债务人居住国；银行债务的所在地应被认为在账户保存地所属国；盖印契约之债的所在地为契约所在地，而不是债务人居住地；判决确定之债的所在地为判决存档地；证券和可通过交付而转让的债券其所在地为体现这种证券的票据实现地；[①] 公司股票所在地，应是在能根据公司在那里组成的并且国家的法律只能对这种股票作有效处分的国家，因为如该国法律规定，股票只有经登记才能有效转让，则登记地为其所在地。专利与商标其所在地为依此种权利产生的法律能作有效转让的地方。[②]

对于物之所在地的确定应以何国法律来识别，各国在实践中一般以法院地法为准，即某物位于何地是以法院地国家法律加以判定。但是，这也不是绝对的，有时法院也会以有关的外国法为准。

四、物之所在地法的适用范围

物之所在地法主要适用于解决以下问题。

（一）动产与不动产的识别

一般来说，动产和不动产的区别在于物能否从一个地方移到另一个地方且不损害其经济价值。能够移动的就是动产，不能移动的就是不动产。然而，现实中并不能绝对地作这种简单的划分。例如，《奥地利民法典》规定池塘里的鱼和森林中的野兽为不动产；《法国民法典》规定尚未收割的收获物及尚未摘取的树上果实，为不动产。但一经收取或摘取，便成为动产。为经营不动产而设置的物如农具、耕畜按其用途也应视为不动产；《德国民法典》将临时建筑物如展览用的房屋视为不动产；英国法视土地权利证书为不动产；我国1988年《民通意见》第186条规定：“土地、附着于土地的建筑物及其他定着物、建筑物的固定附属设备为不动产。”除此之外，其他均为动产。为解决由此而产生的法律冲突，各国一般都主张依物之所在地法来识别。如奥地利1978年《关于国际私法的联邦法》第31条第2款规定：

---

① 值得注意的是，2002年海牙《关于经由中间人持有的证券有关权利的法律适用公约》在制定的过程中，起草组专家和秘书处认为应抛弃传统的物之所在地法规则，代之以更为稳定的连结点。在此基础上，公约第一次明确了在间接持有证券的情况下，把“相关证券中间人所在地法”作为连结点，来确立物之所在地法，并在此基础上引入了意思自治原则。

② 参见［英］J. H. C莫里斯主编：《戴西和莫里斯论冲突法》，李双元等译，中国大百科全书出版社1998年版，第784～788页。

“物的法律识别和第一款所指的权利内容，依物之所在地国家的法律。”

（二）物权客体的范围

物的范围十分广泛，它包括一切为人所能支配并能成为权利客体的实际存在的一切有体物和自然力。在国际民商事交往中，各国从经济利益考虑，对外国人在本国境内取得所有权的范围，往往通过法律加以限制，如有的国家不允许外国人在本国境内购置不动产，有的国家不允许外国人取得生产资料的所有权。各国在这一方面规定不尽相同。此外，在哪些物可以分别为自然人、法人或国家物权的客体范围方面，各国的规定也不尽相同。另外，作为物权客体的物是否限于有体物，各国法律也有不同的规定。普通法系国家法律和法国民法明确规定“物”为有体物和无体物；德国和日本民法明确规定“物”为有体物，从而排除了无体物的概念，但在物权中明确规定权利可以作为物权的客体。但不管如何，物权客体的范围只能由物之所在法决定。

（三）物权的种类和内容

在不同的历史时期和不同的国家法律中，物权的种类是不一样的。例如，我国《民法总则》第 114 条规定物权包括所有权、用益物权和担保物权；《法国民法典》规定了所有权、用益权、使用权、居住权、地役权和抵押权等物权；《德国民法典》规定了所有权、地役权、用益权、地上权、质权、土地债务、土地负担、抵押权、先买权等物权；《日本民法典》规定了所有权、地役权、地上权、永佃权、留置权、先取特权、质权、抵押权等物权。另外，在一国境内的外国人对其占有的财产能否享有占有、使用、收益、处分的权能，在他人占有的财产上能否设置抵押权、留置权等他物权，各国的立法规定也有所不同。对于这些问题，各国一般都主张依物之所在地法确定。如瑞士 1987 年《关于国际私法的联邦法》第 100 条第 2 款规定：“动产物权的内容与行使，适用动产地国家的法律。”

（四）物权的取得、转移、变更和消灭的方式及条件

各国法律对物权的取得、转移、变更和消灭的方式及条件都有自己的规定，互不相同。如不动产取得，许多国家要登记。动产所有权的转移，德国规定以实际交付为条件，而法国规定只要双方当事人同意即发生效力，并不要求实际支付。这些问题在实践中，一般也依物之所在地法决定。如波兰 2011 年《关于国际私法的法律》第 41 条第 2 款规定：“所有权的取得与丧失，以及其他物权的取得、丧失及其内容或者优先顺序的变更，适用产生上述法律效力的事件发生时这些权利的标的物之所在地国法。”

（五）物权的保护方法

在民法上，物权的保护方法主要有停止侵害、排除妨碍、恢复原状、返还原物、

消除危险、确定所有权或其他物权的存在、损害赔偿等。各国对此规定也不尽相同，如返还财产之诉能否对抗善意第三人，有的国家强调保护善意第三人，有的国家不保护善意占有人，而保护所有人。我国《物权法》第三章专门规定了我国物权的保护方法。我国《民法总则》第179条规定了11种承担民事责任的方式。[①] 在国际民事交往中，由此产生的法律冲突，一般也适用物之所在地法。

五、物之所在地法适用的例外

由于某些物的特殊性或处于某种特殊状态之中或物权主体的特殊性，使某些物权关系适用物之所在地法成为不可能或不合理。故各国在实践中，作为例外，以下物权关系不适用物之所在地法原则：

（一）运输中的物品

运输中的物品由于其经常移动，难以确定所在地。即使能够确定，将偶然与物品发生联系的国家的法律作为支配该物品的准据法，也未必合理。而且，物品在运输中有时处于公海上或公空中，这些地方不存在有关物权的法律制度。因此，运输中物品的物权一般不适用物之所在地法。对此问题的解决主要有以下几种方法：（1）适用发送地法。如1964年捷克斯洛伐克《国际私法与国际民事诉讼法》第6条规定："依照契约运送的货物，其权利之得失，依该标的物发送地法。"（2）适用送达地法（目的地法）。如瑞士1987年《关于国际私法的联邦法》第101条规定："运输途中的货物，其物权的取得与丧失适用货物送达地国家的法律。"（3）适用所有人本国法。如1938年泰国《关于法律冲突的法律》第16条第2款规定："把动产运出国外时，依起运时其所有人本国法。"此外，还有的学者主张适用交易时物品所在地法或转让契约的准据法。在以上的做法中，较为普遍的是适用送达地法，即目的地法，这种做法为土耳其、秘鲁、南斯拉夫、瑞士等国的国际私法立法所采纳。

但是，如果运输中的物品因某种原因如发生船舶碰撞或船舶触礁搁浅导致长期滞留在某地，在此期间，对该物品的买卖、抵押等一些行为，则应当适用物品所在地的法律。

（二）船舶及飞行器等运输工具

由于船舶、飞行器等运输工具，经常处于移动之中，难以确定其所在地，加上

---

① 《民法总则》第179条规定：承担民事责任的方式主要有：（一）停止侵害；（二）排除妨碍；（三）消除危险；（四）返还财产；（五）恢复原状；（六）修理、重作、更换；（七）继续履行；（八）赔偿损失；（九）支付违约金；（十）消除影响、恢复名誉；（十一）赔礼道歉。法律规定惩罚性赔偿的，依照其规定。本条规定的承担民事责任的方式，可以单独适用，也可以合并适用。

它们有时处于公海上或公空中，这些地方没有相关的法律制度，因此，有关船舶、飞行器等运输工具的物权关系，一般不适用物之所在地法原则。在国际上，一般主张有关船舶、飞行器等运输工具的物权关系适用登记注册地法或旗国法或标志国法。如奥地利1978年《关于国际私法的联邦法》第33条第1款的规定："经备案或登记于一注册处的水上或空中运输工具的物权，除第二款另有规定外，依注册国的法律；铁路车辆依在营业中使用该车辆的铁路企业有其主营业所的国家的法律。"我国《海商法》第270条也规定："船舶所有权的取得、转让和消灭，适用船旗国法律。"此外，我国对于船舶和航空器的担保物权适用登记地国法律，[①] 而对于船舶和航空器的优先权，则适用法院地法。[②]

（三）外国法人的财产清算

外国法人因自行终止或被依法解散或因破产，其财产的清理和清理后的归属问题一般不应适用物之所在地法，而应依其属人法解决。当然，外国法人的财产清算适用其属人法也有例外，即外国法人在内国境内违反内国的法律而被该国取缔时，对该外国法人的财产的处理就不一定适用其属人法。

（四）无主土地上的物

当某物位于不属于任何国家管辖的场所，如南极、公海等处，因为其物之所在地无适当的法律可依，也就不能适用物之所在地法，一般改为适用属人法加以解决。

（五）与人身关系密切的动产

有些国家对与人身关系密切的动产，如夫妻财产制中的动产、继承中的动产、父母子女关系中的抚养费、赡养费等的动产物权，一般不适用物之所在地法，而适用属人法加以解决。

（六）外国国家财产

国家及其财产在国际交往中享有豁免权，对这些财产一般不适用物之所在地法原则，而应受该财产所属国的法律支配。

---

① 《海商法》第271条规定："船舶抵押权适用船旗国法律。船舶在光船租赁以前或者光船租赁期间，设立船舶抵押权的，适用原船舶登记国的法律。"《民用航空法》第186条规定："民用航空器抵押权适用民用航空器国籍登记国法律。"

② 《海商法》第272条规定："船舶优先权，适用受理案件的法院所在地法律。"《民用航空法》第187条规定："民用航空器优先权适用受理案件的法院所在地法律。"

第二节 国有化问题

一、国有化的概念

国有化（nationalization）是国家通过有关法律或法令对原属私人（包括内外国自然人和法人）所有的某类或某项财产采取收归国有的一种法律措施。① 然而对国有化的确切含义，目前尚无一致的看法。戴赛、莫里斯认为，国有化是一种“影响所有权的政府行为”，其主要涉及三方面的问题：一是法令公布时，财产的位置；二是法令的目的是否要影响处于该地的财产；三是法令是否为英格兰法院所认可。② 1952 年，美国国际法学会曾作了如下定义：“国有化是通过立法行为和为公共利益，将某种财产或私有权利转移给国家，目的在于由国家利用或控制它们，或由国家将它们用于新的目的。”

国有化是国家根据本国经济发展的需要而采取的一种主权行为。一国依法实施国有化是该国行使主权的体现，任何其他国家都不得干涉，这是国际法上公认的原则。通常认为国有化有没收、征收和征用这三种形式。

一国实施国有化措施后，产生了一定的法律后果：国有化使财产所有权主体得以改变；一国国有化的法律、法令对外国自然人和法人在该国境内的财产具有法律效力；一国实行国有化的法律或法令对本国自然人和法人在外国的财产一般都具有域外效力。

对国有化问题，国际法、国际经济法、国际私法都会涉及。在国际法和国际经济法中，主要研究国有化涉及外国人的财产权利时，在什么条件下内国政府才能采取国有化措施。而在国际私法中，则主要研究两个方面的问题：一是国有化法律或法令对本国自然人和法人在外国财产的效力；二是国有化法律或法令对外国自然人和法人在本国境内的财产的效力。对此，国际社会形成了发达资本主义国家为一方，广大发展中国家为另一方的对立局面，其主要焦点在于国有化的补偿问题上。

---

① 国有化与征用、没收、征收有不同的内涵。征用通常是指政府在紧急情况下为了公共利益而在一定期限内对私人财产予以征收使用，并给予一定补偿的一种措施。没收是指政府将私人财产永远收为公有、不给予任何补偿的一种措施。征收是指政府为了公家需要依法将私人的财产或企业收归公有，政府将给予补偿，也可能不给予补偿。参见韩德培主编：《国际私法新论》，武汉大学出版社 2003 年版，第 199 页。

② See Lord Collins of Mapesbury and Others, Dicey, Morris and Collins on the Conflict of Laws, 15th ed., Sweet & Maxwell, 2012, p. 1382.

二、国有化法律或法令的域外效力

国有化法律或法令的域外效力，是指国有化法律或法令对当时已在国外或其后被转移到国外财产的效力问题。对此问题，西方国家分为两种情况区别对待。

一种情况是：一国实行国有化后，该国的某公司将国有化的财产通过贸易转移到国外，该财产的原所有人主张对该财产的权利，在这种情况下，就会产生国有化法律或法令域外效力问题。关于这种情况，西方国家大都采用实用主义的态度，从维护本国经济利益和本国公民利益的角度出发，承认外国国有化法令的效力。例如，1928 年苏联为了支付美国债务，向美国运送了价值 500 万元的黄金。一家法国银行于是向纽约法院起诉，要求确认对该黄金的所有权，理由是该黄金是它在苏联国有化前存入彼得堡银行的，它是该黄金的原所有人。美国法院受理了此案，并认为苏联的国有化法令具有域外效力，该黄金的所有权已经转移到苏联国家的手中，于是法院驳回了原告的起诉。又如英国法院在 1965 年审理的海尔伯特威格公司（Re Helbert Wagg & Co. Ltd）一案中，也承认了外国国家国有化法令的域外效力。正如该法院判决指出："英国和大多数国家的法律的基本原理是，一般来说，应承认每一个文明国家有权对位于该国的动产立法——其他国家应承认这一立法能够有效地变更动产的所有权。……"①

另一种情况是：一国的国有化法律或法令对被国有化本国自然人和法人位于国外的财产是否有效。这种情况下，西方资本主义国家总是以种种借口否认国有化的域外效力。其理由主要有：（1）刑法性法令说。此说认为外国国有化法令或措施是惩罚性的，具有公法的性质，其效力不及于国外；（2）公共秩序保留说。此说认为外国的国有化违反了内国的公共秩序和善良道德准则，违反了国际法的一般原则，而不予适用；（3）未被控制说。此说认为国有化国家对其境内并被其实际占有的财产具有法律效力，而对其境外未被实际占有的财产没有法律效力；（4）未被承认说。即以有关外国未被内国承认为由，拒绝承认其国有化措施的域外效力；（5）物之所在地法说。此说认为物权应适用物之所在地法，既然物未在该国，则其国有化法令不及于国外。这方面典型的事例就是 1952 年 3 月，美国加州法院将我国收归国有的中国银行在旧金山 60 万美元的存款判给了孔祥熙等人，否认了我国国有化法令的域外效力。

我国学者一般认为，一国实行国有化的法令具有域外效力。根据国家主权原则，一个国家国有化法令既有属地效力，又有属人效力，它不仅可以适用于在本国境内的外国人的财产，也适用于本国人在外国的财产。在国际交往中，既然相互承认国家的法律效力，当然也包括承认其国有化法令的域外效力。

---

① 参见韩德培主编：《国际私法新论》，武汉大学出版社 2003 年版，第 200 页。

三、国有化的补偿问题及其法律适用

(一) 国有化补偿问题

随着国际合作不断得到加强，主权原则已深入人心，各国一般都承认外国国有化法令对位于其境内外国人财产的效力。但是对于被国有化的财产是否补偿、应如何补偿，发展中国家和发达国家一直存在分歧，归纳起来有三种做法：

其一，不予补偿。此主张认为，一个国家采取国有化措施，是主权国家的主权行为，一切外国人必须尊重和服从居留国法律、法令。如果实行国有化的国家对本国人不予补偿，那么对外国人也同样可以不予补偿。西方国家如法国、意大利曾实施过这种方法，苏联社会主义革命胜利后所采取的国有化措施也没有给予补偿。在当时的历史条件下，这些先例有其存在的合理性和正当性。但在当今和平和发展为主题的新时期里，对外国人的财产实行国有化而不给予补偿，在一定程度上讲是不符合正义的要求，不利于国际经济交往与合作，也不利于国有化国家的经济发展，因为采用这种做法，会使外国投资者失去投资信心。

其二，给予“充分、有效、及时”的补偿。这种主张是美国前国务卿赫尔(Hull)在1938年提出的，后人称之为“赫尔规则”。所谓“充分”，是指对被国有化的财产予以全额补偿；所谓“有效”，是指外汇补偿，即以可兑换货币或黄金给予补偿；所谓“及时”，是指立即兑现。我国学者认为国有化措施是国家行使主权的必然结果，补偿只不过是一种救济手段，并不是国有化行为本身的构成要件。对第三世界国家来说，这种主张是过分和不合理的。因为对这些国家来说，国有化的目的在于摆脱外国资本的控制，推动社会进步，补偿当然不能超过这些国家的经济负担能力。如果一味要求给予“充分、有效、及时”的补偿，势必失去国有化本身的意义。值得注意的是，1981年，美国联邦第二巡回法院在审理古巴中央银行诉大通曼哈顿银行一案中，采用的是一种折中的标准；① 美国法学会1986年编纂的《第三次对外关系法重述》已经以“公正标准”取代了“充分、有效、及时”标准。可见，提出“赫尔规则”的始作俑者美国在国有化补偿标准问题上也有所松动，现今美国也不是绝对地坚持“充分、有效、及时”的补偿标准。

其三，给予适当的、合理的补偿。这是目前世界上大多数国家，特别是广大发展中国家所持的主张。所谓适当的、合理的补偿，其基本含义是指给予补偿，但补偿是实行国有化国家的财政能力所能负担的，且所给予的补偿应经双方协商同意，并能为投资者所接受。适当的、合理的补偿只是一项原则，具体做法各国不一：有

① 美国联邦第二巡回法院在上诉判决中认为，国有化并非在任何情况下都应对所有者全额赔偿。参见国际惯例书库编委会：《国际惯例书库》，海南出版社1993年版，第757页。

比例补偿办法；有赢利补偿办法；有按账面的价值作必要的扣除后再补偿的办法；还有一揽子补偿的办法。适当的、合理的补偿原则不仅规定在众多的双边条约中，而且也被一些国际文件如联合国大会通过的《关于自然资源之永久主权的决定》和《各国经济权利义务宪章》以及国际社会实践所确认，从而成为被各国普遍接受的一项国际法原则。

（二）国有化补偿标准的法律适用

由于投资国与东道国之间关于国有化补偿的标准往往不一致，到底适用哪一国家的标准，目前各国的立法尚无明文规定。1965 年《解决国家和他国国民间投资争端公约》第 42 条规定："法庭应依照双方可能同意的法律规则判定一项争议。如无此协议，法庭应适用争端缔约国的法律（包括其关于冲突法的规则）以及可以适用的国际法规则。"根据此规定，投资争议首先适用当事人意思自治原则，即适用当事人双方所选择的法律，如果双方未作选择或无法达成一致意见时，应依次适用东道国的法律或者适用国际法规则。具体说，如果东道国未承担或未违背所承担的国际义务，则应无条件地全部适用东道国的国内法；如果在同一问题上，东道国的国内法与东道国依主权平等原则缔结或加入的国际条约有相应的规定，可优先适用国际条约；如果东道国的国内法在所要处理的问题上没有规定，而国际法中有相应的规则，并且该规则与东道国立法精神相一致，可以加以适用，以补充东道国国内法的不足。

第三节 信托

一、信托的概念与特征

信托（trusts），是指将自己的财产委托给足以信赖的第三者，使其按照自己的希望和要求，进行管理和运用的法律制度。

信托历史悠久，早在古埃及和古罗马时期，就已经有了信托的萌芽。近代信托制度起源于英国，早在 11 世纪，英国就有"用益设计"的做法。当事人约定，委托人将财产转让给受托人，由受托人为第三人使用收益，并负有义务将财产的收益给第三人。这种制度的形成只是为了消极地规避当时英国法律对财产转移与处分所加的限制和负担。后来英国相继颁布了信托制度的成文法，如 1925 年的《受托管理人法》、1960 年的《管理慈善事业信托法》、1967 年的《信托投资法》等。18 世纪英国的信托制度传入美国，经过发展，达到了相当高的程度。19 世纪以后，其他英美法系国家也先后引进和发展了信托制度。20 世纪以来，某些大陆法系国家也相继接受或引进信托制度，例如日本1922年颁布了的《信托法》《信托业法》等一系列信托法律、法规。其他大陆法国家或地区如韩国、法国以及我国的台湾地区等都制定了富有自己特色的信托法律、法规。我国也于2001年制定和颁布了《信托法》。

信托具有以下特征：它是基于信任关系而发生的；财产所有权和利益是相分离的；信托关系中有三方当事人，即信托人、受托人和受益人；信托的财产具有独立性，仅服从于信托之目的；受托人在其管理财产业务过程中，负有限责任；受托人管理财产具有连续性，不受受托人更迭等原因而影响其存续。

二、信托的法律冲突及其解决

（一）信托的法律冲突

如前所述，信托制度不仅在普通法系国家广泛传播，也被一些大陆法国家批判地接受。然而，信托制度并非各国都有立法。即使有信托制度的国家，规定也不一致，尤其是英美法系国家与大陆法系国家的规定存在巨大的差别，从而产生一系列的法律冲突，主要表现在以下几个方面：

第一，信托定义的不同模式。英美法系的定义采用“目的导向”或“效果取向”的思维模式，不注重法律行为的成立要件的分析，关注信托制度的法律效果，从而赋予信托更大的弹性功能。而大陆法系的定义采取的是“要件导向”思维模式，侧重于规定信托的成立要件，这就大大限缩了信托的种类和功能。因此，英美法系的消极信托、宣言信托在大陆法上是否构成信托法下的信托都存在疑问，而法院拟制当事人间成立信托以达到衡平目的的拟制信托更是不被承认。①

第二，信托中的财产转让权不同。有的国家法律规定，受托人取得信托财产的完全所有权，成为所有者，而受益人只拥有向受托人请求支付债权的权利；有的国家法律规定，受托人取得的财产权并非完全的所有权，而是对信托财产排他性的管理权，而受益人不仅拥有向受托人请求支付债权的权利，而且拥有对信托财产的一定限度的直接支配权。

第三，信托财产的范围不同。有的国家对信托财产的种类并不加以限制；有的国家则把信托财产限定为金钱、有价证券、金钱债权、动产、不动产、土地使用权和土地租赁权。

第四，信托成立的方式不同。英美国家允许宣言信托，即宣布自己为特定的信托受托人；日本等一些大陆法系国家却不允许宣言信托。

第五，信托当事人的能力不同。有的国家规定委托人不可同时又是受托人，或者受托人不可同时又是受益人，只有当其为众多受益人之一时方可；有的国家对经

---

① 参见周小明：《信托制度比较法研究》，法律出版社1996年版，第96～99页。

营信托业务人的资格有严格限制，有的只允许银行兼营信托业务，有的则不允许信托公司兼营银行业务；有的只允许法人经营信托业务，有的国家同时也允许自然人经营信托业务。

第六，受托人责任不同。英美法系国家严格奉行受托人的有限责任。日本、韩国则奉行“补偿本金与补足利益条款”原则，即在受托人承受运用方式不特定的金钱信托时，可与委托人约定由受托人保证本金不受损失并保证最低收益率。若保证落空，即使受托人善尽职守，也得补偿本金或补足最低收益。

（二）信托的法律适用

对于信托的法律适用，由于早期的信托大多是有关土地财产的信托，因此，物之所在地法原则被用于信托方面的法律适用。英国和加拿大的法院在20世纪上半期之前往往并不考虑其他连结点和可供选择的法律，只是满足于单纯适用物之所在地法或委托人的住所地法。但在第二次世界大战以后，由于信托制度的发展，其法律适用原则也发生了变化，许多国家对信托法律适用采用灵活性、多样性的连结因素，其系属公式也因此变得更加复杂。随着合同自体法、侵权自体法理论的产生，又出现了信托自体法的理论，即信托适用当事人意欲使信托受其支配的法律；若当事人无此明示选择，且不能依情况认定当事人选择的意向时，信托适用与信托有最密切或最真实联系的法律。发生这种变化的原因主要是信托财产的范围不断扩大，不仅包括原来土地等不动产方面，而且还包括动产等方面的财产。另外，国际私法冲突规则的新发展，也必然影响信托法律适用方面。但是，对于不动产信托来说，物之所在地法仍是主要的系属公式，因为不动产所在地往往有强制性的法律规定。由于信托制度的复杂性和种类的多样性，同样的冲突规则包括信托自体法不一定或者不可能适用于各种不同种类的信托，也不一定适用于信托的各种问题。英美法系学者大多主张根据不同性质的问题，将信托分割为几个方面，分别对其采用不同的冲突规则确定准据法。常见的分割方式是把信托问题分为信托的有效性、信托的管理、信托的解释等几个方面。

我国加入世界贸易组织以来，涉外信托业务已逐渐增多，与我国有关的涉外信托案件也时有出现。为此，《示范法》第91条第1款规定：“信托，适用当事人明示选择的法律，没有选择的，或者被选择的法律没有规定的，适用信托的最密切联系地法。”① 其后，《涉外关系法律适用法》专门在第17条规定：“当事人可以协议选择信托适用的法律。当事人没有选择的，适用信托财产所在地法律或者信托关系发生地法律。”

---

① 见中国国际私法学会编：《中华人民共和国国际私法示范法》，法律出版社2000年版，第20～21页。

三、海牙《信托法律适用及其承认公约》

在国际私法领域里，信托的法律适用规则极少且不统一。为了促进各国和地区之间的合作，加强信托的国际统一，1985 年第十五届海牙国际私法会议制定了《信托法律适用及其承认公约》，以期解决那些不熟悉信托法的国家和地区可能产生的关于信托的效力和受托人的权利问题。1992 年 1 月 1 日，公约正式生效。截至 2018 年 2 月，公约有 14 个缔约方，分别是澳大利亚、加拿大、意大利、卢森堡、马耳他、摩洛哥、荷兰、英国、列支敦士登、圣马力诺、瑞士、塞浦路斯、巴拿马和我国香港地区。①

该公约共五章 32 条，第一章是关于公约适用范围的规定；第二章是关于信托准据法的规定；第三章是关于信托承认的规定；第四章是关于一般条款的规定；第五章是最后条款。

（一）公约的适用范围

关于公约的适用范围，公约第 1 条规定，本公约规定适用于信托的准据法的确定及其承认。公约第 2 条对信托作了定义性描述："为本公约的目的，'信托'指一个人，即委托人——在生者之间或因死亡——为受益人的利益或特定目的把财产置于受托人控制之下时，所产生的法律关系。""信托具有如下法律特征：（1）财产构成独立的资金，且不是受托人财产的一部分；（2）信托财产的所有权是以受托人的名义，或者以为受托人利益的其他人的名义；（3）受托人就其所负责的方面，有权利和责任按照信托条款或法律规定的特别义务，管理、使用或处置财产。""受托人对某些权利的保留，以及受托人有权自己作为受益人的事实，并不必然与信托的存在相矛盾。"

关于公约是否只适用于普通法上的信托制度问题，公约的规定是否定的。它不仅适用于普通法中的信托制度，而且也适用于符合公约第 2 条规定标准的其他法系的类似制度，如日本、埃及、波兰、卢森堡和委内瑞拉等国家和地区中存在的类似普通法系信托的法律制度。在起草该公约时，国际清算银行的代表强烈反对公约适用于"商事信托"，认为普通法系非常不严格的商事信托会危及对大陆法系国家当事人或第三人的保护。虽然公约因商事信托的概念难以界定，并没有明确规定不适用于商事信托，但公约采取了其他一些措施将商事信托排除在适用范围之外。

公约同时又强调它仅适用于当事人自愿设立的，且有书面文件为证的信托。但是，公约也允许成员国把公约和适用范围扩大适用于法定信托。

---

① 来源网址：https：//www. hcch. net，最后访问日期：2018 年 2 月 5 日。

（二）信托的准据法

公约第6条规定了意思自治原则，即信托首先适用当事人选择的法律。当事人所作的选择必须是明示的，或者隐含在订立或书面信托的文件的条款中。如果当事人所选择国家和地区的法律中不存在信托制度，那么这种选择无效。

公约第7条规定了最密切联系原则，即如果当事人没有选择信托的准据法，或者当事人的选择被认为无效时，应适用与信托有最密切联系的国家和地区的法律。公约还列举了确定与其有最密切联系的法律时应考虑的因素：委托人指定的信托管理地；信托财产所在地；受托人居所或营业所；信托的目的及其目的实现地。

公约第8条规定了信托的准据法的适用范围，即用于解决信托的有效性、解释、效力及其管理问题。此外，该条还规定了一些特别受准据法支配的事项：（1）受托人的委派、辞职和撤换，受托人的能力，受托人职责的转移；（2）受托人之间的权利和义务；（3）受托人将其权利和义务全部或部分转移给他人的权利；（4）受托人管理或处分信托财产以及在信托财产上设定担保权益或取得新的财产的权利；（5）受托人进行投资的权利；（6）对信托期限及累积信托收益的限制；（7）受托人与受益人之间的关系，包括受托人对受益人负有的人身责任；（8）信托的变更和终止；（9）信托财产的分配；（10）受托人说明信托管理情况的义务。

（三）信托的承认

信托并非一种各国和地区普遍采用的法律制度，因此，公约各成员之间、成员与非成员之间便会发生对信托的承认问题。根据公约第11条规定，按照公约确定的冲突规则而成立的信托应被承认。该条规定："这样的承认最低应意味着信托构成独立的资金，受托人可以受托人的身份起诉或应诉，而且可以以这种能力在公证人和任何代表官方能力的人面前出现或行为。至于信托要求或提供的准据法，这样承认特别意味着：（1）受托人的个人债权人对信托财产无返还追偿权；（2）信托财产不因受托人清算或破产而构成其财产的一部分；（3）信托财产不构成其婚姻财产或配偶的财产，也不因受托人死亡而构成其遗产的一部分；（4）在违反信托的情况下，如果受托人将财产与其自己的财产混合或者已转让信托财产，信托财产仍可以返还。财产的任何第三方持有人的权利和义务仍受法院地冲突规则确定的法律支配。"

公约同时规定了不承认信托的情况：如果与信托有最密切联系的国家和地区没有信托制度，对这种信托可不予承认。

除了以上规定，公约还对尊重各国和地区强行法、公共秩序保留、排除反致等一般性问题作了规定。

海牙信托公约是世界上迄今为止唯一的信托统一冲突法公约，也是消除目前各国和地区信托法律冲突的一次尝试，对于无论是有信托立法或无信托立法的国家和地区，如英国、法国、美国、澳大利亚、加拿大都产生了重要的影响。当然，公约内容还显得粗略和单薄，过于倾向普通法系国家和地区的冲突法规则，没有完全纳入所有国家和地区涉及这方面的立法特点，还有进一步不断修改和完善的必要，以期能够有更多的国家和地区参加该公约。

第四节　我国的涉外物权制度

一、我国关于涉外物权法律适用的立法与实践

《涉外关系法律适用法》第五章专门对物权的法律适用作了规定，内容涉及不动产物权、动产物权（包括运输中的动产物权）、有价证券和权利质权。对于不动产物权，该法第36条规定："不动产物权，适用不动产所在地法律。"关于动产物权，第37条规定："当事人可以协议选择动产物权适用的法律。当事人没有选择的，适用法律事实发生时动产所在地法律。"关于运输中的动产物权，第38条规定："当事人可以协议选择运输中动产物权发生变更适用的法律。当事人没有选择的，适用运输目的地法律。"对于有价证券，第39条规定："有价证券，适用有价证券权利实现地法律或者其他与该有价证券有最密切联系的法律。"关于权利质权，第40条规定："权利质权，适用质权设立地法律。"① 我国的最新立法对于不动产仍然坚持适用不动产所在地法律。对于动产的法律适用，《涉外关系法律适用法》的规定具有一定的特色，将意思自治原则引入动产的法律适用中，也就是说动产首先适用当事人选择的法律，只有在当事人没有选择的情况下，适用法律事实发生时动产所在地法律。但在动产物权的法律适用领域引入意思自治原则，是否与物权法定原则相违背，目前学界还有不同看法。至于运输中的物品，在当事人没有选择的情况下，直接适用运输目的地法律。在有价证券的法律适用中，则规定了最密切联系原则。这些都是《涉外关系法律适用法》在动产和无形财产法律适用问题上的新发展。

针对特殊物权的法律适用问题，《法律适用法司法解释一》第3条规定，涉外民事关系法律适用法与其他法律对同一涉外民事关系法律适用规定不一致的，适用涉

① 以往立法关于不动产的法律适用规定在我国《民法通则》第144条："不动产的所有权，适用不动产所在地的法律。"1988年《民通意见》第186条作了进一步的解释："土地、附着于土地的建筑物及其他定着物、建筑物的固定附属设备为不动产。不动产的所有权、买卖、租赁、抵押、使用等民事关系，均应适用不动产所在地法律。"2007年《规定》（已失效）第5条规定，如果当事人没有选择可适用的法律，不动产买卖、租赁或者抵押合同，适用不动产所在地法。根据《民法通则》第149条、《继承法》第36条的规定，不动产的继承也适用不动产所在地法律。对于动产的法律适用，《民法通则》第149条和《继承法》第36条规定动产的继承适用被继承人死亡时的住所地法。

外民事关系法律适用法的规定，但我国《票据法》《海商法》《民用航空法》等商事领域法律的特别规定以及知识产权领域法律的特别规定除外。对此，我国《海商法》《民用航空法》还对船舶、航空器的所有权、抵押权以及船舶优先权的法律适用作了明确规定。[①] 虽说船舶优先权是基于债权的一种权利，但船舶优先权之海事请求产生于船舶，并对船舶物权产生直接的影响，故也可将之放在船舶物权法律适用中来讨论。[②]

此外，值得注意的是，为了正确审理物权纠纷案件，2016年2月22日最高人民法院通过了《关于适用〈中华人民共和国物权法〉若干问题的解释（一）》。其中就涉及不动产物权登记的民事案件、特别物权变动、异议登记制度等问题作出了详细规定。

二、我国关于国有化问题的立场与实践

改革开放以来，我国颁布的许多涉外经济法规中对国有化问题都作了比较明确的规定。例如，我国《民法总则》第117条规定，“为了公共利益的需要，依照法律规定的权限和程序征收、征用不动产或者动产的，应当给予公平、合理的补偿”。《外资企业法》第5条规定：“国家对外资企业不实行国有化和征收；在特殊情况下，根据社会公共利益的需要，对外资企业可以依照法律程序实行征收，并给予相应的补偿。”《中外合资经营企业法》也有类似的规定。这些规定表明我国对外国投资者的财产一般不征收、不征用，更不会进行大规模的国有化。即使在将来非常的特殊情况下，确有必要没收、征用或国有化时，亦会给予外国投资者合理、适当的补偿。《物权法》第42条规定，为了公共利益的需要，依照法律规定的权限和程序可以征收集体所有的土地和单位、个人的房屋及其他不动产。征收集体所有的土地，应当依法足额支付土地补偿费、安置补助费、地上附着物和青苗的补偿费等费用，安排被征地农民的社会保障费用，保障被征地农民的生活，维护被征地农民的合法

---

① 《海商法》第270条规定：“船舶所有权的取得、转让和消灭，适用船旗国法律。”第271条规定：“船舶抵押权适用船旗国法律。船舶在光船租赁以前或者光船租赁期间，设立抵押权的，适用原船舶登记国的法律。”第272条规定：“船舶优先权，适用受理案件的法院所在地法律。”《民用航空法》第185条规定：“民用航空器所有权的取得、转让和消灭，适用民用航空器国籍登记国法律。”第186条规定：“民用航空器抵押权适用民用航空器国籍登记国法律。”第187条规定：“民用航空器优先权适用受理案件的法院所在地法律。”

② 《示范法》在第76条到第91条对物权的法律适用问题作了比较详细的规定，即对动产与不动产的区分、不动产物权、动产的取得与丧失、动产物权的内容和行使、没有约定适用法律的共有物权和有体动产买卖中所有权的转移等方面作了规定。其主要采用物之所在地法原则，并对商业证券、船舶所有权、船舶抵押权、船舶留置权、船舶优先权、运输工具、运送中的动产、信托等方面作了例外规定。见中国国际私法学会编：《中华人民共和国国际私法示范法》，法律出版社2000年版，第19～21页。

权益。征收单位、个人的房屋及其他不动产，应当依法给予拆迁补偿，维护被征收人的合法权益；征收个人住宅的，还应当保障被征收人的居住条件。任何单位和个人不得贪污、挪用、私分、截留、拖欠征收补偿费等费用。第44条规定，因抢险、救灾等紧急需要，依照法律规定的权限和程序可以征用单位、个人的不动产或者动产。被征用的不动产或者动产使用后，应当返还被征用人。单位、个人的不动产或者动产被征用或者征用后毁损、灭失的，应当给予补偿。《物权法》第44条的规定可能会涉及征用外国人的财产，在法律规定中对本国人和外国人同等对待，体现了国民待遇原则。

另外，我国同瑞典、罗马尼亚、德国等众多国家签订的双边投资协定中，对国有化及其补偿作了规定，其内容基本相同，可以概括为以下几个方面：(1) 只有根据公共利益的需要、按照法律程序、并且是非歧视性的，才能对外国投资者的财产采取征收和其他相同效果的措施；(2) 征收所给予的补偿，其价值应与采取征收或其他相同效果的措施之时的被征收财产的实际价值相等；(3) 对投资的保护和补偿，如果有争议，可由双方协商解决，在一定时间内没有解决的，可提交仲裁，仲裁应根据双方所签的协定和一般国际法原则进行；(4) 如缔约一方根据其对在缔约另一方领土内的某项投资所作的保证向投资者支付了款项，即取得了对征收国的代位求偿权，但代位求偿权只能在经过国内司法救济和仲裁仍不得解决以后才能行使。

§思考题：

1. 论述物之所在地法原则的产生、发展。
2. 简述物之所在地法的适用范围及其例外情况。
3. 简述国有化的概念以及补偿的不同标准。
4. 信托准据法的确定方法有哪些？
5. 我国关于涉外物权法律适用的规定如何？
6. 我国对国有化问题有哪些理论和实践？

§"法律职业资格考试"要点提示：

物之所在地法的适用范围及其例外；我国关于涉外物权法律适用的规定；我国关于信托法律适用的规定。

第十章　知识产权的法律适用

§学习目的与要求：

知识产权的国际保护，既有赖于国际条约所确立的制度及其实施，也有赖于各国立法的保障。知识产权法律冲突的解决，是知识产权国际保护的重要举措。要求通过本章的学习，掌握专利权、著作权和商标权的法律冲突和法律适用规则，了解在专利权、著作权和商标权领域的主要国际公约及其规定，掌握我国涉外知识产权制度的具体内容。

知识产权（intellectual property）亦称智力成果权，是指个人或组织对其科学、技术、文学艺术等领域里创造的精神财富，即对其智力创造性活动成果所享有的专有权。知识产权一般可以分为两大类：一类是工业产权，包括专利权和商标权；另一类是著作权，也称之为版权。

1967 年《建立世界知识产权组织公约》规定，知识产权包括下列各项具体内容：（1）文学、艺术和科学作品的权利；（2）表演艺术家演出、录音和广播的权利；（3）人们努力在一切领域里的发明权利；（4）科学发现的权利；（5）工业外观设计的权利；（6）商标、服务标记、商号和标记的权利；（7）制止不正当竞争的权利；（8）在工业、科学、文学或艺术领域内其他一切来自知识活动的权利。根据我国《民法总则》第 123 条规定，知识产权的范围主要包括作品、发明、实用新型、外观设计、商标、地理标志、商业秘密、集成电路布图设计、植物新品种，以及法律规定的其他客体。与《民法通则》相比，商业秘密、集成电路布图设计、植物新品种是新增客体。随着社会的发展和科学技术的巨大进步与广泛传播，知识产权的范围在不断扩大。

国际私法中的知识产权，是指含有涉外因素的知识产权，也就是构成知识产权法律关系的主体、客体或引起权利义务产生、变更或消灭的法律事实中，具有一个或一个以上的涉外因素或外国因素。传统国际私法认为，知识产权领域里根本不会发生法律冲突问题，主要因为知识产权具有独特的法律特征。一般来说，知识产权具有以下一些法律特征：第一，知识产权是一种无形财产权。知识产权的客体是智力成果，属于精神财富，没有形体，不占空间。智力成果虽具有非物质性的特点，但可以通过一定的客观形式表现出来。只有这样，智力成果才能为人们所了解和利用，从而给人们带来巨大的经济或者社会效益，并显示其价值。第二，知识产权必须经法律直接确认。知识产权是典型的法定权利，其主体、客体和内容都必须经过法律的直接确认，并且要履行一定的登记手续或注册程序。第三，知识产权的内容具有财产权和人身权的双重属性。除商标权不直接涉及人身权利内容外，其他各类权利均包括财产权和人身权的双重内容。人身权是指基于智力成果创造人的特定身份依法享有的发表权、署名权、修改权等。人身权与智力成果创造人的人身不可分离，因而不能转让、赠与和继承。财产权是指知识产权人依法享有获得报酬和奖励的权利，可以转让、赠与和继承。第四，知识产权具有专有性。知识产权是一种绝对权，具有专有性和排他性，只有权利主体本人才能享有这种权利，未经权利人同意或者法律特别规定，其他任何人不得享有或使用这种权利。第五，知识产权具有地域性。知识产权是法律的产物，而立法权属于国家主权，任何一个国家的法律所确认和保护的知识产权，原则上只能在该国领域内发生法律效力，在其他国家不发生法律效力。正是这一特征，使得知识产权一般不具有域外效力，不易发生法律冲突。但是，这一特征随着知识产权的国际化，正受到前所未有的冲击。第六，知识产权具有时间性。各国法律对知识产权的保护都有严格的时间限制。有效期届满，除依法续展者外，权利人的权利便自行终止。丧失效力的知识产权，其智力成果便进入公有领域，成为全人类共有的财富，任何人皆可自由地加以无偿使用，且不再发生侵权问题。

19 世纪末，欧美主要资本主义国家出于资本输出的需要，迫切要求把知识产权的专有权从国内扩展到国外。随着知识产品的国际市场开始形成和发展，知识产权的国际保护制度在世界范围内逐步形成。对知识产权的国际性保护必然导致知识产权的法律冲突。为了保护知识产权，各国都制定了保护知识产权的国内立法。各国的立法互不相同，为知识产权法律冲突的产生创造了可能条件。虽然各国的立法是以知识产权的地域性和权利独立原则为基础制定的，在这种严格地域性限制的条件下，本来不可能产生知识产权的法律冲突，但是知识产权的国际保护又迫使各国签订国际条约，彼此承认对方国家法律所赋予的知识产权，即承认对方国家知识产权的域外效力，这就使得知识产权的法律冲突由可能转化为现实。知识产权的法律适用问题成为当代冲突法的一个新领域。在这个领域里统一实体规范不能完全消除法律冲突，间接调整方法在知识产权领域里仍然起着不可忽视的作用。

第一节 知识产权的冲突法调整

一、知识产权的法律冲突

知识产权的法律冲突，主要表现在各国法律对知识产权的取得条件、审批程序、保护范围、保护体制、保护期限和保护方法等方面的规定存在差异，并由此导致法律适用结果的不同。

（一）专利权的法律冲突

专利权是指专利权人在法律规定的有效期内，对其发明享有制造、使用和销售的专有权。专利一般包括发明、工业品外观设计及实用新型。综观各国专利立法，专利权的法律冲突主要体现在以下几个方面：

1. 专利种类

各国专利法对于专利种类的保护不尽相同。如英国和德国现行专利法只保护发明专利，不保护实用新型专利和外观设计专利。美国现行专利法保护发明专利、外观设计专利和植物专利，不保护实用新型专利。法国专利法则保护发明专利和实用新型专利。我国专利法对于发明专利、实用新型专利和外观设计都加以保护。

2. 专利保护范围

各国专利立法对专利保护范围各有不同。一般而言，发达国家保护的范围较宽，发展中国家保护的范围较窄。如美国和德国专利法保护范围较广，几乎所有技术领域的发明都给予保护，对于食品、饮料、调味品、药品、化学物质、微生物品种也不例外。美国专利法规定，除了原子核裂变物质不能取得专利外，对一切科学发明都给予保护。法国专利法规定除了动物品种外，凡具有创造性及工业实用性的新发明均可获得专利。即使在一个国家，专利的保护范围也是随着科学技术的发展而变化的。例如，对化学方法制造出来的物质包括药品，在美国和英国是可以被授予专利的，而日本过去规定只有这种物质的制造方法可被授予专利，1976 年后的日本新专利法规定对上述物质产品也授予专利。根据我国《专利法》第 25 条的规定，对于科学发现、智力活动的规则和方法、疾病的诊断和治疗方法、动物和植物品种、用原子核变换方法获得的物质、对平面印刷品的图案及色彩或者二者的结合作出的主要起标识作用的设计，都不授予专利权。但对动植物品种的生产方法，可以依法授予专利权。

3. 授予专利的条件

各国专利法一般规定，授予专利的发明和实用新型应当具备新颖性、创造性和实用性，但在具体标准上有所不同。就新颖性而言，有“世界新颖性”“一国新颖性”和“有限世界新颖性”之分。法国、德国、英国等国家采用世界新颖性标准，即要求技术在全世界范围内没有被公知公用；希腊、巴拿马、尼加拉瓜等国家采用一国新颖性标准，即技术在一国内未被公知公用；美国、日本、加拿大、中国等国家采用有限世界新颖性，即要求技术未在世界范围内公知，未在本国范围内公用。就创造性而言，由于各国技术水平不一，其标准必然不同。就实用性而言，英国、法国、中国等国家都要求其是发明专利的第三必备条件，但美国立法上无此规定。

4. 专利申请原则

专利申请原则用来解决当两个或两个以上申请人分别就同样的发明创造申请专利时，专利权的归属问题。综观各国专利立法，主要有申请在先原则和发明在先原则。英国、法国、德国、日本和中国等绝大多数国家专利法采用了申请在先原则，即当两个或两个以上相同的发明分别申请专利时，按申请日的先后确定，将专利权授予最先申请的人。美国专利法则采用发明在先原则，即当两个或两个以上相同的发明分别申请专利时，专利权授予先发明的人，而不考虑申请时间的先后。我国《专利法》采用先申请原则。第 9 条第 2 款规定：“两个以上的申请人分别就同样的发明创造申请专利的，专利权授予最先申请的人。”

5. 专利审查制度

关于专利的审查制度，国际上主要有形式审查制、实质审查制和早期公开延迟审查制三种不同的制度。形式审查制是指专利局对于一项专利申请，不审查其内容是否符合专利条件，只要该项申请符合法定的手续，即予以登记授予专利。目前，比利时、意大利等国家采用该制度；实质审查制是指专利局不仅对专利申请进行形式审查，而且还要审查其技术内容是否符合专利条件。目前，美国、加拿大等国家采用该制度；早期公开延迟审查制是指某一专利申请提出后，先进行形式审查，认为合格的，在一定期限内将其申请予以公布，即早期公开。在早期公开的一定期限内，申请人可以自行决定是否申请审查。如果专利申请人请求审查，专利机构才进行实质审查，并作出是否授予专利权的决定；如果不申请，则视为撤回。目前，荷兰、日本、澳大利亚和中国等国家采用该制度。

6. 专利的保护期限

各国对专利的保护期限长短不一，从 10 年到 20 年不等，而且保护期限的计算方法不一。大多数国家以专利申请日为计算起算日，少数国家以专利批准日为计算起算日。在能否续展上，各国专利法规定也不相同。如英国专利法规定，发明专利的保护期限为 20 年，外观设计专利保护期限为 25 年，均自申请日起计算；法国专利法规定，发明专利的保护期限为20年，实用新型为6年，均自申请日起计算；德国专利法规定，发明专利的保护期限为20年，自提出申请第2天计算；日本专利法规定，发明专利的保护期限为20年，实用新型专利的保护期限为10年，均自申请日起计算，外观设计专利自注册日起20年；韩国发明专利的保护期限为20年，实用新型专利的保护期限为10年，均自申请日起计算，外观设计专利自注册日起15年；我国专利法规定，发明专利的保护期限为20年，实用新型和外观设计保护期限为10年，均自申请日起计算。

（二）商标权的法律冲突

商标是商品生产者或经营者用来标明其生产或劳务，使之与其他商品生产者或经营者生产、制造、加工、经销的商品或提供的劳务相区别的标记，其通常以文字、图形以及文字和图形组合构成。商标权是商标所有人对其注册商标所享有的独占使用权。综观各国商标立法，商标权的法律冲突主要表现在以下几个方面：

1. 商标注册的强制性

关于商标是否必须注册，国际社会上主要有三种做法：其一，强制注册原则，即所有的商标必须注册，未经注册，其商品不得在市场上流通；其二，自愿申请注册原则，即商标是否注册取决于企业自身，但是不注册就不能取得商标权，不受商标法的保护；其三，自愿申请注册和强制注册相结合原则，即规定必须使用注册商标的商品必须申请商标注册，否则不得在市场流通。其他商标注册与否企业自便，但需要取得商标专用权的，就应当向商标管理部门申请注册。我国就是采用这一做法。

2. 商标权的确立

各国商标法对商标权的确立或商标的注册都作出了明确的规定。商标权的取得方式有原始取得和传来取得。对于原始取得的方式各国立法不一，有三种不同制度：（1）注册在先原则（priority of registration）。根据商标注册的先后确定商标权的归属，即相同的商标谁先申请注册谁取得商标权。这一制度为法国、日本、意大利、荷兰、希腊、伊朗、埃及、墨西哥、秘鲁等国所采用。我国《商标法》第31条的规定也体现了这一原则。[①]（2）使用在先原则（priority of use）。即通过对商标的实际使用而使商标权得以确立。根据这一原则，对于一个商标，谁最先使用谁就取得对它的专有使用权。对于已注册登记的商标，如果有人能够证明自己在该商标被注册登记之前就已实际使用它，该商标的注册就可以被撤销。现在使用这种制度的国家

---

① 我国2013年修订的《商标法》第31条规定："两个或者两个以上的商标注册申请人，在同一种商品或者类似商品上，以相同或者近似的商标申请注册的，初步审定并公告申请在先的商标；同一天申请的，初步审定并公告使用在先的商标，驳回其他人的申请，不予公告。"

较少，如欧洲的列支敦士登。(3) 混合原则。即在原则上采用注册在先原则，但又规定商标的最先使用者拥有在一定期限内提出异议的权利，如果在异议期限内无人对已注册的商标提出异议，或提出异议不成立的，则商标注册人即可取得该商标的专有使用权。目前采用这种制度的国家有美国、英国、加拿大、新西兰、澳大利亚、西班牙、奥地利等国家。但提出异议的期限又各不相同，如英国为7年、美国为5年、西班牙为3年。对于商标权的传来取得有基于合同和继承两种情况，各国在合同法和继承法上的规定不同，也就造成了商标权的传来取得在各国的分歧和差异。

3. 商标权的期限

关于商标权的期限，各国规定长短不一。最长的达20年，最短的有5年，一般为7年到10年不等。英国及英联邦国家一般为7年，日本、法国、德国、奥地利、比利时等国为10年，加拿大、捷克等国为15年，美国、瑞士、意大利、菲律宾等国为20年。我国《商标法》第39条规定注册商标的有效期限为10年，自核准注册之日起计算。另外，各国商标法一般都规定了注册商标使用期届满后的续展，各国关于续展期的规定不同也会导致商标权的期限不同。

4. 注册商标的使用

各国关于注册商标的使用的规定也可能引起法律冲突。注册商标的“使用”有两种含义：一是实际使用，即注册人或经注册人许可的人将商标使用在商品上；二是商业使用，即除了实际使用外，将商标用于广告或展览。有些国家只承认第一种情况为“使用”，大多数国家将两种情况都视为“使用”。各国商标法一般都规定，注册商标在获得注册后一段时间内必须使用，否则利害关系人可以申请撤销注册商标，商标局也可以主动撤销注册商标。至于商标获准多长时间内必须使用，各国商标法规定各异，这也会引起法律冲突。

（三）著作权的法律冲突

著作权（copyright）又称版权，是指作者及其他著作权人依法对文学、科学、艺术作品所享有的各项专有权利。综观各国著作权法，著作权的法律冲突主要表现在以下几个方面：

1. 著作权的保护期限

各国著作权立法最大差异表现在保护期限上。对文学艺术、音乐作品，多数国家规定为作者生前加死后50年，如美国、英国、法国、日本、意大利、澳大利亚、菲律宾、埃及、丹麦、加拿大、瑞士、瑞典及我国等；有的国家规定为作者有生之年加死后25年，如古巴、伊拉克、肯尼亚、利比亚、苏丹、马来西亚等；有的国家规定为作者有生之年加死后30年，如泰国、伊朗、智利、玻利维亚、韩国等；有的国家规定为作者有生之年加死后80年，如西班牙、巴拿马、哥伦比亚等。对摄影作品和实用美术作品的保护期一般比较短，多数国家规定为自复制出版之日起15年，德国规定为25年，英国、印度、荷兰规定为作品首次发表之日起50年。至于保护期从何起算，各国又有不同的规定。有的以开始创作之日起算，有的以作品完成之日起算，有的以作品登记之日起算，有的以作品发表之日起算。我国《著作权法》第21条规定为50年，从作者死亡或作品发表开始计算，这符合《伯尔尼公约》的规定，也和世界上大多数国家的规定一致。

2. 著作权的保护对象

包括著作权主体和客体两个方面。关于著作权的主体，除荷兰之外，大陆法系国家及东欧国家认为，享有著作权的主体是作为自然人的作者，法人、国家以及作者之外的其他自然人可以通过著作权的转让成为著作权的主体。而多数英美法系国家认为，其著作权的主体既可以首先是作者，也可以是作者之外的著作权的所有人；关于著作权的客体，各国立法主要表现为两方面的差异：一是各国关于著作权客体的范围不同；二是各国法律对于各类著作权客体所包含的具体内容规定不同。例如，对于口头作品，美国规定如果不以文字、录音等形式固定，只能受到州一级法律保护，不受联邦著作权法保护。而在苏联，即使没有采用任何形式使之固定，也受著作权法的保护。

3. 著作权的保护内容

其一般可以分为经济权利（物质权利）和精神权利（人身权）两大范畴。经济权利是指著作权人占有著作权以便获得某些经济收入的权利。精神权利是指创作的自然人在精神上享有的各项权利。各国立法在这两个方面都存在着不同。就前者而言，大陆法系国家保护作者的追续权，英美法系国家大都不承认追续权；就后者而言，精神权利一般包括出版权、署名权、保护作品完整权、修改权。但修改权仅为法国、德国、意大利部分国家所保护，而大部分国家将此项权利排除在外。我国《著作权》第10条规定，著作权包括著作人身权和著作财产权两个方面。

4. 著作权的取得原则

对于著作权的取得，有的国家采创作主义，即作品不论是否发表均享有著作权，著作权的取得不需经任何手续，这种做法又称为自动取得制度，如我国等大多数国家采该做法；有的国家采注册登记主义，作品必须经过注册登记，并具有版权标记才能受著作权法的保护。不过，这种冲突随着《世界版权公约》的适用，基本得到解决。

二、知识产权的法律适用

由于知识产权地域性的特征，在国际私法中，对知识产权的法律适用加以规定的国家并不是很多，学者在理论上也较少讨论这个问题。但是随着国际经济交往的日益频繁，知识产权国际保护问题在国际社会中越来越得到重视。关于知识产权的法律适用，主要有原始国法律说、被请求保护国法律说和行为地法律说，目前，也有些国家采取综合法律说。原始国法律说，也称为来源国法律说，主张知识产权由原始国法律支配；被请求保护国法律说，主张知识产权由被请求保护地国法律支配；行为地法律说，主张知识产权受使用行为或侵权行为地法律支配；综合法律说，主张解决知识产权法律适用问题应综合考虑，或适用被请求保护国法律，或适用行为地法律。

下面我们分别对专利权、商标权以及著作权的法律适用问题进行阐述。

（一）专利权的法律适用

对专利权法律冲突问题的解决，各国一般适用专利授予国法律。其原因在于，专利权是一种财产权，某一发明在不经某国授予专利之前，该项发明并不具有财产权的性质。依照一国法律所获的专利权只能受该国法律的强制保护，其他国家既无承认该项专利的义务，也无保护它的责任。这一规则反映了专利权的地域性特点，同时，就专利授予国而言，这一规则也是专利授予国为保护本国利益及其专利制度的独立性所要求的。正如沃尔夫所说："国家只能保护它本身用特殊的法律（特权）或者一般的法律所授予的那些专利权、外观设计、商标和版权。关于专利权、版权等的问题，任何国家都不适用外国的法律，也不承认根据外国的法律所产生的这一类权利。"除专利授予国法律外，也有少数国家采用被请求保护国法律或行为地法。除了适用专利授予国法律、被请求国法律、行为地法律外，还有学者主张对专利权的法律适用采"分割论"，即对涉外专利权的不同方面分别适用不同的准据法：专利申请日及优先权，适用被申请国国内法；关于是否批准外国人的发明专利权，适用被申请国法律；专利权的保护及保护方法，适用被请求保护该权利国家的法律；有关职务专利发明适用劳动合同准据法；有关专利的转让，适用当事人选择的法律，若当事人无明示或默示选择，适用与专利转让有最密切联系国家的法律，如受让方或转让方国家的法律。

（二）商标权的法律适用

目前，世界上大多数国家和地区都颁布了商标法，但各国商标法因其各自的社会、历史、文化传统不同而有所差异并导致法律冲突。对于商标权的法律适用，主要有以下几种主张：

1. 适用注册国法律

这是以注册在先原则取得商标权国家采用的法律适用原则。该原则认为，商标权取得既然以注册或登记在先为原则，商标权应当适用登记国的法律。目前，这一原则为大部分国家采用，如法国、日本、意大利、荷兰、希腊、伊朗、埃及、墨西哥、秘鲁等国。我国也采纳这一原则。

2. 适用使用国法律

这是以使用在先原则取得商标权国家所采用的法律适用原则。该原则认为，商标在哪国使用，则有关商标权的取得就以该国法律来确定。法国在1964年前，适用商标使用地的法律支配，1964年后，改用注册国法律。目前只有列支敦士登、挪威，以及菲律宾等少数国家采用这种制度。

3. 适用法人管理中心所在地国家法律

该原则认为，商标申请者实际上多为工商企业单位，法人的管理中心地在哪国，即应以该所在地国的法律决定商标权。如果法人的管理中心在外国，商标在外国登记，又在本国注册的，本国承认其商标权，仅是对其在外国既得权的承认。在实践中，这一原则是行不通的，因为这一原则有悖于各国商标权及商标法独立的原则。

4. 折中原则

该原则认为，原则上采用注册在先原则，但又规定商标的最先使用者拥有在一定期限内提出异议的权利，如果在此期限内无人对已注册的商标提出异议，或虽提出异议但不能成立的，则商标的注册人即可取得该商标的专有使用权。目前，美国、英国、加拿大、澳大利亚、新西兰、印度、巴基斯坦、奥地利、西班牙、叙利亚，以及科威特等国家采用的均是这一制度，但是提出异议的期限又各不相同，如美国为5年，西班牙为3年。

总而言之，关于商标权的法律适用，大部分国家都适用商标注册国法律，只是在条约规定的有限范围内，也考虑最初申请注册国的有关规定。

（三）著作权的法律适用

对著作权法律适用冲突的解决，各国所采取的主张有：

1. 适用作品来源国法

即适用出版作品、产生著作权国家的法律。《法国民法典》第2305条①、1928年《布斯塔曼特法典》② 和1974年《阿根廷国际私法》草案第21条③，就采纳了这一主张，规定了作品来源国法原则。该主张被认为是对传统既得权学说的反映，而《伯尔尼公约》和《世界版权公约》是不赞成这一原则的。因此，以作品来源国法律解决著作权的法律冲突，在实践中将很难施行。

2. 适用作品保护国法

即适用被请求对某国作品给予域外保护的国家的法律。如匈牙利1979年《关于

---

① 《法国民法典》第2305条规定："文化及艺术产权由作品的首次发表地法规定，工业产权由注册或登记地等法规定。"

② 1928年《布斯塔曼特法典》规定："一切财产，不论其种类如何，均从其所在地法。"而"工业产权著作权以及法律所赋予并准许进行某种活动的一切其他经济型的类似权利，均以其正式登记地为其所有地"。

③ 《阿根廷国际私法》草案第21条规定："文化及艺术产权由作品的首次发表地法规定，工业产权由注册或登记地法规定。"

国际私法的法律》第29条规定："著作权依被请求保护的国家的法律。"瑞士《关于国际私法的联邦法》第110条第1款规定："知识产权适用被请求保护知识产权国家的法律。"前述两公约是倾向这一原则的。但这一原则不宜解决与作者身份、权利能力和行为能力等与国籍较为密切的问题。

3. 兼采作品来源国法和保护国法

即对权利的产生和存续问题适用作品来源国法，而对权利的行使问题适用作品的保护国法。这一原则被前述两公约，以及英国、德国、意大利、荷兰等国的立法和实践所采纳。

4. 适用当事人选择的法律

即主张根据当事人意思自治原则，依当事人自由选择的法律来解决著作权的法律冲突。但这一主张受到了批评，因为涉外著作权关系具有很强的公法性质，并且涉及一国的政治和经济利益。因此，个人无权选择有关的法律来解决著作权的法律冲突。

从实践中看，对著作权法律冲突的解决，大多数国家所采取的都不是单一的法律适用原则，而是采用多元主义的法律适用原则。大多数国家把请求保护国法律和作品来源国法律结合起来使用，在有条约规定的情况下，适用国际条约的规定。

第二节 保护知识产权的国际公约

为了加强知识产权的国际保护，从19世纪末以来，国际社会签订了一系列保护知识产权的国际公约，成立了一些全球或地区性的国际组织，从而在世界范围内形成了一套保护知识产权的统一实体法。

一、专利权公约

关于专利权的国际公约主要有：1883年《保护工业产权巴黎公约》（以下简称《巴黎公约》）、1968年《建立工业品外观设计国际分类洛迦诺协定》（以下简称《洛迦诺协定》，1979年修订，已于1996年对我国生效）、1970年《专利合作条约》、1971年《国际专利分类斯特拉斯堡协定》（以下简称《斯特拉斯堡协定》，1979年修订，已于1997年对我国生效）、1973年的《欧洲专利公约》、1975年的《欧洲共同体专利公约》、1977年的《非洲专利组织》、1976年的《非洲知识产权组织》。这里主要介绍《巴黎公约》和《专利合作条约》。

（一）《保护工业产权巴黎公约》（Paris Convention for the Protection of Industrial Property）

《巴黎公约》是制定时间最早、成员国最广泛、最重要的一项全球性关于工业产权的综合性公约。该公约由法国、比利时、荷兰、西班牙、意大利、葡萄牙、瑞士、巴西、危地马拉、萨尔瓦多、塞尔维亚 11 国发起，于 1883 年 3 月 20 日在巴黎缔结，1884 年 7 月 7 日生效。公约于 1985 年 3 月 19 日开始对我国生效。自公约缔结以来，先后经过七次修改：1900 年于布鲁塞尔、1911 年于华盛顿、1925 于海牙、1934 年于伦敦、1958 年于里斯本、1967 年于斯德哥尔摩、1980 年于日内瓦。目前，大多数成员国采用的是 1967 年的斯德哥尔摩文本。

根据公约的规定，成员国组成保护工业产权同盟。该同盟组织由同盟大会、执行委员会和国际局组成。公约还规定，作为同盟组织的每一个国家都必须设立专门的工业产权机构和中央服务机构。

《巴黎公约》第 1 条第 2 款规定了公约的保护范围，包括发明、实用新型、工业品外观设计、商标、服务标记、厂商名称、产地标记或原产地名称以及制止不正当竞争等。可见，公约所保护的专利权包括发明、实用新型和外观设计。

由于各成员国之间利益上的矛盾和立法上的差别，公约没有给缔约国提供一套统一适用的专利法和商标法，它仅仅为缔约国规定了相互保护工业产权的基本原则。公约关于专利方面的原则有：

1. 国民待遇原则

公约所规定的国民待遇有两个方面的含义。《巴黎公约》第 2 条规定，缔约国必须把依法给予本国国民在工业产权方面的保护，也同样给予其他缔约国国民。只要他们遵守对该国国民适用的条件和手续，而不管其在该国境内是否有永久住所和营业所；第 3 条规定，非缔约国国民，如果他们在某缔约国境内有住所或真实的具有实际效果的工商营业所，就必须给予相同的国民待遇。公约所规定的“国民”不仅包括自然人而且包括法人。对于具有双重国籍的人而言，只要其国籍之一在某一成员国，即可享受国民待遇。公约中所规定的成员国法律，不仅包括现行有效的法律，而且包括将来的法律，不仅包括成文法，也包括判例法、政府的命令、条例、政策等。

2. 优先权原则

根据《巴黎公约》第 4 条规定，优先权是指对有资格享受国民待遇的申请者，就一项发明、实用新型、外观设计首先在某一成员国提出申请，自该项申请提出之日起在一定期限内（发明和实用新型为 12 个月，外观设计为 6 个月），以同一内容向其他成员国提出申请，应以第一次申请的日期为以后提出申请的日期。在优先权期限内，即使有任何第三者就相同的内容提出申请，或已实施了该发明，申请人仍因享有优先权而可以取得专利权。优先权的作用就在于申请人在第一次提出申请后，有充分的时间考虑自己是否还有必要再向其他国家提出申请或选择在其他国家代办手续的代理人，申请人不必担心在该期限内被其他人以相同的发明在其他国家抢先申请专利，因为在优先权期限内，他的第一次申请是“优先”的。

3. 强制许可原则

《巴黎公约》第5条规定，每一个成员国有权采取立法措施，规定在一定的条件下，可以核准发放强制许可证，以防止专利权人可能对专利权的滥用。颁发强制许可证的条件为：（1）专利权人在自批准专利权之日起满3年或自申请之日起满4年无正当理由没有实施或未充分实施该项专利；（2）强制许可证只能是非独占性的，被许可人仅仅具有使用权，不能转让给他人，专利权人仍然可以实施其专利；（3）被许可人必须向专利权人支付一定的使用费，专利权在第一次颁发强制许可证两年后，如果专利权人仍无正当理由未实施或未充分实施该项专利权，主管部门可以撤销该项专利。

4. 独立性原则

根据《巴黎公约》第4条第2款规定，同一发明在不同成员国所获得的专利权彼此无关。即公约成员国独立地按照本国法律决定是否授予、拒绝、终止、撤销某项专利，不受其他成员国对该项专利权决定的影响。这就是说，已在一成员国获得专利权的发明，发明人向其他成员国提出同样的专利申请，不一定能够获得专利权。反之，在某一成员国已遭到拒绝的专利申请，在向其他成员国提出同样的申请时，不一定遭到拒绝。亦即，一项专利申请的批准与否，完全取决于申请受理国国内法，各成员国互不相关。

《巴黎公约》自生效之日起已有100多年的历史，截至2018年1月，成员国已达177个。[①] 因此，《巴黎公约》已成为保护工业产权方面成员国最多、影响最大的国际公约，在工业产权的国际保护方面起着主要作用。随着第三世界国家的兴起，自20世纪60年代以来，广大发展中国家普遍要求修改《巴黎公约》，修改的重点就是“国民待遇原则”。因为发展中国家和发达国家在经济、技术力量上存在着相当大的差距，若一概施行国民待遇原则，则发达国家凭借经济、技术优势，很容易达到保护和巩固其在技术和市场的垄断地位的目的。而发展中国家由于经济、技术落后，其很难在发达国家取得专利权。这就造成了发达国家与发展中国家之间事实上的不平等。于是广大的发展中国家要求发达国家给予它们更多的便利和优惠，如减少发展中国家的专利权人在发达国家的专利费、延长发展中国家国民的申请优先期、

---

① 来源网址：http：//www. wipo. int/treaties/en/ShowResults. jsp？lang = en&treaty_ id = 2，最后访问日期：2018年1月31日。

要求颁布给发展中国家的强制许可证允许再转让等。发展中国家所提出的修改主张，目的是要维护发展中国家的民族利益，加速本国工业和经济技术的发展，这无疑有助于国际经济新秩序的建立。

（二）《专利合作条约》（Patent Cooperation Treaty）

《巴黎公约》只规定了专利权国际保护的基本原则，没有解决专利权的国际申请和审查程序的统一化问题。如果一项专利要获得几个成员国的保护，申请人就必须到几个成员国去申请，要由受理申请国分别审查和授予专利权。为了简化专利的申请和审批手续，加强国际的专利合作，在美国倡议下，于 1970 年 6 月 19 日在华盛顿签订了《专利合作条约》，共 8 章 69 条。该条约 1978 年 1 月 24 日生效，到 2018 年 1 月底，共有成员国 152 个。[①] 我国于 1993 年 9 月 15 日加入该条约，从 1994 年 1 月 1 日起该条约对我国生效。

《专利合作条约》是在《巴黎公约》原则指导下产生的一个关于统一国际专利申请的专门性公约，其实际上是一部程序法。条约确定了“一项发明一次申请制度”。其主要内容为：任何缔约国的国民或居民向本国专利局提出符合格式的国际申请，并拟定在哪些成员国获取该项专利。本国专利局收到申请后将其复制两份，一份送交给世界知识产权组织的国际局（国际申请登记局），另一份送交国际申请案检索局（美国、英国、俄罗斯、奥地利、瑞典国家专利局以及欧洲专利局为国际申请案检索局，当事人可以任选其中一个），进行国际检索。检索后，做出报告提交国际局，并通知申请人。世界知识产权组织将申请连同国际检索报告一起加以公布并通知各指定专利局。最后由指定国依国内法规定决定是否授予专利权。其优点是：简化了专利的申请手续，使原来的分别申请成为一次申请；减轻了各国专利局的工作量；提高了专利审查的质量，有利于对国际科技情报的交流；延长了申请人的优先权期限，由《巴黎公约》规定的 12 个月改为 20 个月，多了 8 个月。

《专利合作条约》推进了专利制度的统一化进程，但它是一个非开放性国际公约，只对《巴黎公约》的成员国开放。

二、商标权公约

同专利权一样，从 19 世纪末起，各国先后签订了一系列保护商标权的国际公约，包括 1883 年的《保护工业产权巴黎公约》、1891 年的《商标国际注册马德里协定》、1957 年的《商标注册用商品与劳务国际分类尼斯协定》、1977 年的《建立商标图形要素国际分类维也纳协定》、1973 年的《商标注册条约》、1994 年的《商标

① 来源网址：http：//www. wipo. int/treaties/en/ShowResults. jsp？lang = en&treaty_ id = 6，最后访问日期：2018 年 1 月 31 日。

法条约》。下面我们主要介绍《巴黎公约》《商标国际注册马德里协定》和《商标注册条约》的内容。

（一）《保护工业产权巴黎公约》

《巴黎公约》关于商标权的保护问题，除有关保护专利权的基本原则和制度如国民待遇原则、优先权原则也可以适用于商标权保护外，公约对商标权的保护另外规定了以下几个方面的内容：

1. 商标的独立性

公约第6条规定，申请和注册商标的条件，由每个成员国的本国法决定。对成员国国民所提出的商标注册申请，不能以未在其本国申请、注册或续展为由，而加以拒绝或使其注册失败。在一个成员国内注册的商标，应视为与公约其他成员国包括申请人所属国注册商标无关。成员国之间对于某一商标的注册、续展或撤销，独自按其本国法办理，不受其他成员国的影响。也就是说，如果一项商标没能在本国获得注册，或它在本国的注册被撤销，不得影响它在其他成员国的注册申请被批准。《巴黎公约》还规定了例外情况，即公约第2条第5款规定，如果一项商标在其本国已获得了合法的注册，那么在一般情况下，它在公约其他成员国的申请就不应被拒绝。这与专利独立性原则不同。但本条规定了一些附加条件：如果某一项商标的原注册国实行的是“不审查制”，而另一国家采用“实质审查制”，那么商标注册人即使在本国获得了注册，在后一类国家也未必能获准注册。侵犯被请求给予保护的国家中第三人既得权的商标、缺乏显著特征的商标或用商品特征组成的商标、违反了申请国的道德和公共秩序的商标，即使这些商标已在本国注册，也不可能在另一国获得注册。

2. 对驰名商标的国际保护

公约第6条第2款规定，各成员国的国内立法都必须禁止使用与成员国的任何驰名商标相同或近似的标记，并拒绝这种商标注册申请；如已经获得注册，则应当予以撤销。即使是未注册的驰名商标，也可以阻止与其相同或相近似的商标获得注册。如果这种商标不是以欺骗方式获得的，也没有用于欺骗目的的，那么只有当驰名商标持有人在5年内提出异议，才予以撤销；如果5年后提出的，就不得撤销。如果该商标是以不诚实手段取得注册或使用的，驰名商标所有人可以在任何时候提出异议，对该商标提出撤销或禁止使用的要求。

3. 不得因商品的性质而影响商标的注册

公约第7条规定，在任何情况下，都不允许成员国以商品的性质、质量为由，拒绝给有关商品注册商标。这样可以避免因商品的销售活动而影响商标权的取得。

4. 禁止当作商标使用的标记

公约第6条第3款规定，禁止当作商标使用的标记有两种：一是外国国旗、国徽或其他象征国家的标记；二是政府间国际组织的旗帜、徽记、名称及缩写语。但公约又规定了若干限制性条件：（1）如果某成员国法律允许将本国国徽、国旗或其他类似图案当作商标使用，则上述禁例不再适用；（2）“政府间国际组织”仅指国家一级之间的政府间组织；（3）已经受到某个现行国际协定保护的商标，也不适用上述禁例；（4）某个成员国在加入《巴黎公约》之前已在本国善意使用的商标，即使与上述两条禁例规定的标记相同，也不在被禁之列；（5）某些商标所使用的图案虽与上述禁例所规定的图案相似，但在贸易活动中使用时，不会使人误认为其与有关国家或国际组织有什么联系的，则不在禁止之列；（6）以其他国家的国旗为商标标记予以注册发生在1925年以前的，不在被禁之列；（7）公约成员国必须将本国不允许作为商标使用的象征性标记列出清单并提交世界知识产权国际局，由其转达给其他成员国。否则，除国旗之外，其他成员国可以不禁用。

（二）《商标国际注册马德里协定》（Madrid Agreement Concerning the International Registration of Marks）

《巴黎公约》关于商标权的规定仅仅涉及商标权的国际保护问题，没有规定商标在成员国的注册问题。随着商品在国际市场的数量日益增多，各国厂商深感商标在各国重复注册的不便，要求简化申请手续和减少注册费用。为了弥补《巴黎公约》这方面的缺陷和不足，1891年4月14日在西班牙首都马德里签订了《商标国际注册马德里协定》，（以下简称《马德里协定》）。该公约于1892年7月15日生效，先后于1900年12月14日在布鲁塞尔、1911年6月2日在华盛顿、1925年11月6日在海牙、1934年6月2日在伦敦、1957年6月15日在尼斯、1967年7月14日及1979年10月2日在斯德哥尔摩进行了修订。该协定同《专利合作条约》一样，要求参加国必须是《巴黎公约》成员国，同样实行“一项商标一次申请制度”。到2018年1月底，《马德里协定》共有缔约国55个。[①] 我国已于1989年7月4日申请加入，同年10月4日该协定对我国生效。

《马德里协定》是对《巴黎公约》关于商标国际保护的补充。其内容为：成员国国民或在成员国有住所或营业所的非成员国国民，必须先在本国商标机关申请并取得商标注册，再通过本国的商标审理部门或代理组织向世界知识产权组织国际局提交一份按照《马德里协定》规定的国际注册申请案，并选定拟在哪些成员国取得商标注册权。然后，国际局将国际注册予以公布，并通知选定的成员国。如果这些成员国在1年内没有对该申请提出拒绝保护说明，即被认为在该国注册自动生效。如果指定国有异议，应在1年内提出并说明理由，视为拒绝注册。协定为国际注册

---

① 来源网址：http：//www. wipo. int/treaties/en/ShowResults. jsp？lang = en&treaty_ id = 3，最后访问日期：2018年1月31日。

商标提供20年的保护期，并可以无限续展，展期也是20年。若商标在国际注册生效后5年内，在原始国注册失效，则在其他成员国也同样失效。协定还规定了申请案的文本为法文本，优先权期限为6个月。

《马德里协定》大大简化了商标注册手续，节省了费用，提供了方便，并促进了统一国际商标实体法的发展。

由于《马德里协定》存在一些缺陷，例如商标的国际注册与所属国的国内注册关联过大，驳回保护的通知期限过短，国际程序导致收取的规费比国内或者地区注册规费低，等等，且美国、日本、英国、爱尔兰、丹麦等国家并未加入，其作用受到极大限制。为了改变这种状况，扩大马德里联盟的范围，1989年WIPO国际局主持缔结了《马德里协定议定书》（以下简称《马德里议定》）。[①] 截至2018年1月，《马德里议定》共有缔约国100个。我国于1995年9月1日加入，同年12月1日对我国生效。[②]《马德里协定》和《马德里议定》构成马德里体系，其目的在于为商标所有人简化行政程序，使其能在最短时间内以最低成本在所需国家获得商标保护。

（三）《商标注册条约》（Trademark Registration Treaty）

1973年6月12日，由英国、美国、罗马尼亚、意大利、奥地利、丹麦、芬兰、德国、摩纳哥、挪威、葡萄牙、匈牙利、瑞典、圣力马诺等14国发起，在维也纳外交会议上通过了《商标注册条约》。该条约经1980年修改，于同年8月7日生效。其内容为：申请人可以向日内瓦世界知识产权国际局直接提出"国际申请"，无须先在本国获得注册，也不必通过本国的商标管理部门提交申请案。如果国际申请符合本条约及其实施细则规定的要求，国际局即给予国际注册，在该局的公报上公布，并分别通知国际注册所有申请保护的指定国的商标注册机关，各指定国的商标注册机关都可以在15个月（确认标记为18个月）期限内，拒绝承认该国际注册。否则，即与指定国注册具有同等效力。国际注册商标有效期为10年，可以无限续展。商标国际注册在成员国生效后3年内未使用的，任何成员国都可以撤销其注册。条约规定所提交的注册申请文本可采用英文或法文。

《商标注册条约》的参加国必须是《巴黎公约》的成员国。该条约在简化商标国际注册和手续方面又比《马德里协定》前进了一步。

三、著作权公约

19世纪下半叶，随着出版业的迅速发展，资本主义国家便开始着手建立著作权

① 宁立志：《知识产权法》，武汉大学出版社2011年版，第471页。

② 来源网址：http：//www. wipo. int/treaties/en/ShowResults. jsp？lang = en&treaty_ id = 8，最后访问日期：2018年1月31日。

的国际保护制度。主要公约有：1886 年《保护文学艺术作品伯尔尼公约》（以下简称《伯尔尼公约》）、1952 年《世界版权公约》、1977 年《班吉协定》（该协定附件 7 是世界上出现的第一部跨国版权法）、1961 年《保护表演者、录音制品录制者与广播组织公约》、1989 年《集成电路知识产权公约》。下面介绍著作权国际保护的两个最主要的国际公约——《伯尔尼公约》与《世界版权公约》。

（一）《保护文学艺术作品伯尔尼公约》（Berne Convention for the Protection of Literary and Artistic Works）

《伯尔尼公约》是世界上第一个保护文学、艺术和科学作品的国际公约，也是最重要、影响最大的保护著作权的国际公约。《伯尔尼公约》于 1886 年 9 月 9 日在瑞士首都伯尔尼签订，1887 年 12 月 5 日生效。当时签字国有英国、法国、德国、意大利、西班牙、比利时、瑞士、利比里亚、海地、突尼斯 10 个国家。该公约先后经过 1896 年 5 月 4 日在巴黎、1908 年 11 月 13 日在柏林、1914 年 3 月 20 日在伯尔尼、1928 年 6 月 2 日在罗马、1948 年 6 月 26 日在布鲁塞尔、1967 年 7 月 14 日在斯德哥尔摩、1971 年 7 月 24 日在巴黎的多次修订和补充，其中影响最大的是 1971 年的巴黎文本。截至 2018 年 2 月 6 日，公约共有 175 个成员。① 我国于 1992 年 7 月 15 日加入《伯尔尼公约》，同年 12 月 15 日该公约开始对我国生效。公约共计 44 条，其中正文 38 条，正文前 21 条和《附件》6 条为实质性条款，正文后 17 条为管理条款。《伯尔尼公约》所确定的基本原则有：

1. 国民待遇原则

根据公约第 3、4、5 条规定，公约采用的是“双国籍国民待遇原则”。双国籍是指作者国籍和作品国籍，即如果作者是成员国的国民，不论其作品发表与否或在何国发表，都享有国民待遇。如果作品首次在某一成员国发表，不论作者为何国国民，也同样享有成员国的国民待遇。这项原则也适用于在任何成员国有住所和习惯居所的不具有成员国国籍的作者的作品。

2. 自动保护原则

根据公约第 5 条第 2 款的规定，能在公约成员国中享受国民待遇的著作权人，其著作权的保护，不需要履行任何手续，只要作品一经产生，就自动受到保护。不必登记注册，不必交纳样本，也不必在作品上加注任何版权标记。

3. 最低限度保护标准原则

由于各国版权法对于保护的对象、范围、期限规定的不同，故公约确立了一些为各国都能接受的标准。以保护期为例，第 7 条第 1 款规定：文学艺术作品的保护

① 来源网址：http：//www. wipo. int/treaties/en/ShowResults. jsp？lang = en&treaty_ id = 15，最后访问日期：2018 年 2 月 6 日。

期为作者有生之年加死后50年，据此，各成员国给予的保护期就不得低于这个标准，但可以多于50年。对于财产权利而言，公约至少保护翻译权、复制权、表演权、广播权、公开朗诵权、改编权、录制权、制片权。对于追续权，公约允许成员国自行决定。就精神权利而言，公约至少保护署名权，保护作品完整权。

4. 独立保护原则

根据公约的规定，作品享受的保护，不受作品来源国保护条例的约束。即在符合条约规定的最低要求的前提下，对该作者的权利保护均受提供保护的成员国的法律支配。

除以上基本原则外，公约还规定了一些实质性条款：（1）文学艺术作品的范围，包括科学和文学艺术作品领域内的一切作品，不论其表现方式或形式如何；（2）经济权利包括翻译权、公演权、复制权、摄制成电影和使用电影权、改编作品等权利；（3）精神权利包括身份权、维护作品完整权、出版权等权利；（4）保护期限是作者有生之年加死后50年，不署名作品和笔名作品为其合法向公众发表之日起50年；（5）合理利用的限制包括法律允许的复制、以摘要形式或教学目的使用作品、时事文章或广播作品、临时录制权等。

（二）《世界版权公约》（Universal Copyright Convention）

《世界版权公约》是继《伯尔尼公约》之后又一开放性的国际公约。

为了协调欧洲《伯尔尼公约》与美洲《泛美版权公约》之间的矛盾，在联合国教科文组织的主持下，于1952年9月6日在日内瓦签订了《世界版权公约》，该公约于1955年9月16日生效。1971年7月24日修订时，还补充制定了两个附件议定书：一是《关于本公约对无国籍人士和流亡人士作品之应用的附件》；二是《关于本公约对某些国际组织作品之应用的附件》。该公约为开放性国际公约，与《伯尔尼公约》相互独立，既可以参加这一项而不参加另一项，也可以两项都参加，但原先的《伯尔尼公约》参加国，不能退出原公约而参加《世界版权公约》。截至2018年1月，公约共有135个成员国。[①] 我国已于1992年7月1日加入《世界版权公约》，同年10月30日该公约开始对我国生效。该公约共21条和两个议定书，各项规定大多是原则性的，主要内容有：

《世界版权公约》同样规定了"国民待遇原则""独立保护原则"以及"有条件的自动保护原则"等。因"国民待遇原则"和"独立保护原则"与《伯尔尼公约》的规定基本相同，这里仅介绍有条件的自动保护原则。

根据公约第3条第1款规定，作品在首次出版时，所有各册必须在版权栏内醒

---

① 来源网址：https：//treaties. un. org/Pages/showDetails. aspx？objid = 0800000280149344&clang = _en，最后访问日期：2018年1月31日。

目的地方标有版权标记（文学作品用“C”，录音制品可用“R”或“C”），并注明版权所有人的姓名、首次出版的年份三项内容，只要履行这些手续，便可在其他公约成员国自动受到保护，而不必履行任何登记注册之类的手续。这就是“有条件的自动保护原则”，也称“非自动保护原则”。

另外，公约所规定的最低限度保护标准原则与《伯尔尼公约》第7条的规定稍有差异。该公约第1、4条有关款项规定：受保护作品的范围列举了文学、音乐、戏剧、电影、绘画、雕刻、雕塑；作者享有的经济权利包括复制权、公演权、广播权和翻译权；作品的保护期一般不少于作者有生之年加死后25年，或者作品发表之后25年。

四、《建立世界知识产权组织公约》（Convention Establishing the World Intellectual Property Organization）

早在《巴黎公约》和《伯尔尼公约》签订后，成员国为了保证公约的履行，便组成“工业产权同盟国际局”（以下简称巴黎同盟）和“保护文学艺术作品的伯尔尼同盟国际局”（以下简称伯尔尼同盟），1893年两个同盟合并成为“保护知识产权联合国际局”。后来，经“联合国际局”的建议和多年酝酿，1967年7月14日在斯德哥尔摩召开的外交会议上签订了《建立世界知识产权组织公约》，并成立了一个政府间的国际组织，即“世界知识产权组织”（World Intellectual Property Organization，简称WIPO）。公约于1970年4月26日开始生效，1974年12月WIPO正式成为联合国的第14个专门机构，总部设在日内瓦。截至2018年2月5日，公约成员国共有191个。我国作为第90位成员国于1980年3月3日加入《建立世界知识产权组织公约》，同年6月3日该公约开始对我国生效。①

（一）世界知识产权组织的宗旨

公约第3条规定，世界知识产权组织的宗旨有两项：一是通过各国间的合作，并在其他适当情况下与其他国际组织协作，促进在全球范围内对知识产权的保护；二是保证各知识产权同盟间的行政合作。

（二）世界知识产权组织的主要任务和职权

根据公约第4条规定可知，世界知识产权组织的主要任务和职权是：（1）在促进全世界对知识产权的保护方面，鼓励缔结新的国际条约，协调各国的立法，给予发展中国家以法律、技术援助，收集并传播情报，办理国际注册或成员国之间的其他行政合作事宜；（2）在知识产权同盟的行政合作方面，将各同盟即“巴黎同盟”

---

① 来源网址：http：//www.wipo.int/members/en/，最后访问日期：2018年2月5日。

“伯尔尼同盟”“马德里同盟”“专利合作同盟”“工业品外观设计国际保护海牙协定同盟”“罗马公约版权同盟”等组织的行政工作集中于日内瓦国际局；（3）在对发展中国家援助方面，该组织就技术转让、起草知识产权方面的立法、建立专利机构和专利文献机构、培训专业工作人员等事项向发展中国家提供援助。

（三）成员资格

凡具有下列资格的国家都可以参加世界知识产权组织：（1）巴黎同盟与该同盟有关的各专门联盟，伯尔尼同盟以及由世界知识产权组织担任其行政事务的其他促进知识产权的国际协定的参加国；（2）没有参加任何联盟的国家，只要具备以下条件也可参加：联合国成员国、联合国的专门机构、国际原子能组织成员国；国际法院规约的成员国；应世界知识产权组织大会邀请参加本公约的国家。

（四）世界知识产权组织的机构

按照公约的规定，世界知识产权组织由大会、成员国会议、协调委员会和国际局组成。（1）大会，由成员国中参加“巴黎同盟”和“伯尔尼同盟”的国家组成，是该组织的最高权力机构。其主要职责是：根据协调委员会的提名，任命总干事；审查和批准总干事和协调委员会的工作报告；通过各联盟共同的三年开支预算和本组织的财务条例；等等。大会每三年召开一次。（2）成员国会议，由参加世界知识产权组织的全体成员国组成，不论它们是否为某一同盟的成员国。其主要职责是：讨论知识产权方面普遍感兴趣的事项；通过成员国会议的三年预算；在预算限度内，制定三年内的法律和技术援助计划；等等。其会期与大会相同。（3）协调委员会，由担任“巴黎同盟”或“伯尔尼同盟”执行委员会委员，或兼任该委员会委员的本公约的参加国组成，是为了保证各同盟之间的合作而设立的机构。它只就大会的一切有关行政、财务等事项提出意见，拟订大会议程草案等。（4）国际局，是世界知识产权组织各机构和各同盟共同的秘书处，即常设办事机构。主要承担日常行政事务工作，如提交报告和工作文件，为会议做准备，组织实施本组织的各种会议决定和工作计划，等等。国际局设总干事1人和2名以上的副总干事，任期不少于6年，可连选连任。

五、《与贸易有关的知识产权协议》（Agreement on Trade - Related Aspects of Intellectual Property Rights）

20世纪90年代中期，为了适应科学技术新发展的要求，以及富有技术含量的新产品在世界市场上迅速增长的情况下，世界贸易组织（WTO）制定了专门适用于国家间的一项新的实体和程序事项公约，即《与贸易有关的知识产权协议》（以下简称《知识产权协议》，英文缩写TRIPs）。该协议是世界贸易组织代替“关税及贸易总协定”（GATT）之前，由“关税及贸易总协定”的成员国在1993年乌拉圭回合谈判结束前所达成的协议。截止到2016年7月底，世界贸易组织的成员为164个，这些成员也都是《知识产权协议》的成员。① 我国已经于2001年11月10日加入世界贸易组织，世界贸易组织管辖的一系列多边协议包括上述协议，已经于2001年12月11日对我国生效。

《知识产权协议》包括七个部分，共73条，即一般规定和基本原则；知识产权的效力、范围及使用的标准；知识产权的执法；知识产权的获得和维护及相关程序；争端的防止和解决；过渡安排；机构安排和最后条款。

（一）《知识产权协议》的目标

《知识产权协议》的目标有：保护知识产权；促进国际贸易发展；促进技术革新、技术转让和社会发展；建立世界贸易组织与世界知识产权组织间的相互支持关系。

（二）《知识产权协议》的基本原则

《知识产权协议》的基本原则包括：（1）有限的国民待遇原则。协议第3条第1款规定，除非是《巴黎公约》《伯尔尼公约》《罗马公约》或《关于集成电路的知识产权条约》等有关《知识产权协议》中所规定的例外，每一成员国在知识产权的保护方面给予其他成员国国民的待遇不低于它给予其国民的待遇，例如《伯尔尼公约》《罗马公约》等均允许其成员国在特殊场合以“互惠”原则取代国民待遇原则；（2）最惠国待遇原则，《知识产权协议》将这一待遇作为基本原则是一项新的发展，其他知识产权公约一般无此规定。协议规定的最惠国待遇是立即和无条件的；（3）保护公共利益原则，各成员国在制定或修改法律、规章过程中，可采取必要措施对知识产权进行一定的限制以保护其公共利益，其限制程度要以不违反协议有关的知识产权的保护规定为限。

（三）知识产权的范围

《知识产权协议》第1条对协议所包含的知识产权的范围作了明确规定：（1）版权及相关权利；（2）商标权；（3）地理标志；（4）工业品外观设计；（5）专利权；（6）集成电路的布图设计（拓扑图）权；（7）未披露过的信息专有权。协议的规定表明了知识产权的范围有扩大的趋势，不仅仅包括工业产权和版权两个部分。

（四）最低保护标准

依协议第1条的要求，各成员国的国内法可以规定高于协议的保护水平，但并

---

① 来源网址：https：//www. wto. org/english/thewto_ e/whatis_ e/tif_ e/org6_ e. htm，最后访问日期：2018年1月31日。

没有义务高出这个水平。当然，也不得低于本协议所规定的保护水平。因此，各国在加入 TRIPs 之后，在一定的宽限期内，都应该将国内法调整到协议规定的保护水平。过去的知识产权公约中少有如此显明的“最低保护标准”条款。

（五）侵权的损害赔偿

知识产权在国际贸易中极易受到侵害是众所周知的。为了防止因技术转让、传播和冒牌商品在国际交易中发生的侵权行为，协议第 40 条对限制性竞争行为的控制作了特别的规定。限制性竞争行为指与知识产权有关的某些妨碍竞争的，可能对贸易具有消极影响，并可能阻碍技术的转让与传播的许可贸易活动或条件。根据协议的规定，不应阻止成员在其国内立法中具体说明在特定场合可能构成对知识产权的滥用、从而在有关市场对竞争有消极影响的许可证贸易活动或条件。成员可在与本协议的其他规定一致的前提下，顾及该成员的有关法律及条例，采取适当措施防止或控制这种活动。这类活动包括诸如独占性返授条件、禁止对有关知识产权的有效性提出异议的条件或强迫性的一揽子许可证。第 45 条还规定，对已知或有充分理由应知自己从事之活动系侵权的侵权人，司法当局应有权责令其向权利人支付足以弥补因侵犯知识产权而给权利持有人造成损失的损害赔偿费。鉴于赔偿的范围、数额及其计算方法，在协议中不可能做出具体规定，有时还需要寻求冲突法或其他商业惯例来解决。以上的规定是以往的知识产权公约很少触及的新问题。

（六）争端的救济措施

协议不仅规定了因不正当竞争等侵权行为引起损失的损害赔偿原则，还规定了争端的防止及解决。凡是国际贸易中发生的侵权行为，必须按照协议第 64 条规定的程序进行，并且这种程序的启动具有强制性，只能直接适用 TRIPs 的有关规定。各成员方对于这种争端解决机制，一般是不准提出保留的，从而就不存在管辖及法律的选择问题。因此，国际贸易中的知识产权争端，只能由有关成员国行使，私人不能援用该程序规则，往往是间接求助本国解决。对于这种强行规定，有的成员方，特别是不发达国家成员方，可以采用协定中的“过渡安排”和“安全例外”条款，推迟或者暂时不予适用。由于协议中具有这种松动的规定，对于一些发展中国家的成员方或非 WTO 成员方而言，国际贸易中的知识产权纠纷还是可以通过包括冲突法在内的国内法寻求司法救济措施。

此外，为更好地解决跨境知识产权争议中的管辖权、法律适用和判决的认可等问题，美国法学会 2008 年通过的《知识产权：调整跨境诉讼中管辖权、法律适用和判决的原则》（以下简称 ALI 原则）、2010 年 10 月 14 日韩国和日本国际私法学会公布的《知识产权国际私法原则》、德国马克斯普朗克法学研究所 2011 年 12 月 31 日公布的《知识产权冲突法原则》（以下简称 CLIP 原则）起到了示范立法作用。在法律适用一般规则问题上，均确立了法院地法原则（lex fori）、被请求保护地法原则

(lex protectionis) 和当事人的意思自治原则 (freedom of choice); 对于知识产权侵权及救济问题, ALI 原则和 CLIP 原则均将适用被请求保护地法作为一般规则, 同时规定在例外情况下可偏离这一规则,《知识产权国际私法原则》在该问题上虽借鉴了 CLIP 原则, 但却稍有不同, 即如果当事人没有选择侵权和救济所适用的法律, 就适用被请求保护地法; 对于知识产权合同的法律适用问题, 都采用了当事人意思自治和最密切联系原则, 但在具体规定上各有不同; 在知识产权原始所有权及可转让性的法律适用问题上, CLIP 原则采用了被请求保护地法原则, ALI 原则仍坚持区别登记性知识产权和未经登记的知识产权,《知识产权国际私法原则》虽结合了 CLIP 原则和 ALI 原则, 但更多地受到了后者的影响。①

第三节 我国的涉外知识产权制度

为了促进科学技术和文化事业的发展, 我国相继颁布或制定了相关的法律或条例: 1982 年颁布并于 2013 年修正的《商标法》、2002 年施行并于 2014 年修订的《商标法实施条例》、1989 年《国务院关于我国加入〈商标国际注册马德里协定〉的决定》②、1984 年颁布并于 2008 年修正的《专利法》和 2010 年修订的《中华人民共和国专利法实施细则》、1990 年颁布并于 2010 年修正的《著作权法》和 2002 年颁布并于 2013 年修订的《中华人民共和国著作权法实施条例》、2001 年 1 月 1 日施行并于 2013 修订的《计算机软件保护条例》、2001 年 10 月 1 日施行的《集成电路布图设计保护条例》、2002 年颁布并于 2018 年修订的《奥林匹克标志保护条例》、2015 年修订的《最高人民法院关于审理专利纠纷案件适用法律问题的若干规定》等。国务院有关部门还制定了实施上述法律的条例、细则。同时, 我国还先后加入了《建立世界知识产权组织公约》《保护工业产权巴黎公约》《商标注册马德里协定》《保护文学艺术作品伯尔尼公约》《世界版权公约》《专利合作条约》《与贸易 (包括假冒商品贸易在内) 有关知识产权协议》等公约。这些标志着我国初步形成了知识产权的法律体系。

---

① 参见朱伟东:《韩日〈知识产权国际私法原则〉评述——兼与〈ALI 原则〉〈CLIP 原则〉比较》, 载《国际经济法学刊》2012 年第 19 卷第 3 期。

② 国家工商行政管理总局 2003 年《马德里商标国际注册实施办法》已失效, 关于商标国际注册的问题已修订到《商标法》中。2013 年修订的《商标法》第 21 条规定:"商标国际注册遵循中华人民共和国缔结或者参加的有关国际条约确立的制度, 具体办法由国务院规定。"

一、我国对知识产权的法律保护

（一）对专利权的法律保护

对于外国人在我国依法取得专利权问题，我国《专利法》规定了有条件的国民待遇原则。该法第18条规定："在中国没有经常居所或者营业所的外国人、外国企业或外国其他组织在中国申请专利的，依照所属国同中国签订的协议或者共同参加的国际条约，或者依照互惠的原则，根据本法办理。"可见，外国人在我国申请专利必须具备两个条件：一是该国与我国有条约关系；二是该国与我国有互惠。① 第19条第1款又规定了外国人在我国申请专利或办理其他专利事务的，应委托国务院指定的专利代理机构办理。目前，代理机构有中国国际商会专利代理部、上海专利事务所、中国专利代理有限公司等。

对于外国人在我国申请专利所享有的优先权问题，我国《专利法》第29条第1款规定："申请人自发明或者实用新型在外国第一次提出专利申请之日起十二个月内，或者自外观设计在外国第一次提出申请之日起六个月内，又在中国就相同主题提出专利申请的，依照该外国同中国签订的协议或者共同参加的国际条约，或者依照相互承认优先权的原则，可以享有优先权。"

我国单位或者个人向外国人转让专利申请权或者专利权的，必须经国务院有关主管部门批准。我国单位或个人将其在国内的发明创造向外国申请专利的，应当先向我国专利局申请，经国务院主管部门同意后，委托国务院指定的代理机构办理，擅自向外国申请专利的、泄露国家机密的，由所在单位或主管部门给予行政处分，情节严重的，追究刑事责任。

（二）对商标权的法律保护

2013年修正的《商标法》第17条规定："外国人或者外国企业在中国申请商标注册的，应当按其所属国和中华人民共和国签订的协议或者共同参加的国际条约办理，或者按对等原则办理。"我国对外国人的商标注册采取的是有条件的国民待遇原则。第18条第2款规定："外国人或者外国企业在中国申请商标注册和办理其他商标事宜的，应当委托国家认可的具有商标代理资格的组织代理。"外国个人或外国企业在我国申请办理商标注册的，应当委托国家认可的具有商标代理资格的组织代理。并且个人需要提供护照等身份证的复印件，企业需要提供法人或企业的主题资格证明文件的复印件。2014年修订的《商标法实施条例》第5条第4款规定："商标法第十八条所称外国人或者外国企业，是指在中国没有经常居所或者营业所的外国人或者外国企业。"

---

① 张仲伯主编：《国际私法学》，中国政法大学出版社1999年版，第230页。

（三）对著作权的法律保护

我国2010年修正的《著作权法》第2条第2、3、4款明确规定了对著作权的国际保护采取“双国籍国民待遇原则”，该条款规定：“外国人、无国籍人的作品根据其作者所属国或者经常居住地国同中国签订的协议或者共同参加的国际条约享有的著作权，受本法保护。外国人、无国籍人的作品首先在中国境内出版的，依照本法享有著作权。未与中国签订协议或者共同参加国际条约的国家的作者以及无国籍人的作品首次在中国参加的国际条约的成员国出版的，或者在成员国和非成员国同时出版的，受本法保护。”我国2013年修正的《著作权法实施条例》第33条规定：“外国人、无国籍人在中国境内的表演，受著作权法保护。外国人、无国籍人根据中国参加的国际条约对其表演享有的权利，受著作权法保护。”第34条规定：“外国人、无国籍人在中国境内制作、发行的录音制品，受著作权法保护。外国人、无国籍人根据中国参加的国际条约对其制作、发行的录音制品享有的权利，受著作权法保护。”第35条规定：“外国的广播电台、电视台根据中国参加的国际条约对其播放的广播、电视节目享有的权利，受著作权法保护。”另外需要注意的是，外国人合作创作的作品或共有著作权的作品时，应根据合作作者或共有著作人的国籍情况分别适用上述规定。对于外国人与我国人合作创作的作品或共同享有著作权的作品，这类作品一般应给予与我国作品同样的保护。对于外国人合作创作的作品或者外国人共有著作权的作品，只要其中一位外国人属于《伯尔尼公约》和《世界版权公约》成员国，这类作品的著作权受我国法律保护。①

我国公民、法人或非法人单位的作品不论其在境内还是在境外发表，均作为我国作品，受我国著作权法保护。其作品如要在外国受到法律保护，可根据我国已经参加的国际公约的规定，在某一成员国首次发表的，在其他成员国也同时受法律保护；或者在我国发表后30日内也在《伯尔尼公约》某成员国发表的，将视为同时发表，可受到所有成员国的法律保护。

2013年修订的《计算机软件保护条例》第5条第2款、第3款规定：“外国人、无国籍人的软件首先在中国境内发行的，依照本条例享有著作权。外国人、无国籍人的软件，依照其开发者所属国或者经常居住地国同中国签订的协议或者依照中国参加的国际条约享有的著作权，受本条例保护。”2001年《集成电路布图设计保护条例》第3条第2款、第3款规定：“外国人创作的布图设计首先在中国境内投入商业利用的，依照本条例享有布图设计专有权。外国人创作的布图设计，其创作者所属国同中国签订有关布图设计保护协议或者与中国共同参加有关布图设计保护国际条约的，依照本条例享有布图设计专有权。”

---

① 潘灿君：《著作权法》，浙江大学出版社2013年版，第54页。

二、我国关于知识产权法律适用方面的规定

我国《民法总则》《专利法》《商标法》和《著作权法》均未对知识产权法律适用问题做出规定，这已难以适应涉外知识产权关系日益发展的需要。我国《涉外关系法律适用法》第七章对知识产权及知识产权侵权的法律适用作出了明确规定，其内容涉及知识产权的内容和归属、知识产权转让和许可使用合同以及知识产权的侵权责任。

值得注意的是，《涉外关系法律适用法》对知识产权的法律适用没有区分商标权、专利权、著作权分别规定法律适用，而是就知识产权统一进行规定。如该法第48条规定："知识产权的归属和内容，适用被请求保护地法律。"第49条规定："当事人可以协议选择知识产权转让和许可使用适用的法律。当事人没有选择的，适用本法对合同的有关规定。"第50条规定："知识产权的侵权责任，适用被请求保护地法律，当事人也可以在侵权行为发生后协议选择适用法院地法律。"我国《涉外关系法律适用法》的规定主要采用了被请求保护地法律原则，对于知识产权转让和许可使用合同则采用了意思自治原则以及合同法律适用的基本规定，对于知识产权的侵权责任则引入了有限的意思自治原则，即当事人可以在侵权行为发生后协议选择适用法院地法律。其规定的内容较《示范法》更为简略。①《涉外关系法律适用法》有关知识产权之规定有效弥补了我国在该领域的立法空白，但其在实践中存在的诸多问题也不容忽视，如错误地将"被请求保护地"等同于"法院地"、缺乏有效应对知识产权遍在侵权②等。因此，进一步完善涉外知识产权的立法及司法是未来国际私法亟待解决的问题。

---

① 《示范法》第3章第7节（第92条至第99条）对此作了专门规定，主要涉及知识产权的范围，知识产权的成立、内容和效力的法律适用，知识产权的合同和侵权行为问题。《示范法》第92条规定："知识产权的范围，依照中华人民共和国缔结或者参加的有关国际条约和中华人民共和国的有关法律确定。"第93条规定："专利权的成立、内容和效力，适用专利申请地法。"第94条规定："商标权的成立、内容和效力，适用注册登记地法。"第95条规定："著作权的成立、内容和效力，适用权利主张地法。"第96条规定："属于知识产权范围的其他有关权利，其成立、内容和效力，适用权利登记地法或者权利主张地法。"第97条规定："有关知识产权的合同，适用本法关于合同的规定。"第98条规定："有关受雇人在职务范围内取得的知识产权，适用调整雇佣合同的法律。"第99条规定："知识产权侵权的法律救济，适用请求保护地法。"见中国国际私法学会编：《中华人民共和国国际私法示范法》，法律出版社2000年版，第121～122页。

② 基于互联网实施和引发不特定多个损害后果的知识产权侵权称之为知识产权"遍在侵权"（ubiquitous infringement）。

§思考题：

1. 简述涉外专利权的法律冲突的原因和法律适用规则。
2. 简述涉外商标权的法律冲突的原因和法律适用规则。
3. 简述涉外著作权的法律冲突的原因和法律适用规则。
4. 试述 TRIPs 协定对知识产权国际保护制度的继承和发展。

§“法律职业资格考试”要点提示：

知识产权法律适用的基本规则；保护知识产权的主要国际公约的基本内容；我国关于知识产权法律适用的规定。

第十一章　债权的法律适用（一）

——合同之债的法律适用概述

§学习目的与要求：

涉外合同的法律适用问题，在国际民商事交流领域一直具有相当重要的地位，也是司法实践中法官和律师经常遇到的问题之一。涉外合同由于种类的多样性，合同涉及问题的多样性，使得涉外合同之债的法律适用成为国际私法中最复杂的问题之一。要求通过本章的学习，识记涉外合同和合同准据法的概念、合同准据法确定中的统一论和分割论，从历史沿革和各国实践等方面全面理解确定合同准据法的基本方法——“意思自治原则”“最密切联系原则”“特征性履行原则”和“合同自体法理论”，掌握合同准据法的适用范围及例外，能综合运用我国关于涉外合同法律适用的原则和规定，剖析和解决涉外合同的法律冲突问题，尤其是处理我国的有关涉外合同的法律适用问题。

债是指特定的当事人之间请求为特定行为的民事法律关系。①具体而言，债是按合同的约定或法律的规定，在当事人之间产生的特定权利和义务关系。

国际私法上的债是指具有国际因素的债，亦即涉外之债。由于涉外之债往往与两个或两个以上国家的法律发生联系，而各国关于债的法律规定往往存在歧异，这样就必然会产生法律适用的冲突。因此，涉外之债的法律适用问题，一直是国际私法调整涉外民商事关系的重要内容之一。

债的分类方法较多，但从各国和我国民法的立法体例看，一般是以债的发生原

① 参见中国大百科全书编委会编：《中国大百科全书·法学》，中国大百科全书出版社1984年版，第721页。

因作为分类依据，将债分为合同（合意）之债和非合同（法定）之债（包括侵权行为和无因管理、不当得利所生之债）。这种分类方法也影响到了各国国际私法的立法与实践。[①]据此，本书第十一章至第十二章将分别讲述涉外合同之债的法律适用问题，第十三章则主要讲述涉外非合同之债的法律适用问题。

第一节 概述

一、涉外合同的概念

合同是平等主体的自然人、法人、其他组织之间设立、变更、终止民事权利义务关系的协议。[②]它是债权债务关系发生的重要依据之一。罗马法称合同为“Contractus”，即指双方当事人之间发生债权债务的合意。大陆法系国家的合同定义基本源于此；英美法系国家较为流行的定义是：合同是由法律保障其执行的一个允诺或一系列允诺。该定义表明合同是当事人承担债务的单方意思表示。但现在，英美法系的一些学者认为，合同是由法律强制执行或者认可的债务之合意。因此，大陆法系的合同概念和英美法系的合同概念正趋于统一。[③]在我国，合同有广义和狭义之分，狭义上的合同专指产生民法债权债务关系的合同；广义上的合同则泛指产生某种权利义务关系的协议，其“既包括狭义合同，也包括诸如劳动合同，单位内的承包合同，以至夫妻协议、师徒合同等”。[④]本书所指合同为狭义上的合同，即债权合同。

国际私法中的合同具有以下特点。

（一）具有涉外因素

即合同的主体、客体和内容这三项因素中，至少有一项与外国发生联系。因而合同涉外因素的形式可能是多种多样的。[⑤] 国际统一私法协会 2004 年修订的《国际商事合同通则》在“前言”的注释中，首先就“国际合同”问题写道：“一份合同的国际性可以有很多不同的标准来确定”。譬如，合同签订地在外国，或合同当事人

---

① 参见 1898 年日本《法例》第 9 条第 2 款、第 11 条第 1 款至第 2 款；奥地利 1978 年《关于国际私法的联邦法》第 35 条至第 48 条，其中第 36 条至第 47 条现已废除；瑞士 1987 年《关于国际私法的联邦法》第九章的第一、二、三节。

② 参见我国 1999 年《合同法》第 2 条。

③ 参见王家福、梁慧星主编：《中国民法学·民法债权》，法律出版社 1991 版，第 257 ~ 258 页。

④ 覃有土、王亘：《债权法》，光明日报出版社 1989 年版，第 60 页。

⑤ See A. W. Scott, Private International Law, 2nd ed., Macdonald & Evans Ltd., 1979, p. 208.

为外国人，或合同签订地在内国而合同履行地却在外国。

也有学者将涉外合同分为一般性的涉外合同和有关国际交流性的涉外合同。[①]前者是指具有涉外因素的私人（包括法人）间小规模的以借贷、运输、买卖、租赁、承揽、雇佣、赠与等为内容的合同；后者则多指法人之间签订的、经济价值较大的、与对外交流有关的买卖、投资、运输、保险、支付以及经济技术合作等内容的涉外合同。而就有关国际交流的涉外合同而言，衡量一项合同是否是涉外（或国际）的，有两种标准：其一是国籍（nationality）标准。如隆茨教授就指出："所谓对外贸易的交易是这种交易：交易的一方是外国人（外国公民或外国法人），其内容是关于从外国输入货物或从国内输出货物到国外的业务或与货物进出口业务有关的任何类似业务。"[②] 其二是地域标准。该标准又分为两种：（1）营业地（place of business）标准。切希尔和诺斯曾指出，一项国际货物买卖合同当事人的营业所应处于不同的国家，如果当事人没有营业所的，其惯常居所（habitual residence）应位于不同的国家。[③] 1980 年《联合国国际货物销售合同公约》（Uniform Law for International Sales Under the 1980 United Nations Convention. 简称 1980Viena Convention——1980 年《维也纳公约》）第 1 条也明确规定该公约只适用于营业所在不同国家的当事人之间所订立的货物买卖合同；（2）行为地标准。如 1978 年《联合国海上货物运输公约》第 2 条规定公约"适用于在两个不同国家间的所有海上运输契约，如果（1）海上运输契约规定的装货港位于一个缔约国内，或（2）海上货物运输契约规定的卸货港位于一个缔约国内……"

（二）内容广泛

就有关国际贸易的合同而言，通常涉及国际货物买卖、国际技术转让、国际货物运输、国际货物运输保险和国际贸易支付等内容。对此，本章仅概述合同法律适用的基本理论问题，有关各主要国际贸易合同的法律适用问题，将在债权的法律适用（二）中予以详述。

（三）可能要适用外国法、国际条约或国际惯例

合同的涉外性必然导致合同与外国法在特定条件下有着某种程度的联系，因而，在某些场合下，为确定涉外合同当事人权利义务，冲突规范往往会指定适用外国法，或者直接适用国际条约或国际惯例。这种情况在国内合同中是不存在的。

① 参见王常营主编：《中国国际私法的理论与实践》，人民法院出版社 1993 年版，第 214 页。

② ［苏联］隆茨：《国际私法》，顾世荣译，人民出版社 1951 年版，第 216 页。

③ Peter North and J. J. Fawcett. Cheshire and North's Private International Law, 11th ed., Butterworths, 1987, p. 467.

二、合同之债的法律冲突及其解决

（一）合同之债的法律冲突

合同之债的法律冲突，即涉外合同法律适用的冲突。任何一项合同往往会涉及当事人的缔约能力、合同形式、合同的成立及成立的时间、合同生效、合同的解释、合同履行、违约责任以及合同的变更、中止、转让、解除、终止等问题，而各国在这些问题上的立法及实践都存在较大差异。

1. 关于合同当事人的缔约能力问题

缔约当事人主要是自然人和法人。判断自然人是否有缔约合同的行为能力，除了禁治产人或准禁治产人外，基本上是以是否成年为依据来判断当事人的缔约资格，而各国法定成年年龄差异很大。另外，对于法人的缔约资格问题，各国法律规定也有所不同。在法人与合伙以及跨国公司的民事责任方面也有差异。如罗马法系国家，法人的缔约能力归根结底取决于法人的章程；英国法中，除在接受不动产方面受到限制外，行为能力几乎不受限制，享有广泛的缔约能力；德国法对法人的权利能力采许可主义。[①] 因此，各国关于涉外合同主体缔约能力的规定是有所不同的。

2. 关于合同形式问题

有的国家规定可以采用书面、口头及其他能证明合同已订立的形式，有的国家规定某些合同只能采用书面形式。如《美国统一商法典》规定合同金额在500美元以上的，必须采用书面形式，而另外一些国家的法律则无此规定，至于口头或其他形式的具体要求也不相同。[②]

3. 关于合同成立的时间和效力等问题

合同成立的时间，有所谓投邮主义原则（Mail - Box Rule）和收信主义原则（Received the Letter of Acceptance）。前者认为，以书信或电报作出承诺时，承诺一经投邮，合同即告成立，投邮地点即为合同缔结地；后者则认为，要约人收到承诺人做出承诺的书信或电报的时间为合同成立的时间，要约人收到该书信或电报的地点即为合同的缔结地，等等。合同一成立便具有法律效力，然而，通常在司法实践中也会出现影响合同效力的许多法律问题，关于合同是否直接对第三人具有约束力，法

---

① 李先波：《缔约能力制度比较研究》，载《中国法学》2001年第1期。

② 张仲伯：《国际私法学》，中国政法大学出版社2012年版，第324页。

国和德国民法典都有明确规定。[①] 英美法则规定合同效力只对当事人有效，不得对第三人产生影响，如果是为了第三人利益订立的合同，应另外采用信托制度。此外，关于合同的解除问题，各国对解除条件的规定也并不相同。

所有这些差异，就为合同法律冲突的产生提供了可能条件。当一项合同与几个国家法律发生联系，且这些国家的法律都竞相要求支配或不支配该合同时，就会使这种合同法律冲突产生的可能性转化为现实。因为就同一合同而言，适用甲国法与适用乙国法的结果可能截然不同。我们通常就将这种合同之债法律适用结果的冲突简称为涉外合同之债的法律冲突。

（二）法律冲突的解决途径

总体上，与前述民事法律冲突的解决途径一样，合同之债法律冲突的解决，也有两条途径：其一是冲突法途径，其二是实体法途径。前一种被称为间接调整，后一种被称为直接调整。调整合同之债的冲突规范一方面可见于国内立法中，另一方面可见于有关的国际条约中。

1. 冲突法方法

各国为了解决合同之债的法律冲突，都制定有相关冲突规范。这类冲突规范在各国的渊源主要有两种形式：一种是国内冲突立法的方法；另一种是国际冲突立法的方法。自18世纪以来，调整契约关系法律冲突的国内法就出现了，开始散见于国内民法典、商法典及海商法典中，如法国就是如此。目前各主要国家都有了先进、系统的国际私法法典，其中调整合同关系的冲突规范占很大比重，如日本、德国、奥地利及瑞士等国就是如此。在英美法系国家，这类规范则主要散布于法院的判例汇编和学者编纂的成文规则，尤以美国1971《重述》最具影响和代表性。

各国为了协调彼此在合同领域的法律冲突，也缔结了一定数量的调整合同之债的统一冲突法条约。目前主要有：1928年的《布斯塔曼特法典》（第164~295条）、1955年《国际有体动产买卖法律适用公约》（Convention on the Law Applicable to International Sales of Goods. 以下简称1955年《海牙动产买卖公约》）、1978年《海牙代理公约》、1980年欧共体《合同义务法律适用公约》（Convention on the Law Applicable to Contractual Obligation. 以下简称1980年《罗马合同公约》）、1986年《国际货物买卖合同法律适用公约》（Convention on the Law Applicable to Contracts for the International Sale of Goods. 以下简称1986年《海牙合同法律适用公约》）。值得注意的

---

① 《法国民法典》第1119条规定："任何人，原则上仅得为自己承担义务，以其本人的名义订立契约。第1121条又规定：在为第三人利益是本人订立契约的条件，或者是向第三人赠与财产的条件时，亦可以为第三人利益订立契约；如第三人表明愿意有该契约之利益，订立契约之人不得撤销之。"《德国民法典》第328条第1款规定："可以合同约定第三人给付，此种约定具有对第三人直接取得请求给付权利的效力。"

是，海牙国际私法会议为强化国际商事交易当事人的意思自治，于2012年通过了《国际商事合同法律选择原则》（简称《海牙原则》）。作为示范法，该原则虽不具有强制执行力，但却反映了商事合同领域法律选择规则的最新发展趋势，对各国立法极具参考价值。①

2. 实体法方法

调整合同之债的实体法，其一是指有关的实体性国际公约；其二是指有关的实体性国际惯例。近一个世纪以来，一些政府间或民间的国际组织为了适应19世纪后期以来国际经济贸易往来日益发展的需要，一直致力于有关统一实体法条约的起草和制定，以及有关国际惯例的编纂工作。它们起草、制定的国际条约和编纂的国际惯例涉及国际贸易中货物的买卖、运输、保险、支付和工业产权等。有关这些国际条约和国际惯例的具体内容，债权的法律适用（二）将予以详述。

第二节　合同法律适用的理论与原则

一、合同准据法的概念

合同准据法，是指根据冲突规范的援引，用以确定涉外合同当事人权利义务关系的实体法。任何一项涉外合同所涉及的问题都是多方面的，由此就会提出这样一个问题：合同的所有事项是受同一法律支配，还是应分别受不同法律支配？亦即一项涉外合同的准据法应是单一的，还应是多个的呢？对这一问题的不同回答，便是所谓涉外合同法律适用方面的“统一论”和“分割论”。

（一）统一论

所谓“统一论”是指涉外合同的所有事项（包括合同当事人的缔约能力、合同形式、合同的内容及实质效力等问题）均应受同一法律支配的主张。瑞士法院在1952年的卡瓦里（Chevalley）案中认为，将合同的形式和合同的效力区分开来，分别适用不同的法律，常常是十分困难的；无论从经济观点还是从法律观点看，一项合同都应该是一整体，因而合同的履行、解释、解除都应该只由一个法律支配。②1966年波兰《关于国际私法的法律》第12条也将合同订立的方式与合同的实质性

① 《海牙原则》不仅进一步凝聚了国际社会关于“意思自治原则”作为合同领域首要法律选择原则的共识，还反映出该原则在国际合同法律适用问题上的晚近发展。参见刘仁山：《国际合同法律适用中“意思自治”的晚近发展——〈海牙国际合同法律选择原则〉评述》，载《环球法律评论》2013年第6期。

② 兰多：《国际比较法百科全书》第3卷，《国际私法》第24章“合同”。

效力问题统一起来，规定二者受同一准据法支配。[①] 1978 年《海牙代理公约》第 8 条规定，根据公约第 5 条和第 6 条确定适用于合同的法律，适用于代理关系的成立和效力，当事人的义务、履行的条件、不履行的后果以及义务的消灭。[②] 1980 年《罗马公约》第 10 条规定，适用于合同的法律应具体支配合同的下列事项：（1）解释；（2）履行；（3）在诉讼程序法授予法院的权利范围内，对违背合同后果的认定，包括对损害赔偿金额的确定；（4）债务消灭的各种方法、诉讼时效及诉讼期限；（5）合同无效的后果。这些规定，即反映了合同法律适用的“统一论”主张。[③]

（二）分割论

所谓“分割论”是指合同所涉及的有关事项，诸如合同当事人的行为能力、合同方式、合同的有效成立以及合同的效力等，应分别受不同法律支配的主张。因此，“分割论”主张合同准据法应是多个的，而不是单一的。

有关合同法律适用的“分割论”主张可溯源至巴托鲁斯的“法则区别说”时代。巴托鲁斯认为合同的形式和实质问题，应受合同缔结地法的支配；合同的效力，应受合同履行地法或法院地法支配；合同的“正常后果”（natural consequences，指当事人约定并希望发生的后果），如按要求履行，因属合同的实质问题，故应受合同缔结地法支配；合同的“非正常后果”（irregular consequences，指当事人未约定且当事人并不希望发生的后果），如当事人的过失或迟延履行等，因属合同的效力问题，故应受履行地法支配；合同当事人的能力，应受当事人住所地法支配。巴托鲁斯的这种主张，获得了后世许多国家理论与实践的赞同。

在德国，萨维尼从“法律关系本座说”出发，认为合同债务的“本座”是它的履行地，但双务合同的“本座”是各合同债务人的本国，因而双务合同的履行应受各方当事人的内国法支配。这一主张得到了德国理论及司法实践界的支持。德国还有一种学说主张将合同准据法分为两种。一种是支配合同实质及效力的法律，即合同准据法；一种是支配有关合同履行细节（details of performance）如交易日期、用于支付的货币种类和度量衡等的法律，即合同准据法支配范围以外的“辅助准据法”（nebenstatut）。

在美国，早在 1875 年的“修顿诉芝加哥联合国民银行（Scudder v. Union National

---

① 该条规定：“法律行为的方式，依支配法律行为实质的法律……”

② 根据该公约第 1 ~ 2 条的规定，公约的主要目的是解决代理关系的法律适用问题，不涉及当事人的能力及形式方面的要求，因而可以认为，就代理关系本身的法律适用而言，公约采用的是“统一论”。参见韩德培、李双元主编：《国际私法教学参考资料选编》（上），武汉大学出版社 1991 年版，第 478 页。

③ 根据该公约第 8 ~ 9 条规定，适用于合同的法律还可以用于支配合同的实质有效性和合同形式的有效性问题。参见韩德培、李双元主编：《国际私法教学参考资料选编》（上），武汉大学出版社 1991 年版，第 495 ~ 496 页。

Bank of Chicago）案中，汉特（Hunt）法官就指出：“有关合同的订立、解释和效力问题，受缔约地法的支配；有关合同的履行，受履行地法的支配。”这一判例所确立的分割方法，对美国的影响一直延续至今。美国1934年《重述》就主张合同的效力受缔约地法支配，合同的履行受履行地法支配；美国1971年《重述》第188条、第198~207条也采纳了分割论主张。

可见，“分割论”认为合同准据法大致包括：合同当事人行为能力的准据法、合同形式的准据法、合同内容及效力的准据法、合同履行的准据法以及合同解释的准据法等。

我们认为，“统一论”所强调的是合同内在要素的统一性，“分割论”所强调的是合同内在要素的相对独立性。自巴托鲁斯提出“法则区别说”以来，合同当事人的能力、合同的形式、合同的内容及效力应分别适用法律，这似乎没有什么分歧。“分割论”和“统一论”分歧的焦点在于合同的成立与合同的实质有效性及效力是应分别适用法律还是应统一适用法律。前者主张分别适用法律，后者则主张适用同一法律。

本书的观点是，合同成立与合同的实质有效性及效力作为合同的不可分割的内在要素，其法律适用应是同一的。因此，下文所说的合同准据法即是指支配包括合同成立、合同内容及效力等在内的这些反映合同主要问题的法律。

二、确定合同准据法的原则

从各国有关合同之债法律适用的理论及实践看，合同准据法的确定主要有“意思自治原则”“最密切联系原则”与“特征性履行原则”以及“合同自体法”理论等。

（一）意思自治原则

“意思自治原则”（the theory of autonomy of will）是指涉外合同的当事人有权在协商一致的基础上选择某一国家或地区的法律来支配其间的权利义务关系，一旦当事人之间产生争议，受案法院或仲裁机构应当把当事人选择的法律作为合同准据法，以确定其间的权利义务。

如前所述，“意思自治说”作为涉外合同法律适用的一种理论，其萌芽可追溯至15世纪后期注释法学派代表人物诺忽斯·柯迪乌斯（Rochus Curtius）的观点。而对该理论进行系统阐述，则是由杜摩兰在其《巴黎习惯法评述》一书中完成的。尽管该理论受到了各种批判，但现代国际私法的实践表明，“意思自治原则”已经成为确定涉外合同准据法的首要原则。[①] 尽管除部分拉美国家外，各国立法多赋予

① Von Bar, Theorie & Praxis Des Internationalen Privatrecht, Vol. 2., 1889, p. 48. Julian. D. M. Lew, Applicable Law in International Commercial Arbitration, 1978, p. 80.

“意思自治原则” 显著地位，[①] 但各国在该原则上的立法差异也甚为明显。

英国早在1865年的香德案（P & O Steam Navigation Co. v. Shand）中，就确立了“意思自治原则”在合同领域的支配地位。现在英国占主导地位的“合同自体法”理论（the theory of proper law of contract），也是将该原则摆在合同法律适用的首要位置；[②]美国1962年的《统一商法典》第1～105条规定，合同适用当事人选择支配其权利义务的法律。美国1971年《重述》也规定：“合同中的问题，依当事人根据第187条规则所选择的法律。”其他一些国家的国内立法和有关的国际条约，如奥地利1978年《关于国际私法的联邦法》（第35条）、1982年南斯拉夫《法律冲突法》（第19条）、1986年修订后的德国《民法典施行法》（第27条）和瑞士1987年《关于国际私法的联邦法》（第116条）、1978年《海牙代理公约》（第5条）和1980年《罗马公约》（第3条）、1986年海牙《国际货物买卖合同法律适用公约》（第7条）等，都无一例外地接受了“意思自治”这一原则。2012年的《海牙原则》充分彰显了意思自治原则。主要体现在以下三方面：其一，当事人选择法律的时间和方式得到充分尊重；其二，当事人选择法律的范围得以扩展；其三，当事人选择准据法的适用范围自由化。[③]

各国国内立法和有关国际条约在采纳“意思自治”原则的同时，又分别对该原则规定有若干限制。其主要表现在以下方面：

1. 对合同当事人选择法律方式的限制

选择法律方式是指合同当事人表达自己选择合同准据法的意向（intention）形式，通常包括明示和默示两种。各国对当事人选择法律方式的限制主要表现在是否或如何承认默示选择法律方式上。有的国家如土耳其、秘鲁等只承认明示选择法律的方式，不承认默示选择法律方式；有的国家如美国、法国、瑞士以及1955年《海牙动产买卖公约》则是有限度地承认默示选择法律的方式。美国1971年《重述》第187条所承认的默示选择法律方式只有一种，即合同条款中包含了某一州所特有的法律理论或法律上的规定，则可证明合同当事人希望适用该州法律。1955年《海牙动产买卖公约》也规定，在确认合同当事人默示选择法律意图时，所考虑的因素也仅限于合同包含了某国法律条款或采用了某国格式合同的情况；[④]有的国家如英国

---

① 除了包括保加利亚、爱沙尼亚、立陶宛、罗马尼亚、斯洛文尼亚在内的欧盟成员国之外，美国、白俄罗斯、克罗地亚、日本、韩国、吉尔吉斯斯坦、列支敦士登、摩尔多瓦、魁北克、瑞士、土耳其、乌克兰、委内瑞拉等国家或地区晚近的国际私法立法均赋予意思自治重要地位。

② Peter North and J. J. Fawcett. Cheshire & North's Private International Law, 13th ed., Butterworths, 1999, p. 534.

③ 参见刘仁山：《国际合同法律适用中意思自治原则的晚近发展——〈海牙国际合同法律选择原则〉述评》，载《环球法律评论》2013年第6期。

④ Document Relating to the 8th Session of the Hague Conference of Private International Law, pp. 236－237.

以及1980年《罗马公约》、1986年海牙《国际货物买卖合同法律适用公约》则允许依据案件的各种情况确认合同当事人默示选择的法律。如英国的一系列判例表明，合同当事人对解决争议地点的选择、对合同格式和用语以及合同中特有法律术语的选择、合同当事人的住所与国籍、合同标的特点及位置等，均可作为确定当事人默示选择法律的依据。1986年海牙《国际货物买卖合同法律适用公约》第7条也规定当事人的默示选择必须是“从合同的规定或当事人的行为整体来看可以明显地推断出来”。2012年《海牙原则》第4条规定，对法律的选择或者对法律选择的任何修改，必须以明示方式作出，或者可从合同规定或者相关情形清楚地看出。《海牙原则》之所以对当事人默示选择法律进行严格限制，既是为提高法律适用的确定性，也是为避免在毫无限制的情况下曲解当事人法律选择意图或对当事人的意图过度扩张。①

2. 对合同当事人选择法律的时间限制

对合同当事人选择法律的时间限制通常涉及两个问题：（1）当事人在合同订立后能否选择支配合同的法律（这里涉及两个时间段：一是合同订立后争议发生前，二是争议发生后）；（2）在合同订立后当事人能否通过协议变更合同订立时原选择支配合同的法律。对这两个问题，各国通常的限制是，当事人选择法律或变更原选择的法律不应损害合同形式上的效力，或对第三者的权利造成影响。如瑞士1987年《关于国际私法的联邦法》第116条第3款规定，对法律的选择可在任何时候作出或修改。如果作出或修改是在合同订立之后，其效力溯及合同订立之时，但不应使第三人的权利受到影响。而《海牙原则》第2条第3款规定，当事人可随时作出法律选择，也可随时修改所作的法律选择。合同订立后作出选择或修改，无损于合同正式效力或者第三方权利。总之，从允许合同当事人选法的时间上来看，《海牙原则》实际上并未设定任何实质性限制，这也正是遵循“意思自治原则”的题中应有之义。②

3. 对当事人选择法律范围的限制

这方面的限制所涉及的主要问题为：

（1）当事人能否选择与合同无客观联系的法律。传统上，当事人所选择的法律必须与当事人及其合同有联系，在部分国家的立法中仍然规定有这种要求，亦即所谓本地化理论。但该理论已被晚近有关合同法律适用的公约和国内立法所摒弃。在当事人不存在规避法律意图的情况下，各国一般允许当事人选择所谓“中立国”的

---

① 参见刘仁山：《国际合同法律适用中意思自治原则的晚近发展——〈海牙国际合同法律选择原则〉述评》，载《环球法律评论》2013年第6期。

② 参见刘仁山：《国际合同法律适用中意思自治原则的晚近发展——〈海牙国际合同法律选择原则〉述评》，载《环球法律评论》2013年第6期。

法律，以充分保护当事人的选法自由。《海牙原则》也顺应了这种发展趋势，其第2条第4款规定，不要求所选择的法律与当事人或其交易之间有关联。①

（2）当事人能否通过法律选择，排除国内法的适用或排除有关国家强制性规则的适用。各国一般都禁止当事人通过法律选择排除国内法的适用或排除有关国家强制性规则的适用。《海牙原则》第11条第1款规定，本原则不妨碍法院适用诉讼地的绝对优先强制性法律规定，这些规定不论当事人选择何种法律都将适用。即法院地的优先性强制规则在适用上应优先于当事人所选择的法律。

（3）当事人选择的法律是否包括有关国家的冲突法。一般而言，目前绝大多数国家的立法和国际公约都规定当事人选择的法律应是实体法，而不包括冲突法。《海牙原则》第8条规定，法律选择不涉及当事人所选择法律的国际私法规则，除非当事人另有明确规定。《海牙原则》之所以在合同领域拒绝反致，是因为在“意思自治原则”于合同领域得到普遍接受的情况下，若采用反致，可能会有违当事人的合理预期。与此同时，出于对当事人意思自治的尊重，也允许当事人明示选择接受反致。②

另外，重视法律选择的政策导向也成为各国对合同当事人选择法律的内容进行限制的趋向。其主要表现为：

首先，由“直接适用的法律”所支配的某些特殊类型的合同排除了“意思自治原则”的适用。③所谓“直接适用的法律”是指一国为维护其政治、经济和社会制度而制定的专门适用于某类涉外民事关系的强制性规范，这种法律规范的适用不依赖于连结因素的指引，而是根据它所体现的政策与案件的联系程度，自己决定自己的适用范围。就合同领域而言，“直接适用的法律”除了主要来自法院地国的法律以外，也来自与案件有重大利益和联系的其他国家。如根据瑞士1987年《关于国际私法的联邦法》第19条第1款的规定：“依照瑞士法律观念值得保护，且明显占优势的一方当事人利益要求考虑本法所指定的法律以外的另一法律的强制性规定时，如果案件与该另一法律有密切联系，则可考虑该另一法律的强制性规定。”④

其次，为保护弱方当事人的利益，或者规定合同当事人不得进行法律选择，或者规定合同当事人只能选择特定地域的法律。如在消费者契约方面，瑞士1987年《关于国际私法的联邦法》第120条规定，以消费者个人或家庭使用为目的，提供日

① 参见刘仁山：《国际合同法律适用中意思自治原则的晚近发展——〈海牙国际合同法律选择原则〉述评》，载《环球法律评论》2013年第6期。

② 参见刘仁山：《国际合同法律适用中意思自治原则的晚近发展——〈海牙国际合同法律选择原则〉述评》，载《环球法律评论》2013年第6期。

③ 参见韩德培：《韩德培文选》，武汉大学出版社1996年版，第87～89页。

④ 邹国勇译注：《外国国际私法立法选译》，武汉大学出版社2017年版，第380页。

常消费品与消费者的行业或商业活动无关的合同，当事人不得进行法律选择，在符合一定条件的情况下，只能适用消费者习惯居所国家的法律；在劳务雇佣合同方面，该法第121条第3款规定，合同当事人所选择的法律只能限于特定地域的法律，即当事人双方可以使劳务合同受劳动者习惯居所地国家的法律，或雇主营业地、住所地或习惯居所地国家的法律支配。

（二）客观标志原则

客观标志原则，又称“客观论”，是指以法律规定的与合同存在的某种联系因素为客观标志，并以之作为合同准据法选择依据的原则。“客观论”是在前述有关“意思自治原则”反对意见的基础上产生的，萨维尼、齐特尔曼等较早的学者认为，合同的有效成立及效力总是与一定的客观标志相联系的，因而最有效适用于合同的法律，正是与合同作为客观标志的场所地的法律，而不是合同当事人主观上任意选择的法律。晚近学者如德国学者冯·巴尔和法国学者列瓦德（H. Leworld）、巴迪福等及部分美国新派学者也主张，不能由合同当事人选择的法律支配其间的权利义务关系，而应以法律规定的诸如合同缔结地、履行地等客观标志来确定与合同存在某种联系的法律，作为合同准据法。因此，“客观论”被认为是作为“主观论”即“意思自治原则”的对立面而形成和发展起来的。

从各国理论和实践看，确定合同准据法的客观标志主要有：（1）合同缔结地和合同履行地，其准据法原则为行为地法原则；（2）法院地或仲裁机构所在地，其准据法原则为法院地法原则；（3）合同当事人的国籍或住所地，其准据法原则为属人法原则；（4）合同标的物（不动产）所在地，其准据法原则为物之所在地法原则。

以上表明，“客观论”所期望的是用一些单一的准据法原则，来解决各类不同合同的法律适用问题，因而往往缺乏针对性。而且，上述准据法原则中，有的本身并不能解决合同的法律适用问题。如对隔地签订的合同而言，若合同是在英国和法国两国境内隔地签订的，依合同缔结地法来确定合同的准据法，可能会使法官或仲裁员无所适从；即使有的国家如南斯拉夫1982年的《法律冲突法》根据案件的具体情况和分类分别规定了适用于不同合同的客观标志，譬如“动产买卖合同，依承诺时卖方的住所地和其主事务所所在地法”“技术转让合同，依缔结合同时受让人的主事务所所在地法”，等等，但这类规定在合同这一复杂的民事法律关系面前，未免显得呆板、机械，缺乏灵活性。

因此，在“意思自治原则”已经成为合同法律适用首要原则的今天，“客观论”只能成为在合同当事人未选择法律或选择法律意思不明确的情况下，确定合同准据法的辅助性原则。但其上述缺陷可能无法确保法律适用的公正性与合理性，这样，在合同当事人未选择法律或选择法律不明时，如何在合同法律适用方面赋予法官一定自由裁量权，同时又对法官的自由裁量权予以一定的限制，就成为合同法律适用方面一个需要解决的新问题。

（三）最密切联系原则与特征性履行原则

"最密切联系原则"（the doctrine of the most significant relationship）是美国学者里斯在柯里的"政府利益分析说"、艾伦茨维格的"法院地法说"、利弗拉尔的法律选择的"五点考虑"以及卡弗斯的"优先选择原则"等的基础上，通过对诸理论进行改良而确立的一项原则，并首次在美国1971年《重述》中得到肯定。该原则要求，对涉外民商事关系法律冲突的解决，应适用与之有最密切联系的州或国家的法律。而在确定与某一民事关系有最密切联系的州或国家的法律时，应依照该美国1971年《重述》第6条所规定的法律选择原则进行。因此，该条是调整包括合同在内的一切涉外民事法律关系的一项总原则，是贯穿1971年美国《重述》的一根红线。

"最密切联系原则"已成为现代各国解决涉外民商事关系法律适用冲突问题所广泛采用的原则，在合同法律适用方面尤其如此。该理论认为，合同应适用的法律是合同在经济意义上或其他社会意义上集中定位于某一国家的法律。但确定合同准据法的依据并不是单一的连结因素，而是弹性的联系概念。根据这一理论，某一合同之所以要适用某一国家的法律，并不是因为该国是合同的缔结地或履行地，而是因为从合同的整体情况看，合同与该国有着最密切联系。这就要求法院或仲裁机构必须根据案件的具体情况，对案件作出灵活处理，这无疑有助于国际民商事案件公正、合理的处理。但是，根据该原则，法官拥有较大的自由裁量权，在综合分析和考察与合同有最密切联系的法律时，法官又不免会受到自己主观意志的影响，这就会导致法律适用结果的不公正性和不可预见性。因此，有必要采取一种相应的措施，以便能防止法官在对最密切联系地进行具体化的过程中随意自由裁量。

如果说普通法系国家的这种相应措施是采用"依循前例"的方法的话，那么在大陆法系国家，这种相应的措施就是采用根据"特征性履行原则"（the doctrine of characteristic performance）所确立的方法。

"特征性履行原则"又称"特征性债务原则"（the doctrine of characteristic obligation），该理论早在1902年由哈伯格（J. Harburger）在研究双务合同的法律适用问题时提出。① 其内容为：在涉外合同当事人未选择合同准据法时，应按合同的特征性履行性质确定合同的法律适用。作为一项法律适用原则，它在应用中分为两步：第一步是确定一项合同的特征性履行行为，第二步是找到该特征性履行行为地。但何为合同的特征性履行行为，无论在理论上还是在实践中，都存在较大分歧。

---

① 李双元主编：《国际私法》，北京大学出版社2015年版，第233页。

所谓合同的特征性履行，是指能够使此种合同区别于其他各种合同，即能够反映出合同本质特征的一方当事人的履行行为。如货物买卖合同中卖方的交货行为一般被认为是该种合同的特征性履行行为，因为该交货行为能够使货物买卖合同与货物运输合同和货物运输保险合同区别开来，即该行为能够反映出货物买卖合同的本质特征。

从各国实践看，合同的特征性履行行为地，一般是指特征性履行行为方的住所地（含营业所所在地）或惯常居所地等。因此，若把“特征性履行原则”作为对合同的最密切联系地进行界定的依据，合同的最密切联系地法，就是合同特征性履行行为方的住所地法或惯常居所地法。

普通法系国家在实践中对“最密切联系原则”的采用，可以美国和英国为代表。美国1971年《重述》第188条规定，就所涉及的特定合同争议或合同类别而言，适用与交易和当事人有最密切联系州的法律。美国《统一商法典》第1~105条也规定应适用与交易有“适当关系”（appropriate relationship）州的法律。在决定合同与哪一州具有最密切联系时，法院除应考虑美国1971年《重述》第6条规定的一般法律选择原则外，还要考虑专门可适用于合同的“联系”（contacts）这一重要连结点。根据美国1971年《重述》第206条的规定，这些重要连结点主要为：（1）合同缔结地；（2）合同谈判地；（3）合同履行地；（4）合同标的物所在地；（5）当事人的住所、居所、国籍、公司成立地以及营业地。该条还规定，对这些“联系”将按照其对特定问题的重要程度加以衡量。但对合同中未规定的履行细节，诸如履行时间、方式和地点，则适用履行地法。

英国对“最密切联系原则”的贯彻，是通过其“合同自体法”理论进行的。在当事人未选择法律时，英国法官确定“与合同有最密切最真实联系的法律”（the Law of the Closest and the Most Real Connection），通常要考察合同连结点的分布以及合同性质等情况。①

大陆法系国家的国内立法和有关的国际条约对“最密切联系原则”和“特征性履行原则”的采纳情况可归为三种：

1. 直接采用“特征性履行原则”

这是以波兰为代表的做法。1966年波兰《关于国际私法的法律》第27条规定：（1）当事人住所不在同一国内，又未选择法律时，依下列法律：动产买卖契约，依卖主缔结契约时之住所地法；承包、代理、委托等契约，依承包人、代理人、寄售人缔结契约时住所地法；保险契约，依保险人缔结契约时之住所地法；出版契约，依发行人缔结契约时之住所地法。（2）当事人的住所无法确定时，依契约缔结地

---

① J. H. C. Morris, The Conflict of Laws, 3rd ed., Stevens, 1984, pp. 276 - 278.

法。（3）对承包作业的契约，依承包企业主要住所地法。

2. 把“特征性履行原则”作为“最密切联系原则”具体化的依据

这是以奥地利为代表的做法。奥地利1978年《关于国际私法的联邦法》第1条第1款规定，与外国有连结的事实，在私法上，应依与该事实有最强联系（Grundsatz der Stärksten Beziehung：die stärkste Beziehung）的法律裁判。这表明“最密切联系原则”即是奥地利国际私法的基本原则。而从该法第36条至第38条的规定看，该法又采纳了“特征性履行原则”。如该法第36条规定：“主要由一方负担金钱债务的双务契约，依他方有习惯居所的国家的法律。如他方是以企业家身份缔结该契约的，则以与缔结契约有关的那个常设营业所代替习惯居所。”① 这类规定实质上是对该类双务合同最密切联系地进行具体化的依据，即依该条确定适用的法律就是该类合同的最密切联系地法。因为该法第1条第2款规定：“本联邦法规（冲突法）所包括的适用法律的具体规定，应认为体现了这一原则。”

3. 把“特征性履行原则”作为“最密切联系原则”具体化的依据，同时规定例外条款

即当合同明显地与“特征性履行地”之外的法律有更密切的联系时，则适用该法律。这是以瑞士为代表的做法。1987年瑞士《关于国际私法的联邦法》第117条第1款、第2款规定，当事人没有选择法律时，合同由与之有最密切联系的国家的法律支配。应实施特征性履行行为的当事人一方的习惯居所地国家或营业地国家，视为合同与之有最密切的联系，或者，如果合同是在该当事人从事职业或商业活动的过程中订立，则视为存在于其营业所所在地国家。但该法第15条第1款规定，根据所有情况，如果案件与本法指定的法律明显地仅有松散的联系，而与另一法律却具有更密切的联系，则作为例外，不适用本法所指定的法律。1986年《国际货物买卖合同法律适用公约》第8条的规定也与之类似。②

（四）合同自体法

合同自体法理论被认为是英国学者对国际私法的独特贡献。由于“Proper”一词含义甚广，我国学者对“Proper Law of the Contract”有不同的译法。有的认为它与“Applicable Law”一样，应将之译为“合同准据法”；有的认为应译为“合同特有法”；还有的认为应译为“合同宜用法”；等等。韩德培教授则主张将它译为“合同自体法”。③

---

① 值得注意的是，根据1998年《修订〈关于国际私法的联邦法〉及〈消费者保护法〉的联邦法》第1条第2项，奥地利《关于国际私法的联邦法》第36~45条自1998年12月1日起被废止。

② 该公约第8条第3款规定，如果根据整个情况，例如双方当事人之间的任何业务关系，合同明显地与该条所指定的法律以外的另一法律有更密切的联系，则作为例外，合同受该另一法律的管辖。

③ 《中国大百科全书·法学》，中国大百科全书出版社1984年版，第474页。

将“Proper Law of the Contract”译为“合同自体法”能较好地反映出“Proper Law”的本质。首先，“合同自体法”理论本身就是在对传统的合同准据法（合同缔结地法）进行批判的基础上产生的，英国学者也认为“Proper Law of the Contract”与“Applicable Law of the Contract”并非同一概念；[①]其次，“Proper Law”并不仅仅适用于合同领域，英国学者同样提出了所谓“侵权行为自体法”（Proper Law of the Tort）概念，该概念不排除侵权行为适用侵权行为地之外的法律；最后，“合同自体法”表明它只是合同准据法的可能状态，同样一个与合同有关的问题，其“自体法”可能是与该问题有关联的几个国家或地区的法律，但其准据法却只能是唯一的。即合同自体法能否成为合同准据法，还有待于法官根据案件的具体情况来确定，因此，合同准据法可以被认为是法官决定适用于合同的自体法，即合同准据法是合同自体法的延伸或结果；另外，合同自体法不仅表明它是合同法律关系所需要适用的法律，而且，还表明它主要是适用于合同的本体的法律，它并不适用于合同的其他方面。

“合同自体法”理论大致经过了三个阶段。第一阶段是所谓的“主观论”阶段。这一阶段的代表人物是戴赛，他认为合同自体法是指合同当事人意欲使合同受其支配的法律，这一观点为1865年劳埃德诉吉伯特（Lloyed v. Guibert）一案的判决所采纳，[②]之后一直影响到1939年维他食品公司诉乌纳斯船舶公司（Vita Food Product Inc. v. Unus Shipping Co.）案的判决；[③]第二阶段是所谓的“客观论”阶段，这一阶段的代表人物是威斯特莱克（Westlake）和切希尔，他们认为合同自体法是与合同有最密切最真实联系的法律（the law of the closest and the most real connection），受该观点的影响，英国1951年的鲍尼松案确立了这样一条规则：合同自体法是指当事人订立合同时参照的或与交易有着最密切最真实联系的法律，这一判例对英国的司法

---

① See Peter North and J. J. Fawcett. Cheshire & North's Private International Law, 11th ed., Butterworths London, 1987, pp. 447 - 448, p. 505.

② 劳埃德诉吉伯特的大致案情是：原告（英国人）与被告（法国人）在丹麦的托马斯签订租船契约，约定由为被告所有的“橄榄号”船舶将原告的货物由哈提（Hayti）运至利物浦。在航行过程中，船舶因遭遇风暴而受损，船长于是将船舶停泊在葡萄牙的一个港口，并把该船舶、运费及货物作为抵押，借款对该船舶进行修缮，随后将货物运抵目的地港。因货物数量不符合提单的规定，提单持有人于是在海事法院针对船舶、运费及货物提起诉讼。随后，原告作为货物所有人向被告提出了赔偿请求。英国王座法庭最后根据法国法，驳回了原告的诉讼请求。该案之所以适用法国法，是因为法院认为，案件的事实表明，当事人有适用法国法的意图。

③ 维他食品公司诉乌纳斯船舶公司的大致案情是：有一批鲱鱼由纽芬兰运至纽约，提单虽在芬兰签发，但该提单规定其受英国法的支配。运输途中船舶搁浅，但货物被打捞起来后仍然运到了纽约。原告提取货物后，提出该提单因有受英国法支配的约定，而芬兰法规定这类提单应受海牙规则的支配，因而该提单是无效的。应由被告承担赔偿货损、支付打捞费及其他费用的责任。法院裁决：芬兰法律的有关条款是指导性的而非强制性的，没有遵守该条款的规定并不导致该提单违法。提单必须取得其本身文字所表明的效力。这样，该提单关于受英国法支配的约定有效。该提单规定船东不负责任，故不能支持原告的诉讼请求。

实践影响了近三十年；[1]第三阶段即是所谓现代合同自体法理论阶段，这一阶段的代表人物是莫里斯，他在糅合“主观论”和“客观论”的基础上提出了自己的看法。他认为合同自体法是指合同当事人明示选择或默示选择的法律；在当事人既无明示选择，又不能推定当事人默示选择法律的意图时，合同自体法是指与合同有着最密切最真实联系的法律。[2]

可见，“合同自体法”理论至少在形式上是“意思自治原则”与“最密切联系原则”的混合体。而且，各国在实践中一般都规定：合同适用当事人选择的法律，当事人未作选择的，适用与合同有最密切最真实联系的法律。这种立法模式与“合同自体法”理论所提供的模式具有同一性。也正因为此，有学者认为“合同自体法”理论是合同准据法制度历史发展的最新阶段。[3]

客观地讲，“合同自体法”理论为解决合同的法律适用问题提供了一个很好的公式，它不仅可适用于解决不同类型合同的法律冲突问题，而且还可用以解决合同不同方面的法律冲突问题。当然，这一理论的运用，虽然有助于提高解决合同类案件的灵活性，但这一理论在赋予当事人选择法律自由的同时，会为当事人规避法律提供方便，尤其是对某些特殊类型的合同如消费者合同、雇佣合同的弱方当事人而言，这一理论并不能为他们的合法利益提供足够的保障。这一理论也无法避免法官在确定合同准据法的过程中滥用自由裁量权。这些都是“合同自体法”理论需进一步解决的问题。值得注意的是，该理论已不是英格兰当今国际私法的学说或者规则。现今英格兰关于合同的法律选择规则已基本上表现为制定法规则。英国为实施《罗马公约》而制定的1990年《合同［准据法］法》（Contracts［Applicable Law］Act 1990）已经取代了关于合同准据法的普通法规则。

第三节 我国关于涉外合同法律适用的规定

我国关于合同法律适用的规定，立法上主要见于1986年《民法通则》（第145条）、1999年《合同法》（第126条）、1992年的《海商法》（第268条、第269条、第271条、第276条）和1995年《民用航空法》（第184条、第188条、第190条）

① J. H. C. Morris, The Conflict of Laws, 3rd ed., Stevens, 1984, pp. 268－270.

② J. H. C. Morris, The Conflict of Laws, 3rd ed., Stevens, 1984, p. 270. 另外，根据《戴西和莫里斯论冲突法》第10版第145条规则的阐述，“合同自体法，是指当事人意欲适用于合同的法律，或者在当事人的意思没有明示表达，也不能从情况中推定出来的场合，是指与交易有最密切和最真实联系的法律。”

③ 李双元主编：《国际私法》，北京大学出版社1991年版，第246～248页。

以及2010年《涉外关系法律适用法》（第41~43条）中；以往司法实践方面的规定，主要见于最高人民法院于2007年《规定》中。[①]

本节对我国涉外合同法律适用规则的介绍，主要以上述规定为据。

一、关于合同法律适用方法的规定

《民法通则》第145条规定："涉外合同当事人可以选择处理合同争议所适用的法律，法律另有规定的除外。涉外合同的当事人没有选择的，适用与合同有最密切联系的国家的法律。"《合同法》第126条第1款和《海商法》第269条及《民用航空法》第188条的规定也基本与此相同。[②]和以往相比，《涉外关系法律适用法》沿袭了"意思自治原则"的规定，但在"最密切联系原则"和"特征性履行原则"方面，则是不同的。但《涉外关系法律适用法》第41条规定："当事人可以协议选择合同适用的法律。当事人没有选择的，适用履行义务最能体现该合同特征的一方当事人经常居所地法律或者其他与该合同有最密切联系的法律。"

关于合同当事人缔约能力的法律适用问题，对自然人而言，《涉外关系法律适用法》第12条规定，自然人的民事行为能力，适用经常居所地法律。[③]对法人而言，该法第14条规定，法人及其分支机构的民事行为能力，适用登记地法律。法人的主营业地与登记地不一致的，可以适用主营业地法律。法人的经常居所地，为其主营业地。[④]这是我国关于行为能力法律适用的一般原则，因而也可以作为合同当事人行为能力法律适用的依据。

关于合同形式的法律适用问题，对合同中有一方当事人为中国企业或经济组织或自然人的，应适用我国法律。《合同法》第10条规定："当事人订立合同，有书

---

① 2007年《规定》已于2013年失效，但这一规定作为以往司法实践，仍然值得了解。

② 对于"合同争议"的范围问题，2007年《规定》（已失效）第2条规定："本规定所称合同争议包括合同的订立、合同的效力、合同的履行、合同的变更和转让、合同的终止以及违约责任等争议。"所以在实践中，我国对"合同争议"的理解并不包括当事人是否具有相应的缔约能力以及合同形式是否合法这两方面所产生的争议。因此，依"意思自治原则"或"最密切联系原则"所确定的合同准据法，并不能适用于合同当事人在这两方面的争议。

③ 在以往司法实践中，我国对自然人基本采取的是行为地法原则。1988年《民通意见》第179条规定："定居国外的我国公民的民事行为能力，如果其行为是在我国境内所为，适用我国法律；在定居国所为，可以适用定居国法律。"第180条规定："外国人在我国领域内进行民事活动，如依其本国法律为无民事行为能力，而依我国法律为有民事行为能力，应当认定为有民事行为能力。"从《民通意见》第181条的规定看，我国对无国籍人的民事行为能力采取的又是属人法原则。该条规定："无国籍人的民事行为能力，一般适用其定居国法律；如未定居的，适用其住所地国法律。"

④ 在以往司法实践中，对法人采取的是本国法兼行为地法原则。1988年《民通意见》第184条规定："外国法人以其注册登记地国家的法律为其本国法，法人的民事行为能力依其本国法确定。外国法人在我国领域内进行的民事活动，必须符合我国的法律规定。"

面形式、口头形式和其他形式。法律、行政法规规定采用书面形式的，应当采用书面形式。当事人约定采用书面形式的，应当采用书面形式。”对双方当事人均非我国的企业或经济组织或自然人，且仅在争议发生后提交我国法院审理或我国仲裁机构仲裁的涉外合同，似不得适用这一规定（除非当事人选择适用我国法律），而应适用合同缔结地法或当事人本国法或住所地法；对营业所位于我国境内的一方当事人与营业所位于《联合国国际货物销售合同公约》成员国境内的另一方当事人所订的国际货物买卖合同的形式问题，则应遵守我国参加该公约时所提出的保留，即该类合同必须以书面形式订立。

所以，从合同准据法能否支配合同成立、合同内容及效力等合同的大多数问题这一角度看，我国采用的是“统一论”方法；从合同准据法能否支配包括合同当事人的能力、合同形式等合同的所有问题这一角度看，我国采用的是“分割论”方法。

二、确定合同准据法的原则

（一）意思自治原则

《民法通则》第145条、《合同法》第126条和《海商法》第269条、《民用航空法》第188条及《涉外关系法律适用法》第41条均将“意思自治”原则作为涉外合同法律适用中的首要原则。我国《涉外关系法律适用法》不仅在第3条明确规定当事人依照法律规定可以明示选择涉外民事关系所适用的法律，还在具体民事领域中将意思自治原则从传统合同领域扩展到其他领域。但客观而言，该条更多属于一种宣示性的规定。但实践中，我国对这一原则的适用又规定有以下限制：

1. 对当事人选择法律方式的限制

对合同当事人选择法律的方式，《涉外关系法律适用法》第3条规定，当事人依照法律规定可以明示选择涉外民事关系适用的法律。这表明立法的规定只是规定当事人“可以”而不是“应当”明示选择，至于司法实践中是否允许默示选择，《法律适用法司法解释一》第8条第2款规定，“各方当事人援引相同国家的法律且未提出法律适用异议的，人民法院可以认定当事人已经就涉外民事关系适用的法律做出了选择”。可见，我国的司法解释认为，合同当事人选择法律的方式为明示，但有限地承认默示选择的方式。这一规定实际上是要求法院根据当事人默示选择法律的其中一种情形，来推定当事人的选法意图，可见，在《涉外关系法律适用法》并未规定默示选法方法的情况下，《法律适用法司法解释一》对当事人的选法意图进行了严格限定，即出于尊重当事人的意思自治原则之考虑，对于当事人的默示选法意图的推定，必须以当事人不提出法律适用异议为前提。这种从严选定默示选法意图的态度是必要的。①

2. 对当事人选择法律时间的限制

对合同当事人选择法律的时间，《法律适用法司法解释一》第8条第1款规定："当事人在一审法庭辩论终结前协议选择或者变更选择适用的法律的，人民法院应予准许。"② 对当事人变更法律选择的时间进行限制的初衷，在于避免当事人在判决作出前突然合意变更其法律选择，使得已经完成的程序丧失对当事人的法律效果，从而不仅造成司法资源的浪费，还有损于公平合理的民商事秩序。从司法效率的角度看，《法律适用法司法解释一》的规定有其合理性，但还有必要借鉴《海牙原则》的做法，增加规定当事人变更法律选择，不应有损合同的形式效力及第三人权利。③

3. 对当事人选择法律内容的限制

对合同当事人选择法律的内容，《涉外关系法律适用法》第9条："涉外民事关系适用的外国法律，不包括该国的法律适用法。"从上述规定可以看出我国在合同的法律适用上排除反致，只能选择实体法。对于当事人选择的法律是否必须与合同存在一定的联系，我国的法律并没有限制，所以为了防止当事人恶意地选择法律或者选择的法律损害我国的公共秩序，该司法解释规定了法律规避和公共秩序保留的条款。④

4. "意思自治原则"适用范围的限制

从我国立法及实践看，下列问题不适用"意思自治原则"：（1）合同当事人的缔约能力问题及合同形式问题；（2）在我国境内履行的中外合资经营企业合同、中外合作经营企业合同以及中外合作勘探开发自然资源合同；⑤（3）涉外票据的法律适用问题（但支票出票时的记载事项的法律适用，可以适用"意思自治原则"）。⑥此外，2007年《规定》（已失效）细化了不适用意思自治的情况，根据第8条规定，在中华人民共和国领域内履行的下列合同，适用中华人民共和国法律：（1）中外合资经营企业合同；（2）中外合作经营企业合同；（3）中外合作勘探、开发自然资源合同；（4）中外合资经营企业、中外合作经营企业、外商独资企业股份转让合同；

---

① 参见刘仁山：《国际合同法律适用中意思自治原则的晚近发展——〈海牙国际合同法律选择原则〉述评》，载《环球法律评论》2013年第6期。

② 2007年《规定》（已失效）第4条规定，当事人在一审法庭辩论终结前通过协商一致，选择或者变更选择合同争议应适用的法律的，人民法院应予准许。因此，当事人在合同订立时、争议发生后都可以选择或者变更法律选择，选择法律的截止时间为一审辩论终结前。

③ 参见刘仁山：《国际合同法律适用中意思自治原则的晚近发展——〈海牙国际合同法律选择原则〉述评》，载《环球法律评论》2013年第6期。

④ 《涉外关系法律适用法》第5条；《法律适用法司法解释一》第11条。

⑤ 《合同法》第126条第2款。

⑥ 《票据法》第90条至第102条。

（5）外国自然人、法人或者其他组织承包经营在中华人民共和国领域内设立的中外合资经营企业、中外合作经营企业的合同；（6）外国自然人、法人或者其他组织购买中华人民共和国领域内的非外商投资企业股东的股权的合同；（7）外国自然人、法人或者其他组织认购中华人民共和国领域内的非外商投资有限责任公司或者股份有限公司增资的合同；（8）外国自然人、法人或者其他组织购买中华人民共和国领域内的非外商投资企业资产的合同；（9）中华人民共和国法律、行政法规规定应适用中华人民共和国法律的其他合同。

（二）特征性履行原则与最密切联系原则

《民法通则》第145条、《合同法》第126条、《海商法》第269条以及《民用航空法》第188条在确立“意思自治原则”为涉外合同法律适用的首要原则的同时，又确立了“最密切联系原则”的辅助性或补充性地位。即规定在当事人未选择法律时，适用与合同有最密切联系的国家的法律。而且，从以往司法实践看，我国是将特征性履行原则作为最密切联系原则具体化的依据。但从《涉外关系法律适用法》第41条的规定看，该法在确立“意思自治原则”为涉外合同法律适用首要原则的同时，将“特征性履行原则”和“最密切联系原则”并列作为当事人未选择法律时合同准据法的确定依据。

由于“最密切联系地”是一极富弹性的连结点，对此，我国已有的实践是把“特征性履行原则”作为对合同的最密切联系地进行界定的依据。[①] 人民法院根据最密切联系原则确定合同争议应适用的法律时，应根据合同的特殊性质，以及某一方当事人履行的义务最能体现合同的本质特性等因素，确定与合同有最密切联系的国家或者地区的法律作为合同的准据法。

1. 买卖合同，适用合同订立时卖方住所地法；如果合同是在买方住所地谈判并订立的，或者合同明确规定卖方须在买方住所地履行交货义务的，适用买方住所地法。

2. 来料加工、来件装配以及其他各种加工承揽合同，适用加工承揽人住所地法。

3. 成套设备供应合同，适用设备安装地法。

4. 不动产买卖、租赁或者抵押合同，适用不动产所在地法。

5. 动产租赁合同，适用出租人住所地法。

6. 动产质押合同，适用质权人住所地法。

7. 借款合同，适用贷款人住所地法。

8. 保险合同，适用保险人住所地法。

---

① 参见2007年《规定》（已失效）第5条。

9. 融资租赁合同，适用承租人住所地法。

10. 建设工程合同，适用建设工程所在地法。

11. 仓储、保管合同，适用仓储、保管人住所地法。

12. 保证合同，适用保证人住所地法。

13. 委托合同，适用受托人住所地法。

14. 债券的发行、销售和转让合同，分别适用债券发行地法、债券销售地法和债券转让地法。

15. 拍卖合同，适用拍卖举行地法。

16. 行纪合同，适用行纪人住所地法。

17. 居间合同，适用居间人住所地法。

（三）国际条约和国际惯例的适用

现行《民事诉讼法》第260条规定："中华人民共和国缔结或者参加的国际条约同本法有不同规定的，适用该国际条约的规定，但中华人民共和国声明保留的条款除外。"① 因此，根据国际法上"条约必须信守"的原则，如果有关条约的规定与我国法律不同，我国又未作出保留时，应当适用该条约的规定。另外，如果条约本身规定可以被当事人协议选择，则即使中国不是该条约的当事国，我国法院也可把当事人所选择的条约作为合同准据法。

在涉外合同领域，我国已有直接适用国际条约处理合同争议的实践。我国政府于1986年12月11日正式核准了1980年《联合国国际货物销售合同公约》，在该公约对我国生效之前（即1987年1月1日前），我国当时的对外经济贸易部发布了《关于执行〈联合国国际货物销售合同公约〉应注意的几个问题》，该文件指出："我国政府已加入了公约，也就承担了执行公约的义务。因此，根据公约第1条（1）款规定，自1987年1月1日起，我国公司与上述国家的公司达成的货物买卖合同如不另做法律选择，则合同规定事项将自动适用公约的有关规定，发生纠纷或诉讼亦得依据公约处理。"为了便于在涉外经济审判工作中正确执行该公约，最高人民法院于1987年12月10日向各级人民法院转发了该文。②

此外，《民法通则》第142条第3款规定："中华人民共和国法律和中华人民共和国缔结或者参加的国际条约没有规定的，可以适用国际惯例。"一般认为，国际惯例在我国得以适用的途径主要有两个，第一是基于"补缺"而得以适用，即根据我国国际私法的规定，某一涉外合同关系应当适用我国法作准据法，这主要有三种情

---

① 《民法通则》第142条第2款规定："中华人民共和国缔结或者参加的国际条约同中华人民共和国的民事法律有不同规定的，适用国际条约的规定，但中华人民共和国声明保留的条款除外。"

② 《最高人民法院公报》1987年第4期。

况：其一，某些种类的合同必须适用我国法；其二，合同当事人合意选择了我国法；其三，根据最密切联系原则，法院认为我国是与合同有最密切联系的国家，因而适用我国法。但在我国法律没有解决有关涉外合同争议的相应规定时，可以适用国际惯例。第二是基于当事人的选用而得以适用，即当事人可以在合同中选择某一国际惯例，从而该国际惯例对合同当事人有拘束力。应该讲，伴随我国对外开放的深入及涉外审判的需要，我国法院对国际条约和国际惯例的适用所秉持的态度是积极和开放的。①

§思考题：

1. 涉外合同的法律适用方面，什么是“统一论”和“分割论”？
2. 涉外合同法律适用中，意思自治原则的含义是什么？客观标志原则的含义是什么？
3. 谈谈你对最密切联系原则和特征性履行原则的理解。
4. 合同自体法的含义和意义是什么？
5. 我国对于涉外合同的法律适用是如何规定的？

§“法律职业资格考试”要点提示：

合同准据法的概念；合同准据法理论和原则；我国关于合同法律适用的规定。

---

① 《最高人民法院关于人民法院为“一带一路”建设提供司法服务和保障的若干意见》规定，要不断提高适用国际条约和惯例的司法能力，在依法应当适用国际条约和惯例的案件中，准确适用国际条约和惯例。要深入研究沿线各国与我国缔结或共同参加的贸易、投资、金融、海运等国际条约，严格依照《维也纳条约法公约》的规定，根据条约用语通常所具有的含义按其上下文并参照条约的目的及宗旨进行善意解释，增强案件审判中国际条约和惯例适用的统一性、稳定性和可预见性。见《最高人民法院公报》2015年第11期。

第十二章 债权的法律适用（二）

——主要国际贸易与经济合作合同的法律适用

§学习目的与要求：

本章主要阐述国际货物买卖合同和国际经济合作合同的法律适用问题。前者主要涉及国际货物买卖以及国际货物运输、国际货物运输保险、国际贸易支付、国际技术转让、国际贸易中EDI所涉及的法律适用问题，后者主要涉及国际投资、国际借贷、国际劳务合作，以及国际消费合同等合同的法律适用问题。要求通过本章的学习，掌握国际货物买卖合同及国际经济合作合同的法律适用的一般规则，以运用我国有关规定解决国际贸易与经济合作合同中产生的法律适用问题。

第一节 国际货物买卖合同

一、概述

（一）国际货物买卖合同

国际货物买卖，是指营业地分别位于不同国家的买方和卖方之间进行的有形商品进出口交易。国际货物买卖一般以国际货物买卖合同方式进行。国际货物买卖合同区别于其他合同之处在于：它是有形货物买卖的合同，而且这种货物要进行跨越国界的流动。因而，可以说国际货物买卖合同是在不同国家（或地区）之间的有形货物买卖的合同，其双方当事人的营业地一定在不同国家，至于当事人的国籍是否不同，无须考虑。[①] 由于国际货物买卖的标的物需要进行跨越国境的流动，因而，国际货物运输、国际货物运输保险、国际支付等问题也随之产生。

有关国际货物买卖的法律渊源，主要包括国内法、国际公约和国际惯例。调整国际货物买卖的实体法公约，主要有1964年《国际货物买卖统一法公约》和《国际货物买卖合同成立统一法公约》、1974年联合国《国际货物销售时效期限公约》、1980年《联合国国际货物销售合同公约》以及1983年《国际货物销售代理公约》等。有关国际货物买卖国际惯例可以分为两大类型：一类是国际货物买卖价格术语；另一类是国际组织或商业团体制定的共同条件。国际货物买卖价格术语主要有1932年《华沙—牛津规则》，1936年国际商会制定的《国际贸易术语解释通则》和1941年修订的《美国对外贸易定义》。其中《国际贸易术语解释通则》是目前国际上最具广泛影响、得到普遍采用的成文化国际贸易惯例。此外，国际统一私法协会于1994年5月制定的《国际商事合同通则》在国际商事活动中具有很大影响力。[②]

（二）1980年《联合国国际货物销售合同公约》的适用

在20世纪初，国际社会就认识到制定国际贸易统一法的作用，并开始了制定公约的研究和尝试。1964年，在罗马国际统一私法协会的积极推动下，国际外交会议在海牙举行，会议通过了《国际货物买卖统一法公约》，即《海牙第一公约》，同时通过了《国际货物买卖合同成立统一法公约》即《海牙第二公约》，这两个公约于1972年8月生效，但仅有比利时、冈比亚、联邦德国、以色列（仅参加《海牙第一公约》）、意大利、荷兰、圣马力利诺和英国8个国家加入。所以，这两个公约未能真正达到统一国际货物买卖法律的目的。

1966年联合国国际贸易法委员会成立，其决定在1964年两个公约的基础上制定新的国际货物买卖统一法。历经十多年的努力，在将1964年两个公约草案合二为一的基础上，1980年4月10日，在维也纳通过了《联合国国际货物销售合同公约》（以下简称《公约》）。《公约》与1964年海牙公约的不同之处在于，它为了减少国际贸易的法律障碍，特别照顾到不同社会、经济和法律制度，使它能成为一部名副其实的国际货物买卖统一实体法。我国出席了共有62个国家参加的维也纳会议，参与了《公约》制定的全过程，签署并核准了《公约》。《公约》已于1987年1月1

① 参见《联合国国际货物销售合同公约》第1条。

② 国际统一私法协会是一个独立的政府间的国际组织，总部设在罗马。该协会致力于国家间私法的统一和协调，制定能为各个不同国家认可的统一的私法规则，促进国际商事活动的顺利进行。

日起生效，对我国有约束力。目前公约共有89个缔约方。①

1. 适用范围

《公约》在其第一部分第一章从肯定方面和否定方面规定了它的适用范围：

（1）属于《公约》适用范围的货物买卖及其他有关事项

第一，根据《公约》第1条第1款第a项，营业地在不同国家的当事人之间所订立的货物销售合同，如果这些国家是缔约国，即属于公约的适用范围。

第二，根据《公约》第1条第1款第b项，营业地在不同国家的当事人之间所订立的合同，这些国家或其中一个国家虽非缔约国，但如果国际私法规则导致适用某一缔约国的法律，也属于《公约》的适用范围。

第三，供应尚待制造或生产的货物的合同应视为销售合同，除非订购货物的当事人保证供应这种制造或生产所需的大部分重要材料，公约适用于这种合同。

第四，公约只适用于销售合同的订立和卖方和买方因此种合同而产生的权利和义务。

（2）不属于《公约》适用范围的货物买卖或其他事项

第一，根据公约规定，它不适用于下列6种销售：①供私人、家人或家庭使用的货物的销售；②经拍卖的销售；③根据法律执行令状或其他令状的销售；④公债、股票、投资证券、流通票据或货币的销售；⑤船舶、船只、气垫船或飞机的销售；⑥电力的销售。

第二，公约不适用于补偿贸易合同（即一方供应尚待制造或生产的货物，而订购货物的一方保证供应这种制造或生产所需的大部分重要材料的合同）；也不适用于来料加工合同、来件装配合同或咨询服务合同（即供应货物的一方的绝大部分义务在于供应劳力或其他服务的合同）。

第三，公约与下列事项无关：合同的效力，或其他任何条款的效力，或任何惯例的效力；合同对所售货物所有权可能产生的影响。

---

① 公约的缔约国有：阿尔巴尼亚、阿根廷、亚美尼亚、澳大利亚、奥地利、白俄罗斯、比利时、波斯尼亚—黑塞哥维那、保加利亚、布隆迪、加拿大、智利、中国、哥伦比亚、克罗地亚、古巴、塞浦路斯、捷克共和国、丹麦、多米尼加、厄瓜多尔、埃及、萨尔瓦多、爱沙尼亚、芬兰、法国、加蓬、格鲁吉亚、德国、加纳、希腊、几内亚、洪都拉斯、匈牙利、冰岛 、伊拉克、以色列、意大利、日本、吉尔吉斯斯坦、拉脱维亚、黎巴嫩、莱索托、利比里亚、立陶宛、卢森堡、毛里塔尼亚、墨西哥、摩尔多瓦、蒙古、黑山、荷兰、新西兰、挪威、巴拉圭、秘鲁、波兰、大韩民国、罗马尼亚、俄罗斯联邦圣文森特和格林纳丁斯、塞尔维亚、新加坡、斯洛伐克、斯洛文尼亚、西班牙、瑞典、瑞士、阿拉伯叙利亚共和国、马其顿共和国、土耳其、乌干达、乌克兰、美利坚合众国、乌拉圭、乌兹别克斯坦、委内瑞拉（玻利瓦尔共和国）、赞比亚、越南、圣马力诺、马达加斯加、斐济、哥斯达黎加、巴西、贝宁、巴林、阿塞拜疆、圭亚那、巴勒斯坦、喀麦隆。来源网址：http：//www. uncitral. org/uncitral/zh/uncitral_ texts/sale_ goods/1980CISG_ status. html，最后访问日期：2018年2月3日。

第四，根据公约第5条，公约不适用于卖方对于货物对任何人所造成的死亡或伤害的责任，即公约不包含产品责任法的内容。

第五，当事人可以约定不适用公约，虽然他们的营业地所在国是缔约国，他们也可减损公约的任何规定或改变其效力。

从以上两方面的规定来看，公约的适用范围是很有限的，这是因为各国在很多问题上分歧很大，且难以达成统一，公约只能在目前可以求得统一的有限范围内，制定出国际货物买卖统一实体法。

2.《公约》允许的保留

根据公约第98条，除了公约明文许可的保留外，不得作任何保留。公约明文允许的保留，有以下三项：①对公约的"合同的订立"部分或"货物销售"部分可以声明保留；②对公约的"国际私法规则导致适用"的规定，可以声明保留；③公约规定，合同的订立、变更或终止，无须以书面方式为之的规定。

根据《公约》第95条的规定，我国曾对第1条第1款b项[①]和第11条[②]提出了保留。[③] 首先，《公约》第1条第1款b项意在扩大公约的适用范围，然而这一扩大，是以缩小缔约国国内法的适用为代价的，尤其应该考虑的是，公约这一规定，很可能与合同当事人的意思有违，基于上述考虑，我国声明不受公约第1条第1款b项的约束；其次，根据我国当时《涉外经济合同法》规定，订立国际货物买卖合同应以书面形式，考虑到国际货物买卖合同，一般标的金额巨大，履行期限往往较长，如以书面以外形式订立，一旦发生争议，将会遇到举证方面的困难，故宜采用书面形式，以便确定合同内容以及正常履行合同，也便于在合同发生争议时有处理的依据。基于上述的理由，我国在签署公约时根据公约的规定作出了保留声明。但我国政府已于2013年正式撤回对该公约所作"不受公约第十一条及与第十一条内容有关的规定的约束"的声明，该撤回已正式生效。[④]至此，我国也与绝大多数公约缔约国一样不再要求国际货物销售合同必须采用书面形式。

（三）相关国际贸易术语的适用

国际货物买卖惯例，通称贸易惯例，是在长期的国际贸易实践基础上发展起来

---

① 《公约》第1条第1款b项规定："本公约适用于营业地在不同国家的当事人之间所订立的货物销售合同：（b）如果国际私法规则导致适用某一缔约国的法律。"

② 《公约》第11条规定："销售合同无须以书面订立或书面证明，在形式方面也不受任何其他条件的限制。销售合同可以用包括人证在内的任何方法证明。"

③ 来源网址：https：//treaties. un. org/pages/ViewDetails. aspx？ src = TREATY&mtdsg _ no = X - 10&chapter = 10&lang = en#12，最后访问日期：2018年3月19日。

④ 来源网址：http：//www. unis. unvienna. org/unis/pressrels/2013/unisl180. html，最后访问日期：2018年2月20日。

的，用于解决国际贸易问题的实体法性质的国际惯例。由于国际贸易惯例缺乏规范所应有的足够的明确性和稳定性，而且不同地方的惯例，在内容上会有这样那样的不一致之处，人们对其内容的理解和解释往往也不统一。惯例的这些缺点，极有可能成为国际贸易顺利进行的障碍。为了消除这种障碍，便于当事人的选择适用，有些国际性民间组织或学术团体或一国国内的某些组织，将国际贸易惯例加以收集、整理，进行编撰，使之成文化，使得作为国际货物买卖法的重要渊源的国际贸易惯例能更好地发挥它的作用。

国际贸易术语是国际贸易惯例的主要表现形式。国际贸易术语即在国际货物买卖合同中，用几个简写的英文字母来表示不同价格构成的专门术语，又称贸易术语。[①] 比较有影响的对贸易术语的编撰有以下三种：（1）1932 年《华沙—牛津规则》（Warsaw – Oxford Rules）当事人签订合同，如全部或部分涉及海上货物运输的货物买卖，只要明示采用《华沙—牛津规则》，就构成了双方当事人有意使合同成为 CIF 合同的确定证据。由于《华沙—牛津规则》未能充分考虑商人实践以及各国国内法庭的接受能力，因此未能被商人们广泛采用，[②] 该规则制定至今在国际贸易实践中运用得并不广泛。（2）《国际贸易术语解释通则》。又称“国际贸易术语解释通则”（International Rules for the Interpretation of the Trade Terms）（以下简称“Incoterms”）。Incoterms 是供买卖双方当事人自愿采用的贸易惯例集，是目前最有影响、得到承认和采用最为普遍的国际贸易惯例。《国际贸易术语解释通则》自 1936 年编订之后，分别于 1953 年、1967 年、1976 年、1980 年、1990 年、2000 年和 2010 年作了补充和修订。鉴于 Incoterms 有多个版本，所以，如果合同当事人意图在销售合同中订立它所需要的贸易术语，清楚地指明所引用的版本是重要的。（3）1941 年修订的《美国对外贸易定义》。1941 年修订《美国对外贸易定义》也是对国际贸易惯例的编撰，它是美国商会等九个商业团体于 1919 年制定的，1941 年修订并改为现名，通行于美洲地区。它包含了 FOB 和 CIF 等 6 种贸易术语，但每一种贸易术语的内容同《国际贸易术语解释通则》中很不一样。

（四）《国际商事合同通则》的适用

《国际商事合同通则》（以下简称《1994 年通则》），是国际统一私法协会于 1994 年 5 月制定的，其目标是要制定一套可以在世界范围内使用的均衡的规则体系，而不论被适用国家的法律传统和政治经济条件如何。因而，一方面，它尽可能地融合各种体系的一些通用的法律原则和基本原理，总结和吸收国际商事活动中广泛适用的惯例和规则；另一方面，它有意避免使用现行法律体系的特定术语，对条款的

---

① 参见张庆麟主编：《国际经济法》，武汉大学出版社 2014 年版，第 55 页。

② 参见张庆麟主编：《国际经济法》，武汉大学出版社 2014 年版，第 55 页。

解释也避免参照各个国家的法律。[①] 目前，通则采用的是2016年修订的版本（下文将修订后的《国际商事合同通则》简称《2016年通则》)。《2016年通则》在前言中阐明，通则旨在为国际商事合同制定一般规则，当事人约定其合同受通则管辖时，应适用通则。如果当事人同意其合同受"法律的一般原则""商事规则"或类似措辞所指定的规则管辖时，亦可适用通则。当缔约方没有选择适用于其合同的法律时，亦可适用通则。通则可用于解释或补充国际统一法的文件。通则可被用于解释或补充国内法，通则也可作为国内和国际立法的范本。总之，《2016年通则》不是一种具有拘束力的国际公约，但作为有代表性的国际组织制定的关于国际商事合同的一般法律规则，它兼容了各主要法系有关合同通用的法律原则，总结吸收了国际商事活动中广为适用的惯例，具有科学性、合理性和适用性。

《2016年通则》的制定旨在推动合同法的国际统一，其适用范围比《联合国国际货物销售合同公约》更为广泛，其不仅适用于国际货物销售合同，还适用于其他类型的商事合同。《2016年通则》在内容上也比《联合国国际货物销售合同公约》具体翔实。《2016年通则》不是一个国际公约，不具有强制性，它是由合同当事人自愿选择适用的。《2016年通则》通过示范法的形式供当事人选择适用，或通过示范法的形式对国内立法和国际立法产生影响，从而促进国际货物买卖合同规则的统一。

二、国际货物买卖合同的法律适用

由于各国和地区调整货物买卖合同关系的国内立法存在差异，相关国际公约的缔约国有限，并且没有全面涵盖国际货物买卖合同的所有方面，因此，通过冲突规范来确定国际货物买卖合同的准据法，仍然是调整国际货物买卖合同关系的主要方法之一。

海牙国际私法会议曾于1955年订立了《国际有体动产法律适用公约》，但该公约过分考虑法律适用上的简便、通俗，而且主要反映大陆法系国家的观点，因而影响不大。1976年第13届海牙国际私法会议便提议对其进行修改，经过多年努力和准备，1985年10月30日终于产生了《国际货物销售合同法律适用公约》（以下简称《公约》)，该公约充分考虑到与1980年《联合国国际货物销售合同公约》的配套与衔接，它所调整的国际货物买卖种类，基本与上述1980年公约的规定相同。

（一）《公约》适用的例外

《公约》第5条规定，公约不确定以下事项的准据法：（1）合同当事人的行为能力或因某一当事人无行为能力而导致合同无效或被撤销的后果；（2）代理人能否

① 吴益民主编：《国际经济法——理论·实务·案例》，中国政法大学出版社2011年版，第57页。

使委托人受合同约束或某一机关能否使某一法人或非法人公司或团体受合同约束；(3) 所有权的转移；(4) 买卖对当事人以外的任何人的影响；(5) 关于仲裁或选择法院的协议，即使此种协议已载入合同。

这些问题有的由于涉及人的行为能力、委托代理关系，有的出于与1980年公约衔接的考虑，有的涉及争议解决条款独立性问题，因而排除在公约的适用范围之外。

（二）合同准据法的确定原则

《公约》规定，国际货物销售合同应受当事人选择的法律支配，这种选择必须是明示的或能从合同条款和当事人的行为中得到表现的（即不排除默示方式）。合同当事人可以约定将合同的一部分或全部置于他们选择的法律的支配之下，并且可以随时改变已做出的这种选择而使之受另一法律支配。

如果当事人未进行选择，应适用合同订立时卖方营业所所在地的法律。但在下列情况下，合同应适用合同订立时买方营业所所在地的法律：(1) 合同是在买方营业所所在地谈判订立的；(2) 合同主要是依买方确定的条件并应买方发出的招标订立的；(3) 合同明确规定在买方营业所所在地履行交货义务。此外，如果从总的情况看，合同明显地与上述法律以外的另一法律有更密切的联系，则合同依该另一法律。

此外，《公约》规定，如当事人有一个以上的营业地时，应以与合同及合同履行关系最密切的那一个营业地为营业地，但亦应注意各当事人在订立合同前或订立合同时所知道或所考虑过的种种情况；如果当事人无营业地，则以其习惯居所为营业地。

由于拍卖、展销等方式进行的国际货物买卖的特殊性，该公约另行规定其准据法确定原则。虽然仍适用当事人自行选择的法律，但以交易进行地国家法律不禁止这种选择为条件。

从公约规定可以看出，公约采取意思自治原则为主、最密切联系原则为辅的方式来确定合同的准据法，并通过特征性履行方的营业地来贯彻最密切联系原则，[①] 因此当事人没有选择时，适用卖方营业所所在地法。同时公约规定了3种例外的买方行为更能体现特征性履行的情况，以及买卖双方的营业地都不是特征性履行地的情况下国际货物买卖合同的法律适用。

（三）合同准据法的适用范围

根据《公约》第12条规定，依据公约规定确定的准据法，主要用于解决以下问题：(1) 合同的解释；(2) 各方的权利和义务及合同的履行；(3) 买方能成为由货

① 因为卖方的主要义务是交付货物，买方的主要义务是交付货款，买方的该行为在其他合同中也存在，所以卖方的交货行为更能体现国际货物买卖合同的特征。

物产生的产品、成果和收入的权利人的时间；（4）买方对货物承担风险的时刻；（5）对货物保留所有权的条款在各当事人之间的效力和后果；（6）不履行合同的后果，包括可以获得赔偿的损失的种类，但以不妨碍法院地诉讼法的适用为限；（7）消灭义务的各种方式，如时效和诉讼期限；（8）合同无效或撤销的后果。

截至2018年1月31日，《国际货物销售合同法律适用公约》有2个成员国（阿根廷、摩尔多瓦共和国），公约尚未生效。[①] 应当说公约最大限度地在国际货物买卖合同领域统一法律适用规则的愿望未得到实现，但公约的作用直接或间接得到了体现，一些国家尽管不是公约的缔约国，但在立法中也采纳了公约的合理的、具有操作性的法律适用规则。[②]

第二节　国际货物运输合同

一、概述

国际货物运输是指采用一种或多种运输方式，把货物从一国的某一地点运至另一国的某一地点的运输。国际货物运输的主要特点在于货物作跨国境的移动，使货物从一国境内的卖主手中到达另一国境内的买主手中。可见，国际货物运输是国际货物买卖的必然结果，是实现国际货物买卖的必备手段。但是，作为法律关系，国际货物运输关系独立于国际货物买卖关系之外，它是紧随着国际货物买卖成交之后在国际货物承运人同托运人及收货人之间，因运输货物而发生的一种法律关系。

国际货物运输主要有海上运输、江河运输、铁路运输、公路运输、航空运输以及上述若干方式相组合的多式联运等方式。无论采用哪种方式，都是通过当事人之间的合同加以实现。为了调整国际货物运输合同关系，保证国际货物运输的顺利进行，各国都制定了相应的国内法律。与此同时，有关国家还通过国际会议方式缔结多边国际公约，协调各国立法，统一有关规定，并取得重要成就。这些国际货物运输的公约所确立的统一实体法规范在调整国际货物运输关系中起着十分重要的作用。

---

① 来源网址：https：//www. hcch. net/en/instruments/conventions/status - table/？cid = 61，最后访问日期：2018年1月31日。

② 公约对我国相关司法实践的影响是较为明显的，2007年《规定》（已失效）第5条规定了当事人没有选择法律时，适用与合同有最密切联系的国家或地区的法律……买卖合同，适用合同订立时卖方住所地法；如果合同是在买方住所地谈判并订立的，或者合同明确规定卖方须在买方住所地履行交货义务的，适用买方住所地法。

二、国际海上货物运输合同的法律适用

国际海上货物运输合同是由承运人负责将托运人托运的货物经海路由一国的港口运至另一国的港口，而由承运人收取运费的合同。国际海上货物运输一般分为班轮运输和租船运输。

班轮运输的书面内容多以提单的形式表现出来，因此此种运输方式又被称为提单运输。在班轮运输中承运人与托运人的谈判地位是不平等的，且提单往往会转移到并非订立合同当事方的第三方手中，即会对第三方产生约束力，因此各国法律和国际公约一般对班轮运输进行强制性的调整。租船运输是指货主租用船主船舶的全部、部分或指定舱位运送货物的一种方式。租船一般用于大宗货物运输。租船运输达成的协议，为租船合同。租船合同主要分为航次租船合同、定期租船合同、光船租船合同三种。各国法律一般都允许双方当事人自由商定租船合同的条款，不受有关提单运输的法律或国际公约的管辖。

（一）规范国际海上货物运输的国际公约

由于各国和地区法律中有关班轮运输中承运人和托运人的权利义务的规定差异很大，国际社会一直在进行统一的努力，如 1924 年的《关于统一提单若干法律问题的国际公约》（以下简称《海牙规则》），1968 年的《关于修改统一提单若干法律问题的国际公约的议定书》（以下简称《海牙—维斯比规则》），1978 年的《联合国海上运输公约》（以下简称《汉堡规则》）。《海牙规则》的参加国最多，我国香港和澳门地区是海牙公约的缔约方。我国香港地区是 1968 年《海牙—维斯比规则》的成员方。1978 年《汉堡规则》有 34 个缔约方。[①]《海牙规则》所确立的原则，已成为各国和地区有关海运提单立法和各航运组织格式提单的内容。我国未参加或批准上述 3 个规则，但考虑到目前国际海运的实际情况，我国在实践中多采用《海牙规则》中有关承运人和托运人的权利义务的规定。

值得特别注意的是，2008 年 12 月 11 日联合国大会通过了《联合国全程或部分海上国际货物运输合同公约》（又称《鹿特丹规则》，以下简称《公约》），其中确立了管辖托运人、承运人和发货人在含有国际海上运程的门到门运输合同下所享权利和所承担义务的统一现代法律制度。《公约》借鉴了先前各项与海上国际货物运输有关的公约并成为其现代替代文书，特别是先前的海牙规则、海牙—维斯比规则及汉堡规则。《公约》为托运人和承运人提供了一种有约束力且平衡的普遍制度，以支持可能涉及其他运输方式的海运合同的运作。《公约》的目的是取代海牙规则、

---

① 来源网址：http：//www.uncitral.org/uncitral/en/uncitral_ texts/transport_ goods/Hamburg_ status.html，最后访问日期：2018 年 1 月 31 日。

海牙—维斯比规则和汉堡规则的规定，在海运领域的国际法上形成统一，满足现代“门到门”的运输的需要。公约到现在仅有4个缔约国。[①]

目前，国际上常用的航次租船合同格式是《统一租船合同》即“金康合同”(GENCON)，该格式由波罗的海国际航运公会制定。国际上常用的定期租船合同格式是由美国纽约土产交易所制定的“NYPE”合同和波罗的海航运公会制定的“BALTIME”合同。常用的光船租船合同是由波罗的海航运公会在1974年制定的用于营运的BARECON“A”格式和用于抵押融资新建船舶的BARECON“B”格式。[②]

（二）国际海上货物运输合同的法律适用

1. 提单的法律适用

提单（Bill of Lading, B/L）是承运人在接受所交托运的货物后签发给托运人，用以证明双方已订立运输合同，并保证在目的港按照提单所载明的条款交付货物的一种书面凭证。由于提单是海上货物运输合同的证明，承运人与收货人、提单持有人之间的权利、义务关系，依据提单的规定确定。因此，如果承运人与收货人、提单持有人之间发生的法律纠纷，属于合同纠纷，首先应当适用当事人意思自治原则。但是，在某些场合下，提单中的法律选择条款的有效性可能是有疑问的，因为提单作为海上货物运输合同的证明，通常都是由承运人所准备的格式合同，因此，其中的法律选择条款可能因为种种原因被法院否定。如果当事人没有约定，则适用最密切联系原则来确定准据法。通常承运人主营业地所在国家可以被视为最密切联系地国家，如果它同时也是装货港或卸货港或托运人主营业地所在国家。[③]

调整提单的法律既有国内法、也有国际法。其中，国内法多为各个国家的海商法，如我国1993年7月1日开始实施的《海商法》第四章第四节的主要内容都是有关提单的规定。但各个国家的法律对提单的方式、提单的效力、提单的签发等问题的规定不尽一致，产生了法律冲突。这就需要进行法律选择，以确定提单适用的准据法。

对于提单的法律适用问题，《德国票据法》第93条规定，提单转让的效力应依据发布转让声明地所在国的法律和提单发出地所在国的法律。《阿根廷航海法》第603条和614条规定，应适用目的地港法律制约依据海上货物运输合同而签发的提单，合同各方无权选择其他法律。可以看出，各国关于提单的法律适用规则并不统一。一般是适用运输合同准据法、承运人主营业地法、装船地法、船舶本国法、目

---

① 来源网址：http://www.uncitral.org/uncitral/zh/uncitral_ texts/transport_ goods/rotterdam_ status.html，最后访问日期：2018年1月31日。

② 参见［加拿大］威廉·泰特雷：《国际海商法》，张永坚等译，法律出版社2005年版，第106、116、130页。

③ 参见杜涛：《国际经济贸易中的国际私法问题》，武汉大学出版社2005年版，第301页。

的地法等。

2. 租船合同的法律适用

关于租船合同，各国基本上都允许出租人和承租人在法律许可的范围内自行协商应当适用的法律。目前，大多数租船合同选择英国的法律或根据英国法形成的国际习惯法，原因是英国的航运业相当发达，其法律保障体系也非常完备。

在当事人没有选择或选择无效的情况下，各国主要有以下做法：（1）适用船旗国法。如意大利的《海事运输法典》第10条规定，当事人未作其他意思表示时，租船合同或者运输合同受船舶国籍国法律支配。这种方法在方便船旗以及船旗变更的情况下适用存在困难。（2）适用承运人营业地法。例如1889年《蒙得维的亚国际商法公约》第14条。这种方法具有稳定性和可预见性的优点，但可能对托运人不利。（3）适用合同订立地法。例如苏联《海商法典》第14条。（4）适用法院地法。例如《保加利亚海商法典》第12条。（5）适用装运地法。例如《布斯塔曼特法典》第285条第1款规定："租船合同，如果不是附意合同，应适用货物装运港所在国家的法律。"①

由此可见，在当事人没有选择法律的情况下，各国对于租船合同的法律适用规定差异很大。现在各国通行的就是充分尊重当事人的意思自治，只有在当事人没有选择法律时才会适用最密切联系原则。② 我国《海商法》第269条规定："合同当事人可以选择合同适用的法律，法律另有规定的除外。合同当事人没有选择的，适用与合同有最密切联系的国家的法律。"我国租船合同同样适用该条规定。

三、国际航空货物运输合同的法律适用

国际航空货物运输合同是以航空器为运输工具将货物从一国的某一地点运至另一国的某一地点的运输方式。它分为班机运输和包机运输两种。国际航空货物运输涉及不同国家的空中主权，因此，国际航空货物运输合同除了受有关国家的国内法调整外，很大程度上还要受国际条约的约束。

（一）规范国际航空货物运输的国际公约

目前，调整国际航空货物运输合同的主要国际条约有：1929年《统一国际航空运输某些规则的公约》（以下简称《华沙公约》）、1955年《修改1929年10月12日在华沙签订的统一国际航空运输某些规则的公约的议定书》（以下简称《海牙议定书》）、1961年《统一非缔约国承运人所办国际航空运输若干规则以补充华沙公约的

① 参见［加拿大］威廉·泰特雷：《国际冲突法：普通法、大陆法及海事法》，刘兴莉译，法律出版社2003年版，第164页。

② 参见赵相林主编：《国际私法》，中国政法大学出版社2014年版，第262页。

公约》（以下简称《瓜达拉哈拉公约》）。在这三个公约中，1929 年《华沙公约》是基础，其余两个公约只是对《华沙公约》的修改或补充，都没有改变《华沙公约》的基本原则。截至 2018 年 1 月，1929 年《华沙公约》共有 152 个缔约方，1955 年议定书有 137 个缔约方。[①] 我国已于 1958 年和 1975 年分别加入了 1929 年《华沙公约》和 1955 年《海牙议定书》。值得注意的是，1999 年 5 月 28 日，国际民航组织缔约国大会在蒙特利尔通过了旨在取代"华沙体系"的、全新的《统一国际航空运输某些规则的公约》（以下简称 1999 年《蒙特利尔公约》），公约于 2003 年 11 月 4 日生效。截至 2018 年 1 月 31 日，《蒙特利尔公约》共有 120 个成员方。[②] 泰国于 2017 年 8 月 3 日提交加入申请，2017 年 10 月 2 日起已对其生效。[③] 我国 2005 年 6 月 1 日批准了该公约，2005 年 7 月 31 日对我国生效，香港特区和澳门特区也适用该公约。

（二）国际航空货物运输合同的法律适用

在国际航空运输领域虽然已经有了上述的一些国际统一实体法，但这些统一实体法本身并未包罗万象，仍有一些疏漏之处。而且许多国家仍然不是这些公约的缔约国，因此国际航空货物运输仍不得不受各国国内实体法规范的调整，这就需要在国际航空货物运输合同领域中研究解决国内实体法规范适用问题的国际私法规则。一般而言，国际航空货物运输合同与国际海上货物运输合同并未存在实质性重大区别，不需要各国对其区分法律适用，所以各国规范中两者的冲突规范基本是相同的。在没有针对国际航空货物运输合同的特别规定的情况下，原则上应适用当事人意思自治来确定准据法，在无当事人选择的情况下，纵观现行的国际公约，各国的立法及实践所采用的主要方法有：法院地法、旗国法、合同订立地法、合同履行地法和弹性方法，这些方法各有优劣。[④]

我国《民用航空法》第 188 条规定："民用航空运输合同当事人可以选择合同适用的法律，但是法律另有规定的除外；合同当事人没有选择的，适用与合同有最密切联系的国家的法律。"可见，国际航空运输合同的法律适用采用的是合同法律适用领域的一般规定。

---

① 来源网址：https：//www. icao. int/Meetings/a38/Documents/WP/wp170_ zh. pdf，最后访问日期：2018 年 1 月 31 日。

② 来源网址：https：//www. icao. int/Meetings/a39/Documents/WP/wp_ 120_ zh. pdf，最后访问日期：2018 年 1 月 31 日。

③ 来源网址：https：//www. icao. int/Newsroom/Pages/ZH/Deposit - of - Thailands - instrument - of - accession - Montreal - Convention - of - 1999. aspx，最后访问日期：2018 年 1 月 31 日。

④ 参见陈荣传：《国际私法各论集》，五南图书出版公司 1998 年版，第 92 ~ 97 页。

四、国际铁路货物运输合同的法律适用

国际铁路货物运输是指发货人和承运人约定，采用火车作为运输工具，经由两个或两个以上国家的铁路承运，将货物从一国境内运至另一国境内或经过另一国境内的运输。

（一）规范国际铁路货物运输的国际公约

关于国际铁路货物运输的公约主要有两个：（1）《铁路货物运输国际公约》。简称《国际货约》，是由西德、比利时、法国等西欧国家于1961年在瑞士首都伯尔尼签订，又称《伯尔尼货运公约》，1970年2月7日修订，现行文本是1975年1月1日生效的文本。1980年5月在伯尔尼举行的第八次修订会议上，决定将其与《国际铁路旅客和行李运输公约》合并为一个公约。该公约的成员国有几十个，缔约国主要是欧洲国家，我国没有加入该公约。（2）《国际铁路货物联运协定》。该公约简称《国际货协》，是由苏联、波兰、捷克斯洛伐克、匈牙利等8个国家于1951年在波兰首都华沙签订，后经7次修订，现行有效的文本是1998年1月1日生效的修订本。根据铁路合作组织2015年年度报告，该公约的缔约国有25个国家，我国于1954年1月加入该公约。① 2016年1月12日，铁路合作组织通过了《国际铁路货物联运协定》和《国际铁路货物联运协定办事细则》修改和补充事项，已于2016年7月1日起生效。②

（二）国际铁路货物运输合同的法律适用

在国际运输上，有关铁路运输的公约是以法院地法主义为一般原则的，例如《国际货约》第10条、《国际货协》第8条的规定。作为统一法，《国际货协》并没有完全取代其缔约国的有关国内法。《国际货协》第35条规定："如本协定、运价规程、办事细则及其他规则内缺少必要规定，则适用该国法令和国内规章中列载的规定。"在这里，"该国"应当理解为货物通过国，即适用在该国铁路上发现需要解决的情况的国家的法律。我国对于国际铁路货物运输合同的法律适用没有作出具体规定，但作为《国际货协》的成员国，凡经由铁路运输的进出口货物均按《国际货协》的规定办理。

五、国际货物多式联运合同的法律适用

国际货物多式联运是联运经营人以一张联运单，通过两种以上的运输方式将货

① 来源网址：http：//zh. osjd. org/statico/public/zh？STRUCTURE_ ID =38，最后访问日期：2018年2月3日。

② 来源网址：http：//www. nra. gov. cn/xwzx/gjjl/gjty/201603/t20160310_ 21745. shtml，最后访问日期：2018年2月3日。

物从一个国家运至另一个国家的运输。我国《海商法》只对多式联运中至少一种是海上运输的多式联运合同作出规定。①

（一）规范国际货物多式联运的国际公约

国际货物多式联运涉及不同的运输方式，各种运输方式所适用的责任制度不尽相同，实践中采用的多式联运经营人的责任形式也不统一，为了实现国际货物多式联运法律制度的国际统一，1980 年5 月24 日联合国贸易和发展会议通过了《联合国国际货物多式联运公约》，公约目前尚未生效。我国已签署该公约，但尚未批准该公约。公约规定，多式联运经营人的责任原则上是统一责任制。此外，1992 年联合国贸易与发展会议与国际商会共同制定了《多式联运单据规则》，该规则没有约束力，当事人可以自由选择适用与否。②

（二）国际货物多式联运合同的法律适用

在国际货物多式联运合同领域，尚不存在一套国际统一实体法规范，而且有关的专门立法规定和司法实践也比较少。在这种情况下，国际货物多式联运中出现大量的法律冲突在所难免。面临国际货物多式联运合同的法律适用问题时，可以考虑合同法律适用的一般原则，首先看当事人是否有选择法律的意思表示，如果没有，法官可以考虑适用最密切联系原则，在多式联运经营人的营业所或区段承运人的营业地、启运地、目的地等地点的法律中，结合案件的整个情况，确定应适用的法律。③

理论上而言，如果要归纳或提炼出国际货物运输法上的一般冲突规则，就必须使冲突规则适度地反映运输行为的本质，然而，在各种类型运输方式的功能与特色不尽一致的情形下，强行统一并无好处。就陆地运输尤其是铁路运输而言，由于承运人是在一个国家领域内依该国法律规定从事营运，所以普遍适用法院地法，但是海上及空中运输却可能在国家管辖范围之外的公海或公空履行，所以有适用运输工具旗国法的倾向。国际运输行为具有的另一个重要特征是运输工具载运着货物在相关国家的领域间穿梭，致使运输行为必须在不同阶段符合不同国家的法律规定，从

① 《海商法》第 102 条第 1 款规定：“本法所称多式联运合同，是指多式联运经营人以两种以上不同的运输方式，其中一种是海上运输方式，负责将货物从接收地运至目的地交付收货人，并收取全程运费的合同。”

② 来源网址：http：//unctad. org/en/PublicationsLibrary/tradewp4inf. 117_ corr. 1_ en. pdf，最后访问日期：2018 年2 月3 日。

③ 值得注意的是，如果某个国家或地区是《海牙规则》《海牙——维斯比规则》《华沙公约》或《华沙—海牙公约》等国际运输公约的缔约方，而有关的国际多式联运中相应的特定运输阶段又是在这些有关的国际运输公约适用范围内的，那么，不论该国际货物多式联运的其他运输阶段的准据法是怎么确定的，该有关的特定运输阶段都应当受有关的国际运输公约的支配。这样的解决国际货物多式联运合同法律适用问题的规则，是为包括《联合国国际货物多式联运公约》在内的诸多国际运输公约所肯定的。《汉堡规则》第 2 条第 6 款；《华沙公约》第 31 条；以及《联合国国际货物多式联运公约》第 19 条。

这一角度观察，要整理出某一可适用于所有运输合同的冲突规则，其必要性和可能性都值得怀疑，虽然是与同一个运输合同有关的法律关系，如果分别依不同的冲突规则来决定准据法，会形成准据法适用的割裂或一案数法的情况，在理论上并非妥当。不过法律关系的准据法即是应当针对其特性而决定的，此种一案数法的现象也是普遍的、正常的。① 实务上自然也不宜在涉及国际运输的案件中，期待以某一国家的法律解决所有问题。当然在上述各种方法都没有绝对优势的情况下，为了使准据法确定的不合理与不确定的程度降到最低，当事人意思自治原则应当占主要地位。②

第三节 国际货物运输保险

一、概述

国际货物运输保险，一般是通过当事人之间签订和履行国际货物运输保险合同来实现的。国际货物运输保险合同就是保险人和被保险人之间签订的，以在国际间运输的货物为保险标的，由被保险人支付一定的保险费，保险人按约定对货物在运输途中发生的损失给予赔偿的协议，是财产保险合同的一种。

国际上比较有名的海上货物运输保险条款是《伦敦保险协会货物条款》（以下简称《协会货物条款》）。中国人民保险公司现行的海上货物运输保险条款也是参照《协会货物条款》制定的。《协会货物条款》最早制定于1912年，后经几次修改。为了适应当前国际贸易、航运等方面的发展需要，英国伦敦保险业协会制定了新的协会货物条款，2009年1月1日生效。在法律适用上，其规定协会货物保险适用英国法律和惯例。③ 该条的规定和以前版本的规定相同，在法律适用方面没有进行修改。

---

① See Willis L. M. Reese, *Depacage: A Common Phenomenon in Choice of Law*, Columbia Law Review, Vol. 73, 1973, pp. 58 – 75.

② 《示范法》第101条规定，在当事人没有选择法律的，适用合同的最密切联系地法，在通常情况下，运输合同的最密切联系地是承运人营业所所在地。该款规定没有区分海运、空运和铁路运输等不同的运输方式，统一适用法律。见中国国际私法学会编：《中华人民共和国国际私法示范法》，法律出版社2000年版，第22页。

③ 来源网址：http://www.interdell.eu/pdf/GoCargo_ Institute_ Clauses_ （A）.pdf，最后访问日期：2018年1月31日。

二、国际货物运输保险合同的法律适用

目前尚无调整国际货物运输保险合同的统一实体法，因而各国大多采用当事人意思自治原则，由当事人通过保险合同中的法律适用条款，来选择某一国家的法律，只不过对保险合同的法律适用的选择权通常由保险人一方掌握。因为保险条款基本都是保险人一方制定的，其通常根据自己国家的法律制定。被保险人在选择向哪个保险公司投保时，就意味着选择了适用该保险人所在地国家的法律。在国际惯例方面，影响较大的是《伦敦保险协会货物保险条款》和 1974 年《约克—安特卫普规则》。

在当事人没有选择合同准据法时，大多数国家主张以保险人的属人法为保险合同的准据法，如英国、奥地利、丹麦、德国、瑞士、比利时等。这是根据特征性履行说和最密切联系原则而得出的结论。在运用最密切联系原则和特征性履行说时，一般应当考察下面几种因素：保险人所在地或所属国、投保人所在地或所属国、受保风险的发生地、保险合同订立地、保险金与赔偿支付地。但是，也有一些国家为了加强对投保人的保护，倾向于适用投保人的属人法，如美国和法国就是如此。①我国《保险法》和《涉外关系法律适用法》中没有对涉外保险合同的法律适用问题作出专门规定。2006 年 11 月 19 日最高人民法院《关于审理海上保险纠纷案件若干规定》第 1 条规定："审理海上保险合同纠纷案件，适用海商法的规定；海商法没有规定的，适用保险法的有关规定；海商法、保险法均没有规定的，适用合同法等其他相关法律的规定。"该条不是专门针对海上货物运输保险的，对海上货物运输保险合同的法律适用没有作出特殊规定。②

第四节 国际贸易支付

一、概述

国际贸易支付是指不同国家之间发生的货币收付行为。国际贸易的支付工具主要有货币和票据两种，票据主要有本票、汇票和支票。国际贸易的支付方式是指因国际经济贸易交往而发生的每笔款项的付和收的方式，实践中最常用的支付方式有

---

① 参见李双元主编：《中国国际私法通论》，法律出版社 2007 年版，第 360 页。

② 2007 年《规定》（已失效）指出，……保险合同，适用保险人住所地法。国际货物运输保险属于保险合同的一种，当事人没有选择法律时，法院可以适用保险人住所地法。

汇付、托收和信用证。以货币作为国际贸易支付工具，涉及货币的出入境以及运输、保管、兑换等一系列问题，不仅不利于收款人及时实现自己的债权，而且还会发生大量的费用，并给当事人带来极大的风险，因此在现代国际经济贸易中，最广泛采用的支付工具是票据。票据立法基本属于各国民商法的范畴，由于各国关于票据的立法不同，法律冲突就会在票据的国际流通和支付过程中发生。

二、涉外票据的法律适用

自19世纪后期开始，国际上掀起了统一票据法的运动，进入20世纪以后，统一国际票据法取得了显著成效。国际联盟形成了以1930年的《统一汇票本票法公约》和1931年的《统一支票法公约》为主体的公约，通常被称为日内瓦统一票据法。然而，日内瓦统一票据法主要是以大陆法系的传统为基础制定的，这就使得它的某些规定与英美法系的传统和实践存在一些矛盾，英国和美国未签署统一票据法公约。1987年联合国国际贸易法委员会在联合国第43次大会上，通过了《国际汇票本票公约》，截至2018年1月，共有成员国5个，该公约尚未生效。[①] 该公约的目的不是直接调和两大票据法体系之间的冲突，而仅仅着眼于解决在国际贸易中使用汇票、本票的不便，所以该公约并不是完全的国际统一票据法，而是仅仅适用于国际的票据法规范，缔约国国内的票据法可以不受其影响而无须有任何改变。

日内瓦统一票据法公约的参加国主要是大陆法系国家，《国际汇票本票公约》又尚未生效，各国之间尤其是不同法系国家之间在票据法领域（如票据行为能力、票据行为方式、票据追索权等）仍然存在激烈的法律冲突。[②] 我国1995年通过、2004年修正的《票据法》对汇票、本票和支票都作出了规定。《票据法》第五章用专章对涉外票据的法律适用问题作出了规定。根据《票据法》第94条第2款规定，涉外票据是指出票、背书、承兑、保证、付款等行为中，既有发生在中华人民共和国境内又有发生在中华人民共和国境外的票据。

（一）票据行为能力的准据法

1. 属人法

在涉外票据中，关于人的行为能力依属人法已经成为通说，但是属人法存在本国法和住所地法的差异。本国法主义认为，人的能力不应随时发生变动，因为人的能力与一国的国土、气候、人种、文化有很大关系，所以应当依人的国籍国法来确

---

① 来源网址：http：//www. uncitral. org/uncitral/zh/uncitral_ texts/payments/1988Convention_ bills_ status. html，最后访问日期：2018年2月3日。

② 例如，关于票据的种类，德国的票据法仅将汇票和本票称为票据，而不包括支票，而英美法系的票据法则认为票据应当包括汇票、本票和支票。

认人的能力。住所地法主义认为国籍国，不一定是当事人所在国，也未必符合当事人的国民特性，而住所地更能反映当事人与某一地域的长久联系，因而，属人法应当适用住所地法。票据行为能力可能会适用行为人的国籍国法或者住所地法。

2. 行为地法

行为地法说认为涉外票据关系中，要查明当事人本国法或住所地法关于行为人能力的规定，最终确定行为人有无行为能力，殊为不便，有碍交易的进行，所以主张行为地法易于查明，无阻碍交易的弊端，有利于票据流通、保证票据活动免受干扰和破坏，认为票据行为能力的准据法应是行为地法。①

而后，国际立法在结合这两种主张的基础上，形成了属人法为原则、行为地法为补充的立法例。1930 年《解决汇票本票法律冲突公约》第 2 条规定："一个人依汇票或本票约束自己的能力，应当依本国法。如果其本国法规定，对于该争议，应适用另一国法律，则应适用另一国法律。当一个人依前款规定为无行为能力时，如果他在另一国签字，在该国，根据当地的法律，他有应具备的能力，则他应受到约束。如果只有通过适用本条前款，一个人因汇票或本票而订立的合同才能在其他缔约国域内发生效力，一个缔约国可以拒绝承认该合同的效力。"公约的规定一方面采用反致制度调和了本国法和住所地法的冲突，增加了法律选择的灵活性，另一方面为了保护交易安全的需要，也用行为地法对属人法进行了补充。

我国《票据法》第 96 条也就票据债务人的行为能力问题作出了规定。② 该条规定采用了目前较为先进的理论，采取以本国法为主同时选择适用行为地法的折中主义，表明了我国冲突法与国际通行做法接轨的倾向，较好地保证了票据当事人的行为能力，防止票据当事人以其依属人法没有票据行为能力为由而拒绝履行票据义务，有利于维护稳定的交易关系。此外，由于当前我国没有明确规定反致制度，我国票据法没有采取上述公约允许反致的做法。票据法最重要的任务就是保障票据流通性，为了实现这一任务，在票据法上应确立有利于票据行为确定性和有效性的各项制度，当然也就包括解决当事人行为能力的法律冲突方面。而票据法在解决保障票据流通这一问题上，很大程度取决于法律是否承认行为人有行为能力。反致制度增加了法律适用的连结点，这就为承认当事人的行为能力提供了某种可能，有利于实现票据法的任务。③ 当然，《涉外关系法律适用法》第 9 条的规定确定应适用实体法，不承

---

① 参见郑玉波主编：《国际私法论文选辑》，五图出版公司，第 561 页。转引自潘攀：《票据的法律冲突》，北京大学出版社 2002 年版，第 75 页。

② 《票据法》第 96 条规定："票据债务人的民事行为能力，适用其本国法律。票据债务人的民事行为能力，依照其本国法为无民事行为能力或者为限制民事行为能力而依照行为地法律为完全民事行为能力的，适用行为地法律。"

③ 参见于莹：《票据法》，高等教育出版社 2004 年版，第 132 页。

认反致。因此，我国票据法的这一规定考虑了票据法与现有冲突规范的协调，从这一角度来讲，票据法关于行为能力的规定是无可非议的。

（二）票据行为方式的准据法

票据是严格的要式证券，对于票据行为，各国票据法都规定了严格的形式要求，行为人如果没有按照票据法规定的方式为票据行为，就会导致行为无效。根据国际公约和各国立法的实践，票据行为方式的法律适用存在着不同的解决方式：

1. 行为地法主义

该学说认为根据“场所支配行为原则”，票据行为适用行为地法是“各国普遍承认的习惯法”或“不存在争执的原则”，是国际习惯法和具有强制性质的规范，必须绝对适用。[①] 例如，加拿大《票据法》第159条规定，在一国签发在另一国转让、承兑和支付的票据，其形式有效性受争议发生地法支配，每一相关合同的形式有效性，诸如背书、承兑、拒绝承兑证书的形式有效性受合同缔结地法支配。[②] 这一原则的优点在于其具有确定性，易于确定票据行为的效力；缺点在于不利于票据流通，因为根据这一原则，即使其他相关法律均肯定票据行为的效力，但如果不符合行为地法的要求，就成为无效的票据行为。票据行为地的偶然性、不确定性和无法确定性就使得仅因票据行为不符合行为地法的要求就无效的结果不合理，所以从当今国际私法的立法实践来看，绝对采用行为地法主义的国家日渐减少。

2. 行为地法与当事人本国法选择适用

此种方式认为，法律行为的方式原则上适用行为地法，但当事人的国籍国相同时，则依本国法所为的行为方式，也是有效的。这种立法有利于当事人为票据行为，因为绝对采用本国法主义可能不符合当事人为票据行为时的意图。例如，如果当事人本国法规定某票据行为采用公证制度，须有公证人到场，才能生效，如果国籍相同的当事人所为的票据行为在另一国时，则该票据行为难以举行，有碍交易的便利。

3. 行为地法与准据法选择适用

以行为地作为唯一适用的准据法，有时会导致不便与不公正，特别是在行为地出于偶然，与法律行为并无实质联系时，或者行为地不确定或难以确定时。行为地法与准据法选择适用，是指在票据行为方式上，可以在该票据行为的行为地法与该票据行为的准据法中，选择一个予以适用，适用一个如果该法律行为不能成立时，还可以适用另一个准据法，只有依据两种法律，都不具备票据行为的生效要件的，

① 参见陈柳裕：《我国票据冲突规范研究》，载《民商法论丛》第20卷，金桥文化出版社有限公司2001年版，第546页。

② 参见刘仁山：《加拿大国际私法研究》，法律出版社2001年版，第365页。

该票据行为才无效。[①]

我国票据法关于票据行为方式冲突规范的规定，见于《票据法》第97条、第98条。[②]其立法有下列特点：（1）采取分割制。将汇票、本票和支票分别加以规定，而且将同一票据上所为的不同的票据行为，分别规定各自的法律适用规则，使法律选择更为精细和恰当，更符合不同票据行为的自身的法律性质。（2）我国采取了票据行为的形式有效性原则上由行为地法决定的原则。（3）支票行为的法律适用以出票地法为主，以付款地法为补充。当适用付款地法时，以当事人意思自治为前提，当事人可以选择适用出票地法或付款地法。[③]

（三）涉外票据其他问题的准据法

1. 票据的提示期限、有关拒绝证明的方式、出具拒绝证明的期限应适用的准据法

由于各国对于票据持有人准备行使追索权而作必要准备的上述法定条件的规定不一，特定持票人所为准备行为可能为内国法院认为充分、有效，也可能被认为缺乏生效条件，作出这种不同认定的原因在于所依据的准据法不一样。我国《票据法》第100条规定："票据的提示期限、有关拒绝证明的方式、出具拒绝证明的期限，适用付款地法律。"一般而言，票据应在付款地向付款人作提示付款，也应当在被拒绝付款以后就地开出拒绝付款的证明，付款地与上述保全权利的行为具有直接和紧密的联系，持票人在付款地行使追索权的准备更能便捷、清楚地了解付款地相关法律要求。[④]因此，上述问题应适用付款地法。

2. 票据追索权期限的准据法

票据追索权是指票据于付款到期日经提示得不到付款，或者因为其他法定原因，如承兑人或者付款人死亡、逃匿、被宣告破产、被责令终止业务活动等，使票据持有人实现其票据权利遭到障碍时，持票人经做成拒绝证明或者取得其他有关证明后，向其前手如背书人、出票人或其他票据债务人（保证人等）请求偿还票据金额和其他有关费用的权利。票据追索权的行使期限由法律规定，国与国之间会产生法律冲突，持票人在某期间内行使追索权，可能依据不同国家的法律产生不同的法律后果。

---

① 参见刘铁铮：《国际私法论丛》，三民书局2000年版，第132~133页。

② 《票据法》第97条规定："汇票、本票出票时的记载事项，适用出票地法律。支票出票时的记载事项，适用出票地法律，经当事人协议，也可适用付款地法律。"第98条规定："票据的背书、承兑、付款和保证行为，适用行为地法律。"

③ 在支票行为方式的法律适用上引入有限的意思自治，原因其一是因为支票持有人票据权利行使的关键，在于出票人和付款人之间的资金关系，而且支票上的记载事项可以补充。其二是与汇票、本票相比，支票的付款仅限于见票即付，并且法律规定了很短的付款提示期限，故而，付款问题在支票中尤其重要。所以，有时适用付款地法，更有利于保护票据权利人。

④ 参见孙应征主编：《票据法理论与实证分析》，人民法院出版社2004年版，第383页。

因此，确定追索期间对于确定持票人追索行为是否有瑕疵以及是否因此期限权利受到排斥或限制具有重要意义。

日内瓦统一法公约规定票据追索权的行使期限适用出票地法，德国和日本的票据法也有同样的规定。我国《票据法》第99条规定："票据追索权的行使期限，适用出票地法律。"因为出票地具有确定性，因此不同持票人法律适用的结果是一致的，有利于票据追索权行使秩序的稳定，此外，被追索人也可预见到追索的期限，对他而言是公正的。

3. 票据丧失补救程序的准据法

由于票据的流通性，合法票据持有人丧失票据或因其他原因丧失对票据的占有以后，可以借助于已设定的程序重新证明并享有票据上的权利并保护其在票据上的利益不因票据为他人占有而受到侵害。这种权利补救的设定程序可以是司法救济或非司法救济。票据遗失后，持票人可以向付款人申请挂失止付，付款人或代理付款人对其申请进行审查并决定是否暂停支付，这是非司法救济方式。持票人还可以在丧失票据后，向法院申请启动公示催告程序，经过特定期间如无其他利害关系人申请票据权利或其他利害关系人申报的权利不成立，法院可以宣告票据无效，票据权利与票据形式得以分离。持票人还可以在票据丧失后向法院提起诉讼，提出证据证明票据丧失的事实以及其对票据享有真实权利的事实，并要求票据义务人付款。各国票据法都规定有票据丧失后持票人应当采取的补救方式和程序，当事人采取的措施是否与法定票据保全程序相符合，意味着持票人能否及时有效地实现票据上的利益并免受流通票据被不当利用的风险。

对于失票人请求保全票据权利的程序应适用的准据法，各国采用了不同的标准。我国《票据法》第101条规定："票据丧失时，失票人请求保全票据权利的程序，适用付款地法律。"我国的规定与日内瓦体系的规定相同。适用付款地法的理由在于，票据具有支付作用，当事人对票据的期望在于支付，持票人的权利在付款地可以实现，而且司法或非司法救济措施，常常是在付款地提出的，并且付款地是记载在票据之上的，不像签名地或者交付地那样不曾记载，容易发生争议，所以，失票人请求保全票据权利的程序，应当适用付款地法。①

三、信用证的法律适用

（一）规范信用证的相关法律

在信用证的国际统一规则上，最有影响力的是国际惯例，即1933年由国际商会通过的《跟单信用证统一惯例》（*Uniform Customs and Practice for Documentary Credit*，

① 参见刘铁铮：《国际私法论丛》，三民书局2000年版，第134页。

简称 UCP)。为了满足国际银行和贸易业务的不断发展，适应海运事业的革新和电子信息系统的开发，国际商会先后对该惯例进行了 6 次修订，最后一次修订文本于 2007 年 7 月 1 日实施，被称为 UCP600。此外，1995 年联合国国际贸易法委员会形成了《联合国独立担保和备用信用证公约》，公约于 2000 年 1 月 1 日生效，截至 2018 年 2 月 3 日，公约有 8 个缔约国，我国尚未加入公约。① 公约加强了对独立担保和备用信用证的基本原则和特点的承认，因此减少了在国际贸易中使用这些票据的不确定性。《跟单信用证统一惯例》在世界范围内的广泛运用大大减少了信用证法律冲突的产生，但是它并没有消除法律冲突。

（二）信用证的法律适用

由于信用证法律领域国际规则的高度统一，世界上拥有专门信用证法律规定的国家数量不多，对信用证法律适用规则有所关注的国家更是寥寥可数。但是，由于信用证法律冲突案件的出现，各国无论是基于各自一般的法律规定抑或特殊的信用证法律规定，也都形成了某些处理信用证法律适用问题的规则。这些规则以成文法规定的十分罕见，如美国《统一商法典》第5篇和我国2005年最高人民法院《关于审理信用证纠纷案件若干问题的规定》；更多国家则是运用一般的法律规则或者由判例形成信用证法律适用规则。②

信用证作为合同的一种，确定合同准据法的原则自然也适用于信用证。但是，信用证作为长期发展起来的商业习惯，形成了自己独特的一套规则，突出体现在国际商事惯例优先上。UCP600 为大部分国家的银行所采用，是使用最为广泛的国际商事惯例之一。实践中，对信用证有专门立法的国家不多，主要有美国、墨西哥、意大利、希腊等。在已有国内立法的情况下，这些国家的银行公会都正式向国际商会通知集体采用《跟单信用证统一惯例》。UCP600 第 1 条规定："适用于所有的其文本中明确表明受本惯例约束的跟单信用证（以下简称信用证）（在其可适用的范围内，包括备用信用证），除非信用证明确修改或排除，本惯例各条文对信用证所有当事人均具有约束力。"

意思自治同样适用于信用证纠纷准据法的确定，当事人有权在不违反国家强制性法律和公共秩序的前提下，选择某一国家的法律、国际条约或国际惯例作为信用证纠纷的准据法。如果当事人未在信用证中约定适用 UCP 或其他法律，法院所在国又没有承认 UCP 的优先适用地位，则法院会适用最密切联系原则来确定准据法。对最密切联系地的确定，大陆法系的观点认为，最密切联系地是信用证合同的缔结地，

① 来源网址：http：//www. uncitral. org/uncitral/zh/uncitral_ texts/payments/1995Convention_ guarantees_ credit. html，最后访问日期：2018 年 2 月 3 日。

② 参见房沫：《信用证法律适用问题研究》，中国民主法制出版社 2012 年版，第 127 页。

即信用证的开立地或者开证行所在地。[①] 英美法系则赞同最密切联系地为信用证合同的履行地，即受益人向银行提交单据后要求银行付款的地方。[②]

最高人民法院《关于审理信用证纠纷案件若干问题的规定》不仅确立了信用证领域的相关规则，而且对信用证纠纷的法律适用作出了专门的规定。该规定将信用证纠纷案件分为两大类：信用证纠纷案件和与信用证相关的纠纷案件。第一类是“信用证纠纷案件”[③]，此类案件的法律适用，当事人约定适用相关国际惯例或者其他规定的，从其约定；当事人没有约定的，适用国际商会《跟单信用证统一惯例》或者其他相关国际惯例。第二类是“与信用证相关的纠纷案件”[④]，对于此类纠纷，应当适用我国相关法律，涉外合同当事人对法律适用另有约定的除外。该规定充分尊重了当事人在选法方面的意思自治和国际惯例的优先地位。在《关于审理信用证纠纷案件若干问题的规定》出台前，我国法院并没有针对当事人未选择准据法、而UCP与国内法也无相关规定的信用证纠纷的固定处理方法；该司法解释出台后，尽管适用UCP有了明确的法律依据，但由于解释仍缺少相应规定，上述情形的处理仍然没有明确依据。

---

① 其主要理由在于：首先，开证行的所在地是开证申请人（买方）与开证行之间代理开证的要约和承诺的完成地，也是信用证合同的产生和最终了结的地方。其次，信用证项下的付款义务源自开证行的开证行为并最终由开证行承担和履行。开证行的所在地这一连结点在信用证开出后是明确和稳定的，无论开证行以外的通知行、议付行或保兑行是否向受益人付款。而如果认定“最密切联系地”为信用证合同的履行地，即受益人向银行提交单据后要求银行付款的地方，则会发生连结点的不确定性，甚至是偶然性，不利于保护当事人的合法权益。林一飞主编：《国际私法与诉讼仲裁实务》，对外经济贸易出版社2012年版，第147页。

② 该观点认为，信用证是一种独立于基础买卖合同的合同，其本身是受益人和开证行之间的单据买卖关系。受益人获得要求银行付款的权利在于将约定的单据提交给银行这一行为。因此，按照“场所支配行为”的理论，认为准据法就是受益人将信用证规定的单据提交给银行并要求银行承兑或者付款的地方的法律。此外，适用银行付款地法律还会方便审单和付款的银行适用其熟悉的本地法。但是近来，就英美国家的相关司法实践可以看出，法院在确定与信用证有最密切联系的法律时，对信用证的最密切联系地（信用证履行地）的界定，有从付款地到信用证开证地的新趋势。林一飞主编：《国际私法与诉讼仲裁实务》，对外经济贸易出版社2012年版，第147页。

③ 是指发生在开证行开出信用证以后，直到最后受益人向开证行要求取得信用证款项为止的整个过程的纠纷，包括在信用证开立、通知、修改、撤销、保兑、议付、偿付等环节产生的纠纷。

④ 是指开证申请人与开证行之间因申请开立信用证而产生的欠款纠纷、委托人和受托人之间因委托开立信用证产生的纠纷、担保人为申请开立信用证或者委托开立信用证提供担保而产生的纠纷以及信用证项下融资产生的纠纷。这类纠纷并不是因信用证本身在履行过程中产生的纠纷，而是在信用证流转过程之外，甚至在信用证付款完成之后，与开立信用证相关的当事人之间的纠纷。

第五节　国际技术转让合同

一、概述

国际技术转让是指转让方将技术跨越国境转让给受让方的以某种技术为标的的交易活动。国际技术转让的国际性在于转让方将技术跨越国境地转让给受让方。至于转让方和受让方，可能是不同国籍的法人或自然人，也可能是同一国籍的法人或自然人。我国自20世纪80年代改革开放以来，也引进了不少外国的先进技术和设备，对于提高我国技术水平和促进经济的发展起到了重要作用。

我国2001年颁布、2011年修订的《技术进出口管理条例》第2条明确规定："本条例所称的技术进出口，是指从中华人民共和国境外向中华人民共和国境内，或者从中华人民共和国境内向中华人民共和国境外，通过贸易、投资或者经济技术合作的方式转移技术的行为。"技术进出口合同包括专利权转让合同、专利申请权转让合同、专利实施许可合同、技术秘密许可合同、技术服务合同和含有技术进出口的其他合同。[①] 我国将进出口技术分为禁止进出口的技术、限制进出口的技术和自由进出口的技术，禁止进出口的技术不涉及适用外国法的问题。

国际社会对制定一项关于技术转让的统一行动守则，普遍持赞成态度，许多发展中国家更是率先提出这一要求，联合国贸易和发展会议（简称贸发会议）一直在努力制定统一实体法，1978年10月，联合国贸发会议起草了《国际技术转让行动守则》（草案），草案至今未获通过。联合国大会第35届会议在1980年12月25日通过了《多边协议的一套管制限制性商业惯例的公平原则和规则》。该文件并非国际公约，只是作为法律范本，为不同国家在各方面采取的经济发展和竞争方针提供指导。目前，国际技术转让合同只能常处于国内法的支配之下。因此，至少就现实而言，对国际技术转让合同法律适用问题的研究，主要是研究国内实体规范的适用问题。国际技术转让合同的国际性很容易导致两个以上国家的法律适用于该项合同，从而引起法律冲突。同时，关于国际技术转让的行政法律往往与一个国家的公共政策相联系，也产生相应的强行法调整的问题。

二、国际技术转让合同的法律适用

对于国际技术转让问题，一直没有专门的统一实体法公约。20世纪70年代，联

---

① 参见2009年《技术进出口合同登记管理办法》第2条。

合国大会第六届特别会议通过决议，要求制定一项符合发展中国家要求的技术转让行动守则。联合国守则谈判会议自1978年10月至1985年6月举行了多次会议，经过与会各国的努力，就《联合国国际技术转让行动守则（草案）》的大部分条文达成协议，但在一些重要问题上各国分歧严重，没能就最后文件达成一致。由于缺乏统一的国际实体规范，对于国际技术转让中的法律冲突，主要是通过各国的冲突规范来解决法律适用问题。①

1. 当事人意思自治原则

根据“意思自治原则”，当事人有权选择合同适用的法律，只要此种选择不违反有关国家涉及国际技术转让的公共秩序和强制性法规。在形式上，“当事人意思自治”对双方当事人是平等的，赋予了双方当事人选择合同准据法的平等权利和机会。然而，如果当事人双方的交易力量相差悬殊，那么，这一原则便可能导致实际上并不平等的结果，即交易力量弱小的一方当事人常常不得不同意交易力量强大的一方当事人所选择的法律。在国际技术转让合同领域里，情况就每每如此。技术输出国往往赞成该原则的适用，因为技术输出国的当事人在向他国当事人转让技术时，一般并不了解技术输入国的法律，如果允许当事人自由选择，他们在技术转让中作为地位较强的一方，往往可以选择自己国家的法律作为合同的准据法。

在当今社会，技术输出国的冲突规范一般允许当事人自由选择国际技术转让合同适用的法律，但技术输入国对当事人选择法律的原则却很不一致，有关立法主要有以下几种：（1）规定技术引进国只能适用本国法，如墨西哥；（2）要求当事人在合同中订立适用本国法的法律选择条款，如委内瑞拉、哥伦比亚等国；（3）禁止技术转让合同选择外国法律，如阿根廷；（4）允许当事人选择调整合同关系的法律，但这种选择必须与技术转让有充分的联系，并且不违反技术输出国和技术引进国的公共政策或公共秩序；（5）对法律选择不作明文规定，一般通过对技术转让合同的审查、批准程序来达到适用本国法的目的。如合同中规定适用外国法的，不予批准。②

2. 当事人未作出有效法律选择时，国际技术转让合同准据法的确定

当事人未作出有效的法律选择，或者虽然达成了法律选择协议，但却由于某种原因而被法院宣布为无效，在这类情况下，国际技术转让合同一般应当适用技术输入国法律。因为在合同领域的法律适用中，当事人没有选择法律时，通常适用与合同有最密切联系的法律，大陆法系国家通常用特征性履行来细化最密切联系原则。

① 参见金明、王晓媛主编：《新编国际私法教程》，四川大学出版社2015年版，第156页。

② 参见李双元主编：《中国国际私法通论》，法律出版社2007年版，第373页。

在国际技术转让中，受让方的履行更能体现该合同的特征。[①]

3. 强制性规则

在国际技术转让合同的法律适用领域，“强制性规则”的适用具有极其重要的意义，因为无论是发达国家还是发展中国家、无论是技术输出国还是技术输入国，它们都制定了大量的强制性规则。强制性规则的一个主要表现是禁止限制性商业条款的法律法规。[②] 当限制性商业惯例被具体订入国际技术许可合同时，则被称为“限制性条款”。为了消除可能因跨国公司或其他企业的限制性惯例而引起的对贸易和发展的不利影响，促进本国贸易和经济的发展，国家会采用法律规定限制性条款无效。

我国技术进出口管理的法规主要包括：2011 年《技术进出口管理条例》、2009 年修订的《技术进出口合同登记管理办法》、2009 年修订的《禁止进口限制进口技术管理办法》、2009 年修订的《禁止出口限制出口技术管理办法》、2016 年修订的《对外贸易法》和 2007 年《反垄断法》。在我国，对于国际技术转让合同准据法的确定，根据《涉外关系法律适用法》第 49 条[③]的规定，知识产权转让和许可使用合同的法律适用，首先应依当事人的意思自治；当事人没有约定的，则应适用该法关于一般合同规定的法律适用规则。[④]《涉外关系法律适用法》不再规定单一的固定连结点，而是将更灵活的特征性履行引入立法，因此，应区分不同类型、特点的国际技术转让合同，分别确定最密切联系地。

我国关于技术转让的强制性规定体现在 2011 年《技术进出口管理条例》第 29 条：“技术进口合同中，不得含有下列限制性条款：（一）要求受让人接受并非技术进口必不可少的附带条件，包括购买非必需的技术、原材料、产品、设备或者服务；

---

① 理由在于：（1）受让方，也就是技术输入国是主要的合同履行地。在技术转让方将技术交给技术受让方以后，该项技术事实上是处于技术输入国的控制之下的，该项技术在技术输入国领域内实施，于技术输入国具有更大的经济意义和社会意义。（2）技术受让方除了履行付款义务外，还需要为技术的实际运用做很多的准备和努力，相对而言，技术提供方的义务则轻很多。（3）技术受让方国家的法律对引进的技术提供工业产权或者商业秘密的保护，根据知识产权的属地性特点，应当适用技术受让方的法律。根据以上的原因，技术受让方所在地是国际技术转让合同的最密切联系地或者是特征性履行地，在没有当事人有效的法律选择的情况下，应当得到适用。

② 如根据《多边协议的一套管制限制性商业惯例的公平原则和规则》，规定限制性商业惯例是指企业的下述行动或行为：通过滥用或谋取市场力量的支配地位，限制进入市场或以其他方式不适当地限制竞争，对国际贸易，特别是发展中国家的国际贸易及其经济发展造成或可能造成不利影响；或通过企业之间的正式或非正式、书面或非书面的协定或其他安排造成了同样的影响的一切行动或行为。

③《涉外关系法律适用法》第 49 条规定：“当事人可以协议选择知识产权转让和许可适用的法律，当事人没有选择的，适用本法对合同的有关规定。”

④《涉外关系法律适用法》第 41 条规定：“当事人可以协议选择合同适用的法律。当事人没有选择的，适用履行义务最能体现该合同特征的一方当事人经常居所地法律或者其他与该合同有最密切联系的法律。”

（二）要求受让人为专利权有效期限届满或者专利权被宣布无效的技术支付使用费或者承担相关义务；（三）限制受让人改进让与人提供的技术或者限制受让人使用所改进的技术；（四）限制受让人从其他来源获得与让与人提供的技术类似的技术或者与其竞争的技术；（五）不合理地限制受让人购买原材料、零部件、产品或者设备的渠道或者来源；（六）不合理地限制受让人产品的生产数量、品种或者销售价格；（七）不合理地限制受让人利用进口的技术生产产品的出口渠道。”2007 年《反垄断法》第 13 条规定了禁止具有竞争关系的经营者达成下列垄断协议：固定或者变更商品价格；限制商品的生产数量或者销售数量；分割销售市场或者原材料采购市场；限制购买新技术、新设备或者限制开发新技术、新产品；联合抵制交易。国务院反垄断执法机构认定的其他反垄断协议。反垄断协议是指排除、限制竞争的协议、决定或者其他协同行为。《反垄断法》首次从反垄断的角度对限制性条款进行规定，是我国规制限制性条款的一个里程碑。

第六节 电子商务合同

一、EDI 概述

EDI（Electronic Data Interchange），即电子数据交换，是指在两个或两个以上用户之间，按照协议将具有一定结构特征的标准经济信息，经数据通信网络在电子计算机系统之间进行交换和自动处理。① 电子合同载体的“无纸化”和订立过程的“数字化”对传统的合同规则产生了很大的冲击。由于通过互联网可使相距千里的双方当事人签订或履行合同的行为跨越数个法域，从而无法以任何一方当事人或信息的实际所在地为标准确定合同的准据法，准据法的选择与确定就显得十分重要。

在 20 世纪 80 年代，一些国际组织就已经着手解决 EDI 所涉及的法律问题，并相继通过了一些统一规则。如国际海事委员会 1990 年制定的《电子提单规则》，国际商会 1987 年制定的《电传交换贸易数据统一行为守则》。联合国贸易法委员会在电子商务问题上制定了一系列的公约和示范法，取得了较大的成就，如 1996 年《电子商务示范法及立法指南》（1998 年进行了修订）、2001 年《电子签名示范法及立法指南》、2005 年《联合国国际合同使用电子通讯公约》和 2007 年的《增进对电子商务的信心：国际使用电子认证和签名方法的法律问题》。2005 年《联合国国际合

---

① 参见王国华主编：《物流标准、法规、专业术语、业界名录》，中国铁道出版社 2004 年版，第 329 页。

同使用电子通讯公约》规定了公约适用于国际合同，即位于两个不同国家的当事人之间的合同，但不要求这两个国家都是公约的缔约国。不过，只有当缔约国的法律适用于当事双方的交易时，公约才可适用，如果当事双方未有效选择适用法律，则适用法律由法院所在地国关于国际私法的规则确定。公约于2013年3月1日生效，现有9个缔约国，我国于2006年7月6日签署了《联合国国际合同使用电子通讯公约》。[①]

2017年3月1日，联合国国际贸易法委员会通过了《贸易法委员会电子可转让记录示范法》（以下简称《电子示范法》），旨在从法律上支持电子可转让记录的国内使用和跨境使用。《电子示范法》适用于与可转让单证或票据功能等同的电子可转让记录。但值得注意的是，《电子示范法》不以任何方式影响可转让单证或票据的适用法律，此种法律称为"实体法"，包含关于国际私法的规则。[②]

二、电子合同的法律适用

（一）当事人缔约能力的准据法

电子合同当事人的缔约能力适用当事人的属人法兼采合同准据法较为合适。首先，适用属人法来确定当事人的缔约能力，是为多国法律遵循的原则，电子合同也是一种法律行为，其只是在形式上突破了传统法律的模式，在法律行为的实质上并没有多大的变化，它自身不构成对属人法的巨大挑战。其次，属人法中的国籍与住所与当事人的缔约能力有实质性联系。最后，如果当事人的属人法认为电子合同的当事人没有缔约能力，即使其他法律认为有缔约能力，将来所出现的法律后果也可能得不到当事人国籍国或住所地国的承认与执行。

以属人法作为电子合同当事人行为能力的准据法，对于保护欠缺行为能力的人来说是很合适的。但严格贯彻属人法原则，对电子商务的交易安全可能十分不利。传统上，各国为了保护内国交易的安全都以行为地法律加以限制。在网络环境下，由于网络空间的全球性和虚拟性，以及网络空间与物理空间没有一一对应的关系，缔约地和交易行为地很难加以确定，即使能够确定，也因为极其偶然和随意，而不被人们认可。为了保证电子交易的安全并促进电子商务的顺利进行，应当考虑以合同的准据法加以限制。[③]

（二）电子合同形式问题的准据法

电子合同的形式相较传统合同存在很大的特殊性，由于网络空间的全球性和虚

---

① 来源网址：http：//www.uncitral.org/uncitral/zh/uncitral_texts/electronic_commerce/2005Convention.html，最后访问日期：2018年2月3日。

② 来源网址：http：//www.uncitral.org/uncitral/zh/uncitral_texts/electronic_commerce/2017model.html，最后访问日期：2018年2月3日。

③ 参见何其生：《电子商务的国际私法问题》，法律出版社2004年版，第211~213页。

拟性，传统的属人性、属地性连结点很难得以确定，即使能够确定，也可能与当事人的网络交易没有太多联系。同时，尽管有些国家的法律赋予了数据电文及数字签名的法律效力，但仍有相当一部分国家尚无这方面的规定，要求合同或文件必须采用传统的书面形式，甚至要求有当事人的亲笔签名。因此，我们认为，为了简化当事人的交易形式、方便当事人的交易、保证当事人交易的顺利进行，在合同形式法律适用的问题上，可以抛弃分割制，采用同一制，即对合同的实质内容和形式要件在法律适用上不加区分，一并采纳当事人意思自治原则和最密切联系原则。因为，当事人愿意采用互联网作为交易的手段，肯定会选择认可该交易手段所达成合同效力的国家的法律来确定合同的形式要件。不过，无论当事人在选择电子合同的准据法时，还是法院或法官在运用最密切联系原则以确定合同应予适用的法律时，都应注意了解相关国家法律关于合同的形式和电子签名效力这两方面的规定，以尽量避免因选择或适用法律不当而导致电子合同无效。①

（三）电子合同实质问题的准据法

1. 意思自治原则

由于网络空间的特殊性，传统的冲突规范适用于网络案件受到挑战，在新的连结点尚未得到各国的普遍认可以前，允许当事人就他们之间电子商务争议的法律适用达成协议，无疑是解决问题的最好办法。尽管有学者质疑拆封授权合同和点击包装合同中意思自治的效力，② 但是，就像提单中的法律选择条款一样，这些特殊合同中的法律选择条款并不构成对意思自治原则的否定。

2. 最密切联系原则

在涉外民商事法律关系的主体日趋多元化，各种法律关系越来越复杂的情况下，传统的一些以客观性连结点为主的冲突法规则，由于内在的僵硬性和单一性，很难有适用的空间。而最密切联系原则通过赋予法官自由裁量权，由法官根据客观的案件事实，作出相对理想的选择。即使是在复杂多变的电子商务案件中，最密切联系原则以其内在的张力，通过法官对“最密切”的权衡，依然能够相对合理地确定相关案件的法律适用。③ 尤其是在传统冲突规则难以适用的情况下，最密切联系原则通过对连结点的软化处理，可以增强法律选择的灵活性，这在目前各国都害怕阻碍电子商务的发展而不愿立法的情况下，无疑有广阔的适用空间。

3. 以消费者保护法律为代表的各国强行性法律，将在电子合同的法律选择上得

---

① 参见吕国民：《国际贸易中 EDI 法律问题研究》，法律出版社 2001 年版，第 214 页。

② 参见肖永平、李臣：《国际私法在互联网环境下面临的挑战》，载《中国社会科学》2001 年第 1 期。

③ 参见徐伟功：《从自由裁量权角度论国际私法中的最密切联系原则》，载《法学评论》2000 年第 4 期。

以直接适用

保护消费者是当今国际社会的潮流，在新近的一些电子商务立法中，纷纷强调消费者所在地法律的适用。例如 1999 年 7 月，美国统一州法全国委员会和美国法学会通过了《统一计算机信息交易法》，其中关于电子合同法律适用的规则很有参考价值：（1）原则上允许合同当事人自由约定准据法，但涉及消费者交易时，若当事人约定的准据法违反保护消费者的强行规定时，该约定无效。（2）在当事人没有约定准据法或所选择的准据法无效时，应适用下列的原则：第一，对于在线合同或交易系以电子方式给付时，适用合同成立时许可方所在地的法律。第二，在消费者进行交易，而商品须借实体有形媒介物交付时，适用应交付给消费者的交付地法律。第三，在其他情况下，则适用与交易有最密切联系的法律。①

对于我国等发展中国家而言，更应该坚持消费者惯常居所地国家有关消费者保护的法律适用，因为大多数发展中国家还没有形成真正的电子商务市场，大都处于输入信息和技术的地位，即处于信息消费者的角色。因此，对发展中国家而言，无论是出于国家整体利益，还是出于保护弱方的消费者的利益，都应当坚持消费者惯常居所地国家的法律的适用。

联合国《电子签名示范法》第 6 条规定："凡法律规定要求某人的签名时，如果根据各种情况，包括根据任何有关协议，使用电子签名既适合生成或传送数据电文所要达到的目的，而且也同样可靠，则对于该数据电文而言，即满足了该项签名要求。"我国 2005 年施行、2015 年修改的《电子签名法》与联合国《电子签名示范法》的规定要求是一致的。我国 1999 年《合同法》确认了数据电文的书面等同功能，② 第 16 条第 2 款、第 26 条第 2 款和第 34 条第 2 款分别对采用 EDI 方式订立合同时，要约、承诺的到达时间和合同的成立地点作了规定。《电子签名法》第 3 条规定，民事活动中的合同或者其他文件、单证等文书，当事人可以约定使用或者不使用电子签名、数据电文。当事人约定使用电子签名、数据电文的文书，不得仅因为其采用电子签名、数据电文的形式而否定其法律效力。2015 年《民事诉讼法司法解释》第 20 条规定，以信息网络方式订立的买卖合同，通过信息网络支付标的，以买受人住所地为合同履行地；通过其他方式交付标的的，收货地为合同履行地。合同对履行地有约定的，从其约定。

---

① 参见肖永平、李臣：《国际私法在互联网环境下面临的挑战》，载《中国社会科学》2001 年第 1 期。

② 《合同法》第 11 条规定："书面形式是指合同书、信件和数据电文（包括电报、电传、传真、电子数据交换和电子邮件）等可以有形地表现所载内容的形式。"

第七节 国际投资合同

一、概述

国际投资是国际间资金流动的一种重要形式，是投资者为获得一定经济效益而将其资本投入国外的一种经济活动。对特定国家来说，国际投资包括本国的海外投资和本国接受的外国投资。国际投资所产生的关系错综复杂，不仅涉及不同国家的法人与自然人间投资合作关系，而且还包括外国私人投资者与东道国间的投资合作关系或投资管理关系、私人投资者与其本国间的投资保险关系、两国或多国政府间基于相互保护私人直接投资而达成的双边或多边投资保护条约关系。因此，调整国际投资关系的法律既包括国内法规范，也有国际法规范；既有公法规范，也有私法规范；既有实体法规范，也有冲突法规范。

目前在国际投资法方面的国际公约主要有1965年《解决国家与他国国民间投资争端公约》和1985年《多边投资担保机构公约》。此外，联合国大会通过了一系列与国际投资有关的重要决议，如1962年的《关于自然资源之永久主权宣言》、1974年的《建立新的国际经济秩序的行为纲领》和《各国经济权利和义务宪章》等。就我国而言，包括2018年《宪法》在内，先后颁布的1979年《中外合资经营企业法》（2016年修正）及其实施条例（2014年修订）、1987年《中外合作经营企业法》（2017年修正）及其实施细则、1986年《外资企业法》（2016年修正）及其实施细则（2014年修订）、1982年《对外合作开采海洋石油资源条例》（2013年修订）、1999年《合同法》、2017年《民法总则》均含有调整在我国进行国际私人投资的国际私法规范。

二、国际投资合同的法律适用

（一）中外合资经营企业合同的准据法

中外合资经营企业是指外国的公司、企业和其他经济组织或个人同我国的公司、企业或其他经济组织依照我国法律在我国境内共同投资、共同经营、共担风险、共负盈亏的企业法人组织。由于中外合资经营企业是依照我国法律规定的条件和程序、经我国政府批准、在我国境内登记成立的企业法人组织，其具有我国法人资格，又设立在我国境内，所以我国对其既具有属地管辖权，又具有属人管辖权。合营企业的一切活动都应遵守我国法律、法规的规定，其在我国境外设立分支机构及其营业活动也须服从我国法律的管辖。关于合营各方之间争议的法律适用，我国《合同法》第126条第2款作出了明确规定。[①] 因此我国法律对上述在我国境内履行的合同，当事人协议选择适用外国法律的合同条款无效。此外，2014年修订的《中外合资经营企业法实施条例》第12条规定，合营企业合同的订立、效力、解释、执行及其争议的解决，均应当适用我国的法律。

（二）国际BOT项目的准据法

BOT是英文“Build－Operate－Transfer”的简称，即“建设—经营—移交”。国际BOT投资方式是国际私人资本直接投资于基础设施或公共工程的一种综合性国际投资方式。[②] 20世纪80年代以来，BOT作为一种新型的融资和投资方式在国际上日渐兴起，它体现了东道国政府与私人投资者之间以基础设施建设和经营为标的的合作关系，在发达国家和发展中国家都得到了广泛的运用。

BOT合同主体一方为东道国政府，另一方为外国私人投资者，它是一种特殊的合同关系，东道国政府在BOT合同中实际具有双重身份：一是具有与缔约对方平等的缔约当事人身份，二是具有公共利益维护者的政府身份。作为缔约当事人身份，政府享有合同规定的权利，承担合同规定的义务。作为政府身份，政府享有命令、指挥、监督、制裁等权力，同时负有维护公共利益的义务。因此，BOT合同又被称为特许协议。对于特许协议的法律适用问题，国际法学界长期有两派观点：一是非国内法适用，包括适用当事人选择的法律、当事人公认的法律原则、国际法以及文明国家公认的一般法律原则等不同做法；二是国内法律的适用，主要有排他地适用东道国法，同时适用东道国法与投资者本国的国内法，结合适用东道国国内法与国际法，适用东道国国内法与善意及诚信原则等不同主张和做法。考虑到BOT合同的特殊性，BOT合同是在政府所属国签订，在该国履行，项目设施也位于该国，项目公司也多为该国法人，合同主体一方是该国政府，因此，合同与政府所属国有密切的联系，应适用政府所属国的法律。我国对BOT的法律适用没有作出专门规定。

值得注意的是，2007年《规定》（已失效）对国际投资合同包括国际直接投资合同和国际间接投资合同的强制性规则作出了详细规定：在中华人民共和国领域内履行的下列合同，适用中华人民共和国法律：（1）中外合资经营企业合同；（2）中外合作经营企业合同；（3）中外合作勘探、开发自然资源合同；（4）中外合资经营

---

① 《合同法》第126条第2款规定：“在中华人民共和国境内履行的中外合资经营企业合同、中外合作经营企业合同、中外合作开发自然资源合同，适用中华人民共和国法律。”

② 这种投资方式的基本内容是：由东道国政府或其指定的机构通过与私营部门签订特许协定，将应由政府投资、建设、经营的基础设施或公共工程项目交由私人部门的项目公司筹资、建设，并在一定期限内拥有、经营和维护该项目以获得投资回报，特许期限届满后，该项目所有权无偿移交东道国政府或其指定的机构。

企业、中外合作经营企业、外商独资企业股份转让合同；（5）外国自然人、法人或者其他组织承包经营在中华人民共和国领域内设立的中外合资经营企业、中外合作经营企业的合同；（6）外国自然人、法人或者其他组织购买中华人民共和国领域内的非外商投资企业股东的股权的合同；（7）外国自然人、法人或者其他组织认购中华人民共和国领域内的非外商投资有限责任公司或者股份有限公司增资的合同；（8）外国自然人、法人或者其他组织购买中华人民共和国领域内的非外商投资企业资产的合同；（9）中华人民共和国法律、行政法规规定应适用中华人民共和国法律的其他合同。从上述最高人民法院的规定来看，国家对于国际投资合同实施较为严格的法律管制。《法律适用法司法解释一》第10条规定了强制性规定的适用范围。①

第八节 国际借贷合同

一、概述

国际借贷合同是指位于不同国家的贷款方与借款方就跨国的金钱借贷关系签订的协议。它是国际资金融通的最重要的法律文件。国际借贷协议依贷款的用途分为国际项目贷款合同和非项目贷款合同；依贷款人的身份分为政府贷款协议、国际金融组织贷款协议和国际商业银行贷款协议；依贷款的组织方式分为独家银行贷款协议、国际银团贷款协议和联合贷款协议。② 下面根据不同的贷款主体来确定其法律适用。

二、国际借贷合同的法律适用

（一）国际私人借贷合同

国际私人借贷合同主要使用以下三项准据法原则：

1. 当事人意思自治原则

由于私人借贷合同属于私法合同的范畴，因而，各国对这类合同均允许当事人

---

① 《法律适用法司法解释一》第10条规定：“有下列情形之一，涉及中华人民共和国社会公共利益、当事人不能通过约定排除适用、无须通过冲突规范指引而直接适用于涉外民事关系的法律、行政法规的规定，人民法院应当认定为涉外民事关系法律适用法第四条规定的强制性规定：（一）涉及劳动者权益保护的；（二）涉及食品或公共卫生安全的；（三）涉及环境安全的；（四）涉及外汇管制等金融安全的；（五）涉及反垄断、反倾销的；（六）应当认定为强制性规定的其他情形。”

② 参见曾庆敏主编：《法学大辞典》，上海辞书出版社1998年版，第953页。

双方协商选择合同所适用的法律。实践中，尽管有些借贷合同的当事人选择借款人国家的法律或第三人国家的法律，作为合同的准据法，但是，大多数情况下均约定以贷款人国家的法律作为合同的准据法。如1954年南非West Rand信托投资公司在瑞士发行债券规定，借贷合同所规定当事人间的所有权利义务均应受瑞士法规范；1959年Naphtachimie公司在荷兰发行的债券约定，本契约以及所有因此产生之权利义务应受荷兰法规范。这种情况，主要是因贷款人意图通过借贷合同适用其熟悉的本国法而获得较多保障的缘故，借款人对此一般也不持异议。

2. 贷款人所属国的法律

在当事人未选择合同适用的法律时，一般是采用最密切联系的法律来确定合同的准据法。但是，由于各国对最密切联系因素的认识不同，因而出现了两种理论，分别对各国产生了不同的影响。（1）一种意见认为，由于贷款合同存在这些情况：①合同是在贷款人国所签署与支付；②借款人在此获得资金且将来还得在此地履行偿还义务；③合同的起草方式和语言文字习惯上一般是适用贷款人国的做法；④贷款国的居民或国民通常被任命为受托人或债券持有人的代理人；⑤当事人必须遵守当地有关借贷或债券发行的法规等，表明贷款人国法与借贷合同有着最密切的联系。（2）另一种意见则认为，贷款人将款项兑付给借款人，合同义务并未完成，只有还清了全部借款后，才算最终履行了合同义务。在较多的情况下，合同真正的履行地是在借款人国，所以，借款人国法也应是借款合同的准据法。但此理论观点，目前尚未得到有关国家的国际私法立法实践的支持。

3. 还款地国家的法律

鉴于有的国家的法律并不明确规定借贷合同是适用贷款人国法还是借款人国法，以及不同的观点对国家的不同影响，在立法实践中有着不同的倾向和做法。因此，有的国家既不用贷款国法更不用借款国法，而是依偿还贷款在哪个国家就适用哪个国家的法律。于是，便明确规定适用还款地国家的法律。例如，美国1971年《重述》第195条规定：偿还贷款合同的有效性及由该合同产生的权利，在当事人未作有效的法律选择时，依合同要求的还款地州的本国法。[①]

（二）政府贷款协议的准据法

我国财政部2016年新修订《国际金融组织和外国政府贷款赠款管理办法》第3条第1款指出，本法所称的贷款是指财政部经国务院批准代表国家统一筹借并形成政府外债的贷款，以及与上述贷款搭配使用的联合融资。政府贷款属于政府间的对外援助，政府贷款协议属于国际协定，因此其争议的解决多通过外交途径进行，在

---

① 参见张庆麟：《国际借贷协议法律适用一般规则》，载韩德培主编：《中国国际私法与比较法年刊》（第6卷），法律出版社2003年版，第164～174页。

协议中不规定法律适用问题。

（三）国际金融组织贷款协议的准据法

为了避免所参与的金融交易受到特定国家国内法的影响，国际金融组织往往在其章程或合同、协议中排除任何国家内国法的适用。国际金融组织，诸如国际货币基金组织、世界银行及其下属国际开发协会和国际金融公司、亚洲开发银行等，对其成员国的贷款一般都只适用该组织的有关规定，而不适用任何国家的国内法。[①]例如，世界银行与其成员国之间的贷款协议中通常规定："银行与借贷国之间依借贷协议及债券所产生的权利义务，将依协议条款而有效并得以强制执行，而不问任何国家或其政治分支机构的法律有相反的规定。"亚洲开发银行和国际开发协会也有类似规定。

（四）国际商业贷款协议的准据法

国际商业贷款协议允许协议双方当事人自主按照共同的意思表示来选择协议的准据法。一般情况下，贷款人所在地国家的法律更可能被选择为合同准据法。这主要是因为在谈判、缔约过程中，贷款人处于较优越的地位，他们总是力图使用自己熟悉的、对自己有利的法律来支配合同。[②] 另外，贷款人对外国的法律不熟悉或不信任，如适用借方所属国法律，则将准据法的解释或修改权授之于人，于贷方不利，因此，贷方往往以其债权人的优越地位要求借方同意选择适用贷方所属国的法律。

但是鉴于国际商业贷款协议的特殊性，各国对此协议的当事人运用意思自治原则来选择适用于协议的准据法一般都加以必要的限制，这种限制主要表现在：（1）选择的法律必须与协议有某种联系，如缔结地、当事人所属国、集资地、偿付地、债券发行地等；（2）选择的法律，不能规避原应适用于协议的强制性法律规定；（3）选择的法律不能违背法院地国家的公共秩序；（4）选择的准据法是协议缔结时现行有效的某国实体法；（5）选择法律的方式应是明示的，如无明确规定，则由受理争议的国家的法院，依照法院地国家国际私法规则来确定协议的准据法。[③]

2007年《规定》（已失效）第5条规定："当事人未选择合同争议应适用的法律的，适用与合同有最密切联系的国家或者地区的法律。……借款合同，适用贷款人住所地法。……如果上述合同明显与另一国家或者地区有更密切联系的，适用该另一国家或者地区的法律。"

---

① 参见李双元主编：《中国国际私法通论》，法律出版社2007年版，第378页。

② 参见吴志攀主编：《国际金融法》，法律出版社1999年版，第324页。

③ 参见曾庆敏主编：《法学大辞典》，上海辞书出版社1998年版，第951页。

第九节　国际劳务合作合同

一、概述

国际劳务合作是指不同国籍或营业地在不同国家的当事人之间所进行的劳务输出和输入活动，它包括各国公司、企业之间相互提供技术服务、劳动服务、提供机器设备和管理经营服务，以及银行、保险、财会、法律等方面的服务。在国际劳务合作上，比较有影响的国际法律文件有国际劳工组织通过的数以百计的国际公约和建议书。如1962年的《本国人与非本国人在社会保障方面的平等待遇公约》。我国是国际劳工组织的成员国之一，并批准了许多劳工公约。此外，国际劳务合作作为国际服务贸易的一种重要形式，必然会受到《服务贸易总协定》的调整。国际劳务合作从形式上可划分为单纯的劳务输出与输入和通过国际工程承包形式带动的劳务输出与输入。

二、国际劳务合作合同的法律适用

（一）国际工程承包合同的准据法

国际工程承包合同是指承包人承揽外国政府、国际组织、公司集团或私人业主的工程建设项目或其他有关业务从而获取酬金的一种合同关系。国际工程承包合同主要是指在国际工程承包关系中明确业主与承包人之间权利义务关系的协议。对于国际工程承包合同的法律适用，国际上普遍的做法是采用当事人意思自治原则，可以由合同当事人协议选择来确定，而无此种协议时，一般多主张适用工程实施所在国法。① 2007年《规定》（已失效）第5条规定："当事人未选择合同争议应适用的法律的，适用与合同有最密切联系的国家或者地区的法律。……建设工程合同，适用建设工程所在地法。……如果上述合同明显与另一国家或者地区有更密切联系的，适用该另一国家或者地区的法律。"当然，建筑工程合同不仅包含有劳务合同，而且包含有材料供应、设备加工等方面，因此该条也不是对国际工程承包合同法律适用的专门规定。②

---

① 参见李双元主编：《中国国际私法通论》，法律出版社2007年版，第379页。

② 《示范法》第101条规定，在当事人没有选择法律的，适用合同的最密切联系地法，在通常情况下，工程承包合同适用工程所在地法。见中国国际私法学会编：《中华人民共和国国际私法示范法》，法律出版社2000年版，第22～23页。

（二）国际劳务合同的准据法

国际劳务合同是指由派遣劳务人员的国家的专门劳务输出公司或有关的国际经济技术合作公司与外国接受劳务人员一方就此所签订的合同。劳务输出的一方称为供方或受聘方；劳务输入的一方称为受方或聘方。在国际劳务合同中，主要涉及三个国家的法律：一是雇主所属国的法律；二是受雇人所属国的法律；三是受雇人实际从事劳务地国家的法律。

关于国际劳务合同的法律适用问题，主要有以下几种理论和实践：

1. 依意思自治原则，主张由劳务合同当事人自主选择应适用的法律

但也有学者对该原则持反对意见。他们的理由是，其一在国际劳务合同中，允许每一合同当事人协议选择适用于国际劳务合同的法律，则受雇于同一雇主的若干人员的地位可能是彼此不一致的。其二是国际劳务合同双方当事人经济地位不平等，往往只有聘用方享有意思自治。其三是认为调整国际劳务合同关系的法律，不仅有私法规范，也有公法规范。如果适用意思自治原则，当事人协议选择的法律可能会违背有关国家的公法规范。所以，目前许多国家都是有条件地接受当事人意思自治原则，其主要的条件是不能因自主选择而剥夺受雇人依本应适用的强制法规定可以得到的保护或利益。例如，德国1986年《民法典施行法》第30条第1款。①

2. 适用雇主的营业所所在国法律

有的国家从雇主利益出发，且为保证所有受雇人地位的一致，认为劳务合同应适用雇主所在国的法律。例如1979年《匈牙利国际私法》第52条规定：“（一）根据劳动合同，如需在几个国家从事工作，劳动关系应适用雇主的属人法。（二）如果匈牙利雇主的受雇人被派往国外或者长期在国外工作，其劳动关系应适用匈牙利法。”

3. 适用受雇人惯常进行工作所在国法律

如1980年欧共体《关于合同义务法律适用公约》第6条第2款规定，“当事人未做法律选择时，个人雇佣合同应依履行合同时受雇人惯常进行其工作地国家的法律，即使他仅是暂时受雇于另一国家。”

4. 依最密切联系或最有利于保护受雇人利益的原则决定应适用的法律

如1980年欧共体《关于合同义务法律适用公约》第6条规定了个人雇佣合同应适用的法律后，特别强调：“如果从整个情况看，合同与另一国有更密切的关系，则此合同应依该另一国法。”

我国2012年12月17日发布的《商务部办公厅关于进一步做好我外派劳务人员合法权益保护工作的紧急通知》，要求督促对外劳务合作企业遵守驻在国或地区的法

① 德国《民法典施行法》第30条第1款规定：“在雇佣合同中，当事人选择法律时不得取消雇佣合同的所依据的法律中保护雇员的强制规定，当事人没有作出选择的，适用本条第二款的规定。”

律法规。《涉外关系法律适用法》第43条规定：“劳动合同，适用劳动者工作地法律；难以确定劳动者工作地的，适用用人单位主营业地法律。劳务派遣，可以适用劳务派出地法律。”结合该法第3条规定的意思自治原则，可见我国立法关于劳动合同的法律适用首先以“当事人意思自治”为原则，以“劳动合同履行地法”和“用人单位主营业地法”为补充。而对于劳务派遣这种特殊的劳动关系在当事人未选择时则适用劳务派遣地法律，这就使得相对作为弱者的劳动者能够预见其与用人单位劳动关系的法律适用。

第十节　国际消费合同

一、概述

随着国际经济往来的增多和自然人跨国流动的加大，国际消费已成为一种极为普遍的现象。国际消费主要通过当事人之间订立合同的方式进行。但各国用来判断消费合同的标准却不相同。[①] 综合各种定义，消费者合同一般应具有两个特征：一是非职业性的购买行为，二是合同的目的是个人或家庭的使用。

二、国际消费合同的法律适用

目前在消费者合同领域的国际统一实体法的规定相当缺乏。[②] 在国际消费合同中，消费者是合同中的弱方当事人，其利益可能会被生产者、销售者所侵犯，所以根据消费者合同的特殊性以及国际私法上保护弱者原则，消费者合同的法律适用应

① 例如，欧盟2000年《民商事管辖权和判决承认与执行条例》认为消费者合同是基于可认为是为非商业性或者职业以外的目的而缔结的合同。（参见刘仁山、夏小红：《互联网消费者合同的管辖权问题》，载《中国国际私法与比较法年刊》（第7卷），法律出版社2004年版，第317页。）瑞士1987年《关于国际私法的联邦法》第120条第1款将消费合同定义为：“以消费者个人或家庭使用的目的，提供日常消费品，且与消费者行业或商业无关的合同。”欧盟《罗马条例Ⅰ》第6条第1、2款的规定，与上述规定基本相同。尽管对于消费合同的内容和提法稍有差异，但这类合同如果是由一国个人、单位向另一国经营者订立的，便称之为国际消费合同。（张仲伯：《国际私法学》，中国政法大学出版社2012年版，第398页。）

② 1985年4月9日，联合国大会第391/248号决议通过了《消费者保护准则》，构建了一个督促各国政府履行其消费者保护义务的综合性政策纲要，但该准则不是一个具有法律约束力的文件。欧盟消费者保护法比较完善，包括一系列的指令，例如欧洲理事会1993年4月5日颁布的《不公平消费者合同条款指令》和欧洲议会和理事会1999年5月25日颁布的《关于消费商品销售及其相应担保几个问题的指令》等。

当与这样的立法目的相适应。

（一）当事人意思自治原则

意思自治原则在合同领域的法律适用上一直占据着首要的法律地位，随着经济的发展，意思自治原则的适用开始受到一些限制，特别是在合同双方当事人的地位存在着很大的不平衡时，当事人选择的准据法就可能不符合公平原则，在消费合同中就存在这样的忧虑。因为处于消费合同中的强方当事人可能会利用自己的强势地位，选择对自己有利的法律，迫使对方当事人接受其选择。而且，强方当事人可能会选择与合同没有实际联系的地点的法律，来规避与合同有联系法律的强制性规定对消费者的保护。所以，一些国家在消费合同中对意思自治原则作出了不同的限制性规定。如《罗马条例I》第6条第1、2款强调，消费合同也可以依消费者的惯常居所地国法。订立这类合同不能通过协议加以减损强制性条款给予消费者的保护。也就是说，消费合同订立的条款不得违反国家保护消费者的法律。也有国家要求当事人选择的法律必须与交易有真实联系，或者准据法的适用不得违背公共秩序来对当事人的意思自治进行限制。还有国家制定具有强制性效力的所谓直接适用法来予以规制。

（二）最密切联系原则

当事人没有明示或默示的法律选择时，或者所作的法律选择无效的时候，各国法律一般都适用最密切联系原则来确定合同的准据法。但最密切联系的确定，可以考虑的因素很多，需要法官结合案件的实际情况，逐一加以认定。在国际消费者合同中可以考虑的因素有当事人的营业地或住所地、合同的缔结地或履行地等，但消费者的惯常居所地法律经常被赋予较重的法律考虑地位。如德国1986年《民法典施行法》第29条第2款规定：“没有选择准据法的，在第1款情况下成立的消费合同，不适用于本法第11条第1款，第12条第3款的规定，其合同形式适用消费者惯常居所地国的法律。”从合理性的角度来考虑，国际消费者合同在确定最密切联系原则时，应当较少地考虑传统的特征性履行等方法，着重考虑消费者惯常居所地国家的法律和与合同有联系的国家的法律。消费者在其惯常居所地国收到供应商的个别邀请或者看到供应商的广告，并在该国采取行为以缔结合同，或者供应商在该国收到消费者的订单都可以作为合同与消费者住所地有密切联系的证明。

在国际消费合同中，我国立法应考虑当事人意思自治所选择的法律应当和消费合同有联系，而且应当不违背消费者惯常居所地国家法律的强制性规定。根据我国《消费者权益保护法》第26条规定，“经营者在经营活动中使用格式条款的，应当以显著方式提请消费者注意商品或者服务的数量和质量、价款或者费用、履行期限和方式、安全注意事项和风险警示、售后服务、民事责任等与消费者有重大利害关系的内容，并按照消费者的要求予以说明。经营者不得以格式条款、通知、声明、店堂告示等方式，作出排除或者限制消费者权利、减轻或者免除经营者责任、加重消费者责任等对消费者不公平、不合理的规定，不得利用格式条款并借助技术手段强制交易。格式条款、通知、声明、店堂告示等含有前款所列内容的，其内容无效”。可以把该条解释为如果外国供应商采用格式合同等方式选择了对消费者不公平、不合理的外国法律的规定的，或者减轻、免除其应承担的民事责任的，这种选择外国法律的行为无效，《消费者权益保护法》的规定仍然适用。但是，由于上述条文不是一条专门针对国际消费合同法律适用的规定，内容显得不够明确。对于国际消费合同所具有的独特之处，也迫切需要法律给予有倾向性的保护，明确订立相应的冲突规范。

《涉外关系法律适用法》第42条规定：“消费者合同，适用消费者经常居所地法律；消费者选择适用商品、服务提供地法律或者经营者在消费者经常居所地没有从事相关经营活动的，适用商品、服务提供地法律。”可见，我国关于消费合同的一般规则是适用消费者经常居所地法律，在消费者依据意思自治原则选择适用商品、服务提供地法律时，其优先于一般规则得以适用。在注重保护作为弱者的消费者的利益的同时，也应注重适当平衡经营者的利益，即在经营者未在消费者经常居所地从事相关经营活动时，遵循法律适用的可预见性原则，不得适用消费者的经常居所地法律。

总之，对消费者的弱势地位给予特别关注成为各国的立法政策，20世纪70年代后颁布的国际私法或者其他规范性文件大多就国际消费合同的法律选择问题作出特别规定，即使未进行特别规定的国家也利用冲突规范的制度或单行选法规则作出某种变通，通过诚实信用条款或直接适用法规则，对当事人意思自治进行限制，在适用最密切联系原则时更多考虑消费者惯常居所地，以保护消费者的利益。

§思考题：

1. 试论国际货物买卖合同的统一实体法有哪些？冲突法规则如何？
2. 国际货物运输合同的特点和法律适用规则有哪些？
3. 简述国际货物运输保险合同的法律适用规则。
4. 试述我国关于涉外票据的法律适用的规定及其理由。
5. 简述国际技术转让合同的法律适用。
6. 国际贸易中EDI合同所涉及的法律适用规则有何特殊规定？
7. 我国关于国际投资合同的法律适用的规定如何？
8. 简述国际商业借贷合同的法律适用。
9. 简述国际劳务合作合同的分类及其法律适用。
10. 国际消费合同的法律适用有何特殊考虑？

§“法律职业资格考试”要点提示：

国际货物买卖合同的法律适用；票据当事人能力的法律适用；票据行为方式的法律适用；票据追索权行使期限的法律适用；持票人责任的法律适用；票据丧失时权利保全程序的法律适用；我国关于消费者合同法律适用的规定；我国关于劳动合同和劳务派遣法律适用的规定。

第十三章　债权的法律适用（三）

——非合同之债的法律适用

§学习目的与要求：

非合同之债的法律适用问题在国际私法中占据重要地位。非合同之债主要包括侵权行为之债、无因管理之债和不当得利之债。要求通过本章学习，理解非合同之债法律适用的基本原则与方法，掌握主要国家和相关条约关于一般侵权之债、特殊侵权之债以及无因管理之债和不当得利之债法律适用之规定，由此能熟练运用我国法律的相关规定解决实践中面临的非合同之债法律冲突问题。

第一节　一般侵权行为

各国对于侵权行为并无统一界定。一般认为，侵权行为是指行为人由于过错侵害他人的财产和人身，依法应当承担民事责任的行为，以及依法律特别规定应当承担民事责任的其他损害行为。侵权行为之债是受害人同致害人之间形成的债权债务关系。受害人为债权人，致害人为债务人。①

大陆法系国家通常将侵权行为作为一种债的关系加以规定。在立法体例上，侵权行为法属于债法的内容；在英美法系国家，侵权法通常被作为一个独立的法律体

① 中国大百科全书编委会编：《中国大百科全书·法学》，中国大百科全书出版社 2004 年版，第 472 页。

系。尽管各国关于侵权行为的构成要件有一般性共识，① 但在具体规定上仍然存在着较大的差异，这正是导致侵权行为法律冲突产生的重要原因。

一、侵权行为之债的法律冲突

由于各国政治、经济、文化等历史发展的诸多的原因，在侵权行为立法方面呈现很大的差异。随着国际民事经济交往的日益增多，涉外民商事侵权法律纠纷频繁发生，调整涉外侵权法律关系的法律之间发生冲突的现象也屡屡出现。原因在于：(1) 各国立法所规定的侵权责任要件差异很大。例如，英美法系国家只就个别特殊侵权行为规定了侵权责任的构成要件，而对一般侵权之债却未作规定。法国法律则规定侵权行为的构成要件必须包括行为人的过错和损害结果之间存在的因果关系。德国规定侵权构成要件包括侵犯权利、过错和违法性；② (2) 各国的社会制度、经济发展水平、民族文化传统、价值观念以及道德规范的不同，对于侵权的范围的认识存在着很大的差异。从经济的角度看，许多发达国家对于排放污染物、噪声、服务瑕疵、产品瑕疵等无过错造成的损害等都规定了赔偿的法律责任，有些甚至是非常严格的责任。而多数的发展中国家对上述行为人侵权承担赔偿责任的要求较少，甚至未规定应承担赔偿责任。从民族文化和价值观念角度来看，有些国家对家庭成员间的损害，特别是夫妻间的损害，认为也可以诉诸法律，要求给予赔偿；而有些国家法律没有规定这种请求权基础。此外，如国家工作人员应否为其不当行为或不作为造成的损害承担赔偿责任，各国法律也有不同规定；(3) 侵权赔偿的原则各不相同。民商事侵权的赔偿原则一般有三种：其一是充分赔偿原则。其二是完全赔偿原则。其三是照顾当事人经济状况的赔偿原则。发达国家大多数要求侵权责任人承担充分的赔偿，不仅赔偿受害人的直接财产损失，甚至要求其承担可预见的间接财产损失。发展中国家一般规定侵权责任人要给予受害人完全的赔偿，同时要参照当事人的经济状况来确定赔偿数额。

此外，各国民商事法律在侵权损害的对象、侵权之债赔偿的方法和计算标准等方面亦存在差异，也会因此产生法律冲突。总之，侵权的法律冲突是非常普遍的，随着国际民商事关系的日益发展，侵权的种类和范围将不断增多和扩大。如何解决侵权法律冲突，已成为国际私法研究的重要内容。

二、侵权行为的法律适用

除侵权行为地法等解决侵权法律冲突的传统方法外，伴随着侵权行为的复杂性

---

① 就侵权行为的构成要件而言，主要包括如下方面：第一，损害事实的客观存在；第二，致害行为的违法性；第三，侵权行为与损害事实之间具有因果关系；第四，致害人的过错。中国大百科全书编委会编：《中国大百科全书·法学》，中国大百科全书出版社 2004 年版，第 473 页。

② 参见韩德培主编：《国际私法新论》（上），武汉大学出版社 2009 年版，第 288～289 页。

与多样化，在解决侵权法律冲突问题上也出现诸多现代方法。

(一) 传统方法

1. 侵权行为地法

侵权行为适用侵权行为地法的规则，渊源于“场所支配行为”的习惯法，并自“法则区别说”以来得到各国的普遍接受。① 值得注意的是，对侵权行为适用侵权行为地法的原因存在诸多不同的理论解读。德国学者萨维尼基于“法律关系本座说”认为侵权行为的“本座”是“行为地”，故只能适用侵权行为地法；法国学者巴迪福基于“利益平衡说”认为，侵权行为打破了个人之间的权利与义务的平衡，为恢复这种平衡，应当适用侵权行为地法；英国学者戴西则以“既得权说”为据，认为侵权行为危及了个人已经取得的权利，当然应适用侵权行为地法使受害者的权利得到实现；美国学者艾伦茨威格等以“功能分析说”“比较损害说”主张，对于此类法定之债的性质，所涉及的地域管辖和公共秩序进行分析和比较，并进一步认为适用侵权行为地法是最优选择。②

应该说，侵权行为适用侵权行为地法主要存在两方面原因：一是侵权行为地国家受侵权行为的损害最大；二是侵权行为法是社会保护法，适用行为地法有助于强化行为人预测和评价致害行为危险性的责任。

在侵权行为地法原则实施的过程中，对于侵权行为地的认定标准，各国仍存在分歧。“侵权行为地”的认定，属于对冲突规范中连结点的解释问题，一般依据该冲突规范所属国的法律解释。各国对侵权行为地的认定，主要存在如下做法：(1) 以加害行为实施地作为侵权行为地。即导致损害的行为或事实的发生地。加害行为实施地规则也被称为“来源国原则”(country - of - origin principle)。采用该标准的国家有奥地利、秘鲁、泰国等。③欧盟 2000 年《关于共同体内部市场的信息社会服务尤其是电子商务的若干法律方面的指令》(《电子商务指令》) 也采纳了这种做法；(2) 以损害结果发生地为侵权行为地。在加害行为实施地与损害结果发生地不一致的情况下，一些国家和地区以损害结果发生地作为侵权行为地。采用该标准的国家

① 例如 1928 年的《布斯塔曼特法典》第 168 条规定：“侵权行为产生的债务受产生此债务的过错或过失的当地法律支配。”奥地利 1978 年《关于国际私法的联邦法》第 48 条第 2 款规定，不在《欧盟非合同之债法律适用条例》(《罗马条例Ⅱ》) 适用范围内的非合同性损害赔偿请求权，如果当事人对于此种债务关系未进行有效的法律选择，则依照造成损害的行为实施地国法律判定。

② 参见韩德培主编：《国际私法新论》(上)，武汉大学出版社 2009 年版，第 290 页。

③ 奥地利 1978 年《关于国际私法的联邦法》第 48 条第 2 款规定，不在《罗马条例Ⅱ》适用范围内的非合同性损害赔偿请求权，如果当事人对于此种债务关系未进行有效的法律选择，则依照造成损害的行为发生地国法律判定。泰国 1938 年《关于法律冲突的法律》第 15 条第 1 款规定：“因不法行为而发生的债，适用构成此种不法行为的事实发生地国家的法律。”

和国际组织主要有土耳其、荷兰、欧盟等。[①] （3）以加害行为实施地和损害结果发生地中的某一地点作为侵权行为地。为保护受害人的利益，目前允许当事人或法院选择适用加害行为实施地法或损害结果发生地法的做法也得到广泛接受。采用这种做法的国家主要有德国、意大利、日本等。[②]

2. 复合准据法

是指针对侵权行为重叠适用侵权行为地法及法院地法，而非仅适用单一法律作为侵权行为的准据法。复合准据法的理论渊源可追溯至19世纪下半叶。在此时期，德国学者萨维尼和韦希特尔（Wächter）曾提出"法院地法说"。有关侵权行为的法律，一直被公认为强制性实体法。侵权法与刑事法类似，故在侵权之债中，应考虑诉讼地法，而非侵权行为发生法律。[③] 韦希特尔也认为，侵权近乎犯罪，对侵权行为规定相应的责任就如同对犯罪予以惩罚一样，因而只能适用法院地法。侵权行为的诉讼地国家是根据自己的法律而不是外国的法律来作判决，如果诉讼需要法院的帮助和保护，则法院只给予它认为是公正的帮助和保护。然而，上述主张并未得到各国法律的普遍采纳，绝大多数国家都规定侵权之债应首先适用侵权行为地法。不过侵权行为发生在外国的，法院地国也不会完全放弃自己的强制性法律并一味适用该外国法律，而往往通过重叠适用侵权行为地法和法院地法以保障在特定问题上可适用内国的强制性法律规范。实践中存在如下两种做法：

第一，以侵权行为地法为主兼采法院地法。这是大陆法系国家常见的做法。一方面，适用侵权行为地法是由侵权行为的自身性质决定的；另一方面，侵权案件往往也涉及法院国的公序良俗，因此许多国家要求兼顾法院国的实体法规定。这种重叠适用侵权行为地法和法院国法的做法主要集中在两个问题上：（1）侵权行为的构成，即某一行为是否构成侵权行为需同时适用该两国法律；（2）侵权行为的损害赔偿，只允许给予该两国法律均认可的损害赔偿，包括有请求权的当事人、请求权的范围、损害赔偿的方法及数额等。例如，日本2007年《法律适用通则法》第22条

---

① 《罗马条例Ⅱ》第4条第1项规定："除非本条例另有相反规定，由损害事实引起的非契约之债适用损害结果发生地法，至于导致损害的事实、该事实的非直接后果发生于哪一国家，在所不问。"2007年的《土耳其国际私法法令》第34条第1、2款规定："侵权行为所生之债，适用侵权行为实施地国法。当侵权行为的行为地与结果地位于不同国家时，适用结果发生地法律。"

② 1999年修改后的德国《民法典施行法》第40条第1款规定："基于侵权行为而提起的诉讼请求，适用赔偿义务人行为地国法律，受害人可以要求适用结果发生地国法律以代替上述法律……"意大利1995年《国际私法改革法》第62条第1款规定："侵权责任由损害发生地法支配，尽管如此，遭受损害方可以要求适用导致损害结果的事件发生地法。"日本2007年《法律适用通则法》第17条规定："因侵权行为而发生的债权的成立及效力，适用加害结果发生地法。如果在通常情况下不能预见结果在加害结果发生地发生，则适用加害行为实施地法。"

③ 参见［德］弗里德里希·卡尔·冯·萨维尼：《法律冲突与法律规则的地域和时间范围》，李双元等译，法律出版社1999年版，第150～151页。

第1款规定，“当侵权行为所应适用的准据法为外国法时，如该侵权事实依日本法不认为是违法行为的话，不得基于该外国法提出损害赔偿或其他请求”。第22条第2款规定，“当侵权行为所应适用的准据法为外国法时，即使该外国法和日本法皆认可该事实行为为侵权行为，被害人亦不得为日本法所未规定的民事责任承担方式提出请求”。

第二，“双重可诉原则”（rule of double actionability）。双重可起诉原则源自英格兰的一项判例规则。[①] 根据该规则，对在英格兰之外的侵权行为追究责任的，必须符合两个基本条件：第一，该行为如果发生在英国，必须是可以追诉的；第二，依照行为发生地国法律，该行为也是不正当的、可追诉的。发生在外国的侵权案件必须同时满足上述两个条件，才可以得到英国法院的受理。实践中，英国法院只要确定了对某一涉外侵权案件有管辖权，则对侵权行为责任的裁判就只适用英国的法律。因此，英国对侵权行为之债实际上主要适用法院地法，兼顾侵权行为地法。值得注意的是，英国1995年《国际私法（杂项规定）法》对该原则做了修订。除了跨国诽谤案件之外，其他侵权领域不再适用该原则。[②] 这主要是为了弱化法院地法的作用，突出侵权行为地法的作用，并与该法的其他规定相配合增强法律选择的灵活性。

（二）现代方法

自20世纪中叶以来，伴随着现代科技、交通和传媒的迅猛发展，侵权行为呈现出多样性和复杂性特征。在应对当今日趋复杂的侵权法律冲突问题上，上述传统方法的局限性亦随之凸显，并促成了若干解决侵权法律冲突的现代方法。主要如下：

1. 共同的属人法

侵权行为适用侵权行为地法是国际私法上一项古老的规则，甚至曾被当作侵权法律适用的唯一规则。但是，在双方当事人拥有共同国籍或共同住所的情况下，一概适用侵权行为地法常常会导致不合理的案件结果。特别是，在现代风险社会中，侵权行为发生地常常具有很大的偶然性，使得侵权行为地法的适用常常逾越当事人的合理预期，也容易产生僵化的案件结果。而适用当事人共同的国籍国法或住所地

---

① 1870年菲利普斯诉埃尔案（Phillips V. Eyre）的基本案情：埃尔曾是英属殖民地牙买加的总督，在任职期间为平息当时发生在牙买加的暴动和骚乱，曾对原告菲利普进行欧打和监禁。原告为此起诉，被告在答辩中说，在该暴乱平息之后，牙买加的立法机关通过了一部立法，给予原告一定补偿，并规定原告等受害者必须放弃对因暴乱中受到伤害对任何人提起诉讼的权利。英国法院在审理该案时认为：如果某种不法行为发生在国外，要想在英国起诉，得到英国法院的受理必须满足两项条件：其一，如果该行为发生在英国，该行为可以被起诉；其二，该行为依行为地法必须是不正当的。在本案中，虽然根据英国法，或如果该行为发生英国则可以被起诉；但该行为发生在牙买加，而行为发生时，被告是牙买加总督，有权制止，平息暴乱，并非不正当，而且被告的行为已经被后来牙买加的法律免除了责任。See Phillips v. Eyre [1870] LR 6 QB 1.

② See Dicey, Morris & Collins, *The Conflict of Laws*, 15th ed., Sweet & Maxwell, 2012, p. 2206.

法更符合各方当事人的预期，也为合理案件结果的达成提供了更多选择。正因如此，当事人共同属人法作为软化侵权行为地法的途径之一，有助于当事人免受外国法律的管辖，进而得到诸多国家和地区的采纳。

司法实践中，适用当事人共同属人法的最为典型案件是美国1963年的“巴布科克诉杰克逊案”（Babcock v. Jackson）。[①] 立法实践中，较为典型的立法例包括：德国《民法典施行法》第40条第2款规定：“赔偿义务人与受害人在责任事件发生时在同一国家有惯常居所的，则应适用该国法律。”2007年欧盟《非合同义务法律适用条例》（《罗马条例Ⅱ》）第4条第2项规定：“若损害发生时责任人和受害人的惯常居所位于同一国家，则适用该国法律。”

2. 侵权行为的“自体法”与最密切联系原则

1951年，莫里斯在美国《哈佛法律评论》上发表的《论侵权行为自体法》（*The Proper Law of a Tort*）一文，并明确提出“侵权行为自体法”（proper law of the torts）理论。[②]

莫里斯针对侵权行为的传统选法规则提出批评并认为，对侵权行为地法普遍地、不加分析地适用，并非在任何情况下都能带来令人满意的结果。特别是，“加害行为地”和“损害结果地”在现代条件下的形成具有极大偶然性。但是，适用“侵权自体法”或与“事件和当事人”有最重要联系国家的法，法院就可以避免有时可能遇到的限定“侵权行为地”一词含义的困难，特别是在所谓的过错行为与许多国家有联系的情况下。[③] 侵权行为自体法理论改进了传统侵权行为地法规则，赋予了法官在准据法确定上的灵活性，并允许法官考虑案件中的相关社会因素，对于实现个案公正性具有重要意义。[④] 侵权自体法理论提出之后，在英国法院的司法实践中得到了广泛采纳，并最终在判例法上得以确立。

莫里斯曾对纽约上诉法院审理的Babcock v. Jackson案进行了比较和评论，他认为该判决具有特别重要的意义，是美国国际私法发展的一个转折点。在该案中，富德（Fuld）法官指出，尽管“侵权行为地法”的传统规则具有确定性、适用方便和结果可预测等优点，由于管辖地法与事件或当事人之间的关系或联系，赋予与诉讼中的特殊问题有最大利害关系的法律以控制性的效力，才能最好地实现公正、合理和最佳的实际后果。[⑤] 富德法官的判例对里斯最终确立最密切联系原则起到了极大的推动作用，使最密切联系原则成为美国1971年《重述》的基本原则。但是，这也

① Babcock v. Jackson, 12 NY2d 473.

② See J. H. C. Morris, *The Proper Law of a Tort*, 64 Harv. L. Rev. pp. 881 – 895 (1951).

③ See J. H. C. Morris, *The Proper Law of a Tort*, 64 Harv. L. Rev. pp. 884 – 885 (1951).

④ See J. H. C. Morris, *The Proper Law of a Tort*, 64 Harv. L. Rev. pp. 892 (1951).

⑤ See Dicey, Morris & Collins, *The Conflict of Laws*, 15th ed., Sweet & Maxwell, 2012, p. 2198.

并不是对侵权行为地法的完全否定，因为在美国1971年《重述》第145条关于侵权行为的法律适用中，在适用最密切联系原则的基础上，其第2款还明确将“损害发生地”和“加害行为发生地”等考虑因素作为确定侵权行为地的重要依据。

在侵权领域，除普通法系国家之外，最密切联系原则也得到了欧洲大陆法系国家的认同。例如，奥地利1978年《关于国际私法的联邦法》第48条第1款规定，“侵权行为，适用侵权行为发生地国家的法律，但如与另外国家的法律有更密切的联系时，则适用该国的法律”。再如，2007年《土耳其国际私法法令》第34条规定，“1. 侵权行为所生之债，适用侵权行为实施地法律。2. 当侵权行为的行为地与结果发生地位于不同国家时，适用结果发生地国法。3. 侵权行为所生之债与另一国具有更密切联系的，则适用该另一国法律”。①

3. 有限的意思自治

侵权之债一般被视为属于法定之债而涉及公共秩序问题，故长期以来各国在侵权领域拒绝适用当事人意思自治原则。但是，一方面，侵权请求权在很多国家和地区被认为是当事人可以自由处分的权利，且这种请求权并未在根本上涉及一国的公共政策；② 另一方面，意思自治原则既符合当事人对于效率利益的要求，也有助于法律确定性和可预见性目标的实现。正因如此，意思自治原则也逐渐渗透到侵权领域，并成为解决侵权法律冲突的重要方法之一。例如，瑞士1987年《关于国际私法的联邦法》第132条规定：“当事人可以在侵害事件发生后的任何时间约定适用法院地法。”相较于瑞士立法，2007年欧盟《罗马条例Ⅱ》进一步放宽了当事人选择适用法律的范围。该条例第14条规定，非合同之债的各方当事人可在导致损害的事实发生以后选择适用法律。另外，正在从事商事活动的各方当事人还可在导致损害的事实发生以前通过自由协商选择适用法律。从这两个立法例的对比中可以看出，意思自治不仅已经被引入侵权领域，它所受到的限制也呈现出逐步放宽的态势。

尽管如此，侵权领域意思自治原则的适用通常会受到如下方面的限制：一是在选法时间上，当事人一般只能在侵权行为发生后协议选择准据法；二是在选法方式上，当事人的法律选择必须是明示的；三是当事人的法律选择不能违背强行法和公共秩序的要求；四是当事人的法律选择不得损害善意第三人的利益。

4. 有利于保护受害人的法律

为回应当今侵权实体法对受害人利益保护的发展趋势，在侵权冲突法领域，适用有利于保护受害人的法律成为当今侵权法律适用的重要特征之一。这种做法既有

---

① 邹国勇译注：《外国国际私法立法选译》，武汉大学出版社2017年版，第196页。

② R. Kojima, R. Shimanami & M. Nagata, *Applicable Law to Exploitation of Intellectual Property Rights in the Transparency Proposal*, in J. Basedow, T. Kono & A. Metzger (ed.), Intellectual Property in the Global Arena, Mohr Siebeck, 2010, p. 203.

利于软化侵权冲突规范，也有助于实现国际私法的实质正义目标。在立法实践上，如匈牙利1979年《关于国际私法的法律》第32条第2款规定："如果适用损害发生地法对受害人更为有利，以该法作为准据法。"在司法实践中，美国法院在德克尔诉福克斯河拖拉机公司案（Decker v. Fox River Tractor Co.）的判决中，也贯彻了弱者利益保护原则。①

5. 分割方法（Dépeçage）

以美国新理论为代表的现代国际私法学说，对传统冲突规范批判的焦点问题之一，就是传统冲突规则的范围过于宽泛，无助于法律适用公正性目标的实现。基于此，晚近侵权冲突法采用分割方法细化冲突规则，以化解传统侵权冲突规则僵化性的局限性。采用分割方法的原因主要是，法官考虑到涉外法律关系本身所具备的复杂性，无法以一个单一的准据法适用加以概括，希望能够借由分割不同争点的方式，逐一将不同且可分割的涉外法律关系争点分别适用不同的法律规定，以达成其心中所认为的具体个案正义的目标。这种分割争点方法，正是美国冲突法革命以来的一项整体特征，与普通法系国家的法院适用法律的方法相互辉映。

美国法学会2016年公布的《冲突法重述（第三次）》草案第二稿表明，美国倾向于在侵权冲突法领域采用分割方法，即将侵权法律适用规则进一步划分为行为规制规则（conduct - regulating rules）和损失分担规则（loss - allocating rules）。对于前者，当加害行为地与损害结果地位于同一州，对于行为规制问题，适用该州法律。当加害行为地与损害结果地位于不同州，对于行为规制问题，适用加害行为地法律。但若损害结果地是可预见的，则受害人可以选择损害结果地州法律支配行为规制问题；对于后者，若相关当事人与特定州拥有共同的中心（属人）联系，则该州法律应支配损失分担问题。若相关当事人与不同州拥有中心（属人）联系，且加害行为与损害结果发生在不同的州，则加害行为地州的法律被推定为支配损失分担问题，除非（1）受害人系属于损害结果地州；（2）损害结果发生地州具有客观的可预见性；（3）受害人要求适用损害结果发生地州的法律。②

在有关交通事故致人死亡的损害赔偿案件及劳工伤残的损害赔偿案件中，我国台湾地区法院已经明确运用分割方法，将侵权行为的成立问题与损害赔偿问题划分为两个独立的问题，并分别确定相应的准据法。③

---

① 324 F. Supp. 1089 (E. D. Wis. 1971).

② Symeon C. Symeonides, *The Third Conflicts Restatement's First Draft on Tort Conflicts*, 92 Tulane Law Review 50 - 52 (2017).

③ 参见林恩玮：《国际私法上"分割争点"方法之适用》，载《政大法学评论》2011年总第119期。

三、我国关于涉外侵权行为之债法律适用的规定

我国关于涉外侵权行为的法律适用规则，规定于《涉外关系法律适用法》第44条，即“侵权责任，适用侵权行为地法律，但当事人有共同经常居所地的，适用共同经常居所地法律。侵权行为发生后，当事人协议选择适用法律的，按照其协议”。作为我国关于侵权法律适用问题的一般规定，该法第44条初步建立了我国侵权之债法律适用规则体系。

（一）一般规则：适用侵权行为地法律

我国现行立法所采纳的侵权行为地法原则，亦为当今世界大多数国家的国际私法立法所接受。

相较于《民法通则》第146条第1款（已被废止）①，《涉外关系法律适用法》关于侵权之债法律适用的规定更为科学。《民法通则》第146条第1款规定：“侵权行为的损害赔偿，适用侵权行为地法律。……”该条冲突规则的范围仅限于损害赔偿问题，而对于侵权责任的基础和内容，如对责任承担者行为的判定、免责事由、责任限制与划分等，均未囊括在内，这显然属于冲突规则的范围不周延。

关于侵权行为地的认定，《涉外关系法律适用法》并未明确规定。依照以往的司法实践，侵权行为实施地和损害结果发生地均可视为侵权行为地。在两者不一致时，由人民法院加以选择确定。② 而《示范法》则建议当侵权行为实施地法与侵权结果地法规定不同时，适用对受害人更为有利的法律，以充分回应对受害人加以保护的实体法发展趋势。③

（二）最密切联系原则的贯彻：适用共同经常居所地法律

依据《涉外关系法律适用法》第44条规定，当事人共同经常居所地法优先于侵权行为地法得以适用。通常而言，当事人拥有共同经常居所地时，意味着他们对该地法律较为熟悉和信任，并且该侵权法律关系与该地的联系也常常比侵权行为实际发生地更加紧密。因此，该法规定当事人共同经常居所地法作为侵权冲突规则的系属，在一定程度上贯彻了最密切联系原则。

---

① 根据《涉外关系法律适用法》第51条规定，《民法通则》第146条、第147条，《继承法》第36条与《涉外关系法律适用法》的规定不一致的，适用《涉外关系法律适用法》。

② 1988年《民通意见》第187条规定：“侵权行为地的法律包括侵权行为实施地法律和侵权结果发生地法律，如果两者不一致时，法院可以选择适用。”由此可知，加害行为实施地和损害结果发生地均可视作侵权行为地，二者分别处在不同国家的，由人民法院选择其中之一作为侵权行为地。

③ 《示范法》第112条规定：“侵权行为，适用侵权行为地法。侵权行为地法包括侵权行为实施地法和侵权结果发生地法。侵权行为实施地法与侵权结果地法规定不同的，适用对受害人更为有利的法律。”见中国国际私法学会编：《中华人民共和国国际私法示范法》，法律出版社2000年版，第26页。

与《民法通则》第146条第1款[①]关于侵权之债法律适用的规定相比，《涉外关系法律适用法》的变化表现在两个方面：一是冲突规范系属中连结点的变化，共同国籍、共同住所被共同经常居所地取代；二是法律适用顺序的变化。《民法通则》第146条第1款的规定是“可以”适用共同属人法，即其与侵权行为地法是无序的选择性适用关系；《涉外关系法律适用法》则是将当事人的共同居所地法直接优先于侵权行为地法适用。《示范法》建议与现行立法规定不完全相同。[②]

（三）有限意思自治原则：适用侵权行为发生后当事人协议选择的法律

《涉外关系法律适用法》第44条首次将意思自治原则引入侵权领域，此为意思自治原则向非合同之债领域扩展的重要体现。应该说，当今许多国家的国内立法以及国际公约都在侵权领域赋予当事人不同程度的选法自由，特别是从反映现今侵权冲突法立法趋势的《罗马条例Ⅱ》第14条的规定来看，尤为如此。[③] 因此，《涉外关系法律适用法》在侵权领域引入意思自治原则，在一定程度上体现了我国国际私法立法的现代化。[④]

《涉外关系法律适用法》第44条规定的意思自治原则有两个特点：一是当事人

① 《民法通则》第146条第1款规定：“……当事人双方国籍相同或者在同一国家有住所的，也可以适用当事人本国法或者住所地法律。”

② 《示范法》第114条规定：“加害人与受害人具有同一国籍，或者在同一国家或者地区拥有住所或者惯常居所的，也可以适用其共同本国法、共同住所地法或者共同惯常居所地法。”见中国国际私法学会编：《中华人民共和国国际私法示范法》，法律出版社2000年版，第26页。

③ 《罗马条例Ⅱ》第14条规定：（1）当事人可以通过以下方式选择非合同义务所适用的法律：a. 引起损害的事件发生后当事人订立的协议选择；b. 所有参与同一商业活动的当事人，在引起损害的事件发生前通过可自由转让的协议选择。选择必须明示或者根据事实状况合理明确推断，并且不能损害第三人的权利。（2）所有的相关因素在引起损害事件发生时不是处于被选择法律的国家而是其他国家，当事人间的协议不能排除适用其他国家法律中不能减损部分的适用。（3）所有的相关因素在引起损害事件发生时处于两个以上的成员国时，当事人对于某一成员国法律选择的协议不能排除在成员国法院已实施的共同体法律中不能减损部分的适用。从《罗马条例Ⅱ》的规定来看，在非合同义务法律适用的意思自治方面，除了不正当竞争和限制竞争行为、侵犯知识产权事项上排除意思自治，当事人可就广泛的非合同之债选择法律。选择的时间可以在侵权事件发生前后。条例还要求当事人对法律的选择必须是明示的或确实能被推知的。当事人的选择不能排除其他国家强行法的适用，不能排除共同体法律中不能减损的法律的适用。

④ 《民法通则》第146条第2款规定：“中华人民共和国法律不认为在中华人民共和国领域外发生的行为是侵权行为的，不作为侵权行为处理。”一般认为这是我国侵权行为法律适用的特殊原则。依据该项规定，发生在境外的侵权行为，需重叠适用侵权行为地法和法院地法。也就是说，在我国领域外发生的侵权行为，只有根据我国法律的规定认为已经构成侵权的，我国法院才能作为侵权行为处理，并进而应用上述冲突规则。这与英国法院在按照“双重可诉”原则受理案件以后偏重适用法院地法的做法有所不同。《示范法》的建议与《民法通则》的规定也有所不同，采取了“有限双重准则”：“在中华人民共和国境外发生的侵权行为，以外国的法律为准据法时，在侵权行为认定以及在损害赔偿限额方面，该外国的法律与中华人民共和国法律的规定相抵触的，不得适用。”

仅可在侵权行为发生后选择侵权准据法，而没有赋予当事人事前选择准据法的自由；二是当事人事后选择准据法的适用顺序优先于当事人共同经常居所地法以及侵权行为地法。

总体而言，我国立法在以侵权行为地法作为侵权法律适用的一般规则的同时，采用当事人共同经常居所地法贯彻最密切联系原则，并将意思自治原则引入侵权领域，在一定程度上反映了我国侵权领域冲突规则的现代化。①

第二节　特殊侵权行为

特殊侵权行为是在20世纪后随着科技产业不断发展而产生的。与一般侵权行为相比，特殊侵权行为在责任构成要件、归责原则、举证责任等方面，均存在差异。为应对特殊侵权行为的法律冲突问题，各国立法在一般侵权法律适用规则之外，大多专门规定了特殊侵权行为的法律适用规则。我国现行立法主要规定了海事侵权、航空侵权、产品责任侵权、人格权侵权和知识产权侵权的法律适用规则。

一、海事侵权行为

海事侵权行为之债，是指因海上船舶碰撞、船舶排放污染或对海底输油管道、海底电缆等海洋设施造成的损害、船舶内部发生的侵权等事实而发生的债权债务法律关系。在国际航运领域，尽管存在一些国际统一实体法条约及国际惯例，但并未涵盖国际海运和海事关系的所有方面。加之上述国际条约的缔约方数量有限，且未囊括海事侵权问题，各国在司法实践中，仍有必要借助国际私法方法解决海事侵权的法律冲突问题。

对于海事侵权的法律适用问题，可依据具体侵权行为的不同类型，分别确定相应的准据法。

（一）船舶碰撞侵权的法律适用

从碰撞的发生地点看，船舶碰撞可分为在领海之内发生的碰撞和在公海上发生

---

① 《示范法》第113条规定："侵权事件的全过程表明当事人的住所、惯常居所、国籍、营业所以及其他连结点的聚集地与侵权事件有更密切联系的，适用该最密切联系地法。"第115条规定："侵权行为加害人与受害人之间原来存在某一民事关系的，如果适用支配该民事关系的法律对受害人更有利的，也可以适用该法律。"第116条规定："侵权行为发生以后，加害人和受害人可以协商选择适用法院地法，但当事人不得选择法院地以外的法律为准据法。"见中国国际私法学会编：《中华人民共和国国际私法示范法》，法律出版社2000年版，第26页。

的碰撞。可依据不同的冲突规则确定准据法。

1. 领海内船舶碰撞侵权的法律适用

对于发生在一国领海的船舶碰撞侵权行为，主要适用以下原则：

第一，适用侵权行为地法。国家在其领海可以有效地行使属地管辖权，无论是刑事案件还是民商事侵权法律纠纷，原则上都应由领海国管辖。因此，发生在一国领海内的船舶碰撞侵权行为，可以适用侵权行为地法律。1928 年《布斯塔曼特法典》、国际海事委员会 1977 年通过的《统一船舶碰撞中有关民事管辖权、法律选择、判决的承认和执行方面若干规则的公约》（以下简称 1977 年《碰撞公约》）、韩国以及我国立法中都作出了类似的规定。①

第二，适用船旗国法。如果碰撞船舶双方具有同一国家的国籍，而且未给领海国造成损害，各国实践中普遍适用船旗国法律；而只有这种损害影响到船舶以外领海所属国的利益时，才适用侵权行为地法律。例如，前述 1977 年《碰撞公约》第 4 条规定："有关的船舶都在同一国家登记或由它出具证件或即使没有登记或由它出具证件，但都属同一国家所有，则不管碰撞在何处发生，都适用该国法律。"

第三，适用双方协议选择的法律。由于船舶碰撞现象的普遍性，国际海运业形成了许多国际惯例规则，其在解决船舶碰撞争议方面发挥着举足轻重的作用。但这些规则是任意性的，只有当事人协议选择时，才能得到适用。所以多数国家的法律都允许船舶碰撞的双方当事人协议选择解决争议的准据法。

2. 公海水域船舶碰撞侵权的法律适用

发生在公海水域的船舶碰撞，因碰撞地点不属于任何国家的管辖领域，适用侵权行为地法律便无从谈起了。同时，国际海事航运活动中业已形成了一些较为统一的国际惯例和习惯做法。因此，发生在公海的船舶碰撞侵权行为，一般可采用下列法律适用原则：

第一，适用船旗国法。船旗是船舶在海上航行时必须悬挂的其注册登记国的国旗，用以表明该船舶的注册登记国。因此，对于发生在公海的船舶碰撞，可以船旗为连结点确定准据法。假如双方或多方船舶具有同一船籍国的国籍，适用其船旗国法律是较为容易的，但碰撞船舶的船籍不同时，适用其船旗国法较为困难。对此，国际上主要存在两种主张：其一是适用受害船舶的船旗国法，认为这种规则能够有

---

① 1928 年《布斯塔曼特法典》第 290 条规定："在同样事件中，如碰撞各方不属于同一国旗，则适用当地的法律。"第 291 条规定："在领海或领空内发生的有过失碰撞事件，均适用同上的当地法。"国际海事委员会 1977 年《统一船舶碰撞中有关民事管辖权、法律选择、判决的承认和执行方面若干规则的公约》第 4 条规定："除当事人另有协议外，碰撞在一国内水或领海内发生的，适用该国法律……"韩国 1962 年的《涉外民事法律的命令》第 45 条规定："船舶在开放港口、河流及领海碰撞时，其责任适用船舶碰撞地法律。"我国《海商法》第 273 条第 1 款规定："船舶碰撞的损害赔偿，适用侵权行为地法。"

效保护受害船舶的利益；其二是适用加害船舶的船旗国法。但是海上船舶碰撞事故双方往往都有过错，加害船舶和受害船舶不易区分，所以不如以被告船舶的船旗国法为准。

第二，适用法院地法。适用法院地法的主要理由有三个方面：首先，船舶碰撞的侵权案件常常由损害船舶最先到达的港口所在地国法院管辖。该港口往往是受损船舶为了安全而优先选择的停泊地，常常也是实施救援和修理的地方，案件由该国法院管辖有利于收集船舶碰撞事故的有关证据；其次，既然碰撞事故发生在公海上，双方船舶又在不同国家注册登记，适用法院地法不失为一个适当的补缺性选择；最后，某一海域航行安全的具体规则和设施（如航标等）通常由近海国实施。例如，前述1977年《碰撞公约》便规定，如果碰撞发生在领海以外的水域，则适用受理案件法院地的法律。①

第三，适用当事人协议选择的法律。为了保护受害人的利益，一般侵权行为的损害赔偿通常不采用意思自治的方法。但是鉴于船舶碰撞事故的特殊性，多数国家的法律允许当事人通过协议选择法律解决他们之间的赔偿责任。尤其是通过仲裁方式解决纠纷，当事人协议选择船舶碰撞准据法的情况较为常见。

（二）船舶对所在海域或海洋设施造成损害的法律适用

除船舶之间相互碰撞以外，船舶对海域或海洋设施造成的损害也属于海事侵权，诸如船舶对海域的环境污染、对海底电缆、海底输油管道、海上航行标志、港口设施等造成的损害。对此，仍可根据事故发生地点的不同，分别采用不同冲突法规则：

1. 船舶对领海海域及其设施的侵权

各国立法一致采用侵权行为地国法律。依照国际法，国家对领海享有主权。船舶在领海水域造成海洋环境污染事故，或者对领海国的航海设施、港口设施造成损害的，已经给领海国国家或人民造成了损失，不属于该船舶的内部事务，应当适用侵权发生地法，即领海国法律。

2. 船舶对非领海海域或设施的侵权

领海以外的海域不属于任何国家主权管辖的范围，但有关国家（大多为近海国家或者航海发达国家）常常会设立航行安全标志和其他设施。非领海海域的侵权赔偿责任，各国的立法和司法实践一般适用法院地法。我国《海商法》第273条第2款规定："船舶在公海上发生碰撞的损害赔偿，适用受理案件的法院所在地法律。"

---

① 1977年《碰撞公约》第4条规定："除当事人另有协议外，碰撞在一国内水或领海内发生时，适用该国法律；如碰撞发生在领海以外的水域，则适用受理案件法院的法律，但如有关的船舶都在同一国登记或由它出具证件，或即使没有登记或由它出具证件，但都属同一国家所有，则不管碰撞在何处发生，都适用该国法律。"

《示范法》在此规定基础上进行了补充。[①]

(三) 船舶内部侵权行为的法律适用

船舶内部的侵权行为，是指发生在航行的船舶上，未波及其他船舶或设施的侵权行为。诸如发生在旅客与海员之间或旅客之间发生的侵权行为。

发生在船舶内部的侵权，无论该船舶是处于公海还是领海，通常适用船旗国法。因为根据国际公海上的理论，船舶被视为船旗国的浮动领土。但如果侵权行为发生在一国领海范围之内的船舶上且影响到领海国的公共秩序，则还是适用侵权行为地法。例如，英国对于发生于其领海内的海上侵权行为，一律适用英国法律，但对于与沿岸国无丝毫联系的船舶内部侵权行为，也可适用船旗国法律。[②]

(四) 我国关于海事侵权的法律适用规则

我国《海商法》第273～275条，对海事侵权行为的法律适用问题作了若干规定：

1. 船舶在领海内的碰撞侵权责任适用侵权行为地法；
2. 船舶在公海上发生的侵权行为，适用受理案件的法院地法；
3. 同一国籍的船舶，无论碰撞发生在何地，侵权损害赔偿适用其船旗国法；
4. 海事赔偿责任的限额，适用受理案件的法院地法；
5. 共同海损理算，适用理算地法。

此外，根据我国《海商法》第268条的规定，中华人民共和国缔结或参加的国际条约同本法有不同规定的，适用国际条约的规定，但中华人民共和国声明保留的条款除外。中华人民共和国法律和中华人民共和国缔结或参加的条约没有规定的，可以适用国际惯例。目前，我国已经加入国际海事组织1969年《国际油污损害民事责任公约》(1980年4月30日起对我国生效)、1992年《修正1969年国际油污损害民事责任公约的1992年议定书》(2000年1月5日起对我国生效)及1992年《国际燃油污染损害民事责任公约》(2009年3月9日起对我国生效)。上述公约主要解决国际油污损害赔偿案件的管辖权及判决的承认与执行问题。[③]

---

① 《示范法》第119条第2款规定："在公海上发生的侵权行为，适用受理案件的法院地法，但其影响仅限于船舶内部的，适用船旗国法。"见中国国际私法学会编：《中华人民共和国国际私法示范法》，法律出版社2000年版，第27页。

② See Dicey, Morris & Collins, *The Conflict of Laws*, 15th ed., Sweet & Maxwell, 2012, pp. 2215～2217.

③ 此外，就国内法源来看，最高人民法院2011年1月10日通过了《关于审理船舶油污损害赔偿纠纷案件若干问题的规定》(2011年7月1日起生效) 针对船舶油污损害赔偿案件的相关程序问题进行了较为系统的规定。

二、国际航空侵权

随着国际航天航空事业突飞猛进的发展，相关的侵权行为亦不断出现，为了保护乘客、货主，以及无辜受害人的权益，法律需要作出相应的规定。但在具体立法过程中又要兼顾两个方面：一是从消费者的角度考虑，强调航空业服务者应承担较为严格的责任，包括过失责任和无过失责任；二是要鼓励科学技术的发展，保护航空行业的大胆尝试和进步，避免给航空业者设置过高的风险。在二者间的权衡取舍中，各国的法律规定不免出现较大的分歧，不可避免地产生了法律冲突。

航天活动固然也有造成侵权事件的可能，例如航天器相互之间的碰撞或坠毁而损害地面的人身或财产，鉴于这种事故的发生概率较低，相关法律问题还不需要过多地关注。以下主要讨论国际航空运输中发生的侵权行为的法律适用问题。此种侵权行为，主要包括三个种类：（1）发生在航空器内部的侵权行为，包括旅客与乘务人员之间、旅客与旅客之间等发生的侵权行为；（2）航空器碰撞而发生的侵权行为，包括航空器相互间的碰撞、航空器对地面设施的碰撞等；（3）因航空运送服务而发生的侵权行为，包括旅客人身伤害和财物损失。根据事故发生地点的不同，可分别采用以下三类法律适用规则。

（一）航空器内部侵权行为的法律适用

各国一般主张适用航空器登记国法律。如同船舶一样，航空器也被认为是一国领土的延伸。航空器内乘客之间、乘客与乘务员之间发生的殴斗、侮辱等侵权行为，未影响到航空器之外的，应当适用航空器登记国法律。这就是侵权行为地法原则的具体应用。

（二）因航空器碰撞而发生的侵权行为的法律适用

根据这类事故发生的空域或者对象之不同，法律适用规则也可分为两类：

一类是航空器之间相互碰撞而产生的侵权问题，可按以下方法处理：（1）适用被碰撞或受害方航空器的登记国法律，以侧重保护无过失受害方的利益；（2）适用受理碰撞侵权案件的法院地法，理由是航空器碰撞多数为混合过错，常常无法查明哪一方无过失，甚至哪一方系被碰撞航空器也不易知晓；（3）适用碰撞双方的共同登记国法律，条件是碰撞双方在同一国家注册登记。

另一类是航空器碰撞航空港设施或其他地面设施而造成人员伤亡或财产损害的，各国一般适用侵权行为地法律。

（三）航空器在运输服务中侵权行为的法律适用

对因航空器在运输服务中对旅客或者货物发生的侵权行为，各国的航空立法和司法实践存在较大的差别。如美国1922年《统一航空州法》及各州判例主张，航空运输对于乘客的伤亡，运送人如有过错，才负赔偿责任；有些国家则规定了无过错责任。为了统一各国的相关法律规则，出现了一些具有广泛影响力的国际统一实体法公约。如1929年在华沙缔结的《关于统一航空运输某些规则的公约》（简称《华沙公约》）、1955年《修改1929年〈关于统一航空运输某些规则的公约〉的议定书》（简称《海牙议定书》）、1961年《统一非缔约承运人所办国际航空运输某些规则以补充华沙公约的公约》（简称《瓜达拉哈拉公约》）等。对于非缔约国或者条约未作规定的事宜，仍然需要冲突法方法。基本的冲突规则依旧是侵权行为地法原则，但需根据事故的具体发生地点作出相应的调整。

（四）我国关于航空侵权行为的法律适用

我国关于航空侵权行为的法律适用的规定，主要见于1995年制定的《民用航空法》。该法第189条规定："民用航空器对地面第三人的损害赔偿，适用侵权行为地法律。民用航空器在公海上空对水面第三人的损害赔偿，适用受理案件的法院所在地法律。"对于发生在航空器内的侵权行为，以及因航空器事故给旅客造成的侵害及行李物品的毁损的侵权责任的法律适用问题，该法则未作规定。不过，我国参加了上述《华沙公约》和《海牙议定书》。该两条约的实体法规定对我国是有效的。[①]

三、国际公路交通事故侵权

随着交通运输事业以及边境地区传统经贸的发展迅速，跨越国界的公路交通事故难以避免，国际公路交通事故的法律冲突问题也成为国际私法上的重要议题之一。关于公路交通事故引起的国际民事侵权责任的法律适用问题，各国大多未作专门的法律规定。实践中，有些国家将公路交通事故引发的侵权视为一般侵权行为，而且往往适用侵权行为地法律。但侵权行为地法作为一种僵化的属地方法，常常导致不合理的案件结果。正因如此，美国等国多采用最密切联系原则等弹性选法方法。鉴于实践中交通事故的发生常常具有偶然性，且过境乘客、托运物品呈现特殊性和复杂性，制定统一公约解决国际公路交通事故的法律冲突问题尤为必要。

当前，有关公路交通事故侵权案件法律适用的国际公约，主要是海牙国际私法

---

① 《示范法》在第120条也对航空侵权行为之债的法律适用进行了分类规定。根据第120条规定，（1）发生在飞行器内的侵权行为，适用飞行器登记国法；（2）飞行事故致使旅客伤亡、财物毁损的损害赔偿，适用飞行器登记地法或者侵权行为地法；（3）飞行事故对地面造成的人员伤亡和财物毁损的损害赔偿，适用事故发生地法；（4）飞行器碰撞的损害赔偿，适用无过失一方的飞行器的登记国法，双方均有过失的，则适用受理案件的法院地法。见中国国际私法学会编：《中华人民共和国国际私法示范法》，法律出版社2000年版，第27～28页。

会议1971年制定的《公路交通事故法律适用公约》。① 诸如瑞士等国家还将公约吸收为国内法，瑞士《关于国际私法的联邦法》第134条规定："因交通运输事故而提出的索赔，适用《公路交通事故法律适用公约》的规定。"该公约的主要内容如下：

1. 适用范围

公约适用的交通事故，系指涉及一辆或数辆机动或非机动车辆，并与公路、向公众开放的地面或特定人有权出入的私有地面上的交通有关的事故。不管请求履行该项责任的是何种程序，公约应决定可适用于由公路交通事故而引起的非契约的民事责任的法律。

2. 准据法

关于公路交通事故侵权的法律适用问题，公约规定适用事故发生地国家的国内法。该准据法支配的事项包括：（1）责任的根据和范围；（2）责任的免除和任何责任的限制以及划分责任的理由；（3）可能会导致赔偿的损害或损害是否存在及其种类；（4）损害赔偿的方式及其范围；（5）损害赔偿请求权可否转让或继承问题；（6）遇到损害并能直接请求损害赔偿的人；（7）本人对其代理人的行为或雇主对其雇员的行为所负的责任；（8）消灭时效和除斥期间的开始、中断和中止。

公约还特别规定：上述各种适用于对作为受害者的乘客承担责任的法律，同样也适用该车辆所运载的，且属于该乘客或委托该乘客管理的货物损害的赔偿责任；适用于确定车辆所有人责任的法律，也适用于该车辆运载的其他货物损害赔偿的责任；对车辆以外货物的损害赔偿适用事故发生地国家的国内法。以上责任人不管他们在登记国是否有惯常居所亦同。

3. 例外规定

虽然公路交通事故适用事故发生地国家的国内法，但在下列情况则为例外：（1）只有一辆车涉及事故、该车不在事故发生地国登记的，适用该车登记国的法律；（2）有两辆或两辆以上的车涉及事故、所有车辆均在同一国家登记的，适用车辆登记国法律；（3）事故所涉及的车辆均在事故发生地之外的另一国家登记的，事故发生车外的一人或几人涉及事故并可能负有责任的，即使这些人同时又是事故的受害者，若他们的惯常居所均在车辆登记国，适用车辆登记国法律；（4）在任何情况下，均应考虑事故发生地有效的有关交通管理规则和安全规则。

关于涉外公路交通事故侵权行为的法律适用问题，我国法律尚无专门规定。我国有漫长的边境线，与邻国的边境贸易发展迅速，对这方面的法律适用作出规定是

---

① 该公约已于1975年6月生效，截至2018年1月，公约的缔约国有：奥地利、白俄罗斯、比利时、波斯尼亚和黑塞哥维那、克罗地亚、捷克、法国、拉脱维亚、立陶宛、卢森堡、黑山、荷兰、波兰、塞尔维亚、斯洛伐克、斯洛文尼亚、西班牙、瑞士、马其顿、乌克兰、葡萄牙21个国家。来源网址：https：//www.hcch.net/en/instruments/conventions/status－table/？cid＝81，最后访问日期：2018年1月26日。

完全必要的。《示范法》的建议参考了前述海牙公约的立法实践，确立了事故发生地法和车辆登记地法原则。①

四、产品责任

产品责任（products liability）是指产品的制造者或者销售者因投入流通的产品存在缺陷，造成了产品的消费者、使用者或者其他第三人的人身或者财产的损害，依法应当分别或者共同承担的损害赔偿责任。

为了保护消费者权益，增强产品生产者和销售者的法律责任，一些国家除了民商法典中的规定外，还制定了专门的产品责任法。我国《民法通则》第122条规定："因产品质量不合格造成他人财产、人身损害的，产品制造者、销售者应当依法承担民事责任。运输者、仓储者对此负有责任的，产品制造者、销售者有权要求赔偿损失。"此外，我国《产品质量法》和《消费者权益保护法》对于产品缺陷、厂商责任、损害理赔和争议解决均作了具体规定。

20世纪以来，特别是第二次世界大战后，随着国际经贸关系迅速发展，进出口产品出现的涉外产品责任问题屡见不鲜。然而，由于各国对消费者保护的法律政策和目标不同，相关法律制度和规则的构建各有侧重，导致产品责任领域存在诸多法律冲突。除各国国内法中颇具政策和利益导向的冲突规范之外，国际社会为解决该领域的法律冲突作出了不懈的努力，但未能制定出统一实体法条约。其中，海牙国际私法会议制定的《产品责任法律适用公约》是该领域统一国际私法立法的重要成果。

（一）产品责任的冲突规则

一般而言，产品责任案件中侵权行为发生地是受害人获得产品的地点，而侵权结果发生地是产品责任事故的发生地。但是，产品责任案件中侵权行为地或侵权结果发生地的确定，并非易事。特别是跨国产品责任案件中，伴随着产品生产、流动和消费的国际化以及人员流动的国际化，常常导致产品的购买地、使用地、事故发生地和损害结果地并不相同，且上述地点也极具偶然性。正因如此，针对产品责任适用侵权行为地法规则不尽合理。

与此同时，在产品责任案件中，强调对消费者的保护成为相关实体法发展的显著趋势。这种趋势也影响了各国关于产品责任法律适用规则之构建，即尽可能适用

① 《示范法》第118条建议："机动或者非机动车辆在公路、向公众开放的地面或者特定人有权出入的私人地面上发生的交通事故的损害赔偿，适用事故发生地法。肇事车辆在非事故发生地国登记的，加害人对事故涉及的下列人员的责任，可以适用登记地法：（1）司机、车主或者控制车辆或对车辆有权利的其他任何人，不管其住所或者惯常居所在何处；（2）受害者为乘客而其住所或者惯常居所不在事故发生地国家的；（3）受害者在车辆事故的车辆外，而其住所或者惯常居所在登记国境内的。"见中国国际私法学会编：《中华人民共和国国际私法示范法》，法律出版社2000年版，第27页。

对受害人较为有利的法律。瑞士1987年《关于国际私法的联邦法》第135条第1款允许受害人选择适用被告营业地或住所地法律或产品获得地法律。[①] 1995年意大利《国际私法改革法》第63条亦有类似规定。[②]

当然，在保护消费者利益的同时，也需考虑对产品制造者的利益予以适当平衡，特别是基于法律适用的确定性和可预见性目标的考量，应排除当事人不可预见的法律之适用。例如，2007年欧盟《罗马条例Ⅱ》第5条规定："1. 在不妨碍第4条第2项的情况下，产品损害引起的非契约之债依次适用：（1）受害人在损害发生时的惯常居所地法。（2）产品购买地法。（3）损害发生地法。上述三项均以产品销往该国为限。相反，如果责任人无法合理预见该产品或者同类产品销往上述法律所属国家，则适用责任人惯常居所地法。2. 如果全部情况表明损害事实与前款所指国家以外的其他国家存在明显更加密切的联系，则适用该其他国家的法律。"

显然，为达成上述消费者和产品制造者、经销者之间利益的平衡，现今关于产品责任的冲突规则大多采用多元化的连结点，利用选择性冲突规范的立法技术。

（二）海牙《产品责任法律适用公约》

为协调各国在产品责任方面的法律适用规则，海牙国际私法会议于1973年10月通过了《产品责任法律适用公约》（1977年10月1日起生效）。[③] 公约采用了较为先进的立法技术，彰显了对受害人保护的需要，反映了各国统一产品责任法律适用规则的愿望。

1. 公约的适用范围

（1）地域范围。公约关于地域适用范围的规定有三方面：第一，不以互惠为条件，若根据公约的规定，准据法为非缔约国法律，仍应予以适用（公约第11条）；第二，准据法所属国为复合法域国家的，该国的各法域应分别视为一个国家（公约第12条）；第三，法院国是复合法域国家的，法院不得将该国的其他法域视为所谓的"外国"（公约第13条）。

（2）实体范围。公约第1条至第3条分别对产品、损害和产品责任承担人等三

---

① 瑞士1987年《关于国际私法的联邦法》第135条第1款规定："基于产品的缺陷或者缺陷的产品说明而提出的诉讼请求，由受害人选择以下法律支配：（1）侵权行为人营业地或无营业地时其惯常居所地国家的法律；（2）获得产品所在地国家的法律，除非侵权行为人证明该产品未经其同意而在该国销售。"

② 意大利1995年《国际私法改革法》第63条规定："关于产品责任，被损害人可以选择适用制造商所在地法，或者制造商品的管理机构所在地法，或者产品销售地法，除非制造商能证明该产品未经其同意而在那个国家上市销售。"

③ 截至2018年1月，公约有11个缔约方：克罗地亚、芬兰、法国、卢森堡、黑山、荷兰、挪威、塞尔维亚、斯罗文尼亚、西班牙、马其顿。来源网址：https：//www. hcch. net/en/instruments/conventions/status - table/？ cid =84，最后访问日期：2018年1月26日。

个关键概念进行了定义。第一，所谓“产品”包括天然产品和工业产品，无论是加工的还是未加工的；无论是动产还是不动产。可见产品的范围是非常广泛的，它包括所有可以使用或者消费的有流通价值的任何东西。但公约允许缔约国通过保留将“未经加工的产品”排除在公约的适用范围之外；第二，所谓“损害”包括人身伤害、财产损失和经济损失，除非与其他损害有关，产品本身的损害以及由此而引起的经济损失不包括在内。也就是说产品本身内在的变质造成的损失不在“损害”的范围之内；第三，所谓产品造成的损害包括对产品的错误说明或者对产品的质量、特性、使用方法未提供说明而造成的损害；第四，公约没有明确限定有权提起产品责任诉讼的当事人的范围，但明确规定了产品责任人的范围，即：成品或部件的制造商、天然产品的生产者、产品的供应者、在产品准备或销售等整个商业环节中的其他人（包括修理人和仓库管理员），以及上述人员的代理人或雇员。

2. 产品责任的法律适用原则

公约规定了一组独特而略显复杂的冲突规则。公约规定依次适用如下法律：（1）直接遭受损害人的惯常居所地法律。条件是该国同时又是被请求承担责任人的主营业地或者直接遭受损害的人取得产品的地方；（2）侵害地国家的法律。条件是该国同时又是直接遭受损害人的惯常居所地或者被请求承担责任人的主营业地或者直接遭受损害人取得产品的地方；（3）上述法律不能适用时，除非原告选择适用侵害地国家的法律，适用承担责任人的主营业地国家的法律；（4）承担责任人能够证明他不能合理地预见该产品或其同类产品会通过商业渠道在侵害地或直接遭受损害人的惯常居所地出售的，不得适用侵害地法或直接遭受损害人的惯常居所地法。言下之意，此时应适用承担赔偿责任人的主要营业地国家的法律。

可以看出，为了兼顾受害人和责任人各自的利益并向受害人有所倾斜，公约制定者煞费苦心地设计了一组依序适用的冲突规则，并且充分重视连结点的组合应用以确保准据法与产品责任案件具有较为紧密的联系。

3. 产品责任准据法的适用范围

公约规定产品责任准据法用于解决下列问题：（1）承担赔偿责任的依据和范围；（2）免除、限制、和划分责任的依据；（3）造成损害的种类；（4）赔偿的方式及其范围；（5）赔偿请求权的转让和继承；（6）有权要求损害赔偿的人的范围；（7）本人对其代理人的行为或雇主对其雇员的行为所负的责任；（8）举证责任；（9）时效规则。

由于公约主要采纳了美国和挪威代表的建议，强调对消费者的保护，尤其是很多国家担忧美国侵权法上的惩罚性损害赔偿制度，使得该公约并未得到很多国家的响应。我国亦未加入海牙《产品责任法律适用公约》。

（三）我国产品责任的法律适用

《涉外关系法律适用法》第45条对产品责任之债的法律适用作出专门规定："产品责任，适用被侵权人经常居所地法律；被侵权人选择适用侵权人主营业地法律、损害发生地法律的，或者侵权人在被侵权人经常居所地没有从事相关经营活动的，适用侵权人主营业地法律或者损害发生地法律。"作为世界上的贸易大国，我国工农业产品遍及国际市场，因产品引起的涉外诉讼纠纷案件逐步呈现上升的趋势。该法第45条的意义不言而喻。

我国关于产品责任的一般规则，是适用被侵权人经常居所地法。但侵权人在被侵权人经常居所地没有从事相关经营活动的则不予适用，而适用侵权人主营业地法律或者损害发生地法律。该例外规定对于产品责任的侵权人而言，保证了法律适用结果的可预见性。同时，该法又将当事人意思自治原则的适用顺序置于一般规则之上，这就有利于被侵权人在经常居所地法、侵权人主营业地法和损害发生地法中选择对自己有利的法律，体现了国际私法上的弱者利益保护原则。《示范法》借鉴了海牙《产品责任法律适用公约》的规定，对产品责任的法律适用进行了详尽的规定。①

五、人格权侵权

人格权作为一项宪法上的基本权利，不仅具有对抗国家权力之防御功能，而且还能够对国家权力课以相应的义务，是公民享有其他基本权利的前提。而同样作为宪法上基本权利的言论自由权，是宪法为保障个人实现自我、沟通意见、促进民主政治等多重功能而规定的权利。属于言论自由权范畴的新闻自由，是宪法为保障新闻媒体的基本权利而构建的现代社会的重要制度，其目的在于确保新闻媒体能发挥其应有功能。② 在人格权侵权案件中，这两种处于同一位阶的宪法上的基本权利，使得国家一方面必须保障言论自由权，另一方面又必须满足民事主体对人格权之保护需求，由此就会导致言论自由权与人格权之间的冲突问题。③

特别是，与侵害人的身体、生命、健康等人格权侵权行为不同的是，侵害名誉

---

① 《示范法》第121条规定："产品责任的损害赔偿，当侵权行为地同时又是直接受害人的住所地或惯常居所地，或者被请求承担责任人的主要办事机构或营业所所在地，或者直接受害人取得产品的地方时，适用侵权行为地法。如果直接受害人的住所或惯常居所地，同时又是被请求承担责任人的主要办事机构或营业所所在地，或者直接受害人取得产品的地方时，产品责任的损害赔偿，也可以适用直接受害人的住所地法或者惯常居所地法。"见中国国际私法学会编：《中华人民共和国国际私法示范法》，法律出版社2000年版，第28页。

② 参见林子仪：《言论自由与新闻自由》，元照出版社1999年版，第66～67页。

③ 参见刘仁山：《欧盟平衡人格权与言论自由的立法实践——以人格权侵权法律适用规则之立法尝试为视角》，载《环球法律评论》2014年第6期。

权、隐私权等精神性人格权，关涉到人格权与言论自由等宪法上权利的冲突问题。[①]在互联网迅猛发展、大众传媒日新月异的当下，相关人格权侵权变得异常频繁，这也在客观上加剧了相关国际私法问题的复杂性。为解决人格权侵权法律适用问题，如何在制度层面对上述两种基本权利进行法律政策上的适当平衡，就成为国际私法理论与实践中的一个重要课题。

从立法实践来看，包括日本[②]、美国[③]、瑞士[④]、意大利[⑤]、保加利亚[⑥]、罗马

---

① 日本学者直接将人格权分为“身体的人格权”和“精神的人格权”。前者是对具有人的身体属性的生命、身体、健康等拥有的权利。后者在当今是以名誉权、姓名权、肖像权、隐私权为主。精神的人格权在人格权中占据中心的地位。参见［日］五十岚清著：《人格权法》，铃木贤、葛敏译，北京大学出版社 2009 年版，第 14～15 页。

② 日本 2007 年《法律适用通则法》第 19 条规定：“尽管有第十七条规定，因侵害他人名誉或者信用的侵权行为而产生的债权的成立及效力，依被害人经常居所地法（被害人为法人及其他社团或者财团时，其主要营业所所在地法）。”

③ 美国 1971 年《重述》第 149 条规定：“第 150 条的规定外，在有关诽谤的诉讼中，当事人的权利义务关系依出版地州的本地法。但在该特定问题上，按照第 6 条规定的原则，某另一州与该事件及当事人有更重要联系时除外。在后一种情况下，依该另一州的本地法。”第 150 条规定：“1. 因书籍或报纸的任何一个版本，或电台或电视台的任何一次广播、电影的任何一次放映或类似的一次性传播中的诽谤性内容而引起的权利义务，依在该特定问题上，按照第 6 条规定的原则，适用与该事件及当事人有最重要联系的州的本地法。2. 当一个自然人声称其受到一次性传播的诽谤时，如果被指控的内容在该人当时的住所地州出版，则该州通常即为具有最重要联系的州。3. 当一个公司或其他法人声称其受到一次性传播的诽谤时，如果被指控的内容在该公司或法人当时的主要营业地州出版，则该州通常即为具有最重要联系的州。”第 151 条规定：“有关伤害性虚假陈述的法律选择规则与有关诽谤的相同。”第 152 条规定：“除第 153 条另有规定外，在有关侵犯隐私权的诉讼中，当事人的权利义务依侵犯行为发生地州的本地法。但在该特定问题上，按照第 6 条规定的原则，某另一州与该事件及当事人有更重要联系时除外。在后一种情况下，依该另一州的本地法。”第 153 条规定：“对包含在书籍或报纸的任何一个版本、或电台中电视台的任何一次广播、电影的任何一次放映或类似的一次性传播中的侵犯原告隐私权的内容引起的权利义务，依在该特定问题上，按照第 6 条规定的原则，与该事件及当事人有最重要联系的州的本地法。如果被指控的内容在原告的住所地州出版，则该州通常即为具有最重要联系的州。”

④ 瑞士 1987 年《关于国际私法的联邦法》第 139 条规定：“1. 因利用传播媒介，尤其是通过报刊、广播、电视或其他公共信息媒介侵犯人格权而提出的请求，根据受害人的选择而适用：(a) 受害人的惯常居所地国家的法律，前提是加害人应当预见结果将发生在该国；(b) 侵权行为人的营业所或惯常居所所在地国家的法律；(c) 侵权行为结果发生地国家的法律，前提是加害人应当预见结果将发生在该国。2. 对定期传播媒介提出抗辩的权利，排他地适用印刷品发行地、广播或电视播发地国家的法律。3. 本条第 1 款也适用于因处理个人资料侵犯人格权而提出的请求以及因损害个人资料的查询权而提出的请求。”

⑤ 意大利 1995 年《国际私法改革法》第 24 条规定：“1. 人身权利的存在及内容应由该人的本国法支配。但是，自家庭关系中产生的权利应由适用于家庭关系的法律支配。2. 由于侵犯第一款中提到的权利而造成的任何后果，应由适用于侵权责任的法律支配。”

⑥ 保加利亚 2005 年《关于国际私法的法典》第 108 条规定：“1. 由于通过大众媒体，如印刷品、广播、电视或其他信息手段，侵害人格权而产生的义务，依受害者的选择适用：(1) 其惯常居所地国法；或者 (2) 损害发生地国法；(3) 承担责任者的惯常居所地或者事务所所在地国法。2. 在第一款第一种和第二种情况下，要求承担责任者应能理性地估计到将在相关国家发生损害。3. 在人格权受侵害时针对大众媒体的抗辩权，依（信息）公布地或者信号发射地国法。4. 第一款规定亦适用于因侵害与保护个人资料相关的权利而产生的义务。”

尼亚[①]、土耳其[②]、匈牙利[③]、我国台湾地区[④]、立陶宛[⑤]、摩尔多瓦[⑥]在内的国家和地区的国际私法立法，专门规定了人格权侵权的法律适用规则。上述国家和地区在解决人格权侵权的法律冲突问题上，采取的方法不尽相同。

对于人格权侵权问题，《涉外关系法律适用法》第46条规定："通过网络或者采用其他方式侵害姓名权、肖像权、名誉权、隐私权等人格权的，适用被侵权人经常居所地法律。"[⑦] 该法选取被侵权人经常居所地作为冲突规范的连结点，一方面有助于实现法律适用的确定性目标，另一方面也有助于保护受害人的利益。但是，该规定遵循传统的属地性方法，而忽视了人格权侵权问题的特殊性以及政策性导向方法在解决人格权侵权法律冲突中的独特作用。同时，该规定对于人格权侵权案件中

---

① 罗马尼亚1992年《关于调整国际私法法律关系的第105号法》第112条规定："对于通过大众传媒，尤其是通过出版、广播、电视或者其他大众传播媒体而进行的人身侵害，要求赔偿的权利适用受害人选择的以下法律：（1）受害人的住所或惯常居所所在国法律；（2）侵害结果发生地国法律；（3）侵害人住所或惯常居所或其营业所所在国法律。在（1）、（2）项规定的情况下，还须符合以下要求，即在正常情况下侵害人应该会预料到对人身权的侵害结果会在两国中的一国出现。"第113条规定："对人身侵害的抗辩请求权适用侵害行为公开出现或传播地国法律。"

② 2007年《土耳其国际私法法令》第35条规定："1. 因通过诸如出版物、无线电广播、电视等媒体以及通过互联网或者其他大众通信手段侵害人格权而产生的请求权，依受害人的选择适用：（1）受害人的惯常居所地国法，但必须以施害人能够预料损害发生在该国境内为条件；（2）施害人的营业地国法或惯常居所地国法；（3）损害产生地国法，但必须以施害人能够预料损害发生在该国境内为条件。2. 人格权被侵害时，对周期性媒体所提出的抗辩权，只能适用印刷品发行地国或广播发射地国法。3. 因处理个人数据以及由于损害个人数据的知情权致使人格权受到侵害而产生的请求权，亦适用本条第1款之规定。"

③ 匈牙利1979年《关于国际私法的法律》第10条第2款规定："因人格权受到侵犯而发生的请求权适用损害发生地和当时的法律。但是如果匈牙利法的规定对受害人的赔偿更为有利，则依据匈牙利法。"

④ 我国台湾地区2010年"涉外民事法律适用法"第28条规定："侵权行为系经由出版、广播、电视、计算机网络或其他传播方法为之者，其所生之债，依下列各款中与其关系最切之法律：（1）行为地法；行为地不明者，行为人之住所地法。（2）行为人得预见损害发生地者，依其损害发生地法。（3）被害人之人格权被侵害者，依其本国法。前项侵权行为之行为人，系以出版、广播、电视、计算机网络或其他传播方法为营业者，依其营业地法。"

⑤ 2001年《立陶宛共和国民法典》第1.45条规定："1. 通过公共信息通信工具侵害人格权而引起的损害赔偿请求权，依受害人的选择适用受害人的固定住所地、经济活动所在地、损害结果发生地、造成损害者的固定住所地或经济活动所在地国法。2. 抗辩，适用出版物出版地、广播或电视发射地国法。"

⑥ 2002年《摩尔多瓦共和国民法典》第1616条规定："因媒体侵犯人格而产生的请求权，依受害人的选择适用（1）受害人的本国法；（2）受害人的住所地国法或者惯常居所地国法；（3）侵害行为的结果发生地国法；（4）著作权人的住所地国法或惯常居所地国法。"

⑦ 《示范法》第125条规定："因受大小字报、印刷品、广播、电视、互联网或者其他大众传播媒介的诽谤而提出的损害赔偿诉讼，原告可以选择适用受害人的住所或者惯常居所地法，或者加害人的住所或惯常居所地法，或者传播行为发生地法，或者侵权结果发生地法。"见中国国际私法学会编：《中华人民共和国国际私法示范法》，法律出版社2000年版，第28～29页。

诸如回击权、禁令等特殊救济措施的准据法采取“统一论”而非“分割论”，表明其忽略了人格权侵权中特殊救济措施作为一种责任承担方式所牵涉的公法问题，而难免会影响到特殊救济措施的实效性。①

此外，对于特殊侵权为题，中国国际私法学会制定的《示范法》还对不正当竞争、环境污染、核侵权、民事欺诈等特殊侵权的法律适用问题，提出了学术界的建议。②

第三节　不当得利和无因管理

一、不当得利

（一）不当得利概述

不当得利（unjust enrichment），是指无法律上或者合同上的依据而获得利益并致使他人遭受损失的事实，是债的发生原因之一，所以也称“不当得利之债”。由于不当得利人（受益人）取得该利益没有合法依据，故负有向利益受损人返还该项利益的义务，从而在不当得利人与利益受损人之间形成不当得利的债权债务关系。如对已经偿付的债务再为给付、售货时多收的货款、将拾得的遗物据为己有等。在这些情况下，获利一方就是不当得利方，也就是不当得利债权债务关系中的债务人，负有返还其所得利益的义务；因不当得利而财产受到损害的一方是债权人，有权请求对方返还其利益。

不当得利制度起源于罗马法，后得到普通法系和英美法系国家的广泛接受。但是，各国法律对于不当得利的规定存在明显差异。例如，德国民法将不当得利作为债的发生原因之一，从而形成了一种独立的制度。德国民法典将不当得利分为履行之不当得利、侵权之不当得利及其他类型的不当得利。英国在传统上虽然承认不当得利的返还义务，但是并未将不当得利视为与合同、侵权并列的专门法律制度，而仅将之作为一种“准合同之债”，允许当事人提起返还请求权之诉。

---

① 参见刘仁山：《欧盟平衡人格权与言论自由的立法实践——以人格权侵权法律适用规则之立法尝试为视角》，载《环球法律评论》2014年第6期。

② 《示范法》第122条规定：“不正当竞争的损害赔偿，适用侵权结果发生地法。”第123条规定：“环境污染的损害赔偿，适用侵权结果发生地法。”第124条规定：“有关核设施失控或者核物资运输中发生的损害赔偿，适用侵权结果发生地法。”第126条规定：“民事欺诈行为所造成损害赔偿，适用结果发生地法。”见中国国际私法学会编：《中华人民共和国国际私法示范法》，法律出版社2000年版，第28~29页。

对于不当得利问题，我国《民法总则》第122条规定："因他人没有法律依据，取得不当利益，受损失的人有权请求其返还不当利益。"①

（二）不当得利的法律适用

从各国的立法和司法实践来看，解决不当得利的法律冲突之方法不尽相同，主要如下：

1. 不当得利发生地法律

不当得利发生地国法律得到世界大多数国家立法和司法实践的采用，也是不当得利之债法律适用的一般原则。原因是，通常情况下不当得利发生地与不当得利有着最密切的关系。例如匈牙利1979年《关于国际私法的法律》第35条②、意大利1995年《国际私法改革法》第61条③、白俄罗斯《民法典》第1131条④、罗马尼亚1992年《关于调整国际私法法律关系的第105号法》第104条⑤、德国《民法典施行法》第38条第3款⑥均采纳了不当得利发生地法的做法。

2. 当事人共同属人法

对于当事人拥有共同属人法的情况，一些国家和地区针对不当得利选择适用当事人的共同国籍国法、共同住所地法或共同惯常居所地法。例如，1928年《布斯塔曼特法典》第221条对此也适用当事人共同的属人法。⑦ 欧盟2007年《罗马条例Ⅱ》第10条第2款亦规定不当得利之债适用当事人的共同经常居所地法。波兰2011年《关于国际私法的法律》第33条亦是如此。⑧

3. 适用支配原法律关系的法律

一般认为，对于基于其他法律关系而导致的不当得利，包括因履行合同而导致

---

① 我国《民法通则》第92条对不当得利制度作出了规定。即，没有合法根据，取得不当利益，造成他人利益损失的，应当将取得的不当利益返还受损失的人。最高人民法院颁布的《民通意见》第131条进一步对不当得利的返还范围进行了规定。

② 匈牙利1979年《关于国际私法的法律》第35条规定："不当得利及其法律上后果，适用利益发生地法。"

③ 意大利1995年《国际私法改革法》第61条（法定之债）规定："如果本法无其他规定，无因管理、不当得利、未到期利益的支付以及其他任何法定之债由导致这种债产生的事实发生地法支配。"

④ 白俄罗斯《民法典》第1131条第1款规定："因不当得利引起的债权债务关系，适用不当得利发生地国法。"

⑤ 罗马尼亚1992年《关于调整国际私法法律关系的第105号法》第104条规定："自然人或法人的不当得利适用行为发生地国家法律。"

⑥ 德国《民法典施行法》第38条第3款规定："在其他情况下，基于不当得利而提起的诉讼请求，适用不当得利发生地国法律。"

⑦ 1928年《布斯塔曼特法典》第221条规定："不当得利应依各当事人的共同属人法，如无共同属人法，则依给付地的法律。"

⑧ 波兰《关于国际私法的法律》第33条规定："因事件而非法律行为引起的债务关系，其准据法依照《罗马条例Ⅱ》确定。"

的不当得利和因侵权行为而导致的不当得利。由于此种不当得利是基于其他法律关系产生的，故在国际私法上，此类不当得利应该受其他法律关系的准据法支配。例如，德国《民法典施行法》第 38 条第 1 款规定，“基于履行行为而产生的不当得利返还请求权，适用该项履行行为所依据的法律关系的准据法。”第 2 款规定：“因侵害某一受保护的利益而产生的不当得利返还请求权，适用该侵害行为发生地国法律。”英国的判例法亦持相同立场，即不当得利适用债之准据法。如果债是因合同而生，则适用合同之准据法。如果债是因不动产交易产生的，则适用不动产所在地法。如果债是因其他关系产生，则适用不当得利发生地的法律。① 奥地利 1978 年《关于国际私法的联邦法》第 46 条亦规定：“不当得利的求偿权，依不当得利发生地国家的法律。但在履行法律义务或关系的过程中发生的不当得利，依支配该法律义务或关系的国家的实体规则；本规定类推适用于替他人进行支付而产生的补偿请求权。”② 2007 年欧盟《罗马条例Ⅱ》第 10 条第 1 款也作了相似的规定。③

4. 意思自治原则

对于基于其他情况下产生的不当得利，包括拾得遗失物、错误给付等，与当事人之间的其他关系无关。此种不当得利发生后，可以准许当事人协议选择准据法。例如，瑞士 1987 年《关于国际私法的联邦法》第 128 条规定：“（1）因不当得利提出的请求，适用不当得利据依发生的现有的或假想的法律关系的法律。（2）无此种法律关系时，因不当得利而提出的请求适用不当得利发生地国家的法律；当事人得约定适用法院地法。”

（三）我国关于不当得利的法律适用规则

关于涉外不当得利的法律适用问题，根据《涉外关系法律适用法》第 47 条规定，不当得利适用当事人协议选择适用的法律。当事人没有选择的，适用当事人共同经常居所地法律；没有共同经常居所地的，适用不当得利发生地法律。④

应当说，《涉外关系法律适用法》将意思自治原则作为不当得利法律适用的首

---

① See Dicey, Morris & Collins, *The Conflict of Laws*, 15th ed., Sweet & Maxwell, 2012, p. 2292.

② 根据 2009 年《修订〈关于国际私法的联邦法〉〈保险监管法〉以及〈交通事故遇难者赔偿法〉及废除〈关于欧洲经济区的国际保险合同法的联邦法〉的联邦法》第 1 条第 4 项规定，奥地利共和国《关于国际私法的联邦法》第 46 条被废止，并不再适用于 2009 年 1 月 11 日之后发生的非合同之债案件。2009 年 1 月 11 日后发生的非合同之债适用 2007 年《罗马条例Ⅱ》的有关规定。

③ 2007 年欧盟《罗马条例Ⅱ》第 10 条第 1 款规定：“若因不当得利而产生的非合同之债，包括合同双方之间错误接受的给付，与存在于当事人之间因合同或侵权/不法行为而产生，且与不当得利密切相关的某种关系有关，则应适用调整该法律关系的法律。”

④ 《示范法》第 129 条规定：“不当得利，适用不当得利发生地法。如不当得利产生于某一民商事关系，也可以适用支配该民商事关系的准据法。”见中国国际私法学会编：《中华人民共和国国际私法示范法》，法律出版社 2000 年版，第 29 页。

要原则，系我国立法之首创。从比较法上看，对于基于合同或侵权等法律关系而导致的不当得利，各国立法一般倾向于受原法律关系的准据法支配。鉴于我国现行立法在合同及侵权的法律适用问题上亦准许当事人选择准据法，故该法第 47 条对意思自治原则的采纳并无争议。但是，如果不当得利是因侵权关系而产生的，则当事人选择准据法的时间应限制在侵权行为发生后。如果不当得利的产生与不动产的交易相关，则应适用不动产所在地法而非当事人选择的法律。①

二、无因管理

（一）无因管理概述

无因管理（voluntary service），是指没有法定或者约定的义务，为避免他人权益遭受损失，自愿为他人管理某种事务或者财物，并因此支出劳务或者费用，因而在管理人与受益人之间发生的债权债务关系。在无因管理之债中，管理人因管理他人的事务而支出一定的费用，或者自己受到一定的损失，或者因管理他人事务而向第三人负担债务，管理人有权向本人追偿。

无因管理在罗马法上被作为准契约的一种，即当事人之间虽未订立契约，但是出于公平原则和公序良俗原则的考量，其行为所发生的法律效果与缔结契约相同。《法国民法典》将无因管理作为“准契约”。《德国民法典》则将无因管理作为一项独立的制度，成为与合同、侵权、和不当得利并列的债的发生原因之一。

我国《民法总则》第 121 条规定：“没有法定的或者约定的义务，为避免他人利益受损失而进行管理的人，有权请求受益人偿还由此支出的必要费用。”

（二）无因管理的法律适用

虽然各国大多规定无因管理是法定之债的根据之一，但对这种债的性质、权利范围等有不同规定，法律冲突在所难免。从各国立法和司法实践来看，对无因管理主要采用以下法律适用规则：

1. 适用事实发生地法

事实发生地法是指事务管理地法，无因管理的外在表现主要是管理人的管理行为，有关行为的法律适用一般适用行为地法。无因管理之债不同于合同，不适宜“意思自治”原则。无因管理之债主要是由于无因管理人单方面的管理行为而产生，属于法定之债。因此，适用事实发生地法是该类民事法律关系法律适用的一般原则，有些国家将其规定为唯一的法律适用原则。如《秘鲁民法典》第 2098 条规定：“因法律的实施、无因管理、不当得利和不适当交付某物产生之债，依已经或将要引起

① 参见杜涛：《国际私法原理》，复旦大学出版社 2014 年版，第 306 页。

该债产生的原因事实发生地法。”此外，德国《民法典施行法》第 39 条第 1 款[①]、意大利《国际私法改革法》第 61 条[②]等亦规定无因管理可以适用管理行为地法律。

2. 适用当事人共同属人法

无因管理之债虽然由于管理人的管理行为而产生，但若受益人与管理人国籍相同，或者住所在同一国家，当事人双方应该对这种行为的后果有共同的认识。此时也可以适用当事人的共同国籍国法或者共同住所地法。如欧盟《罗马条例Ⅱ》第 11 条第 2 款允许适用当事人共同的经常居所地法。[③]

3. 适用支配原法律义务或关系的法律

无因管理行为往往与当事人之间业已存在的另一民事关系密切相关，如卖方在交货地点为买方保管货物的行为。在此情况下，可以适用支配原法律关系的准据法。如奥地利 1978 年《关于国际私法的联邦法》第 47 条规定，“无因管理与另一法律义务或者关系有密切联系的，适用支配该另一义务关系的法律”。[④] 此外欧盟《罗马条例Ⅱ》第 11 条第 1 款亦做此规定。[⑤]

4. 意思自治原则

无因管理作为法定之债的一种根据，也可以适用当事人选择的法律。例如，欧盟《罗马条例Ⅱ》第 14 条允许无因管理当事人事后协议选择准据法。如果当事人双方从事的均为商业活动，则当事人也可在事前选择准据法。[⑥]

---

① 德国《民法典施行法》第 39 条第 1 款规定：“（1）处理他人事务引起的法定请求权，适用事务处理地国法律。”

② 意大利《国际私法改革法》第 61 条（法定之债）规定：“如果本法无其他规定，无因管理、不当得利、未到期利益的支付以及其他任何法定之债由导致这种债产生的事实发生地法支配。”

③ 《罗马条例Ⅱ》第 11 条第 2 款规定：“在根据第 1 款无法确定需适用的法律，而当导致损害的事件发生时，当事人双方在同一国家拥有惯常住所地的，该国的法律应予适用。”

④ 根据 2009 年《修订〈关于国际私法的联邦法〉〈保险监管法〉以及〈交通事故遇难者赔偿法〉及废除〈关于欧洲经济区的国际保险合同法的联邦法〉的联邦法》第 1 条第 4 项规定，奥地利共和国《关于国际私法的联邦法》第 47 条被废止，并不再适用于 2009 年 1 月 11 日之后发生的非合同之债案件。2009 年 1 月 11 日后发生的非合同之债适用 2007 年《罗马条例Ⅱ》的有关规定。

⑤ 《罗马条例Ⅱ》第 11 条第 1 款规定：“未经正当授权而在他人事务方面从事某种行为所产生的非合同义务，如涉及当事人既有的诸如由合同或者侵权或过失不法行为导致的某种关系，而此种关系与该非合同义务之间存在密切联系时，该非合同义务应受此关系所适用法律的调整。”

⑥ 《罗马条例Ⅱ》第 14 条（一般规则自由选择）规定：“1. 当事人可以通过以下方式约定将其非合同义务交由选择的法律来调整：（1）导致损害的事件发生后，达成的协议；或者（2）在当事人各方均在从事一项商业活动的场合，导致损害的事件发生前，各方自由商定的一项协议应当明确表达出来，且不应损害第三方的权利；2. 当导致损害的事件发生时，与案件情况有关的全部因素均位于法律被选中的国家以外的某一国家时，当事人的法律选择不得损害该另一国中禁止当事人协议背离的法律规定的执行。当导致损害的事件发生时，与案件情况有关的全部因素处在一个或多个成员国中时，当事人对某一成员国法以外的法律所做的适用选择，不得损害在法院地成员国中正常执行并禁止当事人协议背离的欧盟法律规定的执行。”

此外，就无因管理之债准据法的适用范围而言，其应包括：无因管理之债产生的根据、性质，无因管理人的请求权范围，无因管理之债的补偿范围和方式等。总之，该准据法可用于确定无因管理的成立、效力、性质、请求权、补偿范围等广泛的问题。

（三）我国关于无因管理的法律适用规则

关于无因管理的法律适用问题，根据《涉外关系法律适用法》第47条规定，无因管理适用当事人协议选择适用的法律。当事人没有选择的，适用当事人共同经常居所地法律；没有共同经常居所地的，适用无因管理发生地法律。①

针对无因管理的法律适用问题，我国立法采用了有序的选择性冲突规范的立法技术，依次适用意思自治原则、共同经常居所地法、无因管理发生地法。通过引入意思自治，最大限度地实现法律适用的弹性和可预期性。通过共同经常居所地法贯彻最密切联系，实现法律适用规则的优化设计。适用无因管理发生地法，与世界上大多数国家关于无因管理的法律适用规则一致，有助于实现判决国际协调的目标。

§思考题：

1. 一般侵权行为之债的法律适用原则有哪些？
2. 我国法律关于侵权行为之债法律适用的规定如何？
3. 《产品责任法律适用公约》对产品责任的准据法是如何确定的？为什么要这样确定？
4. 不当得利之债和无因管理之债的法律适用原则有哪些？

§“法律职业资格考试”要点提示：

侵权行为地的认定；一般侵权行为的法律适用；特殊侵权行为的法律适用；我国关于侵权行为法律适用的规定；我国海事侵权的法律适用；我国民用航空侵权之债的法律适用；我国关于产品责任法律适用的规定；我国关于人格权侵权的法律适用的规定；我国关于不当得利和无因管理法律适用的规定。

① 《示范法》第130条规定：“无因管理，适用无因管理行为实施地法。”见中国国际私法学会编：《中华人民共和国国际私法示范法》，法律出版社2000年版，第29页。

第十四章　破产的法律适用

§学习目的与要求:

新一轮经济全球化背景下，跨国公司迅速发展，不可避免地产生大量的国际破产案件。要求通过本章的学习，掌握涉外破产案件的管辖权、涉外破产关系法律适用的一般原则和具体规则；了解破产宣告的域外效力的三种不同的理论和实践；了解和解的法律适用以及对外国和解承认的不同做法。

随着国际民商事交往的日益发展，各种跨国界的经济活动更加频繁，这使得不同国家的企业或个人越来越容易拥有或承担产生自国外的债权或债务；而一旦发生破产情况，必然牵涉许多相关国家的私人利益和国家利益。如何从法律角度来协调这些不同的利益，就成为国际私法学的一项重要课题。本章主要探讨涉外破产的管辖权及法律适用、破产宣告的域外效力、和解等三方面的问题。

第一节　破产概述

国际破产是一个十分复杂的问题。它涉及相关国家的经济利益甚至公共政策，加上立法上的巨大差异，使得国际破产的法律冲突不可避免。在国际破产的法律适用问题上，各国法律通常采取分割制，并且赋予法院地法很高的适用频率，其目的在于尽可能地维护法院地的社会经济利益和法律秩序。

一、国际破产的概念

破产，可分为事实上的破产和法律上的破产。所谓事实上的破产，是指债务人不能清偿债务的事实状态。它包括两类情况：一是债务人丧失了继续经营事业的财产承受能力，如债务人的财产不足以实际清偿债务或其信用不足以担保清偿债务等；二是债务人发生了债务清偿不能的财产危机，如债务人难以清偿到期债务等。法律上的破产，是指债务人不能清偿债务时适用的法定偿债程序，以及该程序终结后债务人的身份地位受限制的法律状态。[①]它包括破产要件、破产程序、破产财产或破产财团（hotchpot）、破产债权和破产管理等方面。显然，法律上的破产不同于事实上的破产。破产是民（商）事主体权利能力终止的原因之一，其结果会导致财产所有权主体的改变。

国际私法学要研究的是国际破产（international bankruptcy），也称跨国破产（cross - border insolvency），即含有国际因素或涉外因素的破产。具体而言，或者破产债权人和债务人分别是不同国家的民商事主体，或者破产财产分别位于不同的国家，或者破产债权债务关系是由受外国法支配的法律事实而引起的等。

早在20世纪20年代，就有学者提出国际破产的概念，但直到70年代德国科隆“赫尔休塔特银行破产案”的审理，国际破产才引起人们对此问题的关注。[②] 随着国际经济交往的频繁，世界各国纷纷着手制定、修改自己的破产法，同时一些民间或政府间国际组织也致力于国际破产法的统一化工作。例如，在国际立法层面，为了满足各国建立高效的公司破产制度的迫切需要，联合国国际贸易法委员会（以下简称UNCITRAL）于2004年通过了《破产立法指南》，其目的就在于协助各国（尤其是发展中国家）建立一套高效有序的处理债务人财务困境的法律框架，供国内立法机关在制定新破产法或修订旧法时作为参考。2014年，UNCITRAL第47届会议决定开始制定一项示范法或示范立法条文，对承认和执行由破产派生的判决作出规定。[③]在区域性立法层面，欧盟出台的《关于破产程序的第1346/2000号条例》为欧盟成员国间国际破产的协调与合作提供了依据。[④]

国际破产问题既涉及程序问题，又涉及实体问题；既涉及物权法，又涉及债权法。一般而言，国际破产中涉及的问题主要有：破产案件的管辖权、破产案件的法律适用问题以及破产宣告的域外效力问题。其中，破产宣告的域外效力是最为核心

---

① 参见邹海林：《破产程序和破产法实体制度比较研究》，法律出版社1995年版，第1页。

② 1974年，德国克隆赫尔休塔特银行破产。债权者申请扣押该银行在美国的财产，但在美国破产法的所谓优先原则下几乎不可能获得补偿的另一部分债权者，为了与该扣押对抗，则重新申请破产。于是在美国和德国的破产法律制度之间如何进行调整就成为一个重大的问题。[日] 谷口安平：《国际破产法的现状和问题》，王亚新译，载其著译：《程序的正义与诉讼》，中国政法大学出版社1996年版，第321页。

③ Insolvency Law, Recognition and Enforcement of Foreign Insolvency - derived Judgements, note by the Secretariat, United Nations Commission on International Trade Law, Working Group V (Insolvency Law), Forty - sixth session, Vienna, 15 - 19 December 2014, p. 2.

④ Council Regulation (EC) No. 1346/2000 of 29 May 2000 on Insolvency Proceedings.

的问题，它是解决所有国际破产案件的基础，还有学者将其提到基本原则的高度来进行研究。①

二、国际破产的管辖权

国际破产和国内破产一样，当利害关系人提出申请后，法院认为对该案具有管辖权便可立案进行破产宣告。但与国内破产不同的是，国际破产案件通常与两个或两个以上国家相联系，因此会面临由何国法院进行管辖的问题。从各国立法和实践看，有以下不同规定：

（一）债务人住所地或营业地

将债务人的住所地或营业地作为管辖依据，主要是认为该地点在经济意义上与债务人最为密切，同时破产人的住所地和公司营业地经常是一致的。例如，日本法院依据债务人的主要营业地或主要业务场所位于日本，而对破产案件行使管辖权。②又如，根据1986年《英国破产法》第265条的规定，个人在法院地从事营业活动满3年，法院可对其行使破产管辖权。③

（二）破产财产所在地

将破产财产所在地作为管辖依据的主要理由在于，破产程序的最终目的在于从破产财产中获得债权的全部或部分满足，财产所在地法院管辖破产案件便于财产的处分和分配，也便于使本地债权人受惠。④英国有法院基于财产位于该国辖区内而行使管辖权的判例，⑤ 联合国国际贸易法委员会的《跨境破产示范法》中也承认基于财产所在地开始的属地程序。

（三）债务人主要利益中心

联合国国际贸易法委员会的《跨境破产示范法》，提出新的管辖权确定标准——债务人主要利益中心。该概念最早实际来源于《欧共体国际破产公约》，该公约现已转化为《欧盟破产程序规则》。该规则规定，主要利益中心应当与债务人日常管理其事务的地方相一致，并且该地方应当为第三方所知。这里的“主要利益中心”，应符合连贯性和透明性要求。连贯性要求行使管辖权的地点必须是债务人经营管理业务的地点；透明性要求该地点必须为第三人知晓。这样可避免债务人通过虚

---

① Michael Bogdan, *International Bankruptcy Law in Scandinavia*, 34 Int'l & Comp. L. Q. 49 (1985).

② 石静遐：《跨国破产的法律问题研究》，武汉大学出版社1999年版，第80页。

③ See Insolvency Act 1986, Article 265.

④ 张玲：《跨境破产的国际合作——国际私法的视角》，法律出版社2007年版，第49页。

⑤ Compania Merabello San Nicholas SA, Re, 1972 WL 37817. 本案涉及一个外国公司在英国的破产程序。该外国公司既不在英国成立，也未在英国开展过经营活动，更不存在经营场所，但法院基于保护债权人利益的目的，依据该公司在英国有财产而对破产程序行使了管辖权。

设住所来掩盖经营利益的真实地点。① 根据2015年新修订的《欧盟破产程序条例》第3条第1款可知，主要利益中心地（Centre of Main Interests）为第三人所察知的、债务人惯常管理其自身利益的地点。法人的主要利益中心地，推定为注册登记地；从商事经营的自然人的利益中心地，推定为主营业地；其他自然人的利益中心地，推定为该自然人的住所地。②

目前，我国法律关于国际破产管辖权的规定较少。《涉外关系法律适用法》中也没有关于国际破产管辖权问题的相关规定。我国2006年通过的《企业破产法》第3条规定，破产案件由债务人住所地的人民法院管辖。根据相关司法解释，债务人住所地指债务人主要办事机构所在地；债务人没有办事机构的，由其注册地人民法院管辖。③ 国际破产案件的管辖权当依此办理。我国对于涉外法人破产案件的管辖，不受外国法院管辖的影响。④

三、国际破产的法律适用

鉴于国际破产问题的复杂性，各国关于破产的法律适用的立法多采用分割制。即将国际破产的各个方面或环节分离开来，依据不同的冲突法原则指引准据法。国际破产大体上包括破产要件、破产程序、破产财产、破产债权和破产清算等方面，依分割制即应各自适用相应法律。从我国立法和实践看，我国在破产法律适用上采用的是分割制，主要有以下法律适用原则：

（一）破产要件的法律适用

破产要件是指债务人进入破产程序的必备条件，主要包括破产能力、破产原因、是否须经申请及申请人的资格、要否先行和解，以及法院有无管辖权等方面。各国立法对上述问题的规定是不同的。例如，在破产的原因方面，各国立法基本上可归为破产概括主义和列举主义两类。概括主义是指以不能清偿（can not pay）、债务超过（insolvent）和停止支付（cease to pay）等情况作为宣告债务人破产的原因；⑤ 列

① 张玲：《跨境破产的国际合作——国际私法的视角》，法律出版社2007年版，第60~61页。

② 陈夏红：《欧盟新跨境破产体系的守成与创新》，载《中国政法大学学报》2016年第4期。

③ 2002年《最高人民法院关于审理企业破产案件若干问题的规定》第1条。

④ 2015年《民事诉讼法司法解释》第533条第1款规定："中华人民共和国法院和外国法院都有管辖权的案件，一方当事人向外国法院起诉，而另一方当事人向中华人民共和国法院起诉的，人民法院可予受理。判决后，外国法院申请或者当事人请求人民法院承认和执行外国法院对本案作出的判决、裁定的，不予准许；但双方共同缔结或者参加的国际条约另有规定的除外。"

⑤ 大陆法系国家立法多采用该类做法。如《法国破产法》第1条规定："凡停止支付的商人，限在15日内，向管辖其主营业所所在地的商事法院书记科申请开始破产或裁判整理程序。"我国《企业破产法》第2条规定："企业法人不能清偿到期债务，并且资产不足以清偿全部债务或者明显缺乏清偿能力的，依照本法规定清理债务。"

举主义是通过立法列举债务人应受破产宣告的事项。[①] 由此，破产要件方面的法律冲突是不可避免的。一般说来，破产要件涉及的主要是诉讼权限和诉讼形式，也就是诉讼程序问题。根据程序问题依法院地法的原则，破产要件适用法院地法，也就是破产开始地法或破产宣告地法。

（二）破产程序的法律适用

破产程序是指债务人不能清偿债务时，由法院依破产法的规定，强制处理债务人的财产并将它公平偿付给各债权人的一种法定程序。从各国和地区立法来看，关于破产程序，特别是关于破产开始的规定是不同的。大体上，普通法系国家和地区多采取破产程序受理开始主义，即破产程序以法院受理破产申请为开始的标志，而不论法院是否宣告债务人破产。破产程序一般包括受理、审理、宣告和清算四个主要阶段，这其中可能包含和解程序；在大陆法系各国和地区，立法多采取破产程序宣告开始主义，即破产程序以法院宣告债务人破产为唯一标志，没有破产宣告就没有破产程序。但是，在某些地区，破产程序仅由破产宣告程序和破产清算程序构成，其中也可能有和解程序。我国台湾地区的所谓“破产法”即从此项原则。[②]

对于法院宣告债务人破产的依据问题，各国和地区立法有不同规定。有的国家和地区采取破产宣告申请主义，少数国家和地区采取破产宣告职权主义，而多数国家和地区则以申请主义为主、以职权主义为补充。由此导致破产程序的法律冲突。在国际私法上，一般认为程序问题依法院地法，所以破产程序应适用法院地法，即破产开始地法或破产宣告地法。如 2015 欧盟颁布的修订后的《破产程序条例》第 7 条规定破产程序所适用的法律为开始该程序的成员的法律。[③] 我国《企业破产法》第 4 条规定：“破产案件审理程序，本法没有规定的，适用民事诉讼法的有关规定。”根据 2017 年《民事诉讼法》相关规定可知，我国法律关于破产程序是适用法院地法。

（三）破产财产的法律适用

破产财产，亦称破产财团，是指破产宣告时至破产程序终结期间，依法由破产管理人占有、支配并用于破产分配的破产人的全部财产。破产财产是破产宣告后继续进行破产程序的基础，也是破产债权人得以通过破产程序获得清偿的物质保证。因此，如何限定破产财产的范围是关系到破产人和债权人切身利益的重大问题。[④]

---

① 普通法系国家多采用此类做法。常见的破产原因主要有：债务人为债权人的利益而向其转让全部财产的行为；债务人诈欺性转让财产的行为；债务人向个别债权人特意转让财产的行为；债务人隐匿躲债的行为；债务人的财产被强制执行；债务人向债权人或者法院明示无力清偿债务的行为；债务人实施破产犯罪的行为；以及可引起破产程序开始的债务人的其他行为。

② 邹海林：《破产程序和破产法实体制度比较研究》，法律出版社 1995 年版，第 16 页。

③ 来源网址：http：//data. consilium. europa. eu，最后访问日期：2018 年 2 月 5 日。

④ Thomas H · Jackson, *The Logic and Limits of Bankruptcy Law*, Harvard University press, 1986, pp. 89 – 90.

各国破产法对破产财产的范围、破产财产的识别以及与破产财产有关的其他权利作了不同规定。

就破产财产的范围而言，一方面，从时间范围上来看，破产财产的范围受到膨胀主义和固定主义两种立法原则的影响。所谓膨胀主义是指破产财产由破产人在破产宣告时所有的财产和破产宣告后至破产程序终结前所取得的财产构成。① 固定主义是指破产财产仅指破产人在破产宣告时所有的或已经取得的财产，不包括破产宣告后破产人取得的任何财产。② 另一方面，从空间范围上来看，由于各国和地区在破产宣告效力问题上采取不同主张，破产财产的范围也会因此受到影响。采用破产宣告普及主义的国家和地区认为，破产财产包括破产人位于国和地区内外的全部财产；而采用破产宣告属地主义的国家和地区则认为，破产财产仅包括破产人位于内国和地区的财产。值得注意的是，在破产财产范围问题上，瑞士的立法规定既不同于破产宣告普及主义，也不同于破产宣告属地主义。瑞士 1987 年《关于国际私法的联邦法》第 172 条第 3 款规定："如果债权人在外国的破产程序中已得到部分清偿，其已得数额在扣除其费用的承担后，应计入在瑞士的程序中归属于该债权人的数额之内。"

对于破产财产的法律冲突，其解决原则分别为：破产财产的范围，适用破产宣告地法（即法院地法）；破产财产中的动产与不动产的识别，适用物之所在地法；债权人对破产财产的物权（包括别除权、取回权等），也适用物之所在地法；债务人对抗债权的抵销权、否认权等，适用破产宣告地法（即法院地法）。另外，涉及破产财产中之不动产、船舶、航空器和工业产权等，应分别适用该财产所在地和产权登记地或产权保护地国家的法律。③

（四）破产债权的法律适用

破产债权是指破产宣告前成立的、依破产程序申报并被确认的，只能从破产财

---

① 法国、意大利、奥地利、瑞士、比利时、葡萄牙、西班牙、荷兰、瑞典、挪威、丹麦、英国、新西兰、澳大利亚、印度、阿根廷、巴西、墨西哥、智利、苏联、泰国以及我国台湾地区立法均采用破产财产膨胀主义。如《英国破产法》第 38 条规定："可供债权人分配之破产人的财产，包括破产人在破产程序开始时所有或取得的财产，以及破产人在破产程序终结前取得或者接受他人移转的一切财产。"我国《企业破产法》第 30 条规定："破产申请受理时属于债务人的全部财产，以及破产申请受理后至破产程序终结前债务人取得的财产，为债务人财产。"一般而言，采用膨胀主义立法原则的国家和地区同时也规定了破产的自然人的自由财产或豁免财产，如生活必需品、职业或教育用品、祈祷用品、人身损害赔偿请求权，或者是低于一定价值的财产等不属破产财产的范围。

② 德国、日本、美国和韩国等有关立法采取破产财产固定主义。如美国《破产法典》第 541 条 a 款第 1 项规定破产财产包括"案件开始时债务人在财产上所有的制定法的或者衡平法上的利益"。《德国破产法》第 1 条规定，破产财产以破产人在破产宣告时所有的，且可以被强制执行的财产为限。

③ 欧洲联盟理事会通过的《关于破产程序的条例》规定，破产财产中的不动产、船舶、航空器和应受公共登记的证券等，适用财产所在地法或保存该登记的机关所在地法。参见石静遐：《跨国破产的法律问题研究》，武汉大学出版社 1999 年版，第 355 ~ 376 页。

产中得到清偿的财产请求权。本质上讲，破产债权仍为基于合同、侵权行为、无因管理、不当得利或者其他法律事实而发生的债权，仅仅由于债权的受偿以特定的破产财产为责任财产，债权的行使必须通过破产程序，方才被称为破产债权。

各国和地区破产立法对破产债权的范围、确定及清偿顺序有不同的规定，由此引起的冲突在所难免。就破产债权的范围而言，各国和地区立法中有广义和狭义之分。广义的破产债权，是指破产宣告前成立的对破产人享有的一切财产请求权，包括优先权和普通债权等。根据《日本破产法》第15条、第39条和第46条的规定，破产债权不仅包括无财产担保的普通债权，还包括具有先取特权或者其他优先权性质的请求权等；狭义的破产债权，则仅指破产前成立的对破产人享有的非优先的普通债权。我国《企业破产法》第48条第2款规定："债务人所欠职工的工资和医疗、伤残补助、抚恤费用，所欠的应当划入职工个人账户的基本养老保险、基本医疗保险费用，以及法律、行政法规规定应当支付给职工的补偿金，不必申报破产债权，由管理人调查后列出清单并予以公示。……"另外，在破产债权的确定、清偿顺序等方面，各国立法也有较大差异。

就破产债权的法律适用而言，主要有两种不同主张：一是主张适用破产宣告地法，亦即法院地法。戴赛、莫里斯、切希尔、诺思和沃尔夫等人都持这种观点，认为债权本身是否存在的问题，需要依据该债权自身的准据法来判断。例如，关于某项合同之债是否存在的问题，应当适用该合同自身的准据法；但关于债权人对破产财产的分配及债权间的清偿顺序，如系在英国破产，则应适用英国法（破产宣告地法）的有关规定。[①] 二是主张适用破产宣告时财产所在地法。因为破产问题涉及破产宣告时财产所在地的经济利益，甚至公共政策。

（五）破产管理的法律适用

破产管理是整个破产程序的核心，贯穿于整个破产程序。总的来看，破产管理包括破产管理人的任命或指定，债权的申报，债权人会议的成立、召开及其权力，对破产财产的占有、清理、登记、估价、变卖、处理和分配，参与有关破产财产的诉讼、和解或者仲裁，以及办理破产企业的注销登记等方面。这些既涉及实体问题，也涉及程序问题。

纵观各国和地区破产立法，关于破产管理的规定存在着各种差异。以破产管理人制度为例，两大法系国家和地区立法有着显著不同。大陆法系国家和地区多实行破产程序宣告开始主义，就是说在破产宣告之前，破产程序并未开始，债务人的民商事主体地位并无变化，没有理由设立专门的财产管理人来接管债务人的财产。如此时确有保护债务人财产权利的必要，则通过民事诉讼的财产保全措施，由法院来

① Dicey & Morris, *The Conflict of Laws*, Sweet &Maxwell, 12th ed. , 1993, p. 1171.

实现。因此，破产管理人在破产程序开始后，才设立并行使破产财产的管理权。《德国破产法》第 110 条规定："法院在宣告债务人破产时，应当立即委任破产管理人。"我国台湾地区"破产法"第 64 条也作了类似规定。①

而普通法系国家和地区多实行破产程序受理开始主义，因而建立了分阶段的财产管理人制度，在法院受理破产案件至破产宣告之前，债务人的财产由临时财产管理人负责管理；破产宣告后，债务人的财产则由破产管理人管理。可见，临时财产管理人并非是破产管理人。例如，英国《破产法》规定，破产受托人产生之前，工商部需指定债务人财产的官方接管人。②

对于破产管理问题，一般适用破产管理地法，即法院地法或破产宣告地法。沃尔夫支持这种主张。他认为，"破产的管理，适用法院地法（管理地法）的规定"。③莫里斯在其《法律冲突法》一书中也表明，债权人间的财产分配、优先顺序等，都应依作为法院地法英国法确定。④

破产管理中的程序问题依破产管理地法，似乎已成定论。但其中的实体问题是否仍适用管理地法则存在争论。对此，应当区分不同情况或者适用法院地法或者适用原法律关系自身的准据法；涉及不动产的实体权利问题，适用财产所在地法。

我国《企业破产法》和《涉外关系法律适用法》均未就破产的法律适用作出明确规定。我国国际私法学界主张，破产适用破产人主要办事机构所在地或破产人财产所在地法；破产人财产价值的评估，适用财产所在地法。⑤ 在缺乏更加具体细致的规则的情况下，考虑到破产问题较为突出的程序性色彩和它对社会公众较为广泛的影响，可通过识别技术对我国法院管辖的破产案件适用我国法律。

第二节　破产宣告的域外效力

破产宣告的域外效力问题，是指一国法院所作的破产宣告的效力是否及于破产人处于外国领域内的财产的问题。它直接涉及破产财产的构成，进而影响到破产债

① 该条规定："法院为破产宣告时应选任破产管理人，并决定下列事项：一、申报债权之期间。但其期间，须在破产宣告之日起，十五日以上，三个月以下。二、第一次债权人会议期日。但其期日，须在破产宣告之日起一个月以内。"

② 张媛：《国际破产法律制度研究》，中国民主法制出版社 2012 年版，第 81 页。

③ ［英］马丁·沃尔夫：《国际私法》，李浩培等译，法律出版社 2007 年版，第 620 页。

④ ［英］莫里斯：《法律冲突法》，李东来等译，中国对外翻译出版公司 1990 年版，第 439 页。

⑤ 参见《中华人民共和国国际私法示范法》，第 148～149 条。

权能否得到公平清偿。对于破产的域外效力，各国学理和法律实践很不一致。从总体上看，有三种不同的原则或主张：

一、普及破产主义

普及破产主义（the universality principle），也称单一破产制。这种理论认为，一国的破产宣告具有域外效力，即内国法院所为的破产宣告的效力，不仅及于破产人在内国的全部财产，而且及于破产人在国外的财产；与破产财产有关的一切利害关系人，无论是内国公民、法人或者外国人，都受到内国破产宣告的约束。因此，债务人无须就位于其他国家境内的财产再次向财产所在地国家——申请破产宣告。美国《1978年破产改革法》第70条规定："接管人对破产企业之全部财产，无论其位于何处均享有权利。"此外，法国、英国、意大利、希腊、比利时、挪威、瑞士等国的破产立法，以及1925年海牙《关于破产法的统一公约草案》和1928年美洲国家间的《布斯塔曼特法典》，等均采取这一主张。

普及破产主义坚持了"一人一破产"的观念，给破产债权人提供了更多的实际利益和受偿保障，有利于破产债权的平等受偿。但是，这种理论存在两个难以解决的困难：其一，它忽视了各国的主权及不同的经济利益，使内国法院的破产宣告难以取得域外效力的现实基础，尚停留在各国就有关破产程序进行相互协作的理想阶段；①其二，如果内国破产法规定采用单一破产制，而有关国家不承认这种单一破产制，还可能影响到内国破产管理人在国外的权利，由此也影响到内国债权人的利益。②

二、属地破产主义

属地破产主义，也称复合破产制。这一理论认为，一国法院所作的破产宣告的效力仅及于破产人在该国领域内的财产，处于国外的财产不能作为破产财产参与分配。也就是说，债务人位于国外的财产仍归其所有，除非债权人在该财产所在国申请扣押或者在财产所在国重新开始一次破产程序。例如，英国1914年《破产条例》第125条规定："英国法院根据债权人或债务人的申请而宣告债务人破产的管辖权，并不能因该债务人在外国法院已被宣告破产而被排除。"③《日本破产法》第3条规定："在日本宣告的破产，只对破产人在日本的财产有效。""在外国宣告的破产，对在日本的财产不发生效力。"其他一些国家如荷兰、阿根廷、秘鲁、加蓬等国立法也采取了相同的原则。

---

① 邹海林：《破产程序和破产法实体制度比较研究》，法律出版社1995年版，第17～18页。

② 程清波：《国际破产法研究》，湖南师范大学出版社1995年版，第78页。

③ 程清波：《国际破产法研究》，湖南师范大学出版社1995年版，第79页。

属地破产主义有助于简化破产程序，保证破产的效力和稳定性，对于维护法院地国家主权和经济利益有一定的积极意义。如果原外国破产程序存在重大错误，特别是内国债务人在外国申请破产不能或遭受不公平待遇时，内国法院可重新开始破产程序，从而保护本国债务人利益乃至国家利益。但绝对的属地破产主义容易导致债权清偿的不平等，不利于各国经济的开放和合作。此外，其在实践中会给当事人带来很多的困难和麻烦，增加不必要的费用。例如，假设债务人A在甲、乙、丙三个国家都有财产，A在其住所地甲国被宣告破产，根据复合破产制度，甲国的破产宣告效力并不会及于债务人A在乙国和丙国财产，因此，债权人就不得不在乙国和丙国再次申请宣告债务人破产的程序。①

三、实用主义

鉴于普及破产主义和属地破产主义各自的优缺点，加之在实践中，各国总是力图保护本国利益，实行普及破产主义的国家总是设法限制外国法院所作出的破产宣告的普及效力；另外，实行属地破产主义的国家也总是力图使自己的破产宣告实现其域外效力，如通过破产判决的承认与执行，或者以破产判决为民事证据通过诉讼程序等实现破产宣告的域外效力。更重要的是，在各国经济日益国际化的今天，破产领域的国际合作显得尤为必要。因此，许多国家纷纷制定或修改立法，或通过判例开始走上一条以“共赢”为基本目标价值的实用主义路线。它倡导破产的普及效力，但为了避免本国债权人的利益或本国的利益在外国的破产程序中受到损害，在提倡国际合作的同时赋予了内国法院对外国破产程序进行审查的权力，从而对普及破产主义作出了限制和保留。

在实践中，实用主义主要有如下几种表现：

其一，以美国立法为代表的修正普及主义。1978年《美国统一联邦破产法》第304节确立了“辅助程序”跨境破产合作方式。所谓的辅助程序是指当外国破产程序（通常是外国主要破产程序）开始后，为了防止债权人及债务人对财产的非正当分割，一国法院允许该外国程序的破产管理人，在本国申请开始一个旨在有效管理当地破产财产并最终将其纳入外国破产程序进行统一分配的辅助程序。辅助程序最核心的内容，就是美国法院可在何种情况下承认外国破产判决，并将债务人位于美国境内的财产纳入外国破产程序进行统一的管理与分配。这表明，美国并不当然承认外国破产程序的域外效力，它也必须从属地主义的立场出发，考虑本国债权人的利益是否得到公平、合理的保护。因此，这种普及主义是“有限的、被修正的普及主义”。②

---

① ［德］马丁·沃尔夫：《国际私法》，李浩培、汤宗舜译，北京大学出版社2007年版，第614页。

② 参见张玲：《跨境破产的国际合作——国际私法的视角》，法律出版社2007年版，第104页。

其二，以欧盟和联合国立法为代表的修正属地主义。面对欧盟成员国的破产法难以调和的差异，欧盟理事会2000年通过的《欧盟破产程序规则》强调“债务人利益中心”所在地法院启动的主要破产程序具有普及效力，它应该在其他成员国获得立即、普遍的承认，除非这种承认与协助将明显违反一国的公共政策。但为了平衡普及主义目标与本土债权人利益，协调两者之间的矛盾，它允许在债务人营业地启动一个与主要破产程序并存的属地的次要破产程序，并倡导主、次程序间的合作。2015年新修订的欧盟《破产程序条例》对“主要利益中心”的概念加以明确界定。[①] 1997年联合国国际贸易法委员会的《联合国跨境破产示范法》中规定的跨境破产合作模式，和欧盟的模式非常相似，采取了主要破产程序和次要属地程序并存的灵活方式。[②]

其三，以北美自由贸易区为代表的国际司法协商。在经济全球化背景下，一个跨境破产案件涉及全球多个法域的情况非常普遍，这势必在跨境破产领域产生更复杂的法律冲突，更需要全球性的立法和司法合作。但由于各国破产立法的差异和分歧，全球性跨境破产条约非常有限。近年来，在北美自由贸易区出现了一种新的司法实践：法院通过批准当事人之间协商拟定的跨境破产合作议定书的方式，进行不同破产程序之间的司法协商合作。与以往的实践不同，这种模式不强调把某个国家的法院确定为最适宜的管辖法院，而是在尊重当事人协商结果的基础上，重视法院之间的相互联系与合作。实践证明，在缺乏明确立法的空间里，这种不同于以往的“国际司法协商”的合作模式，在司法实践中扮演了非常重要的角色。[③]

此外，各国还以对等原则作为承认破产宣告域外效力的补充。如瑞士1987年《关于国际私法的联邦法》第166条规定，只要符合瑞士法律规定的承认和执行外国判决的条件、作出破产宣告的国家给予互惠等，经外国破产管理委员会或债权人申请，在债务人住所地国家作出的外国破产宣告，在瑞士予以承认。而且，除非该法有相反规定，对外国破产宣告的承认将对债务人位于瑞士的财产发生和瑞士法院作出的破产宣告相同的效果。[④]

在我国，2006年《企业破产法》第5条规定，依法开始的破产程序，对债务人在中华人民共和国领域外的财产发生效力。对外国法院作出的发生法律效力的破产案件的判决、裁定，涉及债务人在中华人民共和国领域内的财产，申请或者请求人

---

① 参见条例第3条。主要利益中心地是指可为第三人所察知的、债务人惯常管理其自身利益的地点。法人的主要利益中心地推定为注册登记地；从商事经营的自然人的利益中心地推定为主营业地；其他自然人的利益中心地推定为该自然人的惯常居所地。

② 参见张玲：《跨境破产的国际合作——国际私法的视角》，法律出版社2007年版，第107~116页。

③ 参见张玲：《跨境破产的国际合作——国际私法的视角》，法律出版社2007年版，第132~135页。

④ 张仲伯主编：《国际私法》，中国政法大学出版社1995年版，第158页。

民法院承认和执行的，人民法院依照中华人民共和国缔结或者参加的国际条约，或者按照互惠原则进行审查，认为不违反中华人民共和国法律的基本原则，不损害国家主权、安全和社会公共利益，不损害中华人民共和国领域内债权人的合法权益的，裁定承认和执行。从上述规定可以看出我国对本国破产宣告采取的是普及破产主义，对外国破产宣告效力采取的则是有限普及破产主义。外国的破产宣告如果需要对我国境内的财产生效，则需经过我国法院的审查。

第三节　和　　解

和解（composition），是指债务人不能清偿债务时，为免受破产宣告或破产分配，经与债权人协议并经法院许可，提出和解协议以解决债务危机的一种制度。从性质上讲，和解是为了克服破产制度的弊端而创设的一种程序制度，同时也是一种债务清理制度。它的出现丰富了破产制度的内容，完善了破产法的功能，为挽救濒临破产的企业起到了积极而重要的作用。在涉外破产制度中，和解的主要问题是和解的法律适用及和解的承认。

一、和解的法律适用

从各国的和解立法来看，在和解与破产的相对性、和解申请及其要件、和解申请的法院审查、和解协议的成立、内容和效力等方面，有许多相同或相似之处，但也存在着许多差异。如在和解与破产的相对性问题上，英国、美国、澳大利亚、加拿大、新西兰等主要的普通法系国家，多采取和解前置主义，即在法院宣告债务人破产之前，应当先试行和解，只有在和解不成立时，才可宣告债务人破产；比利时、法国、德国、意大利、葡萄牙、西班牙、日本、泰国、韩国等大陆法系国家和墨西哥、巴西、阿根廷、智利等美洲国家的破产立法，采用和解分离主义，即破产宣告不以和解为要件，和解与破产是两个相对独立的程序，分别适用和解法和破产法。

由于和解必须经过法院的认可，一般主张，和解的法律冲突应适用法院地法。我国《企业破产法》第95条第1款规定，债务人可以依照本法规定，直接向人民法院申请和解；也可以在人民法院受理破产申请后、宣告债务人破产前，向人民法院申请和解。我国《企业破产法》第九章规定了和解协议需要人民法院裁定认可，因此可以认为，在我国，和解应适用法院地法。

二、和解的承认

和解的承认问题，是指对外国和解的承认。各国对此问题的实践和主张也不相同，主要有：

（一）给予外国的和解与外国的破产宣告同样的待遇

这种主张认为，和解和破产都是清理债权关系的制度，在性质上极为相似。在采取前置主义的国家，和解甚至是破产的必经程序。而且，二者有共同的适用条件——债务人不能清偿。因此，在对外国的和解的承认问题上，应适用承认外国的破产宣告的原则和制度。但反对者认为，和解与破产在目的、适用和效果等方面存在严格的区别：（1）和解的目的在于终结或避免破产程序，试图在破产程序外了结债权债务关系，并注重债务人的复兴；破产的目的则在于宣告债务人破产并以破产财产清偿破产债权。（2）和解的适用一般要经过法院的许可，并征得债权人会议的多数债权人的同意；破产程序的适用只需要取得法院的裁定，无须征得债权人的同意。（3）和解能够避免债务人财产的消极分配，也无须剥夺债务人的财产管理权；破产则刚好相反。[①] 而且，有些国家并没有专门的和解法及类似制度，无法简单地适用承认外国破产宣告的法律制度来承认外国的和解。

（二）坚持和解的地域效力原则，不承认外国的和解

这种主张以德国的实践为代表。德国法院认为，除了和解协议的承诺外，债权人并不一定能获得更为充分的求偿。因此，和解在国外的效力，只是一种执行程序的域外效力。对此，主权国家可以以执行程序仅具有域内效力为由予以否认。并且，只有当债权人放弃在承认国起诉以要求充分求偿时，债权人才无权在承认国再次起诉债务人。[②]

（三）特别许可制度

这种做法以法国的实践为代表。法国法院认为，外国的和解要在法国实现其效力，须获得法国法院的特别许可，并取得该法院签发的许可证。而且，这种许可须以外国的和解不得违反法国的公共秩序为条件。这里的公共秩序包括合理的通知及平等、互惠的原则等内容。[③] 从法国的实践看，特别许可制度可以看作一种有条件地承认外国和解的制度。

（四）有条件地承认外国的和解

这以瑞士的实践为代表。瑞士 1987 年《关于国际私法的联邦法》第 175 条规

---

① 邹海林：《破产程序和破产实体制度比较研究》，法律出版社 1995 年版，第 8 页。

② 余劲松、石静遐：《涉外破产的若干法律问题》，载《中国社会科学》1996 年第 4 期。

③ 韩德培主编：《国际私法新论》，武汉大学出版社 2003 年版，第 292 页。

定："为外国有管辖权的机关所认可的和解或类似程序，在瑞士予以承认。类推适用第166条至第170条的规定。应当听取在瑞士有住所的债权人的陈述。"这表明，外国的和解必须符合下述条件才能得到瑞士法院的承认：(1) 和解系在债务人住所地国作出；(2) 和解的承认须经债权人向在瑞士的财产所在地法院提出申请；[①] (3) 住所在瑞士的债权人在和解程序中获得了合理的听审机会；(4) 和解在作出地国家是可予执行的；(5) 不存在第27条"关于拒绝外国判决的承认和执行的理由"的情况；(6) 和解作出地国家给予互惠待遇。有条件地承认外国和解，既可以避免不必要的重复程序，债权人又可以得到司法保证的平等分配，有利于实现债权人之间的平等，[②] 因此该做法得到了国际社会的高度评价。一些学者认为，允许个别债权人在和解作出地国家以外的法院谋求和解协议以外的清偿，对其他债权人来说是不公平的，是对具有合同性质的和解协议的违背，而且形成不必要的重复程序。[③] 因此，瑞士的立法值得分析和借鉴。

§思考题：

1. 简述破产财产的法律适用规则。
2. 简述破产管理的法律适用规则。
3. 试评述破产宣告的域外效力的不同主张。

---

① 沈达明等：《比较破产法初论》，对外贸易教育出版社1993年版，第371～374页。

② 石静遐：《跨国破产的法律问题研究》，武汉大学出版社1999年版，第143页。

③ 参见余劲松主编：《国际经济法问题专论》，武汉大学出版社2003年版，第381页。

第十五章 婚姻家庭关系的法律适用

§学习目的与要求:

国际私法中的婚姻家庭关系，主要是通过各国冲突规范和统一冲突规范来调整的。本章要求重点掌握结婚实质要件和形式要件的法律适用原则，离婚案件的管辖权和法律适用，了解涉外夫妻关系、父母子女关系、扶养与监护的法律适用原则，以期能熟练运用我国涉外婚姻家庭关系的立法及规定，解决各类法律冲突问题。

国际私法所调整的涉外婚姻家庭关系，是指在本国境内形成的外国人和本国人之间、外国人和外国人之间，在外国境内形成的本国人和外国人之间、以及本国人相互之间的婚姻家庭关系。这类具有涉外因素的特定的人身关系包括结婚、离婚、夫妻关系、父母子女关系以及收养、扶养和监护等关系。由于各国关于婚姻家庭关系的立法，不仅要受到各国统治阶级意志的影响，而且还要受到各自道德观念、宗教信仰、自然条件以及传统生活方式和风俗习惯的影响，所以在法律规定上存在较大差异，从而使得这一领域的法律冲突，相对于国际私法的其他领域而言更为复杂。并且，由于导致各国婚姻家庭立法产生差异的因素难以改变，所以，直至现在，甚至在以后相当长的时期内，各国对涉外婚姻家庭关系法律冲突的解决都只能借助于冲突规范。这无疑是国际私法以间接方法对涉外民事法律关系进行调整的突出表现之一。

第一节 结 婚

结婚是指男女自愿依据法律规定的条件和程序结合为夫妻的法律行为。这里所谓法律规定的条件和程序，即是指结婚的实质要件和形式要件。各国在结婚问题上的立法歧异，也主要表现在这两方面。如何解决各国在涉外结婚实质要件和形式要件方面的法律冲突，正是国际私法调整涉外结婚关系的任务。

一、结婚实质要件的法律适用

结婚的实质要件，是指法律规定的当事人结为夫妻必须具备和必须排除的条件。前者如男女双方必须自愿、必须达到法定婚龄等；后者如男女双方不得在一定范围内的亲等间通婚、不存在有碍结婚的疾病和生理缺陷、不得重婚等。

在结婚的实质要件上，各国立法差异甚大。譬如在法定婚龄方面，有的国家如西班牙和希腊规定男为14岁，女为12岁；日本规定男18岁，女16岁；英国和智利规定男女均为18岁；我国《婚姻法》则规定男不得早于22周岁，女不得早于20周岁。在男女双方结婚是否自愿方面，多数国家规定男女双方已达法定婚龄者即可自愿结婚，而有些国家则规定已达法定婚龄的未成年人结婚须经父母同意。在禁止旁系血亲通婚方面，有的国家如日本规定三亲等以内的旁系血亲不得结婚；有的国家如菲律宾则规定四亲等以内的旁系血亲不得结婚。在配偶制方面，多数国家实行的是严格的一夫一妻制，但少数国家允许宗教教徒之间实行一夫多妻制。这些立法上的差异，势必导致涉外结婚的法律冲突。对这类法律冲突的解决，从各国立法及实践看，主要有以下法律适用原则：

（一）婚姻缔结地法

结婚实质要件适用婚姻缔结地法，是指婚姻缔结地法认为有效的婚姻，在婚姻缔结地之外的任何国家或地区均应认为有效；反之，婚姻缔结地法认为无效的婚姻，在缔结地外的任何国家或地区也无效。美国和拉美国家现多采用这一原则。如美国1971年《重述》第283条第2款规定“婚姻符合缔结地州规定的要求的，其有效性得为普遍承认”。拉美国家如巴拉圭、墨西哥、危地马拉、哥斯达黎加等国的法律和适用于美洲地区的1940年《国际民法条约》第13条也规定“结婚能力……结婚事实及其有效性，依行为实施地法”。

这一法律适用原则有多种理论依据。如有的学者认为，结婚也是一种契约关系或法律行为，依“场所支配行为”原则，其实质要件当然应受婚姻举行地法的支配；也有学者从“既得权”学说出发，认为应将当事人依婚姻举行地法缔结的婚姻，也视为一种既得权，其他国家应当予以承认和保护；还有学者认为婚姻的缔结，事关缔结地的善良风俗和公共秩序。而且，结婚实质要件依缔结地法简便易行，能减少婚姻登记机关和当事人的麻烦。但反对者认为，单纯依缔结地法，容易导致法律规避现象的产生，会使移住婚姻（migratory marriage）① 大量增加。

（二）当事人属人法

这一原则是指结婚的实质要件，适用当事人所属国家的法律。这里的属人法同样有住所地法和本国法之分。英国、加拿大、澳大利亚、新西兰等国家，适用的是当事人住所地法；法国、德国、比利时、荷兰、卢森堡、奥地利、西班牙、意大利、葡萄牙、瑞士、日本及泰国等国家，适用的是当事人本国法。但从这些国家的立法及实践看，又有以下做法：

1. 适用当事人各自属人法

即结婚实质要件适用双方当事人各自住所地法或各自本国法。根据该原则，在结婚实质要件上，当事人必须符合各自属人法的规定，其婚姻才能有效缔结；否则，婚姻不能成立。这种规定较为宽松，有利于当事人婚姻关系的成立，故在采用当事人属人法的国家多采用这种做法。奥地利、比利时、土耳其、加蓬、埃及、秘鲁，以及塞内加尔等国立法采用这种主张。②

2. 重叠适用当事人属人法

根据这一原则，男女双方结婚，其实质要件必须同时符合双方的属人法。如匈牙利 1979 年《关于国际私法的法律》第 37 条第（1）款规定：“婚姻有效的实质要件依双方当事人缔结婚姻时共同属人法，如果双方当事人的属人法在缔结婚姻时不同，婚姻只有在满足双方当事人的属人法所要求的实质要件时才认为有效。”如一名年满 18 岁的匈牙利男子和一名年满 16 岁的日本女子在匈牙利要求结婚，该日本女子虽已符合其本国法规定的 16 岁婚龄，但由于不符合匈牙利规定的 18 岁的婚龄，该男女双方不能结为夫妻。这种较为严格的规定只有少数国家采用。

（三）混合制

这一做法又称“折中标准”。其之所以会产生，是因为若单纯采用缔结地法，便可能发生婚姻当事人通过改变连结点的方式，使原本不允许缔结的婚姻在新的地点得以合法缔结的结果，即产生法律规避现象。若单纯采用当事人属人法，一方面，如果当事人双方的属人法不同而要求适用当事人各自的属人法，则可能会增加当事人缔结婚姻的困难，而如果要求适用当事人一方的属人法，则可能会使当事人在婚

① 移住婚姻是指双方当事人有意改变连结点到一个法律能允许他们结婚的国家去成立婚姻。

② 李双元主编：《国际私法》，北京大学出版社 2015 年版，第 299 页。

姻缔结地合法缔结的婚姻陷于"跛脚婚姻"（limping marriage）的状态；另一方面，婚姻当事人既然已经离开其国籍国或住所地国，仍一味地要使其受属人法的约束，这对当事人是不公平的。①"折中标准"主要分以下两种：

1. 以缔结地法为主兼采当事人属人法

如瑞士1987年《关于国际私法的联邦法》第44条规定："（1）在瑞士举行结婚的实质要件由瑞士法律支配。（2）外国人之间结婚，如果不符合瑞士法律规定的要件，但满足当事人一方本国法规定的要件，仍然可以举行。"再如美国1971年《重述》第283条规定"婚姻符合缔结地州规定的要求的，其效力得为普遍承认，但违反与配偶及与婚姻有最重要联系的州的强有力的公共政策者除外"。从该条的规定可看出，在原则上以缔结地法为主的前提下，如果双方当事人结婚会违背与配偶或婚姻有最密切联系州（该州可能是配偶一方的住所地或婚后当事人的共同住所地）的公共秩序时，则应适用该州的法律。

2. 以属人法为主兼采缔结地法

如南斯拉夫1982年《法律冲突法》第32条规定："（1）婚姻成立之实质要件，适用各方当事人缔结婚姻时的本国法。（2）即使依要求在南斯拉夫结婚的当事人之本国法具备结婚实质要件，如依南斯拉夫法认为该当事人存在着早婚、近亲或精神上无能力等婚姻障碍，仍不允许结婚。"又如罗马尼亚1992年《关于调整国际私法法律关系的第105号法》第18条规定："结婚的实质要件适用夫妻双方各自本国法。如果依照此规则确定的法律有碍婚姻的实现，按照罗马尼亚法律与婚姻自由相违背，只要夫妻一方是罗马尼亚公民并且婚姻是在罗马尼亚领域内缔结，则此种法律障碍应予以排除适用。"另外值得注意的是，一向坚持住所地法原则的英国，近来也开始有限地采用缔结地法。如关于当事人的结婚能力问题，英国虽多坚持适用当事人婚前住所地法，但如果婚姻举行地在英国，依英国法无结婚能力的，即认定为无结婚能力。②

混合制比较灵活，避免了单纯适用婚姻举行地法或当事人属人法的不足，在实践中更为切实可行，已越来越受到各国的重视。

二、结婚形式要件的法律适用

结婚的形式要件，是指男女双方结为夫妻必须履行的手续或经过的程序，是婚姻合法成立在形式上的必备条件。

在结婚的形式要件问题上，多数国家采取的是民事登记方式。日本、苏联、法

① 刘仁山：《关于〈民法通则〉第147条的修改意见》，载《法商研究》1999年第1期。

② See J. H. C. Morris, *The Conflict of Law*, 3rd ed., Stevens, 1984, pp. 165 – 166.

国、保加利亚以及我国等都采用这一方式。部分国家如西班牙、葡萄牙、希腊和塞浦路斯等则奉行宗教仪式；部分国家如英国、丹麦、瑞典等则采取民事登记和宗教仪式相结合的方式；少数国家如印尼、苏丹、冰岛、苏格兰、瑞士、奥地利等国，以及美国21个州等地区则采取事实婚姻方式，只要男女双方在事实上依习俗以夫妻身份同居，即构成有效婚姻。

在解决各国因结婚形式要件立法歧异而产生的法律冲突方面，各国主要有以下做法：

（一）婚姻缔结地法

即在结婚的形式要件问题上适用婚姻举行地法，其理论依据就是传统的“场所支配行为”论。该原则要求，依婚姻举行地法规定的方式缔结的婚姻，在其他国家也应被认为有效。这一做法是各国较普遍采用的做法。如奥地利1978年《关于国际私法的联邦法》第16条第1款规定：“在内国缔结的婚姻，适用内国的形式的规定。”匈牙利1979年《关于国际私法的法律》第37条第2款规定：“结婚的有效性的形式要件，适用结婚时在婚姻举行地施行的法律。”日本2007年《法律适用通则法》第24条第2款规定：“婚姻的形式，适用婚姻举行地法律。”

（二）当事人本国法

即在结婚形式要件问题上适用当事人本国法。该原则要求，凡本国公民，无论在何处结婚，其方式必须遵守本国法的规定。这是前述如西班牙、葡萄牙、希腊、也门及塞浦路斯等在结婚形式要件上奉行宗教方式的国家所采取的做法。日本2007年《法律适用通则法》第24条第3款规定：“尽管有第2款的规定（婚姻的形式，适用婚姻举行地的法律），婚姻的形式只要符合当事人一方的本国法，即为有效。”

（三）混合制

受“场所支配行为”这一习惯规则的影响，在结婚形式要件问题上，有些国家一度坚持缔结地法原则；但在一些强调结婚应以宗教方式举行的国家则坚持归依于一定宗教的国民的婚姻，即使在外国举行，也要适用当事人属人法。这样，在结婚形式要件问题上单纯坚持缔结地法或单纯坚持属人法的国家之间，当某一涉外结婚只符合其中一国法律时，同样也可能使该婚姻陷于“跛脚婚姻”状态。因此，在实践中，一些原坚持缔结地法的国家，现在则开始在采用缔结地法原则的同时，有条件地兼采当事人属人法；而在一些原坚持属人法的国家，现在也开始在仍坚持属人法原则的同时，也有条件地兼采缔结地法 。这种做法亦被称为“混合制”。①

① 刘仁山：《关于〈民法通则〉第147条的修改意见》，载《法商研究》1999年第1期。

1. 以婚姻缔结地法为主兼采当事人属人法

如意大利1995年《国际私法改革法》第28条规定："就结婚形式而言，如果依据婚姻举行地法，或依据婚姻举行时施行的至少夫妻一方的本国法，或依据婚姻举行的夫妇双方共同居住地国家的法律，被认为有效，则该婚姻有效。"其他如德国、泰国、阿拉伯联合酋长国、塞内加尔以及约旦等国均有类似规定。1902年海牙《婚姻法律冲突公约》第5条也规定："依婚姻举行地法规定方式举行的婚姻，不论任何缔约国均应认为有效。"其第7条又规定："婚姻之方式在举行地国认为无效，但如依其各当事人的本国法举行的，在其他国家得认为有效。"如1977年生效的《约旦民法典》第12条规定，外国人与外国人、外国人与约旦人之间的婚姻，如果在形式要件方面符合婚姻缔结地法，或者符合婚姻当事人各自的本国法，均应认为有效。

2. 以当事人属人法为主兼采婚姻举行地法

如奥地利1978年《关于国际私法的联邦法》第16条规定："（1）在内国领域举行的婚姻，其方式依内国法规定的方式。（2）在国外举行的婚姻，其方式依结婚各方当事人的属人法；但已符合婚姻举行地法规定的方式者亦属有效。"

然而，随着晚近社会思想的变化和社会福利制度的进步，婚姻家庭观念发生了很大变化。最明显的表现就是非婚同居现象日益增加。非婚同居（nonmarital cohabitation，cohabitation outside marriage）目前在各国法律体系中的地位不尽相同，澳大利亚、新西兰和美国一些州已经通过立法承认非婚同居关系，将其称为家庭伴侣（domestic partners），建立了家庭伴侣登记机构，经登记的同居伴侣享有与已婚夫妻类似的权利，欧盟成员中已有14个国家承认非婚同居关系。非婚同居带来了大量新型的法律纠纷，包括同居伴侣之间的财产分割、抚养费追索、子女抚养等，给传统的婚姻家庭法带来了冲击。正因为此，海牙国际私法会议已将该问题（issues relating to cohabitation outside marriage）作为未来立法计划的重要课题。①

（四）领事婚姻

所谓领事婚姻（consular marriage），是指在驻在国许可或不反对的前提下，一国授权其驻外领事或外交代表为本国侨民依内国法律规定的方式办理结婚手续，成立婚姻的制度。

领事婚姻起源于19世纪的欧洲。当时领事职务不断扩大，民事登记婚姻方式已被欧洲各国普遍采用，而对居住于国外的欧洲人来说，或由于居住地法规定的宗教婚姻方式与本国法相违背，或居住地没有理想的婚姻登记方式，于是，为解决这些人的婚姻成立问题，领事婚姻作为婚姻缔结地法及其例外的一种补救措施制度便应

---

① 来源网址：https：//www. hcch. net，最后访问日期：2018年4月3日。

运而生。除美国等少数国家外，该制度已得到许多国家立法和国际条约的采纳。如《日本民法典》第741条规定："在外国的日本人结婚时，可以向驻在国的日本大使、公使或领事申报。"1961年的《维也纳外交关系公约》和1963年的《维也纳领事关系公约》等也规定了领事婚姻制度。① 不少国家在立法上明确承认领事婚姻形式上的有效性，如1966年《葡萄牙民法典》第51条例外条款、1995年《俄罗斯联邦家庭法典》第157条、2009年《罗马尼亚民法典》第2587条的规定。我国2003年《婚姻登记条例》第19条规定："中华人民共和国驻外使（领）馆可以依照条例的有关规定，为男女双方均居住于驻在国的中国公民办理婚姻登记。"

但在具体实施过程中，各国又有一定差别：（1）要求实行对等原则。如1968年《苏俄婚姻和家庭法典》第161条第3款规定，外国人之间在驻苏的大使馆或领事馆结婚，如果他们在结婚时是该国的国民，则根据对等原则，承认他们的结婚在苏俄有效；（2）要求结婚当事人都必须是使领馆所属国国民。如俄罗斯、比利时、巴西、德国和日本就是如此；（3）有的国家如丹麦、瑞典、挪威、意大利、澳大利亚、葡萄牙、保加利亚等国，则只要求一方当事人是使领馆所属国国民；（4）有的国家如法国只要求丈夫一方为使领馆所属国国民。

领事婚姻制度虽然为当事人在国外结婚提供了诸多便利，但领事婚姻的效力却往往有赖于驻在国的承认。即如果驻在国承认领事婚姻，则领事婚姻在驻在国、派遣国和第三国都是有效的；如果驻在国对领事婚姻不予承认，则领事婚姻仅在派遣国国内有效，在驻在国和第三国均无效。

三、我国关于涉外结婚的法律制度

我国所处理的涉外结婚主要为：我国国民和外国人以及外国人之间在我国境内结婚；我国国民和外国人以及我国人之间在我国境外结婚；外国人之间在我国境外结婚，要求在我国承认其效力。关于各类涉外结婚的法律制度，主要体现在这样一些法规和文件中：1983年8月17日发布的《中国公民同外国人办理婚姻登记的几项规定》（已失效）、1983年11月28日发布的《关于驻外使领馆处理华侨婚姻问题的若干规定》（已失效）、1983年12月9日《关于办理婚姻登记中几个涉外问题处理意见的批复》、1986年《民法通则》和2010年《涉外关系法律适用法》。此外，在处理我国区际婚姻关系法律适用方面，有1986年由民政部发布的《关于对持外国护照的中国血统香港居民同我国内地公民结婚问题的批复》、1983年《关于台湾同胞与大陆公民之间办理结婚登记有关问题的通知》（已失效）、2003年国务院通过的

---

① 《维也纳外交关系公约》第3条第（2）款和《维也纳领事关系公约》第5条第（6）款均规定，缔约国侨民在各该国使领馆依其属人法之结婚方式缔结的婚姻，彼此应承认为有效。

《婚姻登记条例》、民政部2003年《婚姻登记工作暂行规范》（已失效），以及2004年《关于贯彻执行〈婚姻登记条例〉若干问题的意见》。这些关于涉外结婚的规定、办法主要有以下两方面的内容：

（一）关于涉外结婚的法律适用

《涉外关系法律适用法》第21条规定："结婚条件，适用当事人共同经常居所地法律；没有共同经常居所地的，适用共同国籍国法律；没有共同国籍，在一方当事人经常居所地或者国籍国缔结婚姻的，适用婚姻缔结地法律。"该法第22条规定："结婚手续，符合婚姻缔结地法律、一方当事人经常居所地法律或者国籍国法律的，均为有效。"①

1. 我国公民和外国人结婚

（1）就结婚的实质要件而言，我国立法采取了有序选择性冲突规范的立法技术，以共同经常居所和共同国籍作连结点，优先适用当事人的共同属人法；在当事人无共同属人法时，则适用婚姻缔结地法，不过这里的"婚姻缔结地"，仅限于一方当事人经常居所地或者国籍国。1983年《中国公民同外国人办理婚姻登记的几项规定》就要求"申请结婚登记的男女双方，必须遵守中华人民共和国婚姻法"。2003年《婚姻登记条例》第6条规定了婚姻机关不予登记的情形。办理婚姻登记的当事人有下列情形之一的，婚姻登记机关不予登记：①未达到法定结婚年龄的；②非双方自愿的；③一方或者双方已有配偶的；④属于直系血亲或者三代以内旁系血亲的；⑤患有医学上认为不应当结婚的疾病的。1983年《中国公民同外国人办理婚姻登记的几项规定》禁止"（一）现役军人、外交人员、公安人员、机要人员和其他掌握重大机密的人员；（二）正接受劳动教养的服刑的人"同外国人结婚。实践中，我国对外国当事人结婚的某些条件也采取适当放宽的做法，如在婚龄上可以适用其本国法，即允许其婚龄适当低于我国法律的规定。

（2）就结婚的形式要件而言，立法则是采用了无序选择性冲突规范的立法技术，以尽量有利于婚姻形式要件的成立，这也符合当今冲突法立法在结婚形式要件上的发展趋势。2003年《婚姻登记条例》第5条规定了婚姻登记应该出具的证明文

---

① 根据1986年《民法通则》第147条规定，中华人民共和国公民和外国人结婚适用婚姻缔结地法律。该冲突规范的范围显然是不完整的，而且也没有区分结婚的实质要件和形式要件的法律适用。《示范法》第131条规定"结婚的实质要件和效力，适用婚姻缔结地法。中华人民共和国承认在境外缔结的合法婚姻，但依本法第十三条的规定，当事人故意规避中华人民共和国强制性或者禁止性法律规定的除外。结婚形式要件只要符合婚姻缔结地法或者符合任何当事人一方的本国法、住所地法或者惯常居所地法的，均为有效。具有同一国籍或者不同国籍的外国人在中华人民共和国境内结婚，可以依照中华人民共和国缔结或者参加的国际条约，或者按照互惠原则，由其所属国领事依照其所属国法律办理结婚"。见中国国际私法学会编：《中华人民共和国国际私法示范法》，法律出版社2000年版，第29~30页。

件。内地居民应当出具下列证件和证明：①本人的户口簿、身份证；②本人无配偶以及与对方当事人没有直系血亲和三代以内旁系血亲关系的签字声明。办理结婚登记的香港居民、澳门居民、台湾居民应当出具下列证件材料：①本人的有效通行证、身份证；②经居住地公证机构公证的本人无配偶以及与对方当事人没有直系血亲和三代以内旁系血亲关系的声明。办理结婚登记的华侨应当出具下列证件和证明材料：①本人的有效护照；②居住国公证机构或者有权的、经中华人民共和国驻该国使（领）馆认证的本人无配偶以及与对方当事人没有直系血亲和三代以内旁系血亲关系的证明，或者中华人民共和国驻该国使（领）馆出具的本人无配偶以及与对方当事人没有直系血亲和三代以内旁系血亲关系的证明。办理结婚登记的外国人应当出具下列证件和证明材料：①本人的有效护照或者其他有效的国际旅行证件；②所在国公证机构或者有权机关出具的、经中华人民共和国驻该国使（领）馆认证或者该国驻华使（领）馆认证的本人无配偶的证明，或者所在国驻华使（领）馆出具的本人无配偶的证明。

我国公民（含定居国外的华侨或临时出国人员）和外国人在我国境外结婚的，适用《涉外关系法律适用法》第21条、第22条的规定，但以不违背中华人民共和国公共秩序为限。

2. 外国人和外国人结婚

（1）双方当事人均为外国人已在外国结婚，其到我国境内后要求我国承认其婚姻效力的，适用《涉外关系法律适用法》第21条、第22条的规定，但当事人故意规避我国强制性或者禁止性法律规定的除外；

（2）双方当事人要在我国境内结婚的，根据民政部《关于办理婚姻登记中几个涉外问题处理意见的批复》规定，对于男女双方都是来华工作的外国人，或者一方是在华工作的外国人，一方是临时来华的外国人，要求在我国办理结婚登记的，只要他们具备前述《中国公民同外国人办理结婚登记的几项规定》中所要求的证件，符合我国婚姻法的规定，可予以办理结婚登记。但为了保证我国婚姻登记的有效性，可以让婚姻当事人提供本国法律规定的在国外办理结婚登记有效的条款；若当事人国籍相同的，而且其所属国与我国签订有关于领事婚姻规定的条约或存在办理领事婚姻的互惠关系的，可在该国驻我国的使领馆办理领事婚姻。若当事人国籍不同的，则应根据我国《婚姻法》的规定，并参照《中国公民同外国人办理结婚登记几项规定》，决定受理或驳回其婚姻登记的申请。2004年3月民政部《关于贯彻执行〈婚姻登记条例〉若干问题的意见》对双方均非内地居民在内地的结婚登记问题作了如下规定：双方均为外国人，要求在内地办理结婚登记的，如果当事人能够出具《婚姻登记条例》规定的相应证件和证明材料以及当事人本国承认其居民在国外办理结婚登记效力的证明，当事人工作或生活所在地具有办理涉外婚姻登记权限的登记机关应予受理；一方为外国人、另一方为港澳台居民或华侨，或者双方均为港澳台居民或华侨，要求在内地办理结婚登记的，如果当事人能够出具《婚姻登记条例》规定的相应证件和证明材料，当事人工作或生活所在地具有相应办理婚姻登记权限的登记机关应予受理；一方为出国人员、另一方为外国人或港澳台居民，或双方均为出国人员，要求在内地办理结婚登记的，如果当事人能够出具《婚姻登记条例》规定的相应证件和证明材料，出国人员出国前户口所在地具有相应办理婚姻登记权限的登记机关应予受理。

3. 我国人之间在我国境外结婚

适用《涉外关系法律适用法》第21条、第22条的规定，但如果当地有关当局为此征求我国驻外使领馆的意见，若其婚姻违反我国《婚姻法》关于禁止干涉婚姻自由和禁止重婚的规定，我国既不能承认该婚姻的有效性，也不能为其出具任何证明。2003年《婚姻登记条例》第19条规定："中华人民共和国驻外使领馆可以依照本条例的有关规定，为男女双方均居住于驻在国的中国公民办理婚姻登记。"

（二）条约关于领事婚姻的规定

我国同不少国家签订的有关条约中，均对领事婚姻制度予以肯定。从我国的条约实践看，有这样几点是必须予以明确的：

第一，驻我国的使领馆只能办理双方当事人均为其派遣国国民的结婚。如1960年的《中捷领事条约》第15条规定："领事可根据派遣国的法律办理双方都是派遣国公民的结婚登记。"

第二，对不承认领事婚姻制度的国家（如美国），我国驻该国使领馆不得办理领事婚姻。根据对等原则，我国也不允许该国驻我国使领馆办理领事婚姻。

第三，对承认领事婚姻制度却未与我国签订相关条约的国家，我国驻该国的使领馆可以办理领事婚姻，但如果该国在结婚问题上推行"缔结地法原则"，为避免婚姻的效力受到该国法律的否认，我国公民在使领馆进行结婚登记后，仍应到该国有关机关履行法定结婚手续。

第二节　离　婚

离婚是指夫妻双方在婚姻关系存续期间，依照法律规定的条件和程序解除婚姻关系的法律行为。国际私法对涉外离婚关系的调整，主要解决的是涉外离婚案件的管辖权和法律适用问题。

一、离婚案件的管辖权原则

离婚案件的管辖权原则，是指一国法院对涉外离婚案件行使管辖权的标准和依据。由于离婚案件既涉及一国公共秩序，也涉及一国国民切身利益，因而，各国对涉外离婚案件的管辖权问题，往往有专门和系统的规定。从各国立法及实践看，关于涉外离婚案件的管辖权，主要有如下原则：

（一）住所或居所管辖原则

这是以英、美为代表的普通法系国家长期奉行的原则。英国1973年的《住所与婚姻诉讼法》（*the Domicile and Matrimonial Proceedings Act* 1973）第5条第2款规定，如果离婚诉讼开始时，只要当事人中的一方在英国有住所（domicile）或惯常居所（habitual residence）达一年的，英国法院就有管辖权；该条第5款还规定，在对离婚、别居或无效婚姻案件结案之前，原告补充诉讼请求或提出不同解决办法，或被告提出反诉，只要英国法院对原诉有管辖权且诉讼尚未结束，英国法院也可行使管辖权，并且法院在行使管辖权时，可不考虑该条第2款规定的管辖权标准。也就是说，只要法院对原诉有管辖权，那么，法院在决定对原告的补充诉讼请求或被告提出的反诉行使管辖权时，对当事人是否在英国有住所或惯常居所的情况不予考虑。①

在美国，多数州在离婚案件中适用的是法院地的实体法，因而离婚案件要解决的主要问题就是管辖权问题。适用法院地法即意味着主张行使管辖权的法院与婚姻当事人及其婚姻关系有密切联系。因此，美国1971年《重述》规定美国各州法院行使管辖权的情况为：（1）夫妻双方均有住所的州；（2）夫妻一方的住所地州；（3）夫妻双方在其领土均无住所，但与该州“有联系”，且依此联系“解除双方的婚姻是合理的”。这一规定也为美国1971年的《统一结婚离婚法》第302条第（1）款所采纳。

部分欧洲国家也以住所作为对离婚案件行使管辖权的标准。如荷兰原则上以夫的住所定管辖，若夫在荷兰无住所时，则以妻之住所定管辖；挪威、西班牙及瑞士原则上规定由夫妻共同住所地法院管辖，如无共同住所时，挪威规定由原告选择，西班牙则规定只许选择被告住所地法院管辖。瑞士1987年《关于国际私法的联邦法》第59条和第60条规定，被告在瑞士有住所的，或原告在瑞士居住满一年或者原告为瑞士人的，瑞士法院有管辖权；如果夫妻双方在瑞士无住所而有一方为瑞士人，若离婚诉讼在配偶一方住所地不能提起或不能合理地提起，则作为其中一方的原始住所地的瑞士法院有管辖权。

---

① See Peter North, *Cheshire & North's Private International Law*, 12th ed., Butterworths, 1987, pp. 624 – 626.

（二）以国籍为主、以住所或居所为辅的原则

这是以法、德为代表的另一些国家所奉行的原则。如《德国民事诉讼法典》第606条规定，离婚当事人有一方为德国人时，德国法院就有管辖权；如双方都是外国人且其中一方在德国有住所或惯常居所，则只有在依丈夫本国法认为德国法院有管辖权时，当事人才可以在德国法院提起诉讼。目前，许多欧洲国家虽然一般规定以国籍确定管辖，但作为当事人的外国人只要在内国有住所或惯常居所，内国法院即可行使对离婚案件的管辖权。

1970年海牙《关于承认离婚与司法别居的海牙公约》第2条规定，下列情况下，缔约国法院可以对离婚诉讼行使管辖权：（1）被告在该国有惯常居所；（2）提起诉讼前原告在该国有惯常居所已满一年，或该国为配偶双方的最后惯常居所所在地；（3）配偶双方为该国国民，或原告为该国国民并在该国拥有惯常居所的时间已满一年且在诉讼开始时其拥有惯常居所的部分时间已进入第二年；（4）原告是该国国民，起诉时正在该国，且诉讼提起时，配偶双方的最后惯常居所地国的法律不允许离婚。该公约于1975年8月24日生效，截至2018年2月，公约共有20个缔约国。①

二、离婚的法律适用

各国关于离婚条件和离婚程序的规定存在较大差异，这必然会导致涉外离婚的法律冲突。为解决这类冲突，各国关于离婚的法律适用主要有如下准据法原则：

（一）法院地法

此说最早为萨维尼所倡导，在德国《民法典施行法》颁布以前，德国常有此类判例。到20世纪初，这种主张仍为大陆法系的许多国家所支持，其理由是离婚涉及一国的公共秩序和善良风俗。

法院地法也是以英、美等国为代表的国家及部分欧洲国家所采取的原则。前述英国《住所及婚姻诉讼法》规定，英国法院一旦确定对离婚案件有管辖权后，即适用英国法；美国1971年《重述》第285条也规定："受理诉讼的当事人住所地州，得适用本地法确定离婚权。"坚持这一法律适用原则的理由是：离婚法属强行法的范畴，涉及一国的民族习俗、伦理观念和公共秩序，因此，法院在确定对某一离婚案件的管辖权后，就应适用法院地法。但反对者认为，这一法律适用原则可能会导致当事人挑选法院（forum shopping）的现象发生。

（二）属人法

这里的属人法原则主要是本国法原则。欧洲部分国家如法国、比利时、葡萄牙、

① 来源网址：https：//www.hcch.net，最后访问日期：2018年2月5日。

希腊、西班牙，以及卢森堡等采取的就是本国法原则。其中法国、比利时和葡萄牙的做法是适用夫妻双方的本国法；希腊则是适用夫妻最后共同本国法或丈夫本国法。如《希腊民法典》第16条规定："离婚和别居，依起诉前夫妻婚姻关系存续中的最后共同本国法。如无共同国籍，适用结婚时夫的本国法。"意大利1995年《国际私法改革法》第31条规定首先当适用夫妻共同本国法，在无此共同本国法时适用婚姻生活主要所在地国家的法律；而在上述外国准据法无离婚和别居的规定时，适用意大利法。2005年《阿尔及利亚民法典》第13条第2款规定，离婚以及分居，依提起诉讼时丈夫的本国法。适用属人法的主要理由是，离婚对人的身份关系影响甚大，所以离婚问题应受与人有永久关系的国家的法律支配。如法国学者巴迪福就明确指出，离婚乃关系人的身份问题，所以在实体法上毫无疑问应受属人法的管辖；且婚姻关系之创设既然依属人法，则婚姻之解除，亦当受同一法律的支配。他还对在离婚的准据法上采法院地法提出批评，说这会导致原告借住所或居所的变更，达到任意规避法律或"挑选法院"的目的。①

（三）属人法和法院地法相结合的原则

这一原则又分两种：一种是重叠适用属人法和法院地法。如日本《法例》第16条规定："离婚依其原因事实发生时丈夫本国法，但除非其原因事实依日本法律也认为是离婚原因的，法院不得为离婚宣告。"② 1902年海牙《离婚及分居法律冲突与管辖冲突公约》第2条也规定："离婚的请求非依夫妻的本国法及起诉地法均有离婚的理由的，不得提出。"另一种是选择适用属人法和法院地法。如波兰《关于国际私法的法律》第18条规定，离婚依请求离婚时夫妇所服从的本国法；夫妻无共同本国法，依夫妻住所地法；住所地法不在同一国内，依波兰法。瑞士《关于国际私法的联邦法》则采取的是以法院地法为主、以属人法为辅的法律适用原则，其第60条和第61条规定：（1）瑞士法院有管辖权的涉外离婚案件，适用瑞士法；（2）夫妻双方有共同外国国籍，而只有一方在瑞士有住所时，适用共同本国法；（3）如共同本国法不允许离婚或规定有异常严格的条件时，而夫妻一方为瑞士人或在瑞士居住两年的，适用瑞士法。

值得注意的是，目前欧洲大陆许多国家，对离婚采取宽松态度已成为一种日益增长的趋势。这种趋势被冠之以"有利于离婚的法律说"，其准据法公式被称为

---

① ［法］亨利·巴迪福、保罗·拉加得：《国际私法各论》，曾陈明汝译，正中书局1979年版，第95~96页。

② 日本2007年《法律适用通则法》的规定对离婚的法律适用作出了较大修改。该法第27条规定离婚准用该法第25条关于婚姻的效力的规定。即离婚，夫妻的本国法相同时，依其法，无其法，夫妻的经常居所地法相同时，依其法，无以上各法时，依夫妻最密切关系地法。但夫妻一方为在日本有经常居所的日本人时，离婚，依日本法。

"Favour Divortii"，其最普遍采用的方法即是以法院地法作为辅助的应适用的离婚准据法。[①]如匈牙利1979年《关于国际私法的法律》第41条规定："对于离婚适用外国法时，如依外国法不能离婚，而依匈牙利法可以离婚者，即可离婚。"再如瑞士1987年《关于国际私法的联邦法》第61条第3款规定："所应适用的外国法律不允许离婚，或对离婚作出非常严格规定的，如果配偶一方具有瑞士国籍或在瑞士有两年以上居住期时，可以适用瑞士法律处理离婚问题。"另外，有的国家还出现了在离婚的法律适用原则中引入"意思自治"的判例。[②]

在采选择适用当事人属人法或法院地法的各国，近来多首先要求选择双方当事人的共同本国法，而在当事人无共同本国法时，其解决办法又各有不同，既有直接适用法院地法的，又有先适用当事人各自的本国法或住所地法的。[③]如2011年波兰《关于国际私法的法律》第54条第2款规定："无共同本国法时，适用请求解除婚姻时夫妻双方的共同住所地国法，如果夫妻双方在请求解除婚姻时没有共同的住所地，只要夫妻一方一如既往地在夫妻双方最后的共同居所地国有惯常居所，则适用其最后的共同惯常居所地国法。"

三、我国关于涉外离婚的法律制度

（一）涉外离婚案件的管辖权原则

根据我国2017年《民事诉讼法》第21条、第22条第1款和《民事诉讼法司法解释》第12条至第16条，我国关于涉外离婚案件的管辖权原则主要如下：

1. 我国公民一方居住在国外，一方居住在国内，不论哪一方向人民法院提起离婚诉讼，国内一方住所地人民法院都有权管辖。国外一方在居住国法院起诉，国内一方向人民法院起诉的，受诉人民法院有权管辖。

2. 我国公民双方在国外但未定居，一方向人民法院起诉离婚的，应由原告或者被告原住所地人民法院管辖。

3. 在国外结婚并定居国外的华侨，如定居国法院以离婚诉讼须由国籍所属国法院管辖为由不予受理，当事人向人民法院提起离婚诉讼的，由一方原住所地或者在国内的最后居住地人民法院管辖。

4. 在国内结婚并定居国外的华侨，如定居国法院以离婚诉讼须由婚姻缔结地法院管辖为由不予受理，当事人向人民法院提起离婚诉讼的，由婚姻缔结地或者一方在国内的最后居住地人民法院管辖。

---

① 参见李双元主编：《中国国际私法通论》，法律出版社2007年版，第440页。

② 参见韩德培：《韩德培文选》，武汉大学出版社1996年版，第85页。

③ 蒋新苗主编：《国际私法学》，北京师范大学出版社2012年版，第389页。

（二）关于离婚的法律适用

我国《涉外关系法律适用法》在第26条和第27条分别规定了协议离婚和诉讼离婚的法律适用规则，对《民法通则》第147条的规定作了相应完善。①

1. 协议离婚

该法第26条规定："协议离婚，当事人可以协议选择适用一方当事人经常居所地法律或者国籍国法律。当事人没有选择的，适用共同经常居所地法律；没有共同经常居所地的，适用共同国籍国法律；没有共同国籍的，适用办理离婚手续机构所在地法律。"可见，在协议离婚的法律适用上，我国采取的是有序选择性冲突规范的立法技术。首先赋予当事人一定程度的选择离婚准据法的自由，这反映出协议离婚法律适用领域的"意思自治"原则；在当事人没有选择法律时，其所规定的选择性冲突规范表明我国在协议离婚法律适用上采取的宽松政策，反映出"有利于离婚的法律说"对我国冲突法立法的影响。

2. 诉讼离婚

该法第27条规定："诉讼离婚，适用法院地法律。"对于诉讼离婚，由于其一般和受理离婚诉讼的法院地的公共秩序、道德风尚和宗教传统等因素密切相关，对于离婚诉讼适用法院地法，符合当今世界各国的通行做法。

另外，我国与一些国家签订的领事条约中涉及领事办理离婚的规定。我国同匈牙利、朝鲜、捷克斯洛伐克、南斯拉夫等国签订的领事条约均确认，双方领事不仅可以办理结婚登记，也可以办理离婚登记，但对离婚的当事人限定范围略有差别。如1960年的《中捷领事条约》第15条规定，双方领事可"办理双方都是派遣国公民"的离婚登记；1986年《中匈领事条约》第34条则规定，双方领事可办理双方至少一方是派遣国国民的离婚登记。

---

① 《涉外关系法律适用法》第26条和第27条的规定取代了《民法通则》第147条的规定。《民法通则》第147条规定："……中国公民同外国人离婚，适用受理案件的法院所在地法律。"据此，凡我国法院管辖的中国公民与外国人的离婚案件，均只适用中国法律。《民法通则》关于离婚法律适用的规定在内容上是不完整的，它只规定了中国人与外国人离婚的法律适用，而对于居住在中国境内的外国人与外国人之间的离婚，应适用何国法律，并没有作出规定。另外，《民法通则》的规定对于协议离婚和诉讼离婚的法律适用规则不作区分也是不合理的。关于离婚的法律适用规则，《示范法》第132条规定："离婚条件和效力，适用起诉时受理案件的法院地法。当事人协议离婚的，适用其协商一致并以明示方式选择的法律。当事人没有选择的，适用婚姻登记机关或者其他主管机关所在地法。"见中国国际私法学会编：《中华人民共和国国际私法示范法》，法律出版社2000年版，第30页。

第三节　夫妻关系

国际私法上的夫妻关系，包括具有涉外因素的夫妻人身关系和夫妻财产关系。对这两类法律关系法律冲突的解决，分别适用的是两类不同的法律适用原则。

一、夫妻人身关系的法律适用

夫妻人身关系，是指基于合法婚姻关系而产生的男女双方在社会上、家庭中的身份，以及地位等权利义务关系。它包括夫妻双方在生活上相互扶助、使用姓名、选择职业和住所、参加社会活动、进行诉讼，或作出某种法律行为及教育子女等方面的权利义务关系。由于各国在这些方面法律规定的差异，必然会产生涉外夫妻人身关系的法律冲突，各国对这类法律冲突的解决，主要有如下法律适用原则：

（一）夫妻属人法

有些国家认为，夫妻人身关系理应适用身份能力的准据法。这些国家中，部分国家坚持的是夫妻本国法原则，而且对不同国籍的夫妻，多采取“妻从夫籍”的原则。[①] 如泰国 1938 年《关于法律冲突的法律》第 21 条规定：“夫妇间身份关系，如夫妇同一国籍或因婚姻妻取得丈夫国籍时，依夫妇共同的本国法。如妻未因婚姻而取得丈夫国籍时，依丈夫本国法。”另一部分国家如丹麦、挪威、秘鲁及巴西等采取的是夫妻住所地法原则。《秘鲁民法典》第 2077 条规定：“夫妻人身关系，依婚姻住所地法。如无共同住所地，则适用最后共同住所地法。”1940 年拉美国家签订的《关于国际民法的条约》第 14 条也规定：“配偶之间关于所有身份关系之权利义务，依夫妻住所地法。”值得注意的是法国的变化。法国本是坚持夫妻本国法原则的（且采取妻从夫籍原则），但现在，在夫妻无共同本国法的情况下，法院适用的是夫妻住所地法。[②] 经 1989 年修订的《日本法例》第 14 条便从原来的立场改为婚姻的效力，与夫妻的本国法相同时，依与夫妻有密切联系地的法律。日本 2007 年《法律适用通则法》第 25 条也作了相同规定。

（二）夫妻属人法兼行为地法

有些国家认为夫妻人身关系往往涉及行为地国家的公共秩序，因而在适用属人

---

① 印尼、泰国、瑞士、奥地利、阿富汗、伊拉克、埃塞俄比亚、利比亚等国的国籍法，西班牙民法典、萨尔瓦多宪法均采取“妻从夫籍”原则。

② ［法］亨利·巴迪福、保罗·拉加得：《国际私法各论》，曾陈明汝译，正中书局 1980 年版，第 83～84 页。

法时，对有些问题应考虑适用行为地法。这一做法为有关的国际条约所肯定。如1905年海牙《婚姻对夫妻身份和财产关系效力的法律冲突公约》第1条规定：“夫妻双方上的权利义务依双方本国法。但前项权利义务的行使，非依行为地法所认可的方式不得为之。”《布斯塔曼特法典》第43条和第45条规定，关于夫妻间保护和服从的义务，以及夫如变更住所妻有无义务随夫等问题，适用夫妻双方的属人法；两者不同时，适用夫的属人法。但关于夫妻共同生活彼此忠贞和互相帮助的义务，均依属地法，即行为地法。

（三）多元化准据法

近年来，许多国家对夫妻人身关系的调整，抛弃了传统的单一属人法原则，在立法技术上，采取有序选择性法律适用规范。如奥地利1978年《关于国际私法的联邦法》第18条第1款规定，对夫妻人身关系问题，依序适用：（1）配偶双方共同属人法；（2）配偶双方最后共同属人法（只要其中一方仍保留该属人法）；（3）配偶双方均有惯常居所的国家的法律；（4）配偶双方最后均有惯常居所的国家的法律（只要一方还在该国保留有该惯常居所）；（5）法院地法即奥地利法（前提是婚姻依奥地利法律为有效）；（6）配偶双方与第三国有较强联系的法律（前提是依该第三国法律婚姻为有效）。采用这一做法的国家还有波兰、匈牙利、瑞士等。

二、夫妻财产关系的法律适用

夫妻财产关系，是指男女双方在婚姻存续期间对家庭财产的权利义务。包括婚姻对双方当事人婚前财产的效力、婚姻存续期间所获财产的归属以及夫妻对财产管理、处分和债务承担等方面的问题。各国立法在这些问题上同样存在较大歧异，为解决因此而产生的法律冲突，主要有以下法律适用原则：

（一）意思自治原则

在将婚姻关系视为特殊契约关系的国家，认为夫妻财产关系亦属契约关系，因而应适用夫妻双方协议选择的法律。如瑞士1987年《关于国际私法的联邦法》第52条和第54条规定，夫妻财产关系适用配偶双方选择的法律，该被选择的法律可以是配偶双方共同住所地法或结婚后将有住所的国家的法律，或配偶一方的本国法。在夫妻双方未明示选择法律时，有的国家如奥地利则规定适用结婚时支配婚姻人身效力的法律；有的国家如英、美等国则将夫妻财产分为动产和不动产，规定动产适用当事人住所地法，不动产适用不动产所在地法。

1978年《婚姻财产制度法律适用公约》也采纳了这一原则，但公约第3条规定夫妻能选择的法律仅限于：（1）选择时，配偶中有一方为其公民的国家的法律；（2）选择时，配偶中有一方在其境内有惯常居所的国家的法律；（3）婚后有一方于其境内设定惯常居所的国家的法律。

（二）属人法原则

有些国家在夫妻财产关系上直接规定夫妻财产应适用夫妻属人法，而排除意思自治原则的适用。但这一做法又可分为两种：一种是不区分约定财产制和法定财产制，规定适用同一法律适用原则。如日本1898年《法例》第15条规定："夫妻财产制，依结婚当时的丈夫本国法。"① 其他国家如希腊、泰国、约旦和阿拉伯联合酋长国等也是如此。另一种是对约定财产制和法定财产制分别规定应适用的法律。如《波兰国际私法》第17条规定："夫妻之间的人身关系和财产关系，依夫妇双方的本国法""夫妇依契约而产生的财产关系，依缔结契约时夫妇所服从的本国法。"

另外，夫妻财产关系法律适用属人法时，还应注意夫妻属人法连结点变动的情形。由于夫妻关系之存续期间较长，在国籍、住所改变的情况下，夫妻财产关系准据法是否改变，各国分别奉行不变原则、可变原则，或者作若干例外规定。如德国、希腊、秘鲁、奥地利、波兰等国采不变原则。即不因当事人住所或国籍的变更而导致夫妻财产关系准据法的改变。美国虽然奉行不变原则，但却有例外。如美国1971年《重述》第259条规定："仅将动产或证券移至另一州，不影响配偶一方或双方取得的属于夫妻财产的动产权益或证券所体现的权利，但此项财产在另一州进行交易时，则可能对其产生影响。"有些国家或公约采用可变原则。如1978年《海牙夫妻财产制法律适用公约》第7条规定："配偶双方如未指定其他所可适用的法律，即使其国籍或惯常居所有所变动，按照本公约规定所可适用的法律继续适用。但如配偶双方既未指定适用的法律，又未缔结夫妻财产契约，则适用他们双方设有惯常居所地国的国内法，以代替以前适用的法律……"

（三）最密切联系地法

目前，采用这一原则的主要是有关的国际公约。如1978年《婚姻财产制度法律适用公约》第4条规定："……如配偶双方并未在同一国家内设有惯常居所，也无共同国籍时，其夫妻财产制，应在考虑各种情况后受其最密切的国家的国内法支配。"

---

① 日本2007年《法律适用通则法》关于夫妻财产制的规定对《法例》作出了修改。该通则第26条规定："（1）前条的规定，准用于夫妻财产制。（第25条：婚姻的效力，与夫妻双方的本国法相同时，适用其本国法；无共同本国法而夫妻双方的惯常居所地法相同时，适用其共同惯常居所地法；既无共同本国法亦无共同惯常居所地法时，适用于夫妻双方有最密切关系地方的法律。）（2）尽管有前款的规定，夫妻双方以经其署名并注明日期的书面，约定夫妻财产制应适用下列法之一时，可选择的是：①夫妻一方的国籍所属国法；②夫妻一方的惯常居所地法；③就与不动产有关的夫妻财产制而言，不动产所在地法。（3）依第2款的规定应适用外国法的夫妻财产制，就在日本实施的法律行为及在日本的财产而言，不得对抗善意的第三人。在此情况下，就与该第三人之间的关系而言，夫妻财产制适用日本法。（4）尽管有前款的规定，以依第1款或第2款的规定应予适用的外国法为基础的夫妻财产合同，已在日本登记的，可以对抗第三人。"由此可见，关于夫妻财产关系的法律适用，日本的立法首先采当事人（有限的）意思自治原则，其次采夫妻双方的共同属人法，最后以最密切联系原则作为补充。

关于夫妻人身关系和夫妻财产关系的法律适用问题，我国《涉外关系法律适用法》第23条和第24条分别作出了规定。该法第23条规定："夫妻人身关系，适用共同经常居所地法律；没有共同经常居所地的，适用共同国籍国法律。"可见，我国立法规定夫妻人身关系的法律是通过有序地适用当事人的共同属人法来贯彻最密切联系原则。第24条规定："夫妻财产关系，当事人可以协议选择适用一方当事人经常居所地法律、国籍国法律或者主要财产所在地法律。当事人没有选择的，适用共同经常居所地法律；没有共同经常居所地的，适用共同国籍国法律。"针对夫妻财产关系立法首先是赋予当事人协议选择准据法的自由，没有选择时，则通过当事人的共同属人法来确定应适用的准据法。值得注意的是，在当事人没有共同属人法的情况下，夫妻人身关系和财产关系的准据法则应依照该法第一章"一般规定"中第2条规定的"最密切联系原则"予以确定。这些规定基本上是对学界观点的采纳。①

第四节 父母子女关系

父母子女关系又称亲子关系，它是指基于子女出生或收养的事实而形成的亲权关系。国际私法所调整的涉外父母子女关系主要涉及婚生子女、非婚生子女的准正、收养，以及父母子女关系的效力等问题。本节讨论的是有血缘关系的父母子女关系。

一、婚生子女的法律适用

婚生子女是指基于合法婚姻怀孕所生的子女。如何认定子女为基于合法婚姻怀孕所生，诸如婚前受孕所生子女是否为婚生、夫死或离婚后几个月内所生的子女可否认为是婚生等，各国法律规定是不一致的。历史上，对婚生子女和非婚生子女加以区分，目的是确保家族财产被亲生子女继承。同时，也为了达到维持并巩固合法婚姻关系而成立的家庭的目的。② 为了保护子女的利益，各国立法正努力消除婚生子女与非婚生子女的差别，但各国法律上对非婚生子女的歧视和不平等待遇仍不同程度地存在。因而，基于婚生确权案件所产生的法律冲突是不可避免的。从各国立法及实践看，确定子女是否为婚生的准据法原则，主要如下：

---

① 《示范法》第133条规定："夫妻人身关系，适用其共同本国法；无共同国籍的，适用其共同住所地法；无共同住所的，适用其共同惯常居所地法；无共同惯常居所的，适用其婚姻缔结地法或者受理身份争议案件的法院地法。"第134条规定："夫妻财产关系，适用当事人协商一致并以明示方式选择的法律。当事人没有选择法律的，适用前条的规定。但涉及不动产的，适用不动产所在地法。"见中国国际私法学会编：《中华人民共和国国际私法示范法》，法律出版社2000年版，第30~31页。

② 李双元主编：《中国国际私法通论》，法律出版社2007年版，第448页。

（一）适用父母属人法

具体到不同国家，这一做法又分为：（1）适用生母之夫的本国法。如1896年的德国《民法典施行法》第18条规定，子之嫡出，如其出生时母之夫为德国人或者母之夫于子出生前死亡时为德国人，依德国法。其他国家如2007年日本《法律适用通则法》第28条、泰国《关于法律冲突的法律》第29条、《希腊民法典》第17条、《意大利民法典》第20条均有类似规定。需要说明的是，这里的"母之夫"实质应为子女的生父；（2）适用生父的住所地法。这主要是英国学者和判例的主张；（3）适用子女出生时生母的属人法。1999年修订的《法国民法典》第311条中规定，子女是否婚生的问题由子女出生时生母属人法决定；如生母不明，适用子女属人法；（4）适用父母共同属人法。如奥地利《关于国际私法的联邦法》第21条规定，子女婚生的要件及因此而发生的争议，依该子女出生时配偶双方的属人法，如子女出生前婚姻已经解除，依解除时配偶双方的属人法；（5）分别适用父母各自的属人法。美国1934年《重述》主张，应依父之住所地法和母之住所地法来分别确定父与子女和母与子女的关系（美国1971年《重述》对此未加规定）。1951年卢、荷、比《统一国际私法典》也规定以父母中相关一方的本国法来决定子女是否婚生。这一做法的弊端是，若父母的本国法不同，有时可能会使子女是否为婚生问题成为一无所适从的问题。

（二）适用子女属人法

有些国家从保护子女利益出发，主张适用子女属人法。如波兰2011年《关于国际私法的法律》第55条第1款规定，"子女出身的认定与否定，适用子女出生时的本国法"。显然，这一做法在国籍取得的血统主义国家中是无法实施的。因为，通常在依血统确立国籍的国家中，子女的国籍在没有确定其为婚生之前是不能确定的。

（三）适用决定婚姻有效性的法律

这一做法的理论依据是合法婚姻关系中受胎或出生的子女。这一主张事实上是将支配婚姻有效成立的准据法转换成确定子女是否婚生的准据法。如1982年《土耳其国际私法和国际诉讼程序法》第15条规定："子女的婚生，适用子女出生时调整其父母婚姻效力的法律。"这一规定在土耳其2007年的新法中也基本得以沿袭。①

（四）适用对子女婚生更有利的法律

适用子女属人法并不一定对子女有利，因而，有些国家明确规定适用对子女婚生更有利的法律。如前述奥地利1978年《关于国际私法的联邦法》第21条规定，

---

① 根据2007年《土耳其国际私法法令》第17条规定，出生的效力，依出生据以确立的法律；但是，如果母亲、父亲和子女具有共同本国法，则出生的效力适用该共同的本国法；无共同本国法的，则适用共同的惯常居所地法。

若配偶双方无共同属人法时，应依其中更有利于子女婚生的法律。[①] 其他如匈牙利1979年《关于国际私法的法律》第46条、1984年的《秘鲁民法典》第2803条、1996年《列支敦士关于国际私法的立法》第23条等均有类似规定。

二、非婚生子女准正的法律适用

非婚生子女是指非婚姻关系受孕所生的子女。如无婚姻关系的男女所生的子女。也有国家将无效婚姻所生子女视为非婚生子女。在我国及东欧等国家，非婚生子女与婚生子女享有同等的法律地位，但在大多数国家，非婚生子女要取得婚生子女的地位，均需准正（legitimation）。

（一）准正的方式

所谓准正就是指赋予非婚生子女以婚生子女地位的法律制度。从各国的规定看，对非婚生子女准正的方式主要有三种：（1）父母事后婚姻。即非婚生子女出生后，可因其生父母结婚而取得婚生子女地位；（2）认领（acknowledgement of antural child）。即生父母对非婚生子女承认为其所生并领为自己子女的法律行为；（3）法律措施。即在发生拒绝认领或父母一方死亡或父母不能举行事后婚姻等情况下，法院可判决确认非婚生子女与生父母间的血缘关系。

（二）准正的准据法

由于各国采取的准正方式不同，其法律适用原则也不同，具体如下：

1. 以父母事后婚姻为准正方式的国家，一般适用结婚时父的属人法。如英国和美国规定适用结婚时生父母的住所地法；奥地利则规定适用父母的共同本国法，国籍不同的，适用更有利于准正的法律。[②] 如奥地利1978年《关于国际私法的联邦法》第22条规定："非婚生子女因事后婚姻而准正的要件，依父母的属人法。父母的属人法不同时，依其中更有利于准正的法律。"

而有些国家分别规定了准正应适用的法律。对事后婚姻在准正上的效力，或主张适用父母事后结婚时的住所地法（如英国和美国），或主张适用事后结婚时父的本国法，或主张适用父母属人法（如奥地利），或主张适用子女属人法，或主张适用支配事后婚姻的效力的法律（如德国和罗马尼亚）。

2. 以认领为准正方式的国家，有的如泰国1938年《关于法律冲突的法律》第

---

① 该规定根据2000年12月29日奥地利公布的《亲子关系法修订法》第10条第1项修订后的文本，已经修改为"夫妻双方的属人法不同的，则以该子女在其出生时的属人法为准"。该新规定自2001年6月30日起施行。

② 奥地利的该条规定被2000年奥地利《亲子关系法修订法》第10条第2项废除，自2001年6月30日起施行。

31 条、1986 年德国《民法典施行法》第 21 条第 2 款规定适用父母属人法；有的如波兰规定适用子女属人法（本国法）；有的则是分别适用法律，如日本规定非婚生子女的认领，对其父母依认领时父或母的本国法，对其子女依认领时子女的本国法；分别适用父母和子女的属人法，根据《布斯塔曼特法典》第 60 条的规定："认领的能力受父的属人法支配，被认领的能力则受子女的属人法支配，必须两个属人法所规定的条件相符合。"

3. 在以法律措施为准正方式时，各国多认为"法律措施"属国家行为，一般规定适用父母属人法或子女属人法。如《秘鲁民法典》第 2086 条规定，行政或司法宣告准正，依准正宣告的父母一方住所地法，或者子女住所地法。还有一部分国家基于有利于婚生子女准正的考虑，由法院决定应适用的法律。

对非婚生子女准正的法律适用问题，我国立法及实践均无明确规定。这是我国国际私法在婚姻家庭领域有待完善的地方。①

三、父母子女关系效力的法律适用

父母子女关系的效力，是指基于婚生、非婚生子女准正和收养而形成的亲权关系。实践中，各国立法在规定父母子女关系时，主要规定的是父母对未成年子女的人身（如抚养、教育、惩戒和保护）和财产（如财产取得、管理、收益和分配）的权利义务关系。为解决因各国法律对亲子关系规定的歧异所产生的法律冲突，各国主要有以下法律适用原则：

（一）适用父母属人法

采取这一做法的国家以法国、德国、日本及泰国等为代表。② 德国《民法典施行法》第 19 条规定，亲子关系的效力，"如父具有德国国籍或父死亡时具有德国国籍，依德国法。但父或母已丧失德国国籍而子女仍保存德国国籍时亦同"。这一做法主要考虑的是父亲在家庭中的支配地位，但不利于对子女合法利益的保护。

（二）适用子女属人法

出于对子女合法利益予以保护的考虑，一些国家便强调父母对子女的抚养教育

---

① 《示范法》第 137 条规定："非婚生子女的认领，适用认领时认领人或者被认领人的本国法、住所地法或者惯常居所地法中有利于认领成立的法律。"见中国国际私法学会编：《中华人民共和国国际私法示范法》，法律出版社 2000 年版，第 31 页。

② 德国《民法典施行法》第 19 条关于亲子关系的规定为德国 1997 年 12 月 16 日《关于改革亲子关系法的法律》第 12 条所修改，自 1998 年 7 月 1 日起施行。现今德国关于亲子关系效力的规定在《民法典施行法》第 21 条："子女与其父母之间的法律关系，适用该子女的惯常居所地国法律。"2007 日本《法律适用通则法》第 32 条规定："亲子间的法律关系，如果子女的本国法与父的本国法或母的本国法，或者如果父母一方死亡或不明时与另一方的本国法相同，适用子女本国法；在其他情况下，依子女的惯常居所地法。"可见，现今德国、日本关于亲子关系法律适用子女属人法。

义务，在法律适用方面，规定适用子女属人法。如《布斯塔曼特法典》第69条也规定，对人身的、财产的亲子关系之效力，均适用子女属人法。意大利1995年《国际私法改革法》第36条规定："父母子女间的人身关系和财产关系，包括亲权在内，适用子女本国法。"

（三）适用父母子女共同属人法

采这一做法的有希腊、保加利亚、罗马尼亚、南斯拉夫、韩国等。如《希腊民法典》第18条规定："父母和子女的关系适用父亲和子女的最后共同本国法；如无共同国籍，适用子女出生时父亲的本国法。在父亲死亡以后，这种关系适用父亲死亡后母亲和子女的最后共同本国法；如无共同国籍，适用父亲死亡时母亲的本国法。"1998年修订的《俄罗斯联邦家庭法典》第163条规定，父母与子女之间的权利和义务，包括父母抚养子女的义务，由他们共同居住地所在国的法律规定；在父母和子女无共同居住地时，他们之间的权利和义务由儿童所属国法律规定；根据原告要求，抚养之债和父母与子女之间的其他关系，可以适用儿童经常居住地所在国的法律。显然，这主要是为兼顾各方的利益而采用的法律适用原则。

在父母子女关系效力的法律适用问题上，英国的做法较为独特，主要表现在：(1) 将父母子女关系分为对未成年子女的一般亲权（parental authority in general）和对未成年子女的财产权，分别适用不同的冲突规则；(2) 对子女的财产权又分为动产和不动产财产权，分别适用不同的冲突规则。具体为：父母对未成年子女的一般亲权（在英国境内），适用英国法；在财产权问题上，住所在外国的父（或母）对属于未成年子女位于英国的动产，适用父（或母）的住所地法（法院也可根据自由裁量的结果适用其他法律）；对在英国境内的不动产，适用英国法。

对涉外父母子女关系的法律适用问题，我国《涉外关系法律适用法》第25条规定："父母子女人身、财产关系，适用共同经常居所地法律；没有共同经常居所地的，适用一方当事人经常居所地法律或者国籍国法律中有利于保护弱者权益的法律。"[①] 我国立法关于父母子女人身、财产关系法律适用的规定充分吸收了《示范法》的规定。[②]

---

① 在《涉外关系法律适用法》对父母子女关系作出明确规定前，有学者认为，对该类问题可考虑准用《民法通则》第148条关于扶养的规定，即将"适用与被扶养人有最密切联系的国家的法律"的规定扩及涉外亲权关系。对涉及父母与子女间人身、财产关系的案件，适用与之有最密切联系的国家的法律。父母或子女的国籍、住所、惯常居所、财产所在地等，均可视为是与父母或子女有最密切联系的连结因素。参见张仲伯：《国际私法》，中国政法大学出版社2007年版，第470～471页。

② 《示范法》根据我国《婚姻法》《民法通则》和《收养法》有关规定的精神，将父母子女关系分为父母子女人身关系和父母子女财产关系，分别规定二者的法律适用原则。《示范法》第135条规定："父母子女人身关系，适用其共同住所地法，或者适用有利于保护弱者利益的任何一方当事人的本国法、住所地法或者惯常居所地法。"第136条规定："父母子女财产关系适用前款规定，但涉及不动产的，适用不动产所在地法。"见中国国际私法学会编：《中华人民共和国国际私法示范法》，法律出版社2000年版，第31页。

第五节　收　养

一、收养的概述

收养是指依照法律规定的条件和程序，领养他人子女为自己子女的法律行为。国际私法上的收养，是指收养人和被收养人之间至少有一方具有外国国籍或在外国拥有住所或居所的收养，通常简称涉外收养、国际收养，或跨国收养。世界上绝大多数国家都承认收养制度，但是各国的收养立法在收养的成立、效力和解除方面，差异甚大。[①] 这些差异就会导致收养的法律冲突，并产生收养的法律适用问题。

二、收养的法律适用

各国关于收养成立的条件的规定是不一致的，为解决由此产生的法律冲突，各国的立法及实践主要有以下几种做法：

（一）适用法院地法

英美两国是这一做法的主要代表。这两国在涉外收养问题上，主要注重的是法院管辖权问题，只要法院确定了对涉外收养案件的管辖权，就适用本国法来决定是否准予收养。如英国1958年的《收养法》规定，只要收养人和被收养人均居住在英国境内，英国法院就享有发布收养令的管辖权。而英国1978年的《收养法》则取消了要收养人和被收养人均居住于英国境内的要求，其规定只要收养人在英国有住所，被收养人，或其亲生父母，或监护人在收养申请提出时“出现”（presence）在英国，英国法院就有管辖权。而且，1958年和1978年《收养法》均规定，法院在管辖收养案件时，适用英国法。美国1971年《重述》第289条也规定：“法院适用其本地法决定是否准许收养。”

（二）适用收养人或被收养人属人法

这一做法又大致分为三种：（1）适用收养人属人法。采这一做法的国家主要有法国、意大利、波兰及德国等。如1986年《德国民法施行法》第22条规定：“子女收养依收养人在收养时所属国家的法律。通过夫妻一方或双方的收养依第十四条第

① 如各国规定的收养人与被收养人之间的年龄差距便常有不同，1999年修订的《法国民法典》第344条规定为15岁，但如被收养人系其配偶的子女，差10岁即可；《罗马尼亚家庭法典》第68条则要求相差18岁；个别国家还禁止天主教神父收养子女。

一款关于婚姻一般效力的法律。”（2）适用收养人和被收养人各自的本国法。采这一做法的国家主要有希腊、瑞典、荷兰、日本、匈牙利、南斯拉夫及拉美国家。如日本《法例》第19条第1款规定：“收养的要件，依各当事人的本国法。”[①]《布斯塔曼特法典》第73条也规定“收养人和被收养人的能力以及收养的条件和限制，均依各当事人属人法”。这一做法的理由是，收养所影响的是收养人和被收养人双方的权利与义务。而且，在确定收养的准据法时，还必须考虑收养在国外能否被承认的问题。（3）适用被收养人属人法。采这一做法的主要代表国为俄罗斯。《俄罗斯联邦民法典》规定，外国人在俄罗斯境内收养具有俄罗斯国籍的儿童以及收养居住在俄罗斯境内的具有外国国籍的儿童，适用俄罗斯法律。俄罗斯所继承的苏联签订的司法协助条约则规定收养问题适用被收养人国籍国法律。这一做法的主要理由在于，收养制度在于保护作为弱者的被收养人的利益，故而适用被收养人属人法较为适宜。

有关国际收养的国际公约也对收养的法律适用作出了规定。1965年海牙《收养管辖权、法律适用和判决承认公约》在法律适用问题上，公约第4条和第5条规定了两条准据法原则：第一，凡具有收养管辖权的主管机关，对于收养条件原则上适用其国内法。但若具有管辖权的主管机关为惯常居所地的主管机关的，则应尊重收养人国籍国禁止收养的规定。第二，收养人惯常居所地的主管机关，对有关收养的同意和商议，除关于收养人、其家庭或其配偶的同意和商议外，应适用儿童的本国法。1993年海牙《跨国收养方面保护儿童及合作公约》规定：收养的实质要件，适用收养开始时收养人所在国和被收养人所在国双方的法律。即对儿童是否适合于收养的实质要件问题适用原住国法律，对预期养父母是否适合收养儿童的问题适用收养国法律；收养的形式要件，适用收养成立地法。该公约于1995年5月1日生效，截至2018年2月，批准公约的成员国有98个。[②] 我国于2000年6月签署了该公约，并于2005年9月16日批准了该公约。

我国《涉外关系法律适用法》关于收养法律适用的规定，借鉴了当今大多数国家和国际公约所采用的“分割制”的做法，即将收养的成立、效力和收养关系的解除分别规定应适用的法律。[③] 该法第28条规定：“收养的条件和手续，适用收养人和被收养人经常居所地法律。收养的效力，适用收养时收养人经常居所地法律。收

① 日本2007年《法律适用通则法》第31条第1款的规定：“收养，依收养时应成为收养人者本国法。此时，依应成为养子女者本国法以其或者第三者的承诺或者同意，公共机关的许可及其他措施为收养成立要件时，也必须具备该要件。”可见现今日本的做法是适用收养人的属人法。

② 来源网址：https：//www.hcch.net，最后访问日期：2018年2月5日。

③ 1993年海牙《跨国收养方面保护儿童及合作公约》、奥地利1978年《关于国际私法的联邦法》、瑞士1987年《关于国际私法的联邦法》、日本2007年《法律适用通则法》第31条的相关规定均采“分割制”。

养关系的解除，适用收养时被收养人经常居所地法律或者法院地法律。”①《示范法》也专门就收养的法律适用作出了详细的规定。② 我国于2005年批准加入1993年海牙《跨国收养方面保护儿童及合作公约》时声明：（1）中国民政部为中国履行《公约》赋予职责的中央机关；（2）《公约》第15条至第21条规定的中央机关职能，由中国政府委托的收养组织——中国收养中心履行。只有在收养国政府或政府委托的组织履行有关中央机关职能的情况下，该国公民才能收养惯常居住在中国的中国儿童；（3）中国涉外收养证明的出具机关，为被收养人常住户口所在省、自治区、直辖市人民政府民政部门，其出具的收养登记证为收养证明；（4）中国没有义务承认根据《公约》第39条第2款所达成的协议而进行的收养。

第六节　扶　养

一、扶养的概述

国际私法上所说的扶养，是指夫妻之间、亲子之间、旁系血亲之间以及姻亲之间互相承担生活供养义务的法律行为。国际私法所调整的涉外扶养关系，是指含有涉外因素的扶养关系，即扶养人和被扶养人中至少有一方为外国人的扶养关系。

各国关于扶养的立法歧异首先表现在扶养的范围上。如英美等国规定扶养义务限于夫妻关系和父母子女关系，不适用于其他亲属关系。而我国法律规定，除配偶、父母子女外，祖父母、外祖父母和孙子女、外孙子女分别负有抚养和赡养义务，有负担能力的兄姐对未成年的弟妹有扶养义务；其次表现在扶养费数额的确定及支付

① 我国1998年修正的《收养法》第21条第1款、第2款规定：“外国人依照本法可以在中华人民共和国收养子女。外国人在中华人民共和国收养子女，应当经其所在国主管机关依照该国法律审查同意。收养人应当提供由其所在国有权机构出具的有关收养人的年龄、婚姻、职业、财产、健康、有无受过刑事处罚等状况的证明材料，该证明材料应当经其所在国外交机关或者外交机关授权的机构认证，并经中华人民共和国驻该国使领馆认证。该收养人应当与送养人订立书面协议，亲自向省级人民政府民政部门登记。”从上述规定可以看出，外国人在华收养子女需要符合我国以及其所在国法律的规定，因此该规定重叠适用了我国法和该外国人所在国法。此外，民政部根据《收养法》于1999年5月25日发布了《外国人在中华人民共和国境内收养子女登记办法》，该办法除了规定涉外收养的法律适用，还对涉外收养的程序、收养组织、收养费用等作出了详细而具体的规定。

② 《示范法》第138条规定：“收养成立，适用收养时收养人和被收养人各自的住所地法或者惯常居所地法。收养的效力，适用收养时收养人的住所地法或者惯常居所地法。收养的终止，适用收养时被收养人的住所地法或者惯常居所地法，或者适用受理解除收养案件的法院地法。”见中国国际私法学会编：《中华人民共和国国际私法示范法》，法律出版社2000年版，第31页。

的办法、免除扶养的条件等。

二、扶养的法律适用

就涉外扶养的法律适用问题，各国立法主要有以下法律适用原则：

（一）适用扶养义务人的属人法

如1948年《埃及民法典》第15条规定："夫妻之间的扶养，适用义务人的本国法。"1962年韩国《关于涉外民事法律的法令》第23条、1982年《土耳其国际私法和国际诉讼程序法》第21条等规定也与此相同。

（二）适用被扶养人属人法

如1979年匈牙利《关于国际私法的法律》第47条规定："亲属互相扶养的义务、条件、程度和方法，应根据扶养权利人的属人法确定。"德国则规定扶养之债适用被扶养人惯常居所地法律。其他如南斯拉夫《法律冲突法》第42条、泰国《关于法律冲突的法律》第36条、1986年《德国民法施行法》第18条、2007年《土耳其国际私法法令》第19条等，均采此种规定。这种立法取向的意图与自20世纪60年代以来各国实体法中注重保护弱方当事人利益的规定是一致的。但是，由于在逻辑上并不能得出被扶养人的属人法必然对被扶养人最为有利的结论，甚至有时产生恰恰相反的结果。因此，采用"硬性冲突规范"来解决涉外扶养的法律适用问题，可能难尽如人意。

1973年的海牙《扶养义务法律适用公约》，以确保被扶养人利益为宗旨，在立法技术上采用了有序选择性冲突规范，以便在法律适用的结果上尽量保障被扶养人获得扶养。公约规定：凡因家庭关系、亲属关系、婚姻、姻亲关系而产生的扶养义务，包括对非婚生子女的扶养义务，首先适用扶养权利人惯常居所地国法；如依该法被扶养人不能获得扶养的，适用扶养权利人和扶养义务人共同本国法；如依该共同本国法仍不能使扶养获得有效解决的，适用法院地法，即受理机关的国内法。应该说，公约在扶养法律适用问题上采用的这种方法所产生的影响是较大的。有些国家在国内立法中便采纳了公约的做法，有些公约的成员国甚至在立法中明确规定扶养问题直接适用该公约的规定。①如瑞士1987年《关于国际私法的联邦法》第83条第1款就规定："父母子女间的扶养义务，由1973年10月2日海牙《关于扶养义务

---

① 2007年11月23日缔结的海牙《关于扶养义务法律适用的议定书》在内容上已经更新了1973年的海牙《扶养义务法律适用公约》的规定。在1973年公约尽量有利于抚养权利人的基础上，该议定书第8条还规定了扶养债权人与债务人可以随时为扶养义务指定下列法律作为准据法：（1）指定之时，任何一方所属国法律；（2）指定之时，任何一方惯常居住地国法律；（3）当事人指定适用的法律，或者实际适用于抚养财产的法律；（4）当事人指定适用的法律，或者实际适用于离婚或分居的法律。

法律适用公约》支配。”2007年海牙《扶养义务法律适用议定书》第8条还允许当事人选择适用于扶养关系的法律议定书规定扶养权利人和义务人可以随时指定以下法律作为扶养义务的准据法：（1）指定时任何一方为一国国民的法律；（2）指明任何一方惯常居所地国家的法律；（3）当事方指定适用于或实际上适用于他们财产制的法律；（4）当事方指定适用于或实际上适用于他们离婚或合法分居的法律。

我国《涉外关系法律适用法》第29条规定：“扶养，适用一方当事人经常居所地法律、国籍国法律或者主要财产所在地法律中有利于保护被扶养人权益的法律。”①这一规定与学界的主张是一致的，体现了弱者利益保护原则。②

第七节　监　　护

一、监护的概述

监护是指对无行为能力人和限制行为能力人（自然人）的人身、财产权益依法实行监督和保护。有的国家将对限制行为能力人的财产管理、而不及于人身的保护，称为保佐。

在大陆法系的传统理论中，监护制度独立于亲权制度，监护是一种义务，而不是一种权利，监护人也可是父母以外的第三人。而在英美法系中，则采用了广义的监护，即把父母对未成年子女的人身和财产上的父母责任和父母以外的第三人对未成年人的监护统一规定。根据被监护的对象不同，监护一般又分为对未成年人的监护和对精神病人的监护。

二、监护的法律适用

各国法律在被监护人的范围（如在无行为能力人和禁治产人定义上的差异）、

① 我国《民法通则》第148条规定：“扶养适用与被扶养人有最密切联系的国家的法律。”该条规定主要有三方面的内容：（1）根据我国《婚姻法》的精神，这里的扶养包括父母子女关系和夫妻关系当事人间的扶养、旁系血亲关系当事人间的扶养以及因姻亲关系产生的扶养；（2）根据1988年《民通意见》的规定，这里的“最密切联系的”，是指在有利于保护被扶养人的前提下，扶养人和被扶养人的国籍、住所以及有利于供养被扶养人的财产所在地；（3）根据该冲突规范所援引的准据法，可用来解决扶养责任的承担及扶养费的给付等问题。

② 《示范法》第140条规定：“扶养，适用被扶养人的本国法、住所地法或者惯常居所地法中对被扶养人最有利的法律。离婚后原配偶之间的扶养，适用离婚的准据法。”见中国国际私法学会编：《中华人民共和国国际私法示范法》，法律出版社2000年版，第31页。

监护人的资格及其职责等规定方面存在较大歧异，为解决由此产生的涉外监护方面的法律冲突，各国主要有以下法律适用原则：

（一）适用被监护人属人法

监护制度是为了保护被监护人的利益而设置的，为此，许多国家以被监护人属人法作为有关监护问题的准据法。如奥地利《关于国际私法的联邦法》第27条第1款规定："监护与保佐的构成与终止的要件及效力，依被监护人的属人法。"再如2007年《土耳其国际私法法令》第10条第1～2款规定，设立或撤销监护、禁治产的理由，依为之请求设立或撤销监护、禁治产者的本国法。外国人根据本国法不得被设立监护或禁治产的，如果该外国人的惯常居所在土耳其境内，则依土耳其有关设立或撤销监护、禁治产的法律作出决定。在当事人被迫留于土耳其的情况下，也适用土耳其法律。其他如日本、泰国、德国、埃及等多数国家均采类似做法。只有极少数国家如匈牙利和捷克斯洛伐克等国规定对执行监护的义务适用监护人属人法。

（二）适用法院地法

英国是采这一做法的最具代表性的国家。英国1971年《监护判例法》将监护管辖权与法律适用原则统一起来，规定只要英国法院对监护案件有管辖权，就适用英国法。此外，英国法中子女利益优先原则，也经常被用于决定有关监护人问题。2007年《土耳其国际私法法令》第10条第3款规定，涉及禁治产、监护以及照管的所有事件，依土耳其法律，但有关设立或撤销监护、禁治产的理由除外。

关于监护或涉及监护的国际公约主要有海牙1902年《未成年人监护公约》、1928年《布斯塔曼特法典》，以及海牙1961年《关于未成年人保护的管辖权和法律适用公约》。对未成年人的监护问题，1902年海牙公约规定适用未成年人的本国法，《布斯塔曼特法典》则规定适用被监护人的住所地法。1961年海牙公约则采取监护管辖权和法律适用完全一致的原则，以被监护人的惯常居所为行使管辖权的标志，并适用被监护人惯常居所地法。1961年海牙公约的这一做法已得到许多欧洲国家的赞同，但在适用过程中出现了许多新问题，特别是1989年联合国《儿童权利公约》的出台，使儿童权利保护的背景发生了深刻变化。因此，海牙国际私法会议在1996年又制定了海牙《关于父母责任和儿童保护措施的管辖权、法律适用、承认、执行以及合作的公约》，规定了监护问题的管辖权，创立了以儿童惯常居所地管辖为中心，离婚法院和儿童财产所在地管辖并存，国籍国、有实质联系国、财产所在地、离婚地管辖为补充的管辖权，并且规定有关法律适用依受理案件的有关机关的本国法确定。该公约于2002年7月1日生效，截至2018年2月，公约有47个缔约国。[①]

---

① 来源网址：https：//www. hcch. net/en/instruments/conventions/full - text/？cid = 70，最后访问日期：2018年2月5日。

我国《涉外关系法律适用法》第30条规定："监护，适用一方当事人经常居所地法律或者国籍国法律中有利于保护被监护人权益的法律。"与我国以往在司法实践中的做法相比，立法的规定更加明确了对被监护人保护的原则。①

§思考题：

1. 我国有关涉外结婚的法律适用的规定如何？
2. 试述我国关于离婚案件的管辖权和法律适用的规定。
3. 简述涉外父母子女关系的法律适用。
4. 我国对涉外收养的法律规定如何？
5. 简述涉外扶养与监护的法律适用原则和我国的规定。

§"法律职业资格考试"要点提示：

结婚的法律适用；我国关于涉外结婚的规定；夫妻关系的法律适用；离婚案件的管辖权；离婚的法律适用；我国关于涉外离婚的规定；父母子女关系的法律适用；收养的法律适用；我国关于收养法律适用的规定；监护的法律适用；扶养的法律适用。

① 《民通意见》第190条规定："监护的设立、变更和终止，适用被监护人的本国法律。但是，被监护人在我国境内有住所的，适用我国的法律。"因此，我国以往的司法实践原则上以被监护人本国法作为涉外监护案件的一般法律适用原则，但在特殊情况下（被监护人在我国境内有住所），适用被监护人住所地法。《示范法》基本上采纳了我国以往司法实践中的做法。《示范法》第139条规定："监护的设立、变更和终止，适用被监护人的本国法、住所地法或者惯常居所地法。"见中国国际私法学会编：《中华人民共和国国际私法示范法》，法律出版社2000年版，第31页。

第十六章 继承的法律适用

§学习目的与要求：

按照财产继承的方式，继承可分为法定继承和依遗嘱继承两种。本章分别阐述了法定继承、遗嘱和无人继承财产（包括无人受遗赠财产）等的法律冲突及其法律适用，以及有关继承的国际条约等问题。要求通过本章的学习，掌握法定继承的法律适用规则、熟悉遗嘱的法律适用规则，了解有关国际条约的规定，理解并能正确运用我国法律的规定解决实践中涉外继承的法律冲突问题。

继承是指在被继承人死亡（包括自然死亡和宣告死亡）时，继承人依照法律的规定或者依照被继承人生前所立有效遗嘱，承受被继承人所遗留的合法的私有财产和权益的一种法律制度。继承是一种社会历史现象，是伴随着私有制的产生而出现的。早在罗马法时代就存在继承制度，包括对被继承人人格的继承和对其财产的继承。不过，现代的继承制度主要指财产继承，它可分为法定继承和遗嘱继承两种方式。当然，无人继承的情况也时有发生。

国际私法所调整的继承关系是在国际交往过程中形成的，具有涉外因素的继承关系，即涉外继承关系。它是指主体、客体和权利义务据以产生的法律事实等要素中至少有一个涉外因素的继承关系。

第一节 法定继承

一、法定继承的法律冲突

法定继承是指被继承人死亡后，在没有遗嘱和遗赠的情况下，直接依照法律规定的继承人的范围、继承人的顺序和遗产分配原则，将被继承人的遗产转移给继承人所有的财产继承制度。它又叫无遗嘱继承，与遗嘱继承一起构成一国主要的财产继承制度。由于各国关于继承人的范围、继承人的顺序和遗产分配原则等方面的立法存在着很大的不同，因而法定继承的法律冲突是大量存在的。

二、法定继承的法律适用

法定继承的法律适用问题，也就是采用什么样的准据法来解决涉外法定继承关系的法律冲突的问题。从各国继承立法来看，基本上采取了两种不同的立法原则，即同一制和区别制。

（一）同一制

同一制又称单一制，是指在涉外继承中，把遗产看成一个整体，不分动产和不动产，也不论遗产分布在一国或数国，均适用同一准据法。较常采用的准据法，是被继承人的属人法（本国法或住所地法）或者遗产所在地法。

1. 被继承人的属人法

“继承依被继承人属人法”这一古老的冲突规范，来源于古罗马法中的“普通继承”制度。罗马法认为，继承是对死者人格总体的继承，是死者人格的延续。法定继承关系存在的前提，是继承人与被继承人之间存在人格延续关系，即一定的身份关系或亲属关系。根据传统的人的身份关系的法律适用原则，法定继承关系理应适用被继承人的属人法。这反映了亲属法对涉外法定继承关系的深刻影响。

在实践中，除少数国家笼统规定法定继承适用被继承人的属人法以外，大多数国家都对属人法作出了具体的规定。各国对属人法的理解和采用主要有两种情况：

一是以被继承人的本国法为属人法。德国、意大利、日本、韩国、奥地利、匈牙利、希腊、西班牙、葡萄牙、波兰、南斯拉夫、捷克斯洛伐克、伊朗、伊拉克、埃及、叙利亚、墨西哥、古巴、巴拿马、委内瑞拉、多米尼加、芬兰、瑞典、土耳其、苏格兰等国家和地区，均规定涉外（法定）继承关系适用被继承人的本国法。不过，上述国家的具体规定仍有细微差别。有的国家如日本、韩国等直接以被继承人的本国法为属人法，例如2007年日本《法律适用通则法》第36条，采用死者的本国法（但并未指明为该人何时的本国法）。有的国家则对作为属人法的本国法加以时间限制，且多适用被继承人死亡时的本国法，如意大利、奥地利、波兰，以及匈牙利等国。如意大利1995年《国际私法改革法》第46条第1款规定：“因死亡而导致的权利继承适用被继承人死亡时的本国法。”该条虽允许死亡前可通过遗嘱明示选择适用死亡前的住所地法支配，但如其死亡时已不再居住于该国，此种选择无效。同时如继承人为意大利人，且他于被继承人死亡时居住在意大利，死亡前选择的其他法律不得影响意大利法赋予继承人的权利。

二是以被继承人的住所地法为属人法。瑞士、以色列、挪威、丹麦、冰岛、哥伦比亚、阿根廷、秘鲁、巴西等国，均以被继承人的住所地法作为属人法来处理涉外（法定）继承关系的法律适用问题。不过，其中有的国家笼统规定继承依被继承人的住所地法，有的则对住所地法加以时间限制，一般适用死者最后的住所地法或死亡时的住所地法。①

2. 遗产所在地法

遗产的法定继承适用遗产所在地法。这一原则是从“物权依物之所在地法”这一古老的冲突法原则中派生而来的，最早可追溯到公元14世纪意大利的“法则区别说”。但如果一味强调适用遗产所在地法，则可能形成同一被继承人的遗产继承关系分别适用不同国家的法律的情况。这会给涉外法定继承的法律适用带来困难，也不符合现代国际民商事交往的需要。因此，除了巴拉圭等少数拉美国家以外，绝大多数国家都放弃了遗产所在地法原则。

（二）区别制

区别制又称分割制，是指在涉外继承中，将被继承人的遗产分为动产和不动产，分别采用不同的冲突规则指定应适用的法律。一般地，动产继承适用被继承人的属人法，不动产继承则适用不动产所在地法。

遗产继承的区别制可以追溯到14世纪“法则区别说”时代，最先是由学者巴尔多斯（Baldus）倡导的。他根据“法则区别说”的理论原则，把动产继承归于“人法”的范畴，适用被继承人的属人法；而把不动产继承归于“物法”的范畴，适用物之所在地法。区别制理论有利于维护当时的封建土地私有制。那时动产的数量和价值都是有限的，即使流动也一般是随人的。相反，不动产价值较大，和所在地国家的利益密切相关。无论是从不动产的特性出发，还是从保证有关判决的承认和执行来看，适用物之所在地法来处理不动产的继承问题，都是切实可行的。也许正是基于这一点，目前仍有很多国家在遗产的法定继承问题上采用了区别制。如英国、美国、法国、比利时、卢森堡、罗马尼亚、保加利亚、智利、玻利维亚、加蓬、泰国、澳大利亚、加拿大、爱尔兰、乌拉圭、塞浦路斯等国家立法中，对不动产的法定继承，一律适用不动产所在地法。在动产的法定继承方面，其中一些国家适用被继承人死亡时的本国法，如罗马尼亚、保加利亚、玻利维亚、卢森堡等，另一些国家则适用被继承人死亡时的住所地法，如英国、法国、比利时、智利、加蓬，以及泰国等。

显然，区别制避免了同一制的某些弊端，但它本身也有缺陷。如果遗产，特别是其中的不动产遗产分布于数个国家，关于该遗产的法定继承关系就不得不适用不

---

① 1984年《秘鲁民法典》第2100条规定：“继承无论遗产位于何国，只适用死者最后住所地法。”

同国家的法律，这是不方便的。可见，同一制和区别制各有优缺点。不过，从发展趋势上看，同一制似乎得到了越来越多的国内立法和国际条约的采纳。有学者从大陆法系国家的法律理论传统、同一制自身的合理性以及区别制的弊端、1961 年《海牙遗嘱处分方式法律冲突公约》的广泛采用三个层面，分析了同一制得到普遍应用的根源所在。①

三、我国关于法定继承的法律适用

关于法定继承法律适用问题，我国《涉外关系法律适用法》第 31 条规定："法定继承，适用被继承人死亡时经常居所地法律，但不动产法定继承，适用不动产所在地法律。"该法第 51 条明确规定："……《中华人民共和国继承法》第三十六条，与本法的规定不一致的，适用本法。"可见，我国最新的立法完善了涉外继承的法律适用的规定。②

---

① 详文参见李建忠：《论涉外遗嘱法律适用制度的发展趋势——兼论〈涉外民事关系法律适用法〉第 32、33 条的解释与完善》，载《法律科学（西北政法大学学报）》2014 年第 1 期。

② 我国 1985 年 4 月 10 日颁布的《继承法》第 36 条对涉外继承的法律适用作了明确规定。1985 年《继承法》第 36 条规定："中国公民继承在中华人民共和国境外的遗产或者继承在中华人民共和国境内的外国人的遗产，动产适用被继承人住所地法律，不动产适用不动产所在地法律。""外国人继承在中华人民共和国境内的遗产或者继承在中华人民共和国境外的中国公民的遗产，动产适用被继承人住所地法律，不动产适用不动产所在地法律。""中华人民共和国与外国订有条约、协定的，按照条约、协定办理。"《继承法》第 36 条坚持了 1954 年外交部和最高人民法院共同颁布的《外人在华遗产继承问题处理原则》中确定的区别制，但动产继承不再以互惠为条件，并以被继承人住所地法原则取代了原来的被继承人本国法原则，其内容比 1954 年的规定较为完善和合理，更有利于保护包括海外华侨在内的当事人的利益。因为华侨住所地国家（多在美、英、法、日及东南亚诸国）关于法定继承人范围的规定一般较宽，适用住所地法原则更能切实有效地保护境内外继承人的合法权益。但是，《继承法》第 36 条未明确该继承关系准据法的时际冲突法原则，文字表述嫌累赘。而且，它是一条有限制的双边冲突规范，并不能普遍适用于各种含有涉外因素的继承关系，而只适用于继承人或被继承人是外国人，或者遗产位于中国境外的继承等三种情况。为了解决动产继承关系准据法的时际冲突问题，最高人民法院在司法解释中对被继承人的住所地作出了时间上的限定。《民通意见》第 63 条规定："涉外继承，遗产为动产的，适用被继承人住所地法律，即适用被继承人生前最后住所地国家的法律。"鉴于《继承法》第 36 条的不完善，也为了适应改革开放后新的形势，1986 年《民法通则》第 149 条就遗产的法定继承的法律适用问题作了更为全面、明确而简洁的规定："遗产的法定继承，动产适用被继承人死亡时住所地法律，不动产适用不动产所在地法律。"这一规定具有四个方面的特点：其一是坚持法定继承的区别制，动产和不动产分别适用不同的冲突规范所援引的准据法，这与其他许多国家的做法是一致的；其二是此规定适用于涉外法定继承关系准据法的确定；其三是这里的"遗产"指我国境内外的一切为被继承人生前所有财产，包括动产和不动产；其四是发生被继承人住所的积极冲突或时际冲突时，以死亡时的住所为准，适用被继承人死亡时的住所地法来处理涉外动产的法定继承问题。显然，《民法通则》和《继承法》二者关于涉外继承的法律适用的规定是不完全一致的，而它们又是普通法与特别法的关系。根据特别法优于普通法的原则，《继承法》具有优先适用的效力；而根据时际法中的新法优于旧法或后法优于前法的原则，似乎又是《民法通则》具有优先适用的效力。

《涉外关系法律适用法》的规定也与我国学术界的认识基本一致。①

一国缔结或参加的国际条约与本国国内立法有不同规定的，应适用国际条约的规定，但本国声明保留的条款除外，这是国际公认的“条约必须遵守”原则在国际私法上的体现。我国《继承法》第36条、《民法通则》第149条均明确采纳了这一原则。据此，我国缔结或参加的国际条约对涉外继承的法律适用作出规定的，除我国声明保留的条款以外，一律按该规定办理。

第二节 遗嘱继承

一、依遗嘱继承的法律冲突

遗嘱是指被继承人生前依法对其身后财产及与此有关的事宜预先作出安排的单方面的意思表示。它是一种要式法律行为，且必须被继承人（立遗嘱人）死亡后才开始发生法律效力。

遗嘱继承，是指按被继承人的遗嘱进行的继承，即在不违反强制性法律规定的前提下，被继承人通过遗嘱变更继承人的范围、继承人的顺序和继承份额等规定，按自己的意思处理财产的方式。遗嘱继承制度起源于古罗马法，后得到各国的继承和发展，具体的法律规定却不尽相同。因而，涉外遗嘱继承的法律冲突不可避免，主要表现在遗嘱能力、遗嘱的内容和效力、遗嘱方式、遗嘱的变更和撤销等方面。

（一）遗嘱能力

遗嘱是被继承人处分自己财产的法律行为。只有具有行为能力的人才能作出有效的民事法律行为，各国立法通常规定立遗嘱人必须具有遗嘱能力，而遗嘱能力往往又以一般民事行为能力为参照，但具体情况各有不同。有些国家如英国、美国、加拿大和我国立法关于遗嘱能力与一般民事行为能力的规定一致，即只有完全行为能力人才具有遗嘱能力。② 也有一些国家，如德国、法国、日本、瑞士、奥地利、比利时、西班牙等国立法采取不一致的做法，即遗嘱能力的法定年龄比一般民事行为能力的法定年龄低一些，因此使得一些未成年人也具有遗嘱能力。③

---

① 《示范法》第141条建议：“遗产的法定继承，动产适用被继承人死亡时的住所地法或者惯常居所地法，不动产适用不动产所在地法。”见中国国际私法学会编：《中华人民共和国国际私法示范法》，法律出版社2000年版，第31页。

② 《美国统一继承法典》第2－501条规定：“一切年满18周岁心神健康的人均可以立遗嘱。”

③ 《日本民法典》规定20周岁为成年的法定年龄，但同时规定年满15周岁的人即有权立遗嘱。

（二）遗嘱的内容和效力

遗嘱内容，是指被继承人生前处理其身后财产的意思表示，也就是遗嘱规定的继承人的范围、继承顺序和继承财产的份额等内容。遗嘱继承制度的设立，是为了保障被继承人依自己的意愿处分其遗产的权利，但现代各国对所谓“遗嘱自由”普遍加以了必要限制。这种限制之所以必要，主要是因为继承这种法律行为与一般的债务法律行为不同，它是一种与人的身份密切相关的法律行为，同时涉及人的身份关系和财产关系，因此，不能简单地把适用于合同关系的当事人意思自治原则，同样适用于遗嘱继承关系。[①] 也就是说，被继承人任意按照其意愿来处理身后的财产，其遗嘱应受到法律的强制性规定或某些道德原则的限制。

遗嘱的效力，是指依法成立的遗嘱所产生的法律后果，即一份合法遗嘱中所包含的意思表示得以实现的效力。实际上，遗嘱的内容、遗嘱的形式、遗嘱能力和遗嘱的成立等都会影响到遗嘱的效力。由于各国继承立法在上述几方面存在着很大的不同，因此一份遗嘱在甲国合法有效，而在乙国可能被认定为无效遗嘱，法律冲突也是不可避免的。

（三）遗嘱方式

遗嘱方式是指订立遗嘱的法定方式和程序。作为一种要式法律行为，遗嘱必须以法定方式、按法定程序订立，否则其效力会受到减损。鉴于此，各国法律均有关于遗嘱方式的明文规定，但差异较大，易导致法律冲突。《法国民法典》将遗嘱方式分为一般遗嘱和特别遗嘱。其中，一般遗嘱包括自书遗嘱、公证遗嘱和密封遗嘱三种形式；特别遗嘱包括军人遗嘱、在交通隔绝地的遗嘱、海上遗嘱和在外国的遗嘱四种形式。《日本民法典》第 967 – 984 条对遗嘱方式作了类似法国的规定，不过在特殊方式的遗嘱中，日本没有军人遗嘱和在外国的遗嘱，而且特殊方式的遗嘱大多以口头方式订立。当然，无论是一般方式的遗嘱还是特殊方式的遗嘱，日、法两国规定的具体细节还是有不少差异的。在英、美等国，一般采用自书遗嘱和公证遗嘱两种方式，口头遗嘱方式仅适用于军人或水手对动产遗产的继承。

各国关于遗嘱方式的定性、种类、订立程序及具体细节等方面的立法存在较大分歧。这些分歧不仅存在于不同法系国家的立法之间，也存在于相同法系的国家立法之间。有鉴于此，在法院地国家有效的遗嘱方式，在其他国家则未必有效，反之亦然。

（四）遗嘱的变更和撤销

遗嘱的变更，是指被继承人在生存期间依法对遗嘱内容的部分取消或更改，即

---

① 参见林欣、李琼英：《国际私法理论诸问题研究》，中国人民大学出版社 1996 年版，第 208 页。

被继承人修改依法已经成立的遗嘱的部分内容，并赋予其修改后的遗嘱以可期待的法律效力。遗嘱的撤销，是指被继承人在生存期间依法对已成立的遗嘱的全部内容的废弃。实际上，遗嘱的变更是对遗嘱中的部分内容的撤销。因此，有些国家（如奥地利等）仅规定了遗嘱的撤销问题。从性质上讲，遗嘱的变更和撤销是一种单方、要式法律行为，是遗嘱自由原则的具体体现。当然，为了保证变更或撤销的有效性，被继承人最好采用与原遗嘱相同或更具有证明力的方式作出遗嘱的变更或撤销行为。各国关于遗嘱的变更和撤销的规定同样存在着差异，这种差异主要表现在新遗嘱与原遗嘱在内容上相互冲突或抵触时，是否发生遗嘱变更或撤销的效力；① 被继承人是否可以实施某种行为或因为某种法律事实产生，而变更或撤销原遗嘱。②

我国《继承法》第20条明确规定："遗嘱人可以撤销、变更自己所立的遗嘱。立有数份遗嘱，内容相抵触的，以最后的遗嘱为准。自书、代书、录音、口头遗嘱，不得撤销、变更公证遗嘱。"这一规定既与国际上通行方式趋于一致，也有一定独创性，当然也存在某些不足之处。

二、遗嘱继承的法律适用

（一）遗嘱能力

遗嘱能力属于人的行为能力之一，而人的行为能力一般适用当事人属人法来解决。同样，关于遗嘱能力，一般也适用属人法原则。

从另一个角度来看，由于遗嘱是立遗嘱人生前对其财产预先所作的处分，因而可能引起属人法的时际冲突。也就是说在实践中会出现立遗嘱人立遗嘱时的属人法和立遗嘱人死亡时的属人法并非同一个法律的情况。对此，有的国家采取不变原则，认为订立遗嘱的法律行为既已完成，就应当受行为时的法律支配，不应当因为属人法的改变适用新法。如意大利1995年《国际私法改革法》第47条规定，设立遗嘱的能力，受遗嘱人在设立遗嘱时对其有效的本国法支配。有的国家则采取可变原则，认为遗嘱是立遗嘱人死亡时才开始生效的法律行为，立遗嘱人不能在死亡之前就创设一种在其死后才能生效的权利。如匈牙利1979年《关于国际私法的法律》第36

---

① 《法国民法典》第1035条规定："遗嘱，仅得以日后重订的遗嘱或在公证人面前作成证书以声明改变意志而全部或部分取消。"

② 在英国法上，结婚可以使配偶中任何一方生前所立遗嘱被废弃，除非结婚时当事人有相反的意思表示；而在《美国统一继承法典》中，被继承人离婚或撤销婚姻的事实将导致其原订立遗嘱被废弃，除非结婚时当事人有相反的意思表示；同时，被继承人离婚或撤销婚姻的事实将导致其原订遗嘱中为原配偶所作的财产处分撤销。而且，遗嘱人或其指定的人面对遗嘱人烧毁、撕毁、盖销、涂抹或消除遗嘱的行为，也是对原遗嘱的更变或撤销方式之一。如《法国民法典》第1038条规定："遗嘱人就遗赠物的全部或部分所作的一切让与……均对一切已让与部分发生取消遗赠的效力。"

条第 2 款规定："遗嘱依遗嘱人死亡时的属人法。"

关于遗嘱能力的法律适用问题，国际上出现一种放宽限制的立法趋势，即采用选择性的冲突规范，尽可能使遗嘱保持法律效力。如瑞士 1987 年《关于国际私法的联邦法》第 94 条规定，根据立遗嘱人的住所地法律、惯常居所地法律或其任何一个本国法律的规定，立遗嘱人有遗嘱能力的，即可作出遗嘱处分。

此外，由于遗嘱继承同样与财产所在地的经济利益和法律秩序密切联系在一起，加上立法传统的影响，所以南美少数国家坚持立遗嘱人的遗嘱能力适用财产所在地法原则。而且，遗嘱涉及不动产时，各国大多主张立遗嘱人关于不动产的遗嘱能力适用不动产所在地法。

我国法律没有为遗嘱能力的法律适用问题作出专门的规定。在实践中多参照适用我国关于一般民事行为能力的准据法原则。《示范法》第 142 条建议："立遗嘱能力，适用立遗嘱人立遗嘱时的本国法、住所地法或者惯常居所地法。""依前款规定，如果立遗嘱人无立遗嘱能力，而依立遗嘱行为地法有立遗嘱能力，视为有立遗嘱能力。"这一主张符合当前国际社会关于遗嘱能力的法律适用的立法趋势，有利于立遗嘱人根据自己的意愿处分其身后财产，可资实际工作部门参考。

（二）遗嘱内容和效力

关于遗嘱的内容和效力的法律适用，国际上大致有以下几种做法：

第一，通常而言，遗嘱的内容和效力与立遗嘱人的国籍国或住所地国关系十分密切。所以，国际社会普遍以属人法原则作为遗嘱内容和效力的法律适用原则。由于对属人法的理解和运用上的差别，这里的属人法原则具体又可分为几种情况：一是遗嘱内容和效力，适用立遗嘱人的本国法。德国、日本、波兰、南斯拉夫、捷克和斯洛伐克、奥地利、土耳其、韩国等国立法采用了这一原则。不过，由于立遗嘱人立遗嘱时的本国法，和立遗嘱人死亡时的本国法可能产生冲突，其中多数国家适用立遗嘱人立遗嘱时的本国法。二是遗嘱的内容和效力，适用立遗嘱人的住所地法或惯常居所地法。同样，由于立遗嘱人住所的改变，也可能导致立遗嘱人住所地法的时际冲突，即立遗嘱人立遗嘱时的住所地法，与死亡时的住所地法之间的抵触。因此，有的国家如苏联、原民主德国等规定，遗嘱的内容和效力，适用立遗嘱人立遗嘱时的住所地法或惯常居所地法。[①] 而另一些国家如泰国、阿根廷等则规定，遗嘱的内容和效力适用立遗嘱人死亡时的住所地法或惯常居所地法。[②]

---

① 1975 年民主德国《法律适用条例》第 26 条规定："……对遗嘱的争议和由于订立遗嘱在表示上的瑕疵所造成的法律后果，应当依照立遗嘱人在订立遗嘱时其住所地国家的法律确定。"

② 1938 年泰国《关于法律冲突的法律》第 42 条规定："遗嘱全部或部分条款失效或消灭，依遗嘱人死亡时的住所地法。"

第二，由于遗产继承与遗产所在地法也有着非常密切的联系，加上一些国家传统上认为遗产继承属物权关系范畴，这些国家尤其是一些美洲国家（如乌拉圭、巴拉圭等）法律规定以遗产所在地法作为遗嘱内容和效力的准据法。

第三，有些国家如英国、美国、法国等，对于遗嘱的内容和效力也和法定继承一样，区分动产遗嘱和不动产遗嘱，分别适用不同的准据法，即动产遗嘱的内容和效力，适用立遗嘱人的住所地法，不动产遗嘱的内容和效力适用不动产所在地法。①

我国《涉外关系法律适用法》第33条规定："遗嘱效力，适用遗嘱人立遗嘱时或者死亡时经常居所地法律或者国籍国法律。"②

（三）遗嘱方式

关于遗嘱方式的法律适用问题，各国立法一般采取了两种制度：

1. 单一制

主张不分动产遗嘱和不动产遗嘱，遗嘱方式统一适用立遗嘱人属人法或立遗嘱行为地法或遗产所在地法。

遗嘱并非是一种纯粹的财产处分行为，它也反映了被继承人与遗嘱继承人或受遗赠人之间的某种身份关系，尤其要求充分体现被继承人自由处分其遗产的意思表示。因此，一些国家仍以被继承人（立遗嘱人）属人法原则来处理遗嘱方式的法律适用问题，例如日本1964年以前的规定。③ 其中，值得注意的是荷兰立法虽然也认为遗嘱形式应适用立遗嘱人本国法，但它认为遗嘱形式属于遗嘱能力的问题。而且，与日本等国类似，荷兰已于1982年批准了1961年海牙国际私法会议《遗嘱处分方式法律适用公约》，因而至少在公约的成员国范围内，荷兰已不再适用上述原则了。日本也于1964年颁布了《关于遗嘱方式准据法的法令》，以取代《法例》的有关规定。但"仅以本国法为准据法的，则不论内国人之留居于外国者，或外国人之留居于内国者，往往将事实上不能依本国所定之方式，无法为有效之遗嘱"。④

实际上，由于缺乏足够的灵活性，加上某些情况下容易形成遗嘱方式在一国有效而在另一国无效的尴尬现象，所以无论是以立遗嘱人的本国法为属人法，还是以

---

① 美国1971年《重述》第239条和第249条、第263条和第265条。

② 但在理论上，我国有学者认为，遗嘱内容和效力应适用继承的准据法，而不应适用遗嘱本身的准据法。参见李双元主编：《中国国际私法通论》，法律出版社2007年版，第478页。《示范法》第144条建议："遗嘱内容和效力，适用遗嘱人明示选择其立遗嘱时或死亡时的本国法、住所地法或者惯常居所地法。立遗嘱人没有选择法律的，适用上述法律中最有利于遗嘱成立的法律。"见中国国际私法学会编：《中华人民共和国国际私法示范法》，法律出版社2000年版，第32页。

③ 1964年以前的日本《法例》第26条第1款规定："遗嘱的成立及效力，依立遗嘱时立遗嘱人的本国法。"日本2007年《法律适用通则法》第37条规定："遗嘱的成立及效力，依其成立时遗嘱人本国法；遗嘱的取消，依其时遗嘱人本国法。"

④ 参见刘甲一：《国际私法》，三民书局1983年版，第326页。

立遗嘱人的住所地法为属人法，这种单纯采用属人法原则来解决遗嘱形式有效性问题的做法并不多见。多数国家立法在采用属人法原则的同时，也考虑适用立遗嘱地法来处理遗嘱方式的法律适用问题。毕竟，作为一种法律行为方式，遗嘱方式的法律适用必然会受到“场所支配行为原则”的影响。表现在立法技术上，这些国家多采用选择性法律适用规范。波兰、捷克和斯洛伐克、泰国、埃及等国，立法规定遗嘱方式适用立遗嘱人属人法或立遗嘱地法等。①

还有少数南美国家，如阿根廷、巴拉圭和乌拉圭等，比较强调遗嘱中所蕴含的财产关系，传统上一直视财产继承为物权问题，同时比较注重继承与遗产所在地国家的经济利益乃至公共秩序的联系，因而在遗嘱方式的法律适用方面，也采用物之所在地法原则，即遗嘱方式适用遗产所在地法。不过，这种立法的弊端也是显而易见的。

2. 区别制

大多数国家主张，在遗嘱方式的法律适用方面区分动产和不动产，分别适用不同的准据法。通常，涉及动产的遗嘱方式，适用立遗嘱人立遗嘱时的属人法或立遗嘱地法等；涉及不动产的遗嘱方式，适用不动产所在地法。在这些国家立法中，除了涉及不动产的遗嘱方式，由于考虑到标的物本身的特性及便于有关判决的承认与执行，而一概适用不动产所在地法以外，对于涉及动产的遗嘱方式的法律适用问题，都规定了多元化的准据法，只要符合其中之一，遗嘱方式即为有效。如 1963 年英国《遗嘱法》规定，遗嘱方式只要符合以下任一法律规定的，即为有效：立遗嘱人立遗嘱时或死亡时的住所地法；立遗嘱人立遗嘱时或死亡时的惯常居所地法；不动产遗嘱，依不动产所在地法。②

上述各国关于遗嘱方式适用的区别制的采用，都不同程度地受到了 1961 年海牙国际私法会议《遗嘱处分方式法律适用公约》第 1 条的规定的影响，有的规定与该公约如出一辙。甚至有国家立法如瑞士 1987 年《关于国际私法的联邦法》第 93 条直接规定：“遗嘱的方式，适用 1961 年 10 月 5 日《遗嘱处分方式法律适用公约》。其他遗嘱方式，类推适用上述公约的规定。”由此，我们也看到了海牙国际私法会议在协调各国冲突法方面的贡献。

我国《涉外关系法律适用法》第 32 条规定：“遗嘱方式，符合遗嘱人立遗嘱时或者死亡时经常居所地法律、国籍国法律或者遗嘱行为地法律的，遗嘱均为成立。”

① 1966 年《波兰国际私法》第 35 条规定：“遗嘱及其他因死亡而成立之行为，其成立依法律行为时死者本国法。但行为方式，遵守行为地法规定的，亦为有效。”

② 类似规定尚有 1986 年联邦德国《关于改革国际私法的立法》第 26 条、南斯拉夫 1982 年《法律冲突法》第 31 条、匈牙利 1979 年《关于国际私法的法律》第 36 条，以及 1969 年美国《统一遗嘱验证法典》和 1964 年日本《关于遗嘱方式准据法的法令》中有关遗嘱方式法律适用原则的规定等。

该规定鲜明体现了从宽掌握遗嘱形式要件、促成遗嘱在形式上有效的立法政策，符合当代遗嘱方式准据法多元化的趋势。[①]

（四）遗嘱的变更和撤销

遗嘱的变更和撤销的法律适用，通常情况下是指立遗嘱人以一份新遗嘱部分或全部地改变了原已有效的遗嘱时，该新遗嘱的有效性适用何种法律的问题。特殊情况下还包括因为立遗嘱人的某些行为（如立遗嘱人亲自或指定他人面对立遗嘱人焚毁或撕毁原遗嘱）或某些与立遗嘱人密切相关的亲属法上的事实（如立遗嘱人结婚、离婚或其子女出生）等引起原遗嘱的有效性，应依何种法律重新确定的问题。

遗嘱的变更和撤销几乎涉及原遗嘱的各个方面的问题，因此其法律适用也受到遗嘱准据法的影响。从各国国内立法和国际条约的实践来看，遗嘱的变更和撤销也多适用立遗嘱人的属人法，少数则考虑了遗嘱变更或撤销行为地法，或者法院地法等。

具体而言，多数大陆法系国家和东欧国家采取单一制的做法来处理遗嘱的变更和撤销的法律适用问题。如白俄罗斯[②]、德国[③]等。

主要的普通法系国家如英国、美国则采取传统的区别制来解决遗嘱的变更或撤销的法律适用问题。涉及不动产遗嘱的变更或撤销，包括以焚毁或撕毁的方式撤销涉及不动产的遗嘱，一律受不动产所在地法的支配，而涉及动产遗嘱的变更或撤销的法律适用情况要复杂一些。（1）如果立遗嘱人是以新遗嘱来变更或撤销原遗嘱中涉及动产的内容，英国规定应适用新遗嘱设立时立遗嘱人的住所地法。莫里斯就支持这种观点。而美国则坚持此时应适用立遗嘱人死亡时的住所地法，还有人建议适用变更或撤销时的住所地法或者变更或撤销行为地法。（2）如果立遗嘱人是以焚毁或撕毁等方式来撤销涉及动产的遗嘱，英、美两国法律都支持适用立遗嘱人的住所地法。在立遗嘱人撤销遗嘱时和死亡时的住所地法不一致的情况下，则适用立遗嘱

---

① 学术界起草的《示范法》也反映了类似的趋势。该法第143条建议："遗嘱方式符合下列法律之一的，即为有效：（1）立遗嘱人立遗嘱时的行为地法；（2）立遗嘱人立遗嘱时或者死亡时的本国法；（3）立遗嘱人立遗嘱时或者死亡时的住所地法；（4）立遗嘱人立遗嘱时或者死亡时的惯常居所地法；但涉及不动产的，适用不动产所在地法。"见中国国际私法学会编：《中华人民共和国国际私法示范法》，法律出版社2000年版，第32页。

② 《白俄罗斯共和国民法典》第1135条规定："只要被继承人在遗嘱中未选择其国籍法，则被继承人设立或废除遗嘱的能力、遗嘱以及废除遗嘱的形式，依照被继承人设立或废除遗嘱时的固定住所地国法确定。遗嘱以及废除遗嘱的文书，只要其形式满足被继承人遗嘱处分地的要求或符合白俄罗斯共和国法律的形式要求，则不得因未遵守形式规定而被宣告无效。"

③ 经1986年《联邦德国关于改革国际私法的立法》修订后的《民法典施行法》第26条第5款规定："遗嘱的废除适用立遗嘱时支配继承关系的法律。"该法通常是立遗嘱人死亡时的本国法。奥地利1978年《关于国际私法的联邦法》第30条第2款："遗嘱的撤销应适用立遗嘱人撤销遗嘱时的属人法，但如该法不认为有效，则适用立遗嘱人死亡时的属人法。"但第30条现已废除。

人撤销遗嘱时的住所地法或撤销行为地法。

在我国，现行立法中没有关于遗嘱的变更和撤销的法律适用专门规定，甚至《示范法》也未涉及此问题。毫无疑问，这种状况是不利于我国的法制建设和改革开放的。

第三节　无人继承财产

一、无人继承财产的法律冲突

确切地说，无人继承财产，又称绝产，是指无人继承又无人受遗赠的财产，即继承开始以后，在法定期限内无人接受继承或无权继承，且无人受领遗赠的财产。

国际私法所调整的无人继承财产关系，是含有涉外因素的无人继承财产关系，简称涉外无人继承财产关系。它主要包括外国人死亡以后在内国留下无人继承财产和内国人死亡以后在外国留下无人继承财产两种情况。死亡事实发生在内国还是外国，对涉外无人继承财产关系的形成和处理并无多大的影响。

（一）无人继承财产的确定的法律冲突

由于各国立法关于继承人的范围、应继份额、特留份、遗嘱有效性、可继承财产的范围等方面的规定，都存在着很大差异，死者的遗产是否为无人继承财产，依不同国家的法律来判定，可能会得出不同的结论。

（二）无人继承财产的归属的法律冲突

对于无人继承财产的归属，各国立法基本上是一致的。大多数国家是将无人继承财产收为国家所有。少数国家的此类规定略有不同。在美国，除国家以外，州政府在一定情况下取得无人继承财产，英国规定无人继承财产归王室所有，西班牙则规定由学校或慈善机构获得无人继承财产。可见，各国立法关于无人继承财产的归属的规定大致上是相同的，但问题在于，国家究竟以什么身份或资格来取得无人继承财产，各国主要有两种主张：

1. 继承权说

这一学说的倡导者是德国的萨维尼。他认为，基于主权者与臣民之间的密切关系，国家或地方团体作为最后的法定继承人，取得具有本国国籍的死者的遗产，无论有关遗产位于何处或者有无其他继承人。这一主张为1896年《德国民法典》采纳。该法典第1936条规定了“国库的法定继承权”：“1.（1）如在继承开始时既无被继承人的直系血亲亲属，又无被继承人的配偶存在，被继承人在死亡时所属的邦

（州）的国库为法定继承人。（2）如被继承人属于数个邦（州）者，这些邦（州）的国库均享受此遗产的相等份额。2. 被继承人是不属于任何邦（州）的德国人者，由帝国国库为法定继承人。”除德国外，意大利、西班牙、瑞士、匈牙利、罗马尼亚、瑞典和苏联等国，也持这一主张。①

实际上，根据继承权说，死者的遗产并不是“无人继承”的财产，因为在他身后总有一个法定继承人——其国籍所属国家，不过是国家在继承顺序上处于最后罢了。

2. 先占权说

这一主张的倡导者是法国的魏斯。他认为，无人继承财产即无主财产。基于领土主权，同时也为了防止个人先占所引起的社会秩序混乱和对公益的侵害，国家享有对无人继承财产的先占权。② 该学说为1804年《法国民法典》所采纳，其修改后第768条规定：“（死者）如无继承人时，遗产归属国家。”除法国外，英国、美国及其多数州、日本、奥地利和多数拉美国家等也支持先占权说。

对于先占权说，另一位法国学者巴迪福有不同看法。先占本是民法中财产所有权的一种原始取得方式，属于私权范畴。但巴迪福认为，无主财产所在地国家并非因私法上的权利，而是基于公权取得该财产的。因为，由外国取得处于内国的无主财产，“有违公安”。巴迪福考虑的不是国家与个人、组织在取得无人继承财产时，谁先谁后的问题，而是在以私权取得无人继承财产和以公权取得无人继承财产之间，何种方式更优先的问题。③

二、无人继承财产的法律适用

相应地无人继承财产的法律适用，包括两个方面：

（一）无人继承财产的确定的法律适用

无人继承财产的确定的法律适用问题，是指应依何国法律来确定死者遗留的财产是否为无人继承财产。对此，各国一般都主张依继承的准据法。例如，1984年《秘鲁民法典》第2101条规定：“如果依死者住所地法，遗产须交给外国或其权力机关，对死者在秘鲁的财产继承，依秘鲁法。”而该法第2100条规定：“继承，无论遗产在何国，只适用死者最后住所地法。”根据这两条规定的精神，秘鲁是以继承的准据法作为无人继承财产确定的准据法的，只是缺乏应有的明确性。

（二）无人继承财产的归属的法律适用

无人继承财产归属的法律适用问题，是指应依何国法律来决定无人继承财产所

---

① 参见张仲伯：《国际私法学》，中国政法大学出版社2012年版，第261~262页。

② 参见张仲伯：《国际私法学》，中国政法大学出版社2012年版，第262页。

③ 参见姚壮主编：《国际私法理论与实务》，法律出版社1992年版，第174页。

有权的归属。实践中，各国关于无人继承财产归属的法律适用原则，主要有四种：

1. 适用继承的准据法

如罗马尼亚1992年《关于调整国际私法法律关系的第105号法》第67条规定："适用于继承权的特别适用于……国家对无人继承的遗产的继承权。"法国1878年福果案以及英国的一些判例也都是采用继承的准据法来解决无人继承财产的归属问题的。

2. 原则上适用继承的准据法，同时兼顾法院地的公共秩序

如意大利1995年《国际私法改革法》第49条规定："无继承人，而继承的准据法又不把国家作为继承人的情形下，位于意大利的遗产应归意大利国家所有。"在审判实践中，德国也曾按此原则解决无人继承财产的归属问题。一般而言，采用此原则的国家大多主张继承权说，认为国家是以特殊继承人资格取得无人继承财产的。

3. 适用财产所在地法

如1978年奥地利《关于国际私法的联邦法》第29条（现已废除）规定，如依继承的准据法，"遗产无人继承，或将归于作为法定继承人的领土当局，则在各该情况下，应以死者财产在其死亡时之所在地国家法律，取代该法律"。这就是说，根据继承的准据法（通常为死者的本国法）确定遗产无人继承后，应转而适用遗产所在地法来解决该无人继承财产的归属。1984年《秘鲁民法典》第2101条作了类似规定。法国、美国也曾采用这一做法。一般而言，采用此原则的国家多主张先占权说，认为国家是基于先占权而取得无人继承财产的。

4. 公共秩序原则

如2007年《土耳其国际私法法令》第20条第3款规定："无人继承财产，位于土耳其境内的归土耳其国库所有。"1971年美国《重述》第226条也规定："在依法确定无人有权继承无遗嘱动产时，该项动产归管理州所有。"此类规定，通过排斥一切有关外国法的适用的方式，保证了法院地国家对境内无人继承财产的所有权，维护了法院地国家的经济利益和社会秩序。

三、我国对无人继承财产的处理

我国对于无人继承财产的处理，应当包括无人继承财产的确定和无人继承财产的归属两个方面的法律适用问题。

关于无人继承财产的确定的法律适用，我国法律没有明确规定。大多数学者认为，无人继承财产确定应适用继承关系的准据法，即《民法通则》第149条的规定。[①]

① 参见李双元、金彭年：《中国国际私法》，海洋出版社1991年版，第568页；张仲伯主编：《国际私法》，中国政法大学出版社1995年版，第364页；李双元主编：《中国国际私法通论》，法律出版社2007年版，第474页。

具体就是，动产遗产是否为无人继承财产，适用死者死亡时的住所地法；不动产遗产是否为无人继承财产，适用不动产所在地法。显然，这些学者采用了区别制。但从中国国际私法学会的《示范法》第145条看，采用的却是单一制，且准据法原则也与上述原则有较大差异。①

关于无人继承财产的归属的法律适用，《涉外关系法律适用法》第35条规定："无人继承遗产的归属，适用被继承人死亡时遗产所在地法律。"②

第四节 关于继承的国际公约

一、《遗嘱处分方式法律适用公约》

1961年10月，第九届海牙国际私法会议通过《遗嘱处分方式法律适用公约》，其目的在于就遗嘱处分方式的法律适用问题制定若干共同规则，基本的立法原则是广泛承认遗嘱方式的有效性。公约于1964年1月生效，截至2018年2月，公约共有42个缔约国。③ 从1997年7月1日起，《公约》适用于我国香港地区。公约共20条，主要内容如下：

（一）关于遗嘱方式的准据法问题

遗嘱方式符合下列法律之一的，应为有效：（1）立遗嘱人立遗嘱地法；（2）立遗嘱人立遗嘱时或死亡时的本国法；（3）立遗嘱人立遗嘱时或死亡时的住所地法；（4）立遗嘱人立遗嘱时或死亡时的惯常居所地法；（5）在涉及不动产时，财产所在地法。

---

① 《示范法》第145条建议："无人继承财产的确定，适用死者死亡时的本国法。依前款规定虽无人继承，但依死者死亡时的住所地法或者惯常居所地法之规定有继承人的，则遗产不作无人继承财产处理。"见中国国际私法学会编：《中华人民共和国国际私法示范法》，法律出版社2000年版，第32页。

② 在《涉外关系法律适用法》制定之前的司法实践是按有关司法解释来处理该问题的。如《民通意见》第191条规定："在我国境内死亡的外国人，遗留在我国境内的财产如果无人继承又无人受遗赠的，依照我国法律处理，两国缔结或者参加的国际条约另有规定的除外。"这里，"我国法律"主要是指我国《继承法》第32条："无人继承又无人受遗赠的遗产，归国家所有；死者生前是集体所有制组织成员的，归所在集体所有制组织所有。"《示范法》第146条建议："无人继承财产的处理，适用死者死亡时遗产所在地法。"见中国国际私法学会编：《中华人民共和国国际私法示范法》，法律出版社2000年版，第32～33页。

③ 来源网址：https：//www. hcch. net/en/instruments/conventions/status - table/？ cid = 40，最后访问日期：2018年2月5日。

（二）关于多法域国家遗嘱方式准据法的确定问题

在适用公约时，如果某国法律是由不统一的法律制度组成，则遗嘱方式适用的法律应由该国法律中有效的区际冲突规则确定；如果没有此类规则，则由该国法律中与立遗嘱人最有实际联系的任何一种法律确定。

（三）关于各国间存在争议的两个问题

1. 共同遗嘱

尽管共同遗嘱为许多国家法律所禁止，但是在缔约国承认共同遗嘱的情况下，其方式也适用公约的规定。

2. 遗嘱方式的识别

根据立遗嘱人的年龄、国籍或其他个人条件而对遗嘱方式施加的限制，属于公约规定的遗嘱方式问题；上述规定也适用于根据遗嘱见证人资格而对遗嘱处分的有效性施加的限制。

（四）关于公约适用范围的其他问题

1. 公约不妨碍缔约国现有或将来制定的法律规则承认公约所确定的准据法以外的法律所规定的遗嘱方式。

2. 公约规定的冲突规则的适用应与任何互惠的要求无关。即使符合公约规定的法律或利害关系人不属于缔约国的公民，也在公约的适用范围之内。

（五）关于公约的保留问题

1. 根据公约规定应适用的外国法只有在其适用明显与法院地的公共秩序相抵触时，才可拒绝适用；

2. 缔约国可保留权利，不承认没有取得其他国籍的本国人在外国所立的口头遗嘱，特殊情况除外；

3. 缔约国可根据本国有关法律规定，不承认住所或惯常居所在立遗嘱地的外国、但死亡于立遗嘱地以外的其他外国的本国立遗嘱人根据立遗嘱地国家法律所立遗嘱方式的有效性，但这种保留仅仅针对立遗嘱人在本国国内的遗产；

4. 缔约国可保留权利，对于根据本国法不属于继承问题的遗嘱条款（如遗嘱中的收养、认领、指定监护人等条款），排除本公约的适用。

关于遗嘱方式与实质的划分问题，公约没有作出规定。但是，公约的基本精神是尽量协调各国关于遗嘱方式的法律冲突，使遗嘱在方式上易于取得法律支持，充分体现立遗嘱人在遗嘱方式方面的自由意志。这种宽松的态度和做法，比较全面地反映了世界各国遗嘱方式法律适用制度的发展趋势，深刻影响了许多国家关于遗嘱方式的准据法的立法。如英国、日本、美国、匈牙利、南斯拉夫、联邦德国、罗马尼亚等国家，纷纷修改或制定其有关遗嘱方式准据法的立法，就是公约影响的具体体现。特别要指出的是，在海牙国际私法会议统一国际私法的历史上，公约首次制定出一个关于多法域国家确定遗嘱方式准据法的条款，[①] 不仅使公约内容更加全面细致，而且为今后的统一国际私法工作甚至各国国内立法树立了一个典范。

二、《死者遗产继承法律适用公约》

1988 年 10 月，第 16 届海牙国际私法会议通过《死者遗产继承法律适用公约》。公约共 5 章 31 条。截至 2018 年 2 月，阿根廷、卢森堡、荷兰和瑞士签署了该公约，荷兰批准了该公约，公约现在尚未生效。[②] 我国对制定该《公约》表示了极大关注，派代表团参加了有关的全部会议，并就涉外继承法律适用等方面的事项阐明了我国法律的规定情况及我国的观点，对《公约》的最后通过作出了重大贡献。《公约》共有 5 章 31 条，主要内容如下：

（一）公约的适用范围

1. 事项范围

公约只解决除下列事项外的遗产继承的法律适用问题：继承的管辖权、遗嘱方式、遗嘱能力、夫妻财产制和非依继承方式获取财产权益。

2. 空间范围

即使准据法为非缔约国法律，公约仍应适用。亦即只要受理案件的法院所在国参加了公约，该法院就要适用公约，而不问准据法所属国是否参加了公约。

（二）以惯常居所为主的多元连结因素的同一制

公约采用了继承法律适用的同一制，把死者遗产看成一个整体，不论动产和不动产，均适用同一个准据法。

原则上，遗产继承适用死者死亡时的惯常居所地法，但须具备下列条件之一：一是死者是该国公民；二是死者死亡前已在该国居住 5 年以上，除非那时死者与另一国家有更密切的联系而应适用该另一国法律。

而在其他情况下继承应受其死亡时的本国法支配，除非那时死者与另一国家有更密切的联系而应适用该另一国法律。

可见，上述同一制包含有 3 个连结因素：死者死亡时的惯常居所、死者死亡时的国籍和与死者有最密切联系的地方。

（三）有限的意思自治原则

公约规定，允许死者通过遗嘱选择遗产继承适用的法律。但这种选择必须是明

---

① 参见李双元等：《中国与国际私法统一化进程》（修订版），武汉大学出版社 1993 年版，第 496 页。

② 来源网址：https：//www. hcch. net/en/instruments/conventions/status - table/？cid = 62，最后访问日期：2018 年 2 月 5 日。

示的，在范围上仅限于死者死亡时的本国法或惯常居所地法。而且，这种选择仅针对动产的继承，不包括对不动产的继承。

（四）准据法的适用范围

公约规定的继承准据法适用于死者的一切遗产，包括动产和不动产，不管其位于何处；但不影响不动产及一些企业所在地国适用任何其他法律，也不影响法院地国家因经济、家庭和社会原因适用其他法律。公约确定的准据法具体适用于以下事项：（1）确定继承人、受遗赠人和遗产承受人及其取得遗产的份额与义务，以及因死者死亡等原因而引起的其他继承权；（2）继承权和接受遗产的资格的剥夺和丧失；（3）确定继承人、受遗赠人和遗产承受人各自份额时的返还或说明赠予物、特留份或遗物的义务；（4）基于死亡而处理遗产时的各种限制；（5）遗嘱的实质有效性。此外，准据法还可适用于法院地法认为属于其继承法调整的其他事项。

（五）限制或排除适用外国法的制度

1. 转致

公约规定，如果继承应适用的法律为某一非缔约国的法律，而该国冲突法又指定适用另一非缔约国法律，且该另一非缔约国冲突法指定适用本国法，则最终应适用该另一非缔约国国内法。

2. 公共秩序保留

公约规定应适用的任何法律，只有在其适用明显违反法院地的公共秩序时方可排除其适用。此外，公约还对继承协议、区际法律冲突和人际法律冲突等问题作了规定。

作为一个统一的继承冲突法，公约是世界上有关涉外继承法律适用的各种既存制度折中和调和的产物。[①] 公约采用了以惯常居所为主的多元连结因素的同一制，基本上协调了两大法系在继承问题上的利益，便于各国接受，这是海牙国际私法会议在继承法律制度上的又一重要成果，对各国相关立法产生了重大影响。

§思考题：

1. 简述涉外法定继承的法律适用原则。
2. 简述遗嘱继承的法律适用规则。
3. 简评1987年《死者遗产继承法律适用公约》。
4. 我国关于涉外法定继承的法律适用有何规定？存在哪些问题？

---

① 参见李双元主编：《中国国际私法通论》，法律出版社2007年版，第482页。

§“法律职业资格考试”要点提示：

法定继承的法律适用；我国关于法定继承法律适用的规定；遗嘱的法律适用；关于无人继承财产的理论；无人继承财产归属问题的法律适用。

第三编

国际民事程序法

GUO JI SI FA

第十七章　国际民事诉讼（一）

——国际民事诉讼法的一般性问题

§学习目的与要求：

国际民事诉讼程序是解决涉外民商事法律冲突、维护当事人的合法权益，促进国际民商事交流发展的重要保障。要求通过本章的学习，掌握国际民事诉讼法的概念、外国人作为民事诉讼主体时诉讼地位所涉及的普遍原则、诉讼费用、诉讼代理以及外交豁免等方面的基本原理。

国际民事诉讼程序规范是国际私法的规范构成之一。① 它是为调整国际民商事关系或涉外民事关系服务的，是国际民事关系当事人对其权利义务行使司法保护权的依据。因此，国际民事诉讼法是本书体系的重要组成部分。

第一节　国际民事诉讼的概念

一、国际民事诉讼法的概念

国际民事诉讼法或国际民事诉讼程序法，或者涉外民事诉讼程序法，是指一国法院在审理涉外民事案件时，法院、当事人及其他诉讼参与人所必须遵守的专用程

① 参见韩德培主编：《国际私法》，高等教育出版社、北京大学出版社2000年版，第7页。刘振江、张仲伯等主编：《国际私法教程》，兰州大学出版社1988年版，第30～31页。

序规范的总称。

所谓国际民事案件或称涉外民事案件，就是指具有涉外因素的民事案件。同国内民事案件相比，涉外性是其显著特点。其表现一般为：诉讼当事人中必须至少有一方为外国人（或者当事人的住所、居所或惯常居所位于外国）；诉讼客体是位于外国的物或导致涉外民事关系产生、变更或消亡的法律事实发生于国外；援用的证据具有涉外因素；法院根据冲突规范的指引，需援引某一外国法作为案件的准据法；诉讼过程中会涉及国际司法协助问题等。

正因为此，在法院从受理到审结各类涉外民事案件的整个诉讼过程中，必然会产生不同于一般国内民事案件的各种特殊程序问题。它们分别为：（1）涉外民事诉讼中的外国人、无国籍人、外国法人以及享有豁免权的外国国家和外交代表的诉讼地位问题；（2）一国法院对各类涉外民事案件的管辖权问题；（3）涉外民事诉讼的期间、诉讼保全及时效问题；（4）涉外民事诉讼中的司法协助问题。国际民事诉讼程序法或涉外民事诉讼程序法就是专用于解决这些问题的程序性规范的总称。

这里所称的“专用”有两方面的含义：（1）这类程序规范只能适用于对涉外民事案件的审理，这既是审理涉外民事案件的特殊性之要求，也是这类特殊程序规范专用性的体现；（2）这类程序规范是一国法院在审理涉外民事案件过程中所必须首先适用的规范，只有当这类规范对有关问题没有规定或规定不全面时，才能适用国内民事诉讼法的一般规定。如2017年《民事诉讼法》第259条规定：“在中华人民共和国领域内进行涉外民事诉讼，适用本编规定。本编没有规定的，适用本法其他有关规定。”

二、国际民事诉讼的相关立法

国际民事诉讼的相关立法主要包括国内立法和国际立法两个部分。

（一）国内立法

国家主权原则要求一国法院行使司法裁判权时必须是独立的。因而，诉讼程序适用法院地法即是国家主权原则在国内司法领域所派生出的一条具体原则。

从各国对国际民事诉讼程序的立法体例来看，主要包括以下几种模式：（1）在国内民事诉讼法典或国内民法典中以专编或专章形式，较系统地就国际民事诉讼程序作出规定。如法国、德国和秘鲁；[①]（2）在国际私法典中以专编（或专章）或分散形式就国际民事诉讼程序作出全面而系统的规定。其典型代表分别是瑞士和罗马

---

① 法国新《民事诉讼法典》第一卷第十七编第三章、第二十编第二章、第四卷第六编，德国《民事诉讼法典》第一、二、六、七、八、十编，《秘鲁民法典》第十编第四章等，都专门就国际民事诉讼程序中的有关问题作出了较为全面的规定。

尼亚；[①]（3）在有关的单行法中，就国际民事诉讼某一方面的问题作出规定。如日本、英国和美国；[②]（4）在内国的执行性立法中规定相关的国际民事诉讼程序。[③] 所谓内国的执行性立法，是指一国为实施自己参加或缔结的国际条约而制定的相应规则。这类规则通常具有派生性和特定性。派生性是指这类规则的制定必须以一国已参加或缔结有关国际条约为前提；特定性是指这类规则是一国为实施某些条约而专门制定的，而且这类规则只能适用于特定的领域（或特定的问题）。如日本和意大利都有内国执行性立法。[④]

此外，在英美法系国家，学者编纂的判例中也有关于国际民事诉讼程序的规定。[⑤] 部分大陆法系国家中，也有在一定程度上依赖判例的。如日本有关国际民事诉讼法的规定未臻完备，则一般以学说及具体案件的判例作为弥补。[⑥]

我国国际民事诉讼程序立法上主要体现在 2017 年《民事诉讼法》和 1999 年《海事诉讼特别程序法》中。前者“涉外民事诉讼程序的特别规定”共五章，分别就涉外民事诉讼的一般原则、涉外民事案件的管辖权、送达与期间、仲裁、司法协助等作出了规定；后者则就有关涉外海事诉讼中的管辖等作出了规定。最高人民法院也颁行了一系列涉及国际民事诉讼相关问题的相关规定，这些规定可分为两类：一类是最高人民法院颁布的有关司法解释性规定；另一类是最高人民法院或最高人

① 瑞士 1987 年《关于国际私法的联邦法》除在第一章第一节就涉外民事案件管辖权的基本原则作出规定外，在以后的各章节中还就各类涉外民事案件的管辖权、外国判决的承认与执行分别作出了具体的规定；罗马尼亚 1992 年《关于调整国际私法法律关系的第 105 号法》中设立专章“国际民事诉讼程序”（第十二章），第 148～179 条规定国际民事诉讼程序，包括五个部分：法院管辖权、国际私法诉讼程序的法律适用、外国人作为诉讼当事人的法律地位、外国判决的效力、法院调解。

② 日本 1938 年的《外国法院司法协助法》、英国 1975 年《域外证据法》、美国 1976 年的《国家主权豁免法》都是就国际民事诉讼某一方面的问题作出规定。

③ 参见张仲伯主编：《国际私法》，中国政法大学出版社 1995 年版，第 372～373 页。

④ 日本为执行 1954 年《民事诉讼程序公约》和 1965 年《关于向国外送达民事或商事司法文书和司法外文书公约》（以下简称《海牙送达公约》）而分别于 1970 年和 1977 年所颁布的有关规定，以及意大利为批准和执行《海牙送达公约》所颁布的立法，均属内国执行性立法。

⑤ 例如，英国学者戴赛、莫里斯撰写的《冲突法》、美国学者里斯主持编撰的美国 1971 年《重述》、加拿大学者卡斯特尔所著的《加拿大冲突法》等著作，这些著作经常成为这些国家的法院在司法实践中的直接依据。

⑥ 参见［日］北敏协一：《国际私法——国际关系法》，姚梅镇译，法律出版社 1989 年版，第 131～132 页。

民法院会同有关部门为执行我国缔结或参加的国际条约而制定的执行性规定。[①]

（二）国际立法

有关国际民事诉讼程序的国际条约最早出现于欧洲，如法国和瑞士早在1715年就定有这种条约。[②] 但直至19世纪末期，关于国际民事诉讼的“国际立法”才得到迅速发展。目前，较有影响的多边国际条约主要有：

1. 普遍性的国际条约

（1）海牙国际私法会议通过的有关国际民事诉讼的主要条约：1954年《国际民事诉讼程序公约》；1958年《关于承认与执行扶养义务判决的国际公约》；1958年《关于国际有体动产买卖案件协议管辖权公约》；1961年《关于废除外国公文书认证的公约》；1965年《关于收养的管辖权、法律适用和裁决的承认公约》；1965年《关于向国外送达有关民事或商事司法文书或司法外文书的公约》（以下简称1965年《送达公约》）；1965年《选择法院公约》；1970年《关于民事或商事事件国外取证公约》；1971年《民事事件外国判决的承认与执行公约》及其《附加议定书》；1973年《扶养义务判决的承认与执行公约》；1980年《国际司法救助公约》；1996年《关于父母责任和保护儿童措施的管辖权、法律适用、承认、执行和合作的公约》；2005年《选择法院协议公约》。

（2）联合国制定的有关国际民事诉讼的国际条约：1958年《关于承认与执行外国仲裁裁决公约》（以下简称1958年《纽约公约》）；1961年《维也那外交关系公约》（其中的有关规定）；1963年《维也那领事关系公约》（其中的有关规定）；2004年《联合国国家及其财产管辖豁免公约》（其中的有关规定）。

2. 区域性国际条约

（1）美洲国家1928年的《布斯塔曼特法典》（该法典第四卷是关于国际民事诉讼的规定）；

---

① 前一类主要有2014年12月28日《最高人民法院关于适用〈中华人民共和国民事诉讼法〉的解释》、1986年1月31日《最高人民法院关于涉外海事诉讼管辖的具体规定》（已失效）和《最高人民法院关于诉讼前扣押船舶的具体规定》（已失效）、1999年12月1日《最高人民法院关于人民法院受理申请承认外国法院离婚判决案件有关问题的规定》、2001年12月25日《最高人民法院关于涉外民商事案件诉讼管辖若干问题的规定》、2003年1月6日《最高人民法院关于适用〈中华人民共和国海事诉讼特别程序法〉若干问题的解释》（2008年修改）、2006年7月17日《最高人民法院关于涉外民事或商事案件司法文书送达问题若干规定》（2008年修改）、2008年4月23日最高人民法院《关于涉台民事诉讼文书送达的若干规定》、2009年2月16日《最高人民法院关于涉港澳民商事案件司法文书送达问题若干规定》等；后一类主要有1986年《最高人民法院、外交部、司法部关于我国法院和外国法院通过外交途径相互委托送达法律文书若干问题的通知》、1987年《最高人民法院关于执行我国加入的〈承认和执行外国仲裁裁决公约〉的通知》以及1988年《最高人民法院关于执行中外司法协助协定的通知》（已失效）等。

② 参见张仲伯主编：《国际私法》，中国政法大学出版社1995年版，第373页。

（2）北欧国家1933年的《关于司法判决的承认公约》，1974年的《关于相互间司法协助的协定》；

（3）欧洲经济共同体1968年的布鲁塞尔《民商事管辖权和判决执行公约》、1987年卢加诺《民商事司法管辖权和判决执行公约》等。欧盟成立后，特别是1997年《阿姆斯特丹条约》签署后，欧洲的民事司法协助出现了新的跨越，欧洲联盟理事会先后制定了2000年《关于在成员国内送达民商事司法文书或司法外文书的第1348/2000号条例》、2000年《关于民商事案件管辖权和判决承认与执行的第44/2001号条例》、2000年《关于婚姻事项与父母亲责任诉讼的管辖权及判决的承认与执行的第1347/2000号条例》（后为2003年11月27日欧盟理事会通过的《关于婚姻事项及父母亲责任事项的管辖权及判决的承认与执行并废除第1347/2000号条例的第2201/2003号条例》所取代）、2001年《关于成员国法院在民商事案件中合作取证的第1206/2001号条例》、2001年《关于建立欧洲民商事司法协助网络的决定》和2002年《关于为便利民事司法合作而采取共同体行动的一般框架规定的第743/2002号条例》。这些条例和决定无须各成员国履行国内批准程序或转化程序，即在各成员国生效。

我国已于1986年加入了1958年《纽约公约》，于1991年批准加入了1965年海牙《送达公约》，于1997年批准加入了1970年海牙《取证公约》。截至2018年2月，我国已与有关国家共签署了39项民事司法协助方面的条约，其中36项已经生效。[①] 随着我国对外开放和“一带一路”倡议的不断推进，我国将更积极地参加或缔结有关国际民事诉讼的国际条约。《最高人民法院关于人民法院为“一带一路”建设提供司法服务和保障的若干意见》规定，要加强与“一带一路”沿线各国的国际司法协助，切实保障中外当事人合法权益。要积极探讨加强区域司法协助，配合有关部门适时推出新型司法协助协定范本，推动缔结双边或者多边司法协助协定，促进沿线各国司法判决的相互承认与执行。要在沿线一些国家尚未与我国缔结司法协助协定的情况下，根据国际司法合作交流意向、对方国家承诺将给予我国司法互惠等情况，可以考虑由我国法院先行给予对方国家当事人司法协助，积极促成形成互惠关系，积极倡导并逐步扩大国际司法协助范围。要严格依照我

① 自20世纪80年代以来，我国共签署民刑事司法协助条约19项（全部生效），签署民商事司法协助条约20项（17项生效）。与我国签署双边民刑事司法协助条约的国家先后有：波兰、蒙古、罗马尼亚、俄罗斯、土耳其、乌克兰、古巴、白俄罗斯、哈萨克斯坦、埃及、希腊、塞浦路斯、吉尔吉斯、塔吉克斯坦、乌兹别克斯坦、越南、老挝、立陶宛、朝鲜。与我国签署的已生效民商事司法协助条约的国家先后有：法国、意大利、西班牙、保加利亚、泰国、匈牙利、摩洛哥、新加坡、突尼斯、韩国、阿联酋、科威特、巴西、阿尔及利亚、秘鲁和波黑。来源网址：http：//www. fmprc. gov. cn，最后访问日期：2018年2月22日。

国与沿线国家缔结或者共同参加的国际条约，积极办理司法文书送达、调查取证、承认与执行外国法院判决等司法协助请求，为中外当事人合法权益提供高效、快捷的司法救济。

三、国际民事诉讼法与有关部门法的关系

与国际民事诉讼法关系密切的主要有：国际私法和国内民事诉讼法。

国际私法和国际民事诉讼法虽然都是用来调整涉外民事关系的，但前者主要解决的是涉外民事法律关系（涉外民事案件）的法律适用问题，后者主要解决的是涉外民事案件的管辖权以及由此引起的其他诉讼程序问题。因而二者有着显著的区别。正因为此，有些国家如德国、瑞士、意大利、奥地利、匈牙利和我国的部分学者认为国际民事诉讼法是一独立的法律部门，或者称为"国际民事程序法"。①但另一方面，二者又有着密切联系。因为，根据冲突规范援引的准据法所确定的涉外民事关系当事人的权利，如果得不到司法保护，即当某项权利受到侵犯或不能实现而没有强制措施加以保证时，该项权利就无法行使。反之，如果仅有国际民事诉讼法的规定，没有根据国际私法所产生的权利，那么，它就失去了具体保护对象，成为毫无意义和目的的东西。也正因为这样，国际民事诉讼法是国际私法的有机组成部分。②本书正是基于这种考虑，将国际民事诉讼法作为国际私法的研究对象。

国际民事诉讼法与国内民事诉讼法是特别法和一般法的关系（如前述我国现行《民事诉讼法》第四编"涉外民事诉讼程序的特别规定"）。诉讼程序适用法院地法是一条为国际社会公认并被普遍采用的原则，一国法院审理涉外民事案件时，一般适用国内法的有关规定，因此从性质上讲，二者都是国内法。但是，二者在具体适用上是有区别的。即一国法院在审理涉外民事案件时，首先适用的是该国有关国际民事诉讼程序的特别规定和该国缔结或参加的国际条约的有关规定，只有在该国的国际民事诉讼程序法和该国缔结或参加的国际条约未作规定或规定不全时，才适用国内民事诉讼的有关规定。前述我国《民事诉讼法》第259条的规定就是如此。另外，二者的渊源也不尽一致。前述国际民事诉讼法的渊源具有国内和国际双重性，而国内民事诉讼法的渊源只具国内性。

① 参见李浩培：《国际民事程序法概论》，法律出版社1996年版，第4页。

② 参见韩德培主编：《国际私法》，高等教育出版社、北京大学出版社2000年版，第414页。

第二节　外国人的民事诉讼地位

一、概述

外国人的民事诉讼地位是指一国根据内国法或国际条约的规定，赋予外国人在本国境内享有民事诉讼权利、承担民事诉讼义务的实际状况。①

对国际民事诉讼上所称的外国人应作广义理解。即这里的外国人是指不具法院地国家国籍的所有人，不仅包括外国自然人，还包括外国法人及其他组织；不仅包括无国籍人和国籍不明的人，还包括享有豁免权的外国国家和外交代表。

外国人的民事诉讼地位是国际民事诉讼程序必须首先解决的问题。因为如同一国赋予外国人在内国以相应的实体法地位是涉外民事法律关系产生的前提条件一样，一国赋予外国人在内国以相应的民事诉讼法律地位则是国际民事诉讼得以发生和进行的前提条件。

外国人的民事诉讼地位所涉及的主要问题为：外国人民事诉讼地位的普遍原则问题、外国人进行民事诉讼时与诉讼费用有关的问题、诉讼代理问题、享有外交豁免权的外国人的民事诉讼地位问题等。一国关于这些问题的法律规定，构成该国的外国人民事诉讼地位规范。

二、外国人民事诉讼地位的普遍原则

尽管各国关于外国人民事诉讼地位的制度，同关于外国人民事法律地位的制度一样，经历了从排斥到给予合理待遇的几个发展时期，但当今国际社会在外国人民事诉讼地位问题上，普遍实行的是国民待遇制度。

国际民事诉讼程序中的国民待遇原则，是指一国赋予在本国境内的外国人享有与本国国民同等诉讼权利的一种制度。国民待遇原则最初被规定在有关的国际条约中。如1928年《布斯塔曼特法典》第四卷“国际民事诉讼程序法”第315条和第317条规定：“任何缔约国不得在其领土内对其他缔约国的人员组织或维持特别法庭”“缔约各国不得根据对物和对人管辖在国际关系范围内区别有关当事人是国民还是外国人的身份，而使后者受到不利”。其他国际条约如1951年的日内瓦《关于难民地位的公约》（第16条）和1954年的纽约《关于无国籍人地位的公约》（第16

① 张仲伯主编：《国际私法》，中国政法大学出版社1995年版，第369页。

条）则规定了难民和无国籍人在内国享有与缔约国国民同等的民事诉讼权利，1966年联合国《公民权利和政治权利国际公约》也规定外国人在其居留地或从事民事活动所在地应享有与内国人同等的法律保护。

随着社会进步和国际关系的不断发展，国民待遇制在当今已成为习惯国际法。即使在没有国际条约规定的情况下，各国在其国内立法和实践中也赋予外国人与内国国民同等的诉讼权利，如1964年捷克斯洛伐克《国际私法及国际民事诉讼》第48条规定："在诉讼过程中，所有当事人享有平等地位。"其他如《波兰民事诉讼法》第1117条、苏俄《民事诉讼法典》第433条也有相同的规定。

实践中，各国为了确保本国国民在外国也能享受到与外国国民同等的民事诉讼权利，往往在给予外国人国民待遇时，附有对等的或互惠的条件。即一国一旦证实某一外国国家对本国在该国国民的民事诉讼权利加以限制的，该国则根据对等原则，也有权限制对方国家的国民在本国的民事诉讼权利。如前述捷克斯洛伐克《国际私法及国际民事诉讼法》在第48条确立了对外国人在诉讼中实行国民待遇的原则后，该法第50条又规定："在有互惠的情况下，外国原告免交预付税金和诉讼费，并有权无偿任命保护其权利的代理人。"1984年的《秘鲁民法典》第2046条也规定："外国人与秘鲁公民享有相同的民事权利，除为国家利益之需对外国人和外国法律实体规定的禁止和限制者外。"我国早在1982年的《民事诉讼法（试行）》（已失效）第186条第1款中就确立了外国人在民事诉讼地位方面的国民待遇原则。我国现行《民事诉讼法》再次肯定了这一原则，该法第5条第1款规定："外国人、无国籍人、外国企业和组织在人民法院起诉、应诉，同中华人民共和国公民、法人和其他组织享有同等的诉讼权利义务。"该法第5条第2款规定："外国法院对中华人民共和国公民、法人和其他组织的民事诉讼权利加以限制的，中华人民共和国人民法院对该国公民、法人和组织的民事诉讼权利，实行对等原则。"这表明，我国所实行的是有条件的国民待遇原则。另外，在前述我国与其他国家所签订的一系列双边司法协助协定中，通常规定有国民待遇原则。即规定缔约一方的国民在另一缔约国境内，享有与该另一方国民同等的司法保护，有权在与另一方国民同等的条件下，在另一方法院进行民事诉讼。而且规定这种待遇及于缔约双方的法人。[①] 这类规定，就使得缔约方相互给予对方的自然人、法人在本国境内在诉讼权利上的国民待遇成为一项国际义务，这无疑将有助于国民待遇制度最终贯彻实施。《最高人民法院关于人民法院为"一带一路"建设提供司法服务和保障的若干意见》也规定要切实保障中外当事人的合法权益。[②]

---

① 参见中法、中蒙《司法协助条约》第1条；中波《司法协助协定》第1条和第4条；中比《司法协助协定》第1条。

② 参见《最高人民法院关于人民法院为"一带一路"建设提供司法服务和保障的若干意见》第4条、第5条、第6条。

三、诉讼费用

外国人在内国提起民事诉讼时所产生的诉讼费用问题包括诉讼费用的担保及司法救助问题。

（一）诉讼费用担保

诉讼费用担保是指外国人或在内国未设住所的人在内国法院提起民事诉讼时，应被告的请求或根据内国法律的规定，由内国法院责令原告所提供的担保，其目的是防止一方当事人滥用诉讼权利或防止原告败诉后逃避缴纳诉讼费的义务。因此，有关诉讼费用担保规定的实质就是一种限制诉讼权利的特殊制度，其适宜的对象就是作为原告的外国人或在外国拥有住所的人。

关于这一问题，各国的规定可分为6种类型：(1) 对诉讼费用担保义务的免除，规定以实质性的互惠为前提。这类代表国家有德国、日本、奥地利、匈牙利等。(2) 以国籍为标准，规定凡属外国原告均应提供诉讼费用担保，且一般不以互惠为条件。这类代表国家主要有荷兰、伊朗、墨西哥、比利时。(3) 以住所为标准，规定凡住所在外国的人（包括住所在外国的本国国民）在内国提起民事诉讼，均应提供诉讼费用担保，而住所在法院地国的外国人却可以免除此担保义务。这类代表国家或地区主要有挪威、以色列、泰国、部分中美洲国家以及瑞士和美国的大部分州。(4) 以原告在内国是否有可供扣押的财产为据，来决定是否免除其诉讼费用的担保义务。即规定外国原告在法院地有可供扣押的财产，就可免除其诉讼费用担保的义务。这类代表国家或地区主要有巴西、英格兰、法国等。(5) 规定不论原告是外国人还是内国人，均应提供诉讼费用担保。这类代表国家主要有哥斯达黎加等。(6) 规定不要求原告提供诉讼费用担保。这类代表国家主要有苏联、保加利亚、埃及、秘鲁、葡萄牙等。①

由于诉讼费用担保制度的实质是限制外国人在内国法院的诉权，因而遭到了各国学者的批评。有学者指出，该制度会使内外国人在同一案件中的诉讼权利处于不平等的地位。② 因此，目前各国往往在有关条约中规定，在互惠基础上互免诉讼费用担保。如修订后的1954年海牙《民事诉讼程序公约》第17条就规定："对在其中一国有住所的缔约国国民在另一国法院作为原告或诉讼参加人时，不得以他们是外国人或者在境内没有住所或居所，命令他们提供任何（无论以何种名称）的担保或保证金。"这一规定也被1980年《国际司法救助公约》所采纳。

对诉讼费用担保问题，我国经历了一个从要求作为原告的外国人提供担保到实

---

① 参见李双元、谢石松：《国际民事诉讼法概论》，武汉大学出版社1990年版，第365～369页。

② 参见张仲伯主编：《国际私法》，中国政法大学出版社1995年版，第376页。

行互惠条件下互免担保的转变过程。1984 年最高人民法院发布的《民事诉讼收费办法（试行）》（已失效）第 14 条第 2 款规定："外国人、无国籍人、外国企业或组织在人民法院进行诉讼，应当对诉讼费用提供担保。"根据我国对外开放的需要和国际社会的普遍实践，我国已经改变了这一规定。2006 年 12 月 31 日最高人民法院《诉讼费用交纳办法》第 5 条规定："外国人、无国籍人、外国企业或者组织在人民法院进行诉讼，适用本办法。外国法院对中华人民共和国公民、法人或者其他组织，与其本国公民、法人或者其他组织在诉讼费用交纳上实行差别对待的，按照对等原则处理。"① 在前述我国与部分国家签订的一系列司法协助条约中，都有在互惠条件下互免诉讼费用担保的规定。② 也就是说，外国人在我国法院进行民事诉讼时，享有国民待遇。我国法院一般不因其外国人身份加收诉讼费用保证金，但外国人的本国法院对我国国民收取诉讼费用担保时，我国法院也将采取对等做法。

在互惠条件下互免诉讼费用担保，是执行有条件国民待遇原则的具体表现。因此，现行《民事诉讼法》第 5 条所确立的有条件的国民待遇原则已经涵盖了这样的内容，在诉讼费用问题上实行互惠前提下的互免担保。但是，在执行诉讼费用的互免担保制度时，应注意处理好下列三个方面的问题：

第一，不能将诉讼费用的预交混同于诉讼费用的担保。前述诉讼费用担保实质是限制外国人在内国诉权的特殊制度，因而为了使内外国人在互惠基础上获得平等的诉讼地位，有必要实行诉讼费用的互免担保；但诉讼费用的预交适用于所有作为原告诉讼的当事人，并非只适用于作为原告的外国人。因此，外国人在我国法院以原告身份提起诉讼时，应按我国 2006 年《诉讼费用交纳办法》第 5 条、第 20 条的规定预交案件受理费，申请执行的，预交执行费。③

从前述我国与部分国家签订的一系列双边司法协助条约看，有的对诉讼费用的预交作了规定，有的未作规定（如我国与法国、比利时、西班牙、意大利等国签订的司法协助协定）。根据国民待遇原则，这些国家的国民在我国法院以原告身份起诉时，应同我国当事人一样预交诉讼费用。

第二，在诉讼费用担保的免除问题上，要注意到我国与外国签订的司法协助条约对免除诉讼费用担保的主体所分别采取的两种标准：其一是我国与法国、比利时、蒙古、俄罗斯等国签订的司法协助条约采用的是单一的国籍标准。这些条约都规定缔约一方法院不得因为缔约另一方的国民是外国人而令其提供诉讼费用担保。其二是我国与波兰、意大利等国签订的司法协助条约采用的则是国籍加住所的复合标准。

① 本规定沿袭了 1989 年最高人民法院《人民法院诉讼收费办法》第 35 条的规定。
② 中法《司法协助协定》第 1 条第 2～3 款，中比《司法协助协定》第 1 条第 2～3 款。
③ 张仲伯主编：《国际私法》，中国政法大学出版社 1995 年版，第 437～438 页。

这些条约都规定，缔约一方国民要在缔约另一方领域内免除诉讼费用担保，不但需具有缔约另一方的国籍，还必须在缔约另一方领域内设有住所或居所。①

第三，在免除诉讼费用担保的范围上，目前我国与外国缔结的司法协助协定，通常并不对此作出明确的规定，只是概括地规定免除诉讼费用保证金，其具体范围留待各缔约国在国内法中去确定。但我国与土耳其签订的司法协助协定中规定免除诉讼费用保证金的条款亦适用于向司法机关提出申请时所需的费用。②

（二）司法救助

司法救助是指人民法院对于当事人为维护自己的合法权益，向人民法院提起民事、行政诉讼，但经济确有困难的，实行诉讼费用的缓交、减交或者免交。

需要明确的是，司法救助并不意味着免除偿还对方当事人诉讼费用的义务，即获得司法救助的人仍应偿还对方当事人因诉讼而支出的费用。对作为诉讼当事人的外国人在一定条件下实行司法救助，是一国在外国人民事诉讼地位方面执行国民待遇原则的具体表现，即司法救助制度是外国人民事诉讼地位方面的国民待遇制度的重要内容。因此，各国内立法和有关国际条约都对此作出了相应的规定。国内立法如德国《民事诉讼法》第 114 条规定："当事人如果按照其个人情况和经济情况，不能负担其进行诉讼的费用，或仅能负担一部分或仅能分期支付者，如果他要进行的伸张权利或防卫权利是有希望得到结果的，并且不是轻率的，可以通过申请而得到诉讼费用的救助。"国际条约如 1954 年海牙《民事诉讼程序公约》第 4 章和 1980 年海牙《国际司法救助公约》均规定有诉讼费用的救助制度。

我国立法及实践均有关于司法救助的规定。现行《民事诉讼法》第 118 条第 2 款规定："当事人交纳诉讼费用确有困难的，可以按照规定向人民法院申请缓交、减交或者免交。"1999 年 7 月 28 日最高人民法院公布的《〈人民法院诉讼收费办法〉补充规定》（已失效）第 4 条，最高人民法院于 2000 年 7 月 27 日发布、2005 年 4 月 5 日修订的《关于对经济确有困难的当事人予以司法救助的规定》也有相应规定。2006 年 12 月 31 日最高人民法院《诉讼费用交纳办法》第六章专章规定了司法救助的问题。

1. 可以免交诉讼费用的情形

《诉讼费用交纳办法》第 45 条规定，当事人申请司法救助，人民法院应当准予免交诉讼费用的情形：（1）残疾人无固定生活来源的；（2）追索赡养费、扶养费、抚育费、抚恤金的；（3）最低生活保障对象、农村特困定期救济对象、农村五保供养对象或者领取失业保险金人员，无其他收入的；（4）因见义勇为或者为保护社会

---

① 张仲伯主编：《国际私法》，中国政法大学出版社 1995 年版，第 438 页。

② 参见中土《司法协助协定》第 14 条的规定。

公共利益致使自身合法权益受到损害，本人或者其近亲属请求赔偿或者补偿的；（5）确实需要免交的其他情形。

2. 可以减交诉讼费用的情形

当事人申请司法救助，人民法院应当准予减交诉讼费用的情形有：（1）因自然灾害等不可抗力造成生活困难，正在接受社会救济，或者家庭生产经营难以为继的；（2）属于国家规定的优抚、安置对象的；（3）社会福利机构和救助管理站；（4）确实需要减交的其他情形。人民法院准予减交诉讼费用的，减交比例不得低于30%。

3. 可以缓交诉讼费用的情形

在符合以下情况时，当事人申请司法救助，人民法院应当准予缓交诉讼费用：（1）追索社会保险金、经济补偿金的；（2）海上事故、交通事故、医疗事故、工伤事故、产品质量事故或者其他人身伤害事故的受害人请求赔偿的；（3）正在接受有关部门法律援助的；（4）确实需要缓交的其他情形。

外国当事人可以向人民法院申请免交、减交和缓交的诉讼费用包括：（1）案件受理费；（2）申请费；（3）证人、鉴定人、翻译人员、理算人员在人民法院指定日期出庭发生的交通费、住宿费、生活费和误工补贴。此外，还包括下列事项的申请费：（1）申请执行人民法院发生法律效力的判决、裁定、调解书，仲裁机构依法作出的裁决和调解书，公证机构依法赋予强制执行效力的债权文书；（2）申请保全措施；（3）申请支付令；（4）申请公示催告；（5）申请撤销仲裁裁决或者认定仲裁协议效力；（6）申请破产；（7）申请海事强制令、共同海损理算、设立海事赔偿责任限制基金、海事债权登记、船舶优先权催告；（8）申请承认和执行外国法院判决、裁定和国外仲裁机构裁决。

我国与外国签订的一系列司法协助协定中，也有（或包含有）关于司法救助问题的专门规定。①

四、诉讼代理

诉讼代理是指代理人依据法律的规定、法院的指定或诉讼当事人及其法定代理人的委托，而以当事人本人的名义代为进行诉讼活动的一种制度。诉讼代理一般被分为法定代理和委托代理。② 国际民事诉讼程序所涉及的主要是委托代理和领事代理。

在国际民事诉讼中，由于诉讼关系的复杂性及专业性和外国当事人对法院地国

---

① 如中蒙《司法协助条约》第12条、中比《司法协助协定》第1条、中意《司法协助协定》第4条等。

② 参见《民法总则》第163条第1款。

家法律的生疏，外国当事人需要有诉讼代理人代为参与诉讼活动。另外，是否允许外国当事人委托诉讼代理人以及委托什么样的人作为其诉讼代理人，同样涉及外国当事人在内国的民事诉讼地位问题。因此，各国立法对外国当事人的诉讼代理问题一般都有专门的规定。

国际民事诉讼中的委托代理主要是律师代理问题。一般认为，律师是国家的法律工作者，律师代为诉讼，其一是捍卫法律的尊严，其二是为维护当事人的合法权益。律师制度是一国司法制度不可分割的组成部分。因此，各国在立法及实践中，虽然都允许参与国际民事诉讼的外国人委托律师代为参加诉讼，但一般都规定外国当事人只能委托法院地国的律师。所不同的只是各国在诉讼代理人权限的规定上有区别，即形成所谓律师诉讼主义国家和当事人诉讼主义国家。前者规定，当事人必须委托律师作为诉讼代理人代为参加诉讼，律师可基于授权实施所有诉讼行为，当事人则可不必参加诉讼。这类国家以法国、德国和奥地利等国为代表；后者规定，无论当事人是否委托了诉讼代理人，当事人都必须参加诉讼。这类国家以美国、英国、日本等国为代表。

领事代理是国际民事诉讼中的一种特殊的代理制度。它是指一国的领事可以根据驻在国的诉讼立法和有关国际条约的规定，在其职权范围内，在驻在国的有关法院代表派遣国国民或法人参与有关的诉讼，以保护派遣国国民或法人在驻在国的合法权益。1963 年《维也纳领事关系公约》第 5 条第 8 款、第 9 款规定，领事“在接受国法律规章所规定之限度内，保护为派遣国国民之未成年人及其他无充分行为能力人之权益……”；领事“以不抵触接受国内所施行之办法与程序为限，遇派遣国国民因不在当地或由于其他原因不能在适当期间自行辩护其权利与利益时，在接受国法院及其他机关之前担任其代表或为其安排适当之代表，俾依照接受国法律规章取得保全此等国民之权利与权益之临时措施”。公约所肯定的这一制度为许多国家所签订的双边领事条约和国内立法所采纳。

领事代理与律师代理是有显著区别的。领事代理是领事官员的一项职务，无须当事人委托。律师代理则是律师基于其与被代理人的委托代理契约且以律师身份所进行的诉讼代理。律师代理的终结以律师完成被代理人的委托事项为前提，而领事代理具有临时性，即只要当事人委托了诉讼代理人或自己参加了诉讼时，领事代理随即终止。领事代理不具有商业性质，律师代理中往往由被代理人依契约支付律师一定的费用，具有商业性质。

我国在律师代理和领事代理方面的做法与多数国家的做法是一致的。现行《民事诉讼法》第 263 条规定：“外国人、无国籍人、外国企业和组织在人民法院起诉、应诉，需要委托律师代理诉讼的，必须委托中华人民共和国的律师。”《民事诉讼法司法解释》第 528 条规定：“涉外民事诉讼中的外籍当事人，可以委托本国人为诉讼代理人，也可以委托本国律师以非律师身份担任诉讼代理人；外国驻华使领馆官员，受本国公民的委托，可以以个人名义担任诉讼代理人，但在诉讼中不享有外交或者领事特权和豁免。”《民事诉讼法》第264条规定：“在中华人民共和国领域内没有住所的外国人、无国籍人、外国企业和组织委托中华人民共和国律师或者其他人代理诉讼，从中华人民共和国领域外寄交或者托交的授权委托书，应当经所在国公证机关证明，并经中华人民共和国驻该国使领馆认证，或者履行中华人民共和国与该所在国订立的有关条约中规定的证明手续后，才具有效力。”《民事诉讼法司法解释》第525条规定：“外国人、外国企业或者组织的代表人在人民法院法官的见证下签署授权委托书，委托代理人进行民事诉讼的，人民法院应予认可。”第526条规定：“外国人、外国企业或者组织的代表人在中华人民共和国境内签署授权委托书，委托代理人进行民事诉讼，经中华人民共和国公证机构公证的，人民法院应予认可。”在领事代理方面，我国作为《维也纳领事公约》的成员国，在与美国、意大利、印度、波兰、蒙古、匈牙利、朝鲜、墨西哥、土耳其、罗马尼亚、古巴、老挝、阿根廷等国签订的领事条约中，都规定有领事代理制度。

五、外交豁免

（一）外交豁免的含义

外交豁免是指根据国际法或有关协议，在国家间互惠的基础上，为使一国外交代表在驻在国能有效地执行任务，而由驻在国所给予的特别权利和优惠待遇。[①]

国际民事诉讼法上的外交豁免是一广义上的概念，既包括外交豁免，又包括领事豁免。其内容是指一国的外交代表及有关人员和领事代表及有关人员在其职权范围内所进行的行为，享有驻在国法院的管辖豁免权。

有关外交豁免权的理论依据，主要有治外法权说（exterritoriality）、代表性质说（theory of representional character）和职务需要说（theory of functional necessity）三种。[②] 1961年《维也纳外交关系公约》和其他有关条约基本上采用的是职务需要说，同时又结合考虑了代表性质说。[③]

（二）国际条约的规定

《维也纳外交关系公约》关于外交豁免的规定主要体现于公约的第31条、第32

① 张仲伯主编：《国际私法学》，中国政法大学出版社1999年版，第442页。

② 张仲伯主编：《国际私法学》，中国政法大学出版社1999年版，第442页。

③ 该公约序言称：“鉴于各国人民自古即已确认外交代表之地位……深信关于外交往来，特权及豁免之国际公约当能有助于各国间友好关系之发展……确认此等特权与豁免之目的不在于给予个人以利益而在于确保代表国家之使馆能有效执行职务……”

条和第37条中。公约第31条规定，外交代表享有驻在国法院的管辖豁免权，但在下列民事案件中不享有司法豁免权：（1）外交代表以私人身份在驻在国境内有关私有不动产物权的诉讼；（2）外交代表以私人身份为遗嘱执行人、遗产管理人、继承人或受遗赠人的继承事件的诉讼；（3）外交代表于驻在国境内在公务范围以外所从事的专业或商务活动的诉讼。公约第32条规定，外交代表及其他依法享有司法豁免权的人，在下列情况下，也不享有司法豁免权：（1）派遣国明确表示放弃司法豁免的诉讼；（2）因主动在驻在国法院以原告身份提起诉讼而引起的与本诉直接相关的反诉。根据公约第31条和第32条的规定，外交代表及其他享有司法豁免权的人，在民事诉讼程序上放弃管辖豁免，不等于也放弃了判决的强制执行豁免（对判决强制执行的豁免的放弃也必须是明示的）；外交代表及其他享有司法豁免权的人，没有以证人身份作证的义务，驻在国法院不得对其作执行之处分（但如果属于前述第31条所列不享有司法豁免权的民事案件，且执行处分不构成其人身或寓所侵犯的，则不在此限）。此外，根据公约第37条的规定，享有司法豁免权的其他人员是指外交代表的同户家属（如不是接受国国民，则享有全部外交豁免权），使馆行政技术人员及其家属和使馆服务人员及其私人服务人员（这些人员必须不是接受国国民，且不在接受国永久居住）。

1963年《维也纳领事关系公约》关于领事人员豁免权的规定主要体现于公约第43条和第45条中。公约第43条规定："领事官员和领事馆雇佣人员只有在与其公务行为有关的案件中才能享受接受国法院的管辖豁免。但下列民事诉讼除外：（1）因领事官员或领馆雇员并未明示或默示以派遣国代表身份而订立的契约所产生的诉讼；（2）第三者因车辆船舶或航空器在接受国内所造成的意外事故而要求损害赔偿的诉讼。"公约第45条是有关领馆官员及领馆雇员豁免权放弃的规定，其内容与《维也纳外交关系公约》的规定基本相同。

《维也纳外交关系公约》实际上是一般国际习惯法的编纂，然而它在很大程度上扩大了有关外交特权和豁免的习惯法规范的范围。例如，将原来只是依礼让原则生效的外交代表家庭成员的地位问题及关税豁免权用法律规范的形式固定下来；而公约中没有规定的国际习惯法规范和国际礼让规范仍然继续发生作用。[①]

（三）我国法律的规定

现行《民事诉讼法》第261条规定："对享有外交特权与豁免的外国人、外国组织或者国际组织提起的民事诉讼，应当依照中华人民共和国有关法律和中华人民共和国缔结或者参加的国际条约的规定办理。"这里的"我国缔结或参加的国际条约"目前是指我国已参加的《维也纳外交关系公约》和《维也纳领事关系公约》；

① 李双元等：《国际民事诉讼程序法概论》，武汉大学出版社2016年版，第296页。

这里的“我国法律”是指我国于1986年9月5日颁布的《外交特权与豁免条例》和1990年10月30日颁布的《领事特权与豁免条例》。

《外交特权与豁免条例》规定了外国驻我国使馆和使馆人员的外交特权和豁免的内容及范围。根据条例第14条的规定，外交代表除下列各项外，享有民事和行政管辖豁免：（1）以私人身份进行的遗产继承诉讼；（2）违反该条例第25条第3项的规定在我国境内从事公务范围以外的职业或商业活动的诉讼。但上述豁免可由派遣国政府明确表示放弃。外交代表一般免受强制执行，且无以证人身份作证的义务。如果外交代表主动在我国法院起诉，对本诉及与本诉有关的诉讼，均不得援用管辖豁免。放弃民事或行政管辖豁免的，除非另有明确表示，不包括对判决的执行豁免的放弃。条例还规定，与外交代表共同生活的配偶及未成年子女，如果不是我国公民，享有第12条至第18条所规定的特权与豁免；使馆行政技术人员和与其共同生活的配偶及未成年子女，如果不是我国公民且不在我国永久居留的，享有第12条至第17条所规定的特权与豁免，但该条例第20条规定，民事和行政管辖豁免只限于执行公务的行为。外交代表如果是我国公民或者获得在我国永久居留资格的外国人，仅就其执行公务的行为享有管辖豁免和不受侵犯。“来中国访问的外国国家元首、政府首脑、外交部部长及其他具有同等身份的官员，享有本条例所规定的特权与豁免（第23条）。”“来中国参加联合国及其专门机构召开的国际会议的外国代表、临时来中国的联合国及其专门机构的官员和专家、联合国及其专门机构驻中国的代表机构和人员的待遇，按中国已加入的有关国际公约和中国与有关国际组织签订的协议办理（第24条）。”条例第25条规定，享有外交特权与豁免的人员，应当尊重我国的法律法规，不干涉我国内政，不得在我国境内为私人利益从事任何职业或商业活动，不得将使馆馆舍和使馆工作人员寓所充作与使馆职务不相符的用途。条例第26条规定，如果外国给予我国驻该国使馆、使馆工作人员以及临时去该国的有关人员的外交特权与豁免，低于我国按本条例给予相应机关和人员的外交特权与豁免，我国政府可根据对等原则给予对方相应机关和人员外交特权与豁免。

《领事特权与豁免条例》规定了外国驻我国领事馆及其官员享有司法豁免权的范围及内容。该条例第14条规定，领事官员及领馆行政技术人员执行职务的行为享有司法和行政管辖豁免，但下列诉讼除外：涉及未明示以派遣国代表身份所订契约的诉讼；涉及在我国境内的私有不动产诉讼；以私人身份进行的遗产继承诉讼以及因车辆、船舶或航空器在我国境内造成事故及损害赔偿的诉讼。

此外，在我国现有司法实践中，对以在我国享有特权与豁免的特定主体作为被告或第三人向人民法院起诉的，相关人民法院在决定受理之前，应报请本辖区高级人民法院审查；高级人民法院同意受理的，应当将其审查意见报最高人民法院。在最高人民法院答复前，一律暂不受理。①

§思考题：

1. 我国关于诉讼费用担保和司法救助是如何规定的？
2. 我国关于领事代理和律师代理的规定如何？
3. 什么是外交豁免？我国的规定如何？

§“法律职业资格考试”要点提示：

国际民商事争议的解决方式；国际民事诉讼和国际民事诉讼法的概念；外国人的民事诉讼地位。

① 2007年5月22日《最高人民法院关于人民法院受理涉及特权与豁免的民事案件有关问题的通知》（法〔2007〕69号）中规定享有特权与豁免的主体包括12类：外国国家；外国驻中国使馆和使馆人员；外国驻中国领馆和领馆成员；途经中国的外国驻第三国的外交代表和与其共同生活的配偶及未成年子女；途经中国的外国驻第三国的领事官员和与其共同生活的配偶及未成年子女；持有中国外交签证或者持有外交护照（仅限互免签证的国家）来中国的外国官员；持有中国外交签证或者持有与中国互免签证国家外交护照的领事官员；来中国访问的外国国家元首、政府首脑、外交部长及其他具有同等身份的官员；来中国参加联合国及其专门机构召开的国际会议的外国代表；临时来中国的联合国及其专门机构的官员和专家；联合国系统组织驻中国的代表机构和人员以及其他在中国享有特权与豁免的主体。

第十八章　国际民事诉讼（二）
——国际民事管辖权

§学习目的与要求：

国际民商事案件的管辖权是备受各国立法者、司法者和当事人高度重视的问题。要求通过本章的学习，了解国际民事管辖权的概念和意义，了解国际民事管辖权的国内立法和国际公约的规定，重点掌握我国关于国际民事管辖权的规定，达到能正确、熟练运用我国相关立法和司法解释，解决各种涉外民商事管辖权问题的目的。

第一节　概　　述

国际民事管辖权是国际民事诉讼中一个极为重要的问题。无论普通法系国家还是大陆法系国家的国际私法学者，对国际民事管辖权的研究都极为重视。基于此，本书特以专章对国际民事管辖权的有关问题予以阐述。

一、国际民事管辖权的概念

国际民事管辖权（有时称涉外民事诉讼管辖权、国际民商事管辖权、涉外民事案件管辖权或国际民商事司法管辖权），是指一国法院受理涉外民事诉讼案件的权限范围的法律根据，即一国法院按照本国的法律或者依本国缔结和参加的国际条约的规定，对国际民商事案件行使审判的权限。①

① 张仲伯：《国际私法学》，中国政法大学出版社2012年版，第454页。

一般而言，国际民事管辖权涉及三方面的问题：一是某一涉外民事案件应由何种机构（法院或仲裁庭）受理；二是若某一涉外民事案件应由法院受理，那么该案件应由何国法院受理；三是若某一涉外民事案件已确定由某国法院受理，那么该案件应由该国的哪一级法院受理。这三者中，某一涉外民事案件应由何国法院受理是国际民事管辖权所要解决的核心问题。这一核心问题的内容为：一国应根据哪些原则或标准来确定内国法院是否有权受理某一涉外民事案件。正因为这样，有学者将国际民事管辖权规则称为国际民事裁判权规则，它是用来划分各国对涉外民事案件的裁判管辖权的规则，加上“裁判”二字的目的在于表明这种管辖权与国家的立法管辖权和行政管辖权是有区别的。①

因此，国际民事管辖权具有如下特征：（1）它是一种司法管辖权，具有强制性。这是它与国际商事仲裁中仲裁管辖权的本质区别所在。（2）这种管辖权必须是“国际”的。其“国际”性的表现是：首先，国际民事管辖权规范的实质是国与国之间对涉外民事案件行使管辖权的分配性规则。因而它不同于一国之内不同种类、不同地域、不同级别的法院之间对民事案件行使管辖权的国内民事管辖权规范。其次，国际民事管辖权规范的渊源具有双重性。即一国法院据以受理涉外民事案件的原则或标准既来源于国内法中，也来源于该国参加或缔结的有关国际条约中。而国内民事管辖权规范则完全属于国内法；另外，在国际民事诉讼中，国籍往往是一国法院行使管辖权的重要连结因素，而在国内民事管辖权中是不存在这种情况的。②

二、国际民事管辖权的意义③

国际民事管辖权具有非常重要的意义，这主要表现在：

第一，国际民事管辖权是国家主权在国际民事诉讼领域的具体体现。根据国家主权原则，任何主权国家都有属地管辖权和属人管辖权。根据属地管辖权，主权国家有权对其境内的一切人和物以及发生于其境内的一切行为行使司法管辖权（依国际法享有豁免权者除外）；根据属人管辖权，主权国家有权管辖在国外的本国国民。因此，一个国家的法院能否依此行使对有关涉外民事案件的管辖权，直接可以反映出该国的主权状况。而各国之间发生的国际民事诉讼管辖权冲突，正是国家主权发生作用的结果。

第二，管辖权问题是一国法院受理涉外民事案件所必须先行解决的问题。一国

① 李浩培：《论规范国际民事裁判管辖权的多边条约》，载《中国国际法年刊》，法律出版社 1993 年版，第 202 ~ 203 页。

② 金彭年：《国际民商事程序法》，杭州大学出版社 1995 年版，第 62 页。

③ 张仲伯主编：《国际私法学》，中国政法大学出版社 1999 年版，第 452 ~ 453 页。

法院只有依据有关国际条约和国内法的规定，确定对某一涉外民事案件拥有管辖权之后，才会发生诸如域外送达、取证、判决或裁决的国外承认与执行等一系列国际民事诉讼程序问题。

第三，管辖权的确定直接关系到案件的审理结果。同一涉外民事案件在不同国家法院审理，会因各国法院对案件定性的不同而适用不同的冲突规范，导致适用不同的准据法，使案件的最终结果也各不相同，从而直接影响到当事人的权利义务。

正因为国际民事管辖权具有以上重要意义，所以各国不断扩大本国法院对国际民事案件的管辖权就成为国际民事诉讼管辖发展的趋势之一。如美国在新近提出和发展的“最低联系”（minimum contact）理论基础上形成的所谓“长臂管辖权”（long - arm jurisdiction）法规就是典型代表。①

三、国际民事管辖权的法理基础

国际民事管辖权的法理基础对一国国际民事管辖权制度的塑造具有重要意义。这一法理基础主要包括四个方面：一是国家主权对国际民事管辖权确定的影响；二是国家利益与当事人利益平衡的考虑；三是判决承认与执行在决定国际民事管辖权中的作用；四是法律选择是否应该成为决定国际民事管辖权的一个考虑因素。这些因素为国际民事管辖权决定提供了一个理论框架。建立我国国际民事管辖权的法理基础，要考虑司法界和实务界在国际管辖权制度的发展和完善中提出的一些原则和考虑因素，如国家主权原则、互惠原则、对特定领域审判工作的重视和发展、保护我国当事人利益等，从而构建我国的国际民事管辖权基本理论。②

第二节 国际民事管辖权的立法

一、国内立法

从各国关于国际民事管辖权的规定看，主要有以下三种类型：

（一）英美法系国家

英美法系国家一般把民事诉讼分为对人诉讼（action in personam）和对物诉讼

---

① 参见韩德培、韩健：《美国国际私法（冲突法）导论》，法律出版社 1994 年版，第 43 ~ 58 页。

② 甘勇：《论国际民事管辖权的法理基础》，载《武大国际法评论》（第 18 卷），武汉大学出版社 2015 年第 2 期。

（action in rem），并根据“实际控制”（也称“有效原则”）来分别确定内国法院对这两类诉讼的管辖权。①

对人诉讼是指针对某人提起的、以迫使其履行或不履行某种行为的诉讼。在英国，法院对自然人诉讼的实际控制表现为只要传票能送达到在英格兰或威尔士的被告人（而不一定要求被告在那里有住所或居所），英国法院就有管辖权。对法人诉讼的实际控制表现为只要该法人在英国注册或有活动，就可以认为该法人存在于英国从而英国法院拥有对他的管辖权。在美国，法院对自然人诉讼中的实际控制表现为对在法院地的被告能送达传票，或被告在法院地虽是暂时的“有形到场”（physical presence）（如被告乘坐的飞机飞越法院所属州的上空）的，法院即拥有管辖权。② 对法人诉讼的实际控制表现为以“法人存在”理论作为确定管辖权的依据，即只要法人在某一州内有“连续性和系统性”（continuous and systematic）的经营活动（transaction of business），该州法院即拥有对该法人的管辖权。③

对物诉讼是就某一特定财产的权利或利益的诉讼。在英国，法院在对物诉讼中的实际控制表现为只要诉讼标的物在英国，英国法院就有管辖权。如一艘外国船舶即使是暂时停泊或经过英国水域，英国法院即可对其行使管辖权。在美国，法院在对物诉讼中的实际控制标准先前与英国基本一致，但现代实际控制标准是“最低联系”原则。即法院行使属物管辖权的依据是法院地与争议之间要有最低限度的联系。美国有关属物管辖权的原则可适用于财产权利、海商甚至身份问题（如婚姻状态）等的诉讼。

此外，协议管辖也是英美法系国家行使管辖权的依据。即当事人在契约中有明示选择法院处理争议的条款或默示同意接受法院管辖（如被告对法院管辖权无异议而出庭或应诉）的，视为法院有管辖权。

（二）拉丁法系国家

拉丁法系国家是指包括法国和立法上受1804年《法国民法典》影响较大的一些国家，如荷兰、卢森堡、比利时、意大利、西班牙、葡萄牙等。国籍是这些国家确定内国法院管辖权的重要标准。而且，这些国家的法律基本上都规定，内国法院对凡有关内国国民的诉讼都有管辖权。如《法国民法典》第14条规定：“不居住在法国的外国人，曾在法国与法国人订立契约者，由此契约所产生的债务履行问题，得由法国法院受理；其曾在外国缔约对法国人负有债务时，亦得被移送法国法院受理。”第15条还规定：“法国人在外国订约所负的债务，即使对方为外国人时，得由

---

① 张仲伯主编：《国际私法学》，中国政法大学出版社1999年版，第453页。

② 参见韩德培、韩健：《美国国际私法（冲突法）导论》，法律出版社1994年版，第26～27页。

③ See Perkins v. Bengeut Consoidate Mining Co.，342 U. S. 437（1952）.

法国法院受理。”法国的实践表明，法国已将上述做法适用于契约债务之外的案件，如侵权案件，甚至有关“权利能力”和身份地位的案件。①

对外国人之间的诉讼，这些国家一般在原则上排除内国法院的管辖权。如法国法院一般只受理被告在法国有住所的外国人之间的诉讼。

拉丁法系国家一般承认当事人可协议选择管辖法院。

(三) 德国法系国家

德国法系国家是指包括德国在内的和立法上受1877年《德国民事诉讼法》影响较大的一些国家，如瑞士、印度、奥地利、日本、泰国、缅甸、斯里兰卡、巴基斯坦等。

德国法系国家通常以地域管辖原则（或称普通管辖原则）作为内国法院确定国际民事案件管辖权的原则，而且往往以被告住所、居所及惯常居所等作为地域管辖的重要标志。如《德国民事诉讼法》第12条、第13条和第17条所确立的依被告住所确定管辖权的原则可适用于对国际民事案件管辖权的确定。瑞士1987年《关于国际私法的联邦法》第2条也规定：“除本法有特别规定外，管辖权属于被告住所地的瑞士法院或主管机关。”在例外情况下，即对有关婚姻和身份地位的诉讼，德国法系国家又往往以当事人国籍作为确定管辖权的标准。

德国法系国家一般都允许当事人协议选择管辖法院，但是各国对当事人选择权利的限制程度存在差异。譬如，位于这些国家境内的有关动产、不动产买卖，各类财产租赁契约，均可由当事人选择法院管辖。② 如1989年《日本民事诉讼法》第25条规定：“当事人以第一审为限，可以协商决定选择管辖法院。”

二、国际条约

从前述看，各国有关国际民事管辖权的国内立法存在着较大的差异，这些差异表明，通过国内立法来解决管辖权冲突不仅十分困难，而且还可能使国际民事管辖权冲突更加复杂。这无疑不利于各国经济往来和文化交流。由此，各国有必要对某些涉及国际民事管辖权的规则作一定程度的统一，这种统一既可以通过双边条约达成，也可以通过多边条约达成。

目前在国际民事管辖权方面较有影响的全球性国际条约主要有1971年海牙《关于承认和执行外国民商事判决公约》及其《补充议定书》（以下简称1971年《海牙公约》和《补充议定书》）。并且自1997年起，海牙国际私法会议就开始着手准备通过一个既有国际民商事管辖事项又有民商事判决承认与执行事项的“双重公约”，

---

① 参见李双元、谢石松：《国际民事诉讼法概论》，武汉大学出版社1990年版，第201～202页。

② 张仲伯：《国际私法学》，中国政法大学出版社2012年版，第459页。

即《民商事管辖权和外国判决公约》，以取代1971年《海牙公约》及《补充议定书》，并于1999年产生了《民商事管辖权和外国判决公约》的临时草案（以下简称1999年《海牙公约》临时草案）。在2001年6月的海牙国际私法会议第19届外交大会上，通过了该公约草案的"初步案文"（故下文简称2001《海牙公约》"初步案文"）。但由于欧洲和美国对该草案的绝大多数内容存在争议，致使海牙国际私法会议制定一个被普遍接受的公约的目标暂时难以实现，不得不缩小范围，将起草范围仅限于当事人意思自治而达成的"选择法院协议"，并于2005年，海牙国际私法会议第20届外交大会以协商一致的方式通过了海牙《选择法院协议公约》。随着欧盟的加入，该公约已于2016年生效①，我国于2017年9月12日签署了该公约。② 虽然1999年海牙判决项目流产，但海牙国际私法会议并未放弃努力。2011年，海牙判决项目重启，海牙国际私法会议判决项目工作小组在1999年《海牙公约》临时草案的基础上，不断平衡各国利益，积极促进海牙判决公约的制定。③

而在欧盟内部，调整国际民事管辖权的区域性国际条约包括1968年《布鲁塞尔公约》和1987年《卢加诺公约》、2000年《布鲁塞尔条例Ⅰ》。④ 同时，在有关婚姻和父母亲责任等家庭法事项领域，为挽救1998年5月28日欧盟15个成员国在布鲁塞尔签署但未生效的《关于婚姻事项管辖权及判决的承认与执行公约》，2000年5月29日，欧盟理事会还颁布了《关于婚姻事项与父母亲责任诉讼的管辖权及判决的承认与执行的第1347/2000号条例》（简称《布鲁塞尔条例Ⅱ》），不过该条例后来为2003年11月27日欧盟理事会通过的《关于婚姻事项及父母亲责任事项的管辖权及判决的承认与执行并废除第1347/2000号条例的第2201/2003号条例》（简称《布鲁塞尔条例Ⅱa》⑤）所取代。这两项重要的欧盟立法将管辖权规则在立法形式上从公约转变为条例，强化了欧盟法的直接效力。2012年12月12日，欧盟理事会通过了《关于民商事案件管辖权和判决执行的第1215 /2012号条例（重订）》（简称

---

① 来源网址：https：//www.hcch.net，最后访问日期：2018年2月22日。

② 来源网址：http：//www.fmprc.gov.cn，最后访问日期：2018年2月22日。

③ 截至2018年2月，海牙国际私法会议共形成了三部草案。2017年10月就最新草案发布了相应的草案初步解释报告。来源网址：https：//www.hcch.net，最后访问日期：2018年2月22日。

④《卢加诺公约》基本上沿袭了《布鲁塞尔公约》的规定，并适用于欧洲自由贸易区（European Free Trade Association）。自1997年12月起，欧盟理事会指定成立的临时工作组开始对《布鲁塞尔公约》和《卢加诺公约》进行修订，到2000年12月最终通过了《关于民商事管辖权及判决承认与执行的第44/2001号条例》（《布鲁塞尔条例Ⅰ》），《布鲁塞尔条例Ⅰ》是对《布鲁塞尔公约》的修订和更新，已于2002年3月1日生效。《布鲁塞尔条例Ⅰ》的生效并不意味着《布鲁塞尔公约》的当然废止。因为，从目前的情况看，《布鲁塞尔条例Ⅰ》适用于除丹麦之外的欧盟的其他14个成员国，至于丹麦和其他14个成员国之间在民商事管辖权和判决承认与执行问题上，将仍适用《布鲁塞尔公约》。参见郭玉军、向在胜：《欧盟〈民商事管辖权及判决承认与执行条例〉介评》，载《法学评论》2002年第2期。

⑤《布鲁塞尔条例Ⅱa》又称为《布鲁塞尔ⅡR》或《布鲁塞尔Ⅱ bis》。

《布鲁塞尔条例Ⅰ修正案》），2015 年 2 月 25 日修正了该条例中的第一、二个附件。与《布鲁塞尔条例Ⅰ》相比，修正案在很多方面有所创新，包括扩大适用范围、取消对判决执行的审查程序、扩大协议管辖权和解决平行诉讼问题等。新条例尤其强调对当事人协议选择法院的重视。①

以上这些公约及相关立法表明，有关国际民事管辖权冲突的协调与解决呈现出以下态势：

第一，从国际民事管辖权立法模式来看，关于管辖权的多边条约多采取双重公约的模式，并且直接国际管辖权制度从一般民商事领域延伸到特殊民商事领域。所谓双重条约是指既规定直接管辖权也规定间接管辖权的条约，单纯条约是指只涉及对外国民事判决和裁决承认与执行的，即只涉及间接管辖权的条约。1971 年《海牙公约》和《补充议定书》是单纯条约的模式，而 1999 年《海牙公约》临时草案和 1968 年《布鲁塞尔公约》、1987 年《卢加诺公约》同属双重条约。

从《布鲁塞尔公约》到《布鲁塞尔条例Ⅰ》，从欧盟 2003 年《布鲁塞尔条例Ⅱa》到 2012 年的《布鲁塞尔条例Ⅰ修订案》，欧盟一直采取直接国际管辖权制度，各成员国可直接根据公约的规定行使管辖权，而不用在承认或执行外国法院的判决时根据本国法律或者国际公约的规定对外国法院的管辖权进行审查，这种管辖权制度的优点是将合法的管辖依据明确化，并可直接指导受理案件的法院行使管辖权，使法律更具有可预见性和稳定性。这种直接管辖权制度从一般性的民商事领域扩展到婚姻家庭、破产程序和电子商务等特殊或新兴的民商事领域，从而构成了欧盟的国际民商事管辖权规则体系。②

第二，过度管辖权受到限制。所谓过度管辖权是指一国法院基于本国旨在扩大本国法院管辖权的国内立法和判例的规定，对有关国际民商事案件所行使的管辖权。对过度管辖权的限制主要表现在：当一国法院就某一国际民商事案件的判决或裁决需要委托某一外国法院承认和执行时，如果该受托法院根据有关条约的规定认为该委托法院行使管辖权是过度的，该受托法院即可拒绝承认或执行该判决。

1968 年《布鲁塞尔公约》和 2001 年《海牙公约》“初步案文”对缔约国共同认为不能作为行使管辖权的一些根据分别作出了列举式的规定，即所谓“黑色一览表”（black bill）。这两个公约的“黑色一览表”大体上一致规定下列事项不能作为

---

① 杜涛：《欧盟跨国民事诉讼制度的新发展——评欧盟〈布鲁塞尔第一条例〉之修订》，载《德国研究》2014 年第 1 期。

② 黄进、邹国勇：《欧盟民商事管辖权规则的嬗变——从〈布鲁塞尔公约〉到〈布鲁塞尔条例〉》，载《东岳论丛》2006 年第 5 期。

缔约国法院行使管辖权的依据，否则，即被认为是过度的：①

（1）在判决作出国境内有被告的财产，或这种财产经原告申请而被扣押。根据这一规定，可以认为有关国家的国际民事案件管辖权条款是过度管辖权条款。如1877年《德国民事诉讼法》第23条规定："关于对在德国无住所的人提起的财产诉讼，该人的财产所在地法院或诉讼标的所在地法院有管辖权。"再如瑞士1987年《关于国际私法的联邦法》第4条规定："本法未规定瑞士的其他地方的法院或行政机关有管辖权时，可在财产扣押地的瑞士法院提起有关财产扣押的有效性之诉。"②

（2）原告具有内国国籍或在内国境内有住所、惯常居所或普通居所。根据这一规定，法国法院若依前述《法国民法典》第14条、第15条的规定行使的管辖权可被认为是过度的。再如1838年荷兰《民事诉讼法典》第126条第3款规定，在对人诉讼或对物诉讼中，如果被告在荷兰境内既无住所也无实际居所，而原告在荷兰有住所时，则原告住所地的法院有管辖权。③这一规定也可被视为过度管辖权条款。

（3）被告在判决作出国境内曾进行商业活动，但作为判决客体的诉讼标的与被告所进行的业务活动无关。根据这一规定，美国纽约州法院以所谓"营业活动"标准对"朗金斯－威特诺尔手表公司诉巴恩斯与赖内克有限公司"（Longiness－Witnauer Watch Co. v. Barness & Reineke. Inc.）案的管辖可被认为是过度的。因为该案中，被告在纽约州的营业活动是曾经出售贵重金属并协助其安装，而原告是以被告不履行担保义务为由对被告提起诉讼，但该担保与被告在纽约州的营业活动并无关联。④在讨论1999年《海牙公约》草案过程中，美国法院所持的这一标准受到以法国为代表的成文法系国家的激烈反对。是否采用该标准，成为争论的焦点之一。有学者指出，制定全球统一国际民事管辖权和判决承认与执行全面规则的失败，其原因应有多种，学者公认，美国的"商业活动管辖权"是导致谈判破裂的"沉没鱼雷"之一。但是，一定程度上，商业活动管辖权在相当程度上反映了商业实践的现实，具有狙击商业资本逃避法律责任、保护市场经济中弱方当事人和实现法律公正的作用。⑤

---

① 在讨论1999年《海牙公约》草案的过程中，为协调所谓"白色清单"和"黑色清单"之间的关系，代表们就在公约中规定所谓"灰色区域"问题达成共识，即将各国认为既不属于"黑色清单"也不属于"白色清单"范畴的管辖事项规定在一个专设的范围内，达到对缔约国的国内法管辖基础予以确认的目的。当然，是否承认缔约国依据其与"灰色区域"一致的国内法管辖规定行使的管辖权，则仍有待相关缔约国彼此间在"灰色区域"框架下达成进一步的协议。

② 邹国勇：《外国国际私法立法选译》，武汉大学出版社2017年版，第377页。

③ 李浩培：《论规范国际民事裁判管辖权的多边条约》，载《中国国际法年刊》，法律出版社1993年版，第215～216页。

④ 参见韩德培、韩健：《美国国际私法（冲突法）导论》，武汉大学出版社1994年版，第48页。

⑤ 甘勇：《论美国国际民事诉讼中的"商业活动管辖权"》，载《国际法研究》2016年第4期。

（4）在被告暂时身在判决作出国境内时对其送达了令状。根据这一规定，前述英美国家以传票能有效送达被告和以所谓暂时的“有形到场”为依据而行使的管辖权也可被视为是过度的。

（5）原告未经被告同意而单方面（特别是在发票内）指定管辖法院的。

需要说明的是，1968年《布鲁塞尔公约》第3条第2款规定，上述过度管辖权条款对在欧共体内有住所的人不适用，只适用于在欧共体国家内无住所的人，这一规定被谴责为“法律上的沙文主义”。

第三，当事人协议管辖得到一定程度的承认。1968年《布鲁塞尔公约》和1971年《海牙公约》及其《补充议定书》都将这一内容列在所谓的“白色一览表”(white bill）中（2001年《海牙公约》“初步案文”也对协议管辖予以了确认），二者对协议管辖又规定有一定的限制：前者规定当事人选择管辖法院必须是共同同意的，且以书面作出或证明，或在国际贸易或商务中以符合双方当事人知悉或应知悉的该贸易或商务的惯例方式作出。若协议只是为一方当事人的利益而达成的，则该方仍有权依公约的规定向有管辖权的缔约国法院起诉。后者规定当事人的协议应以书面形式，或以在合理时间内书面确认的口头合同形式达成。协议的内容是将某一特定法律关系所可能或已经发生的争端提交某国法院管辖，但合同不能是因争端主题而为被请求承认与执行判决国家所禁止订立的合同。这如同有关国家的国内立法所规定的那样，就消费者契约而言，该类合同就不能规定将可能或已经发生的争端提交商人住所地法院管辖。[①]可见，从某种意义上讲，这种限制旨在从程序上保护弱方当事人的利益。并且，在解决平行诉讼问题上，《布鲁塞尔条例I修订案》第31条第2款为传统的先系属优先原则设置了一种例外，赋予协议管辖制度在解决平行诉讼问题上的优先性。这既能够避免先系属优先原则的僵化适用，又符合契约自由和私法自治的要求。[②]

2005年《选择法院协议公约》规定，排他性法院选择协议可以采用书面形式或其他任何能够提供可以获取的供以后使用的信息的客观证明方式。对基于非排他性选择法院协议行使管辖权的法院作出的判决，原审法院和被请求法院如相互声明可承认与执行该类判决，则判决可予承认与执行，条件是就相同当事人相同诉因的案件不存在其他判决也不存在未决诉讼，而且原判决作出地法院是首先受案的法院。公约规定当事人选择的法院作出的判决应得到承认与执行。被请求法院不审查判决的实体及事实认定。[③] 由于公约的主要目的是确定管辖权规则和建立统一的判决承

① 参见瑞士1987年《关于国际私法的联邦法》第114条第2款。

② 黄志慧：《欧盟协议管辖制度实施之保障研究》，载《现代法学》2017年第6期。

③ 参见2005年《选择法院协议公约》第3条第3款、第4条第1款、第8条第2款。

认与执行制度，所以并未对选择法院协议本身予以具体规定，选择法院协议是否达成应适用有关国家的国内法。该公约的生效是海牙国际私法会议在国际范围内统一民商事管辖权和外国法院判决的承认与执行上取得的重要成效。

第四，惯常居所成为确定国际民事管辖权的重要的连结因素。在普通管辖中，传统上英美法系国家多以被告的住所作为确定国际民事管辖权的基本标志，大陆法系国家则多以被告的国籍作为基本标志。这样，便不可避免地会导致国际民事管辖权的冲突。因此，有必要寻找新的连结因素，并以之来协调国际民事管辖权方面的“国籍主义”和“住所地主义”的冲突。由于“惯常居所”在解决国籍冲突、住所冲突以及国籍与住所冲突中所具有的积极作用，它很早就成为海牙国际私法会议喜欢采用的术语。[①]在海牙国际私法会议通过的一系列国际条约中，惯常居所既是相关法律适用原则的重要连结点，也是确定国际民事管辖权的重要标准。1971 年《海牙公约》及其《补充议定书》的“白色一览表”第一项内容为：在诉讼提起时，作为自然人的被告的惯常居所在判决作出国境内。这表明，公约已摈弃住所，而径以惯常居所作为法院行使管辖权的依据。由此，被告人的惯常居所所在国法院作出的判决需要在公约的其他成员国承认或执行的，该成员国法院应予以承认或执行；前述公约意图从程序上保护弱方当事人的利益时，也是借助了惯常居所这一连结点。1971 年《海牙公约》的这一做法在海牙会议通过的其他一系列条约中都有反映。1999 年《海牙公约》临时草案也充分采纳了这一连结点。[②]

该连结点同样在欧盟的管辖权立法中得以体现，《关于民商事管辖权及判决承认与执行公约》和《关于婚姻事项与父母亲责任诉讼的管辖权及判决的承认与执行的条例》不再仅仅以国籍、住所为管辖依据，而更多地以惯常居所作为确定管辖权的连结点。例如，根据《关于婚姻事项与父母亲责任诉讼的管辖权及判决的承认与执行条例》第 2 条第 1 款（a）项规定：“对于离婚、依法别居以及宣告婚姻无效等婚姻事项的诉讼，夫妻双方的惯常居所地、夫妻双方最后的惯常居所地、被告惯常居所地、夫妻一方的惯常居所地、请求人在提起请求之前居住至少满 1 年的惯常居住地等所在的成员国的法院均有管辖权。”

第五，保护弱者原则在国际民事管辖权立法中得以体现。随着“人文本位”立

---

① 参见黄进主编：《国际私法与国际商事仲裁》，武汉大学出版社 1994 年版，第 87 ~ 88 页。

② 但是，在 2001 年海牙国际私法会议第 19 届外交大会第一次会议上，在对 1999 年《海牙公约》临时草案进行讨论的过程中，美国等国提出以“居所”（residence）替代“惯常居所”，但该意见遭到欧盟代表的反对。因此，在这一问题上，海牙国际私法会议最终将作何种选择，还有待时日。

瑞士 1987 年《关于国际私法的联邦法》第 114 条规定：“（1）消费者提起的符合本法第 120 条第 1 款所规定的合同为依据的诉讼，得由消费者选择，在下列瑞士法院之一提起；（a）消费者住所地或惯常居所地的瑞士法院；（b）供应商的住所地的瑞士法院，或供应商在瑞士无住所时，其惯常居所地的瑞士法院。（2）消费者不得预先放弃在其住所地或惯常居所地的法院起诉的权利。”

法观念的确立，许多国家的立法和国际条约越来越注重对弱者权益的保护，如在婚姻家庭案件、保险案件和消费合同案件中，被抚养人、消费者、被保险人由于处于弱势地位，一般规定由原告住所地或惯常居所地法院管辖，或者原告享有选择起诉法院的权利。欧盟2012年《布鲁塞尔条例Ⅰ修正案》序言第18条规定，在有关保险合同、消费者合同和雇佣合同中，弱方当事人应受到相对于一般规则而言对其更有利的管辖权规则的保护。

第三节　国际平行诉讼及其协调

一、国际平行诉讼

平行诉讼（parallel proceedings）是指相同的当事人基于同一诉讼请求或案件事实，先后或同时向两个或两个以上国家的法院起诉，而两个或两个以上国家的法院都进行受理的情形。对此，有些国家称之为“诉讼竞合”“一事两诉”或“双重起诉”。平行诉讼在国际民事诉讼中较为常见，其有两种基本的表现形态：其一为重复诉讼，即同一当事人作为原告同时或先后向两个或两个以上的国家法院以同一对方当事人为被告提起诉讼；其二为对抗诉讼，即在此国法院甲起诉乙，而在另一国法院乙又以同一事实或以相同的诉讼请求起诉甲。平行诉讼带来的问题集中在两方面：一是诉讼成本高、司法资源浪费现象突出。当事人不得不参加重复的诉讼，支付增加的诉讼费用。由于被告的应诉及法院的受理取决于原告的选择，而原告通常会在具有管辖权的各国法院中挑选对自身利益最有利的法院提起诉讼，由此产生当事人“挑选法院”的现象。这不仅对当事人造成负担，也加重了法院的案件压力，导致司法资源的不当消耗。二是平行诉讼会导致判决冲突。实践中，由于两个平行诉讼的法院适用不同的法律，导致相互冲突的判决，不仅使争议不能得到有效的解决，而且不利于判决的承认和执行。①

平行诉讼的发生，有其客观原因与主观原因。客观原因主要是各国法律关于国际民事诉讼管辖权的规定不同。主观原因是当事人进行挑选法院，即当事人为取得对自己有利的某国法院的判决或是为对抗对方当事人的诉讼请求，而提起的重复或对抗诉讼。

平行诉讼虽然一般得到各国法院的采用，但在不同国家的法院受理这类案件，

---

① 江必新、何东宁、李延忱等：《最高人民法院指导性案例裁判规则理解与适用 民事诉讼卷（上）》，中国法制出版社2014年版，第200页。

也难免产生一些消极因素。固然有时它可以使当事人获得更多的诉讼机会，但往往也会造成诉讼中的人力和资源上的重复浪费，而且不一定就能获得判决的公正结果，并且还会给判决的承认和执行带来许多障碍。①各国基本上对平行诉讼都采取了一定的限制措施。从立法及实践看，各国对这一问题的解决有两类做法。一是英美法系国家基于有关判例规则，由法院自由裁量决定；二是部分大陆法系国家根据国内法的规定来决定支持一事两诉或禁止一事两诉。②

二、国际平行诉讼的协调③

（一）不方便法院原则

不方便法院原则，是指依法规定有管辖权的法院，如果觉得受理案件将导致“不适当”或“明显的不适当”，该法院便有权使用自由裁量权，以审理不方便为由，拒绝或放弃对该案件的管辖的原则。它是判例法国家的法院基于司法审判实践提出的一种理论观点，持此观点的法官认为，审理此类案件如对当事人和司法工作带来诸多的不方便，便无法使案件得到公正、合理和有效的解决。在肯定这一理论观点的基础上，不方便法院原则逐步成为法院解决涉及对有关案件不方便司法管辖的一项制度。在民事诉讼的实践中，不方便法院原则自19世纪中叶苏格兰法院使用之后，便被英美法系国家广泛采用，如美国1971年《重述》第84条规定：“如果一州的法院作为某诉讼的审理法院十分不便，它将不行使管辖权，但原告无法向另一个更为合适的法院起诉时除外。”1980年《英格兰冲突法》完全肯定了苏格兰法院的原则，该法第30条称：“受案法院如是不方便法院，可以中止诉讼管辖权，以便有必要避免案件审理的不公正。”④

各国对于不方便法院原则及其作用认识不一，欧陆国家一般都拒绝适用，我国有的学者对这项原则持正面肯定态度，认为有以下几方面的作用：⑤

1. 消除宽泛的管辖权带来的不良后果

民事诉讼管辖权是一个国家司法主权的主要表现。无论判例法国家还是成文法国家的法院，实际上都在竞相扩大本国的管辖权，尤其是英美国家实行所谓的“有效管辖”和“长臂管辖”，普遍地存在宽泛的管辖权基础，这种管辖权一般能使本国人的权益得到充分保护，但对外国人可能带来不公平、不便利的后果，甚至可能有损他国的司法主权，影响国家关系正常发展。而不方便法院原则却能够防止案件

① 参见张仲伯：《国际私法》，中国政法大学出版社2007年版，第548页。

② 参见刘铁铮：《国际私法论丛》，三民书局1984年版，第272～273页。

③ 我国关于国际平行诉讼协调之实践，见本章第四节。

④ 张仲伯：《国际私法学》，中国政法大学出版社2012年版，第460页。

⑤ 参见徐伟功：《不方便法院原则研究》，吉林人民出版社2002年版，第11～14页。

诉诸无多大联系的彼国法院，另外诉之于更为合适的法院可能使过分宽泛的管辖权带来的问题得以解决。

2. 解决某些管辖权规则给案件形成的困境

在司法实践中，管辖法院考虑受理的案件，特别是涉外案件可能出现难以预料的种种问题，譬如，送达、取证以及判决的执行问题；就当事人来说，也可能要考虑在法定管辖法院审理工作中，存在显失公平及其他不当情势。如果仍然遵守原来的管辖原则，会使管辖法院处于尴尬或两难境地。在这种情况下，如引入不方便法院原则，便可提供一定的灵活性，使法院在考虑案件的公平、合理解决的基础上，结合其他相关因素，决定是否行使管辖权。

3. 防止挑选法院可能出现的弊端

挑选法院是赋予有利于原告进行诉讼行为的一种规定和做法，各国学者对此评价不一。尽管挑选法院是意思自治原则的一种表现，但它毕竟是对法院管辖权的一种约束，有时对被告难免不公平。挑选法院的存在一定程度上加重了法院负担，增加了诉讼成本，影响审判效率。采取不方便法院原则，可以成为遏制挑选法院的有力工具，因为该原则赋予法院更大的自由裁量权，以合法的形式来减少或阻止挑选法院的现象。

4. 有利于避免管辖权法律冲突的发生

国际民事诉讼中的“一事两诉”和“一事再理”的现象，严重影响了当事人权利保护的稳定性以及国际民事诉讼活动的正常进行，对于这个问题，在没有得到国际的协调统一之前，采取不方便法院原则，有利于避免管辖权法律冲突的发生。

不方便法院原则在确定管辖权上具有以下特征：①

1. 以法院对案件具有管辖权为前提

无论是基于职权，抑或当事人的申请，受案法院对案件必须具有管辖权，且不能是专属管辖。因为在专属管辖的情况下，立法规定体现了强烈的国家利益和司法主权，法院是不可能置法院地国的利益于不顾，而以不方便法院原则为由放弃管辖权的。确立不方便法院原则的宗旨，是防止当事人挑选法院（forum shopping），即当事人选择对自己有利的法院。而当事人能够挑选法院的前提，是法院必须对案件具有管辖权，这种情况一般发生在一事两诉的场合的情况下，即当事人就同一诉讼标的基于不同的目的分别在两个国家提起诉讼。

2. 以法院的职权或当事人的申请作为启动手段

在关涉国家重大利益的场合，法院常常依职权主动以不方便为由放弃管辖权的行使。也有学者认为这是基于反对司法的沙文主义，或者基于“国际礼让”；在当事人

---

① 王立武：《国际民事责任竞合的冲突法研究》，山东大学出版社2009年版，第74~75页。

申请的情况下，法院则主要从诉讼的便利及当事人利益的角度，权衡是否中止诉讼。

3. 法官的自由裁量权是不方便法院原则适用的核心要素

不方便法院原则试图对原告、被告以及法院的利益加以平衡，然而平衡的标准，无论是公共利益，还是私人利益，都具有极大的抽象性，最终的使用则取决于法官的自由裁量。

4. 以追求司法公正和有效保护当事人的利益为目的

解决国际民事诉讼管辖权冲突的目的，是提高当事人对管辖权的可预见性，便利于当事人的利益保护。如果有关当事人面临两个甚至多个诉讼，无疑将造成当事人诉讼费用的重复浪费，加重当事人的负担，并且可能出现两份或多份不同的判决，不但当事人的利益得不到有效的保护，而且违背司法公正的理念。

不方便法院原则的适用一般必须符合两个条件：其一是被告必须向法院证实有另外一个替代法院，在该法院进行诉讼对双方当事人更为方便、费用更低；其二是中止诉讼不应剥夺原告在本国法院管辖下所能享有的合法的个人或司法便利。在判断不方便法院时，主要考虑以下一些具体因素：（1）原告选择法院的理由；（2）被告方便与否；（3）法律选择；（4）判决的可执行性；（5）争议行为或交易的发生地位于何处；（6）对所有当事人送达的可能性；（7）证据的可取得性；（8）外国正在进行的未决诉讼；（9）语言因素；（10）对案件的积压情况。不同国家的司法实践，对这些因素的考虑有不同的侧重。对于可替代法院的条件，一般认为应当包括：（1）对该案具有管辖权；（2）与该诉讼的关系更为密切。

（二）未决诉讼命令和禁诉命令

在英美等普通法系国家，对于平行诉讼的处理，除了运用不方便法院原则以外，还有未决诉讼命令和禁诉命令。

未决诉讼命令是一种允许本国法院为支持在他国法院进行的涉及相同或类似当事人及争议事项的诉讼，而中止本院诉讼的程序性方法。在发布未决诉讼案件中止令之后，外国法院可继续进行诉讼并予以判决，而且该判决通常将获得本国法院的承认。如果该外国诉讼没有继续进行下去，则本国法院的诉讼可以恢复。未决诉讼案件中止令主要由审理法院自由裁量，发布此种命令一般要考虑以下因素：礼让原则；替代法院可实施救济的充分性；对司法效率的促进；两个诉讼中当事人及争议事项的一致性；替代法院及时处理的可能性；当事人、律师以及证人的方便；歧视的可能性。

禁诉命令是指在平行诉讼发生后，法院颁布禁令，禁止当事人在外国或本国法院进行诉讼，当事人如果不遵守此禁令，则可能构成藐视法庭。尽管禁诉命令并不直接针对外国法院，但大多数美国法院认为此类禁令在实质上限制了外国法院行使其管辖权的能力。需要发布禁诉命令的情况有以下几种：（1）在预期的本国诉讼中占有优势的一方当事人可以要求发布禁诉命令，以阻止处于劣势的当事人在外国法院就同一争议事项重新起诉；（2）本国法院诉讼的一方当事人为阻止对方当事人在外国法院进行有关同一争议的未决诉讼或预期诉讼而要求发布禁诉命令；（3）如果在两国法院提出相关但不相同的请求，一方当事人为将诉讼合并在他所选择的法院进行从而可要求发布禁诉命令；（4）法院可发布反禁诉命令，以阻止一方当事人为反对本院进行的诉讼而在外国法院取得的一项禁诉命令。①

在大陆法系国家虽然对不方便法院原则少有关注，但对“一事两诉”问题在法律中有较多的规定。瑞士 1987 年《关于国际私法的联邦法》第 9 条第 1 款规定：“如果同一当事人之间就同一诉讼标的已经在外国提起诉讼，外国法院在合理的时限内即可作出能够在瑞士得到承认和执行的判决的，瑞士法院可以中止案件的处理。”

上述所谓的不方便法院原则和未决诉讼命令及禁诉命令，主要是一种司法实践层面上的协调，另外则是相关国家在立法层面上的协调，主要包括两个方面：一是在国内立法中合理地限制本国的司法管辖权，如尽量减少专属管辖权方面的规定、在管辖权的依据上尽量考虑国际通行的管辖依据、尽量扩大当事人的协议管辖的适用范围。二是积极参与国际有关管辖权的立法，通过国际社会的共同努力和合作，能从根本上避免和消除国际民事管辖权冲突。

第四节　我国关于国际民事管辖权的规定

我国关于国际民事管辖权的规定，一方面体现于有关国内立法和司法实践中，另一方面体现于我国缔结或参加的有关国际条约中。

一、国内立法与司法实践

我国关于国际民事管辖权的规定，立法上主要体现在现行《民事诉讼法》和《海事诉讼特别程序法》中，司法实践方面的规定主要体现在最高人民法院颁布的《民事诉讼法司法解释》和 2001 年 12 月最高人民法院通过的《关于涉外民商事案件诉讼管辖若干问题的规定》（下文简称 2001 年《涉外民商事管辖规定》）、2004 年最

---

① See George A. Berman, The Use of Anti – suit Injunction in International Litigation, Columbia Journal of Transnational Law, Vol. 28, No. 3, 1990, pp. 589 – 590.

高人民法院《关于加强涉外商事案件诉讼管辖工作的通知》中，[①] 虽然《民事诉讼法》第四编只就部分涉外民事案件的管辖权作了规定，但依据 2017 年《民事诉讼法》第 259 条的规定，该法中某些关于国内民事案件管辖权的规定同样适用于对涉外民事案件管辖权的确定。[②]

从立法和司法实践看，我国关于涉外民事案件的管辖分为四种，即普通地域管辖（通常称普通管辖）、特别地域管辖（通常称特别管辖）、专属管辖和协议管辖。

（一）普通管辖

普通管辖是以被告的住所地作为连结因素而行使的管辖权，即所谓“普通审判籍”。我国也是以被告的住所地作为行使涉外民事案件管辖权的依据。根据现行《民事诉讼法》第 21 条第 1 款的规定：“对公民提起的民事诉讼，由被告住所地人民法院管辖；被告住所地与经常居住地不一致的，由经常居住地人民法院管辖。”

《民事诉讼法》在确立了以“原告就被告原则”作为普通管辖原则的同时，还规定了以原告的住所和经常居所作为普通管辖依据的补充。根据第 22 条规定，对不在中华人民共和国领域内居住的人、下落不明或者宣告失踪的人提起的有关身份关系的诉讼，由原告住所地人民法院管辖；原告住所地与经常居住地不一致的，由原告经常居住地人民法院管辖。[③]

《民事诉讼法司法解释》还补充了一些特殊的情况。第 6 条至第 11 条解释了户籍注销引起的住所地变更、被采取强制性教育措施或被监禁、保护扶养关系或监护关系中的弱者等问题。第 12 条至第 16 条，规定了多种与婚姻有关的普通管辖依据，包括：夫妻离开住所地、在国内结婚并定居国外的华侨、在国外结婚并定居国外的华侨、双方分别居住在国内和国外的我国公民、我国公民双方在国外但未定居等。

（二）特别管辖

特别管辖是指以涉外民事案件的特定性质或特定联系因素为标志确定法院的管辖权，特定性质或特定联系因素包括物和行为。[④] 现行《民事诉讼法》第 265 条规定：“因合同纠纷或者其他财产权益纠纷，对在中华人民共和国领域内没有住所的被

---

① 另外，最高人民法院的其他司法解释中也有规定涉外民商事案件管辖权的，如最高人民法院于 2001 年 6 月 26 日通过的《最高人民法院关于审理涉及计算机网络域名民事纠纷案件适用法律若干问题的解释》等。

② 第 259 条规定：“在中华人民共和国领域内进行涉外民事诉讼，适用本编规定。本编没有规定的，适用本法其他有关规定。”

③ 1992 年《意见》（已失效）规定得更详细，该《意见》第 15 条规定：“中国公民一方居住在国外，一方居住在国内，不论哪一方向人民法院提起离婚诉讼，国内一方住所地的人民法院都有权管辖。如国外一方在居住国法院起诉，国内一方向人民法院起诉的，受诉人民法院有权管辖。”

④ 《法学词典》编辑委员会主编：《法学词典》，上海辞书出版社 1998 年版，第 1403 页。

告提起的诉讼，如果合同在中华人民共和国领域内签订或者履行，或者诉讼标的物在中华人民共和国领域内，或者被告在中华人民共和国领域内有可供扣押的财产，或者被告在中华人民共和国领域内设有代表机构，可以由合同签订地、合同履行地。诉讼标的物所在地、可供扣押财产所在地、侵权行为地或者代表机构住所地人民法院管辖。”

另外，现行《民事诉讼法》第23条至第32条有关特别管辖的规定，也可作为我国法院对涉外民商事案件行使特别管辖的依据：（1）因合同纠纷提起的诉讼，被告住所地法院或合同履行地法院具有管辖权；[①]（2）因保险合同纠纷提起的诉讼，被告住所地法院或保险标的物所在地法院具有管辖权；（3）因票据纠纷提起的诉讼，票据支付地或被告住所地法院具有管辖权；[②]（4）因公司设立、确认股东资格、分配利润、解散等纠纷提起的诉讼，由公司住所地人民法院管辖；（5）因铁路、公路、水上、航空运输和联合运输合同纠纷提起的诉讼，运输始发地、目的地和被告住所地在我国境内的，我国法院有管辖权；（6）因侵权提起的诉讼，侵权行为地或被告住所地法院具有管辖权；[③]（7）因铁路、公路、水上和航空事故请求损害赔偿的诉讼，事故发生地、车辆或船舶最初到达地、航空器最先到达地或被告住所地法院有管辖权；（8）因船舶碰撞或其他海事损害而提起的赔偿诉讼，事故发生地、碰撞船舶最先到达地、加害船舶被扣留地或被告住所地法院有管辖权；（9）因海难救

---

① 最高人民法院于2003年6月发布《最高人民法院关于审理期货纠纷案件若干问题的规定》第5条规定：在期货公司的分公司、营业部等分支机构进行期货交易的，该分支机构住所地为合同履行地，因实物交割发生纠纷的，期货交易所住所地为合同履行地。

② 根据最高人民法院于2000年11月发布的《最高人民法院关于审理票据纠纷案件若干问题的规定》第6条规定，票据支付地是指票据上载明的付款地。票据上未载明付款地的，汇票付款人或者代理付款人的营业场所、住所或者经常居住地，本票出票人的营业场所，支票付款人或者代理付款人的营业场所所在地为票据付款地。

③ 最高人民法院于2000年12月发布的最高人民法院《关于审理涉及计算机网络著作权纠纷案件适用法律若干问题的解释》（已失效）第1条规定：网络著作权侵权纠纷案件由侵权行为地或者被告住所地人民法院管辖。侵权行为地包括实施被诉侵权行为的网络服务器、计算机终端等设备所在地。对难以确定侵权行为地和被告住所地的，原告发现侵权内容的计算机终端等设备所在地可以视为侵权行为地。最高人民法院于2001年6月22日发布的《最高人民法院关于审理专利纠纷案件适用法律问题的若干规定》第5条规定：因侵犯专利权行为提起的诉讼，由侵权行为地或者被告住所地人民法院管辖。侵权行为地包括：被控侵犯发明、实用新型专利权的产品的制造、使用、许诺销售、销售、进口等行为的实施地；专利方法使用行为的实施地，依照该专利方法直接获得的产品的使用、许诺销售、销售、进口等行为的实施地；外观设计专利产品的制造、销售、进口等行为的实施地；假冒他人专利的行为实施地。上述侵权行为的侵权结果发生地。最高人民法院于2001年7月发布的《关于审理涉及计算机网络域名民事纠纷案件适用法律若干问题的解释》第2条第1款规定：对涉及域名的侵权纠纷案件，由侵权行为地或者被告住所地的中级人民法院管辖。对难以确定侵权行为地和被告住所地的，原告发现该域名的计算机终端等设备所在地可以视为侵权行为地。

助费用提起的诉讼，救助地或被救助船舶最初到达地法院有管辖权；[①]（10）因共同海损提起的诉讼，船舶最先到达地、共同海损理算地或航程终止地法院有管辖权。

《民事诉讼法司法解释》第18条至第26条对《民事诉讼法》第23条至第32条进行了解释。

《民事诉讼法司法解释》第18条至第23条主要解释了合同履行地。一般而言，合同约定履行地点的，以约定的履行地点为合同履行地。[②]《民事诉讼法司法解释》解释了以下合同的履行地：合同履行地约定不明确的合同[③]、没有实际履行的合同[④]、财产租赁合同与融资租赁合同[⑤]、以信息网络方式订立的买卖合同[⑥]、财产保险合同[⑦]和人身保险合同。[⑧] 对于特殊的合同问题，《民事诉讼法司法解释》明确指引了与公司有关的具体纠纷[⑨]和债权人申请支付令[⑩]的管辖法院。

《民事诉讼法司法解释》第24条至第26条解释了侵权行为地。一般而言，侵权行为地包括侵权行为实施地、侵权结果发生地。[⑪] 因为，在特殊的侵权纠纷中，侵

---

① 最高人民法院于2000年11月发布的《最高人民法院关于适用〈中华人民共和国海事诉讼特别程序法〉若干问题的解释》第9条规定：因海难救助费用提起的诉讼，除依照民事诉讼法第三十二条的规定确定管辖外，还可以由被救助的船舶以外的其他获救财产所在地的海事法院管辖。

② 《民事诉讼法司法解释》第18条第1款规定："合同约定履行地点的，以约定的履行地点为合同履行地。"

③ 《民事诉讼法司法解释》第18条第2款规定："合同对履行地点没有约定或者约定不明确，争议标的为给付货币的，接收货币一方所在地为合同履行地；交付不动产的，不动产所在地为合同履行地；其他标的，履行义务一方所在地为合同履行地。即时结清的合同，交易行为地为合同履行地。"

④ 《民事诉讼法司法解释》第18条第3款规定："合同没有实际履行，当事人双方住所地都不在合同约定的履行地的，由被告住所地人民法院管辖。"

⑤ 《民事诉讼法司法解释》第19条规定："财产租赁合同、融资租赁合同以租赁物使用地为合同履行地。合同对履行地有约定的，从其约定。"

⑥ 《民事诉讼法司法解释》第20条规定："以信息网络方式订立的买卖合同，通过信息网络交付标的的，以买受人住所地为合同履行地；通过其他方式交付标的的，收货地为合同履行地。合同对履行地有约定的，从其约定。"

⑦ 《民事诉讼法司法解释》第21条第1款规定："因财产保险合同纠纷提起的诉讼，如果保险标的物是运输工具或者运输中的货物，可以由运输工具登记注册地、运输目的地、保险事故发生地人民法院管辖。"

⑧ 《民事诉讼法司法解释》第21条第2款规定："因人身保险合同纠纷提起的诉讼，可以由被保险人住所地人民法院管辖。"

⑨ 《民事诉讼法司法解释》第22条规定："因股东名册记载、请求变更公司登记、股东知情权、公司决议、公司合并、公司分立、公司减资、公司增资等纠纷提起的诉讼，依照民事诉讼法第二十六条规定确定管辖。"

⑩ 《民事诉讼法司法解释》第23条规定："债权人申请支付令，适用民事诉讼法第二十一条规定，由债务人住所地基层人民法院管辖。"

⑪ 《民事诉讼法司法解释》第24条规定："民事诉讼法第二十八条规定的侵权行为地，包括侵权行为实施地、侵权结果发生地。"

权行为实施地与侵权结果发生地可能不一致且包括多个地点，如信息网络侵权纠纷[①]、产品质量纠纷[②]等。

《海事诉讼特别程序法》第6条还对海事诉讼的地域管辖作了如下规定：

（1）因海事侵权行为提起的诉讼，除依照《民事诉讼法》第29条至第31条的规定以外，还可以由船籍港所在地海事法院管辖；

（2）因海上运输合同纠纷提起的诉讼，除依照《民事诉讼法》第28条的规定以外，还可以由转运港所在地海事法院管辖；

（3）因海船租用合同纠纷提起的诉讼，由交船港、还船港、船籍港所在地、被告住所地海事法院管辖；

（4）因海上保赔合同纠纷提起的诉讼，由保赔标的物所在地、事故发生地、被告住所地海事法院管辖；

（5）因海船的船员劳务合同纠纷提起的诉讼，由原告住所地、合同签订地、船员登船港或者离船港所在地、被告住所地海事法院管辖；

（6）因海事担保纠纷提起的诉讼，由担保物所在地、被告住所地海事法院管辖；因船舶抵押纠纷提起的诉讼，还可以由船籍港所在地海事法院管辖；

（7）因海船的船舶所有权、占有权、使用权、优先权纠纷提起的诉讼，由船舶所在地、船籍港所在地、被告住所地海事法院管辖。

2015年12月28日最高人民法院审判委员会通过了《最高人民法院关于海事法院受理案件范围的规定》，该规定将海事侵权案件、海事合同纠纷案件、海洋及通海可航水域开发利用与环境保护相关纠纷案件、海事行政案件、海事特别程序案件纳入海事法院管辖范围。[③]

此外，为进一步深入实施国家知识产权战略要求，优化知识产权保护体系，我国自2014年起，在部分城市设立知识产权法院。[④]

---

① 《民事诉讼法司法解释》第25条规定："信息网络侵权行为实施地包括实施被诉侵权行为的计算机等信息设备所在地，侵权结果发生地包括被侵权人住所地。"

② 《民事诉讼法司法解释》第26条规定："因产品、服务质量不合格造成他人财产、人身损害提起的诉讼，产品制造地、产品销售地、服务提供地、侵权行为地和被告住所地人民法院都有管辖权。"

③ 《最高人民法院关于海事法院受理案件范围的规定》已于2015年12月28日由最高人民法院审判委员会第1674次会议通过，自2016年3月1日起施行。

④ 2014年10月27日，最高人民法院审判委员会通过了《最高人民法院关于北京、上海、广州知识产权法院案件管辖的规定》，自2014年11月3日起实施。截至2017年6月，知识产权法院共受理案件46071件，审结22135件，在深入贯彻落实国家知识产权战略和创新驱动发展战略方面取得了重要成就。最高人民法院院长周强指出，应在总结推广北京、上海、广州知识产权法院经验的基础上，适时增设知识产权法院，健全符合知识产权司法保护规律的专门化审判体系，更好地满足科技创新对知识产权专门化审判的司法需求。参见2017年8月29日《最高人民法院关于知识产权法院工作情况的报告》。

（三）专属管辖

现行《民事诉讼法》第四编仅有第266条为专属管辖条款，该条规定，因在中华人民共和国履行中外合资经营企业合同、中外合作经营企业合同、中外合作勘探开发自然资源合同发生纠纷提起的诉讼，由中华人民共和国人民法院管辖。

另外，根据现行《民事诉讼法》第33条的规定，下列案件由我国法院专属管辖：(1) 因不动产纠纷提起的诉讼，不动产所在地在我国境内的；(2) 在我国的港口作业中因发生纠纷提起的诉讼；(3) 因继承遗产纠纷提起的诉讼，被继承人死亡时住所地或主要遗产所在地在我国境内的。

以上规定中，第33条第3项将遗产继承规定为专属管辖事项，主要是针对国内管辖作出的，若将此条的规定适用于涉外继承案件是不太适宜的。尤其当被继承人的遗产在国外，而我国法院以被继承人死亡时住所地在我国而行使管辖权，对有些案件而言，可能无助于判决或裁决的执行。与此相似的是，《民事诉讼法司法解释》第17条规定："已经离婚的中国公民，双方均定居国外，仅就国内财产分割提起诉讼的，由主要财产所在地人民法院管辖。"

《民事诉讼法司法解释》第27条和第28条解释了《民事诉讼法》第33条专属管辖的特殊情况，包括因诉前保全造成的损失①以及不动产纠纷的具体问题。②

《海事诉讼特别程序法》第7条中也规定了海事法院专属管辖事项：

(1) 因沿海港口作业纠纷提起的诉讼，由港口所在地海事法院管辖；

(2) 因船舶排放、泄漏、倾倒油类或者其他有害物质，海上生产、作业或者拆船、修船作业造成海域污染损害提起的诉讼，由污染发生地、损害结果地或者采取预防污染措施地海事法院管辖；

(3) 因在中华人民共和国领域和有管辖权的海域履行的海洋勘探开发合同纠纷提起的诉讼，由合同履行地海事法院管辖。

（四）协议管辖

现行《民事诉讼法》第34条确立的是明示协议管辖原则，该条规定："合同或者其他财产权益纠纷的当事人可以书面协议选择被告住所地、合同履行地、合同签

① 《民事诉讼法司法解释》第27条规定："当事人申请诉前保全后没有在法定期间起诉或者申请仲裁，给被申请人、利害关系人造成损失引起的诉讼，由采取保全措施的人民法院管辖。当事人申请诉前保全后在法定期间内起诉或者申请仲裁，被申请人、利害关系人因保全受到损失提起的诉讼，由受理起诉的人民法院或者采取保全措施的人民法院管辖。"

② 《民事诉讼法司法解释》第28条规定："民事诉讼法第三十三条第一项规定的不动产纠纷是指因不动产的权利确认、分割、相邻关系等引起的物权纠纷。农村土地承包经营合同纠纷、房屋租赁合同纠纷、建设工程施工合同纠纷、政策性房屋买卖合同纠纷，按照不动产纠纷确定管辖。不动产已登记的，以不动产登记簿记载的所在地为不动产所在地；不动产未登记的，以不动产实际所在地为不动产所在地。"

订地、原告住所地、标的物所在地等与争议有实际联系的地点的人民法院管辖，但不得违反本法对级别管辖和专属管辖的规定。”①《民事诉讼法司法解释》第531条规定：“涉外合同或者其他财产权益纠纷的当事人，可以书面协议选择被告住所地、合同履行地、合同签订地、原告住所地、标的物所在地、侵权行为地等与争议有实际联系地点的外国法院管辖。根据《民事诉讼法》第33条和第266条规定，属于中华人民共和国法院专属管辖的案件，当事人不得协议选择外国法院管辖，但协议选择仲裁的除外。”

从以上规定看，我国对协议管辖有以下限制：第一，协议管辖的范围一般限于涉外合同或涉外财产权益纠纷，至于人的身份、能力、家庭关系方面纠纷的当事人，则不得选择管辖法院，但由家庭关系引起的财产纠纷除外；② 第二，协议管辖必须以书面形式作出，包括书面合同中的协议管辖条款或者诉讼前以书面形式达成的选择管辖的协议，③ 且协议选择的法院必须与争议有实际联系；④ 第三，协议管辖只能改变一般管辖和特别管辖，不得违反我国关于专属管辖的规定，因为协议管辖通常选择的是一国的“国际”管辖权；第四，当事人只能通过协议选择一审法院，因而，若当事人选择我国法院管辖的，不得违反我国关于级别管辖的规定；第五，协议管辖必须是当事人之间平等协商的结果。若一方当事人采用胁迫、诱骗等手段使对方同意协议管辖约定的，法院可确定此项选择无效。

此外，现行《民事诉讼法》第127条第2款确立了默示协议管辖原则。该条规定：“当事人未提出管辖异议，并应诉答辩的，视为受诉人民法院有管辖权，但违反级别管辖和专属管辖规定的除外。”

（五）级别管辖

根据现行《民事诉讼法》的规定，对一审涉外民商事案件，可由各基层人民法院和中级人民法院行使管辖权。但根据2001年《涉外民商事管辖规定》，对一审涉外民商事案件，由下列人民法院管辖：（1）国务院批准设立的经济技术开发区人民

---

① 2007年《民事诉讼法》第242条规定：“涉外合同或涉外财产权益纠纷的当事人，可以用书面协议选择与争议有实际联系地点的法院管辖。选择我国法院管辖的，不得违反诉讼法关于级别管辖和专属管辖的规定。”

② 《民事诉讼法司法解释》第34条规定：“当事人因同居或者在解除婚姻、收养关系后发生财产争议，约定管辖的，可以适用民事诉讼法第三十四条规定确定管辖。”

③ 《民事诉讼法司法解释》第29条规定：“民事诉讼法第三十四条规定的书面协议，包括书面合同中的协议管辖条款或者诉讼前以书面形式达成的选择管辖的协议。”

④ 但这一点对于海事纠纷的协议管辖却不适用。我国《海事诉讼特别程序法》第8条规定：海事纠纷的当事人都是外国人、无国籍人、外国企业或者组织，当事人书面协议选择中华人民共和国海事法院管辖的，即使与纠纷有实际联系的地点不在中华人民共和国领域内，中华人民共和国海事法院对该纠纷也具有管辖权。

法院；（2）省会、自治区首府、直辖市所在地的中级人民法院；（3）经济特区、计划单列市中级人民法院；（4）最高人民法院指定的其他中级人民法院；（5）高级人民法院。以上中级人民法院的区域管辖范围由所在地高级人民法院确定。另外，2001年《涉外民商事管辖规定》还规定，对国务院批准设立的经济技术开发区人民法院所作的第一审判决、裁定不服的，其第二审由所在地中级人民法院管辖。值得注意的是该规定并不是适用于所有的涉外案件，其适用于下列案件：（1）涉外合同和侵权纠纷案件；（2）信用证纠纷案件；（3）申请撤销、承认与强制执行国际仲裁裁决的案件；（4）审查有关涉外民商事仲裁条款效力的案件；（5）申请承认和强制执行外国法院民商事判决、裁定的案件。该规定于2002年3月1日起施行。

2004年12月29日最高人民法院公布施行的《最高人民法院关于加强涉外商事案件诉讼管辖工作的通知》中根据最高人民法院《关于涉外民商事案件诉讼管辖若干问题的规定》第1条第4项的规定作了如下通知：（1）受理边境贸易纠纷案件法院的上诉审中级人民法院，国务院批准设立的经济技术开发区法院的上诉审中级人民法院，以及其他中级人民法院，需要指定管辖一审涉外商事案件的，由其所在地的高级人民法院报请最高人民法院审批。（2）授权广东省和各直辖市的高级人民法院根据实际工作需要指定辖区内的基层人民法院管辖本区的第一审涉外、涉港澳台商事案件，明确基层人民法院与中级人民法院的案件管辖分工，并将指定管辖的情况报最高人民法院备案。（3）指定管辖一审涉外商事案件的法院，必须坚持标准。要设立专门的涉外商事审判庭或者合议庭，配备足够的审判力量，确保审判质量。需要管辖第一审涉外商事案件但暂不具备条件的，要加强法官培训，待符合条件后再报请指定。（4）指定管辖一审涉外商事案件的法院，要及时确定其管辖区域，并向社会公布，确保最高人民法院《关于涉外民商事案件诉讼管辖若干问题的规定》正确地贯彻实施。（5）各高级人民法院要切实加强对涉外商事案件诉讼管辖工作的监督指导，坚决纠正不当管辖，认真解决涉外商事案件管辖中存在的问题，正确行使涉外商事案件的管辖权，维护我国的司法权威。

应该说，从最高人民法院发布规定的基本目标和我国涉外审判的现状及其改革来看，实行集中管辖这种方式对于优化我国司法资源配置、改善涉外民商事案件的审理环境、排除地方保护主义的干预，具有一定的积极意义。但是由于规定本身存在一定不足，其实施也有很多的阻碍和压力，实施过程中难免产生一定的负面影响。①

另外，值得引起关注的是，为依法公正及时审理国际商事案件，平等保护中外当事人合法权益，营造稳定、公平、透明、便捷的法治化国际营商环境，服务和保

① 黄进、杜焕芳：《2002年中国国际私法的司法实践评述》，载《中国国际私法比较法年刊》（第6卷），法律出版社2003年版，第5～11页。

障“一带一路”建设，依据《人民法院组织法》《民事诉讼法》等法律，结合审判工作实际，我国设立了最高人民法院国际商事法庭。最高人民法院通过组建国际商事专家委员会的形式，选定符合条件的国际商事调解机构、国际商事仲裁机构与国际商事法庭共同构建调解、仲裁、诉讼有机衔接的纠纷解决平台，旨在形成“一站式”国际商事纠纷解决机制。2018 年 6 月 25 日由最高人民法院审判委员会第 1743 次会议通过了《最高人民法院关于设立国际商事法庭若干问题的规定》。同日，最高人民法院第一国际商事法庭、第二国际商事法庭分别在深圳市和西安市揭牌。《规定》于 2018 年 7 月 1 日正式生效，该规定就国际商事法庭的受案范围、国际商事案件的定义，以及国际商事案件的审理作出了具体规定，为国际商事法庭的设立和运行提供了法律依据。

国际商事法庭的设立具有重大意义，一是为“一带一路”建设创造良好的法治环境。国际商事法庭的建立将为及时化解“一带一路”建设中产生的民商事纠纷提供一个高质量、高效率的司法服务平台；二是满足参与“一带一路”建设的各国商事主体维护自身合法权益的现实需求。参与“一带一路”建设的国家法治发展环境各异、司法体制各异，给各国企业开展跨国性商务活动带来极大的法律方面的困难和挑战，建立一个统一、公正、高效的争端解决机构，对于他们克服上述法律困难、防范巨大的法律风险、避免重大经济损失、有效地维护自身合法权益具有十分重要的现实意义；三是促进“一带一路”建设法治化进程、提升全球经济治理法治化水平。只有构建一套法治化体系，选择一条法治化的发展路径，实现国内法治与国际法治的良性互动，“一带一路”才能确保长期稳定健康发展，全球经济治理的法治化水平才能得以提升。①

（六）我国关于国际平行诉讼协调之理论与实践

我国关于国际平行诉讼的协调问题之实践主要反映在现行《民事诉讼法司法解释》第 532 条和第 533 条中。

我国承认不方便法院原则。《民事诉讼法司法解释》第 532 条规定：“涉外民事案件同时符合下列情形的，人民法院可以裁定驳回原告的起诉，告知其向更方便的外国法院提起诉讼：（一）被告提出案件应由更方便外国法院管辖的请求，或者提出管辖异议；（二）当事人之间不存在选择中华人民共和国法院管辖的协议；（三）案件不属于中华人民共和国法院专属管辖；（四）案件不涉及中华人民共和国国家、公民、法人或者其他组织的利益；（五）案件争议的主要事实不是发生在中华人民共和国境内，且案件不适用中华人民共和国法律，人民法院审理案件在认定事实和适用法律方面存在重大困难；（六）外国法院对案件享有管辖权，且审理该案件更加方便。”

① 刘敬东：《国际商事法庭的时代意义和使命》，载《人民法院报》2018 年 7 月 5 日第 2 版。

但人民法院的司法实践表明，不方便法院原则的适用较为混乱，导致诸多问题如产生司法沙文主义的嫌疑、弱化不方便法院原则减少诉累的功能、难以妥善解决平行诉讼与判决不一致。为此有学者主张，应用“两阶段说”代替上文的六要素。在第一阶段中，人民法院首先应基于双方当事人的主张，并综合考量案件事实和当事人的情况，确定与争议存在实质联系的法院。在一般情况下，与争议存在实质联系的法院应被作为管辖案件的适当法院。在第二阶段中，仅在一方当事人能够提供充分证据证明将争议交由外法域法院管辖会导致个案的审判不公正性时，人民法院才可拒绝中止诉讼并继续行使管辖权。采用“两阶段说”是对不方便法院原则本质内涵的回归，也有助于明晰双方当事人在证明适当管辖法院问题上的责任分配，并适当限制法官的自由裁量权。①

对于“一事两诉”问题，《民事诉讼法司法解释》第533条规定：“中华人民共和国法院和外国法院都有管辖权的案件，一方当事人向外国法院起诉，而另一方当事人向中华人民共和国法院起诉的，人民法院可予受理。判决后，外国法院申请或者当事人请求人民法院承认和执行外国法院对本案作出的判决、裁定的，不予准许；但双方共同缔结或者参加的国际条约另有规定的除外。外国法院判决、裁定已经被人民法院承认，当事人就同一争议向人民法院起诉的，人民法院不予受理。”这一规定的不足主要表现为：第一，对“一事两诉”基本采取的是不区分具体情况而一律予以接受的态度；第二，由于“一事两诉”通常涉及的是国际民事诉讼的直接管辖问题，而这一规定还包含承认与执行外国法院判决、裁决的内容，因而，这一规定似嫌笼统。

《民事诉讼法司法解释》第15条规定：“中国公民一方居住在国外，一方居住在国内，不论哪一方向人民法院提起离婚诉讼，国内一方住所地人民法院都有权管辖。国外一方在居住国法院起诉，国内一方向人民法院起诉的，受诉人民法院有权管辖。”可见，在我国立法和司法实践中对国际平行诉讼的处理是，如果两国法院对同一案件都有管辖权，则允许两国法院各自行使根据本国法律或者共同参加的国际条约而产生的司法管辖权，人民法院可以受理另一方当事人的起诉，而不问一方当事人是否已经接受诉讼并在进行审理。

在国内民事诉讼法中，现行《民事诉讼法》第35条规定：“两个以上人民法院都有管辖权的诉讼，原告可以向其中一个人民法院起诉；原告向两个以上有管辖权的人民法院起诉的，由最先立案的人民法院管辖。”《民事诉讼法司法解释》第36条进一步规定：“两个以上人民法院都有管辖权的诉讼，先立案的人民法院不得将案件移送给另一个有管辖权的人民法院。人民法院在立案前发现其他有管辖权的人民

---

① 黄志慧：《人民法院适用不方便法院原则现状反思——从“六条件说”到“两阶段说”》，载《法商研究》2017年第6期。

法院已先立案的，不得重复立案；立案后发现其他有管辖权的人民法院已先立案的，裁定将案件移送给先立案的人民法院。”可见，在国内民事诉讼，我国法律对平行诉讼的规定和国际民事诉讼中的规定存在着很大的不同。

在我国与其他国家缔结的双边司法协助条约中，对平行诉讼问题的处理更符合国际社会的普遍实践。多数条约或协定规定，只要有关案件正在被请求国法院审理，无论请求国法院和作出判决的法院谁先受理该案件，被请求国法院均可拒绝承认与执行对方法院的判决。① 此外，我国和蒙古、意大利等国缔结的司法协助条约或协定规定，被请求国法院并不能因为案件正在由其审理而当然地拒绝承认与执行外国法院的判决，只有在被请求国法院比作出判决的外国法院先受理该案件的情况下，才能拒绝行使承认和执行外国法院的判决。②

学界对平行诉讼的处理的认识是基本一致的，体现于《示范法》的规定中。条文采用了承认预期理论，如果中国法院预期该外国法院判决能够得到我国法院的承认和执行，则可不行使管辖权，但书条款规定了我国法院受理在先时的优先地位和应当行使管辖权的情况，这样的规定是比较合理的。③

（七）关于管辖的其他问题的规定

从我国的立法及司法实践看，有关国际民事诉讼管辖的其他问题主要为：法院对管辖权的自由裁量问题、法院管辖权的限制问题、法院对反诉的管辖问题和法院的延续管辖问题。

1. 法院对管辖权的自由裁量问题

法院对管辖权的自由裁量是指法院根据法律所规定的弹性标准来决定对某一涉外民事案件是否可以行使管辖权，从而达到解决涉外民事案件管辖权积极冲突或消极冲突的目的。这一过程又可分为积极的自由裁量和消极的自由裁量两方面。前者是指在内国法律并没有明确规定本国法院能否对某一涉外民事案件行使管辖权的情况下，法院基于一定的原因而行使对该案的管辖权。或者是就某一案件而言，在明

① 1987年《中华人民共和国和法兰西共和国关于民事、商事司法协助的协定》第20条第5款、1991年《中华人民共和国和罗马尼亚关于民事和刑事司法协助的协定》第22条第1款。

② 1989年《中华人民共和国和蒙古人民共和国关于民事和刑事系法协助的条约》第18条第4项、1991年《中华人民共和国和意大利共和国关于民事司法协助的条约》第21条第5款。

③ 《示范法》第51条规定：“对本法规定中华人民共和国法院享有管辖权的诉讼，如中华人民共和国法院认为实际行使管辖权对当事人及案件的审理均极不方便，且有其他法院对该诉讼的审理更为方便时，经被告申请，可以决定不行使管辖权。”《示范法》第54条规定：“除中华人民共和国缔结或者参加的国际条约另有规定外，在外国法院对相同当事人之间就同一诉讼标的进行的诉讼已经作出判决或正在审理的情况下，若预期该外国法院判决能够在中国法院得到承认，中华人民共和国法院可以不行使管辖权。但中国法院审理在先，或者不行使管辖权，当事人的合法权益无法得到保护的，中国法院可以对同一诉讼行使管辖权。”见中国国际私法学会编：《中华人民共和国国际私法示范法》，法律出版社2000年版，第13～14页。

显没有其他法院可以提供司法救济的情况下，针对原告所提起的诉讼，法院可行使对该案的管辖权。后者是指在内国法律规定本国法院应该对某一涉外民事案件行使管辖权的情况下，法院基于一定的原因而放弃对该案的管辖权。

就管辖权的积极自由裁量而言，其作用主要表现在：这一做法可以通过解决或避免国际民事诉讼管辖的消极冲突，达到维护本国及本国当事人合法权益的目的，因而这一做法为普通法系国家所肯定。如美国 1971 年《重述》第 39 条和第 52 条就规定，“一州法院只要认为因该州与某人（自然人、法人）之间存在联系而对该人行使管辖权是合理的，则该州法院就可以对该人行使管辖权”。我国现有立法以及实践对此未作规定，但对此作出相应的规定又是必要的，因为这样既可以达到解决管辖权消极冲突的目的，又可以限制法院对积极自由裁量权的滥用。① 就管辖权的消极自由裁量而言，“不方便法院原则”可用以解决国际民事管辖权的积极冲突。

2. 法院管辖权的限制问题

一国法院在行使对国际民事案件的管辖权方面所受到的限制主要为：当事人的特别出庭、仲裁协议对法院管辖权的排除等。

所谓特别出庭（special appearance）是指若被告出庭仅仅是为了抗辩法院的管辖权，而未就争议的实质问题进行答辩的，就不能认为被告已出庭应诉，也不能认为被告已自愿接受法院的管辖。这一制度可以被视为默示协议管辖原则的例外。前述《民事诉讼法》确立了默示协议管辖原则，从其内容看，其规定中已经蕴含有特别出庭原则。

仲裁协议对法院管辖的排除，是指国际民事诉讼的当事人若订有将其间可能或将要发生的争议提交某国仲裁机构裁决的书面协议，有关国家的法院就不得对该争议行使管辖权。仲裁协议具有排除法院管辖的效力已为世界上大多数国家所公认，其对法院管辖的排除通常可分为两种情况：其一是有效合同中的仲裁条款对法院管辖的排除；其二是无效合同中的仲裁条款排除法院管辖的情况。②我国立法及实践历来承认仲裁协议具有排除法院管辖的效力。如 2017 年《民事诉讼法》第 271 条第 1 款规定：“涉外经济贸易、运输和海事中发生的纠纷，当事人在合同中订有仲裁条款或事后达成书面仲裁协议，提交中华人民共和国涉外仲裁机构或者其他仲裁机构仲裁的，当事人不得向人民法院起诉。”第 271 条第 2 款规定：“当事人在合同中没有订有仲裁条款或者事后没有达成书面仲裁协议的，可以向人民法院起诉。”

① 值得注意的是《示范法》第 50 条规定了“裁量管辖”：“对本法没有明确规定的诉讼，如中华人民共和国法院认为案件情况与中华人民共和国有适当的联系且行使管辖权为合理时，中华人民共和国法院可以对有关的诉讼行使管辖权。”第 52 条规定了“必要管辖”：“中华人民共和国法院对原告提起的诉讼，在其明显没有其他的法院可以提供司法救济时，可以行使管辖权。”见中国国际私法学会编：《中华人民共和国国际私法示范法》，法律出版社 2000 年版，第 14 页。

② 参见黄进主编：《国际私法与国际商事仲裁》，武汉大学出版社 1994 年版，第 188 ~ 195 页。

关于司法豁免对法院管辖权的限制主要是指对外国国家、国际组织或者外国人提起的诉讼，如果依照我国缔结或参加的国际条约以及我国法律的规定，该外国国家、国际组织或者外国人对我国法院的管辖享有豁免权的，我国法院不予受理。但外国法院对我国或我国公民合法的豁免权加以限制的，我国法院对该外国国家或其公民实行对等限制。对这一问题，本书第四章第三节中已有分析，此处不予赘述。

3. 对反诉的管辖问题

反诉是指民事诉讼中的被告以本诉的原告为被告所提出的旨在抵消或吞并原告诉讼请求的独立的反诉请求。现代各国的民事诉讼法大都确立有反诉制度，我国也是如此，但规定较为简单。国际民事诉讼中，同样也会有反诉情况发生，因而有必要对其管辖问题作出专门规定。《示范法》规定了反诉的管辖权问题。①

4. 管辖权的延续问题（Continuance of Jurisdiction）

管辖权的延续是指法院一旦在特定诉讼中取得了管辖权，按照有关规则，该法院在有关该诉讼的一切问题上，一直到结案都具有管辖权。即某一特定案件的某些因素的产生或变化并不影响法院对该案管辖权的延续行使。这些因素通常包括：(1) 诉讼主体的地位发生变化（如当事人的国籍、住所发生变化）；(2) 诉讼原因的增加或减少（如因当事人之间的其他行为需要增加诉讼请求）；(3) 法院地国法律发生变化；(4) 有关原始原因的后续程序。

从实践看，各国一般都承认管辖权延续原则。如美国1971年《重述》第26条规定："如果一州对诉讼当事人一方已有司法管辖权，则该管辖权将在由原始诉因而产生的一切后续程序中继续有效，但在诉讼程序的每一新步骤开始时，仍应使当事人得到合理的通知和合理的申辩机会。"

我国现行《民事诉讼法》第140条通常被认为包含有管辖权延续的规定，② 但该条没有规定诉讼主体及法律发生变化的情况，因而该条不能完全适应国际民事诉讼管辖权延续的需要。③

二、国际条约

我国已参加的涉及国际民事管辖权的国际条约有《国际铁路货物联运协定》

① 《示范法》第56条规定："对本诉享有管辖权的中华人民共和国法院，对被告就同一案件提起的反诉也享有管辖权。"见中国国际私法学会编：《中华人民共和国国际私法示范法》，法律出版社2000年版，第15页。

② 《民事诉讼法》第140条规定："原告增加诉讼请求，被告提出反诉，第三人提出与本案有关的诉讼请求，可以合并审理。"

③ 针对管辖权的延续问题，《示范法》第57条规定："中华人民共和国法院对案件享有的管辖权，在由该案件原始诉因产生的一切后续的诉讼程序中始终有效。"见中国国际私法学会编：《中华人民共和国国际私法示范法》，法律出版社2000年版，第15页。

(1953 年参加)、《统一国际航空运输某些规则的公约》（1958 年参加）和《国际油污损害民事责任公约》（1980 年参加）。此外，在前述我国与有关国家签订的一系列司法协助协定中，也有关于国际民事管辖权的规定。根据“条约必须遵守”的一般国际法原则和我国国内法的有关规定，我国法院在确定相关涉外民事案件的管辖权时，必须信守上述条约的规定。

《国际铁路货物联运协定》规定，凡有权向铁路请求赔偿的人，即有权根据货运合同提起诉讼。这种诉讼只能由受理赔偿请求的铁路国的适当法院管辖。

《统一国际航空运输某些规则的公约》适用于所有以航空器运送旅客、行李或货物而收取报酬的国际运输以及航空运输企业以航空器办理的免费运输。公约规定对旅客因死亡、受伤或身体上的任何其他损害产生的损失，对任何已登记的行李或货物因毁灭、遗失或损坏而产生的损失，对旅客、行李或货物在航空运输中因延误而造成的损失，原告有权在一个缔约国内，向承运人住所地或其总管理机构所在地或订立合同机构所在地法院或目的地法院对承运人提起追索损害赔偿诉讼。

《国际油污损害民事责任公约》规定，油污损害如在一个或若干个缔约国领土（包括领海）内发生，或在上述领土（或领海）内采取了防止或减轻油污损害预防性措施的情况下，有关的赔偿诉讼便只能向上述一个或若干个缔约国法院提出。因此，公约的每一缔约国应当保证其法院具有处理上述赔偿诉讼的必要管辖权。

在我国与部分国家签订的一系列双边司法协助协定中，有关相互承认与执行法院判决或裁决的规定，实质上是关于国际民事诉讼间接管辖的规定，具体内容详见后文。

§思考题：

1. 什么是国际民事管辖权？和国内民事管辖权相比较，其有何特征？
2. 各国管辖权的立法根据有哪些？你认为哪些管辖权应当列入国际条约中的“黑色清单”？
3. 什么是国际平行诉讼，各国协调国际平行诉讼的方法有哪些？
4. 我国关于特别管辖和专属管辖的规定如何？
5. 我国立法和司法解释对级别管辖和协议管辖的规定如何？
6. 试述解决国际民商事管辖权冲突的方法有哪些？

§“法律职业资格考试”要点提示：

确定国际民事案件管辖权的原则；一事两诉；诉讼管辖权和仲裁管辖权；我国关于国际民事案件管辖权的规定。

第十九章 国际民事诉讼（三）
——国际民事诉讼中的期间与诉讼保全

§学习目的与要求：

国际民事诉讼中的期间不同于国内民事诉讼的规定，国际民事诉讼中的诉讼保全分为财产保全、海事请求保全、行为保全和证据保全。通过本章的学习，应掌握国际民事诉讼期间的基本理论以及我国关于期间的特殊规定，理解并掌握我国关于诉讼保全制度的相关基本理论及实践。

第一节 期 间

一、期间的概念

期间是指法律规定的或法院依职权决定的，法院、当事人或其他诉讼参与人为一定诉讼行为的时间期限。期间又分为法定期间和指定期间。法定期间，又称不变期间，是指一国民事诉讼立法所规定的进行某类诉讼行为，法院、当事人或其他诉讼参与人都不得变更的时间期限；指定期间，又称可变期间，是指法院依职权决定的进行某项诉讼行为的时间期限，其长短要视案件的客观情况而定。

国际民事诉讼同样也会涉及期间问题。而且，在国际民事诉讼中，由于当事人位于国外，或某些诉讼行为需要在国外完成，因而国际民事诉讼的期间，理应长于国内民事诉讼的期间。这一点已为各国民事诉讼法所肯定。如 1977 年《法国民事诉讼法典》第 643 条规定：“向设在法国本土上一所法院提出诉讼时，出庭、上告、再审上诉以及向最高法院上诉的期限，得以增加：（1）对于居住在海外省或海外领地的人，限期增加一个月；（2）对于居住在外国的人，限期增加两个月。”

便利当事人诉讼，被认为是国际民事诉讼的基本原则之一。因此，为国际民事诉讼的当事人规定足够、合理的期间，即是对这一原则的贯彻。我国《民事诉讼法》关于国际民事诉讼期间的规定，较好地坚持了这一原则，其表现在：

1. 规定当事人在国际民事诉讼中为有关诉讼行为的期间，长于当事人在国内民事诉讼中为相应诉讼行为的期间

关于一审被告的答辩期间，现行《民事诉讼法》第268条规定：“被告在中华人民共和国领域内没有住所的，人民法院应当将起诉状副本送达被告，并通知被告在收到起诉状副本后三十日内提出答辩状。被告申请延期的，是否准许，由人民法院决定。”关于一审当事人的上诉期间和被上诉人的答辩期间，现行《民事诉讼法》第269条规定：“在中华人民共和国领域内没有住所的当事人，不服第一审人民法院判决、裁定的，有权在判决书、裁定书送达之日起三十日内提起上诉。被上诉人在收到上诉状副本后，应当在三十日内提出答辩状。当事人不能在法定期间提起上诉或者提出答辩状，申请延期的，是否准许，由人民法院决定。”上述两条所规定的期间比国内民事诉讼中的相应期间多出了15～20天。①

2. 规定对国际民事案件审结期间长于国内民事案件的审结期间

现行《民事诉讼法》第149条和第176条规定，人民法院适用普通程序审理的第一审案件和第二审案件应当在立案之日起6个月和3个月内审结；有特殊情况需要延长的，经批准后可以延长。而该法第270条则规定：“人民法院审理涉外民事案件的期间，不受本法第一百四十九条、第一百七十六条规定的限制。”

二、期间的计算

国际民事诉讼中期间的计算，一般与国内民事诉讼中期间的计算相同。各国关于期间计算方法的规定，也基本一致。

期间的计算单位一般为时、日、月、年；期间起始的时和日，不计算在期间内，

① 1982年《民事诉讼法（试行）》第145条规定：“对判决提起上诉的期限为十五日，对裁定提起上诉的期限为十日。”1991年《民事诉讼法》第147条规定：“当事人不服地方人民法院第一审判决的，有权在判决书送达之日起十五日内向上一级人民法院提起上诉。当事人不服地方人民法院第一审裁定的，有权在裁定书送达之日起十日内向上一级人民法院提起上诉。”2007年《民事诉讼法》第147条规定：“当事人不服地方人民法院第一审判决的，有权在判决书送达之日起十五日内向上一级人民法院提起上诉。当事人不服地方人民法院第一审裁定的，有权在裁定书送达之日起十日内向上一级人民法院提起上诉。”2012年《民事诉讼法》第164条规定：“当事人不服地方人民法院第一审判决的，有权在判决书送达之日起十五日内向上一级人民法院提起上诉。当事人不服地方人民法院第一审裁定的，有权在裁定书送达之日起十日内向上一级人民法院提起上诉。”

期间届满的最后一日是节假日的，以节假日后的第一日为期间届满的日期；期间不包括在途时间，诉讼文书在期满前交邮的，不算过期。我国《民法总则》第 200 条至 204 条对我国期间的计算方式作出了详细规定。

三、期间的延误及其后果

期间的延误，是指在诉讼期间内，法院或当事人应当进行某项诉讼行为而未进行的行为或事实。

延误期间，就是对法定期间或法院指定期间的直接违反，自然会导致一定的诉讼后果。对当事人而言，延误期间的后果，就是不能再行使其本来可以行使的诉讼权利。如我国现行《民事诉讼法》第 269 条规定："在中华人民共和国领域内没有住所的当事人，不服第一审人民法院判决、裁定的，有权在判决书、裁定书送达之日起三十日内提起上诉。被上诉人在收到上诉状副本后，应当在三十日内提出答辩状。当事人不能在法定期间提起上诉或者提出答辩状，申请延期的，是否准许，由人民法院决定。"根据这一规定，若当事人未在该法定期限内提起上诉，或延期申请虽获批准，但又未在准许的延期内提起上诉的，该当事人就丧失了原有的上诉权。在有些国家，一方当事人延误期间的行为或事实，往往会成为另一方当事人对有关诉讼提出抗辩的权利。

当然，如果当事人延误诉讼期间是因不可抗力或非主观原因造成的，各国法律一般都允许顺延期限。如《德国民事诉讼法》第 233 条规定，凡当事人不是因自己的过失而是因为有关阻碍未能遵守诉讼的有关期间（诸如控诉、上告和抗告期间）的，当事人有权申请恢复原状（Wiedereinsetzung in den vorigen Stand），即允许他像已遵守有关期间那样为某项诉讼行为；但申请回复原状，应在阻碍消失之日起二周内提出；若延误期间虽因有关阻碍所致但已满一年的，即使该阻碍事态仍然存在，当事人也不得再申请恢复原状。[①] 我国现行《民事诉讼法》第 83 条规定："当事人因不可抗拒的事由或者其他正当理由耽误期限的，在障碍消除后的十日内，可以申请顺延期限，是否准许，由人民法院决定。"

---

① 参见沈达明：《比较民事诉讼法初论》（上），中信出版社 1991 年版，第 205 ~ 206 页。

第二节　诉讼保全

广义而言，民事诉讼保全包括财产保全、证据保全和行为保全。狭义上的民事诉讼保全，主要包括财产保全和行为保全。民事诉讼保全，通常是指人民法院为保证将来生效判决能切实执行，或者为了及时有效避免当事人或利害关系人的合法权益受到难以弥补的损害，在诉讼开始前或者诉讼过程中，根据当事人或利害关系人的申请，或者必要时依职权对当事人争议的财产或者与本案有关的财产进行保全、责令其作出一定行为，或禁止其作出一定行为的法律制度。① 诉讼保全制度在民事诉讼中具有重要的地位。诉讼保全赋予了原告一些有效的方式，防止被告在诉讼中隐匿或处理财产。它不仅能保证将来判决的有效执行，而且能有效维护当事人的合法权益。在当今世界，不论大陆法系国家还是英美法系国家，在民事诉讼中都存在裁判作出之前暂时处置债务人的财产或行为的强制措施，只是名称不同、内容各异而已。在大陆法系国家，其一般表现为包括财产保全和行为保全在内的假扣押及假处分。在英美法系国家，这些程序被称为判决前的救济或中间禁令。在国际民事诉讼中，把诉讼保全问题分为财产保全、海事请求保全、行为保全和证据保全。

一、财产保全

（一）概述

财产保全，是指法院在判决作出之前，为了保障将来判决的得到执行，应当事人的申请或者依职权对有关当事人的财产所采取的一种强制措施。在有些国家如德国，财产保全被称为“假扣押”或“假处分”。

在国际民事诉讼中，尤其是那些涉及贸易、运输和海事纠纷的案件，不仅案情复杂、诉讼标的额较大，而且诉讼周期较长，为了保障法院以后作出的判决能够得到执行，各国往往都将国内民事诉讼中的财产保全制度，同等适用于国际民事诉讼中的内外国当事人，或者在诉讼法中专门就国际民事诉讼中的财产保全作出相应的规定。我国现行《民事诉讼法》规定，财产保全采取查封、扣押、冻结或者法律规定的其他方法。人民法院保全财产后，应当立即通知被保全财产的人。人民法院接受申请后，对情况紧急的，必须在48小时内作出裁定；裁定采取保全措施的，应当

① 宋朝武主编：《民事诉讼法学》，中国政法大学出版社2012年版，第243～244页。

立即开始执行。[①]

（二）财产保全的申请

一般而言，财产保全既可以由当事人一方申请由法院裁定实施，又可以由法院依职权主动实施。[②] 但就国际民事诉讼中的财产保全而言，我国现行《民事诉讼法》第100条规定，财产保全只能基于当事人的申请或起诉前利害关系人的申请，由人民法院裁定实施。必要时，法院也可依职权裁定实施保全。

各国对财产保全都规定有相应条件，它是法院裁定是否实施财产保全的依据。《德国民事诉讼法》第917条规定，如果对物不实行假扣押，判决即无法执行或难以执行时，始得实施对物的假扣押；判决须在外国执行时，即为有充足的假扣押理由。再如《匈牙利民事诉讼法典》也规定，作出诉讼保全裁定的前提是，提出的请求一定要有依据，即有可以设想的将来无法满足原告人所提出的请求的危险存在。我国现行《民事诉讼法》第100条和第101条规定，人民法院对于可能因当事人一方的行为或者其他原因，使判决难以执行或者造成当事人其他损害的案件，根据对方当事人的申请，可以裁定对其财产进行保全、责令其作出一定行为或者禁止其作出一定行为；当事人没有提出申请的，人民法院在必要时也可以裁定采取保全措施；利害关系人因情况紧急，不立即申请保全将会使其合法权益受到难以弥补的损害的，可以在提起诉讼或者申请仲裁前，向被保全财产所在地、被申请人住所地或者对案件有管辖权的人民法院申请采取保全措施。

（三）财产保全的范围及方法

各国关于财产保全的范围、方法及程序，规定不尽一致。如在英国，限制债务人转移、处分其财产是通过“资产冻结令（Mareva Injunction）”实现的；在美国，财产保全制度多称为判决前的救济，主要由债权人申请对债务人财产的扣押；而德国主要是通过假扣押制度来防止被申请人在裁决前处理其财产。[③] 根据《美国联邦民事诉讼规则》，其保全程序主要是“扣押”和“中间禁令”，除此之外还有“临时接管”“民事拘留”等。法国则以是否适用对审程序为标准，将保全程序分为“紧急审理程序”和“依申请作出的裁定程序”；德国、日本及我国台湾地区则以“假扣押”和“假处分”作为保全的基本类型。[④]

我国现行《民事诉讼法》规定，保全限于请求的范围，或者与本案有关的财

① 参见《民事诉讼法》第100~103条。

② 参见《法国民事诉讼法典》第515条，《苏俄民事诉讼法典》第313页。

③ 邓建民、曾青主编：《仲裁程序若干问题研究——基于理论前沿和实务规范的思考》，民族出版社2014年版，第235~238页。

④ 李仕春：《民事保全程序研究》，中国法制出版社2005年版，第71~79页。

物。财产保全采取查封、扣押、冻结或者法律规定的其他方法。人民法院保全财产后，应当立即通知被保全财产的人。另外，《民事诉讼法》规定了两种解除财产保全的情况：其一是人民法院裁定准许财产保全后，被申请人提供担保的，人民法院应当解除财产保全；其二是申请人在人民法院采取诉前财产保全措施后15日内不起诉的，人民法院应当解除财产保全。

对财产保全申请人的权利，我国现行《民事诉讼法》规定有三方面的限制。第一，财产保全申请必须在具有前述《民事诉讼法》第100条和第101条规定的条件时才能提出。第二，申请人在人民法院采取保全措施后30日内不依法提起诉讼或者申请仲裁的，人民法院应当解除保全。可见国际民事诉讼中的诉前财产保全措施可以起诉的期间，长于国内民事诉讼的期间。第三，申请有错误的，申请人应当赔偿被申请人因财产保全所遭受的损失。

2016年最高人民法院通过了《关于人民法院办理财产保全案件若干问题的规定》，对申请财产保全所需材料、担保数额、财产保全的实施等问题作出了详细规定，该规定自2016年12月1日起开始实施。①

二、海事请求保全

在国际民事诉讼中，当事人申请财产保全，通常应在诉讼开始后、判决作出前向法院提出。而在国际海事诉讼中，则常常允许海事请求权人申请诉前扣押财产，以保证海事请求权得以行使。所谓海事请求保全，就是指海事法院根据海事请求人的申请，为保障其海事请求的实现，对被请求人的财产所采取的强制措施。

（一）海事请求保全的申请

1999年《海事诉讼特别程序法》第三章规定了海事请求保全制度。根据该章的规定，当事人在起诉前申请海事请求保全，应当向被保全的财产所在地海事法院提出。海事请求保全不受当事人之间关于该海事请求的诉讼管辖协议或者仲裁协议的约束。海事请求人申请海事请求保全，应当向海事法院提交书面申请。海事法院受理海事请求保全申请，可以责令海事请求人提供担保。海事请求人不提供的，驳回其申请。海事法院接受申请后，应当在48小时内作出裁定。裁定采取海事请求保全措施的，应当立即执行；对不符合海事请求保全条件的，裁定驳回其申请。

（二）海事请求保全的范围和方法

海事请求保全，主要涉及船舶的扣押和拍卖以及船载货物的扣押与拍卖。《海事诉讼特别程序法》第三章第二节和第三节对此作了详细规定。

---

① 来源网址：http：//www. court. gov. cn，最后访问日期：2018年2月22日。

1. 海事请求保全的范围

（1）对船舶的扣押。该法第 21 条共规定了当事人申请扣押船舶的 22 种情形，第 23 条规定了法院依职权扣押船舶的 5 种情形，第 24 条规定了海事请求权人申请扣押已被扣押船舶的 3 种例外情形；（2）对船载货物的扣押与拍卖。该法第 44 条第 1 款规定，海事请求人为保障其海事请求的实现，可以申请扣押的船载货物应当属于被请求人所有。

2. 海事请求保全方法

该法第 26 条至第 43 条规定了对船舶扣押的方法，其内容主要包括扣押机关、扣押期限、拍卖程序、告知程序、拍卖后船舶的移交等；第 45 条至第 50 条规定了对船载货物的扣押方法，其内容主要包括扣押数额、请求扣押期限、法院对扣押申请的审查、当事人的复议申请、和对扣押货物的拍卖等。

三、行为保全

行为保全，是指在民事诉讼中，为了保全将来执行以及预防权利被侵害，法院依一方申请，就相关当事人应当为一定行为或不为一定行为作出裁定的民事特别程序。行为保全具有独特价值。通过确保生效判决内容的实现，使得纠纷得到有效解决；通过对当事人权利的及时救济，切实保护双方当事人的合法权益，以满足当事人寻求诉讼救济有效性和及时性的需求。从各国立法来看，英美法系和大陆法系主国家均规定了行为保全。如部分英美法系国家规定，在侵权案件中，原告可以向法院申请发布禁令阻止被告的妨害行为或迫使被告完成一定行为。大陆法系中，德国、日本的保全制度包括假扣押、假处分。假扣押适用于金钱或者可以转化为金钱的请求，假处分则是适用金钱以外的请求。①

在回应学者长期以来的建议，以及参考海事与知识产权诉讼相关经验的基础上，我国的《民事诉讼法》明确了行为保全制度，② 这也是 2012 年修订《民事诉讼法》的一大亮点，其适用条件与财产保全条件类似。

（一）海事强制令

海事强制令制度是我国《海事诉讼特别程序法》中所确立的一项行为保全制度。海事强制令制度，它的建立开创了我国行为保全的先河。海事强制令是指海事法院根据海事请求人的申请，为使其合法权益免受侵害，责令被请求人作为或者不作为的强制措施。海事请求人申请海事强制令，应当向海事法院提交书面申请。申请书应当载明申请理由，并附有关证据。海事法院受理海事强制令申请，可以责令

---

① 李爽主编：《民事诉讼法学》，中国政法大学出版社 2016 年版，第 210 页。

② 参见 2017 年《民事诉讼法》第 100 ~ 101 条。

海事请求人提供担保。海事请求人不提供的，驳回其申请。作出海事强制令，应当具备下列条件：（1）请求人有具体的海事请求；（2）需要纠正被请求人违反法律规定或者合同约定的行为；（3）情况紧急，不立即作出海事强制令将造成损害或者使损害扩大。海事法院接受申请后，应当在48小时内作出裁定。裁定作出海事强制令的，应当立即执行；对不符合海事强制令条件的，裁定驳回其申请。

（二）“诉前临时禁令”制度

我国知识产权领域的行为保全制度已经基本完善。我国《专利法》第66条第1款规定：“专利权人或者利害关系人有证据证明他人正在实施或者即将实施侵犯其专利权的行为，如不及时制止将会使其合法权益受到难以弥补的损害，可以在起诉前向法院申请采取责令停止有关行为和财产保全的措施。”现行《商标法》和《著作权法》也分别在第65条和第50条、第51条作了类似的规定。另外，最高人民法院于2001年6月5日通过了《关于对诉前停止侵犯专利权行为适用法律问题的若干规定》，2001年12月25日又通过了《关于诉前停止侵犯注册商标专用权行为和保全证据适用问题的解释》，2014年通过了《最高人民法院关于商标法修改决定施行后商标案件管辖和法律适用问题的解释》。① 根据上述立法及司法实践的规定，在取得请求人适当担保的前提下，法院责令被请求人停止行为，不仅使请求人得到一定的保障，而且可以避免或减少被请求人最终所应承担的责任。由此可见，行为保全不仅仅是保护请求人的利益，实际上也保护了被请求人的利益。

四、证据保全

证据保全，是指对有可能灭失或者以后难以取得的证据，人民法院根据诉讼参加人的申请，或者依职权主动采取相应措施，预先加以固定和保护的诉讼行为。诉讼案件中的争议事实，必须依靠证据来探究真相，但随时间的推移，作为客观物质资料的证据受物理、化学和生物等因素的影响，不能长时间的存在或维持原状而不产生任何变化。有些证据若不采取适宜的措施及时提取，将会因毁损而不复存在；有些证据如果不尽快提取，则有可能难以取得，甚至无法取得。一旦出现这些情形，就需要通过适当的救济手段来对证据予以保护和存留。证据保全的规定，正是这种现实需要在立法上的体现。我国现行《民事诉讼法》第81条第1款、第2款规定：“在证据可能灭失或者以后难以取得的情况下，当事人可以在诉讼过程中向人民法院申请保全证据，人民法院也可以主动采取保全措施。因情况紧急，在证据可能灭失或者以后难以取得的情况下，利害关系人可以在提起诉讼或者申请仲裁前向证据所在地、被申请人住所地或者对案件有管辖权的人民法院申请保全证据。”

---

① 来源网址：http://www.court.gov.cn，最后访问日期：2018年2月22日。

（一）海事证据保全

海事证据保全，是指海事法院根据海事请求人的申请，对有关海事请求的证据予以提取、保存，或者封存的强制措施。采取海事证据保全，应当具备下列条件：（1）请求人是海事请求的当事人；（2）请求保全的证据对该海事请求具有证明作用；（3）被请求人是与请求保全的证据有关的人；（4）情况紧急，不立即采取证据保全就会使该海事请求的证据灭失或者难以取得。海事法院进行海事证据保全，根据具体情况，可以对证据予以封存，也可以提取复制件、副本，或者进行拍照、录像，制作节录本、调查笔录等。确有必要的，也可以提取证据原件。我国《海事诉讼特别程序法》第五章详细规定了海事证据保全的条件、实施以及救济措施等。

（二）知识产权侵权纠纷的诉前证据保全

在知识产权相关诉讼中，证据具有隐蔽性、技术性、易毁性、不稳定性等特点，较普通民事诉讼证据更难取得和容易灭失，故证据保全尤为重要。[①] 我国关于知识产权侵权纠纷的诉前证据保全规定，主要集中在以下法律及司法解释中。《民事诉讼法》第81条第1款和第2款规定："在证据可能灭失或者以后难以取得的情况下，当事人可以在诉讼过程中向人民法院申请保全证据，人民法院也可以主动采取保全措施。因情况紧急，在证据可能灭失或者以后难以取得的情况下，利害关系人可以在提起诉讼或者申请仲裁前向证据所在地、被申请人住所地或者对案件有管辖权的人民法院申请保全证据。证据保全的其他程序，参照适用本法第九章保全的有关规定。"《著作权法》第51条规定："为制止侵权行为，在证据可能灭失或者以后难以取得的情况下，著作权人或者与著作权有关的权利人可以在起诉前向人民法院申请保全证据。人民法院接受申请后，必须在四十八小时内作出裁定；裁定采取保全措施的，应当立即开始执行。人民法院可以责令申请人提供担保，申请人不提供担保的，驳回申请。申请人在人民法院采取保全措施后十五日内不起诉的，人民法院应当解除保全措施。"最高人民法院《关于民事诉讼证据的若干规定》第24条规定："人民法院进行证据保全，可以根据具体情况，采取查封、扣押、拍照、录音、录像、复制、鉴定、勘验、制作笔录等方法。人民法院进行证据保全，可以要求当事人或者诉讼代理人到场。"《商标法》第66条规定："为制止侵权行为，在证据可能灭失或者以后难以取得的情况下，商标注册人或者利害关系人可以在起诉前向人民法院申请保全证据。"最高人民法院《关于对诉前停止侵犯专利权行为适用法律问题的若干规定》第16条第1款规定："人民法院执行诉前侵犯专利权行为的措施时，可依当事人的申请，参照民事诉讼法第七十四条之规定同时进行证据保全。"

---

① 肖海棠：《知识产权民事诉讼证据保全的适用》，载《人民司法》2007年第19期。

§思考题：

1. 国内民事诉讼和国际民事诉讼关于期间的规定在哪些方面存在着不同？
2. 国内民事诉讼和国际民事诉讼中的财产保全的规定存在着哪些不同？
3. 我国法律对海事请求保全是如何规定的？
4. 简述海事强制令的概念和性质。
5. 证据保全的适用条件和程序有哪些？

§“法律职业资格考试”要点提示：

国际民事诉讼的期间；诉讼保全；诉讼时效。

第二十章 国际民事诉讼（四）

——国际民商事司法协助

§学习目的与要求：

国际民商事司法协助对于维护当事人合法利益，最终解决国际民商事争议，维护国家法律权威具有保障作用。其主要包括域外送达、域外取证及外国判决的承认和执行。要求通过本章的学习，掌握国际民商事司法协助的概念、依据，国际民商事司法协助中的法律适用和公共秩序，以及司法协助机关等基本问题；熟悉域外送达和域外取证的方式，掌握并运用我国域外送达和域外取证的规定；了解各国关于承认与执行外国法院判决的一般条件和不同程序，掌握并能运用我国关于承认与执行外国法院判决的制度。

国际民商事司法协助，是为了国际民事诉讼的顺利进行，有关国家机关（主要是国家司法机关）相互提供司法帮助的一项司法制度。它对一国法院委托另一国司法、行政当局实施民商事方面的涉外取证、文书送达以及承认与执行外国法院判决、外国仲裁机构裁决，具有十分重要的意义。伴随我国对外开放的进一步发展，国际民事司法协助的服务和保障作用将日益凸显。①

① 根据2015年《最高人民法院关于人民法院为“一带一路”建设提供司法服务和保障的若干意见》，我国与“一带一路”沿线国家之间的司法协助将有系列新局面。参见《最高人民法院公报》2015年第11期。

第一节 概 述

一、国际民商事司法协助的含义

国际民商事司法协助（以下简称司法协助），是指一国法院或其他主管机关，根据另一国法院或其他主管机关或有关当事人的请求，代为或者协助实施与诉讼有关的一定的司法行为。

一国司法机关只能在本国领域内而不能在其他国家行使司法权，这是国家主权原则所要求的。国际交往的日益频繁，必然导致各国司法机关处理的涉外案件日益增多，这就需要各国在司法领域进行广泛合作，以维护正常的国际交往法律秩序，保护当事人合法权益。这样，司法协助作为各国在司法领域合作的重要手段而为国际社会所广泛采用。

从各国实践看，司法协助涉及民商事、刑事和行政诉讼。本书所述的司法协助，仅指国际民商事司法协助，简称司法协助。它是国际民事诉讼程序的重要组成部分。在民商事司法协助中，提出请求的法院的行为，称为法院委托；履行他国法院委托的行为，就叫司法协助。

从司法协助的范围及内容看，无论是在理论上还是在实践中（国内法和条约实践），都有两种不同主张。即所谓狭义上的司法协助和广义上的司法协助。前者认为，司法协助即指国与国之间所发生的送达文书、代为询问当事人和证人以及收集证据等行为。英美国家通常用“service”和“evidence abroad”两词来表示司法协助。苏联《民事诉讼法纲要》第62条也把司法协助理解为“递送传票和其他文件、询问当事人和证人，进行鉴定和勘查现场等”。1954年海牙《民事诉讼程序公约》也规定，司法协助是指文书的送达及缔约国之间的法院相互代为询问和履行其他诉讼行为；后者认为，司法协助除前述内容外，还包括外国法院判决和外国仲裁机构裁决的承认与执行。法国、意大利和匈牙利等国的理论及实践，就持此种观点。尤其是法国，其司法协助含义几乎包含了民事诉讼方面的各种国际合作。①

在我国，虽然理论上对司法协助也有上述广义和狭义上的两种观点，但实践中，我国采纳的是广义司法协助观点。我国现行《民事诉讼法》第二十七章是专门关于司法协助的规定，其内容包括送达文书、调查取证和法院判决（仲裁裁决）的承认

① 参见韩德培主编：《国际私法新论》，武汉大学出版社2003年修订版，第496页。

与执行；在我国与他国所缔结的一系列司法协助协定中，司法协助一般也主要涉及送达文书、调查取证以及承认与执行外国法院判决三方面的内容。当然，在我国与有关国家缔结的司法协助协定中，其所涉及的范围不一。如《中法民事商事司法协助协定》将“根据请求，提供本国民事、商事法律，法规文本以及本国在民商事诉讼程序方面司法实践的情报资料”，也包括在司法协助以内。而在我国与比利时等国缔结的司法协助协定中，民事司法协助的范围仅涉及文书送达、调查取证等，而不包括法院判决的承认与执行。但这并不意味着，在实践中我国在不同场合对司法协助的范围有不同理解。

二、司法协助的依据

按照现代国际法，各国主权一律平等，一国并没有向他国提供民商事司法协助的强制性义务。① 但从前述看，为了维护正常的国际交往秩序和当事人的合法权益，各国有必要在司法领域进行广泛合作。如果一国法院在某一案件的诉讼中，已经给予另一国法院必要的协助，而该国在今后类似的案件中却得不到该另一国法院相应协助的话，那么这种单方面的司法协助，最终将是毫无意义的。因此，在提供司法协助的过程中，相关国家间的权利义务应是一致的。另外，由于司法协助的后果毕竟要在最初受理案件的法院地国产生诉讼上的意义，提供司法协助的一方必然要顾及这种后果的合理性，而对这种后果合理性的考虑，往往要顾及国与国相互间政治、经济、外交关系的现状以及对于对方法律制度和司法机关的信任程度，这样，任何一国是不可能不分对象地向外国提供司法协助的。可见，司法协助只能是国家之间在友好合作的前提下在司法领域的一种互助行为，而这种互助必须以相互间存在条约或互惠关系为前提。②

条约是国家间相互提供司法协助的最可靠的依据。因为有关司法协助的国际条约可以将成员国在这方面的权利义务法定化。而且，根据“条约必须信守”原则，条约又可使国家间的司法协助关系稳定化。

在国际实践中，各国因法律制度上的差异，难以就司法协助内容的条约条款达成一致，或由于需要司法协助的数量有限，订立司法协助条约的意义不大等方面的原因，有关国家间往往不存在条约关系。在此情况下，需要提供司法协助时，就应以互惠为基础，即有关国家间在发生司法协助关系时达成一项谅解：提供司法协助的一方今后在同类案件中，也将会得到请求另一方给予的类似协助。这种互惠关系的建立，一方面基于双方认为有必要在特定领域开展合作的需要，另一方面则基于

---

① 黄进主编：《国际商事争议解决机制研究》，武汉大学出版社2010年版，第51页。

② 参见费宗祎、唐承元主编：《中国司法协助理论与实务》，人民法院出版社1992年版，第13页。

双方意思表示的一致。

当然，在实践中还存在这样一种情况，即在两国之间既无条约依据，又无互惠关系的条件下，一国也可能会向另一国提供司法协助。这可能因为，该两国之间在实践中已经形成一种事实上的互惠关系，而无须另作明示的承诺；或一国出于外交上的考虑，认为提供司法协助有利于其与请求国之间的关系；或有关案件涉及本国利益，提供司法协助有利于维护本国利益；等等。但这种情况一般被视为司法协助须以条约或互惠关系为依据的例外，而且这种情况一般也只发生于个案的诉讼中。

我国立法及实践表明，我国也是以条约或互惠关系的存在作为司法协助依据的。

我国现行《民事诉讼法》第276条规定："根据中华人民共和国缔结或者参加的国际条约，或者按照互惠原则，人民法院和外国法院可以相互请求，代为送达文书、调查取证以及进行其他诉讼行为。外国法院请求协助的事项有损于中华人民共和国的主权、安全或者社会公共利益的，人民法院不予执行。"① 因此，在我国与有关国家存在条约关系时，应根据条约的规定请求和提供司法协助。这里的条约既包括我国与外国缔结的双边司法协助协定，也包括我国参加的有关司法协助或含司法协助内容的多边国际公约。前者如1987年《中法民商事司法协助协定》等。截至2018年2月，我国已与外国签署了39项民商事司法协助条约，其中36项已生效；② 后者如1965年海牙《送达公约》、1970年海牙《取证公约》、1958年纽约《承认与执行外国仲裁裁决公约》和规定有相互承认与执行对方法院判决内容的《关于油污损害的民事责任公约》等公约。在我国与有关国家没有条约关系时，应根据互惠原则请求和提供司法协助。根据现行《民事诉讼法》第277条的规定，根据互惠原则请求和提供司法协助，可通过外交途径进行。

根据《民事诉讼法司法解释》第549条的规定，与中华人民共和国没有司法协助条约又无互惠关系的国家的法院，未通过外交途径，直接请求人民法院提供司法协助的，人民法院应予退回，并说明理由。另外，根据《民事诉讼法司法解释》第544条的规定，当事人向中华人民共和国有管辖权的中级人民法院申请承认和执行

① 我国《涉外关系法律适用法》对司法协助问题未作规定。但《示范法》第四章专门规定了司法协助问题，《示范法》第153条、第157条等条文亦将条约或者互惠原则作为司法协助的依据。见中国国际私法学会编：《中华人民共和国国际私法示范法》，法律出版社2000年版，第34～35页。

② 自20世纪80年代以来，我国共签署民刑事司法协助条约19项（全部生效），民商事司法协助条约20项（18项生效）。与我国签署双边民刑事司法协助条约的国家先后有：波兰、蒙古、罗马尼亚、俄罗斯、土耳其、乌克兰、古巴、白俄罗斯、哈萨克斯坦、埃及、希腊、塞浦路斯、吉尔吉斯、塔吉克斯坦、乌兹别克斯坦、越南、老挝、立陶宛、朝鲜。与我国签署的已生效民商事司法协助条约的国家先后有：法国、意大利、西班牙、保加利亚、泰国、匈牙利、摩洛哥、新加坡、突尼斯、韩国、阿联酋、科威特、巴西、阿尔及利亚、秘鲁、波黑和埃塞俄比亚。参见外交部：http：//www. fmprc. gov. cn，最后访问日期：2018年9月4日。

外国法院作出的发生法律效力的判决、裁定的，如果该法院所在国与中华人民共和国没有缔结或者共同参加国际条约，也没有互惠关系的，裁定驳回申请，但当事人向人民法院申请承认外国法院作出的发生法律效力的离婚判决的除外。承认和执行申请被裁定驳回的，当事人可以向人民法院起诉。①

三、司法协助中的法律适用

在司法协助中，由于请求方和被请求方分属两个不同国家，具有诉讼性质的司法协助行为如送达文书、调查取证等就必须依据相关的法律予以实施，否则，就难以保证其效力。因此，司法协助也同样涉及法律适用问题，即提供司法协助也应依据相关的准据法进行。

但是，这里所说的法律适用与本书冲突法部分所说的法律适用，是有区别的。首先，前面所说的法律适用，是指对某一涉外民事案件确定适用某一冲突规范，并用它来援引准据法，目的在于确定涉外民事案件当事人的权利与义务。而这里所说的法律适用，不是为了确定某一涉外民事案件当事人的权利义务，而是为了明确是否提供以及如何提供司法协助；其次，在冲突法中，对不同性质和不同种类的涉外民事案件，往往要根据识别的结果，决定适用不同的冲突规范，从而适用不同的准据法。而在司法协助中，则不论有关民事诉讼的性质和种类如何，被请求方在提供司法协助时，一般只是适用国内民事诉讼法，在特殊情况下需要适用外国法的，也以外国法的适用不违背国内法为限，这是国家司法主权所要求的；最后，前面所说的法律适用中，往往允许当事人根据“意思自治原则”来选择准据法，而在司法协助中，无论何种涉外民事案件，均不允许当事人选择准据法。所以，我国国内法和我国缔结或参加的国际条约，均对司法协助应适用的法律作了明确规定，即一般适用司法协助提供国的国内法。我国现行《民事诉讼法》第277条第1款规定：“请求和提供司法协助，应当依照中华人民共和国缔结或者参加的国际条约所规定的途径进行；没有条约关系的，通过外交途径进行。”《中法民商事司法协助协定》第4条规定：“缔约双方在本国领域内实施司法协助的措施，各自适用其本国法，但本协定另有规定的除外。”1965年海牙《送达公约》第5条也规定，被请求方应以“按照其国内法规定的在国内诉讼中对在其境内的人员送达文书的方法”送达。

---

① 根据1992年《意见》（已失效）第319条的规定，在有关国家与我国既无条约又无互惠关系时，该外国法院若需我国法院提供司法协助，未通过外交途径而直接请求我国法院提供司法协助的，我国法院应予退回，并说明理由。另外，根据1992年《意见》（已失效）第318条的规定，若当事人向我国有管辖权的中级人民法院申请承认和执行外国法院所作出的发生法律效力的判决、裁定，如该法院所属国与我国无条约或互惠关系的，当事人可以在我国有管辖权的人民法院起诉，由该法院作出判决，予以执行。

为了保证被请求国所提供的司法协助达到其应有的效果，如使被请求国法院代为收集的证据效力能获得请求国的承认，各国法律也允许在一定条件下，在司法协助中适用请求国法律，即所谓依照请求国所要求的特别程序进行。但该特别程序不得违背被请求国的立法或强制性规范。我国国内法和我国缔结或参加的有关国际条约也明确肯定了这一点。现行《民事诉讼法》第279条规定："外国法院请求采用特殊方式的，也可以按照其请求的特殊方式进行，但请求采用的特殊方式不得违反中华人民共和国法律。"《中意民事司法协助条约》第11条也规定："执行调查取证请求时应适用被请求的缔约一方的法律；如果提出请求的缔约一方要求按照特殊方式执行请求，被请求的缔约一方在采用这种方式时以不违反本国法律为限。"其他如《中波司法协助协定》第11条、《中蒙司法协助条约》第10条、《中比司法协助协定》第8条、《中国和波斯尼亚和黑塞哥维那关于民事和商事司法协助的条约》第5条等规定，均与此类似。

综上，司法协助中适用的法律在一般情况下为被请求国法。在特殊情况下，可适用请求国法律，但请求国法律或适用请求国法律的结果不得与被请求国法律相抵触。

四、司法协助中的公共秩序

司法协助中的公共秩序，是指如果请求国提出的司法协助事项与被请求国的公共秩序相抵触，被请求国则有权拒绝提供司法协助。

司法协助中的公共秩序，与冲突法中的公共秩序是有区别的。冲突法中公共秩序适用的结果，是法院在审理某一涉外民事案件时，排除适用冲突规范指定适用的某一特定法律，但法院仍应以本国法或其他法律作为准据法继续审理案件；而司法协助中公共秩序适用的结果，则是拒绝提供司法协助，司法协助程序即告终止。

由于民事司法协助也涉及外国的法律和外国进行的司法程序，当外国进行的诉讼涉及被请求国利益时，如果没有"公共秩序保留"这样的"安全阀门"，在出现提供司法协助与其本国利益发生冲突的情况下，将难以通过适当的机制使其利益得到可靠的保障。所以，在国际上有关司法协助的多边公约、双边条约以及各国立法中，均采纳公共秩序保留这项制度。[①]

从民事司法协助的实践看，"公共秩序保留"所适用的情形主要包括：[②]

（一）损害被请求国的国家利益，包括有损其主权、安全或其他重大利益

维护国家主权是民事司法协助的最基本的原则，公共秩序保留制度就是这一原

① 徐宏：《国际民事司法协助》，武汉大学出版社2006年版，第55页。

② 徐宏：《国际民事司法协助》，武汉大学出版社2006年版，第56页。

则的延伸和体现。同时，国家主权本身又是公共秩序中一项最重要的内容。在民事司法协助中，对国家主权、安全或其他重大利益的保护，始终是各国援引公共秩序保留条款拒绝司法协助的主要考虑。例如，当被请求国在案件中被外国法院列为被告，从而使其管辖豁免权受到损害，或外国要求取证的事项涉及被请求国的国家机密，或外国判决的承认与执行将使国家财产受到不当侵害，或破坏被请求国外交关系等，被请求国均可拒绝提供司法协助。

（二）与被请求国的政治、经济和基本法律准则发生重大抵触

英国学者戴赛指出，当某种权利的执行违背英国的法律政策，危及英国的政治与法律制度的存在，英国法院将不承认基于他国法律而获得的上述权利。另外，一些国家认为，本国法律对某些案件规定专属管辖权是一种“公共秩序”，本国“公法”的规定也体现了公共秩序，违反这些法律所作出的外国判决，不应得到承认。

（三）严重违背被请求国的基本道德准则

由于各国国情不同，历史传统和道德观念也不一致，并且因为道德的标准随着时代变化而变化，因此各国对此的理解是各不相同的。但国际社会基本的共识是，违反文明社会道德，违反基本人权，都应属于违反道德准则的最基本的内容。特别是违反国际公约中规定的人权标准和国际法上的义务等，例如一夫多妻的婚姻制度、奴隶制度、种族隔离与种族歧视、限制言论自由等，均属违背基本道德准则范畴。

司法协助中的公共秩序制度，已为海牙国际私法会议所通过的一系列条约所采纳。如 1954 年海牙《民事诉讼程序公约》第 11 条规定：“如果被请求国认为在其境内执行嘱托危害其主权或安全时，可以拒绝执行嘱托。”1965 年海牙《送达公约》第 13 条也规定：“如果送达请求书符合本公约的规定，则文书发往国只在其认为执行请求将危害其主权或者安全时才可拒绝执行。”1970 年海牙《取证公约》第 12 条也规定，被请求国认为其主权或安全将因执行请求而受到损害的，可拒绝执行该请求。上述条约之所以采纳这一制度，主要因为这一制度同样具有“安全阀”的作用，即当请求的司法协助事项违背被请求国的根本利益或法律与道德基本原则时，被请求国法院可拒绝提供司法协助。

我国国内法和我国与外国签订的司法协助条约中，均规定了公共秩序这一制度。现行《民事诉讼法》第 276 条第 2 款规定：“外国法院请求协助的事项有损于中华人民共和国的主权、安全或者社会公共利益的，人民法院不予执行。”《中法民商事司法协助协定》第 11 条规定：“如果被请求一方认为送达司法文书和司法外文书的请求有损于本国的主权或安全，可以拒绝送达，但应将拒绝的理由通知请求一方。”其他如《中波司法协助协定》第 10 条、《中蒙司法协助条约》第 9 条、《中意司法协助条约》第 19 条、《中俄司法协助条约》第 6 条、《中国和波斯尼亚和黑塞哥维那关于民事和商事司法协助的条约》第 6 条等，也有与此类似的规定。

五、司法协助的机关

司法协助的机关有中央机关、主管机关和外交机关，它们在司法协助中的作用是各不相同的。

（一）中央机关

司法协助中的中央机关，是指一国根据本国缔结或参加的国际条约规定而指定建立的，在司法协助中起联系和转递作用的机关。

1965 年海牙《送达公约》首先创立了“中央机关”制度，即设立中央机关以取代以往的外交机关来作为民事司法协助的主要途径。这一制度避免了外交途径转递请求手续的烦琐，从而便利了各国间司法协助请求的转递。另外，这一制度也减少了各国外交机关在司法协助方面的工作压力。因此，在这之后缔结的 1970 年海牙《取证公约》以及其他有关司法协助的多边或双边的国际条约，也采用了这一制度。目前，以“中央机关”作为国际民事司法协助的联系途径，已成为一项普遍的国际实践。

但各国在实践中为司法协助而指定的中央机关不尽相同。以 1965 年海牙《送达公约》成员国的做法为例，大多数国家如法国、比利时、芬兰、挪威、西班牙、葡萄牙、土耳其、捷克斯洛伐克、埃及等国指定以本国司法部为中央机关；意大利、荷兰、卢森堡、以色列等国则指定本国最高法院为中央机关；加拿大在指定各省的司法部为各省的中央机关后，又特别指定其外交部为全国统一的中央机关。

我国于 1991 年批准加入海牙《送达公约》的决定中，指定我国司法部为中央机关和有权接收外国通过领事途径转递文书的机关。在我国与外国缔结的一系列双边司法协助条约中，也一般指定司法部为司法协助的中央机关。虽然也有同时指定司法部和其他最高司法机关（最高人民法院或最高人民检察院）为中央机关的，但这种情况主要出现在民、刑事司法协助条约中，且主要是考虑到业务对口机关联系的方便。因此，根据这类我国与他国缔结双边司法协助条约的规定，民事司法协助事项一般由作为中央机关的司法部负责联系和转递。

（二）主管机关

司法协助的主管机关，是指国际条约或国内法所规定的有权向外国提出司法协助请求和有权执行外国所提出的司法协助请求的机关。

司法协助的主管机关与中央机关在司法协助中的作用是不同的。前述中央机关主要负责司法协助中缔约国之间的相互联系，而主管机关则是司法协助请求行为的提出者和具体完成者。

对各国通过司法协助程序完成的行为，一般认为是司法行为，因而各国司法协助的主管机关也主要是司法机关。但各国对司法协助主管机关的指定又不尽一致。

在有些国家，司法机关以外的机关（甚至有关人员）也可能成为司法协助的主管机关。譬如，在波兰，除法院是民商事案件的主管机关外，公证处也有权处理数额不大的财产纠纷，以及有关遗嘱的有效性、遗产保护方面的纠纷；在比利时，有关送达文书的请求，一般由与律师地位相似的司法执达员（即司法助理人员）完成；在美国，律师又可以在法院的控制下依一定的程序完成送达等司法行为。在我国，法院是民事司法协助方面的主管机关。

由于各国在司法协助主管机关方面的规定存在一定差异，因而有必要在有关司法协助条约中作出相应规定。我国与外国缔结的司法协助条约，对司法协助主管机关的规定采取了两种办法：其一是在条约中直接规定缔约双方的主管机关。如《中比司法协助协定》第3条规定，“主管机关”在我国方面系指司法机关，在比利时方面系指司法机关和司法执达员。其二是在条约中对缔约双方的主管机关只作不完全列举。如《中蒙司法协助条约》第2条规定，“主管机关”是指法院、检察院或其他主管民事或刑事案件的机关。至于哪些是两国的其他主管民事的机关，则应依缔约双方的国内法来定。

（三）外交机关

在无司法协助条约关系的国家之间，司法协助一般应通过外交途径解决，这是国际社会的普遍实践。现行《民事诉讼法》第277条第1款规定：“请求和提供司法协助，应当依照中华人民共和国缔结或参加的国际条约所规定的途径进行，没有条约关系的，通过外交途径进行。”以送达文书为例，与我国无司法协助条约的国家委托我国法院送达法律文书的，一般由该国驻我国使馆交外交部领事司并由其转递有关高级人民法院送达给当事人。当事人在所附送达回执上签字后，由中级人民法院将送达回证退回高级人民法院，再由外交部领事司转退给对方。

司法协助条约一般还有这样的规定：因执行或解释条约而产生的困难或争议应通过外交途径解决。我国条约法的实践也是这样。如《中波司法协助协定》第29条规定：“本协定执行过程中所产生的任何困难均应通过外交途径解决。”《中国和波斯尼亚和黑塞哥维那关于民事和商事司法协助的条约》第31条规定：“因解释或者实施本条约所产生的任何分歧，如果双方中央机关不能达成协议，应当通过外交途径协商解决。”

此外，根据我国与外国缔结的双边司法协助条约，申请减免诉讼费用所需要的证明书，一般应由当事人住所地或居所地的主管机关出具，但申请人在缔约双方境内无住所或居所的，亦可由其本国的外交或领事机关出具。

第二节 域外送达

一、域外送达的概念

域外送达（service out of the jurisdiction），是指一国司法机关根据国际条约或国内立法的规定，将诉讼和非诉讼文书送交在本国没有住所或居所的诉讼当事人或其他诉讼参与人。

司法文书的送达是诉讼活动中一项必不可少的重要程序。域外送达在国际民事诉讼中的作用举足轻重。对于法院而言，只有合法而有效地送达了诉讼文书，相关诉讼活动才得以进行，法院也才能就案件作出裁决；对于受送达人而言，受送达人只有收到诉讼文书并知悉诉讼文书的内容，才能行使相应诉讼权利和承担诉讼义务。

司法文书的送达是一国司法机关代表国家行使国家主权的一种表现，因而具有严格的属地性。就域外送达而言，一国司法机关在未征得有关国家同意的情况下，不能在该国境内向任何人实施送达行为；同时，内国也不承认外国司法机关在没有法律规定和条约依据的情况下在内国实施的送达。因此，为建立和完善域外送达制度，各国一方面在国内法中就司法文书的域外送达和外国司法文书在内国的送达作出相应的规定；另一方面各国往往还通过订立双边或多边条约的方式，就司法文书的域外送达所涉及的问题作出相应的规定。目前有关司法文书和司法外文书域外送达的多边国际条约，主要有前面已经提及的1954年海牙《民事诉讼程序公约》和1965年海牙《送达公约》。其中，海牙《送达公约》于1969年2月10日生效，至2018年，该公约已有73个成员国。①

二、域外送达途径

实践中，司法文书的域外送达一般通过两种途径进行：一是直接送达，即由内国法院根据内国法律或国际条约的相关规定通过一定的方式直接送达；二是间接送达，即由内国法院依据内国法律和国际条约的有关规定，通过一定的途径委托外国的中央机关代为送达，亦即通过国际司法协助的途径所进行的送达。

（一）直接送达

直接送达的方式，一般可归纳为以下几种：

① 来源网址：https：//www. hcch. net，最后访问日期：2018年2月25日。

1. 外交代表或领事送达

即由内国法院将需要在国外送达的司法文书委托给内国驻有关国家的外交代表或领事代表代为送达。这种方式已为国际社会普遍认可和采用。1963 年《维也那领事关系公约》第 5 条和 1954 年海牙《民事诉讼程序公约》第 6 条，都规定了这种送达方式。但送达对象只能是本国国民，且不得采取强制措施。

2. 邮寄送达

即国内法院通过邮局直接将法律文书寄给国外的诉讼当事人或其他诉讼参与人。1954 年海牙《民事诉讼程序公约》（第 6 条）和 1965 年海牙《送达公约》（第 10 条），都规定了这种送达方式。美国、法国等多数国家在批准和加入这两个公约时，都认可了这一规定。但德国、瑞士、卢森堡、挪威、土耳其、埃及等国，则明确表示反对。我国 1991 年批准加入《送达公约》时，也明确表示反对采用公约第 10 条所规定的方式在我国境内送达。

3. 个人送达

即内国法院将司法文书委托给具有一定身份的个人代为送达。这里的“个人”可以是有关当事人的诉讼代理人，或当事人选定的人或与当事人关系密切的人。这种方式一般为英美法系国家所采用。

4. 公告送达

即内国法院将需要送达的司法文书的内容以张贴公告或登报的方式告知有关当事人或其他诉讼参与人，自公告之日起一定期限届满后视为已送达。这一方式为许多国家的民事诉讼法有条件地认可和采用。

5. 以当事人协商的方式送达

这一方式主要为英美法系国家采用。在美国，对外国国家的代理人或代理处，对外国国家或外国政治实体的送达，可依诉讼当事人之间特别协商的办法进行；在英国，合同当事人甚至可在其合同中约定送达方式。

（二）间接送达

由于间接送达需通过国际司法途径进行，即需要有关国家的中央机关参与，因而它必须经过特别程序。从各国国内立法和条约实践看，其特别程序主要如下：

1. 请求的提出

一般认为，提出请求的机关应依请求国法律来定。如 1965 年海牙《送达公约》第 3 条将提出请求的机关规定为“依文书发出国法律有权主管的当局或司法助理人员”。因而，对作为《送达公约》成员国的请求国来说，在其中央机关收到另一缔约国某机关提出的请求后，则可不必了解该机关是否为有权提出请求的机关。对我国而言，我国一般认为送达文书属于法院职权范围，因而人民法院为我国有权向外国提出请求的机关。

请求途径一般应依据条约的规定进行，没有条约关系的，通过外交途径进行。这是为国际社会认同的司法协助依据之一。实践中，我国法院向外国提出送达文书的请求是通过统一的途径进行的，即有关中级人民法院或专门人民法院应将请求书和需送达的司法文书送有关高级人民法院转送最高人民法院，由最高人民法院送司法部转送给该国指定的中央机关；必要时，也可由最高人民法院送我国驻该国使馆转送给该国指定的中央机关。

另外，请求书应以一定的格式和语言作成。我国缔结或参加的双边司法协助条约和多边公约（如《送达公约》）都对请求书的内容、格式等作出了相应的规定，因而，我国与这些国家间的相互要求送达文书的请求书，其格式和内容就必须符合相关条约的规定。

2. 请求的执行和执行情况的通知

从海牙《送达公约》和各国的实践看，一国执行另一国的送达请求，主要有两种方式：其一是由被请求国法院按照本国法律对国内类似性质的文书所规定的方式送达；其二是按请求国所要求的特殊方式送达，但这种方式不得与被请求国法律相抵触。在我国与外国所订立的一系列双边司法协助条约中，通常规定这两种送达方式。

至于执行结果的通知，国际社会的普遍做法是采用送达回证或由有关机构出具送达证明书的形式将执行情况通知请求机构。而且这种通知的途径与司法协助请求书的传递途径相同。

3. 请求的拒绝

一般认为，当某些文书的送达将损害被请求国主权、安全或国内公共秩序时，被请求国有关机构可拒绝履行这种送达委托。我国现行《民事诉讼法》第 276 条的规定也与此相同。另外，从海牙《送达公约》第 1 条和第 4 条的规定看，对受送达人地址不详或请求书不符合要求且不能及时补正的，也可拒绝执行或对请求书提出异议。

三、我国的域外送达制度

在我国涉外司法实践中，送达问题一直影响着法院审判效率，原因是送达过程漫长且成功率很低。因而，在送达方面开展国际合作就尤为重要。

我国关于司法文书和司法外文书的域外送达制度，体现于我国缔结或参加的有关国际条约以及我国的国内立法和有关规定中。国际条约包括我国已参加的 1965 年海牙《送达公约》和我国与外国缔结的一系列双边司法协助条约；国内立法包括我国现行《民事诉讼法》（第 276 条和第 277 条）和 1991 年 3 月 2 日全国人大常务委员会通过的关于《批准加入海牙〈送达公约〉的决定》，有关规定主要指最高人民法院颁布的有关司法解释。[①] 2013 年 1 月《最高人民法院关于依据国际公约和双边司法协助条约办理民商事案件司法文书送达和调查取证司法协助请求的规定》（以下简称 2013 年《国际司法协助规定》），是人民法院历史上首个关于国际民事司法协助工作的司法解释。[②] 这些条约、立法及有关规定表明，我国的域外送达制度主要有以下两方面的内容：

第一，根据现行《民事诉讼法》第 276 条和《最高人民法院关于涉外民事或商事案件司法文书送达问题若干规定》（简称《涉外送达规定》），我国法院需要向国外送达司法文书的，有几种可供使用的方法：（1）依受送达人所在国与我国缔结或参加的条约规定的方式送达；[③]（2）通过外交途径送达；（3）委托我国驻外使、领馆对我国公民进行送达；（4）向当事人委托的有权代其接受送达的诉讼代理人送达；（5）向受送达人在我国领域内设立的代表机构或有权接受送达的分支机构、业务代办人送达；[④]

---

① 这些司法解释主要有：最高人民法院、外交部、司法部分别于 1992 年 3 月 4 日和 1992 年 9 月 9 日联合发布的《关于执行〈关于向国外送达民事或商事司法文书和司法外文书公约〉有关程序的通知》《关于执行海牙送达公约的实施办法》，以及三部门于 1986 年 8 月 14 日联合发布的《关于我国法院和外国法院通过外交途径相互委托送达法律文书若干问题的通知》；2003 年《最高人民法院关于指定北京市、上海市、广东省、浙江省、江苏省高级人民法院依据海牙送达公约和海牙取证公约直接向外国中央机关提出和转递司法协助请求和相关材料的通知》；关于域外送达的最新规定即 2006 年 8 月 22 日起施行的《最高人民法院关于涉外民事或商事案件司法文书送达问题若干规定》；2014 年 12 月 18 日《最高人民法院关于适用〈中华人民共和国民事诉讼法〉的解释》。

② 曾朝晖：《〈关于依据国际公约和双边司法协助条约办理民商事案件司法文书送达和调查取证司法协助请求的规定〉的理解与适用》，载《人民司法》2013 年第 13 期。

③ 根据《涉外送达规定》第 7 条的规定，按照司法协助协定、《关于向国外送达民事或商事司法文书和司法外文书公约》或者外交途径送达司法文书，自我国有关机关将司法文书转递受送达人所在国有关机关之日起满 6 个月，如果未能收到送达与否的证明文件，且根据各种情况不足以认定已经送达的，视为不能用该种方式送达。现行《民事诉讼法》第 92 条规定："受送达人下落不明，或者用本节规定的其他方式无法送达的，公告送达。自发出公告之日起，经过六十日，即视为送达。公告送达，应当在案卷中记明原因和经过。"

④ 根据最高人民法院于 2002 年 6 月公布的《关于向外国公司送达司法文书能否向其驻华代表机构送达并适用留置送达问题的批复》，对在我国境内没有住所的当事人送达诉讼文书，可以依照受送达人所在国与我国缔结或者共同参加的国际条约规定的方式送达；当受送达人在我国境内设有代表机构时，人民法院可以根据《民事诉讼法》第 245 条第 5 项的规定向受送达人在我国境内设立的代表机构送达诉讼文书，而不必根据海牙《送达公约》向国外送达。见《最高人民法院公报》2002 年第 2 期。《民事诉讼法司法解释》第 130 条第 1 款规定："向法人或者其他组织送达诉讼文书，应当由法人的法定代表人、该组织的主要负责人或者办公室、收发室、值班室等负责收件的人签收或者盖章，拒绝签收或者盖章的，适用留置送达。"第 132 条规定："受送达人有诉讼代理人的，人民法院既可以向受送达人送达，也可以向其诉讼代理人送达。受送达人指定诉讼代理人为代收人的，向诉讼代理人送达时，适用留置送达。"

（6）在所在国法律允许的情况下，邮寄送达；① （7）公告送达（自公告之日起满6个月的，视为已送达）；② （8）电子方式送达；③ （9）留置送达。④

此外，《涉外送达规定》第11条还规定，除公告送达方式外，人民法院可以同时采取多种方式向受送达人进行送达，但应根据最先实现送达的方式确定送达日期。该规定第13条还规定，受送达人未对人民法院送达的司法文书履行签收手续，但存在以下情形之一的，视为送达：（1）受送达人书面向人民法院提及了所送达司法文书的内容；（2）受送达人已经按照所送达司法文书的内容履行；（3）其他可以视为已经送达的情形。

第二，外国法院向在我国境内的当事人送达法律文书的，可以采取的途径为：（1）外国与我国有条约关系的，依照缔结或参加的国际条约规定的途径进行，需适用我国参加的多边条约的，我国声明保留的除外；（2）没有条约关系的，通过外交途径进行；（3）外国驻华使馆可以直接向在华的本国国民送达法律文书，但不得损害我国的主权、安全和社会公共利益，不得采取强制措施；（4）对拒绝转递我国法

---

① 根据《涉外送达规定》第8条的规定，邮寄送达时应附有送达回证。受送达人未在送达回证上签收但在邮件回执上签收的，视为送达，签收日期为送达日期。自邮寄之日起满6个月，如果未能收到送达与否的证明文件，且根据各种情况不足以认定已经送达的，视为不能用邮寄方式送达。《民事诉讼法司法解释》第536条规定："受送达人所在国允许邮寄送达的，人民法院可以邮寄送达。邮寄送达时应当附有送达回证。受送达人未在送达回证上签收但在邮件回执上签收的，视为送达，签收日期为送达日期。自邮寄之日起满三个月，如果未收到送达的证明文件，且根据各种情况不足以认定已经送达的，视为不能用邮寄方式送达。"

② 最高人民法院于2004年11月公布的《最高人民法院关于依据原告起诉时提供的被告住址无法送达应如何处理问题的批复》中规定：人民法院依据原告起诉时所提供的被告住址无法直接送达或者留置送达，应当要求原告补充材料。原告因客观原因不能补充或者依据原告补充的材料仍不能确定被告住址的，人民法院应当依法向被告公告送达诉讼文书。另根据《涉外送达规定》第9条的规定，公告送达的公告内容应在国内外公开发行的报刊上刊登。《民事诉讼法司法解释》537条规定："人民法院一审时采取公告方式向当事人送达诉讼文书的，二审时可径行采取公告方式向其送达诉讼文书，但人民法院能够采取公告方式之外的其他方式送达的除外。"

③ 《涉外送达规定》第10条规定，除本规定上述送达方式外，人民法院可以通过传真、电子邮件等能够确认收悉的其他适当方式向受送达人送达。现行《民事诉讼法》第87条规定："经受送达人同意，人民法院可以采用传真、电子邮件等能够确认其收悉的方式送达诉讼文书，但判决书、裁定书、调解书除外。采用前款方式送达的，以传真、电子邮件等到达受送达人特定系统的日期为送达日期。"《民事诉讼法司法解释》第135条规定："电子送达可以采用传真、电子邮件、移动通信等即时收悉的特定系统作为送达媒介。民事诉讼法第八十七条第二款规定的到达受送达人特定系统的日期，为人民法院对应系统显示发送成功的日期，但受送达人证明到达其特定系统的日期与人民法院对应系统显示发送成功的日期不一致的，以受送达人证明到达其特定系统的日期为准。"第136条规定："受送达人同意采用电子方式送达的，应当在送达地址确认书中予以确认。"

④ 《涉外送达规定》第12条规定，人民法院向受送达人在中华人民共和国领域内的法定代表人、主要负责人、诉讼代理人、代表机构以及有权接受送达的分支机构、业务代办人送达司法文书，可以适用留置送达的方式。

院通过外交途径委托送达法律文书的国家或有特殊限制的国家，可根据情况采取相应的对等措施。

2003年最高人民法院办公厅《最高人民法院关于指定北京市、上海市、广东省、浙江省、江苏省高级人民法院依据海牙送达公约和海牙取证公约直接向外国中央机关提出和转递司法协助请求和相关材料的通知》规定，为进一步提高国际司法协助工作效率，更好地为审判工作服务，最高人民法院决定，指定北京市、上海市、广东省、浙江省、江苏省高级人民法院就涉及海牙《送达公约》、海牙《取证公约》的司法协助工作进行试点，由高级人民法院直接对公约成员国中央机关提出和转递司法协助请求书和相关材料。依照《关于向国外送达民事或商事司法文书和司法外文书公约》，直接向海牙《送达公约》成员国中央机关提出和转递本院及下级人民法院依据海牙《送达公约》提出的送达民事司法文书和司法外文书的请求书及相关材料。但海牙《送达公约》成员国中与我国签订含有民事司法协助内容的双边司法协助条约的，按条约规定的途径办理。

比较来看，2013年《国际司法协助规定》对于人民法院向外国提出民商事案件司法文书送达和调查取证请求的途径作出了与以往的司法解释不同的规定。其一，2013年《国际司法协助规定》第4条确立了办理外国法院委托我国法院送达民商事案件司法文书和进行民商事案件调查取证请求时，以按照我国法律规定的方式办理为原则，以按照请求国所要求的特殊方式办理为例外的原则。[①] 不过，外国法院所要求的方式是否与我国法律相抵触，是否在实践中无法办理或者办理困难，属于人民法院国际司法协助统一管理部门和司法协助专办员的审查范围。[②] 其二，人民法院对外国提出的司法协助请求的审查，分为形式审查和实质审查两个方面。该要求规定在2013年《最高人民法院关于依据国际公约和双边司法协助条约办理民商事案件司法文书送达和调查取证司法协助请求的规定实施细则（试行）》第11条和第34条中。根据《民事诉讼法》第260条，对于国内立法与条约不一致的地方，人民法院对外国提出的司法协助请求的实质审查，应当按照海牙《送达公约》、海牙《取证公约》和双边司法协助条约的规定进行。其三，司法文书和调查取证请求材料的翻译问题。出于保障译文准确性和提高民事责任承担能力的考虑，2013年《国际司

① 2013年《国际司法协助规定》第4条规定："人民法院协助外国办理民商事案件司法文书送达和调查取证请求，应当按照民事诉讼法和相关司法解释规定的方式办理。请求方要求按照请求书中列明的特殊方式办理的，如果该方式与我国法律不相抵触，且在实践中不存在无法办理或者办理困难的情形，应当按照该特殊方式办理。"

② 2013年《最高人民法院关于依据国际公约和双边司法协助条约办理民商事案件司法文书送达和调查取证司法协助请求的规定实施细则（试行）》第5条规定："人民法院国际司法协助统一管理部门和专门负责国际司法协助工作的人员（国际司法协助专办员）负责国际司法协助请求的审查、转递、督办和登记、统计、指导、调研等工作。"

法协助规定》要求委托我国领域内的翻译机构进行翻译，第 5 条规定："人民法院委托外国送达民商事案件司法文书和进行民商事案件调查取证，需要提供译文的，应当委托中华人民共和国领域内的翻译机构进行翻译。译文应当附有确认译文与原文一致的翻译证明。翻译证明应当有翻译机构的印章和翻译人的签名。译文不得加盖人民法院印章。"

2013 年《国际司法协助规定》是对我国以往国际司法协助实践的系统总结。为更好地实施该规定，最高人民法院在 2013 年 4 月 7 日发布了《关于依据国际公约和双边司法协助条约办理民商事案件司法文书送达和调查取证司法协助请求的规定实施细则（试行）》（以下简称 2013 年《国际司法协助实施细则》）。2013 年《国际司法协助实施细则》有三个方面重要内容：

第一，确立了国际司法协助的三个原则。一是便捷、高效的原则。实践中，目前大部分国家都主张国际公约与双边条约具有同等效力，而且 2003 年《通知》目的在于简化程序、提高效率。为解决此问题，2013 年《国际司法协助规定》第 1 条规定："人民法院应当根据便捷、高效的原则确定依据海牙送达公约、海牙取证公约，或者双边民事司法协助条约，对外提出民商事案件司法文书送达和调查取证请求。"二是对等原则。对等原则的基本含义是各国应当在同等的范围、程度上开展司法协助，如果一国对他国的国际司法协助请求附加不合理的限制，他国有权采取相应的限制。2013 年《国际司法协助规定》第 2 条规定："人民法院协助外国办理民商事案件司法文书送达和调查取证请求，适用对等原则。"2013 年《国际司法协助实施细则》的第 6 条、第 12 条、第 29 条、第 35 条等规定都体现了对等原则。三是依法审查原则。2013 年《国际司法协助规定》强调各级人民法院对司法协助请求的审查责任，结合《民事诉讼法》第 276 条第 2 款，2013 年《国际司法协助规定》第 3 条规定："人民法院协助外国办理民商事案件司法文书送达和调查取证请求，应当进行审查。外国提出的司法协助请求，具有海牙送达公约、海牙取证公约或双边民事司法协助条约规定的拒绝提供协助的情形的，人民法院应当拒绝提供协助。"

第二，明确了人民法院国际司法协助工作的管理机制。即统一管理和专人负责相结合的管理机制。根据 2013 年《国际司法协助规定》第 6 条，该管理机制分为三个层面：（1）最高人民法院统一管理全国各级人民法院的国际司法协助工作；（2）高级人民法院应当确定一个部门统一管理本辖区各级人民法院的国际司法协助工作并指定专人负责；（3）中级人民法院、基层人民法院和有权受理涉外案件的专门法院，应当指定专人管理国际司法协助工作；有条件的，可以同时确定一个部门管理国际司法协助工作。①

第三，明确了人民法院国际司法协助工作的制度建设，包括登记制度和档案制度。2013 年《国际司法协助规定》第 7 条规定：“人民法院应当建立独立的国际司法协助登记制度。”第 8 条规定：“人民法院应当建立国际司法协助档案制度。办理民商事案件司法文书送达的送达回证、送达证明在各个转递环节应当以适当方式保存。办理民商事案件调查取证的材料应当作为档案保存。”此外，第 9 条为逐步过渡到由各高级人民法院直接对外提出和转递司法协助请求打下了基础。②

值得注意的是，2013 年《国际司法协助规定》的适用范围限于我国法院与外国法院或其他机构，根据我国缔结或者参加的国际条约相互请求代为送达民商事司法文书和进行民商事案件调查取证，而通过外交途径进行的司法协助，不适用本规定。③

第三节　域外取证

一、域外调查取证的概念和范围

从国际社会的实践看，域外调查取证是指案件的受诉法院在征得有关国家同意的情况下，直接提取案件所需的证据；或通过司法协助途径，以请求书的方式，委托有关国家的主管机关所进行的取证。域外调查取证通常被分为直接取证和间接取证两种。

域外调查取证制度在国际民商事诉讼乃至整个国际私法体系中发挥着重要的作用和影响。域外取证是审理国际民事诉讼案件中的一项必要程序。域外证据是国际民事案件确定案情、据以定案的根据，证据的提供与收集以及对证据的判断和认定，直接关系到案件是非曲直的判断，直接影响到诉讼当事人的切身利益，进而可以起

① 2013 年《国际司法协助规定》第 6 条规定：“最高人民法院统一管理全国各级人民法院的国际司法协助工作。高级人民法院应当确定一个部门统一管理本辖区各级人民法院的国际司法协助工作并指定专人负责。中级人民法院、基层人民法院和有权受理涉外案件的专门法院，应当指定专人管理国际司法协助工作；有条件的，可以同时确定一个部门管理国际司法协助工作。”

② 2013 年《国际司法协助规定》第 9 条规定：“经最高人民法院授权的高级人民法院，可以依据海牙送达公约、海牙取证公约直接对外发出本辖区各级人民法院提出的民商事案件司法文书送达和调查取证请求。”

③ 2013 年《国际司法协助规定》第 10 条规定：“通过外交途径办理民商事案件司法文书送达和调查取证，不适用本规定。”

到平衡国际民商事主体利益，体现国际私法为国际民商事关系健康发展所提供的保障作用。域外取证程序是否正当，不仅会直接影响判决的域外承认与执行，而且还可能影响到国家间的关系。域外取证措施的合理妥当，有利于促进或改善国与国之间的民商事司法协助关系，反之，不仅会有损正常国际民商事交往，而且还会引发国际之间的外交争端。

法院的调查取证行为同样是行使国家司法主权的行为，它同文书的送达相比更具有属地性。因而域外调查取证若未经有关国家的同意，是不能在该国境内进行的。为协调各国取证制度，国际社会通过努力，缔结了大量双边条约和多边条约。多边条约中较有影响的有1954年海牙《民事诉讼程序公约》（该公约第二章是关于域外调查取证的专门规定）和1970年海牙《取证公约》。截至2018年，海牙《取证公约》有61个成员国。①

关于域外调查取证的范围，相关多边国际条约和双边司法协助条约通常未作明确规定。但从我国与部分国家签订的司法协助条约看，域外调查取证的范围为：询问当事人、证人和鉴定人，进行鉴定和司法勘验，以及其他与调查取证有关的行为。当然，在我国与有关国家缔结的双边司法协助条约中，对调查取证范围未作规定的，对哪些属需要调查取证的范围，通常依各国内法确定。

二、域外调查取证的性质

关于域外取证的性质问题，我国学者目前对域外取证的定义和定位，均从一国司法机关这一主体入手进行分析。

一般认为，域外调查取证不仅涉及一国司法主权和安全，而且往往还会涉及一国重大经济利益和社会利益。所以，许多国家赋予了调查取证严格的属地性。如果没有相关国家的同意，是不能在该国领域内实施取证行为的，否则就是对该国司法主权的侵犯。即使位于相关国家内的证人需要出庭作证，如果没有证人所在国家的同意，是不可强制该证人出庭作证的。作为国际民事诉讼的一种独特制度，域外取证一般由各国民事诉讼法及国际条约予以规定，只有依据国内立法和国际条约的规定，域外取证才得以进行并达到目的。

但我们应当注意到，国际民事诉讼中域外调取证据的主体，并不仅仅限于受案法院和受案法院国的权力机构。实践中，与案件有关的域外证据资料，往往多由当事人或者诉讼代理人收集和提供，特别是对一些书证和物证的收集，更是如此。但当事人或诉讼代理人的这种行为，必须依据取证地国家的法律或相关国际条约的规定。

---

① 来源网址：https：//www. hcch. net，最后访问日期：2018年2月22日。

对域外取证性质的不同看法，成为两大法系主要国家在域外取证上产生冲突的关键原因。普通法国家认为，域外取证也只是国内法院受理的民商事案件中诉讼程序或者诉讼行为而已，其目的在于为国内诉讼获取相应证据，帮助查明案件事实。具体到个案而言，相关事实能否被“查明”或者能否被法院认定“查明”，以及无法查明相关事实的法律后果，则属于举证责任或者取证行为以外的范畴的问题。因而，域外取证与国内案件证据的性质并无差异，同样属于当事人之间的诉讼权利和义务事项。例如，在美国，证据开示的主导权在律师手中，法院不加干预。只有在特殊情况下，法院才参与证据开示的过程。但在大陆法系国家，法院虽然也强调当事人的举证责任和调取证据的职责，但外国主管机关或当事人及其代理人到本国取证时，便认为域外调查取证属关涉“国家主权”的事项，对于无条约或互惠关系的国家的当事人到本国境内取证的行为，大陆法系国家一般予以禁止。在大陆法系国家，律师的职责只是协助法官去发现事实。如在法国，法官有权力作出他认为适当的事实调查命令，只有法官才能认命专家或调查员，界定其职责以及作出调查报告的时限。此外，普通法系国家和大陆法系国家在域外送达问题上有一致之处。在送达主体上，要么由司法机关送达，要么由当事人自行送达。即送达主体标准往往是单一的。但就域外取证而言，无论是普通法系还是大陆法系国家，均存在当事人取证和司法机关取证并存现象，大陆法系国家虽然反对外国当事人和律师到本国境内取证，但是却不禁止本国当事人和律师到外国去取证。这些都表明，域外取证的性质问题是较为复杂的。从域外取证的客观实践而言，如果域外取证是由一国司法机关按照国际条约和取证地国的国内法进行的，当然属国家行使司法主权的范畴；如果域外取证是由当事人或其他诉讼参与人依据国际条约和取证地国国内法的规定，自行实施的，该行为的性质则应另当别论。

三、域外调查取证的方式

前述域外取证分为直接取证和间接取证两种，以下分述：

（一）直接取证

直接取证不涉及取证地国家主管机关的司法行为，其方式主要有以下三种：

1. 外交或领事人员取证

这种取证方式是指一国法院通过该国驻他国的外交或领事人员在驻在国直接调查取证。这种取证方式通常由领事进行，外交人员较少参与，或即使外交人员取证时实际上也是在行使领事职务，因此，此种取证方式一般被简称为领事取证。

从取证对象看，领事取证有两种情况。其一是对本国国民取证。这种方式已为《维也纳领事关系公约》和各国订立的大量双边领事条约所肯定。但葡萄牙、丹麦和挪威等国则要求事先需征得该国同意。其二是对驻在国或第三国国民取证。对这一取证方式，各国的做法不一，但一般都规定有不同程度的限制。①

我国已加入的海牙《取证公约》和我国《民事诉讼法》以及我国与他国缔结的双边司法协助条约，都对这一取证方式作了规定。在我国，外国领事取证的对象只能是领事所属国国民，而不能是我国公民或第三国国民，且领事取证不得采取强制措施。②

2. 特派员取证

这一取证方式是指法院在审理涉外民商事案件时委派专门的官员去外国境内提取证据的行为。1970 年海牙《取证公约》规定了特派员（Commissioner）取证制度。公约第 17 条规定，在民商事案件中，被合法地专门指定为特派员的人，如果得到作为缔约国的取证地国家指定的主管机关的概括许可或对特定案件的个别许可，并遵守主管机关许可时所规定的条件，可以在不加强制的情况下进行取证。公约第 21 条规定，特派员取证时，可以按照派遣国法律所规定的方式进行，但此种方式不能是取证地国法律所禁止的。

我国与外国缔结的双边司法协助条约未规定特派员取证制度。我国现行《民事诉讼法》第 277 条第 3 款规定："除前款规定的情况外，未经中华人民共和国主管机关准许，任何外国机关或者个人不得在中华人民共和国领域内送达文书、调查取证。"可见，我国原则上不允许外国特派员在我国境内取证。我国在加入《取证公约》时，对公约第 17 条等条款提出了保留。③

3. 当事人或诉讼代理人自行取证

这种取证方式主要存在于英美法系国家，尤其是美国。该取证程序被称为"审判前取证"的程序。海牙《取证公约》第 23 条规定各缔约国可以声明不执行"普通法系国家旨在进行审判前文件调查"的程序。虽然公约原则上并未否认这一取证方式，但美国以外的所有缔约国都对这一方式予以了保留。从前述我国《民事诉讼法》第 277 条的规定看，未经我国主管机关的许可，外国当事人及其诉讼代理人不得在我国境内自行取证。我国在加入《取证公约》时也声明，对普通法系国家旨在进行审判前文件调查的请求书，仅执行已在请求书中列明并与案件有直接密切联系的文件的调查请求。④

---

① 费宗祎、唐承元主编：《中国司法协助的理论与实务》，人民法院出版社 1992 年版，第 99 ~ 100 页。

② 《取证公约》第 16 条规定，外交官员或领事代表可在另一缔约国执行职务的区域内或在执行职务的所在国，向该区域所属国国民或第三国国民在不采取强制措施的情况下调取证据。我国加入公约时，对此提出了保留。见《中华人民共和国全国人民代表大会常务委员会公报》1997 年第 4 期。

③ 参见《全国人民代表大会常务委员会公报》1997 年第 4 期。

④ 参见《全国人民代表大会常务委员会公报》1997 年第 4 期。

（二）间接取证

前述间接取证即是以请求书方式，通过司法协助途径的域外取证。因此，以这一方式取证必须要经过一些特别程序。海牙《取证公约》对此作了较为详细的规定，加之我国缔结的一系列双边司法协助条约也规定了这一取证制度，而且规定的内容也基本与海牙《取证公约》一致，因此，下述间接取证程序是以该公约的规定为依据的。

1. 请求的提出

请求应以请求书的形式向外国的中央机关提出，并由中央机关转交该国主管机关执行。请求书应以被请求国官方语言或有关条约所规定的语言并用一定的格式写成，或附有该文字的译文。请求书应包含一定的内容。

2. 取证行为的实施和证据的移交

被请求国法院一般应依本国法律的规定，按照国内民商事案件的取证方式和程序提取证据。被请求国法院也可按请求书所要求的特殊方式和程序取证，但以该方式和程序不违背被请求国法律为限。

被请求国法院实施取证行为后，无论结果如何，都应通过某种途径将执行情况通知请求机关，并将已提取的有关证据材料移交给请求机关。如果有关请求部分或全部未得到执行，被请求国法院应通过同一途径及时地将这一情况及理由通知请求机关。

3. 请求的拒绝

一般认为，请求书的执行不属于被请求国司法机关的职权范围，或被请求国认为其主权、安全将会由此受到损害的，被请求国机构可拒绝执行该项请求，并将取证请求书通过一定的途径退回请求国，同时说明拒绝的理由。

四、我国的域外取证制度

我国的域外取证制度，一部分规定于国内法中，一部分规定于我国与外国缔结的双边司法协助协定中。

国内法主要是指《民事诉讼法》的有关规定。现行《民事诉讼法》第276条规定，我国人民法院与外国法院可以依据国际条约或互惠原则，相互请求代为调查取证。但外国法院请求我国法院代为调查取证的，不得有损于我国的主权、安全和社会公共利益，否则，不予执行。第277条第2款还规定，外国驻我国使领馆可以向该国国民调查取证，但不得违反我国法律，并不得采取强制措施。另外，前述1986年最高人民法院、外交部、司法部颁发的《委托送达法律文书若干问题的通知》也规定，我国法院和外国法院通过外交途径相互委托代为调查或取证的，可参照该通知的有关规定办理。2003年最高人民法院办公厅《最高人民法院关于指定北京市、上海市、广东省、浙江省、江苏省高级人民法院依据海牙送达公约和海牙取证公约直接向外国中央机关提出和转递司法协助请求和相关材料的通知》也对涉及这五个高级法院的域外取证的规定作了调整。

前述我国与外国缔结的一系列双边司法协助条约中都规定有域外取证方面的内容。我国与这些国家相互委托调查取证时，就应根据条约的规定办理。

第四节　外国法院判决的承认与执行

一、承认和执行外国法院判决的概念

在国际民事诉讼中，外国法院判决是指非内国法院根据查明的事实和有关法律的规定，对当事人之间有关民事权利和义务的争议或申请人提出的申请所作出的具有拘束力的裁判（judicial decision）。对这一概念，应注意从广义角度理解以下三个问题：

1. “外国”的概念

这里所讲的“外国”，在多法域国家常被作广义理解。如在英国，英格兰法院就将苏格兰和北爱尔兰法院的判决与德国等外国法院的判决一同归为“外国法院判决”的范畴。[①] 此外，“外国”判决还包括国际法院、国际河流委员会等国际组织作出的判决，而不论作出该判决的地点是在内国还是在外国。[②]因而，这里的“外国”是国际法意义上而非地理意义上的概念。

2. “法院”的含义

这里的“法院”既包括具有民商事管辖权的普通法院，也包括劳动法院、行政法院、特别法庭，以及被国家赋予一定司法权的其他机构。[③] 1982年南斯拉夫《法律冲突法》第86条第3款规定：“其他机关作出的调整本法第1条所指关系的判决或和解，也认为是外国法院的判决。”我国对外缔结的司法协助协定中，有的也规定“外国法院”是指“外国法院或其他主管机关”。[④]

3. “判决”的范围

这里的“判决”不仅仅指外国法院在民商事案件中所作的判决、裁定和调解

---

① J. H. C. Morris, Conflict of Laws, 3rd ed., Stevens, 1984, p. 1; Lord Collins of Mapesbury and Others, Dicey, Morris, and Collins on the Conflict of Laws, Sweet & Maxwell, 2012, p. 1.

② 参见李双元、谢石松：《国际民事诉讼法概论》，武汉大学出版社1990年版，第481~483页。

③ 例如，英国的上议院和枢密司法委员会也可以作出判决，行使司法权；再如波兰的公证处也有权处理数额不大的财产纠纷和有关遗嘱有效性、遗产保护方面的诉讼。

④ 《中波司法协助协定》第16条第3款、《中蒙司法协助条约》第17条第1款。

书，还可以是外国法院对刑事案件中附带民事诉讼所作的判决，和外国公证机关对某些特定事项所作的决定。1968 年《布鲁塞尔公约》第 25 条规定："无论使用何种名称，在本公约的意义上，判决是指由一缔约国的司法机关作出的任何裁决，如命令、判决、裁定、执行令以及书记官对司法费用的决定。"1971 年《海牙公约》第 2 条第 1 款也规定："本公约适用于缔约国法院作出的全部裁决，不论请求国在诉讼程序上或在决定中称为判决、裁定还是执行令。"因此，外国法院在民商事案件中所作出的裁决和调解书、外国法院对诉讼费用作出的裁决、经法院认可的司法调解书等均属这里所说的"判决"。

我国对外缔结的司法协助协定中，将法院对刑事案件中有关赔偿请求作出的裁决和主管机关对继承案件作出的裁决也作为承认和执行的法院判决的范围（有的采用的是"法院裁决"的称谓）。[①]

我国现行《民事诉讼法》将需承认与执行的法院判决规定为外国法院的判决、裁定（第 281 条、第 282 条），但对需承认与执行的判决的内容未作规定。

作为司法协助的内容之一，承认与执行外国法院判决就是使外国法院所作出的判决在内国领域发生法律效力，其依据一般也为有关的国际条约或互惠关系。[②] 这里需要说明的是，在实践中，我国公民申请我国法院承认外国法院的离婚判决，我国对该判决的承认就不需要以条约或互惠关系为前提。1991 年 7 月 5 日最高人民法院通过的《关于中国公民申请承认外国法院离婚判决程序问题的通知》第 1 条第 1 款规定："对与我国没有订立司法协助协议的外国法院所作的离婚判决，中国籍当事人可以根据本规定向人民法院申请承认该外国法院的离婚判决。"

我们认为，国际民商事判决的承认与执行，既是国际民商事争议解决的最终环节，也是国际民商事秩序得以维护和健全的必要保障。为此，在判决的承认执行问题上，应该达成以下两点共识：一是在新一轮全球化背景下，在全球民商事流转关系呈加速发展态势的过程中，必须充分发挥国际私法在建构自由、公平、有序国际民商事秩序中的协调和保障作用；2018 年 8 月 31 日，中国与新加坡签署的《中华人民共和国最高人民法院和新加坡共和国最高法院关于承认与执行商事案件金钱判决的指导备忘录》，正是随着各类跨境商事纠纷的频繁出现，两国司法机关为加强司法

---

① 《中法司法协助协定》第 19 条及第四章的其他条款。

② 互惠原则即是承认执行外国判决的重要依据，但在实践中，互惠关系的缺乏往往成为判决承认执行中的障碍。2017 年 6 月 8 日，第二届中国－东盟大法官论坛上，中国与东盟国家及南亚国家在判决的承认执行问题上，双方达成共识：区域内的跨境交易和投资需要以各国适当的判决的相互承认和执行机制作为其司法保障。在本国国内法允许的范围内，与会各国法院将善意解释国内法，减少不必要的平行诉讼，考虑适当促进各国民商事判决的相互承认和执行。尚未缔结有关外国民商事判决承认和执行国际条约的国家，在承认与执行对方国家民商事判决的司法程序中，如对方国家的法院不存在以互惠为理由拒绝承认和执行本国民商事判决的先例，在本国国内法允许的范围内，即可推定与对方国家之间存在互惠关系。

交流与合作，在民事司法领域开展广泛务实合作的具体体现；二是于多法域国家而言，在区际民商事判决承认执行中扩充礼让规则的内涵，既是一国宪法性的要求，也是建立共同市场消除各种区际贸易障碍的要求。在国际民商事交流快速发展的背景下，进一步丰富礼让原则的内涵是完全必要的。司法礼让首先是受托法院对外国法院司法管辖权的尊重，如果判决法院所行使的管辖权是恰当的，受托法院就应对该判决给予充分信任。其次，礼让是互惠的前提。只有被申请法院根据礼让原则承认执行管辖法院的判决，才有判决承认执行中的互惠问题。但司法礼让原则要受两方面的限制，一是外国法院的司法程序必须合法，程序合法是程序正义的必要保障，也是正义司法的表现；二是承认执行外国法院判决不得违背法院地的公共秩序。[①]

二、承认与执行外国法院判决的条件

（一）外国法院判决必须由有管辖权的法院作出

如前所述，一国法院对涉外民事案件具有管辖权，是涉外民事诉讼在该法院得以开始和进行的前提。对涉外民事案件无管辖权的法院所作出的判决是不能在他国获得承认和执行的。因此，内国法院在被请求承认与执行某一外国法院判决时，首先必须依据一定的标准来判定外国法院对该案件有没有管辖权。这种标准来自前面所述的“间接管辖权规范”，间接管辖权规范的渊源一般有两种：其一是国内法，其二是国际条约。

我国《民事诉讼法》对如何判定判决作出国法院的管辖权问题未作规定。[②] 但我国与外国签订的双边司法协助条约对此有三种规定形式：（1）我国与法国、波兰、蒙古、古巴及罗马尼亚等国签订的司法协助条约规定，依被请求国法律判断请求国法院是否具有管辖权；（2）我国与俄罗斯签订的司法协助条约规定，依确定被

① 刘仁山：《国际民商事判决承认与执行中的司法礼让原则——对英国与加拿大相关理论及实践的考察》，载《中国法学》2010年第5期。

② 《示范法》对管辖权问题作出规定，该法第158条规定，作出判决的外国法院，符合下列情形之一的，即为对案件具有管辖权：（一）在提起诉讼时，被告在该外国境内有住所或者惯常居所的；（二）被告因其商业活动引起诉讼时，在该外国境内设有代表机构，或者被告在该外国境内设有分支机构，而该诉讼是由其代表机构或者分支机构的商业活动引起的；（三）在涉及合同或者财产权益的案件中，被告以书面方式明示接受该外国法院的管辖，或者在提起诉讼后，被告自愿出庭应诉，就争议的实质问题进行答辩，且未就管辖权提出异议的；（四）在合同案件中，合同是在该外国境内签订，或者已经或者应当在该外国境内履行的；（五）在涉及有体财产的所有权或者其他物权权利的诉讼中，作为诉讼标的物或者其债的担保的动产或者不动产，在提起诉讼时位于该外国境内的；（六）在合同外的侵权案件中，侵权行为或者侵权结果发生在该外国境内的；（七）在继承案件中，被继承人死亡时的住所地、惯常居所地或者遗产所在地位于该外国境内的；（八）在反诉案件中，作出判决的外国法院对本诉有管辖权的。外国法院的管辖权与中华人民共和国法律关于专属管辖的规定相抵触者，不予承认。见中国国际私法学会编：《中华人民共和国国际私法示范法》，法律出版社2000年版，第35～36页。

请求国对案件是否具有专属管辖权的规定来判断请求国法院是否具有管辖权；(3) 我国与意大利、西班牙签订的司法协助条约则专门规定了若干管辖权标准，只要作出裁决的法院符合所列情形之一的，即被视为有管辖权。

应该说，判定外国法院是否具有管辖权，仅以被请求国法律为据，在实践中是有较大困难的。因为作出判决的法院对他国法律中有关管辖权的规定可能并不了解或根本不了解，作出判决时难以预料该判决能否得到外国法院的承认与执行，从而导致诉讼活动的结果缺乏必要的明确性。而且，当被请求国法律与判决作出国法律在管辖权的规定上存有较大差异时，将管辖权问题完全交由被请求方判断，将大大增加不予执行的可能性，而这最终是不利于国际司法协助的。因此，通过国际条约的形式，尤其是在有关国际条约中专门规定若干项管辖权标准，只要判决作出国法院符合所列标准之一的，即被视为有管辖权，这种做法无疑是较理想的。

但是，完全依靠上述国际条约的做法也是不行的。在请求国与被请求国之间没有条约关系而仅有互惠关系时，若被请求国法律中没有间接管辖权的规定，被请求国法院在是否承认与执行外国法院判决时，就会无所适从。这同样也是不利于国际司法协助的开展的。

因此，恰当的做法是，一国在参加或缔结有关涉及间接管辖权的国际条约的同时，宜在国内法中对间接管辖权问题作出相应的规定。当然，国内立法应当与国际条约或国际上通行的做法一致。这样，一国有关间接管辖权的渊源就是两方面的(国内立法、国际条约)，而不是单方面的。这也是当今国际社会较为普遍的实践。

许多国际条约和有关国家的国内法都有关于间接管辖权的规定。国际条约如1968年《布鲁塞尔公约》、2001年《布鲁塞尔条例I》、2003年《布鲁塞尔条例Ⅱ》、2003年《布鲁塞尔条例Ⅱa》、2012年《布鲁塞尔条例I修正案》、1971年海牙《承认与执行公约》和1987年《卢加诺公约》；国内立法如英国《外国判决（相互执行）法》、美国《统一外国金钱判决承认法》、瑞士1987年《关于国际私法的联邦法》等。这些条约和国内法的规定都是值得我们借鉴的。

(二) 外国法院判决必须是“确定”的判决

所谓“确定”的判决，就是指根据判决作出国法律已经发生法律效力或具有执行力的判决。因此，能被承认与执行的外国法院判决必须是“外国法院在诉讼程序上已经终结，已经不能因不服而对其提起上诉的那种判决”。①

这一点已为各国立法和有关国际条约所普遍承认。如1982年南斯拉夫《法律冲突法》第87条规定：“如请求执行人在提交外国法院判决的同时还提交了外国主管法院或其他机关的证明书，依判决作出国法律，该判决是终局的和有约束力的，即

① 参见日本国际法学会编：《国际法辞典》，世界知识出版社1985年版，第200页。

应承认该外国法院的判决。”

我国现行《民事诉讼法》第281条和第282条规定，请求我国法院承认和执行的外国法院的判决、裁定，必须是已经发生法律效力的判决或裁定。我国与外国缔结的司法协助协定都规定，依判决作出国法律，判决已经生效或具有执行力是承认与执行的必要条件之一。①

（三）外国法院进行的诉讼程序必须是公正的

从保护诉讼中败诉方当事人的合法权益出发，各国立法和有关国际条约大多规定，内国法院在被请求承认与执行外国法院判决时，如果发现判决国法院在诉讼中对败诉方当事人的合法权益未提供充分保护，如败诉一方未得到合法传唤，从而未能陈述自己的诉讼主张；或败诉一方在没有诉讼行为能力时，没有得到适当代理的，被请求国法院便可以认定有关的诉讼因缺乏公正性而拒绝承认和执行其判决。1971年海牙《承认与执行公约》第5条就规定“裁决是在违背法律的正当程序要求的诉讼中作出的，或在该案中，当事人未能平等地得到充分的陈述机会”，被请求的缔约国法院可以拒绝承认和执行该裁决。

大多数国家在承认与执行外国法院判决时，对败诉方是不加区分地予以保护的。但少数国家如德国、日本等国法律则规定，只有当败诉方为本国国民时，才援引“公正性”条件予以保护。如德国法律规定，如果德国被告由于未能得到出庭的传票或法院的命令而没有参与案件的审理程序，则德国法院对外国法院在此情况下所作出的判决将不予承认。

我国与外国缔结的司法协助条约均规定，如果根据判决作出国法律，未出庭的败诉方当事人未经合法传唤，或在没有诉讼行为能力时未得到适当代理的，则被请求方有权拒绝承认与执行请求方法院的判决。②

（四）不存在“诉讼竞合”的情形

国际民事诉讼中的“诉讼竞合”是指相同当事人基于同一诉讼标的在不同国家分别起诉的情况。对一国来说，为维护法律关系的稳定性及法律的严肃性，一事只能一诉，判决结果也只能有一个。如果一国法院对某一案件已作了生效的判决，有关当事人之间的权利义务关系亦即得到了确定，当事人有义务服从该判决。而不允许利用另一国家法院对相同当事人之间就同一诉讼标的的诉讼所作的判决来予以对

① 如《中法司法协助协定》第22条，《中波司法协助协定》第20条，《中意司法协助条约》第21条。

② 如最高人民法院于2001年3月发布的《关于人民法院受理申请承认外国法院离婚判决有关问题的规定》就有这样的规定：中国公民申请承认外国法院在其缺席情况下作出的离婚判决，应同时向人民法院提交作出该判决的外国法院已合法传唤的有关证明文件。见《最高人民法院公报》2001年第1期。

抗。因此，各国均认可，在此情况下应拒绝承认和执行外国法院所作的判决。同样，如某国已经承认和执行了第三国法院对某一案件的判决，那么，该国就不能再承认和执行另一国法院对相同当事人之间就同一诉讼标的的诉讼所作的判决。

另外，如果一国法院正对某一案件进行审理，而一方当事人请求承认外国法院对相同当事人之间就同一诉讼标的的诉讼所作的判决时，该被请求国法院是否可以拒绝呢？1971 年海牙《承认与执行公约》第 5 条第 3 款规定“同一当事人之间，基于同样事实以及具有同一标的诉讼的，在被请求国法院首先提起并正在审理；或诉讼已经在被请求国作出判决；或诉讼已经在另一缔约国作出判决，而该判决已具备在被请求国予以承认和执行的必要条件”时，可以拒绝承认和执行该外国判决。对这一问题，在我国对外缔结的司法协助条约中，有两种做法：其一是规定在提出请求时，如果被请求国法院对于相同当事人就同一标的的案件正在进行审理，可以拒绝承认和执行外国法院的判决；①其二是规定被请求国法院并不能因案件正在审理而当然地拒绝承认和执行外国法院的判决，只有在被请求国法院比作出判决的法院先受理该案时，才能拒绝承认和执行外国法院的判决。②

外国法院判决除具备以上条件外，还不得与被请求国公共秩序相抵触。这一点已在前面关于“司法协助中的公共秩序”里述及。

三、承认和执行外国法院判决的程序

（一）请求的提出

请求承认与执行外国法院判决这一程序主要涉及两个问题：其一是提出请求的主体问题，其二是请求的形式问题。

关于提出请求的主体问题，许多国家都允许当事人直接成为请求主体。如有的国家规定，承认与执行的申请只能由当事人提出，除非要求执行的事项是收取国家支出的诉讼费用；有的国家规定，这类申请必须由当事人首先向作出裁决的初审法院提出，然后再由该法院向被请求国法院提出；还有国家规定，这类申请既可由当事人直接向被请求国法院提出，也可由作出裁决的法院向被请求国法院提出。

我国现行《民事诉讼法》采取的是上述最后一种做法。该法第 280 条第 1 款规定：“人民法院作出的发生法律效力的判决、裁定，如果被执行人或者其财产不在中华人民共和国领域内，当事人请求执行的，可以由当事人直接向有管辖权的外国法院申请承认和执行，也可以由人民法院依照中华人民共和国缔结或者参加的国际条约的规定，或者按照互惠原则，请求外国法院承认和执行。”该法第 281 条又规定：

---

① 《中波司法协助协定》第 20 条第 5 款，《中罗司法协助条约》第 22 条第 1 款。

② 《中意司法协助条约》第 21 条第 5 款，《中蒙司法协助条约》第 18 条第 4 款。

"外国法院作出的发生法律效力的判决、裁定，需要中华人民共和国人民法院承认和执行的，可以由当事人直接向中华人民共和国有管辖权的中级人民法院申请承认和执行，也可以由外国法院依照该国与中华人民共和国缔结或者参加的国际条约的规定，或者按照互惠原则，请求人民法院承认和执行。"可见，根据我国法律的规定，承认与执行外国法院判决的申请究竟由谁提出，一方面取决于当事人的选择，另一方面取决于裁决作出国法律的规定。

关于请求的形式问题，各国通常规定须采用书面形式，并须附有支持该项请求的必要文件，即能证明承认与执行该项判决的各项条件均已具备的文件。

根据我国法律和我国对外缔结的司法协助条约的规定，请求承认与执行外国法院判决时，除请求书外，还需提供的文件通常包括：（1）经法院证明无误的判决副本，如果副本中没有明确指出判决已经生效和可以执行，还应附有法院为此出具的证明书；（2）证明未出庭的当事人已经合法传唤或在没有诉讼行为能力时已得到适当代理的证明书；（3）请求书和前两项所指文件经证明无误的被请求方文字或双方认可的第三国文字（通常为英文或法文）的译本。①

（二）对外国法院判决的审查

对外国法院判决的审查也涉及两方面的问题：其一是审查的法律依据问题，即依何国法律进行审查；其二是审查的范围问题，即对外国法院判决是进行实质性审查还是进行形式性审查的问题。

对于第一个问题，国际上通行的做法是适用被请求国法律。这与前述司法协助的法律适用是一致的。1971年海牙《承认与执行公约》第14条规定："除本公约另有规定外，承认和执行外国判决的程序应适用被请求国法律。"我国对外缔结的司法协助条约一般也规定，裁决的承认与执行，由被请求国法院依照本国法律规定的程序决定。②

就第二个问题而言，所谓实质性审查，就是被请求国法院对需予承认与执行的外国法院判决，从对事实认定是否准确、法律适用是否得当等各方面进行全面审查，如果认为认定事实有错误或者适用法律不当，该法院就有权根据本国的法律予以变更，或全部推翻，或不予承认和执行；所谓形式性审查，就是被请求国法院不对原

① 《示范法》第160条规定的当事人应提交的文件包括申请书及经证明无误的判决副本，如果判决副本未明确表明判决已发生法律效力并可以执行，应附有有关法院为此出具的证明书；证明败诉的被告已经合法传唤的证明书；证明没有诉讼行为能力的被告已得到适当代理的证明书；请求书和上列各项文件经证明无误的中文译文或者国际条约规定的其他文字文本。并规定我国法院在必要时可以要求提出申请的当事人或者外国法院在规定期限内提供补充材料。见中国国际私法学会编：《中华人民共和国国际私法示范法》，法律出版社2000年版，第37页。

② 《中罗司法协助条约》第22条第2款。

判决的事实认定和法律适用进行审查，而仅审查外国法院的判决是否符合本国法律或有关条约中规定的承认与执行外国法院判决的条件。由于实质性审查过分强调的是本国法律，忽视了外国法律与本国法律存在差异以及外国法院进行审判活动的权威性，因而一直受到人们的批判。目前除普通法系国家仍对需承认和执行的外国法院判决进行实质性审查后重新作出判决外，大多数国家都实行或转而实行形式性审查。如德国是实行形式性审查制的典型国家，法国和卢森堡原实行的是实质性审查制，但现在均已改为实行形式性审查制。1971 年海牙《承认与执行公约》第 8 条规定："在不损及依上述各条规定的要求进行审查的情况下，不得对作出裁决的法院所作出的裁决进行实质性审查。"

从我国《民事诉讼法》和我国对外缔结的一系列司法协助条约的规定看，对请求我国法院承认与执行的外国法院判决，我国采取的是形式审查制度。①

但需指出的是，被请求国法院对外国法院判决只进行形式审查而不进行实质性审查，并不等于剥夺了当事人（被执行人）对该判决的承认与执行提出异议的权利。如被执行人可以提出他已履行该判决中所规定的义务，他不是该判决所针对的人等。另外，案外人也可能对执行标的提出有理由的异议，但这种异议仅以被请求国法律允许的范围为限，被执行人也不得借此要求被请求国法院对外国法院判决进行实质性审查。②

（三）对外国法院判决的承认与执行

根据实体法规定的不同情况和权利义务应有的不同状态，以及不同当事人的不同请求，诉讼通常被分为确认之诉、给付之诉和变更之诉。这就决定了承认外国法院判决与执行外国法院判决是两个既有联系又有区别的概念。所谓联系是指执行判决要以承认判决为前提，否则判决就无法执行；所谓区别是指对某些判决，如离婚判决（只涉及夫妻关系解除而不涉及财产分割的判决），只需承认即可，无须执行。而对有些案件的判决，如有关金钱给付债务案件的判决，不仅需要承认，还要执行才能达到诉讼的目的。因此，被请求国法院在对外国法院的判决进行审查后，如果认为不具有拒绝承认与执行的情况，应裁定承认其效力；需要执行的，应予执行。

对既需承认又需执行的外国法院判决，目前国际上存在两种制度：一是大陆法系国家的执行令程序，一是英美普通法程序。前者是指在执行外国法院判决之前，

---

① 我国现行《民事诉讼法》第 282 条、《中意司法协助条约》第 25 条第 2 款、《中罗司法协助条约》第 23 条第 2 款。《示范法》第 161 条采取的也是形式审查制度。见中国国际私法学会编：《中华人民共和国国际私法示范法》，法律出版社 2000 年版，第 37 页。

② 《示范法》第 161 条第 2 款规定，外国法院判决所针对的当事人或者其他利害关系人可以对该判决的承认与执行提出异议。见中国国际私法学会编：《中华人民共和国国际私法示范法》，法律出版社 2000 年版，第 37 页。

先对该外国法院判决进行审查，如认为符合被请求国有关法律的规定，即由有关法院发给执行令，按照执行本国法院判决的程序予以执行；后者则对外国法院判决不直接执行，而是将外国法院判决作为向执行地国法院重新起诉的根据，经当地法院审理后，如认为与当地法令并无抵触之处，则由当地法院作出与其内容相同的判决，然后根据一般的程序予以执行，因而从法律形式上而言，它执行的是本国法院的判决而非外国法院的判决。

根据我国现行《民事诉讼法》第 282 条规定，人民法院对申请或者请求承认和执行的外国法院作出的发生法律效力的判决、裁定，依照中华人民共和国缔结或者参加的国际条约，或者按照互惠原则进行审查后，认为不违反中华人民共和国法律的基本原则或者国家主权、安全、社会公共利益的，裁定承认其效力，需要执行的，发出执行令，依照本法的有关规定执行。违反中华人民共和国法律的基本原则或者国家主权、安全、社会公共利益的，不予承认和执行。

综上，我国对外国法院判决的承认与执行，基本上分为两种方式：请求承认与执行的外国法院判决，经形式审查，符合我国法律规定的执行条件的，与我国有条约关系、互惠关系的，法院裁定承认其效力。请求执行的，在裁定其效力的基础上，发出执行令，按照我国《民事诉讼法》规定的执行程序执行；与我国没有条约关系、互惠关系的，当事人向法院起诉后，由有管辖权的人民法院作出判决，按照我国的执行程序执行。①

§思考题：

1. 我国相关法律和司法解释对域外送达是如何规定的？
2. 试述我国关于域外取证的规定。
3. 外国法院判决的概念是什么？
4. 承认与执行外国法院判决的条件和程序有哪些？
5. 我国关于承认与执行外国法院判决是如何规定的？

§“法律职业资格考试”要点提示：

司法协助的概念；司法协助的途径和履行；司法协助条约；我国关于司法协助的规定；域外送达与我国关于域外送达文书的规定、域外取证；承认与执行外国法院判决的程序和条件；外资非正常撤离，我国相关利益方跨国追究与诉讼的问题。

---

① 《民事诉讼法司法解释》第 544 条规定：“当事人向中华人民共和国有管辖权的中级人民法院申请承认和执行外国法院作出的发生法律效力的判决、裁定的，如果该法院所在国与中华人民共和国没有缔结或者共同参加国际条约，也没有互惠关系的，裁定驳回申请，但当事人向人民法院申请承认外国法院作出的发生法律效力的离婚判决的除外。承认和执行申请被裁定驳回的，当事人可以向人民法院起诉。”

第二十一章 国际商事仲裁

§学习目的与要求：

国际商事仲裁已成为现代解决国际商事争议的重要方式，并已形成日趋完善的国际商事仲裁制度。本章主要介绍了国际商事仲裁的概念、类别，主要的仲裁机构，仲裁协议，国际商事仲裁中的法律适用，以及国际商事仲裁裁决的承认和执行等问题。要求学生了解国际商事仲裁的概念、性质和意义，掌握仲裁协议的内容，了解国际商事仲裁中的法律适用，掌握仲裁裁决的承认和执行制度，目的是能很好地利用国际商事仲裁合理解决国际商事纠纷，有效地保护当事人的合法权益。

第一节 概 述

国际商事仲裁是在长期国际民商事交流中发展而来的解决国际民商事争议的重要方式。伴随商事交易主体自觉意识的提高和相关仲裁机构仲裁规则的完善，以及交通和科技发展所带来的诸多便利，加之国际社会对仲裁的支持态度，国际商事仲裁已经发展成为现代商事法的主要组成部分。

我国对外开放基本国策的实施，尤其是“一带一路”国际合作与倡议的推进，为满足“一带一路”各国参与国际民商事交流主体在解决争议方面的多元需求，我国政府倡导尊重当事人自愿选择争议解决方式。由此，包括国际商事仲裁在内的非诉讼解决争议方式，其影响和作用将日益凸显。[①] 为贯彻落实《中共中央关于全面推进依法治国若干重大问题的决定》以及中共中央办公厅、国务院办公厅《关于完善矛盾纠纷多元化解机制的意见》，进一步深化多元化纠纷解决机制改革、完善诉讼与非诉讼相衔接的纠纷解决机制，最高人民法院于2016年6月28日发布了《关于人民法院进一步深化多元化纠纷解决机制改革的意见》[②]。

一、国际商事仲裁的概念

仲裁作为解决商事争议的一种方式，有着悠久的历史。早在古罗马时期，就出现以仲裁方式解决商事纠纷的做法。英国于1347年就有关于仲裁的记载，并于1698年制定了第一部仲裁法案，但条文内容非常简单。1807年《法国民事诉讼法典》对仲裁做了专门规定。早期的仲裁主要用以解决国内的债权债务方面的争议。自20世纪以来，许多资本主义国家相继制定有关仲裁的法律制度，仲裁作为解决国际贸易争议的一种方式，逐步得到了世界各国的普遍接受。

仲裁（arbitration）又称公断，是指双方当事人通过合意自愿把他们之间的争议，交给作为仲裁人或公断人的第三者居中评判，由其依据法律或公平原则作出裁决，并约定自觉履行该裁决所确定义务的一种制度。

依仲裁适用的领域，其可以分为三种：（1）国际仲裁。国际仲裁是指各主权国家发生争端时，由各当事国订立仲裁协议，选出一个或几个仲裁员组成仲裁庭，根据国际公法或公平原则处理该项争议的一种制度。它是国际社会用法律手段和平解决国际争端的一种方式。根据1899年第一次海牙会议通过的《和平解决国际争端公约》，1900年在荷兰海牙设立了国际常设仲裁院。在20世纪60年代以前，该仲裁院专门受理国家之间的争议案件，从1960年起，也开始受理国家与个人或法人之间所发生的争议案件。（2）国内仲裁。这种仲裁是一国内部的经济仲裁制度。主要用于解决内国当事人之间涉及国内经济、贸易、劳动等方面的争议。（3）国际商事仲裁（International Commercial Arbitration，以下简称仲裁）。国际商事仲裁是指在国际商事交往中，当事人各方依事先或事后达成的仲裁协议，将具有涉外因素或国际性质的商事争议，提交临时仲裁庭或常设仲裁机构进行审理，由其依据法律或公平原则作

---

① 参见中国共产党“十九大”报告《决胜全面建成小康社会夺取新时代中国特色社会主义伟大胜利》第十二部分“坚持和平发展道路，推动构建人类命运共同体”；《最高人民法院关于人民法院为“一带一路”建设提供司法服务和保障的若干意见》指出，依法加强涉沿线国家当事人的仲裁裁决司法审查工作，促进国际商事海事仲裁在“一带一路”建设中发挥重要作用；2018年《最高人民法院工作报告》指出，要认真落实中央深改组通过的《关于建立“一带一路”争端解决机制和机构的意见》，加强涉外商事、海事和知识产权审判，设立最高人民法院国际商事审判庭，推进“一带一路”多元化纠纷解决机制建设。

② 参见法发〔2016〕14号。

出具有约束力的裁决的一种制度。

关于国际商事仲裁中的“国际”和“商事”的确切含义，国际上尚无普遍接受的统一定义。然而何种仲裁属于国际仲裁，何种争议属于商事性的，是国际商事仲裁中首先需要解决的一个重要问题。

关于“国际”的认定。各国认定商事仲裁是否属于“国际商事仲裁”的标准大体归纳为两种：[①]（1）实质性连结因素标准。英国、瑞典、瑞士以及一些阿拉伯国家在认定仲裁的国际性时，仲裁地点和当事人的国籍是重要的依据。（2）争议的国际性质标准。《法国民事诉讼法典》第1492条规定：“如果包含国际商事利益，仲裁是国际性的。”国际商会仲裁院也采用这一标准。针对以上两种标准的分歧，1985年《联合国国际贸易法委员会国际商事仲裁示范法》（以下简称《示范法》）第1条第3款将国际商事仲裁的国际性定义为：“一项仲裁是国际性的，如果1. 仲裁双方当事人在签订该协议的时候，他们的营业地位于不同的国家；或者2. 下列地点之一位于双方当事人营业地共同所在的国家之外：（1）仲裁协议中或根据仲裁协议确定的仲裁地；（2）商事关系义务的主要部分将要履行的任何地点或与争议的客体具有最密切联系的地点；或者3. 双方当事人已明示约定仲裁协议的客体与一个以上的国家有联系。”《示范法》的这一规定显示出以当事人合意来确定国际仲裁的倾向，反映了国际商事仲裁实践时，对“国际”含义进行扩大解释的趋势。

1994年颁布、2009年修订的《仲裁法》没有规定“涉外”或“国际”的含义，但我国国际私法通说认为，民商事法律关系的涉外或国际性应作广义理解，即其主体、客体和权利义务据以发生的法律事实，这三个因素中至少有一个有涉外性，就是国际民商事法律关系，司法实践中也采纳这一说法。

关于“商事”的认定。一些国家仅允许对商事合同争议进行仲裁，因此正确界定“商事”的含义关系到争议事项能否用仲裁的方式来解决，也关系到仲裁裁决能否得到承认和执行等重要问题。1958年《承认及执行外国仲裁裁决公约》（以下简称《纽约公约》）规定，任何缔约国可以声明，“本国只对根据本国法律属于商事的法律关系，无论是不是契约关系，所引起的争执适用本公约”。《纽约公约》没有就“商事”一词作出统一解释，所以，何种法律关系才属商事关系将由法院地法确定。《示范法》对“商事”一词作的注释说明如下：“对‘商事’一词应作广义解释，使其包含无论是契约性或非契约性的一切商事性质的关系所引起的种种事情。”

根据我国加入1958年《纽约公约》时作出的商事保留声明，我国仅对按照中国法律属于契约性和非契约性商事法律关系引起的争议适用该公约。所谓“契约性和非契约性商事法律关系”，具体是指由于合同、侵权或者根据有关法律规定而产生的

---

① 参见宋连斌：《国际商事仲裁管辖权研究》，法律出版社2000年版，第4～6页。

经济上的权利义务关系，例如货物买卖、财产租赁、工程承包、加工承揽、技术转让、合资经营、合作经营、勘探开发自然资源、保险、信贷、劳务、代理、咨询服务和海上、民用航空、铁路、公路的客货运输以及产品责任、环境污染、海上事故和所有权争议等，但不包括外国投资者与东道国政府之间的争端。显然，我国关于“商事”的解释也是一种比较广义的解释。

19 世纪末 20 世纪初，随着国际贸易和经济合作在全球范围内的广泛开展，仲裁开始日益成为国际社会普遍认同和采用的解决国际商事争议的一种有效方法。此间，各国纷纷制定或修改本国的仲裁法，以专门调整国际商事仲裁法律关系，设立常设仲裁机构，受理或专门受理国际商事仲裁案件。如瑞典在 1887 年制定了第一个仲裁法令，并于 1929 年在修改后的基础上颁布了《瑞典仲裁法》，还同时颁布了《瑞典关于外国仲裁协议和仲裁裁决的条例》，专门就国际商事仲裁中的有关问题作了规定。1892 年英国在伦敦成立了伦敦仲裁会，1917 年瑞典在其首府成立了斯德哥尔摩商会仲裁院，1923 年法国在巴黎成立了国际商会仲裁院，1926 年美国成立了美国仲裁协会，都受理国际商事争议案件。与此同时，为了协调世界各国有关仲裁制度的立法冲突，统一仲裁的有关法律制度，国际社会经过不懈努力，先后制定了多项区域性和全球性的国际公约和文件，如 1923 年在日内瓦缔结的《仲裁条款议定书》，1927 年在日内瓦缔结的《关于执行外国仲裁裁决的公约》，1958 年在联合国主持下于纽约缔结的《关于承认和执行外国仲裁裁决的公约》等，从而使得国际商事仲裁制度日趋完备。截至 2018 年 2 月，《纽约公约》共有 157 个缔约国。①

作为当今解决国际经济贸易和海事争议的主要途径，国际商事仲裁现在受理的争议案件主要包括：国际货物买卖合同中的争议；国际货物运输中的争议；国际保险中的争议；国际贸易支付结算中的争议；国际投资、技术贸易以及国际合作开发自然资源、国际工程承包等方面的争议；国际知识产权保护方面的争议；国际环境污染、涉外侵权行为中的争议；海上碰撞、救助和共同海损中的争议等。

二、国际商事仲裁的特点

通过第三者解决国际商事争议，可以有三种方法：一是调解。它是在双方当事人同意的基础上，由调解人通过从中协调而达成和解协议。我国《合同法》第 128 条第 1 款规定，当事人可以通过和解或者调解解决合同争议。二是诉讼。它是由当事人向有管辖权的法院提起诉讼、依法定诉讼程序解决争议。这种方法主要用于在没有仲裁协议的情况下。如我国《合同法》第 128 条第 2 款规定，当事人没有订立

---

① 来源网址：http：//www. uncitral. org/uncitral/en/uncitral_ texts/arbitration/NYConvention_ status. html，最后访问日期：2018 年 2 月 25 日。

仲裁协议或者仲裁协议无效的，可以向人民法院起诉。三是仲裁。这是当今解决国际经济、贸易及海事争议的主要方法。我国《合同法》第128条第2款规定："当事人不愿和解、调解或者和解、调解不成的，可以根据仲裁协议向仲裁机构申请仲裁。"涉外合同的当事人可以根据仲裁协议向我国仲裁机构或者其他仲裁机构申请仲裁。

与诉讼和调解相比，国际商事仲裁在解决国际商事争议时具有以下显著特点：

1. 自愿性

仲裁是以双方当事人的仲裁协议为基础的，仲裁机构或仲裁庭不具有强制管辖权。也即双方当事人可以在争议发生之前或争议发生之后达成协议，表示愿意将他们之间的争议交付仲裁解决，且仲裁机构或仲裁庭也只能根据该仲裁协议受理其中所提交解决的争议事项。而在司法诉讼中，法院具有法定的强制管辖权。

2. 民间性

就仲裁机构的性质而言，一般都是民间组织，各仲裁机构是相互独立的。法院则是国家的审判机关，是国家机器的重要组成部分。

3. 高度的自治性

在国际商事仲裁中，当事人享有多方面的自主选择权，可以选择仲裁机构和仲裁的组织形式（即是常设仲裁机构还是临时仲裁庭），选择仲裁地点、仲裁员、仲裁程序和仲裁所适用的法律。而在诉讼中，当事人无权自由选择法院（即令是当事人有权协议选择管辖法院，也有一定的范围限制，且不能排除法院的专属管辖）、法官和法律。

4. 相当的灵活性

在仲裁中，仲裁员不必像法官那样严格执行法律，只要坚持"自然公正"，可以更多地考虑商业惯例；而且仲裁和法院的审理过程不同，仲裁一般都是不公开的，从而可以更好地保护当事人的商业秘密。

5. 一裁终局性

仲裁裁决的效力一般都是终局性的，对双方当事人都有约束力，不允许再向法院起诉。如果一方当事人不自动执行裁决，另一方当事人可以向有关法院申请强制执行。如我国《合同法》第128条第2款规定，当事人应当履行发生法律效力的仲裁裁决；拒不履行的，对方可以请求人民法院强制执行。

6. 较强的专业性

仲裁员一般都是聘任、邀请熟悉国际经济、贸易和海商、海事业务的专业人员担任，因而更易于及时、准确地处理各类专业性、技术性较强的案件。

7. 广泛的国际性

世界各国的常设仲裁机构大都比较注重广泛地聘用不同国家的专业人士担任仲裁员，并且目前已有100多个国家参加了1958年的《纽约公约》，从而使得仲裁裁决在外国的承认与执行有了更可靠的基础。

此外，与其他仲裁形式相比，国际商事仲裁还有若干独特之处：如仲裁的双方当事人一般是分属不同国家的民事主体，仅在个别情况下，当事人同属一国；仲裁机构是社会团体性质的民间组织，不是国家行政机关；仲裁争议一般是在合同基础上产生的。只有少数争议，是与合同无关的损害赔偿；裁决经常要到另一国家境内生效或执行，因而，在国际上形成了保障仲裁裁决在外国生效的制度；国际商事仲裁机构在处理争议时，应遵循指导国际经济贸易关系的基本原则，主要是国家主权原则、平等互利原则，以及参照国际惯例原则等。①

三、国际商事仲裁的类别

按照国际商事仲裁的组织形式，可以将国际商事仲裁分为临时仲裁（ad hoc arbitration）和机构仲裁（institutional arbitration）两类。

（一）临时仲裁

又称特别仲裁，是指根据双方当事人的仲裁协议，在争议发生后由双方当事人指定仲裁员临时组成仲裁庭进行的仲裁。临时仲裁庭是专为解决当事人之间的某一特定争议而设立的，在审理终结作出裁决后即自行解散。

临时仲裁的一个最显著的特点和优点就是具有极大的灵活性，符合当事人的意愿和特定争议的实际情况。在临时仲裁中，仲裁程序的每一个环节均由双方当事人共同进行控制，如仲裁员的指定和仲裁庭的组成、仲裁地点的选定以及仲裁程序规则的确定等，都可以由当事人决定。在仲裁实践中，当事人为方便起见，往往在仲裁协议中约定适用某一权威国际组织拟定的仲裁规则，并可对其中的某些条款作些必要的改动或补充；② 可以免除向仲裁机构交纳的管理服务费，并且不受仲裁机构自身程序规则规定的期间限制，如选择仲裁员的时限、文书送达的时限、裁决作出时间的限制等。因此，仲裁的费用较低、仲裁速度较快也是临时仲裁的优点。当然，由于没有仲裁机构管理上或司法上的监督，临时仲裁的主要不足，就在于它的有效进行必须取决于双方当事人的合作。

在 19 世纪中期常设仲裁机构出现之前，临时仲裁一直是国际上唯一的国际商事仲裁形式。即便在当今国际社会常设仲裁机构早已遍布全球的情况下，临时仲裁在国际商事仲裁中仍然是经常被当事人选定的仲裁方式。

我国《仲裁法》第 18 条规定："仲裁协议对仲裁事项或者仲裁委员会没有约定或者约定不明确的，当事人可以补充协议；达不成补充协议的，仲裁协议无效。"由

---

① 余先予主编：《国际私法学》，杭州大学出版社 1992 年版，第 450 页。

② 韩德培主编：《国际私法新论》，武汉大学出版社 2003 年版，第 515 页。

于临时仲裁是由临时组成的仲裁庭进行的仲裁，临时仲裁协议中不可能约定仲裁机构，《仲裁法》的上述规定实际上意味着，我国不承认临时仲裁协议的有效性。但是1995年10月20日最高人民法院《关于福建省生产资料总公司与金鸽航运有限公司国际海运纠纷一案中提单仲裁条款效力问题的复函》（法函〔1995〕135号）指出："涉外案件，当事人事先在合同中约定或者争议发生后约定由国外的临时仲裁机构或非常设仲裁机构仲裁的，原则上应当承认该仲裁条款的效力，法院不再受理当事人的起诉。"①

（二）机构仲裁

机构仲裁，是指由常设仲裁机构进行的仲裁。常设仲裁机构（permanent arbitration agency），是指依据国际公约或一国的国内立法所成立的，有固定的名称、地点、组织章程、仲裁规则和一定的仲裁员名单，并具有完整的办事机构和健全的行政管理制度的国际商事仲裁机构。

机构仲裁的优点在于，有完整仲裁规则可以直接利用，有胜任的仲裁员可供选择，有专业化的管理提供服务以及裁决便于得到司法部门的支持等。

常设仲裁机构自19世纪中期在欧洲各国产生以后，很快在国际范围内获得了迅速发展，至今已几乎遍布世界上所有主要国家，其业务范围也已涉及国际商事法律关系的各个领域。根据其本身的性质、受案的性质和影响的范围，常设仲裁机构又可以作如下分类：

1. 综合性常设仲裁机构和专业性常设仲裁机构

综合性常设仲裁机构可以受理各种不同种类的商事仲裁案件，如瑞典斯德哥尔摩商会仲裁院、英国伦敦国际仲裁院、美国仲裁协会以及中国国际经济贸易仲裁委员会等。专业性常设仲裁机构一般附设于某一行业组织内，专门受理其行业内部的争议案件，如英国伦敦谷物和食品贸易协会的仲裁机构、荷兰咖啡贸易仲裁委员会等。这些专业性常设仲裁机构一般是非开放性的，即不受理非会员之间的争议案件；有的则是开放性的，如英国海事仲裁协会和中国海事仲裁委员会等，凡是涉及该专业的争议案件均可受理。

2. 国际性常设仲裁机构和国家性常设仲裁机构

国际性常设仲裁机构是指依据某一国际组织的决议或某一国际公约而成立的，用于处理国际商事争议的常设仲裁机构。它不属于任何特定的国家，但可以附设在某一国际组织或机构之下，其影响范围涉及世界各国或某一地区。目前，全球性的国际性常设仲裁机构主要有巴黎国际商会下设的国际商会仲裁院、世界银行下设的解决投资争端国际中心；地区性的国际性常设仲裁机构主要有美洲国家间商业仲裁委员会、欧

---

① 参见李双元等：《中国国际私法通论》，法律出版社2007年版，第599页。

洲经济共同体设立的商事仲裁机构等。国家性常设仲裁机构是基于内国的决定而设立的，大都附设在各国商会或其他类似的工商团体内，属于民间组织的性质。如中国国际贸易促进委员会（即中国国际商会）下设的中国国际经济贸易仲裁委员会。

四、主要的仲裁机构

（一）国际商会仲裁院（ICC，Arbitration Court of International Chamber of Commerce）

该院成立于1923年，是隶属国际商会（International Chamber of Commerce）的一个全球性国际性常设仲裁机构，总部设在法国巴黎。国际商会是个国际性的民间组织，其仲裁院具有很大的独立性。设立该仲裁院的目的在于通过仲裁方式解决国际商事争议，促进国际间的合作与发展。仲裁院理事会由40多个成员国各自推选一名专家组成，仲裁院设立主席1人，副主席9人，秘书长1人和技术顾问若干人。该院现行的仲裁规则于2017年修订并生效，调解规则于2014年修订并生效。

仲裁院本身并不解决争议，其职责在于确保本规则的适用，制定内部规则，并对提交的仲裁案件是否按照“规则”行事进行监督和管理。“规则”共35条和多个款项，详细规定了仲裁协议、仲裁庭的组成、仲裁程序、裁决、费用等主要事项。这些事项是：（1）仲裁管辖的根据来自当事人的仲裁协议。（2）仲裁庭由双方当事人分别选定仲裁员1人，首席仲裁员由仲裁院指定，共3人组成，独任仲裁员由仲裁院指定，但仲裁庭的仲裁员不得是任何一方当事人国家的公民。（3）裁决以多数票为准，如无多数票，则以首席仲裁员的意见为准。（4）仲裁庭的裁决应在受理案件后6个月内作出，并取得仲裁院批准，仲裁员签署裁决书后生效。①

国际商会仲裁院在国际上具有广泛影响，其完整的国际商事仲裁程序规则，日益为东西方国家当事人在贸易仲裁中所采用。它备有广泛国际性的仲裁员名单供当事人选择。我国已于1994年11月8日参加了国际商会，我国当事人可以向国际商会仲裁院申请仲裁。

（二）解决投资争端国际中心（ICSID，International Center for Settlement of Investment Disputes）

该中心是根据1965年《解决国家与他国国民间投资争端公约》（简称1966年《华盛顿公约》）而设立的一个全球性国际性常设仲裁机构，是世界银行（即国际复兴开发银行）下的独立性机构，总部设在美国华盛顿。

1966年《华盛顿公约》共10章57条，主要规定了中心机构、管辖权、调解、

---

① 张仲伯：《国际私法学》，中国政法大学出版社2012年版，第514页。

仲裁、裁决和裁决的承认及执行等。中心主席由世界银行行长担任，下设秘书处和行政理事会委员会，并分别建立调解小组和仲裁小组，具体负责调解和仲裁事宜。中心还制定有8章56条的《中心仲裁规则》，以及具有丰富经验和理论专业知识的仲裁员的名单。仲裁庭必须由奇数仲裁员组成。仲裁一般在中心所在地举行，但当事人另有协议的除外。当事人可以协议选择争议所适用的法律；如无协议的，则适用作为投资接受国的东道国的包括冲突规则在内的法律。截至2018年2月，公约已有162个缔约国。①

根据公约规定，中心的任务是根据当事人之间的仲裁协议，通过调解或仲裁方式，解决成员国国家（政府）与他国国民间因国际投资而产生的争议。该中心由行政理事会和秘书处组成，行政理事会委员由各成员国派代表担任，主席由世界银行行长担任，秘书长和秘书处负责中心的事务工作。行政理事会下设一个调停人小组和一个仲裁人小组，其成员由各缔约国和行政理事会主席指派。中心有自己的仲裁规则，并备有仲裁员名单，但当事人可以指定仲裁员名单中的人担任仲裁员，也可以指定仲裁员名单以外的人担任仲裁员。

中心受理的案件必须具备三个条件：一是当事人一方是缔约国，另一方是另一缔约国国民；二是必须当事人双方同意；三是争议是直接因投资而引起的。中心受理案件的范围仅限于合资合同、合作合同，合作开发自然资源以及建筑工程承包合同。

中心具有不同于任何其他仲裁机构的特殊法律地位。它具有完全的国际法人资格，具有缔结契约、取得和处理动产和不动产及起诉的能力；中心在完成其任务时，在各缔约国领土内享有公约所规定的豁免权和特权；而且依据条约，作为当事人、代理人、法律顾问、律师、证人或专家在仲裁中出席的人，也适用公约第21条规定的豁免权。我国已于1992年正式成为该公约和中心的成员国。

（三）瑞典斯德哥尔摩商会仲裁院（SCC，Arbitration Institute of the Stockholm Chamber of Commerce）

该院成立于1917年，隶属瑞典斯德哥尔摩商会，总部设在瑞典首府斯德哥尔摩。该仲裁院主要解决工商和航运方面的争议，其职能是独立的。该院设有由3名委员组成的委员会，委员由商会执行委员会任命，任期3年。其中1人充当主席，由精通工商业的法官担任，1人为执业律师，另1人则由商界享有声望者担任。仲裁院下设秘书处，秘书长由1名律师担任。该仲裁院除有自身的一整套完善的仲裁规则外，还可以按照当事人的约定，根据《联合国国际贸易法委员会仲裁规则》以及其他仲裁规则审理案件。该仲裁院分别于1995年和1999年制定了《瑞典斯德哥

---

① 来源网址：https：//icsid. worldbank. org/en/Pages/about/Database - of - Member - States. aspx，最后访问日期：2018年2月25日。

尔摩商会仲裁院加速仲裁规则》和新的《瑞典斯德哥尔摩商会仲裁院仲裁规则》，均在2017年作了修订。该院设有固定的仲裁员名单，当事人可自行指定仲裁员或请求仲裁院推荐仲裁员，并且仲裁员不受国籍的限制。

由于瑞典的仲裁制度历史悠久，有一整套完善的仲裁规则，具有丰富的仲裁经验，而且瑞典在国际上处于中立地位，因此，其仲裁的独立性和公正性在国际社会享有很高的声誉。并且，瑞典还先后参加了有关仲裁方面的多个国际公约，其仲裁院作出的裁决也能在世界范围内得到广泛的承认和执行。所以，瑞典斯德哥尔摩商会仲裁院已成为当今东西方国家间国际经济贸易仲裁的中心。我国与之也具有较良好的关系，我国当事人如果打算选择第三国仲裁机构仲裁，通常优先考虑该院。

（四）瑞士苏黎世商会仲裁院（Court of Arbitration of the Zurich Chamber of Commerce）

该院成立于1911年，是瑞士苏黎世商会下属的一个国家性常设仲裁机构。其仲裁必须严格依照现行的《苏黎世商会调解和仲裁规则》进行，仲裁员由当事人选定或由商会会长从商会理事会人员或其他适当人选中指定。

该仲裁院的最大特点，就是十分重视调解作用。除独立进行调解程序外，独任仲裁员或仲裁庭不仅可在听证时或裁决前的任何时间内设法促进和解，还可以在正式作出裁决前，同双方当事人讨论其审议的结果，以便使当事人在此基础上，不经裁决而以协议解决纠纷。苏黎世商会是仲裁院的领导和行政管理机构，从实际情况来看，商会秘书处执行了仲裁院的任务，如审查仲裁的申请是否符合条件，协助组织仲裁庭，收取保证金，收受及送达有关文件，等等。商会主席则担负任命调解员、仲裁员和仲裁庭主席等职能。由于瑞士在国际上所处的中立地位，苏黎世商会仲裁院的仲裁业务也因此而有较大发展，并闻名于世，[①] 逐渐成为处理东西方国家间国际商事争议的另一个重要中心，在国际商事仲裁机构中具有相当的地位。我国的公司和企业在进行国际经济贸易交往时，有时也将其争议提交该院仲裁。

（五）英国伦敦国际仲裁院（LCIA，London Court of International Arbitration）

该院成立于1892年，原名为伦敦仲裁会（London Chamber of Arbitration），1903年改为伦敦仲裁院，1981年改为伦敦国际仲裁院。该院是由伦敦市府、伦敦商会和女王特许仲裁员协会（Charted Institute of Arbitration）共同组成管理委员会管理的一个国家性常设仲裁机构，尤以海事仲裁久负盛名。仲裁院的日常工作由女王特许仲裁员协会负责，协会的会长兼任仲裁院的执行主席。该院1985年制定了新的《伦敦国际仲裁院规则》，现行仲裁规则为2014年修订版。

---

① 余先予主编：《国际法律大辞典》，湖南出版社1995年版，第443页。

伦敦国际仲裁院备有供当事人选择的仲裁员名单，在选任仲裁人方面，不要求受过法律教育的法律专家，而是要求在某些技术领域方面的专家（如海事专家）。由于强调仲裁员的专业知识，其仲裁质量较高。为了适应国际性仲裁的需要，1978年该院又设立了由来自30多个国家的具有丰富经验的仲裁员组成的“伦敦国际仲裁员名单”。有关争议的当事人决定将其争议提交该院仲裁以后，仲裁审理和裁决程序即由双方当事人合意选择的仲裁员组成仲裁庭来主持进行。如当事人未就仲裁员人选达成协议，则由该院从其仲裁员名单中加以指定。在涉及不同国籍的双方当事人的商事争议中，独任仲裁员和主席仲裁员必须由1名中立国籍的人士充任。仲裁庭按照伦敦仲裁院的仲裁规则主持进行有关的仲裁程序，在进行实质性裁决时，一般适用英国法为契约的准据法，而且仲裁员的权力较大，有权按自己对货物品质或损害赔偿的认定作出裁决，除非当事人一方或双方要求有专家证明，否则无须另行征询专家意见。1981年该院制定了《伦敦国际仲裁院规则》，赋予当事人较大的灵活性，除按照伦敦仲裁院的仲裁规则进行仲裁程序外，当事人还可选择按照《联合国国际贸易法委员会仲裁规则》规定的仲裁程序。①

历史上，由于受司法至上思想的影响，在英国进行的仲裁一直受到英国法院的较大干预。直到英国1979年《仲裁法》制定后，这种情况才有所改变。1996年英国又颁布了新的《仲裁法》，从而在很大程度上限制或削弱了法院对仲裁的干预或监督权。

（六）美国仲裁协会（AAA，American Arbitration Association）

该协会成立于1926年，总部设在纽约，在全美24个主要城市设有分支机构，它由美国仲裁社团、美国仲裁基金会和其他一些工商团体组成，是一个非营利性的、民间性的常设仲裁机构，既受理美国国内的商事争议，也受理国际商事争议案件。该协会1991年3月颁布了国际仲裁规则，也允许当事人约定适用《联合国国际贸易法委员会仲裁规则》。它目前适用的是2013年修订的《美国仲裁协会国际仲裁规则》。协会设有仲裁员名单，供当事人选任。美国司法机关对国际商事仲裁干预较少。

《美国仲裁协会国际仲裁规则》以《联合国国际贸易法委员会仲裁规则》为范本而制定。根据现行规则，美国仲裁协会的管理人员在监管方面发挥的作用有限。其中，美国仲裁协会不接受亦不传送首次仲裁申请，不要求“审理范围书”，仲裁员费用则由仲裁员自行确定费率，该费率会随备选仲裁员名单一并提供给当事人。仲裁员的报酬也取决于仲裁员“所付出的服务”以及其费率和“案件的大小和复杂性”。而美国仲裁协会的管理费取决于争议金额。

---

① 李玉泉主编：《国际民事诉讼与国际商事仲裁》，武汉大学出版社1994年版，第264页。

（七）（中国）香港国际仲裁中心（HAC，Hong Kong International Arbitration Center）

由于受英国法传统的影响，法院对仲裁的干预严重阻碍了香港地区仲裁业务的正常发展。人们一般通过诉讼的方式解决商事争议。为了适应国际经济贸易的迅猛发展对仲裁服务的需求，80 年代初香港地区对其仲裁法律制度进行了修改，限制法院干预仲裁的权力，并设立了国际仲裁中心。①

国际仲裁中心成立于 1985 年，是为配合亚洲地区对仲裁服务的需要，根据香港地区公司法注册的非营利性公司。中心理事会由不同国家的商界、法律界和其他各界专业人士组成，中心的仲裁事务由理事会下属的管理委员会和中心的秘书长进行管理。（中国）香港国际仲裁中心可以进行机构仲裁与临时仲裁。机构仲裁由（中国）香港国际仲裁中心管理，当事人可以选择 2013 年修订的中国《香港国际仲裁中心机构仲裁规则》；临时仲裁的当事人必须在仲裁庭的管理下设想和推进仲裁程序，当事人可选用现成的仲裁规则（如《联合国国际贸易法委员会仲裁规则》），或针对特定案件自己定制一套规则。

中心的仲裁事务分为本地仲裁和国际仲裁。本地仲裁是指双方当事人均为香港居民的案件，适用香港地区仲裁规则；国际仲裁是指一方或双方当事人为非香港居民的案件，适用《联合国国际贸易法委员会仲裁规则》。仲裁地点可以在香港地区，也可以在香港地区以外的地方，如当事人未约定仲裁地点，则由仲裁庭决定。中心备有不同国籍的国际仲裁员名单供当事人选任。

由于香港地区优越的地理位置、繁荣的国际贸易和较高的国际地位，香港国际仲裁中心正在受到国际商界越来越多的关注。

（八）世界知识产权组织仲裁中心（WIPO Arbitration Center）

该中心成立于 1993 年 9 月，于 1994 年 10 月正式开始运作，设在瑞士日内瓦。中心是世界知识产权组织国际局的一个机构，设有仲裁协会和仲裁咨询委员会。中心在解决争议时可分别适用或结合适用《世界知识产权组织调解规则》《世界知识产权组织仲裁规则》《世界知识产权组织紧集仲裁规则》。中心还备有调解员名册和仲裁员名册。

中心主要负责审理解决个人之间或企业之间有关知识产权的争议。任何具有行为能力的个人或具有法人资格的企业或其他组织单位均可以将其争议提交中心解决，而并不要求当事人必须与条约成员国有某种关系，也不论其国籍所属。此外，国家实体也可作为将争议交由中心解决的当事人，但须事先订有将争议交由中心解决的仲裁协议。

---

① 赵威主编：《国际仲裁法理论与实务》，中国政法大学出版社 1995 年版，第 56 页。

（九）中国国际经济贸易仲裁委员会和中国海事仲裁委员会

中国国际经济贸易仲裁委员会是中国国际贸易促进委员会（即中国国际商会）属下的一个民间性的全国性常设仲裁机构，总部设在北京，并在深圳和上海设有分会。该仲裁委员会于1956年成立，原名为对外贸易仲裁委员会，1980年改为对外经济贸易仲裁委员会，1987年改为中国国际经济贸易仲裁委员会。设立该仲裁委员会的目的在于通过仲裁方式，独立、公正地解决产生于国际或涉外的契约性或非契约性的经济贸易争议，以维护当事人的正当权益，促进国际经济贸易的发展。仲裁委员会设主席1人，副主席和委员若干人，设秘书局负责日常工作。现行的《仲裁委员会规则》经中国国际商会2014年11月4日修订，2015年1月1日施行。中国国际商会还于2003年制定了《中国国际经济贸易仲裁委员会金融争议仲裁规则》，并于2014年进行修订。此外，中国国际经济贸易仲裁委员会还于2000年12月成立了“域名争议解决中心”，并制定了《中国国际经济贸易仲裁委员会域名争议解决中心域名争议解决程序规则（试行）》，经过多次修订，现行版本为2014年11月21日起施行的《中国互联网络信息中心国家顶级域名争议解决程序规则》。仲裁委总结域名争议网上解决的经验，于2009年制定了《中国国际经济贸易仲裁委员会网上仲裁规则》（以下简称《网上仲裁规则》）并于同年5月1日起正式实施，这是国际上第一个由仲裁机构单独制定并实施的网上仲裁规则。仲裁委员会备有仲裁员名册，从法律、经济贸易、科学技术等方面具有专门知识和实际经验的中外人士中聘任仲裁员。

中国国际经济贸易仲裁委员会因其审理结案快、裁决独立公正和费用低廉而在国际社会享有良好的声誉，在受理案件的数量方面已跃居世界第二位，成为仅次于国际商会仲裁院的第二大国际商事仲裁中心。

中国海事仲裁委员会是中国国际贸易促进委员会下属的一个专门的、民间性的全国性常设仲裁机构，总部设在北京。该仲裁委员会于1959年成立，原名海事仲裁委员会，1987年改为中国海事仲裁委员会。该仲裁委员会由主席1名、副主席和委员若干人组成，设有秘书处负责日常事务。现行的《中国海事仲裁委员会仲裁规则》于1987年制定，并于2014年重新修订。仲裁委员会备有仲裁员名册，从对航海、海上运输、对外贸易、保险和法律等方面具有专业知识和实际经验的中外人土中聘任仲裁员，供当事人选定。

2014年上海国际经济贸易仲裁委员会发布了我国首部自贸区仲裁规则——《中国（上海）自由贸易试验区仲裁规则》。该自贸区仲裁规则与国际商事仲裁规则相接轨，是构建上海自贸区国际化、法治化营商环境的重要举措。《中国（上海）自由贸易试验区仲裁规则》规定了临时措施和紧急仲裁庭等，在助推知识产权仲裁方面迈出了国内领先的一步。上海自贸区仲裁规则对世界知识产权组织的借鉴有助于将自贸区知识产权保护与国际高标准规则接轨，推动世界知识产权组织的亚太区中心落户上海，和实现到2020年将上海建成亚太地区知识产权中心的目标。①

第二节　仲裁协议

一、仲裁协议的概念和种类

仲裁协议（arbitration agreements），是指双方当事人同意把他们之间已经发生或将来可能发生的争议交付仲裁解决的一种书面的共同意思表示。

仲裁协议是国际商事仲裁的基石，是仲裁庭或仲裁机构行使仲裁管辖权的依据。只要存在有效的仲裁协议，当事人就必须将有关争议提交仲裁解决，而不能向法院提起诉讼，仲裁庭或仲裁机构也只能受理当事人根据仲裁协议所提交的案件。

通常认为仲裁协议应该具有以下特点：②

1. 仲裁协议是当事人之间订立的

这类协议只能由争议的利害关系当事人或其委托的代理人订立，凡是与纠纷案件无任何利害关系，以及委托无合法代理关系的代理或者该代理人为无行为能力者订立的协议，就是一项无效的仲裁协议。

2. 仲裁协议的内容是商事事项

按照通例，对那些与人身相关的婚姻、收养、监护、扶养、继承等及其他有关的行政事项发生的纠纷案件，当事人是不能订立仲裁协议的；只有涉及合同和其他财产权益商事领域的纠纷案件，即所谓的“契约性或非契约性”争议，才可订立仲裁协议。

3. 仲裁协议是当事人自愿达成的

协议的订立必须是当事人在完全自愿、平等协商的基础上，将他们业已发生或事先约定将来可能发生的争议，提交仲裁解决。并且，还应指明他们认为能够公正仲裁的机构、仲裁地或仲裁程序。凡是该协议未提到的争议事项或者没有达成一致提交仲裁的事项，仲裁机构均无权审理或裁决。

4. 仲裁协议应当是书面的

协议的书面格式各国可能规定不尽相同，但是，一般除了符合以上要求外，对

---

① 参见《解读〈中国（上海）自由贸易试验区仲裁规则〉》。资料来源网址：http：//www.cneip.org.cn，最后访问日期：2018年4月11日。

② 张仲伯：《国际私法学》，中国政法大学出版社2012年版，第519～520页。

于所有争议事项应当明确列举，不得含糊其词，而且协议列举的仲裁内容事项要具有可仲裁性。具备法律实质要件和形式要件的仲裁协议，是仲裁机构仲裁管辖的唯一根据，必须要以书面为之。

5. 仲裁协议是仲裁机构行使管辖的根据

国际仲裁机构行使的管辖权只能来自当事人的仲裁协议，绝对不能受理没有仲裁协议的任何案件。并且，仲裁协议一旦成立，便具有法律效力，排除任何其他机构的管辖。仲裁协议的任何当事人一方，如果向法院提出诉讼，另一方当事人有权要求该法院拒绝受理，法院也应当依照仲裁协议停止诉讼程序。

书面的仲裁协议主要可以分为三种类型：

1. 仲裁条款（Arbitration Clause）

它是指双方当事人在订立合同时，在合同中约定把他们在以后履行合同时可能发生的争议提交仲裁解决的条款。这是仲裁协议的一种最普遍和最重要的形式。如我国对外贸易合同中的仲裁条款经常这样规定："因本合同引起的或与本合同有关的任何争议，均应提交北京中国国际经济贸易仲裁委员会，按照该会现行的仲裁规则，由申诉一方在该会或其深圳分会或上海分会进行仲裁。仲裁裁决是终局的，对双方均有约束力。"仲裁条款都是订立于争议发生之前，从而构成有效合同的一部分，但它同时又具有与合同中的其他条款不同的特殊性质与效力，即使是合同的其他条款无效，仲裁条款也并不一定随之无效。

2. 仲裁协议书（Submission to Arbitration Agreements）

又称提交仲裁协议书或专门仲裁协议。它是指双方当事人订立的同意将有关争议提交仲裁解决的专门性文件。仲裁协议书一般都是在争议发生之后订立的，通常是在有关合同中没有规定仲裁条款的情况下而签订的。

3. 其他表示提交仲裁的文件

这是指双方当事人在相互往来的信函、电传、电报以及其他书面材料中，就已经发生或将来可能发生的有关合同、国际商事法律关系等争议表明同意提交仲裁解决的意思表示。其特点是双方当事人同意仲裁的意思表示分散于数个文件中。2006年9月8日施行的《仲裁法解释》第1条规定，其他书面形式的仲裁协议，包括以合同书、信件和数据电文（包括电报、电传、传真、电子数据交换和电子邮件）等形式达成的请求仲裁的协议。

二、仲裁协议的内容

仲裁协议是国际商事仲裁的基础，因此，制订内容明确、完备的仲裁协议直接影响到争议能否通过仲裁方式得到及时、顺利地解决。根据各国的仲裁立法和有关国际条约的规定，原则上都承认双方当事人可以自由商定仲裁协议的内容，但一般说来，一项适当、有效的仲裁协议至少应该包括以下几个方面的内容：

（一）提交仲裁的争议事项

当事人在仲裁协议中首先应该明确规定把他们之间什么样的争议提交仲裁解决，这是仲裁庭受理案件的重要依据之一，也是有关国家法院承认与执行仲裁裁决的一个重要条件。必须注意的是，在仲裁协议中约定提交仲裁的争议事项应是有关国家的法律（特别是仲裁地法和仲裁裁决的承认与执行地法）规定的属于商事争议或者属于可仲裁的事项。我国《仲裁法》第16条规定，仲裁协议包括合同中订立的仲裁条款和以其他书面方式在纠纷发生前或者纠纷发生后达成的请求仲裁的协议。仲裁协议应当具有下列内容：（1）请求仲裁的意思表示；（2）仲裁事项；（3）选定的仲裁委员会。

（二）仲裁地点和仲裁机构

仲裁地点是指进行仲裁程序和作出仲裁裁决的所在地。确定仲裁地点十分重要，因为它与仲裁的程序问题和实体问题的法律适用都密切相关，而且也关系到仲裁协议是否有效以及仲裁裁决能否得到承认与执行的问题。

关于仲裁机构，可以有两种选择方法：一是组成临时仲裁庭，此时双方当事人应在仲裁协议中具体写明仲裁庭的组成人数和仲裁员的指定方法；二是选择某一常设仲裁机构，当事人应在仲裁协议中具体写明该常设仲裁机构的全称。通常，仲裁地点和仲裁机构可能是一致的，即当事人在选择某地为仲裁地点时，也很有可能就选择了该地的常设仲裁机构进行仲裁，反之亦然。《仲裁法》第18条规定，仲裁协议对仲裁事项或者仲裁委员会没有约定或者约定不明确的，当事人可以补充协议；达不成补充协议的，仲裁协议无效。2006年《仲裁法解释》第3条至第6条做出了如下几点说明。第一，仲裁协议约定的仲裁机构名称不准确，但能够确定具体的仲裁机构的，应当认定选定了仲裁机构。第二，仲裁协议约定两个以上仲裁机构的，当事人可以协议选择其中的一个仲裁机构申请仲裁；当事人不能就仲裁机构选择达成一致的，仲裁协议无效。第三，仲裁协议约定由某地的仲裁机构仲裁且该地仅有一个仲裁机构的，该仲裁机构视为约定的仲裁机构。该地有两个以上仲裁机构的，当事人可以协议选择其中的一个仲裁机构申请仲裁；当事人不能就仲裁机构选择达成一致的，仲裁协议无效。

（三）仲裁规则

仲裁规则是指当事人和仲裁庭在仲裁过程中必须遵守的程序，它包括仲裁申请的提出和受理、仲裁员的选定和仲裁庭的组成、仲裁事项的审理、仲裁裁决的作出及效力等内容。在仲裁协议中明确约定所应适用的仲裁规则，才能确保仲裁程序的顺利进行。

在仲裁规则的确定方面，各国的仲裁立法和有关国际条约一般都允许当事人在仲裁协议中自主决定。在当事人选择某一常设仲裁机构进行仲裁的情况下，通常也就意味着同时约定适用了该仲裁机构的仲裁规则，对此，有些仲裁机构有强行要求，而有些仲裁机构则也允许按双方当事人的约定，采用其他仲裁机构的仲裁规则或国际组织制定的仲裁规则；在当事人选择临时仲裁庭进行仲裁的情况下，所适用的仲裁规则既可以由当事人自行约定拟制，也可以由当事人选择某一常设仲裁机构的仲裁规则或国际性的仲裁规则。

（四）仲裁裁决的效力

仲裁裁决的效力是指裁决是否为终局的，对双方当事人有无约束力以及有关当事人能否再向法院起诉请求变更或撤销的问题。

关于仲裁裁决的效力问题，各国的仲裁立法和各常设仲裁机构及国际组织所制定的仲裁规则中一般都明确规定：裁决是终局的，对双方当事人均有同等的约束力。但也有少数仲裁立法和仲裁规则对此作了相反的规定。因此，为了避免当事人之间无休止的争讼，使案件得以迅速解决，双方当事人在订立仲裁协议时应对此作出明确规定。

以上四个方面是仲裁协议必须具备的基本内容。除此之外，仲裁协议还可以视具体情况规定其他方面的内容，从而使仲裁协议更明确、具体、完备。

三、有效仲裁协议的确定

一般来说，一项有效的仲裁协议应该具备三个方面的有效要件，即合法的形式、合法的当事人和合法的内容。

（一）仲裁协议的形式

关于国际商事仲裁协议的形式，绝大多数国家的仲裁立法和国际条约都要求采用书面形式作成。如我国《仲裁法》第16条第1款明确规定：“仲裁协议包括合同中订立的仲裁条款和以其他书面方式在纠纷发生前或者纠纷发生后达成的请求仲裁的协议。”2014年《仲裁委员会规则》第5条第2款规定：“仲裁协议应当采取书面形式。书面形式包括合同书、信件、电报、电传、传真、电子数据交换和电子邮件等可以有形地表现所载内容的形式。在仲裁申请书和仲裁答辩书的交换中，一方当事人声称有仲裁协议而另一方当事人不做否认表示的，视为存在书面仲裁协议。”1958年《纽约公约》第2条亦规定，仲裁协议应该是书面的，并且是缔约国承认和执行仲裁协议的条件之一。这一规定具有普遍的意义。

（二）仲裁协议当事人的行为能力

根据国际社会的普遍观点，仲裁协议的一方或双方当事人在订立仲裁协议时无行为能力，则所订立的仲裁协议即为无效。因当事人无行为能力而导致仲裁协议无效时，仲裁庭作出的仲裁裁决也将无法得到有关国家法院的承认与执行。我国《仲裁法》第 17 条第 1 款第 2 项规定："无民事行为能力人或者限制民事行为能力人订立的仲裁协议"属于无效仲裁协议。1985 年《国际商事仲裁示范法》第 36 条规定，缔约国拒绝承认或执行裁决的理由之一便是"仲裁协议的当事人一方欠缺行为能力"。

（三）争议事项的可仲裁性

事项的可仲裁性，是指当事人在仲裁协议中约定提交仲裁的争议事项，必须是依有关国家法律允许采用仲裁方式处理的事项。如果该提交仲裁的争议事项属于有关国家法律规定的不可仲裁的事项，则该仲裁协议便是无效的，即使仲裁庭据此作出了仲裁裁决，该裁决也会被视为无效或被有关国家法院拒绝承认与执行。

1958 年《纽约公约》第 1 条第 3 款规定，缔约国可以声明"本国只对根据本国法属于商事的法律关系——不论其是不是契约关系——所引起的争议适用本公约"，第 5 条第 2 款还规定，如果根据仲裁裁决承认与执行地国家的法律，争议事项系不能以仲裁解决的，则该国可以拒绝承认和执行裁决。我国《仲裁法》第 3 条规定，对于婚姻、收养、监护、扶养、继承纠纷以及依法应当由行政机关处理的行政争议不能仲裁。其他国家一般也规定，涉及婚姻家庭和继承问题以及公共利益的事项不能仲裁。一般说来，当事人在订立仲裁协议时，就争议事项的可仲裁性，至少应该考虑到仲裁地法律和裁决承认与执行地国的法律规定。

四、仲裁协议的法律效力

仲裁协议的法律效力是由各国的国内法和有关国际条约赋予的。一项有效的仲裁协议具有以下几方面的法律效力：

（一）对当事人的法律效力

仲裁协议对双方当事人均具有严格的约束力。一方面，当发生了仲裁协议规定的争议事项，必须通过仲裁方式解决，任何一方当事人不得就该争议向法院起诉；另一方面，任何一方原则上也只能就仲裁协议所规定的争议事项提交仲裁，否则，对方当事人有权自由决定是否承认和参与其仲裁，并有权对仲裁庭的管辖权提出异议；此外，有效的仲裁协议也使当事人承担了自觉履行仲裁裁决的义务。2006 年《仲裁法解释》第 11 条规定，合同约定解决争议适用其他合同、文件中的有效仲裁条款的，发生合同争议时，当事人应当按照该仲裁条款提请仲裁。涉外合同应当适用的有关国际条约中有仲裁规定的，发生合同争议时，当事人应当按照国际条约中的仲裁规定提请仲裁。

（二）对法院的法律效力

各国的仲裁立法和有关国际条约都毫无例外地规定，一项有效的仲裁协议具有排除法院司法管辖权的效力。法院不应受理有仲裁协议的争议案件，如果一方当事人违反仲裁协议而向法院提起诉讼，另一方当事人可以根据仲裁协议要求受案法院中止司法诉讼程序，发还仲裁庭或仲裁机构审理。我国《仲裁法》第 5 条规定："当事人达成仲裁协议，一方向人民法院起诉的，人民法院不予受理，但仲裁协议无效的除外。"《示范法》也作出了类似规定。① 1958 年《纽约公约》第 2 条第 3 款也规定："当事人就诉讼事项有本条所称之协定者，缔约国法院受理诉讼时应依当事人一方之请求，命当事人提交仲裁，但前述协定经法院认定无效、失效或者不能实行者不在此限。"

（三）对仲裁庭或仲裁机构的法律效力

有效的仲裁协议是有关仲裁庭或仲裁机构受理争议案件、行使仲裁管辖权的重要依据之一。一方面，如果不存在仲裁协议，或仲裁协议无效，则有关仲裁庭或仲裁机构就无权受理争议案件，此时，任何一方当事人都可以基于不存在一项有效的仲裁协议而对仲裁庭的管辖权提出抗辩；另一方面，仲裁庭或仲裁机构也只能受理当事人在仲裁协议中所约定提交仲裁的特定争议事项，否则，当事人或有关国家法院可以拒绝承认与执行其仲裁裁决。

（四）是仲裁裁决具有强制执行力的重要依据

一般说来，由于仲裁协议是双方当事人共同的意思表示，因此，在裁决作出后，当事人能够而且应该自动执行。但如果一方当事人拒不自动履行仲裁裁决，则另一方当事人可以依据有效的仲裁协议和裁决书，向有关国家的法院申请强制执行。

2016 年《最高人民法院关于为自由贸易试验区建设提供司法保障的意见》指出，正确认定仲裁协议效力，规范仲裁案件的司法审查。在自贸试验区内注册的外商独资企业相互之间约定商事争议提交域外仲裁的，不应仅以其争议不具有涉外因素为由认定相关仲裁协议无效。一方或者双方均为在自贸试验区内注册的外商投资企业，约定将商事争议提交域外仲裁，发生纠纷后，当事人将争议提交域外仲裁，相关裁决做出后，其又以仲裁协议无效为由主张拒绝承认、认可或执行的，人民法院不予支持；另一方当事人在仲裁程序中未对仲裁协议效力提出异议，相关裁决作出后，又以有关争议不具有涉外因素为由主张仲裁协议无效，并以此主张拒绝承认、认可或执行的，人民法院不予支持。在自贸试验区内注册的企业相互之间约定在内

---

① 《示范法》第 49 条亦规定："在有仲裁协议的情况下，当事人仍向中华人民共和国法院起诉的，该法院应当令当事人将争议交付仲裁，但仲裁协议无效、失效或者不能执行的除外。"见中国国际私法学会编：《中华人民共和国国际私法示范法》，法律出版社 2000 年版，第 13 页。

地特定地点、按照特定仲裁规则、由特定人员对有关争议进行仲裁的，可以认定该仲裁协议有效。人民法院认为该仲裁协议无效的，应报请上一级法院进行审查。上级法院同意下级法院意见的，应将其审查意见层报最高人民法院，待最高人民法院答复后作出裁定。①

五、仲裁条款的独立性

传统观点认为，仲裁条款是主合同不可分割的一部分。主合同无效，合同中的仲裁条款当然也无效。如果当事人对主合同的有效性提出异议，仲裁条款的有效性问题则必须由法院决定而不是由仲裁庭决定。提出这一观点的主要理由是，作为主合同一部分的仲裁条款，是针对合同的法律关系起作用的。既然主合同无效，那么附属于主合同的仲裁条款就失去了存在的基础，仲裁条款就因此失效。既然仲裁条款失效，那么，无论是对含有仲裁条款之主合同最初是否存在或有效的争议，或者是对仲裁条款本身最初是否存在或有效的争议，还是对主合同在最初缔结时有效，后因不法行为引起的合同无效或仲裁条款无效的争议，均必须由法院解决，而不能由仲裁员解决。②

仲裁条款的独立性是指，当合同无效或失效时，作为合同组成部分的仲裁条款并不当然随之无效。这种观点和做法已为大多数国家的立法和有关国际商事仲裁规则所承认。《联合国国际贸易法委员会仲裁规则》第21条第2款规定："按本规则进行仲裁的仲裁条款将被视为独立于该合同其他条款的一种协议。仲裁庭所作合同无效和作废的裁决并不在法律上影响仲裁条款的效力。"

认为仲裁条款独立于国际商事合同而存在的这一理论被称为"仲裁条款自治理论"（Doctrine of Arbitration Clause Autonomy）。该理论的依据主要在于，认为仲裁条款与主合同应是相互分离而独立存在的两项协议，其中，主合同规定了双方当事人在商业利益方面的实体权利与义务关系，而作为次合同的仲裁条款则规定了主合同不能实现时的救济措施，即以仲裁的方式解决当事人之间的争议，以保护当事人的合法权益。显然，次合同的实施必须以主合同的履行发生困难或争议为前提，如果主合同能够如约全部履行，则次合同也就不需要履行了。因此，仲裁条款在整个商事合同中具有相对特殊的独立性，它不仅不会因为主合同发生争议或被确定为无效而失去效力，反而正因此而得以实施，发挥它作为救济手段的作用。我国《仲裁法》第19条第1款规定，仲裁协议独立存在，合同的变更、解除、终止或者无效，不影响仲裁协议的效力。2006年《仲裁法解释》第10条规定："合同成立后未生效

① 参见法发〔2016〕34号。

② 韩德培主编：《国际私法新论（下）》，武汉大学出版社2009年版，第676页。

或者被撤销的，仲裁协议效力的认定适用仲裁法第十九条第一款的规定。当事人在订立合同时就争议达成仲裁协议的，合同未成立不影响仲裁协议的效力。”

仲裁条款可独立于主合同的主张，最早是法国最高上诉法院于1963年在“戈塞特”案中提出的。在该案中，最高上诉法院称，仲裁条款独立于合同，如果主合同无效，只有在其无效理由影响仲裁协议时，仲裁协议才可能无效。美国最高法院在1967年“首家涂料公司诉弗拉德与康克林制造公司”案中提出了与法国最高上诉法院同样的观点。美国最高法院判决道：以欺诈作为理由对含有仲裁条款的合同的有效性提请的申诉，不应由联邦法院解决，而应提交仲裁。最高法院的这一判决是根据《美国联邦仲裁法》第4条作出的。该条规定，如果所争议的问题不是有关仲裁条款本身的问题，法院必须指令当事人将争议提交仲裁。法国在1963年的“戈塞特”案中提出的仲裁条款可分性的主张，只限于国际关系，至于国内商事合同中的仲裁条款一般都不视为独立于主合同。《法国民事诉讼法典》经1981年修订后，由于授权国内争议案中的仲裁员可以决定其自身的管辖权，实际上已默示承认仲裁员有权决定主合同的有效性问题，从而把仲裁条款独立于主合同的观点扩大到了国内商事关系方面。①

德国、意大利、比利时、法国、日本、荷兰以及瑞士都认为，仲裁条款是独立于合同的。即仲裁条款独立性理论受到了各国仲裁立法和司法实践以及大多数国际仲裁规则的充分肯定，并已在许多国家的国内立法和国际商事仲裁机构的仲裁规则中得到确认。② 瑞士1987年《关于国际私法的联邦法》第178条第3款、1985年《国际商事仲裁示范法》第16条第1款等即为例证。

第三节　国际商事仲裁中的法律适用

一、仲裁协议的准据法

仲裁协议的准据法是指仲裁协议的有效性应适用何国的法律来确定的问题。只有首先确定双方当事人所订立的仲裁协议是合法有效的，国际商事仲裁才能得以进行并完成。综观各国的国内立法和有关国际公约的规定，认定仲裁协议的有效性的准据法主要有以下几种：

---

① 韩德培主编：《国际私法新论（下）》，武汉大学出版社2009年版，第677页。

② 寇丽：《现代国际商事仲裁法律适用问题研究》，知识产权出版社2013年版，第48页。

（一）当事人选择适用的法律

根据当事人意思自治原则，订立仲裁协议的双方当事人有权合意选择适用何国的法律来确定仲裁协议的有效性。这一原则已为世界各国所普遍认可。但当事人所选择适用的法律不应与仲裁地国家的强行法或其公共秩序相抵触，否则仲裁协议会被视为无效，裁决会被拒绝执行。

（二）在当事人无明示选择时，适用仲裁地法

如果当事人未作明示选择，国际上通行的做法是以仲裁地法作为仲裁协议的准据法。仲裁地法对仲裁协议的形式、仲裁协议的可仲裁事项等几个方面的有效要件均有约束力。根据 1958 年《纽约公约》第 5 条第 1 款第 1 项，在双方当事人没有选定适用的法律的情况下，根据作出裁决的国家的法律仲裁协议无效，那么被请求承认和执行裁决的主管机关可以根据当事人的请求，拒绝承认和执行该项裁决。

（三）当事人的属人法或仲裁协议的订立地法

这一法律适用方法实际上是为确定仲裁协议当事人的行为能力的准据法，但当事人具有行为能力是仲裁协议的有效要件之一，因而其准据法的确定就直接影响到仲裁协议的有效性的认定问题。根据国际私法的一般原则，当事人的行为能力应依其属人法来确定，但行为地法对其也有重要影响。因此，在国际商事仲裁中，仲裁协议当事人的行为能力的准据法，可依当事人的属人法或仲裁协议的订立地法。

我国《涉外关系法律适用法》规定了仲裁协议的法律适用问题。该法第 18 条规定："当事人可以协议选择仲裁协议适用的法律。当事人没有选择的，适用仲裁机构所在地法律或者仲裁地法律。"该规定与以往的司法解释有所差异。① 关于确认涉外仲裁协议效力案件的管辖，2006 年《仲裁法解释》第 12 条第 2 款规定，申请确认涉外仲裁协议效力的案件，由仲裁协议约定的仲裁机构所在地、仲裁协议签订地、申请人或者被申请人住所地的中级人民法院管辖。

二、当事人行为能力的准据法的独立性②

当事人是否具有缔约的行为能力，是判定其签订的仲裁协议是否有效的主要条件之一。但是，当事人行为能力的法律适用，一般不同于仲裁协议准据法的适用。双方当事人约定的仲裁协议准据法或裁决作出地法，并不当然适用于当事人的行为能力。相对仲裁协议的准据法来说，当事人行为能力的准据法具有独立性。根据各

① 2006 年《仲裁法解释》第 16 条规定，对涉外仲裁协议的效力审查，适用当事人约定的法律；当事人没有约定适用的法律但约定了仲裁地的，适用仲裁地法律；没有约定适用的法律也没有约定仲裁地或者仲裁地约定不明的，适用法院地法律。

② 韩德培主编：《国际私法新论（下）》，武汉大学出版社 2009 年版，第 683 页。

国法律规定和实践，仲裁当事人是否具备行为能力，应该依“对他们适用的法律”作出判定，而不是依当事人选择的仲裁协议准据法或裁决作出地法或仲裁地法作出判定。例如，1974 年澳大利亚《仲裁（外国仲裁裁决和协议）法》第 8 条第 4 款第 1 项规定，如果仲裁协议当事人根据适用于他的法律在订立仲裁协议时在某种程度上无行为能力，法院可以拒绝执行有关裁决。1958 年《纽约公约》第 5 条第 1 款和 1961 年《欧洲公约》第 6 条第 2 款均规定，“根据对他们适用的法律”判定当事人的行为能力。公约的上述规定，受到一些学者的批评，他们认为这种规定是“走到半路的冲突规则”（a haft - way conflict rule）。负责起草联合国国际贸易法委员会《国际商事仲裁示范法》的工作组也认为，公约规定得过于简单，不能为所有法律体系所接受，决定在该示范法中删除“根据对他们适用的法律”这一用语，但示范法本身也没有确定当事人行为能力的法律适用规则。

在国际商事仲裁中，当事人的行为能力可能要受到数个国家法院的审查。在强制执行仲裁协议阶段，管辖法院在判定仲裁协议的效力时，可能要考虑仲裁协议当事人有无行为能力；在申请撤销裁决阶段，仲裁地法院也可能对当事人的行为能力作出判断；在申请承认和执行裁决阶段，应当事人的请求，被申请承认和执行裁决地法院也要考虑这一问题。一般说来，如果当事人为自然人，其行为能力主要适用其属人法或仲裁协议缔结地法；如果当事人为法人，其行为能力主要适用该法人成立时所依据的法律。

三、国际商事仲裁中的程序法

在司法诉讼中，程序问题必须严格适用法院地法，这是国际社会所公认的和普遍采用的一项原则。而在国际商事仲裁中，由于仲裁本身的性质，仲裁程序问题的法律适用则完全不同。

国际商事仲裁中的程序法即仲裁程序的准据法，又被称为“仲裁法”，是调整仲裁程序方面种种问题的法律。需要区分的是，仲裁程序法与仲裁程序规则是有很大区别的。仲裁程序规则是指调整仲裁内部程序的规则，一般可由当事人自行拟定或由某一仲裁机构制定；而仲裁程序法则不仅支配仲裁的内部程序，它还确立了进行仲裁的外部标准，如裁决的撤销程序和撤销理由等，它是由一国制定的有关对在其领域内进行的仲裁加以控制或协助的法律，是一国国内的仲裁法体系的有机组成部分。仲裁程序法即仲裁程序应适用的法律，可以是与解决仲裁争议实体问题不同的法律。

根据各国的立法与实践，仲裁程序法即仲裁程序的准据法，一般有以下两种确定方法：

（一）当事人选择的法律

即按照当事人意思自治原则，国际商事仲裁中的当事人可以合意选择仲裁程序应适用的法律，包括仲裁程序规则。如瑞士1987年《关于国际私法的联邦法》第182条第1款规定，当事人可以直接或按照仲裁规则确定仲裁程序，也可以按其选择的程序法进行仲裁程序。

但实际上，由于仲裁地国对在其领域内进行的仲裁具有有效的管辖权，因此，当事人所选择的仲裁程序法往往会受到仲裁地国法的强制规则的限制。也就是说，只有在仲裁地国法律允许的情况下，当事人才可以自由选择适用于仲裁程序的法律，裁决也才会发生效力。

（二）当事人未作明示选择时适用仲裁地法

虽然各国的立法与实践普遍允许国际商事仲裁中的当事人合意选择仲裁程序法，但在程序问题上，仲裁实际上仍然要受到仲裁地法的支配。仲裁程序法即仲裁法，也就是仲裁地法，这一观点已为大多数学者和国际商事仲裁实践所广泛承认。

在这一问题上，近来出现了一种新的“非地方化理论”，认为仲裁应摆脱仲裁地法的控制，甚至应摆脱任何特定国家的法律控制而实现仲裁程序的完全自治。但由于仲裁地国在实际中必然会对在本国领域内进行的仲裁加以控制，如果违反仲裁地国的强行法，仲裁就会被仲裁地国宣告无效或被裁决执行地国拒绝承认与执行；另外，仲裁地还是确定仲裁裁决的“国籍”的客观标准，从而成为公约缔约国承认与执行裁决的依据。所以，仲裁法即仲裁地法的观点至今仍占居主导地位。如1958年《纽约公约》第5条规定：“仲裁庭的组成或仲裁程序同当事人间的协议不符，或者当事人间未订此种协议时，而又与进行仲裁地国家的法律不符，缔约国可以拒绝承认和执行裁决。”

四、非国内规则的适用

非国内规则是指非源于任何国内法的规则，主要指国际法、一般法律原则和国际商法。

在国际商事仲裁中，确定国际商事合同的准据法的惯常方法是首先应采用选择某一特定国家的国内实体法。具体说来，采用当事人意思自治原则，即由当事人选择适用于解决合同争议实体问题的准据法，而在当事人未作选择时，则一般是由仲裁庭依其认为可以适用的冲突规则确定准据法，或由其直接适用国内法的实体规则。而适用非国内规则作为合同的准据法，则通常是在国际合同中的一方当事人为国家或国家组织的情况下采用的做法。

传统意义上的国际法虽然主要是用于调整国家之间的关系，但随着国际私人投资的发展，它也适用于商事合同，尤其是适用于一方当事人为国家或国家实体的合同。如1965年《华盛顿公约》第42条第1款规定："仲裁庭应依据争端当事人间协议的法律准则裁决争端，如无此种协议，仲裁庭应适用争端一方的缔约国的法律（包括其关于冲突法的规则）以及可适用的国际法规则。"《联合国国际法院规约》第38条亦规定，可依一般法律规则作为裁判依据。因此，选择适用国际法规则或一般法律原则，或将国际法规则或一般法律原则与国内法结合起来的并存法作为合同的准据法的做法，已成为国际商事仲裁学说和实践的一个新趋向。此外，为满足和符合现代国际商事关系发展的需要，适用以国际条约、国际贸易惯例和标准格式合同等为主要表现形式的国际商法作为合同的准据法，在有关的国际公约和国际商事仲裁的实践中也得到确认和采用。如1961年《欧洲公约》第7条第1款规定，无论适用当事人指定的法律还是适用仲裁员自己确定的准据法，"仲裁员都应考虑到合同条款和贸易惯例"。

第四节 网上仲裁

一、网上仲裁的概念与性质

（一）网上仲裁的概念

网上仲裁（Online Arbitration）是在电子商务的发展浪潮中，随着网上争议的激增，为适应有效地解决网上争议的需要而产生的。网上争议给传统的法院诉讼带来了极大的挑战，使人们不得不考虑传统管辖权基础和法律适用原则对网上争议案件的可适用性。一方面，法院诉讼耗时长、费用高等缺点成为当事人将网上争议提交法院的阻碍因素。另一方面，传统仲裁虽然在解决争议中具有一些诉讼根本不可能有的弹性，但是其制度化趋势却越来越明显。机构仲裁特别是国际常设仲裁机构的仲裁，越来越具有诉讼的一些弊端，如耗时长、费用高等，被有些学者称为诉讼阴影下的仲裁。因此，人们在网上进行商务活动，也期望能在网上解决争议。网络本身在为人们提供了交易手段的同时，也为人们提供了解决争议的媒介。网上争议解决方式（Online Dispute Resolution，ODR）应运而生。在网络上进行仲裁也由设想进入了实践。①

网上仲裁这种争议解决方式本身仍处于不断变化发展之中，一些相关法律问题仍有待解决。我们可以从形式上对网上仲裁进行界定。首先，该程序应在网上通过

---

① 韩德培主编：《国际私法问题专论》，武汉大学出版社2004年版，第456~457页。

网络技术来进行，这是与传统“线下仲裁（offline arbitration）”最明显的区别。其次，该程序具有仲裁的形式，即网上仲裁程序在形式上和传统仲裁相似，否则也不能被冠以“仲裁”之名。有学者提出，“网上仲裁意味着向仲裁庭提出仲裁申请（包括仲裁协议的订立），以及所有的仲裁程序（如审理、裁决的作出）都通过电子邮件、交谈组（chat groups）、视频或音频会议系统来进行”。这一定义可以采用，但是囿于技术发展及立法方面的一些限制，不排除有的网上仲裁程序在目前及将来的一段时间内暂时结合使用一些书面有形文本文件。从总体上来说，对网上仲裁这一概念的把握，目前只能侧重这种形式上的考量，对于一些实质问题还有待于实践的进一步发展而继续探讨。目前，网上仲裁仍处在不断变化和发展中，远未达到一个成熟和定型的状态，在世界范围内没有一个统一的定义，要给出全面而精准的定义是很困难的。有学者认为，网上仲裁是利用互联网技术资源使全部或主要仲裁程序在网上进行的一种网上替代争议方式。[①] 2009 年《网上仲裁规则》第 1 条认为其是以在线方式独立公正、高效经济地仲裁契约型或非契约性的经济贸易争议等。

（二）网上仲裁的性质[②]

网上仲裁的性质问题，是指网上仲裁是否属于传统仲裁的范围。就目前而言，一些网上仲裁服务机构提供的网上仲裁虽然具有仲裁的形式，但是在一些方面却不同于多数国家的传统仲裁。这些网上仲裁与传统仲裁的不同，并不仅仅限于进行程序所采用的手段不同。有学者在讨论关于域名争议解决程序的法律属性时指出，由域名管理机构确定的域名争议仲裁“只能是在司法与仲裁等传统争议解决机制之外存在的一种‘选择性（Alternative）’解决办法”。这是为了适应网上争议的特点而对传统仲裁进行的修正（modification），以适应网上实践的需要。传统的仲裁如果不加以改革就难以适应网上争议的解决。因为传统仲裁的优点（快捷、更符合当事人意思而非默认的法律原则的裁定、终局性）是基于两个前提特点：首先，仲裁中的当事人已经同意简化或减少外部监督。其次，仲裁员的裁决只影响当事人，在阐述主要的标准或规则方面如果说其裁决有什么价值的话，其价值也是有限的。无论是当事人（由于其同意）还是社会（因为仲裁只影响争议当事人）都不能反对削弱外部监督机制。但网上争议解决中不存在上述特点。相反，网上域名争议的当事人是陌生人，仲裁协议的达成具有强制性，并不是基于当事人真正的合意（仅具有形式上的合意），而且如果网上裁决是要创设标准或规范，那么就必须引入传统司法程序中的某些监督机制。这些是《统一域名争议解决政策》（UDRP）规定仲裁庭与法院

① 邓瑞平、唐海涛：《电子商务时代网商仲裁：困境与出路》，载《河北法学》2013 年第 12 期。
② 郭玉军主编：《网络社会的国际法律问题研究》，武汉大学出版社 2011 年版，第 641～643 页。

享有“共有管辖权”（mutual jurisdiction），裁决非终局的主要原因。最后，有学者认为，世界知识产权组织域名争议仲裁，更确切地说是类似仲裁（near arbitration）或者说是一种管理程序（administrative procedure）。因此不应排除当事人向法院再起诉的权利。综上，将这样一种新生的争议解决方式仍视为传统仲裁可能是不妥当的。

当然，既然有网上仲裁机构规定自己的仲裁裁决具有终局性，那么由此就会产生一些问题：如冠有“仲裁”之名的网上仲裁机构的规则，宣称其管辖权不具有排他性、其裁决的终局效力可由当事人选择，那么，这样一种性质的仲裁，是否仍受有关国家仲裁法（规定了仲裁庭管辖权的排他性、仲裁裁决具有终局性）或国际公约的调整？类似的，有的网上仲裁机构规则规定自己的仲裁裁决具有终局性，那么它是否真的就具有终局性，从而受到与传统仲裁庭作出的仲裁裁决一样的待遇？目前，美国法院已经明确指出，它们将不受网上仲裁裁决（有学者有意使用了 panel findings 而非 arbitral awards）的约束。这清楚地表明了它们不把网上仲裁裁决视为仲裁裁决（arbitral awards）。因此，国内法院是否有权审查网上仲裁庭滥用权力，也令人生疑。

由此产生的另一问题是，未来网上仲裁究竟应该向哪个方向发展，是保持其“变种”的仲裁的特征，还是尽量将其纳入传统仲裁的发展轨道，使其受调整传统仲裁的仲裁法的调整？对于 UDRP 规定的“共有管辖权”及非终局性，也有学者提出了批判意见。由此可见，由于网上仲裁的实践尚处于初期发展阶段，对于孰是孰非现在还不宜下结论。但应坚持一个基本原则，即涉及网上争议解决机制，不必非要生搬硬套某种现有机制，而是要充分考虑到网上争议的自身特点。

二、网上仲裁的特点

第一，网上仲裁是一种在虚拟空间所进行的虚拟程序。网络本身是一个由网址和密码所构成的虚拟空间，这就决定了在这个虚拟空间所进行的仲裁程序是一种虚拟程序。

第二，网上仲裁信息的传输和交换，主要借助网络信息技术和电讯技术（即网络技术）。与常规仲裁中信息的传输与交换的手段不同，网上仲裁主要借助网络技术（如电子邮件）进行信息的即时传输与交换，所有信息均主要以数字化形态经由互联网快速传递。

第三，网上仲裁程序进行的方式及信息的处理加工，在一定程度上均依赖于网络技术。因此，在网上仲裁程序中，技术软件发挥着重要作用。网上仲裁成功与否在很大程度上取决于是否拥有强大的信息处理软件。由此，网络技术在一定程度上代替了仲裁员的部分工作，而电脑在一定程度上代替了人脑。网络技术与仲裁员相互协调与互动的方式在很大程度上决定了网上仲裁程序进行的方式。

第四，网上仲裁案件档案的保存需要借助一定的电子介质。常规仲裁案件信息主要以纸张作成纸面案卷予以归档，以备事后查询。而网上仲裁案件信息资料则主要借助信息介质，以电子文档的形式保存在网络服务器中，或以数字形态储存在芯片、软盘、硬盘、光盘等新的信息介质中。

第五，网上仲裁案件信息资料必须借助电子设备方能为人们所感知，且不能脱离特定系统环境。①

三、网上仲裁和传统仲裁的比较

网上仲裁和传统仲裁的最大相同点就是程序的形式大致相同，都是由第三者“仲裁员”居中评断是非并作出裁决，该裁决对双方当事人都具有不同程度的拘束力。二者的程序都要经过申请和受理、组成仲裁庭、审理和作出裁决几个阶段。②因此，传统仲裁程序为网上仲裁程序提供了基本形式。

但是借鉴了传统仲裁程序的网上仲裁却具有了不同于前者的一些特征，网上仲裁不仅仅是利用互联网的仲裁，网上仲裁从其形式到实质都具备了传统仲裁所不具有的一些特征。两者的不同主要有如下几个方面：

第一，网上仲裁的所有程序都通过因特网来进行，而传统仲裁程序不通过或基本不通过网络来进行。因特网技术对传统的仲裁机构都有所影响，如国际商会、伦敦国际仲裁委员会、美国仲裁协会等都设立了自己的网站，有的仲裁机构还利用因特网技术来处理仲裁中某阶段的程序。但是我们认为这些都不足以使上述机构的现有仲裁程序被称为网上仲裁。

第二，传统仲裁排除当事人向法院起诉的权利，而网上仲裁程序的参与人是否还能将争议诉诸法院，实践中并不统一。例如，在 WIPO 网上仲裁程序中，当事人即使在仲裁员作出裁决之后都仍然保有向其本国法院起诉的权利。但是就传统仲裁来说，在大多数国家，法院不对仲裁裁决进行实体审查是一项基本原则。大多数国家的仲裁立法都确认仲裁员作出的仲裁裁决是有拘束力的，法院只对法律规定的特定情况如涉及仲裁庭管辖权与程序是否公正的问题进行审查。当然，也有的网上仲裁服务提供者认为自己的网上程序就是将传统仲裁搬到网络上来进行，理论上来说应和传统仲裁那样可以排除法院对该争议的管辖权。另外，加拿大蒙特利尔法学院发起成立的 Cyber Tribunal 的网上仲裁规则也曾规定，仲裁裁决一经作出，即为终局。但是当事人自网上仲裁庭获得的裁决能否被法院认为是仲裁裁决而得到承认与

① 李虎：《网上仲裁法律问题研究》，中国民主法制出版社 2005 年版，第 30 页。
② 郭玉军、肖芳：《网上仲裁的现状与未来》，载《法学评论》2003 年第 2 期。

执行，却仍然是个未知数。传统仲裁中将案件提交仲裁应出于当事人的自愿选择。但是网上仲裁却并不一定如此，有些程序甚至带有强制性质。①

四、网上仲裁的未来

网上仲裁的实践有待于进一步丰富完善。随着电子商务的发展，网上仲裁逐渐呈现出新的特点。一是跨境电子消费争议将成为网上仲裁的主要服务对象；二是网上仲裁的发展呈现出自律性趋势。②

目前，国际商事网上仲裁出现了如国际互联网名址公司（ICANN）、世界知识产权组织（WIPO）设立的网络中心庭等数十家机构，提供国际网上服务。但不足的是，各个网上仲裁组织都是分别依照自身的规则和做法行事，缺乏统一的规则和管理，使网上仲裁存在的许多缺点，在克服和改进方面十分缓慢，其作用的发挥受到极大的限制。③

我国1996年初就成立了“国际电子商务中心”，1997年又成立了“中国电子数据交换技术委员会”，1999年《合同法》第11条、第16条、第26条对于“数据电文”（电子数据交换、电子邮件）作了明确规定。《专利法》《商标法》《著作权法》《广告法》等，分别规范了电子商务知识产权、网上广告。随后又公布了《计算机软件保护条例》《集成电路布图设计保护条例》等法规，从而为我国推行网上商事仲裁建立了前提条件。2000年12月，中国商会仲裁委员会成立了“中国域名争议解决中心”，接受国内域名管理机构的授权，以网上仲裁的方式解决相关的域名争议。2001年8月，又接受“中国互联网信息中心”的委托和授权，作为通用网址争议解决机构，负责解决通用网址争议。④ 由中国国际经济贸易仲裁委员会（CI-ETAC）和（中国）香港国际仲裁中心（HKIAC）合作成立的亚洲域名争端解决中心，于2001年12月3日得到国际通用顶级域名的管理机构互联网名称和数码分配公司（ICANN）的正式授权，作为世界上第四家、亚洲地区第一家国际通用顶级域名争端的解决机构，采用统一域名争端解决政策（UDRP）及其细则解决国际通用顶级域名争端。⑤ 2009年通过了国际上第一个由仲裁机构单独制定并实施的《网上仲裁规则》，该规则共6章，包括总则、文件的提交、发送与传输、仲裁程序、简易程序、快速程序、附则，以及两个附件（网上仲裁示范条款、网上仲裁案件仲裁费用表）。2015年，（中国）广州仲裁委员会发布了《中国广州仲裁委员会网络仲裁规

① 韩德培主编：《国际私法问题专论》，武汉大学出版社2004年版，第458~459页。
② 张斌生主编：《仲裁法新论》，厦门大学出版社2004年版，第655页。
③ 张仲伯：《国际私法学》，中国政法大学出版社2012年版，第534~535页。
④ 张仲伯：《国际私法学》，中国政法大学出版社2012年版，第535页。
⑤ 张斌生主编：《仲裁法新论》，厦门大学出版社2004年版，第657~658页。

则》，该规则全文共31条，于2015年10月1日起施行。①

网上仲裁在效率和费用上的优势，必将促使其得到快速发展、普遍使用。由此也会引发许多问题，如网上仲裁的有效性问题、虚拟仲裁协议、网上仲裁的设备及安全都可能成为网上仲裁发展的障碍。因此，如何保障网上仲裁的安全性、程序性和可执行性问题是未来研究的重点。从世界范围来看，无论是相关立法、仲裁规则的制定，还是仲裁实践，网上仲裁都未形成完整成熟的体系。在仲裁协议、仲裁程序、仲裁地、法律适用、仲裁裁决的执行等方面，网上仲裁还存在很多的问题和困境。如何解决这些问题，需要从法律法规、实践及技术方面予以综合考虑，这对于电子商务和仲裁制度本身的发展都具有重要意义。

第五节　国际商事仲裁裁决的承认和执行

一、概述

一般说来，由于仲裁是建立在双方当事人自愿、合意的基础上，因此，对仲裁庭作出的有效裁决，当事人应该而且多数能够自动执行。但如果一方当事人不自动履行仲裁裁决，则另一方当事人就会向有关国家法院申请强制执行，从而产生仲裁裁决的承认和执行问题。

所谓仲裁裁决的承认，就是指法院承认该裁决所确认的当事人之间的权利与义务在其境内具有法律效力；所谓仲裁裁决的执行，就是指法院在承认仲裁裁决的效力的基础上，依照法律规定的执行程序，予以强制执行。

通常，各国都会将有关仲裁裁决作内国裁决和外国裁决的区分，并对两类裁决的承认和执行作不同的规定或要求。对内国裁决的承认和执行，一般是按照各内国

① 规则主要包括以下内容：1. 在线立案，在线缴费。当事人通过网络仲裁平台以在线方式提请仲裁，上传证据材料并缴费。2. 在线送达，在线审理。中国广仲在线接收当事人的材料，并按照当事人确认的电子邮箱、手机号码、传真等电子通信方式向当事人送达相关仲裁文书，当事人也可以通过网络仲裁平台提交答辩书、证据等相关材料。仲裁庭以书面审理为主，认为必要时可通过网上开庭方式比如视频、电话会议等进行开庭审理。3. 确认电子证据的原件形式和效力。电子商务交易过程中形式的主要证据均为电子数据，对于电子证据原件形式的确定及证明力的认定，则是认定案件事实的关键。4. 较短的答辩期限与审理期限。相比于传统的仲裁模式，网络仲裁就各种期限的规定均相对缩短，答辩期为5天，审限为组庭后30天，有利于提高仲裁效率。5. 程序转换。双方当事人一致同意或者仲裁庭认为案件复杂的，可以将案件转为线下按照《中国广州仲裁委员会仲裁规则》审理。参见《中国商事仲裁年度观察(2016)》，资料来源网址：http：//www.bjac.org.cn/news/view? id = 2837，最后访问日期：2018年4月11日。

的民事诉讼法的规定办理，程序比较简易；而对外国裁决的承认和执行，则有较多限制。为了解决各国在承认和执行国际商事仲裁裁决（主要也即外国仲裁裁决）方面存在的障碍，保证仲裁裁决的有效性，国际间订立了不少双边和多边的国际条约。目前，在承认和执行外国仲裁裁决方面，1958 年在联合国主持下在纽约通过的《承认和执行外国仲裁裁决公约》（简称 1958 年《纽约公约》）是最重要的、参加国家最多的、影响最广泛的国际公约，在各缔约国之间，该公约已基本上取代了 1923 年《日内瓦仲裁条款议定书》和 1927 年《关于执行外国仲裁裁决的公约》。

在承认和执行外国仲裁裁决方面，一个首要解决的问题就是裁决是否属于一项外国仲裁裁决或属于哪一国的仲裁裁决。认定外国裁决的标准有两种：一是领域标准，它是以裁决作出地作为标准的，即如果裁决是在被申请承认和执行地国所在领域外的国家作出的，则该裁决通常被认为属于外国裁决。这一认定标准已为大多数国家和有关国际条约所采纳。如 1958 年《纽约公约》第 1 条第 1 款规定，仲裁裁决因自然人或法人间的争议而产生且在申请承认及执行地所在国以外之国家领土内作成者，其承认与执行适用本公约。二是非内国裁决标准，它基本上是以仲裁所适用的仲裁法作为标准的，即如果裁决是在内国作出的，但因依外国仲裁法进行了仲裁，则该裁决也会被视为非内国裁决。如 1958 年《纽约公约》第 1 条第 1 款规定："本公约对仲裁裁决经申请承认及执行地所在国认为非内国裁决者，亦适用之。"

二、拒绝承认和执行外国仲裁裁决的理由

外国仲裁裁决如需申请有关国家法院予以承认和执行，必须符合一定的条件。在这方面，作为目前已有一百多个国家加入的 1958 年《纽约公约》作了比较统一的规定。公约以排除（否定）的方式规定了承认和执行外国仲裁裁决的条件，即被申请承认和执行的裁决如果具有公约规定的排除情形之一的，被请求执行国法院可以应被申请执行人的证明或自行决定拒绝承认和执行。根据公约第 5 条各款的规定，拒绝承认和执行外国仲裁裁决的理由主要包括以下几个方面：

（一）仲裁协议无效

如果根据适用于仲裁协议双方当事人的法律，当事人无行为能力；或者根据双方当事人选择适用的法律，或者在无此选择时，根据仲裁地的法律，该项仲裁协议是无效的，那么，被申请承认和执行地国法院可以根据被申请执行人的请求，拒绝承认和执行该裁决。

（二）违反正当程序

这主要是指作为裁决执行对象的当事人，未曾给予其有关指定仲裁员或者进行仲裁程序的适当通知，或者由于其他情况而未能提出申辩。

（三）仲裁员超越权限

如果裁决中处理的事项为未交付仲裁的争议，或者裁决内容含有对仲裁协议规定范围以外的事项的决定，则应被申请执行人的请求和证明，执行地国法院可予拒绝承认和执行。

（四）仲裁庭的组成或仲裁程序不当

仲裁庭的组成或仲裁程序，同当事人间的协议不符；或者在无此协议时，与仲裁地国家的法律不符。

（五）裁决对当事人尚未发生约束力或已被撤销或停止执行

依可适用的仲裁法，裁决对当事人尚无约束力；或者裁决已被仲裁地国或可适用的仲裁法所属国的法院撤销或停止执行，这也可成为拒绝承认和执行裁决的理由。

（六）争议事项不可用仲裁方式解决

如果按照被申请承认和执行地国的法律，裁决中的争议事项属于不可用仲裁方式解决的争议事项，则被申请承认和执行地国的法院可以拒绝承认和执行该裁决。

（七）违反公共政策或公共秩序

公共秩序既是拒绝适用外国法的一种传统理由，也是拒绝承认和执行外国法院判决的一种传统理由，在国际商事仲裁中，它也是拒绝承认和执行外国仲裁裁决的一项理由。

三、我国涉外仲裁裁决的承认和执行问题

伴随我国对外开放基本国策的实施，尤其是“一带一路”国际合作及倡议的不断推进，我国与他国之间的国际民商事交流将不断繁荣。为促进公平合理国际民商事秩序的建构，我国对国际民商事仲裁裁决的承认与执行将持更积极和开放的态度，并有相应制度予以保障。① 为适应仲裁制度发展的需要，有效解决实践中出现的新情况和新问题，最高人民法院在充分调研的基础上，依据《民事诉讼法》和《仲裁法》等相关法律，结合当前人民法院审理仲裁司法审查案件的实际需要，进一步明确仲裁司法审查案件中的法律适用问题，切实有效地规范案件审查，于2017年12月26日公布了《最高人民法院关于仲裁司法审查案件报核问题的有关规定》《最高人民法院关于审理仲裁司法审查案件若干问题的规定》，上述规定于2018年1月1日起正式实施。②

---

① 参见《最高人民法院关于人民法院为“一带一路”建设提供司法服务和保障的若干意见》，载《最高人民法院公报》2015年第11期。

② 参见法释〔2017〕21号、法释〔2017〕22号。

我国涉外仲裁机构，即中国国际经济贸易仲裁委员会和中国海事仲裁委员会作出的裁决，存在在国内承认和执行和在国外承认和执行两种情况。

（一）在国内的承认和执行

我国涉外仲裁机构作出有关裁决后，如果不自动执行裁决的一方当事人位于我国境内，或者有财产位于我国境内，另一方当事人可以向有关的人民法院提出申请，请求给予强制执行。我国现行《民事诉讼法》第273条规定："经中华人民共和国涉外仲裁机构裁决的……一方当事人不履行仲裁裁决的，对方当事人可以向被申请人住所地或者财产所在地的中级人民法院申请执行。"申请人应该提供书面申请书和裁决书正本，如果申请人为外国一方当事人时，其申请书必须用中文本提出。

申请人提出执行申请后，如果被申请人提出异议，人民法院应根据我国现行《民事诉讼法》第274条的有关规定进行审理，认为不具备申请条件的，可以裁定不予执行。对于裁定不予执行的仲裁裁决，依照我国现行《民事诉讼法》第275条的规定，可以有两种补救措施：一是根据仲裁协议提请仲裁庭重新仲裁；二是向人民法院起诉。①

1995年最高人民法院《关于人民法院处理与涉外仲裁及外国仲裁事项有关问题的通知》对人民法院不予执行我国涉外仲裁委员会作出的裁决建立了报告制度。凡一方当事人向人民法院申请执行我国涉外仲裁机构裁决，或者向人民法院申请承认和执行外国仲裁机构的裁决，如果人民法院认为我国涉外仲裁机构裁决具有《民事诉讼法》第274条②情形之一的，或者申请承认和执行的外国仲裁裁决不符合我国参加的国际公约的规定或者不符合互惠原则的，在裁定不予执行或者拒绝承认和执行之前，必须报请本辖区所属高级人民法院进行审查；如果高级人民法院同意不予执行或者拒绝承认和执行，应将其审查意见报最高人民法院。待最高人民法院答复后，方可裁定不予执行或者拒绝承认和执行。

（二）在国外的承认与执行

我国涉外仲裁机构作出有关裁决后，如果被申请执行人在我国境内没有住所，

---

① 《民事诉讼法》第275条规定："仲裁裁决被人民法院裁定不予执行的，当事人可以根据双方达成的书面仲裁协议重新申请仲裁，也可以向人民法院起诉。"

② 《民事诉讼法》第274条规定：对中华人民共和国涉外仲裁机构作出的裁决，被申请人提出证据证明仲裁裁决有下列情形之一的，经人民法院组成合议庭审查核实，裁定不予执行：

（一）当事人在合同中没有订有仲裁条款或者事后没有达成书面仲裁协议的；

（二）被申请人没有得到指定仲裁员或者进行仲裁程序的通知，或者由于其他不属于被申请人负责的原因未能陈述意见的；

（三）仲裁庭的组成或者仲裁的程序与仲裁规则不符的；

（四）裁决的事项不属于仲裁协议的范围或者仲裁机构无权仲裁的。

人民法院认定执行该裁决违背社会公共利益的，裁定不予执行。

或者其财产又不在我国境内时，则另一方当事人可以根据1958年《纽约公约》或者我国缔结或参加的其他国际条约，向外国有管辖权的法院申请执行。我国现行《民事诉讼法》第280条第2款规定："中华人民共和国涉外仲裁机构作出的发生法律效力的仲裁裁决，当事人请求执行的，如果被执行人或者其财产不在中华人民共和国领域内，应当由当事人直接向有管辖权的外国法院申请承认和执行。"申请人可以委托执行地国的律师办理。目前，我国涉外仲裁机构的裁决已分别在日本、中国香港地区等国家和地区得到了较广泛的执行。

四、外国仲裁裁决在我国的承认和执行问题

根据我国现行《民事诉讼法》第283条规定："国外仲裁机构的裁决，需要中华人民共和国人民法院承认和执行的，应当由当事人直接向被执行人住所地或者其财产所在地的中级人民法院申请，人民法院应当依照中华人民共和国缔结或者参加的国际条约，或者按照互惠原则办理。"

1986年12月2日，第六届全国人大常委会第十八次会议批准通过了《关于我国加入〈承认与执行外国仲裁裁决公约〉的决定》。在加入该公约时我国作了互惠保留声明和商事保留声明。所谓"互惠保留"，是指我国只承认和执行在缔约国领土内作出的仲裁裁决；所谓"商事保留"，是指我国只承认和执行属于契约性和非契约性商事法律关系的争议所作出的裁决。1987年4月10日，最高人民法院又发布了《关于执行我国加入的〈承认及执行外国仲裁裁决公约〉的通知》，其中还作了如下规定：

第一，根据1958年《纽约公约》第4条规定，申请我国法院承认和执行在另一缔约国领土内作出的仲裁裁决，是由仲裁裁决的一方当事人提出，对于当事人的申请，应由我国下列地点的中级人民法院受理：(1) 被执行人为自然人的，为其户籍所在地或者居所地；(2) 被执行人为法人的，为其主要办事机构所在地；(3) 被执行人在我国无住所、居所或者主要办事机构，但有财产在我国境内，为其财产所在地。2006年《仲裁法解释》第29条规定，当事人申请执行仲裁裁决案件，由被执行人住所地或者被执行的财产所在地的中级人民法院管辖。

第二，我国有管辖权的人民法院接到一方当事人的申请后，应对申请承认和执行的仲裁裁决进行审查，如果认为没有1958年《纽约公约》第5条第1、2款所列的情形的，应当裁定承认其效力，并且依照我国现行《民事诉讼法》规定的程序执行；如果认定具有第5条第2款所列的情形之一的，或者根据被执行人提供的证据证明有第5条第1款所列的情形之一的，应当裁定驳回申请，拒绝承认和执行。

第三，申请我国法院承认和执行的仲裁裁决，仅限于1958年《纽约公约》对我国生效后在另一缔约国领土内作出的仲裁裁决。该项申请必须在我国法律规定的申

请执行期限内提出，即双方或一方当事人为个人的，为1年；双方为法人或其他组织的，为6个月。

第四，拒绝承认和执行外国仲裁裁决的报告制度。1995年最高人民法院《关于人民法院处理与涉外仲裁及外国仲裁事项有关问题的通知》对人民法院不予执行外国仲裁裁决建立了报告制度。该制度的内容同上述的人民法院不予承认和执行我国涉外仲裁机构的裁决内容相同。

2018年，为了规范人民法院办理仲裁裁决执行案件，依法保护当事人、案外人的合法权益，最高人民法院发布了《关于人民法院办理仲裁裁决执行案件若干问题的规定》。该规定共24条，自2018年3月1日起施行。

此外，我国还同许多国家签订了双边司法协助协定，其中也有关于相互承认和执行仲裁裁决的条款，我国法院也可按照该司法协助协定中的有关规定办理外国仲裁裁决的承认与执行问题。在无条约的情况下，外国仲裁裁决要得到我国的承认与执行，可以在互惠的原则下，如果不违背我国社会公共利益的，也可以承认和执行。①

§思考题：

1. 有效的仲裁协议应当具有哪些要件？
2. 如何区分内国仲裁裁决和外国仲裁裁决？
3. 《纽约公约》关于拒绝承认与执行外国仲裁裁决的理由有哪些？
4. 试述我国在承认与执行外国国际商事仲裁裁决上有哪些司法实践？

§“法律职业资格考试”要点提示：

国际商事仲裁的概念和特性；仲裁机构；仲裁协议；国际商事仲裁的法律适用；仲裁裁决的承认与执行。

① 《示范法》第164建议：“当事人申请承认与执行外国仲裁裁决，中华人民共和国法院应当依照1958年《承认及执行外国仲裁裁决公约》或者中华人民共和国缔结的双边条约的规定办理。对于在非公约成员国且与中华人民共和国无双边条约的国家领土上作出的仲裁裁决，可以依照互惠原则予以承认与执行。”见中国国际私法学会编：《中华人民共和国国际私法示范法》，法律出版社2000年版，第38页。

第四编

区际私法

GUO JI SI FA

第二十二章　区际法律冲突与我国区际私法

§学习目的与要求：

冲突法的理论和实践，是在解决区际法律冲突的进程中形成和发展起来的。通过对本章的学习，应掌握区际法律冲突和区际冲突法的概念、区际法律冲突的解决途径等一般理论问题；在了解我国区际法律冲突特征及现状基础上，掌握我国区际法律冲突的现有理论与实践，并具备初步解决我国区际法律冲突的能力。

我国政府为解决香港、澳门和台湾地区问题，提出了“一个国家，两种制度”的政治构想和设计。根据1984年12月19日《中华人民共和国和大不列颠及北爱尔兰联合王国政府关于香港问题的联合声明》（下文简称1984年《中英联合声明》）和1987年4月13日《中华人民共和国和葡萄牙共和国政府关于澳门问题的联合声明》（下文简称1987年《中葡联合声明》）的规定，香港和澳门已分别于1997年7月1日和1999年12月20日回归我国，中国已经步入多法域或复合法域国家的行列。随着将来祖国大陆与台湾地区的统一，我国将成为世界上区际法律冲突最为独特和最为复杂的国家。因此，在我国，对区际法律冲突及其解决予以研究具有重要现实意义。

第一节　区际私法概述

一、区际法律冲突的概念

（一）区际法律冲突的定义

区际法律冲突（interregional conflict of laws），是指在一国之内具有独立的法律制度的各个地区之间的法律冲突。在有些国家，国家下属的行政区域也有立法权，这些区域各有自己的一套法律制度，而这些法律制度之间又有许多差别，对同类问题的规定也有所不同。由此，就产生了一个国家内部各个不同地区之间的法律冲突。①

因此，区际法律冲突首先是一个主权国家内各法域间的冲突，即一国境内存在的区际法律冲突；其次，区际冲突是一国内各法域间民商事法律制度的冲突，一般认为，这类法律冲突及其解决属于区际私法或国际私法的范畴；最后，区际法律冲突是一国内各法域间民商事法律适用上的冲突。也就是说，并不能将国内各法域的民商事法律制度对同一民商事关系规定的歧异本身，视为法律冲突。只有当国内某一跨区域的民商事关系涉及这些不同的规定，而适用其中某一个法域法律的结果与适用另一个法域法律的结果不同时，各法域间的法律在该民商事问题上才产生法律冲突。

（二）法域的定义及其特点

一国内各个具有独特法律制度的区域，被称为“法域”（legal district）。在其内部具有数个法域的国家被称为“复合法域国家”或“多法域国家”或“法律不统一国家”。法域一般具有以下特点，通过这些特点，我们可以看出区际法律冲突与法域的内在联系。②

1. 法律制度的独特性

这里所谓的“独特”是指对同一民商事法律问题，各法域都有不同于其他法域的法律规定，并因此形成自己的体系。在一国内，如果各地区的法律是相同的，那么这些地区就不能被称为法域，区际法律冲突也就不会产生。因此，这是区际冲突产生的一个前提条件。

2. 法制实施的区域性

即独特的法律制度只能实施于特定的区域，因此，复合法域国家内的各法域又被称为“属地性法域”。地域性将区际法律冲突与人际法律冲突、时际冲突以及其他法律冲突区别开来。

3. 法律制度的平等性

即各法域间的法律应该是平等的。这就要求各法域应相互承认彼此法律的效力，承认根据彼此的法律所产生的既得权。这一特点揭示出区际法律冲突产生的基础。

4. 法律制度非主权性

即各个法域虽有其独特的法律制度，但它们均处于一国的主权之下。这一特点

---

① 余先予主编：《国际法律大辞典》，湖南出版社1995年版，第329页。

② 参见黄进：《区际冲突法研究》，学林出版社1991年版，第37~43页。

一方面决定了各法域间的冲突只能是区际法律冲突，而不是国际法律冲突。另一方面又决定了中央立法对各法域具有制约性。即中央立法不仅可以限定各法域法律施行的空间范围，而且在一定程度上还可以制约各法域间法律冲突的解决。

（三）区际法律冲突产生的一般条件

从前述看，区际法律冲突的实质即是区际法律适用的冲突，它是指在一国国内的区际民商事交往中，当一项争议涉及两个或两个以上地区的法律时，所产生的适用哪一地区的法律解决该争议的问题。一般而言，区际法律冲突的产生应具备以下条件：

1. 在一国内部，存在着数个具有不同法律制度的法域，即该国为一复合法域国家，是区际法律冲突产生的前提条件；

2. 各法域相互承认外法域的自然人、法人及其他组织在内法域的民事法律地位，并因此导致跨区域的民商事关系的大量产生，这是区际法律冲突产生的可能条件；

3. 各法域相互承认外法域的法律在内法域的域外效力，这是区际法律冲突产生的现实条件。

上述三项条件对区际法律冲突的产生而言，缺一不可。但其中第一项尤为关键。

二、区际冲突法的概念

（一）区际冲突法的含义

区际冲突法，是指用于解决主权国家内部不同法域之间民商事法律冲突的法律适用法。由于区际冲突法通常还包括管辖权和区际司法协助，因而也有人将区际冲突法称为区际私法。①

（二）区际冲突法的特点

区际冲突法或区际私法，是为解决一国内部各法域之间民商事法律冲突的需要而产生的，它具有以下三个方面的特点：

1. 区际冲突法是国内法

区际冲突法的国内法性质是由区际冲突法的根本任务所决定的，即它是通过解决一国内部不同地区之间的民商事法律冲突而达到间接调整涉及该国内部不同法域的民商事关系的目的。这样，区际冲突法只能由复合法域国家立法机关或者该复合法域国家各法域的立法机关制定，且仅在该国境内施行和生效。因此，区际冲突法无论是由复合法域国家统一制定，还是由复合法域国家各法域制定，它都只能是复

① 参见章尚锦主编：《国际私法》，中国人民大学出版社2005年版，第425页。

合法域国家的国内法。从本书第一章我们已经了解到，由于学者们对国际私法的性质存在认识上的分歧，因而形成了所谓国际私法的“国内法学派”“国际法学派”及“二元论学派”，但在区际冲突法的性质问题上，各派学者的观点则是相同的，即区际冲突法是国内法。

2. 区际冲突法是民商事法律适用法

区际冲突法既不直接确定区际民商事关系当事人的实体权利与义务，也不直接确定民事诉讼主体之间的诉讼权利与义务，而仅仅指明涉及一国内部不同法域的民商事关系应该适用何种法律。所以，区际冲突法既不同于民商事实体法，也不同于民事程序法，而是民商事法律适用法。在实践中，虽然英美等普通法系国家和南斯拉夫等国认为，区际冲突法或区际私法应包括管辖权规范、法律适用规范和承认与执行外法域判决或裁决规范三部分，但有的学者也认为，区际冲突法的本体只能是解决一国内部民商事法律冲突的法律适用规范，宜将它称为区际法律冲突法或区际民事法律适用法。

3. 区际冲突法与国际私法既有联系又有区别

其联系表现在：(1) 国际私法本身就是在区际冲突法的基础上发展起来的，二者都以解决民商事法律在空间效力上的冲突或民商事法律的地域适用问题为目的。因而，二者所包含的法律规范主要是法律适用规范，规范结构及其适用的有关制度如识别、反致、公共秩序保留、法律规避、外国法或外法域法律内容的查明等制度，具有相同或相似性。(2) 二者的调整对象都是民商事关系，其调整方式都含间接调整方法。(3) 在特定条件下，国际私法中冲突规范的适用往往有赖于区际冲突法的适用，即当一国冲突规范指定某一复合法域国家的法律为某一涉外民商事关系的准据法时，对该准据法的最终确定，就需要借助于该复合法域国家的区际冲突法的规定。

其区别表现在：(1) 调整对象不同。区际冲突法所调整的是涉及一国不同法域之间的民商事关系，而国际私法所调整的是涉及两个或两个以上国家法律的所谓涉外民商事关系或国际民商事关系。这就决定了区际冲突法所解决的法律冲突是主权国家内部不同法域之间的民商事法律冲突，而非主权国家之间的民商事法律冲突。(2) 渊源有所不同。区际冲突法的渊源只能是国内法，而国际私法的渊源除国内法以外，还有国际条约和国际惯例，这就决定了二者所体现的政策也有所不同。前者所体现的主要是复合法域国家处理其国家内部不同地区之间的政治、经济、民事等关系的政策，而后者主要体现的是一国的对外政策，且它的制定或实施必须考虑国际法上的一些原则。(3) 在一些具体规则与制度上也有所不同。以属人法原则为例，区际冲突法仅指住所地法或惯常居所地法，而国际私法除此之外还可以是本国法。又如，对公共秩序保留制度，在区际冲突法中，其适用范围较窄，而在国际私法中，其适用范围较宽。

三、区际法律冲突的解决途径

各复合法域国家的立法及实践表明，解决区际法律冲突的途径主要有二：其一是区际冲突法途径，其二是实体法途径。

（一）区际冲突法途径

这个途径是指复合法域国家各法域通过制定冲突规范，以确定各种涉外（跨区域）的民商事关系所应适用的法律。其所采取的具体方式主要有以下几种：①

1. 制定全国统一的区际冲突法

采取这种方式的国家中，有的曾颁布用于解决某一方面区际法律冲突的区际冲突法，如波兰1926年的《全国统一的区际私法》以及南斯拉夫1979年的《统一解决关于民事地位、家庭关系及继承方面法律冲突与管辖权冲突的条例》（即《区际私法条例》）；有的则将全国统一的区际冲突法同国际私法结合起来加以规定，分别用来解决区际法律冲突和国际法律冲突，如瑞士就曾于1981年6月颁布过《关于州际法和适用于在瑞士居住的外国人和居住在国外的瑞士公民的法律的联邦法》，其中州际法就是用于解决瑞士联邦内各州之间的法律冲突的。

2. 类推适用国际私法来解决区际冲突

如1948年捷克斯洛伐克《国际私法和区际私法典》第5条规定，区际冲突通过类推适用国际私法规则加以解决。其他曾采用这种方式的立法还有1941年希腊的第147号法令和1943年2月意大利的第893号法令。这种方式一般是在复合法域国家无统一的区际冲突法，各法域也无区际冲突规范或中央立法机关不允许这种规范存在的情况下而采用的。

3. 对区际法律冲突和国际法律冲突不加区分，类推适用与解决国际冲突基本相同的规则来解决区际冲突

普通法系国家中，在冲突法意义上，法院将本国内的其他法域视为同其他主权国家一样的“外国”，因而某一法院在解决本法域与其他法域的区际冲突时，适用的是与解决国际冲突基本相同的规则。如1971年美国《重述》既是用来解决国际冲突的指导性规则，也是用来解决美国州际冲突的规则。当然，虽然采用这一方式的国家是将区际法律冲突与国际法律冲突同等对待的，但由于对区际法律冲突的解决必须受制于国家宪法等因素因而这一方式是不同于类推国际私法来解决区际法律冲突的。

① 参见黄进：《区际冲突法研究》，学林出版社1991年版，第76～80页。

4. 各法域分别制定自己的区际冲突法，用以解决本法域与其他法域之间的法律适用冲突

如波兰在1926年的区际私法典颁布之前，捷克斯洛伐克在1948年的《国际私法和区际私法典》颁布之前，两国国内的区际法律冲突都是依靠各法域各自的区际冲突法解决的。

（二）实体法途径

该途径是指由复合法域国家制定或由复合法域国家的各法域联合起来采用统一的民商事实体法，直接适用于有关跨区域的民商事法律关系，从而避免在不同法域的法律间进行选择，以最终消除区际法律冲突。各复合法域国家通过这一途径解决区际冲突的方式，主要有以下几种：

1. 制定全国统一的实体法消除或避免区际法律冲突的产生

采用这一方式的代表国家主要有美国、加拿大、澳大利亚等国。这些国家由于受复合法域国家宪法和其他条件的制约，要在全国制定一部全面统一的实体私法来解决区际法律冲突是不可能的，只能制定某一方面的实体法。如澳大利亚1975年《家庭法条例》及其《家庭法规则》，在结婚、离婚、婚姻诉讼、亲权、扶养、未成年人的监护以及有关问题上实现全国统一，消除了澳大利亚各州法律之间在这方面的冲突。

2. 制定适用于部分法域的统一实体法来解决有关法域之间的区际法律冲突

如英国有英格兰、苏格兰、北爱尔兰、海峡群岛和马恩岛五个法域，英国1948年的《公司法》及1968年的《收养法》就只适用于英格兰和苏格兰，而不适用于其他法域。

3. 各法域采用相同或类似的实体法以求得实体法的最终统一，从而消除或避免其间的区际法律冲突

美国是采用这一方式的主要国家。如美国的全国统一州法专员委员会、美国法学会、美国律师协会，在这一实践中均起着重要作用。由于《美国统一商法典》为各州所采用（仅路易斯安那州部分采用），美国各州在商品买卖、银行交易、投资证券、产权证和商业票据、企业买卖等方面的法律基本实现了统一。

4. 一些复合法域国家的最高法院在审判实践中发挥着积极作用，以推动各法域之间实体法的统一

这一点在普通法系国家表现得较为明显。如加拿大和澳大利亚的各省（州）的高等法院之上都有一共同的上诉法院即最高法院，由于这两国的最高法院在审判实践中对普通法统一的推动作用，这两国不仅有将国际法律冲突和区际法律冲突区别对待的趋势，而且这两国的各省（州）目前基本上采用的是分别趋于一致的普通法规则。

第二节　我国的区际法律冲突概述

一、我国区际法律冲突的产生

我国区际法律冲突产生的主要原因，在于我国已成为一复合法域国家。具体而言，主要有以下两项原因或条件：

第一，我国成为复合法域国家的原因之一是领土的回归和国家的统一。众所周知，导致一个国家成为一复合法域国家的原因主要有：国家的联合、国家的合并、国家的复活、国家的兼并和国家领土的割让、租借、永久占用及治理以及国家领土的回归、分裂国家的统一等。导致我国成为复合法域国家的主要原因是领土的回归和国家的统一。

领土的回归是指根据1984《中英联合声明》和1987年《中葡联合声明》的规定，随着香港和澳门的回归，包括香港岛、深圳河以南的九龙半岛及其附属岛屿和海域的香港地区与包括澳门半岛、氹仔岛、路环岛及其附属海域的澳门地区都已重新成为中国行使主权的区域。国家的统一，是指大陆和台湾终将统一。世界上只有一个中国，大陆和台湾同属一个中国，中国的主权和领土完整不容分割。维护国家主权和领土完整是包括台湾同胞在内的全中国人民的共同义务。台湾地区是我国的一部分，国家决不允许"台独"分裂势力以任何名义、任何方式把台湾从我国分裂出去。

第二，我国成为复合法域国家的另一原因是"一国两制"方针的实施。邓小平所倡导的"一国两制"是指一个主权国家可以根据其宪法和有关法律的规定，在本国的一些特别行政区实行不同于主要地区的政治、经济和社会制度。具体而言，"一国两制"主要有以下两方面的含义：(1)"一国两制"即意味着"两制并存"。即在一个国家——中华人民共和国的前提下，大陆实行社会主义制度，香港、澳门和台湾地区实行资本主义制度。但香港、澳门和台湾地区都是中华人民共和国的组成部分，都不是国家实体。(2)香港、澳门及台湾地区都是依法设立的特别行政区。这里所谓的"依法"，就香港和澳门而言，一方面是指设立特别行政区具有其宪法性依据。我国1982年《宪法》第31条规定："国家在必要时得设立特别行政区。在特别行政区内实行的具体制度按照具体情况由全国人民代表大会以法律规定。"该法第62条第14款也规定，全国人民代表大会有权"决定特别行政区的设立及其制度"。另一方面是指设立特别行政区具有其国际法依据。香港和澳门自古就是我国领土的一部分，它们是从19世纪40年代开始，被英国政府和葡萄牙政府通过强加给中国清朝政府的一系列丧权辱国的不平等条约而掠夺走的。本着和平解决国际争端的原则和维护两地繁荣与稳定的宗旨，中国政府分别与英国政府和葡萄牙政府签订了《中英联合声明》和《中葡联合声明》，由于这两个联合声明已被三国分别批准，它们当然已具有国际法效力。台湾及其附属岛屿作为中国领土不可分割的一部分，其与祖国大陆的分裂局面虽已存续60余年，但作为中国的一个组成部分，台湾地区同样可以依据《宪法》第31条的规定而成为中华人民共和国的一个特别行政区。

这就表明，香港、澳门和台湾地区将来作为中华人民共和国的特别行政区，其长期性和稳定性是有其法律依据的。

这里所谓的"特别"，就香港和澳门而言，根据《香港特区基本法》和《澳门特区基本法》，以及《中英联合声明》和《中葡联合声明》及其他有关文件的规定，香港和澳门是享有包括行政管理权、立法权、司法权和最高审判权在内的高度自治权的特别行政区。如《香港特区基本法》第66条规定："香港特别行政区立法会是香港特别行政区的立法机关。"该法第81条第2款规定"原在香港实行的司法体制，除因设立香港特别行政区终审法院而产生变化外，予以保留"。该法第86条规定"原在香港实行的陪审团制度的原则予以保留"。就我国台湾地区而言，其与祖国大陆统一后，作为我国的一个特别行政区，将享有上述更多的自主权。

由此可见，根据"一国两制"原则，随着香港、澳门的回归和台湾问题的解决，我国将成为一个多法域的单一制国家。

综上，随着香港和澳门的回归以及我国台湾地区与祖国大陆的统一，我国将最终出现一国两制四法域的局面。由此产生的结果是，跨区域的民商事交往关系必然导致区际法律冲突的产生。

二、我国区际法律冲突的特点

我国区际法律冲突是当今我国社会特定历史条件下的产物，同世界上其他多法域国家的区际法律冲突相比，有以下显著特点：

（一）既有属于同一社会制度下的法律冲突，又有属于不同社会制度下的法律冲突

在所有存在区际法律冲突的国家，如美国、英国、加拿大、澳大利亚以及苏联、南斯拉夫等国，其法律冲突均为"一国一制"下的法律冲突。即它们要么是资本主义制度下的区际法律冲突，要么是其他社会制度下的区际法律冲突。与"一国一制"下的法律冲突不同的是，香港、澳门和台湾相互间的法律冲突，同属资本主义制度下的法域之间的冲突，而香港、澳门和台湾三者中任一法域与内地（大陆）之间的法律冲突，则属社会制度不同的法域之间的法律冲突。

（二）属多元法系之间的法律冲突

从存在区际法律冲突的国家看，其法律冲突基本上属同一法系之间的法律冲突。在英国，英格兰、威尔士和北爱尔兰三法域之间的法律冲突，均属普通法系下的法律冲突。其他联邦制国家内各法域间的法律冲突也基本上如此。如加拿大各法域基本上属于普通法系，虽然魁北克省的民法源于法国民法典，属大陆法系，但它在许多方面仍受盛行于加拿大其他各法域的普通法传统的影响；在美国，除路易斯安那州以外，其余各州均属普通法系，路易斯安那州虽然保存有其在西班牙和法国统治时所施行的法律制度而属大陆法系，但其属大陆法系的法律制度也仅限于不动产法、家庭法和继承法的某些方面，其他领域的法律也已基本上普通法系化了。与此截然不同的是，今后施行于我国各法域的法律制度则属不同的法系。香港地区的法律主要渊源以英国为代表国的普通法系；澳门地区的法律则主要渊源于葡萄牙推行的大陆法系；台湾地区的所谓“法律”因深受日本和德国的影响，一般也认为属大陆法系；中华人民共和国法律一般被认为属中华法系。因此，我国的区际冲突，既有属于同一法系之间（如台湾与澳门）的法律冲突，也有属于不同法系之间（如香港与澳门，香港、澳门与内地，大陆与台湾）的法律冲突。

（三）不仅表现为各地区本地法之间的冲突，有时还表现为各地区的本地法与其他地区所适用的国际条约之间，以及各地区所适用的国际条约相互间的法律冲突

从世界上其他多法域国家的情况看，其中央政府所缔结的国际条约一般对其领土的全部具有拘束力，地方政府一般不享有单独缔结国际条约的权利，因此，在这些国家之内，一般不存在适用国际条约的冲突问题。在我国，根据《中英联合声明》附件一第十一节和《中葡联合声明》附件第八节的规定，香港特别行政区和澳门特别行政区可分别以“中国香港”和“中国澳门”的名义，在经济、贸易、金融、航运、旅游、文化、科技和体育等领域，单独同世界各国、各地区及有关国际组织保持和发展关系，并签订和履行有关协定；中华人民共和国缔结的国际协定，中央人民政府可根据具体情况及香港和澳门的需要，在征询香港和澳门特别行政区政府的意见之后，决定是否适用于这两个地区；而中华人民共和国尚未参加但已适用于香港和澳门的国际协定仍可继续适用。今后台湾地区与祖国大陆实现统一以后，也同样实行这种原则。显然，这将会导致这样一种情况的产生，即一些国际协定适用于中华人民共和国的部分地区而不适用于其他地区。由此又会导致这样一种结果，即各地区的本地法同其他地区适用的国际协定之间以及各地区所适用的不同国际协定之间会产生适用结果上的冲突。这无疑是我国区际法律冲突中一种特有的现象。

（四）我国的区际法律冲突是一种特殊的单一制国家内的法律冲突，这种特殊性主要表现在各特别行政区在立法权、司法权方面与中央立法机关、中央司法机关的关系方面

从前述来看，香港及澳门特别行政区和将来与祖国大陆统一后的台湾地区都享有高度的自治，其自治权之大，超过了联邦制国家内的各成员国、州或省。例如，在美国，虽然各州都享有立法权和司法权，但在立法上，根据美国宪法第6条第2款的规定，联邦宪法及依联邦宪法所制定的合众国法律，均优于任何州的立法，各州法院均遵守；在司法上，各州法院仅对属于州性质的案件有终审权，但属于联邦性质案件的终审权则在美国最高法院，且美国最高法院的判例，对联邦和州法院均有拘束力。因此，美国各州的立法权和司法权在一定程度上要受中央立法机关和中央司法机关的制约。在我国，对各特别行政区立法权的制约性法规主要是宪法和特别行政区的基本法。除有关国防和外交方面事项可由全国人民代表大会制定全国性法律外，在其他事项上，各特别行政区均有相应的立法权，而且各特别行政区所制定的法律与中央立法机关所制定的法律处于完全平等的地位；在司法上，各特别行政区最高法院享有终审权，其司法权不受中央最高人民法院的限制。可见，在各特别行政区成立之后，在各法域之上不存在所谓中央立法机关和中央司法机关。这些都表明，我国区际法律冲突具有相当的独特性。

第三节 我国区际法律冲突的解决

一、区际冲突法立法的基本原则

哲学意义上的基本原则，指的是一定现象的初始点与出发点。因此，我们这里所说的解决中国区际冲突法的基本原则，既是我们确定解决法律冲突的途径与步骤的出发点，也是我们在解决区际法律冲突的过程中所应遵循的宗旨。鉴于此，我国学者认为，解决我国区际法律冲突应遵守以下几项基本原则：

（一）维护国家统一原则

维护国家统一既是我国解决香港、澳门和台湾问题的首要原则，也应是解决我国区际法律冲突的首要原则。这一原则要求：（1）我们必须始终坚持香港、澳门和台湾都是中华人民共和国领土不可分割的组成部分，解决我国的区际法律冲突，都必须有助于或无损于国家的统一；（2）我们必须坚持协助与合作的精神，在决定解决我国区际冲突的步骤和途径时，一切都应以维护国家统一的大局为重，而不能为

了本地区的利益而损害其他地区的利益。

(二)"一国两制" 原则

"一国两制" 既是实现我国领土回归和祖国统一的基本方针，也应是解决我国区际法律冲突的指导原则。这一原则要求：(1) 我国区际冲突解决方式的选择，必须能保证使各地区已上升为法律制度的生活方式和社会经济制度在一定时期不变，以免危及 "一国两制" 的实现；(2) 在解决某一具体的区际法律冲突的过程中，对公共秩序保留制度的适用必须严格限制，更不得以社会制度不同为借口而加以滥用。

(三) 平等互利原则

平等互利原则本是我国一贯倡导的处理国与国关系的一项原则，但也可成为我国解决区际法律冲突的基本原则之一。这一原则要求：(1) 各法域应相互承认其法律地位的平等性。即各地区应相互承认各法域法律的域外效力，各地区在适用法律的过程中，在需要适用外法域法律时，不得存有任何歧视和偏见。(2) 要承认各地区的自然人和法人在法律地位上的平等性，即各法域不仅要相互赋予对方的自然人和法人在本法域的民事法律地位，而且对当事人的合法权益都应予以同等的法律保护。

(四) 促进与保障区际民商事交往的原则

这一原则要求：(1) 在确定区际法律冲突的解决步骤、方式和进行有关解决区际法律冲突的立法时，我们既要考虑到立法的公平性与稳定性，同时也要考虑到法律的效益性，即有关解决区际法律冲突的立法必须能有助于司法机关及时解决当事人之间的争议；(2) 必须妥善解决区际民商事案件的管辖权冲突和司法协助问题，而且这两个问题的解决又必须有助于促进和保障我国的区际民商事交往。

二、解决区际法律冲突的步骤

我国区际法律冲突的解决，应通过如下三个步骤进行：①

(一) 各法域类推适用各自的国际私法

这一步骤可作为解决区际法律冲突的第一步。因为制定全国统一的区际私法不属中央立法机关的管辖事项。从《香港特区基本法》和《澳门特区基本法》的有关规定看，《香港特区基本法》第 18 条第 3 款只规定有关国防、外交和其他按该法不属于香港特别行政区自治范围内的事项为中央立法机关的管辖事项。《澳门特区基本法》的规定也与此相同。所以，解决区际法律冲突的现实办法，就是类推适用各地区的国际私法或有关的判例规则。如我国内地的《涉外民事关系法律适用法》《民法

① 参见韩德培主编：《中国冲突法研究》，武汉大学出版社 1993 年版，第 451 ~ 458 页。

通则》第八章关于“涉外民事关系的法律适用”的部分规定以及一些单行法规（如《合同法》《票据法》《海商法》《民用航空法》和《继承法》对有关问题的法律适用的规定）；台湾地区的“涉外民事法律适用法”；香港特区现行援用的英国冲突法以及澳门特区现行援用葡萄牙冲突法，但不排除各法域制定的区际私法。内地国际私法学者很早就开始了这方面的尝试，如中国国际私法学会于1990年5月在山东济南召开的年会上，与会学者广泛讨论了韩德培教授和黄进教授起草的《民事法律适用示范条例》（以下简称《示范条例》），① 引起了港、澳、台学界的强烈反响。

（二）制定统一的区际冲突法

在各地区充分协商和协调的基础上，制定全国统一的区际冲突法，或通过借鉴吸收国际统一冲突法公约的规定，来解决区际法律冲突。这一步同样是“一国两制”原则所要求的。香港和澳门回归后的实践表明，通过内地和各特别行政区进行协调，在相关领域制定统一的区际私法是可行的。另外，目前中国、英国和葡萄牙均是海牙国际私法会议的成员国，三国均参加了该组织的一系列条约，而英国参加的海牙公约仍适用于中国香港地区，葡萄牙参加的公约也同样适用于中国澳门地区。② 今后祖国大陆与台湾实现统一后，台湾同样也可以我国台湾地区的名义成为海牙国际私法会议的成员。因此，吸收有关国际冲突法公约的做法来解决区际法律冲突问题，一方面可弥补各地区有关区际冲突法规则的不足，另一方面还可以为将来制定全国统一的区际冲突法创造条件。

（三）利用实体法来避免和消除区际法律冲突

这里的实体法既包括各地区共同加入的实体法公约，也包括各地区分别采用的

---

① 参见韩德培主编：《中国冲突法研究》，武汉大学出版社1993年版，第451～458页。

② 香港和澳门回归后，一些业已生效的海牙国际私法公约仍继续适用于我国香港特别行政区和澳门特别行政区。它们是：1954年3月1日《关于民事诉讼的公约》（自1999年12月20日起继续适用于澳门特别行政区）、1958年4月15日《关于承认与执行儿童扶养义务方面的判决的公约》（自1999年12月20日起继续适用于澳门特别行政区）、1961年10月5日《关于未成年人保护方面的机关管辖权和准据法的公约》（自1999年12月20日起继续适用于澳门特别行政区）、1961年10月5日《关于遗嘱处分形式方面的法律冲突的公约》（自1997年7月1日起继续适用于香港特别行政区）、1961年10月5日《取消对外国公文书的认证要求的公约》（自1997年7月1日起继续适用于香港特别行政区，自1999年12月20日起继续适用于澳门特别行政区）、1965年11月15日《关于向国外送达民事或商事司法文书和司法外文书的公约》（自1997年7月1日起继续适用于香港特别行政区，自1999年12月20日起继续适用于澳门特别行政区）、1970年3月18日《关于在外国调取民事或商事证据的公约》（自1997年7月1日起继续适用于香港特别行政区，自1999年12月20日起继续适用于澳门特别行政区）、1970年6月1日《关于承认离婚与分居的公约》（自1997年7月1日起继续适用于香港特别行政区）、1980年10月25日《关于儿童国际诱拐的民事方面的公约》（自1997年7月1日起适用于香港特别行政区，自1999年3月1日起适用于澳门特别行政区）、1985年7月1日《关于信托准据法及其承认的公约》（1992年1月1日对英国生效，自1997年7月1日起继续适用于香港特别行政区）。

相同或类似的实体法，还包括关于某些问题的全国统一的实体法。这一步骤可以同前一步骤同时进行，也可以在前一步骤之后进行，但不能相互取代。

三、《示范条例》简介

前述《示范条例》，是内地学者在考察我国“四法域”[①] 的冲突立法及其实施现状基础上制定的。现就该条例中所涉及的主要法律适用问题作如下阐述：

（一）有关法律适用的一般性规定

《示范条例》关于法律适用的一般性规定主要体现在以下几方面：

1. 关于解决区际法律冲突的一般性原则问题

《示范条例》第1条规定，解决区际法律冲突应坚持促进和维护国家统一原则、平等互利原则、便利各地区民事交往的原则。

2. 关于《示范条例》与我国现有国际私法规范的关系问题

该条例第2条规定，在确定区际民事法律关系的法律适用时，首先适用条例的规定。条例没有规定的，类推适用中华人民共和国有关国际私法方面的规定。没有规定的，直接适用与民事关系有最密切联系地区的实体法。

3. 关于反致问题

《示范条例》第6条规定，本条例规定应适用的法律是指现行的实体法，而不包括冲突法和程序法。此即表明，在解决区际法律冲突的过程中，不承认反致。

4. 关于“最密切联系原则”的地位问题

《示范条例》一方面赋予了该原则的原则性地位，同时又以该原则作为例外。仅从条例第2条的规定看，该原则在法律适用过程中所起的是一种补充性或辅助性的作用。但是，条例本身是对我国国际私法的立法与实践的总结，而在我国现行的国际私法的立法与实践中，“最密切联系原则”处于一种首要的原则性地位。因而第2条的规定并不影响该原则在整个条例中的原则性地位。另一方面条例第11条又规定，出于保护区际民事关系当事人合法权益考虑，在某一区际民事关系与条例所确定适用的法律之外的另一法律明显地有着更密切联系时，则可以作为例外，适用该另一法律。由此可见，条例对“最密切联系原则”的规定，基本上沿袭了我国国际私法的立法与实践的做法。

5. 关于识别问题

《示范条例》第7条规定，对案件、民事法律关系及有关事实的定性和对冲突规范的解释适用法院地法。对准据法的解释适用其所属地区的法律。

---

① 目前，台湾地区的所谓“法律”是不予承认的，“四法域”的提法仅限于学术讨论。《示范条例》的某些用词不符合有关规定，已作相应改动。

6. 关于外法域法律的查明问题

《示范条例》第8条规定首先应由受案法院依职权查明，同时也可以通过下列途径查明：要求当事人提供；请求法律专家提供；基于协议或互惠请求有关地区的司法机关提供。在不能查明或经查明有关地区不存在相应的法律制度的，适用中华人民共和国法律。

7. 关于法律规避问题

《示范条例》第9条规定，当事人故意规避中华人民共和国强制性或禁止性法律规范的，人民法院不适用当事人企图适用的法律。

8. 关于公共秩序保留问题

《示范条例》第10条规定，在依条例的规定应适用非大陆地区的法律时，其适用违背中华人民共和国的社会公共利益的，不得适用，而应适用中华人民共和国相应的法律。

9. 关于诉讼程序的法律适用问题

《示范条例》第12条规定，诉讼程序适用法院地法。

10. 关于国际条约的适用问题

《示范条例》第13条规定，大陆与台湾、内地与港澳地区同为国际条约的成员的，优先适用该国际条约的规定，但声明保留的条款除外。

（二）属人法的适用问题

属人法的适用一般涉及两个问题，其一是属人法的连结点问题，其二是属人法的适用范围问题。在属人法的连结点上，《示范条例》第15条规定，自然人以其户籍所在地的居所地为住所，经常居住地与住所地不一致的，经常居住地视为住所。自然人有一个以上住所的，以与产生纠纷的民事法律关系有最密切联系原则的住所为住所。定居国外的自然人的住所以其旅居国外前所在地区最后住所为准。法人以其主要办事机构所在地为其住所地；在属人法的适用范围问题上，属人法一般适用于解决人的身份、权利能力和行为能力以及自然人的失踪宣告和死亡宣告等问题。

（三）民事法律行为和代理问题

《示范条例》第20条规定，民事法律行为的成立、变更、解除、撤销、无效及方式，适用民事法律行为所属民事关系的准据法。但行为方式符合行为地法的，一般也有效。在代理问题上，《示范条例》第21条规定，委托代理中代理人、被代理人之间的关系一般适用当事人明示选择的法律。没有选择的，适用代理关系成立时代理人的营业所所在地法。被代理人与第三人以及代理人与第三人之间的关系适用代理人实施代理行为时的营业所所在地法。法定代理和指定代理则适用代理行为地法或代理人实施代理行为时的住所地法。

（四）物权问题

《示范条例》第22条至第25条规定，动产物权和不动产一般适用物之所在地法。但运输中的动产物权适用送达地法；运输工具的物权适用登记地法；物之所在地有变更时，物权的得丧适用其原因事实完成时物之所在地法。对不动产物权的法律行为方式，条例第26条规定适用物之所在地法。

（五）债权问题

从本书第十一章的“债权的法律适用（一）”中，我们可以看出我国的立法及实践一般将债权分为合同之债和非合同之债。《示范条例》的规定也是如此。条例第27条至第31条主要规定了如下内容：

1. 合同之债的法律适用

《示范条例》确立了“意思自治原则”的首要的原则性地位和“最密切联系原则”的补充性地位。条例第27条规定，合同适用当事人协商一致和以明示方式选择的法律。当事人可以在订立合同时，或合同争议发生后，或法院开庭审理前作出选择。但在内地（大陆）履行的各法域间合资经营企业合同、合作经营企业合同、合作勘探开发自然资源合同，必须适用中华人民共和国法律。条例第28条还规定，当事人没有选择合同所适用的法律的，合同适用与其有最密切联系的法律。同时，该条还对21种合同的最密切联系地作了界定，具体为：

（1）货物买卖合同适用合同订立时卖方营业所所在地法。如果合同是在买方营业所所在地谈判并订立的，或合同主要是依买方确定的条件并应买方发出的招标订立的，或者合同明确规定卖方须在买方营业所所在地履行交货义务的，则适用合同订立时买方营业所所在地法。

（2）运输合同适用承运人营业所所在地法。

（3）借贷合同适用出借人营业所所在地法。

（4）担保合同适用担保人营业所所在地法。

（5）银行贷款或担保合同适用贷款银行或担保银行所在地法。

（6）保险合同适用保险人营业所所在地法。

（7）加工承揽合同适用加工承揽人营业所所在地法。

（8）技术转让合同适用受让人营业所所在地法。

（9）著作权许可使用合同和出版合同适用作者住所地法。

（10）工程承包合同适用工程所在地法。

（11）科技咨询合同或设计合同适用委托人营业所所在地法。

（12）劳务合同适用劳务实施地法。

（13）成套设备供应合同适用设备安装运转地法。

（14）代理合同适用代理人营业所所在地法。

（15）关于不动产的合同适用不动产的所在地法。

（16）动产租赁合同适用出租人营业所所在地法。

（17）仓储保管合同适用仓储保管人营业所所在地法。

（18）赠与合同适用赠与人住所地法。

（19）委任合同适用受任人营业所所在地法。

（20）行纪合同适用行纪人营业所所在地法。

（21）其他合同适用特征性义务履行人的营业所所在地法。

2. 非合同之债的法律适用

《示范条例》主要就侵权行为、不当得利和无因管理所生之债的法律适用问题作出了规定。条例第29条规定，侵权行为适用侵权行为地法。侵权行为地法包括侵权行为发生地法和侵权行为结果地法。当事人双方在同一地区有住所的，则优先适用当事人住所地法。但中华人民共和国法律不认为在境外发生的行为是侵权行为的，不作侵权行为处理。条例第30条又规定，不当得利适用不当得利发生地法，若不当得利起因于某一民事法律关系的，适用支配该关系的法律。条例第31条还规定，无因管理适用无因管理发生地法。

（六）知识产权问题

《示范条例》第32条至第34条分别就各类知识产权取得与保护的法律适用问题作出了规定。该条例规定，专利权适用专利申请地法；商标权适用商标注册地法或请求保护地法；著作权适用作品的首次发表地法或请求保护地法。该条例第35条还规定，有关知识产权合同法律适用本条例关于合同法律适用的规定。

（七）婚姻和家庭问题

《示范条例》第36条至第43条是关于婚姻和家庭关系的规定。

1. 关于结婚和离婚问题

《示范条例》第36条规定，结婚及婚姻的效力适用婚姻缔结地法，但住所在内地（大陆）的当事人在境外结婚的，不得违反中华人民共和国的禁止性规定；该条例第38条规定，离婚适用受理案件的法院所在地法，但当事人自愿离婚的，则适用婚姻登记机关所在地法。

2. 关于夫妻关系问题

《示范条例》第37条规定，夫妻间的人身关系适用当事人双方的共同住所地法。无共同住所的，适用其经常居住地法。夫妻间的财产关系适用当事人明示选择的法律。当事人没有选择的，适用当事人双方共同住所地法，无共同住所的，适用其经常居住地法。但涉及不动产的，适用不动产所在地法。

3. 关于父母子女关系问题

《示范条例》第39条规定，父母子女人身关系适用子女的住所地法。父母子女的财产关系适用子女的住所地法。但涉及不动产的，适用不动产所在地法。条例第40条规定，非婚生子女的认领适用认领时认领人的住所地法或被认领人的住所地法。认领的效力适用被认领人的住所地法。

4. 关于收养、监护和扶养问题

《示范条例》第41条规定，收养的成立及终止适用收养时收养人的住所地法或被收养人的住所地法，收养的效力适用收养人的住所地法；该条例第42条规定，监护的设立、变更和终止适用被监护人的住所地法；该条例第43条规定，扶养适用被扶养人的住所地法。

（八）继承问题

《示范条例》第44条至第47条分别就遗产的法定继承、遗嘱继承和无人继承财产的法律适用问题作了规定。

1. 关于法定继承问题

《示范条例》第44条规定遗产的法定继承，动产适用被继承人死亡时的住所地法，不动产适用不动产所在地法。

2. 关于遗嘱继承问题

《示范条例》第45条规定，遗嘱形式符合立遗嘱人立遗嘱时的行为地法，或立遗嘱人立遗嘱时的住所地法，或立遗嘱人死亡时的住所地法的应为有效。但关于不动产的遗嘱方式适用不动产的所在地法。第46条规定，遗嘱的成立、变更、撤销及效力问题，动产遗嘱适用立遗嘱人立遗嘱时的住所地法。立遗嘱人立遗嘱后发生变动的，适用立遗嘱时的住所地法或死亡时的住所地法。不动产遗嘱适用不动产所在地法。

3. 关于无人继承财产问题

《示范条例》第47条规定，无人继承又无人接受遗赠的遗产的处理适用遗产所在地法。

另外，《示范条例》第48条还就时效的法律适用问题作出了规定，该条规定时效适用其所属民事法律关系的准据法。

《民事诉讼法司法解释》第551条规定："人民法院审理涉及香港、澳门特别行政区和台湾地区的民事诉讼案件，可以参照适用涉外民事诉讼程序的特别规定。"《法律适用法司法解释一》第19条规定："涉及香港特别行政区、澳门特别行政区的民事关系的法律适用问题，参照适用本规定。"

第四节 我国的区际司法协助

一、区际司法协助的概念

区际司法协助，是指同一主权国家内部不同法域在司法领域的合作与互助。具体而言，司法协助是指某一法域的法院应另一法域法院的请求，代为进行某些诉讼行为，如送达文书、调查取证、承认和执行法院的判决或裁定以及仲裁机构的仲裁裁决等。

与国际司法协助相比，区际司法协助具有显著特点，其主要表现在：

（一）法律依据不同

区际司法协助是主权国家内部不同地区法院之间的司法协助关系，因而其法律依据不同于国际司法协助。前述国际司法协助的法律依据主要有一国国内法中有关司法协助的规定、一国参加或缔结的司法协助条约以及国与国之间的互惠关系。而区际司法协助的法律依据主要有：（1）主权国家的宪法和某些全国性法律中所规定的国内各地区间相互提供司法协助的条款。如根据美国宪法第4条所确立的“诚实信用”条款（Full Faith and Credit Clause），任何一个州法院对其他州法院的有效判决无须任何确认或审判程序，应加以承认和执行。再如根据适用于澳大利亚联邦各州的《1901—1968年诉讼中的送达和执行法》的规定，各州之间的送达和执行判决就像在一个州内送达和执行判决一样简易。（2）各地区自己制定的有关区际司法协助的法律。如《香港特别行政区基本法》第95条规定：“香港特别行政区可与全国其他地区的司法机关通过协商进行司法方面的联系和相互提供协助。”美国和瑞士的某些州的立法都明确规定了本州法院应为其他州的法院提供司法协助。（3）一国内各地区之间签订的司法协助协议。如1987年6月7日广东省高级人民法院和香港地区最高法院达成相互委托送达民事、经济纠纷案件诉讼文书的七条协议。这一协议可以成为内地其他各省高级人民法院与香港地区、澳门地区最高法院订立司法协助协议的借鉴。

（二）是一国内不同法域间的司法协助

这里的“区”是指一国内构成独立法域的地区。这就是说不能将不构成独立法域的省际之间的司法协助行为视为区际司法协助行为。

（三）一般具有一定的强制性

从前述区际司法协助的依据看，无论是中央立法机关适用于全国各法域的立法，还是各法域自己的立法及相互间签订的司法合作协议，其中有关区际司法协助的规定均属义务性条款。许多国家的有关区际司法协助的规定都体现出了这一点。

二、我国区际司法协助的产生及特点

主权国家内区际司法协助的产生，一般应具备这样一些条件：（1）该国为一复合法域国家；（2）任何一法域的法院在审理有关跨法域的民商事案件时，需要获得其他法域法院的协助；（3）各法域法院基于有关法律的规定，或基于法域间的协议或基于互惠，愿为对方法院提供司法协助。

区际司法协助是伴随着区际法律冲突的产生而产生的，因而我国区际司法协助产生的历史背景与前述我国区际法律冲突的历史背景是一致的。

此外，我国的区际司法协助又具有以下特点：

（一）我国的区际司法协助是“一国两制”基础上的司法协助，而其他多法域国家的区际司法协助都是“一国一制”基础上的司法协助

如美国、英国、加拿大及澳大利亚和瑞士的区际司法协助，都发生于相同社会制度之下，因而其间所产生的矛盾较易得到协调。与此相反，我国的区际司法协助是不同社会制度下的司法协助，其间所产生的矛盾较为尖锐，对其协调的难度无疑是较大的。

（二）我国的区际司法协助是不同法系并存条件下的司法协助，而其他多法域国家的区际司法协助一般是同一法系间的司法协助

虽然前述美国的路易斯安那州和加拿大的魁北克省属于大陆法系，但这两国的其他州或省均属普通法系，因而区际司法协助一般发生于同一法系的法域之间。而前述我国的区际法律冲突是一国、两制、三大法系、四法域条件下的法律冲突，因而我国的区际司法协助无疑是最为特殊、最为复杂的区际司法协助。

目前，香港与世界其他国家或地区建立司法协助关系，其依据主要为：依据《香港特区基本法》第 8 条的规定，1997 年 7 月 1 日之前由英国签订并延伸适用于香港的有关司法协助方面的双边或多边的国际条约，作为“香港原有法律”的一部分而继续适用于香港，如 1961 年海牙《取消要求外国公文书认证公约》、1965 年海牙《送达公约》以及 1970 年海牙《取证公约》等；香港立法会制定的香港法例中关于民事司法协助的单行法例或者在某一香港法例中含有相关司法协助的规定，如《外地判决（相互执行）条例》《外地判决（限制承认及强制执行）条例》《内地判决（相互执行）条例》《仲裁条例》《婚姻诉讼条例》《赡养令（相互执行）条例》《证据条例》等。其规定主要涉及以下几方面的内容：

1. 司法文书的送达

从香港的立法及实践看，司法文书的送达属于法院管辖权的范畴。其送达方式

主要有：依据有关司法协助协议，向被请求国中央机关送达；通过外交或领事途径送达或将文件转交给缔约国指定的机关送达；邮寄送达；由诉讼目的地国的主管司法人员、官员或其他人员送达；采取诸如登报方式的公告送达。

2. 调查取证

根据适用于香港地区的条约及香港地区的司法实践，香港地区的司法机关进行域外取证的方式主要有：委托另一缔约成员的司法机关取证；委托外交或领事人员在另一缔约成员的领土上、在其职权范围内就涉及中国香港侨民且属于香港地区法院管理的诉讼行为取证；根据有关国家指定的主管机关的许可，直接在该国领土上取证；或在该主管机关的许可下指定特派员在另一缔约国内取证。

3. 承认和执行外国法院判决和仲裁裁决

在实践中，香港将承认和执行外国法院判决和仲裁裁决建立在所谓的“债务学说”（the Doctrine of Obligation）的基础之上。香港法院认为，当具有合法管辖权的外国法院或仲裁机构已裁定一方当事人应支付另一方当事人一笔金钱后，支付这笔金钱即成为法律上的债务，可以通过债务诉讼使之在香港执行。香港在承认和执行外国法院判决方面有两套不同的程序。其一是判例法程序。该程序规定外国法院的判决只能作为向香港法院重新提起诉讼的依据，诉讼经由香港法院重新审理后，认为与香港的法令不相抵触的，由香港法院作出与该外国判决相同的判决，然后予以执行。其二是所谓的“特殊登记程序”。根据香港《外国判决〈相互执行〉条例》的规定，外国法院判决的胜诉方，可在判决作出后的6年内将该判决在香港登记。法院经过形式审查，若认为该判决符合香港法律规定的，即颁发判决执行令予以执行。这种登记程序主要适用于英联邦国家或其他也以对等条件为香港提供司法协助的国家或地区，而且这种程序只适用于支付一定数额金钱的法院判决、离婚及分居法院的民事判决、刑事判决中关于金钱赔偿的部分。

台湾地区和澳门地区受大陆法系的影响，它们对外国法院委托要求承认和执行的判决、裁定，往往是依据有关司法协助协议的规定或是否存在互惠关系，决定对该判决是否承认和执行。对需要执行的外国法院的判决，法院往往要进行形式上的审查，如果认为符合法定条件的，则发出执行令，按其程序法所规定的执行程序予以执行。

总之，结合我国内地法院与外国法院司法协助的立法及实践看，我国各法域对司法协助的范围、方式、提供司法协助的条件等的规定各不相同，由于各法域之间现有司法协助的规定（如香港和澳门的规定）一般不涉及政治问题，而在香港、澳门和台湾地区分别成为我国的特别行政区之后，这些规定没有大的变化，因而，短时间内在不同法系的法域之间寻求统一的区际司法协助是相当困难的。

（三）我国的区际司法协助虽是单一制国家的区际司法协助，但各法域都拥有独立的立法权、司法权和终审权，各法域之间没有一最高的司法机关来协调区际司法协助关系

据前述《香港特区基本法》和《澳门特区基本法》的规定，中央立法机关制定的涉及国防、外交等不属于特别行政区自治范围内的法律才能在各法域具有法律效力，除此之外，中央立法机关制定的其他法律如民法、诉讼法等一般只在内地法域生效，因此，全国人民代表大会就很难对各法域的司法协助进行统一的立法。由此，当区际司法协助发生困难时，也缺乏一个最高的司法机关来加以协调。这与当今世界上其他多法域国家（如美国、加拿大和澳大利亚）的区际司法协助相比，是绝无仅有的。

（四）我国区际司法协助关系的最终形成将是一长期过程

虽然我国已恢复对香港、澳门行使主权，但台湾地区与祖国大陆尚未统一，台湾最终成为我国的一特别行政区而成为我国的特殊法域之一，尚待时日。与世界上其他多法域国家区际司法协助关系的形成相比，我国的区际司法协助具有其明显的复杂性。

三、我国区际司法协助的理论

（一）区际司法协助的方式

20 世纪 80 年代以来，我国的理论界和司法实践部门对区际司法协助的方式提出了一系列主张，归纳起来，大致有以下几种：

1. 准国际私法方式

这种方式是指各法域进行司法协助时，可比照各法域民事诉讼法中有关国际司法协助的规定。

2. 借助国际条约的方式

这种方式是指进行区际司法协助时，相关法域之间可依照有关国际条约的规定进行。如我国和英国、葡萄牙都是海牙《送达公约》的成员国，该公约适用于我国内地、香港、澳门；我国和英国是 1958 年《纽约公约》的成员国，该公约适用于我国内地和香港。《香港特区基本法》和《澳门特区基本法》规定，香港和澳门回归祖国后，已适用于这两个特别行政区的上述国际条约仍然有效；另外，特别行政区在今后仍有权以中国香港和中国澳门的名义缔结或参加非政治性的国际条约。借助各法域共同参加的涉及司法协助内容的国际条约以解决区际司法协助问题是可行的。

3. 区际协议方式

这种方式是指区际司法协助可根据内地与港澳台及其相互间签订的司法协助协议进行。如最高人民法院与澳门特别行政区于 2006 年 2 月 28 日签署了《最高人民

法院关于内地与澳门特别行政区关于相互认可和执行民商事判决的安排》，最高人民法院与香港特别行政区于2006年7月14日签署了《最高人民法院关于内地与香港特别行政区法院相互执行当事人协议管辖的民商事案件判决的安排》。

4. 中心机关方式

这种方式是指区际司法协助事务可由专门设立的中心机关来处理。该方式又分为：(1) 分片中心机关方式。即由内地（大陆）与港澳台签订全面的司法协助协议，在协议中将各省分为4~5片，在每片指定一个省（市、区）的高级人民法院作为中心机关，由其代表本片各省（市、区）送达区际司法协助文件。(2) 经司法部授权，在内地沿海城市如深圳设立一“司法协助中心”，内地各省、自治区、直辖市可直接委托该中心办理港澳台的区际司法协助事务。(3) 在内地（大陆）与港澳台充分协商的基础上，设立一全国统一的司法协助协调中心。该中心由各个法域的代表组成，当某一法域法院需要委托另一法域法院办理司法协助事务时，可直接向该中心申请，再由该中心直接委托有关法院完成司法协助事项。上述方式中，第一种较为烦琐；第二种参照了有关国际条约的做法，较易操作和可行；第三种虽然较为理想，但该方式短期内不易实现。

5. 多边协议方式

这种方式是指在司法部之下设立一个由各法域组成的“中国区际司法协助委员会”，由该委员会在“中国国际私法学会”的协助下，制定《中国区际司法协助协议（草案）》，然后各方在此基础上谈判，以决定该协议如何适用于各法域。这一方式比较符合我国的实际，采用该方式无疑会为今后我国制定全国性司法协助法规打下基础。

（二）区际司法协助的内容

我国理论界一般认为，我国区际司法协助的主要内容如下：

1. 送达

区际民事诉讼中文书的送达是指一法域的法院根据法律的规定或区际司法协助协议或互惠关系，将诉讼文书送交给该法域外诉讼当事人或其他诉讼参与人的行为。方式是：(1) 邮寄送达；(2) 委托送达，这一方式又分为各法域法院的直接委托送达和委托律师及诉讼代理人送达；(3) 中心机构送达，即法院可委托前述成立的全国性的“司法协助中心”机构或各法域自己设立的“中心机构”送达；(4) 公告送达，若采取上述方式均不能送达的，可通过电视、电台和报纸等新闻工具公告通知受送达人。

2. 取证

如代为询问诉讼当事人及证人和鉴定人员；代为对与案件有关的现场、物品进行勘查和检验，代为对与案件有关的事实予以查证；代为提取与案件有关的书证、物证和视听资料；代为保管有关的原始文书和物证。取证可采取以下方式：（1）由当事人和诉讼代理人自行取证；（2）根据有关法律的规定或相互达成的协议，由司法人员直接取证；（3）相互委托法院取证；（4）委托前述成立的“中心机构”取证。

3. 法院判决的相互承认与执行

内地与港澳、大陆与台湾地区及其相互间法院判决或裁决的承认与执行，若是采用前述国际私法方式，可比照援引各法域有关承认与执行外国法院判决的规定；若是采用前述各种协议的方式，那么该协议内容应当为：一方面，如各法域法院相互间直接委托承认、执行其判决或裁决的，那么，受托法院提供司法协助的条件应是：（1）法院间必须存在有协议或互惠关系；（2）判决或裁决必须是已经发生法律效力的终局性判决或裁决；（3）判决或裁决不得违背受托法院所在法域法律的基本原则或社会公共利益。另一方面，如某一法域的当事人直接向另一法域法院申请承认或执行法院判决或裁决的，那么，被申请法院提供司法协助的条件应为：（1）当事人的申请是向有管辖权的法院提出的；（2）该判决或裁决为已经发生法律效力的终局性的判决或裁决；（3）该判决或裁决不得违背被申请法院所在法域法律的基本原则和社会公共利益。

4. 仲裁裁决的相互承认与执行

内地与港澳、大陆与台湾地区及相互间仲裁裁决的承认与执行，先期可采用前述国际条约的方式和准国际私法的方式，即在各法域就相互承认与执行仲裁裁决未达成协议之前，内地与香港之间仲裁裁决的承认与执行，可依照1958年《纽约公约》的规定进行；内地与澳门及大陆与台湾地区和澳门与台湾地区相互间仲裁裁决的承认与执行，则可比照援引各法域有关承认与执行外国仲裁裁决的规定。在各法域就相互承认与执行仲裁裁决达成协议后，那么，该类协议规定承认与执行仲裁裁决的条件应为：（1）当事人之间存在有效的仲裁协议；（2）仲裁程序符合当事人之间仲裁协议的规定；（3）仲裁庭为当事人提供了适当的辩护机会；（4）仲裁裁决是终局的；（5）裁决的承认与执行不与该地区的公共政策相抵触。

四、我国区际司法协助的实践

近年来，为较好解决内地与港澳、大陆与台湾地区之间的区际司法协助问题，最高人民法院颁布了一系列规定，分别涉及送达文书、取证、承认和执行外法域法院的判决和仲裁机构的裁决等内容。

（一）文书的送达问题

1. 内地与香港、澳门之间

最高人民法院分别和香港特别行政区、澳门特别行政区代表通过平等协商，就内地与香港法院、内地与澳门法院相互委托通过间接途径送达民商事司法文书问题达成共识。根据相关协议，最高人民法院先后颁布了一系列的司法解释。如1999年3月30日开始施行的《最高人民法院关于内地与香港特别行政区法院相互委托送达民商事司法文书的安排》（以下简称1999年《送达安排》）和2001年9月15日开始施行的《最高人民法院关于内地与澳门特别行政区法院就民商事案件相互委托送达司法文书和调取证据的安排》（以下简称2001年《送达和取证安排》）中。2009年3月16日最高人民法院又出台《最高人民法院关于涉港澳民商事案件司法文书送达问题的若干规定》（以下简称2009年《涉港澳送达规定》）。同前述1999年《送达安排》和2001年《送达和取证安排》所不同的是，2009年《涉港澳送达规定》规定的是直接送达方式，且只涉及内地法院受理的涉港澳案件，并不适用于港澳地区法院受理的委托内地法院代为送达的案件。

（1）关于间接送达——1999年《送达安排》和2001年《送达和取证安排》

第一，委托申请的提出问题。该问题分别涉及以下内容：①提出申请的主体。1999年《送达安排》第2条规定："双方委托送达司法文书，均须通过各高级人民法院和香港特别行政区高等法院进行。最高人民法院司法文书可以直接委托香港特别行政区高等法院送达。"因而，民商事司法文书的委托申请送达的主体仅限于我国内地各省、直辖市和自治区的各级人民法院，以及香港特别行政区的各级法院。在2001年《送达和取证安排》的规定中，申请民商事案件司法文书的送达及调取证据的主体也与前者相同。②申请的对象。从前述1999年《送达安排》第2条的规定中可以看出，内地法院的司法文书需要委托香港特别行政区法院送达的，内地法院只能向香港特别行政区高等法院提出送达申请；香港特别行政区法院的司法文书需要委托内地法院送达的，香港特别行政区法院只能向内地各高级人民法院提出送达申请。根据2001年《送达和取证安排》规定，内地法院需要委托澳门地区法院送达文书和调取证据的，应通过澳门特别行政区终审法院进行；澳门特别行政区法院需要委托内地法院送达文书和调取证据的，应通过内地各高级人民法院进行。③申请文书应记明的事项。1999年《送达安排》第3条第1款规定，委托方请求送达司法文书，须出具盖有其印章的委托书，并须在委托书中说明委托机关的名称、受送达人的姓名或者名称、详细地址及案件的性质。2001年《送达和取证安排》的规定也基本与此相同。④申请文书的语言。根据1999年《送达安排》第3条第2款和2001年《送达和取证安排》第4条的规定，结合我国各法域的语言现状，无论是委托送达民商事司法文书的申请还是承认和执行民事判决的申请，申请文书必须以中文文本提出，委托书所附的司法文书没有中文译本的，应当提供中文译本。

第二，对申请的审查问题。从1999年《送达安排》的规定看，内地法院对委托书及委托送达的司法文书只进行形式审查。[①] 但根据2001年《送达和取证安排》第8条第2款的规定，受托方法院对申请的审查则是实质审查。即受托方法院在执行受托事项时，如果该事项不属于法院职权范围，或者内地人民法院认为在内地执行该受托事项将违反基本法律原则或社会公共利益，或者澳门特别行政区法院认为在澳门特别行政区执行该受托事项将违反其基本法律原则或公共秩序的，可以不予执行，但应当及时向受托方法院说明不予执行的理由。

第三，对申请事项的执行问题。根据1999年《送达安排》规定，只要委托申请符合受理条件的，即应依照受托方所在地法律规定的程序予以送达。该《送达安排》第4条第1款规定，不论司法文书中确定的出庭日期或者期限是否已过，受委托方均应送达。受委托方接到委托书后，应当及时完成送达，最迟不得超过自收到委托书之日起两个月。该《送达安排》第5条规定，送达司法文书后，内地人民法院应当出具送达回证；香港特别行政区法院应当出具送达证明书。出具送达回证和证明书，应当加盖法院印章。受委托方无法送达的，应当在送达回证或者证明书上注明妨碍送达的原因、拒收事由和日期，并及时退回委托书及所附全部文书。2001年最高人民法院《送达司法文书和调取证据的安排》的规定也基本与此相同。

第四，其他问题。民商事司法文书的送达往往还会涉及委托送达司法文书的费用和司法文书的范围两方面的问题。对费用问题，1999年《送达安排》规定，委托送达司法文书费用互免。但委托方在委托书中请求以特定方式送达所产生的费用，由委托方负担（第8条）；[②]对司法文书的范围问题，该《送达安排》规定其所指的司法文书在内地包括：起诉状副本、上诉状副本、授权委托书、传票、判决书、调解书、裁定书、决定书、通知书、证明书、送达回证；在香港特别行政区包括：起诉状副本、上诉状副本、传票、状词、誓章、判案书、判决书、裁决书、通知书、法庭命令、送达证明等（第9条）。[③]

---

① 1999年《送达安排》第3条第3款规定："受委托方如果认为委托书与本安排的规定不符，应当通知委托方，并说明对委托书的异议。必要时可以要求委托方补充材料。"第7条规定："受委托方对委托方委托送达的司法文书的内容和后果不负法律责任。"

② 2001年《送达和取证安排》第7条规定："委托方法院无须支付受委托方法院在送达司法文书或调取证据时发生的费用或税项。但受托方法院根据本辖区法律规定，有权在调取证据时，要求委托方法院预付鉴定人、证人、翻译人员的费用，以及因采用委托方法院在委托书中请求以特殊方式送达司法文书或调取证据所产生的费用。"

③ 2001年《送达和取证安排》第14条规定："本安排中的司法文书在内地包括：起诉状副本、上诉状副本、反诉状副本、答辩状副本、授权委托书、传票、判决书、调解书、裁定书、支付令、决定书、通知书、证明书、送达回证以及其他司法文书和所附相关文件；在澳门特别行政区包括：起诉状副本、答辩状副本、反诉状副本、上诉状副本、陈述书、申辩书、声明异议书、反诉书、申请书、撤诉书、认诺书、和解书、财产目录、财产分割表、和解建议书、债权人协议书、传唤书、通知书、法官批示、命令状、法庭许可令状、判决书、合议庭裁判书、送达证明书以及其他司法文书和所附相关文件。"

(2) 关于直接送达——2009年《涉港澳送达规定》

从2009年《涉港澳送达规定》的内容看，该规定主要涉及以下方面的问题：

第一，关于适用范围问题。《涉港澳送达规定》适用的案件范围包括内地人民法院审理的涉港澳民商事案件，既包括了传统的涉港澳民事案件，例如涉港澳的婚姻家庭、侵权、劳动争议等案件，同时也包括了当事人在经济贸易活动中发生的涉港澳合同等商事纠纷案件。同时考虑到"司法文书"这一概念从外延上比"诉讼文书"更为广泛，且前述内地与香港和澳门分别签署的1999年《送达安排》和2001年《送达和取证安排》均使用了司法文书的概念，故2009年《涉港澳送达规定》中亦使用了司法文书的概念。①

第二，关于送达方式问题。其中主要涉及：①个人送达。根据该《涉港澳送达规定》的第3条："作为受送达人的自然人或者企业、其他组织的法定代表人、主要负责人在内地的，人民法院可以直接向该自然人或者法定代表人、主要负责人送达。"第4条规定，除受送达人在授权委托书中明确表明其诉讼代理人无权代为接收有关司法文书外，其委托的诉讼代理人为有权代其接受送达的诉讼代理人，人民法院可以向该诉讼代理人送达。第5条规定向受送达人的代表机构送达不需要受送达人的授权，人民法院可向其直接送达，而如果是受送达人的分支机构或业务代办人，则必须经过其授权，人民法院才可以向其送达。② ②邮寄送达。《涉港澳送达规定》在第7条规定了邮寄送达方式，并规定邮寄送达时应附有送达回证。受送达人未在送达回证上签收但在邮件回执上签收的，视为送达，签收日期为送达日期。自邮寄之日起满3个月，虽未收到送达与否的证明文件，但存在本规定第12条规定情形的，期间届满之日视为送达。自邮寄之日起满3个月，如果未能收到送达与否的证明文件，且不存在本规定第12条规定情形的，视为未送达。③通过传真、电子邮件等能够确认收悉的其他适当方式送达。《涉港澳送达规定》第8条将传真、电子邮件等现代联系方式也确定为一种法定的送达方式。但需要注意的是必须确认受送达人已经收悉，以充分保护相关当事人的诉讼权利。④公告送达。《涉港澳送达规定》第9条规定人民法院不能依照本规定上述方式送达的，可以公告送达。公告内容应当在内地和受送达人住所地公开发行的报刊上刊登，自公告之日起满三个月即视为送达。

---

① 2009年《涉港澳送达规定》第2条规定："本规定所称司法文书，是指起诉状副本、上诉状副本、反诉状副本、答辩状副本、传票、判决书、调解书、裁定书、支付令、决定书、通知书、证明书、送达回证等与诉讼相关的文书。"

② 2009年《涉港澳送达规定》第5条规定："受送达人在内地设立有代表机构的，人民法院可以直接向该代表机构送达。受送达人在内地设立有分支机构或者业务代办人并授权其接受送达的，人民法院可以直接向该分支机构或者业务代办人送达。"

第三，其他问题。其他相关问题主要涉及：①《涉港澳送达规定》第6条强调了对于与香港的1999年《送达安排》和与澳门的2001年《送达和取证安排》的适用。由于内地基层法院和中级法院审理涉港澳民商事案件需要委托港澳地区法院送达司法文书时，必须通过上级法院进行转递，司法实践中送达的情况往往难以把握，从而使得司法文书送达无限期迟延，影响了审理案件的效率。因此《涉港澳送达规定》第6条结合审判实践，对于如何认定不能通过两个《安排》规定的方式送达作出了明确规定，这样可以使得人民法院在一个相对确定的时间内对能否适用该种方式送达作出判断，以便于在这种方式不能送达的情况下及时采取其他送达方式。① ②为提高送达效率，《涉港澳送达规定》第10条还明确规定除公告方式外，人民法院可以同时采取多种送达方式，以最先实现送达的方式确定送达日期。③《涉港澳送达规定》还结合司法实践，对在受送达人未履行签收手续的情况下，如何认定已经合法送达进行了规定。第12条规定受送达人未对人民法院送达的司法文书履行签收手续，但存在以下情形之一的，视为送达：受送达人向人民法院提供了所送达司法文书的内容；受送达人已经按照所送达司法文书的内容履行；其他可以确认已经送达的情形。

2. 大陆与台湾地区之间

近年来，尽管人民法院受理涉台案件的数量不断增加，但由于大陆与台湾地区在相互送达文书的问题上一直缺乏官方的正式接触，在实践中，对于司法文书的送达往往都是通过官方授权的民间途径开展。为解决涉台民事诉讼文书送达难问题，最高人民法院在2008年4月17日颁布了《最高人民法院关于涉台民事诉讼文书送达的若干规定》（以下简称《涉台送达规定》），其中规定对涉台民事诉讼文书的送达，可以通过直接送达和间接送达两种途径进行，有助于两岸法院及时、公正地审理互涉民事案件，切实维护两岸当事人的合法权益。2010年12月16日最高人民法院通过了《最高人民法院关于人民法院办理海峡两岸送达文书和调查取证司法互助案件的规定》（以下简称《海峡两岸司法互助规定》），并于2011年6月25日生效实施。《海峡两岸司法互助规定》为两岸之间开展司法互助、服务两岸司法审判工作提供了一个崭新的制度性框架。上述两个法律文件有关文书送达的规定主要如下：

---

① 2009年《涉港澳送达规定》第6条规定："人民法院向在内地没有住所的受送达人送达司法文书，可以按照《最高人民法院关于内地与香港特别行政区法院相互委托送达民商事司法文书的安排》或者《最高人民法院关于内地与澳门特别行政区法院就民商事案件相互委托送达司法文书和调取证据的安排》送达。按照前款规定方式送达的，自内地的高级人民法院或者最高人民法院将有关司法文书递送香港特别行政区高等法院或者澳门特别行政区终审法院之日起满三个月，如果未能收到送达与否的证明文件且不存在本规定第十二条规定情形的，视为不能适用上述安排中规定的方式送达。"

（1）适用范围

《涉台送达规定》第1条规定，向住所地在台湾地区的当事人送达民事诉讼文书，以及人民法院接受台湾地区有关法院的委托代为向住所地在大陆的当事人送达民事诉讼文书均适用该规定。可送达的“诉讼文书”包括：起诉状副本、上诉状副本、反诉状副本、答辩状副本、授权委托书、传票、判决书、调解书、裁定书、支付令、决定书、通知书、证明书、送达回证以及与民事诉讼有关的其他文书。《海峡两岸司法互助规定》第1条规定，其适用于人民法院依照《海峡两岸共同打击犯罪及司法互助协议》办理的两岸民事诉讼案件中送达文书的司法互助业务。

（2）直接送达

大陆与台湾地区的直接送达主要有以下方式：

第一，个人送达。根据《涉台送达规定》，受送达人居住在大陆的或者受送达人不在大陆居住，但送达时在大陆的可以直接送达（第3条第1款第1项）。《海峡两岸司法互助规定》规定，人民法院向住所地在台湾地区的当事人送达民事司法文书，可以采用下列方式：受送达人居住在大陆的，直接送达；受送达人是自然人，本人不在的，可以交其同住成年家属签收；受送达人是法人或者其他组织的，应当由法人的法定代表人、其他组织的主要负责人或者该法人、其他组织负责收件的人签收。受送达人不在大陆居住，但送达时在大陆的，可以直接送达（第7条第1款第1项）。《涉台送达规定》第3条第1款第2项规定，受送达人在大陆有诉讼代理人的，向诉讼代理人送达。《海峡两岸司法互助规定》对其进行了进一步的细化，即受送达人在授权委托书中明确表明其诉讼代理人无权代为接收的不能向诉讼代理人送达（第7条第1款第2项）。《涉台送达规定》第3条第1款第3项规定，受送达人有指定代收人的，向代收人送达。这与《海峡两岸司法互助规定》第7条第1款第3项的规定相同。《涉台送达规定》第3条第1款第4项规定，受送达人在大陆有代表机构、分支机构、业务代办人的，向其代表机构、分支机构、业务代办人送达，但同《涉港澳送达规定》一样，向受送达人的代表机构送达不需要受送达人的授权，人民法院可向其直接送达，而如果是受送达人的分支机构或业务代办人，则必须经过其授权，人民法院才可以向其送达。上述规定与《海峡两岸司法互助规定》第7条第1款第4项的规定相同。

第二，留置送达。《涉台送达规定》第4条规定，当事人及其有权签收人拒绝签收或者盖章的，可以留置送达。《海峡两岸司法互助规定》没有规定留置送达，因而《涉台送达规定》第4条的规定仍然有效。

第三，邮寄送达。适用邮寄送达的条件是规定受送达人在台湾地区的地址明确（第3条第1款第5项）。《海峡两岸司法互助规定》第7条第1款第6项确认了这种送达方式。

第四，传真、电子邮件方式送达。适用条件是受送达人有明确的传真号码、电子信箱地址的，可以通过传真、电子邮件方式送达（第3条第1款第6项）。但应当注明人民法院的传真号码或者电子信箱地址，并要求受送达人在收到传真件或者电子邮件后及时予以回复，以能够确认受送达人收悉的日期为送达日期（第6条）。《海峡两岸司法互助规定》第7条第1款第7项也规定了该送达方式。

第五，公告送达。《涉台送达规定》第8条规定，采用上述方式不能送达或者台湾地区的当事人下落不明的，公告期限为3个月。[①]《海峡两岸司法互助规定》第8条规定，人民法院协助台湾地区法院送达司法文书，应当采用民事诉讼法等法律和相关司法解释规定的送达方式，并应当尽可能采用直接送达方式，但不采用公告送达方式。

(3) 间接送达

大陆与台湾地区间的间接送达主要涉及以下问题：

第一，申请的提出问题。《涉台送达规定》的第7条第1款第7项规定，两岸的司法文书还可以按照两岸认可的途径送达。但第9条第1款规定，人民法院按照两岸认可的有关途径代为送达台湾地区法院的民事诉讼文书的，应当有台湾地区有关法院的委托函。《海峡两岸司法互助规定》规定，如审理案件的人民法院需要台湾地区协助送达司法文书的，应当填写《〈海峡两岸共同打击犯罪及司法互助协议〉送达文书请求书》（以下简称《送达文书请求书》）附录部分，连同需要送达的司法文书，一式二份，及时送交高级人民法院。需要台湾地区协助送达的司法文书中有指定开庭日期等类似期限的，一般应当为协助送达程序预留不少于6个月的时间（第10条）。而台湾地区请求人民法院协助送达台湾地区法院的司法文书应通过其联络人将请求书和相关司法文书寄送高级人民法院联络人（第12条）。

第二，申请的审查问题。依据《涉台送达规定》，在遵守一个中国原则和法律的基本原则和不违反社会公共利益的前提下，内地法院对涉台民事诉讼文书只进行形式审查。该规定第11条规定，受委托的人民法院对台湾地区有关法院委托送达的民事诉讼文书的内容和后果不负法律责任。《海峡两岸司法互助规定》第11条规定，高级人民法院收到本院或者下级人民法院《送达文书请求书》附录部分和需要送达的司法文书后，应当在7个工作日内完成审查。经审查认为可以请求台湾地区协助送达的，高级人民法院联络人应当填写《送达文书请求书》正文部分，连同附录部分和需要送达的司法文书，立即寄送台湾地区联络人；经审查认为欠缺相关材料、内容或者认为不需要请求台湾地区协助送达的，应当立即告知提出请求的人民法院

---

① 《涉台送达规定》第8条规定："采用公告方式送达的，公告内容应当在境内外公开发行的报刊或者权威网站上刊登。公告送达的，自公告之日起满三个月，即视为送达。"

补充相关材料、内容或者在说明理由后将材料退回。

而台湾地区请求人民法院协助送达台湾地区法院的司法文书并通过其联络人将请求书和相关司法文书寄送高级人民法院联络人的，高级人民法院应当在7个工作日内完成审查。经审查认为可以协助送达的，应当立即转送有关下级人民法院送达或者由本院送达；经审查认为欠缺相关材料、内容或者认为不宜协助送达的，高级人民法院联络人应当立即向台湾地区联络人说明情况并告知其补充相关材料、内容或者将材料送还（第13条）。

第三，申请的执行问题。依据《涉台送达规定》的相关规定，人民法院收到台湾地区有关法院的委托函后，经审查符合条件的，应当在收到委托函之日起2个月内完成送达。涉台民事诉讼文书中确定的出庭日期或者其他期限逾期的，受委托的人民法院亦应予送达。人民法院按照委托函中的受送达人姓名或者名称、地址不能送达的，应当附函写明情况，将委托送达的民事诉讼文书退回。完成送达的送达回证以及未完成送达的委托材料，可以按照原途径退回。《海峡两岸司法互助规定》第13条第2款规定，具体办理送达文书司法互助案件的人民法院应当在收到高级人民法院转送的材料之日起5个工作日内，以“协助台湾地区送达民事司法文书”案由立案，指定专人办理，并应当自立案之日起15日内完成协助送达，最迟不得超过2个月。收到台湾地区送达文书请求时，司法文书中指定的开庭日期或者其他期限逾期的，人民法院亦应予以送达，同时高级人民法院联络人应当及时向台湾地区联络人说明情况。

具体办理送达文书司法互助案件的人民法院成功送达的，应当由送达人在《〈海峡两岸共同打击犯罪及司法互助协议〉送达回证》（以下简称《送达回证》）上签名或者盖章，并在成功送达之日起7个工作日内将送达回证送交高级人民法院；未能成功送达的，应当由送达人在《送达回证》上注明未能成功送达的原因并签名或者盖章，在确认不能送达之日起7个工作日内，将该送达回证和未能成功送达的司法文书送交高级人民法院。高级人民法院应当在收到前款所述送达回证之日起7个工作日内完成审查，由高级人民法院联络人在前述送达回证上签名或者盖章，同时出具《〈海峡两岸共同打击犯罪及司法互助协议〉送达文书回复书》，连同该送达回证和未能成功送达的司法文书，立即寄送台湾地区联络人（第14条）。自高级人民法院联络人向台湾地区寄送有关司法文书之日起满4个月，如果未能收到送达证明材料或者说明文件，且根据各种情况不足以认定已经送达的，视为不能按照协议确定的海峡两岸司法互助方式送达（第12条第2款）。

台湾地区成功送达并将送达证明材料寄送高级人民法院联络人，或者未能成功送达并将相关材料送还，同时出具理由说明给高级人民法院联络人的，高级人民法院应当在收到之日起7个工作日内，完成审查并转送提出请求的人民法院。经审查认为欠缺相关材料或者内容的，高级人民法院联络人应当立即与台湾地区联络人联络并请求补充相关材料或者内容（第12条第1款）。

（二）取证问题

2001年《送达和取证安排》以及前述2010年《海峡两岸司法互助规定》是目前我国区际间取证的依据，但此项区际间调查取证仅限于采取间接的取证方式。国内其他法域之间尚无关于相互取证的类似安排或协议。最高人民法院分别在2011年和2013年发布了《最高人民法院关于进一步规范人民法院涉港澳台调查取证工作的通知》和《最高人民法院关于进一步规范人民法院涉港调查取证司法协助工作的通知》，但是，这两个通知是为了在制度性安排尚未建立前，指导人民法院进行调查取证方面的区际司法协助。

依据内地与澳门2001年《送达和取证安排》，内地与澳门间在民商事案件（在内地包括劳动争议案件，在澳门特别行政区包括民事劳工案件）中的相互域外取证的规定，主要包括如下内容：

1. 2001年《送达和取证安排》

依据2001年《送达和取证安排》内地与澳门间在民商事案件（在内地包括劳动争议案件，在澳门特别行政区包括民事劳工案件）中的相互域外取证的规定。

（1）申请的提出

第一，域外取证的范围。依据2001年《送达和取证安排》的相关规定，委托方法院请求调取的证据只能是用于与诉讼有关的证据（第15条）。代为调取证据的范围包括：代为询问当事人、证人和鉴定人，代为进行鉴定和司法勘验，调取其他与诉讼有关的证据（第17条）。

第二，域外取证委托书应记明的事项。依据2001年《送达和取证安排》第16条的规定，双方相互委托代为调取证据的委托书应当写明：①委托法院的名称；②当事人及其诉讼代理人的姓名、地址及其他一切有助于辨别其身份的情况；③委托调取证据的原因，以及委托调取证据的具体事项；④被调查人的姓名、地址及其他一切有助于辨别其身份的情况，以及需要向其提出的问题；⑤调取证据需采用的特殊方式；⑥有助于执行该委托的其他一切情况。

（2）请求书的传递

依据2001年《送达和取证安排》的规定，双方相互委托送达司法文书和调取证据，均须通过各高级人民法院和澳门特别行政区终审法院进行。最高人民法院与澳门特别行政区终审法院可以直接相互委托送达和调取证据（第2条第1款）。各高级人民法院和澳门特别行政区终审法院相互收到对方法院的委托书后，应当立即将委托书及所附司法文书和相关文件转送根据其本辖区法律规定有权完成该受托事项的法院（第3条第1款）。如果受委托方法院认为委托书不符合本安排规定，影响其完成受托事项时，应当及时通知委托方法院，并说明对委托书的异议，必要时可以要求委托方法院补充材料（第3条第2款）。

（3）域外取证行为的实施和证据的移交

如委托方法院提出要求，受委托方法院应当将取证的时间、地点通知委托方法院，以便有关当事人及其诉讼代理人能够出席（第18条）。受委托方法院在执行委托调取证据时，根据委托方法院的请求，可以允许委托方法院派司法人员出席。必要时，经受委托方允许，委托方法院的司法人员可以向证人、鉴定人等发问（第19条）。受委托方法院完成委托调取证据的事项后，应当向委托方法院书面说明。如果未能按委托方法院的请求全部或部分完成调取证据事项，受委托方法院应当向委托方法院书面说明妨碍调取证据的原因，并及时退回委托书及所附全部文件。如果当事人、证人根据受委托方的法律规定，拒绝作证或推辞提供证言时，受委托方法院应当以书面通知委托方法院，并退回委托书及所附全部文件（第20条）。受委托方法院可以根据委托方法院的请求，并经证人、鉴定人同意，协助安排其辖区的证人、鉴定人到对方辖区出庭作证。证人、鉴定人在委托方地域内逗留期间，不得因在其离开受委托方地域之前，在委托方境内所实施的行为或针对他所作的裁决而被刑事起诉、羁押，或者为履行刑罚或者其他处罚而被剥夺财产或者扣留身份证件，或者以任何方式对其人身自由加以限制。证人、鉴定人完成所需诉讼行为，且可自由离开委托方地域后，在委托方境内逗留超过7天，或者已离开委托方地域又自行返回时，前款所指的豁免即行终止。证人、鉴定人到委托方法院出庭而导致的费用及补偿，由委托方法院预付。该条所指出庭作证人员，在澳门特别行政区还包括当事人（第21条）。受委托方法院取证时，被调查的当事人、证人、鉴定人等的代理人可以出席（第22条）。

（4）请求的拒绝

依据2001年《送达和取证安排》第8条第2款的规定，受委托方法院在执行受托事项时，如果该事项不属于法院职权范围，或者内地人民法院认为在内地执行该受托事项将违反其基本法律原则或社会公共利益，或者澳门特别行政区法院认为在澳门特别行政区执行该受托事项将违反其基本法律原则或公共秩序的，可以不予执行，但应当及时向委托方法院书面说明不予执行的原因。

2. 2010年《海峡两岸司法互助规定》

对于调查取证的司法互助案件，因其比较复杂且数量不是很大，因而《海峡两岸司法互助规定》所采取的是仍须通过最高人民法院审查转送和对台联络，即其仅限于间接取证方式。

（1）申请的提出

第一，调查取证的范围。人民法院办理海峡两岸调查取证司法互助业务，限于与台湾地区法院相互协助调取与诉讼有关的证据，包括取得证言及陈述；提供书证、物证及视听资料；确定关系人所在地或者确认其身份、前科等情况；进行勘验、检查、扣押、鉴定和查询等（第15条）。

第二，调查取证的申请。审理案件的人民法院需要台湾地区协助调查取证的，应当填写《〈海峡两岸共同打击犯罪及司法互助协议〉调查取证请求书》附录部分，连同相关材料，一式三份，及时送交高级人民法院（第17条第1款）。台湾地区请求人民法院协助台湾地区法院调查取证并通过其联络人将请求书和相关材料寄送最高人民法院联络人（第20条第1~3款）。

（2）调查取证的审查

高级人民法院应当在收到前款所述材料之日起7个工作日内完成初步审查，并将审查意见和《〈海峡两岸共同打击犯罪及司法互助协议〉调查取证请求书》（以下简称《调查取证请求书》）附录部分及相关材料，一式二份，立即转送最高人民法院（第17条第2款）。最高人民法院收到高级人民法院转送的《调查取证请求书》附录部分和相关材料以及高级人民法院审查意见后，应当在7个工作日内完成最终审查。经审查认为可以请求台湾地区协助调查取证的，最高人民法院联络人应当填写《调查取证请求书》正文部分，连同附录部分和相关材料，立即寄送台湾地区联络人；经审查认为欠缺相关材料、内容或者认为不需要请求台湾地区协助调查取证的，应当立即通过高级人民法院告知提出请求的人民法院补充相关材料、内容或者在说明理由后将材料退回（第18条）。

台湾地区请求人民法院协助台湾地区法院调查取证并通过其联络人将请求书和相关材料寄送最高人民法院联络人的，最高人民法院应当在收到之日起7个工作日内完成审查（第20条第1款）。

（3）调查取证行为的实施和证据的移交

经审查认为可以协助调查取证的，应当立即转送有关高级人民法院或者由本院办理，高级人民法院应当在收到之日起7个工作日内转送有关下级人民法院办理或者由本院办理；经审查认为欠缺相关材料、内容或者认为不宜协助调查取证的，最高人民法院联络人应当立即向台湾地区联络人说明情况并告知其补充相关材料、内容或者将材料送还。具体办理调查取证司法互助案件的人民法院应当在收到高级人民法院转送的材料之日起5个工作日内，以“协助台湾地区民事调查取证”案由立案，指定专人办理，并应当自立案之日起1个月内完成协助调查取证，最迟不得超过3个月。因故不能在期限届满前完成的，应当提前函告高级人民法院，并由高级人民法院转报最高人民法院（第20条）。

具体办理调查取证司法互助案件的人民法院成功调查取证的，应当在完成调查取证之日起7个工作日内将取得的证据材料一式三份，连同台湾地区提供的材料，并在必要时附具情况说明，送交高级人民法院；未能成功调查取证的，应当出具说明函一式三份，连同台湾地区提供的材料，在确认不能成功调查取证之日起 7 个工作日内送交高级人民法院。高级人民法院应当在收到前款所述材料之日起 7 个工作日内完成初步审查，并将审查意见和前述取得的证据材料或者说明函等，一式二份，连同台湾地区提供的材料，立即转送最高人民法院。最高人民法院应当在收到之日起 7 个工作日内完成最终审查，由最高人民法院联络人出具《〈海峡两岸共同打击犯罪及司法互助协议〉调查取证回复书》，必要时连同相关材料，立即寄送台湾地区联络人（第 21 条第 1 ~ 3 款）。

台湾地区成功调查取证并将取得的证据材料寄送最高人民法院联络人，或者未能成功调查取证并将相关材料送还，同时出具理由说明给最高人民法院联络人的，最高人民法院应当在收到之日起 7 个工作日内完成审查并转送高级人民法院，高级人民法院应当在收到之日起 7 个工作日内转送提出请求的人民法院。经审查认为欠缺相关材料或者内容的，最高人民法院联络人应当立即与台湾地区联络人联络并请求补充相关材料或者内容（第 19 条）。

（4）请求的拒绝

人民法院协助台湾地区法院调查取证，应当采用民事诉讼法等法律和相关司法解释规定的方式。在不违反法律和相关规定、不损害社会公共利益、不妨碍正在进行的诉讼程序的前提下，人民法院应当尽力协助调查取证，并尽可能依照台湾地区请求的内容和形式予以协助（第 16 条第 1 款、第 2 款）。可见，如果有关的调查取证违反上述规定时，则请求可能被拒绝。

（5）其他问题

第一，关于证据和司法文书的法律效力问题。《海峡两岸司法互助规定》第 24 条规定，对于依照协议和本规定从台湾地区获得的证据和司法文书等材料，不需要办理公证、认证等形式证明。

第二，关于执行请求所发生的费用问题。《海峡两岸司法互助规定》第 26 条规定，对于执行台湾地区的请求所发生费用由有关人民法院负担。但下列费用应当由台湾地区业务主管部门负责支付：鉴定费用；翻译费用和誊写费用；为台湾地区提供协助的证人和鉴定人，因前往、停留、离开台湾地区所发生的费用；其他经最高人民法院和台湾地区业务主管部门商定的费用。

（三）法院判决或裁决的承认与执行问题

1. 内地与香港、澳门

2006 年最高人民法院先后颁布了《关于内地与澳门特别行政区关于相互认可和执行民商事判决的安排》（以下简称《涉澳执行判决安排》）和《关于内地与香港特别行政区法院相互认可和执行当事人协议管辖的民商事案件判决的安排》（以下简

称《涉港执行协议管辖安排》)，其成为我国区际法院判决或裁决承认和执行的重要依据。但二者在适用范围上略有不同：前者适用于内地与澳门特别行政区民商事案件（在内地包括劳动争议案件，在澳门特别行政区包括劳动民事案件）判决的相互认可和执行；而后者范围则仅限于内地人民法院和香港特别行政区法院在具有书面管辖协议的民商事案件中作出的须支付款项的具有执行力的终审判决。① 对于婚姻家庭案件，内地与香港之间有特别安排，即2017年6月最高人民法院发布的《最高人民法院、香港特别行政区政府关于内地与香港特别行政区法院相互认可和执行婚姻家庭民事案件判决的安排》(以下简称2017年《安排》)。

(1) 申请的提出

承认和执行法院判决或裁决的申请的提出，主要涉及以下问题：

第一，申请主体问题。就民商事判决的承认和执行而言，从理论上和我国国际司法协助的实践上讲，申请的主体既可以是已决案件中的当事人，也可以是作出判决的法院。②但是，就我国区际民商事判决的相互承认与执行而言，申请的主体仅限于已决案件中的当事人。2006年《涉港执行协议管辖安排》第1条规定，内地人民法院和香港特别行政区法院在具有书面管辖协议的民商事案件中作出的须支付款项的具有执行力的终审判决，当事人可以根据本安排向内地人民法院或者香港特别行政区法院申请认可和执行。2017年《安排》、2006年《涉澳执行判决安排》的规定也基本与此相同。

第二，申请的对象问题。2006年《涉港执行协议管辖安排》第4条规定，申请认可和执行符合本安排规定的民商事判决，在内地向被申请人住所地、经常居住地或者财产所在地的中级人民法院提出，在香港特别行政区向香港特别行政区高等法院提出。2017年《安排》第4条规定："申请认可和执行本安排规定的判决：(一)

① 《涉港执行协议管辖安排》第2条规定，具有执行力的终审判决：(一) 在内地是指：1. 最高人民法院的判决；2. 高级人民法院、中级人民法院以及经授权管辖第一审涉外、涉港澳台民商事案件的基层人民法院依法不准上诉或者已经超过法定期限没有上诉的第一审判决，第二审判决和依照审判监督程序由上一级人民法院提审后作出的生效判决。(二) 在香港特别行政区是指终审法院、高等法院上诉法庭及原讼法庭和区域法院作出的生效判决。安排所称判决，在内地包括判决书、裁定书、调解书、支付令；在香港特别行政区包括判决书、命令和诉讼费评定证明书。当事人向香港特别行政区法院申请认可和执行判决后，内地人民法院对该案件依法再审的，由作出生效判决的上一级人民法院提审。第3条规定，安排所称"书面管辖协议"，是指当事人为解决与特定法律关系有关的已经发生或者可能发生的争议，自安排生效之日起，以书面形式明确约定内地人民法院或者香港特别行政区法院具有唯一管辖权的协议。本条所称"特定法律关系"，是指当事人之间的民商事合同，不包括雇佣合同以及自然人因个人消费、家庭事宜或者其他非商业目的而作为协议一方的合同。本条所称"书面形式"是指合同书、信件和数据电文（包括电报、电传、传真、电子数据交换和电子邮件）等可以有形地表现所载内容、可以调取以备日后查用的形式。书面管辖协议可以由一份或者多份书面形式组成。除非合同另有规定，合同中的管辖协议条款独立存在，合同的变更、解除、终止或者无效，不影响管辖协议条款的效力。

② 参见现行《民事诉讼法》第281条。

在内地向申请人住所地、经常居住地或者被申请人住所地、经常居住地、财产所在地的中级人民法院提出；（二）在香港特别行政区向区域法院提出。申请人应当向符合前款第一项规定的其中一个人民法院提出申请。向两个以上有管辖权的人民法院提出申请的，由最先立案的人民法院管辖。”2006 年《涉澳执行判决安排》第 4 条规定，内地有权受理认可和执行判决申请的法院为被申请人住所地、经常居住地或者财产所在地的中级人民法院。两个或者两个以上中级人民法院均有管辖权的，申请人应当选择向其中一个中级人民法院提出申请。澳门特别行政区有权受理认可判决申请的法院为中级人民法院，有权执行的法院为初级法院。

第三，申请文书应记明的事项。2006 年《涉港执行协议管辖安排》第 7 条规定，请求认可和执行申请书应当载明下列事项：当事人为自然人的，其姓名、住所；当事人为法人或者其他组织的，法人或者其他组织的名称、住所以及法定代表人或者主要负责人的姓名、职务和住所；申请执行的理由与请求的内容，被申请人的财产所在地以及财产状况；判决是否在原审法院地申请执行以及已执行的情况。2017 年《安排》也有类似的规定。[①] 2006 年《涉澳执行判决安排》第 6 条规定，请求认可和执行判决的申请书，应当载明下列事项：申请人或者被申请人为自然人的，应当载明其姓名及住所；为法人或者其他组织的，应当载明其名称及住所，以及其法定代表人或者主要负责人的姓名、职务和住所；请求认可和执行的判决的案号和判决日期；请求认可和执行判决的理由、标的，以及该判决在判决作出地法院的执行情况。

（2）对申请的审查

2006 年《涉港执行协议管辖安排》第 9 条规定，对申请认可和执行的判决，原审判决中的债务人提供证据证明有下列情形之一的，受理申请的法院经审查核实，应当裁定不予认可和执行：① 根据当事人协议选择的原审法院地的法律，管辖协议属于无效，但选择法院已经判定该管辖协议为有效的除外；②判决已获完全履行；③根据执行地的法律，执行地法院对该案享有专属管辖权；④根据原审法院地的法律，未曾出庭的败诉一方当事人未经合法传唤或者虽经合法传唤但未获依法律规定的答辩时间，但原审法院根据其法律或者有关规定公告送达的，不属于上述情形；⑤判决是以欺诈方法取得的；⑥执行地法院就相同诉讼请求作出判决，或者外国、境外地区法院就相同诉讼请求作出判决，或者有关仲裁机构作出仲裁裁决，已经为执行地法院所认可或者执行的。内地人民法院认为在内地执行香港特别行政区法院

---

① 2017 年《安排》第 6 条规定：“申请书应当载明下列事项：（一）当事人的基本情况，包括姓名、住所、身份证件信息、通信方式等；（二）请求事项和理由，申请执行的，还需提供被申请人的财产状况和财产所在地；（三）判决是否已在其他法院申请执行和执行情况。”

判决违反内地社会公共利益，或者香港特别行政区法院认为在香港特别行政区执行内地人民法院判决违反香港特别行政区公共政策的，不予认可和执行。2006 年《涉澳执行判决安排》也作了类似规定。①

2017 年《安排》还规定了对“一事两诉”问题的审查，即第 9 条第 1 款的第 3 项和第 4 项：“申请认可和执行的判决，被申请人提供证据证明有下列情形之一的，法院审查核实后，不予认可和执行：……（三）被请求方法院受理相关诉讼后，请求方法院又受理就同一争议提起的诉讼并作出判决的；（四）被请求方法院已经就同一争议作出判决，或者已经认可和执行其他国家和地区法院就同一争议所作出的判决的。”对于未成年子女，还强调了儿童利益最大化原则，第 9 条第 3 款规定：“申请认可和执行的判决涉及未成年子女的，在根据前款规定审查决定是否认可和执行时，应当充分考虑未成年子女的最佳利益。”

（3）对申请事项的执行

2006 年《涉港执行协议管辖安排》第 11 条规定：“根据本安排而获认可的判决与执行地法院的判决效力相同。”2006 年《涉澳执行判决安排》也作了类似规定。②

2017 年《安排》对申请事项的执行上有较多规定。第一，在不能认可或执行判决的全部判项时，可以认可和执行其中的部分判项；③ 第二，申请执行的判决，如果当事人在香港提起上诉，或者该判决在内地被再审，认可和执行程序中止，且完全改变原判决的时认可和执行程序终止；④ 第三，认可和执行裁定可以上诉；⑤ 第

---

① 根据 2006 年《涉澳执行判决安排》第 11 条规定，被请求方法院经审查核实存在下列情形之一的，裁定不予认可：（1）根据被请求方的法律，判决所确认的事项属被请求方法院专属管辖；（2）在被请求方法院已存在相同诉讼，该诉讼先于待认可判决的诉讼提起，且被请求方法院具有管辖权；（3）被请求方法院已认可或者执行被请求方法院以外的法院或仲裁机构就相同诉讼作出的判决或仲裁裁决；（4）根据判决作出地的法律规定，败诉的当事人未得到合法传唤，或者无诉讼行为能力人未依法得到代理；（5）根据判决作出地的法律规定，申请认可和执行的判决尚未发生法律效力，或者因再审被裁定中止执行；（6）在内地认可和执行判决将违反内地法律的基本原则或者社会公共利益；在澳门特别行政区认可和执行判决将违反澳门特别行政区法律的基本原则或者公共秩序。

② 2006 年《涉澳执行判决安排》第 13 条规定：“经裁定予以认可的判决，与被请求方法院的判决具有同等效力。判决有给付内容的，当事人可以向该方有管辖权的法院申请执行。”

③ 2017 年《安排》第 10 条规定：“被请求方法院不能对判决的全部判项予以认可和执行时，可以认可和执行其中的部分判项。”

④ 2017 年《安排》第 11 条规定：“对于香港特别行政区法院作出的判决，一方当事人已经提出上诉，内地人民法院审查核实后，可以中止认可和执行程序。经上诉，维持全部或者部分原判决的，恢复认可和执行程序；完全改变原判决的，终止认可和执行程序。内地人民法院就已经作出的判决裁定再审的，香港特别行政区法院审查核实后，可以中止认可和执行程序。经再审，维持全部或者部分原判决的，恢复认可和执行程序；完全改变原判决的，终止认可和执行程序。”

⑤ 2017 年《安排》第 15 条规定：“被请求方法院就认可和执行的申请作出裁定或者命令后，当事人不服的，在内地可以于裁定送达之日起十日内向上一级人民法院申请复议，在香港特别行政区可以依据其法律规定提出上诉。”

四，当事人就同一争议申请执行另一法院的判决，或者就同一争议提起诉讼的，应当根据判决认可和执行的情况来决定是否受理、作出何种裁定。[①]

（4）其他问题

2006年《涉港执行协议管辖安排》对“具有执行力的终审判决”和“书面管辖协议”不仅作了详细解释，并列举了截至2006年5月31日，内地经授权管辖第一审涉外、涉港澳台民商事案件的基层人民法院名单。2006年《涉澳执行判决安排》规定了安排的溯及力、安排的修改问题以及最高人民法院和澳门特别行政区终审法院每年相互通报执行本安排的情况问题。[②] 2017年《安排》对“生效判决”和“婚姻家庭民事案件”作了详细解释；[③] 对执行财产的概念、财产分别执行制度、财产给付范围、诉讼收费等与执行财产有关的问题进行了详细解释，对应内地和香港的不同制度；[④] 保全和强制措施依据被请求方法院法律规定进行。[⑤]

2. 大陆与台湾地区

大陆各级人民法院承认与执行台湾地区民商事判决的依据，主要为最高人民法院2015年6月29日颁布的《最高人民法院关于认可和执行台湾地区法院民事判决的规定》（以下简称2015年《涉台执行判决规定》）。

（1）适用范围

2015年《涉台执行判决规定》的适用范围比较广，第2条规定：“本规定所称台湾地区法院民事判决，包括台湾地区法院作出的生效民事判决、裁定、和解笔录、调解笔录、支付命令等。申请认可台湾地区法院在刑事案件中作出的有关民事损害赔偿的生效判决、裁定、和解笔录的，适用本规定。申请认可由台湾地区乡镇市调解委员会等出具并经台湾地区法院核定，与台湾地区法院生效民事判决具有同等效力的调解文书的，参照适用本规定。”

（2）申请的提出

认可台湾地区法院民事判决的申请的提出，主要涉及以下问题：

第一，申请主体问题。2015年《涉台执行判决规定》第1条规定：“台湾地区

---

① 2017年《安排》第16条规定：“在审理婚姻家庭民事案件期间，当事人申请认可和执行另一地法院就同一争议作出的判决的，应当受理。受理后，有关诉讼应当中止，待就认可和执行的申请作出裁定或者命令后，再视情终止或者恢复诉讼。”第17条规定：“审查认可和执行判决申请期间，当事人就同一争议提起诉讼的，不予受理；已经受理的，驳回起诉。判决获得认可和执行后，当事人又就同一争议提起诉讼的，不予受理。判决未获认可和执行的，申请人不得再次申请认可和执行，但可以就同一争议向被请求方法院提起诉讼。”

② 2006年《涉澳执行判决安排》第21～23条。

③ 2017年《安排》第2条和第3条。

④ 2017年《安排》第12～14条、第19条。

⑤ 2017年《安排》第18条。

法院民事判决的当事人可以根据本规定，作为申请人向人民法院申请认可和执行台湾地区有关法院民事判决。”当事人可以同时提出认可和执行判决或直接申请执行。①

第二，申请的对象问题。根据2015年《涉台执行判决规定》第4条，申请认可台湾地区法院民事判决的案件，由申请人住所地、经常居住地或者被申请人住所地、经常居住地、财产所在地中级人民法院或者专门人民法院受理；申请人向两个以上有管辖权的人民法院申请认可的，由最先立案的人民法院管辖；申请人向被申请人财产所在地人民法院申请认可的，应当提供财产存在的相关证据。

第三，申请文书应记明的事项。根据2015年《涉台执行判决规定》第7条第2款，申请文书应记明的事项包括：申请人和被申请人姓名、性别、年龄、职业、身份证件号码、住址（申请人或者被申请人为法人或者其他组织的，应当记明法人或者其他组织的名称、地址、法定代表人或者主要负责人姓名、职务）和通信方式；请求和理由；申请认可的判决的执行情况；其他需要说明的情况。

（3）对申请的审查

在对申请的审查程序方面，2015年《涉台执行判决规定》第8条规定：“对于符合本规定第四条和第七条规定条件的申请，人民法院应当在收到申请后七日内立案，并通知申请人和被申请人，同时将申请书送达被申请人；不符合本规定第四条和第七条规定条件的，应当在七日内裁定不予受理，同时说明不予受理的理由；申请人对裁定不服的，可以提起上诉。”为证明该判决真实并且已经生效，法院申请人应当提供证明文件，也可以申请或人民法院依职权通过海峡两岸调查取证司法互助途径查明，② 该司法协助期间不计入6个月审查期限当中。③

在对申请的审查内容方面，2015年《涉台执行判决规定》第15条规定：“台湾地区法院民事判决具有下列情形之一的，裁定不予认可：（一）申请认可的民事判决，是在被申请人缺席又未经合法传唤，或者在被申请人无诉讼行为能力又未得到适当代理的情况下作出的；（二）案件系人民法院专属管辖的；（三）案件双方当事

① 2015年《涉台执行判决规定》第3条规定：“申请人同时提出认可和执行台湾地区法院民事判决申请的，人民法院先按照认可程序进行审查，裁定认可后，由人民法院执行机构执行。申请人直接申请执行的，人民法院应当告知其一并提交认可申请；坚持不申请认可的，裁定驳回其申请。”

② 2015年《涉台执行判决规定》第9条规定：“申请人申请认可台湾地区法院民事判决，应当提供相关证明文件，以证明该判决真实并且已经生效。申请人可以申请人民法院通过海峡两岸调查取证司法互助途径查明台湾地区法院民事判决的真实性和是否生效以及当事人得到合法传唤的证明文件；人民法院认为必要时，也可以就有关事项依职权通过海峡两岸司法互助途径向台湾地区请求调查取证。”

③ 2015年《涉台执行判决规定》第14条规定：“人民法院受理认可台湾地区法院民事判决的申请后，应当在立案之日起六个月内审结。有特殊情况需要延长的，报请上一级人民法院批准。通过海峡两岸司法互助途径送达文书和调查取证的期间，不计入审查期限。”

人订有有效仲裁协议，且无放弃仲裁管辖情形的；（四）案件系人民法院已作出判决或者中国大陆的仲裁庭已作出仲裁裁决的；（五）香港特别行政区、澳门特别行政区或者外国的法院已就同一争议作出判决且已为人民法院所认可或者承认的；（六）台湾地区、香港特别行政区、澳门特别行政区或者外国的仲裁庭已就同一争议作出仲裁裁决且已为人民法院所认可或者承认的。认可该民事判决将违反一个中国原则等国家法律的基本原则或者损害社会公共利益的，人民法院应当裁定不予认可。”

（4）对申请事项的执行

2015年《涉台执行判决规定》第16条规定：“人民法院经审查能够确认台湾地区法院民事判决真实并且已经生效，而且不具有本规定第十五条所列情形的，裁定认可其效力；不能确认该民事判决的真实性或者已经生效的，裁定驳回申请人的申请。裁定驳回申请的案件，申请人再次申请并符合受理条件的，人民法院应予受理。”第17条规定：“经人民法院裁定认可的台湾地区法院民事判决，与人民法院作出的生效判决具有同等效力。”如果对裁定不服，可以向人民法院申请复议。[①] 对于被裁定不予认可的判决，第19条规定：“对人民法院裁定不予认可的台湾地区法院民事判决，申请人再次提出申请的，人民法院不予受理，但申请人可以就同一争议向人民法院起诉。”

（5）其他问题

2015年《涉台执行判决规定》还涉及民事判决的承认和执行的其他问题，主要为财产保全问题、“一事两诉”问题、申请的撤回问题，以及法院的审结期限问题。

对财产保全问题，2015年《涉台执行判决规定》第10条规定：“人民法院受理认可台湾地区法院民事判决的申请之前或者之后，可以按照民事诉讼法及相关司法解释的规定，根据申请人的申请，裁定采取保全措施。”

对“一事两诉”问题，2015年《涉台执行判决规定》第11条规定：“人民法院受理认可台湾地区法院民事判决的申请后，当事人就同一争议起诉的，不予受理。一方当事人向人民法院起诉后，另一方当事人向人民法院申请认可的，对于认可的申请不予受理。”第12条规定：“案件虽经台湾地区有关法院判决，但当事人未申请认可，而是就同一争议向人民法院起诉的，应予受理。”

对申请的撤回问题，2015年《涉台执行判决规定》第13条规定：“人民法院受理认可台湾地区法院民事判决的申请后，作出裁定前，申请人请求撤回申请的，可以裁定准许。”

---

① 2015年《涉台执行判决规定》第18条规定：“人民法院依据本规定第十五条和第十六条作出的裁定，一经送达即发生法律效力。当事人对上述裁定不服的，可以自裁定送达之日起十日内向上一级人民法院申请复议。”

对法院的审结期限问题，2015年《涉台执行判决规定》第14条规定："人民法院受理认可台湾地区法院民事判决的申请后，应当在立案之日起六个月内审结。有特殊情况需要延长的，报请上一级人民法院批准。通过海峡两岸司法互助途径送达文书和调查取证的期间，不计入审查期限。"

（四）区际仲裁裁决的承认与执行

我国各地区仲裁机构作出的仲裁裁决在各地区的承认和执行问题，是一较为复杂而又必须解决的现实问题。根据现有情况，以下只能单方面就内地与香港、内地与澳门和大陆与台湾在仲裁裁决的承认与执行上的问题，分别予以阐述。

1. 内地与香港

对中国内地与香港在仲裁裁决相互承认和执行的问题，应分阶段介绍。

第一阶段是1958年《纽约公约》对中国生效后至香港回归之前。在这一阶段，英国于1975年9月加入《纽约公约》，并于1977年4月21日将公约延伸适用至香港地区；我国1986年12月决定加入《纽约公约》，1987年4月正式成为公约成员国。因而，从理论上讲，自1987年4月后到香港回归之前，中国国际经济贸易仲裁委员会所作的仲裁裁决和香港仲裁机构所作的国际商事裁决，是可以在内地与香港两个区域得到相互承认和执行的。自1989年1月当时的香港最高法院第一次执行内地仲裁裁决以来，已有上百项内地仲裁裁决在香港得到执行。而且在该期间，来自内地的仲裁裁决执行申请高达香港法院年均受案总数的1/2至2/3。

第二阶段是香港回归后。根据"一国两制"原则和《香港特别行政区基本法》的规定，香港回归后，原适用于香港地区的有关国际条约仍然可以适用。在我国政府于1997年6月6日向联合国秘书长提交的外交照会和首批拟在香港回归后仍在香港地区适用的国际条约中，我国政府特别明确指出，香港特别行政区将只对其他缔约国领土内作出的仲裁裁决的承认和执行适用《纽约公约》。①这表明，我国政府只坚持对加入《纽约公约》时提出的两项保留（即对"公约裁决"和"商事裁决"的保留）中的"公约裁决"保留适用于香港地区，而不要求对"商事裁决"的保留也适用于香港地区。如果将《纽约公约》作为香港和内地相互承认和执行仲裁裁决的依据，由于《纽约公约》规定的"公约裁决"标准有"裁决作出地标准"和"非内国裁决标准"两种，就会导致香港和内地间在相互承认和执行仲裁裁决时遇到难以解决的理论问题。②这类问题就使得仲裁裁决的承认和执行，在香港回归后反

① See UNDOC. CN273. 1997. TREATIES－2.

② 如香港高等法院上诉法庭在1998年1月16日审结的中国河北省进出口公司诉保利机械公司一案就遇到了这一问题。尽管上诉法庭裁定应承认和执行的裁决，但主审法官对《纽约公约》的"公约裁决"标准所作的目的性解释，受到了较大的非议。

而变得更加复杂。也正是为了获得承认和执行仲裁裁决的便利途径，1999年6月21日，最高人民法院与香港特别行政区达成了“相互承认和执行仲裁裁决的协议”。从2000年《最高人民法院关于内地与香港特别行政区相互执行仲裁裁决的安排》（以下简称《涉港执行仲裁裁决安排》）看，该协议解决了以下问题：

（1）可承认与执行的裁决的范围。根据协议的规定，可承认与执行的仲裁裁决限于在内地与香港特区内作出的仲裁裁决。

（2）承认与执行仲裁裁决的法院。协议规定，一方当事人不履行裁决的，另一方当事人可向被申请人住所地或财产所在地的有关法院申请执行。有关法院，在内地指被申请人住所地或者财产所在地的中级人民法院，在香港指高等法院。

（3）申请人应提交的文书。协议规定，申请人申请执行在内地或在香港特别行政区作出的仲裁裁决，应提交执行申请书、仲裁裁决书和仲裁协议。执行申请书应以中文文本提出，裁决书或仲裁协议没有中文文本的，申请人应提交正式证明的中文译本。

（4）有关法院可不予执行的情况。协议规定，被申请人能提供证据证明有下列情形之一的，经检查核实，有关法院可裁定不予执行：第一，仲裁协议无效，具体为：仲裁协议当事人依对其适用的法律属无行为能力者，或仲裁协议依约定的准据法无效，或仲裁协议虽未指明应适用的法律依仲裁裁决地法无效；第二，被申请人未接到指派仲裁员的通知，或因故未能陈述意见的；第三，裁决所处理的争议不是交付仲裁的标的或者不在仲裁协议条款之内的，或者裁决载有关于交付仲裁范围以外事项的决定的；第四，仲裁庭的组成或者仲裁程序与当事人之间的协议不符，或者在有关当事人没有这种仲裁协议时与仲裁地的法律不符的；第五，裁决对当事人尚无约束力，或者业经仲裁地的法院或者按仲裁地的法律撤销或者停止执行的。此外，协议还规定了两种法院可直接不予执行的情况：第一，如有关法院认定依执行地法律，争议事项不能以仲裁解决的；第二，有关法院认为执行裁决将违反本地公共秩序的。

2. 内地与澳门

澳门的仲裁主要受葡萄牙1961年《民事诉讼法令》中有关条款的支配，在国际上，葡萄牙虽然已经加入1958年《纽约公约》，但未将公约扩展适用于澳门。其所加入的1923年《日内瓦仲裁条款议定书》和1927年《日内瓦执行外国仲裁裁决公约》也未延伸适用于澳门。1996年颁布的《澳门仲裁法》对澳门原有的仲裁制度予以修订，重新确立其本地仲裁制度。1998年澳门又核准通过了《海外商事仲裁法》。澳门回归我国以后，一方面，我国政府将《纽约公约》在互惠保留的前提下扩展适用于澳门特别行政区，这样，外国裁决在澳门的承认与执行以及澳门裁决在外国的承认与执行可以依照《纽约公约》进行。另一方面，内地与澳门仲裁裁决的承认与执行的依据主要是《关于内地与澳门特别行政区相互认可和执行仲裁裁决的安排》（下文简称《涉澳执行仲裁裁决安排》），该安排是根据《澳门特别行政区基本法》第93条的规定，最高人民法院与澳门特别行政区经协商达成的，于2007年10月30日签署，自2008年1月1日起实施。

（1）可承认与执行的裁决的范围。《涉澳执行仲裁裁决安排》第1条第1款规定，内地人民法院认可和执行澳门特别行政区仲裁机构及仲裁员按照澳门特别行政区仲裁法规在澳门作出的民商事仲裁裁决，澳门特别行政区法院认可和执行内地仲裁机构依据《仲裁法》在内地作出的民商事仲裁裁决，适用本安排。

（2）承认与执行仲裁裁决的法院。《涉澳执行仲裁裁决安排》第2条规定，在内地或者澳门特别行政区作出的仲裁裁决，一方当事人不履行的，另一方当事人可以向被申请人住所地、经常居住地或者财产所在地的有关法院申请认可和执行。内地有权受理认可和执行仲裁裁决申请的法院为中级人民法院。两个或者两个以上中级人民法院均有管辖权的，当事人应当选择向其中一个中级人民法院提出申请。澳门特别行政区有权受理认可仲裁裁决申请的法院为中级人民法院，有权执行的法院为初级法院。

（3）申请人应提交的文书。申请人应当提供的文书与《涉港执行仲裁裁决安排》内容一致，都包括执行申请书、仲裁裁决书和仲裁协议，但本安排还需提供申请人身份证明。

（4）人民法院可不予执行的情况。本安排的规定与《涉港执行仲裁裁决安排》的内容大致相同。

3. 大陆与台湾地区

各级人民法院承认与执行台湾地区仲裁裁决的依据，主要是2015年6月2日最高人民法院通过的《最高人民法院关于认可和执行台湾地区仲裁裁决的规定》（以下简称2015年《涉台执行仲裁裁决规定》）。

（1）适用范围

2015年《涉台执行仲裁裁决规定》第2条规定："本规定所称台湾地区仲裁裁决是指，有关常设仲裁机构及临时仲裁庭在台湾地区按照台湾地区仲裁规定就有关民商事争议作出的仲裁裁决，包括仲裁判断、仲裁和解和仲裁调解。"

（2）申请的提出

第一，申请主体问题。2015年《涉台执行仲裁裁决规定》第1条规定："台湾地区仲裁裁决的当事人可以根据本规定，作为申请人向人民法院申请认可和执行台湾地区仲裁裁决。"第3条规定："申请人同时提出认可和执行台湾地区仲裁裁决申请的，人民法院先按照认可程序进行审查，裁定认可后，由人民法院执行机构执行。申请人直接申请执行的，人民法院应当告知其一并提交认可申请；坚持不申请认可的，裁定驳回其申请。”

第二，申请的对象问题。2015年《涉台执行仲裁裁决规定》第4条规定：“申请认可台湾地区仲裁裁决的案件，由申请人住所地、经常居住地或者被申请人住所地、经常居住地、财产所在地中级人民法院或者专门人民法院受理。申请人向两个以上有管辖权的人民法院申请认可的，由最先立案的人民法院管辖。申请人向被申请人财产所在地人民法院申请认可的，应当提供财产存在的相关证据。”

第三，申请文书应记明的事项。根据2015年《涉台执行仲裁裁决规定》第7条第2款，申请书应当记明以下事项：（一）申请人和被申请人姓名、性别、年龄、职业、身份证件号码、住址（申请人或者被申请人为法人或者其他组织的，应当记明法人或者其他组织的名称、地址、法定代表人或者主要负责人姓名、职务）和通信方式；（二）申请认可的仲裁判断书、仲裁和解书或者仲裁调解书的案号或者识别资料和生效日期；（三）请求和理由；（四）被申请人财产所在地、财产状况及申请认可的仲裁裁决的执行情况；（五）其他需要说明的情况。

（3）对申请的审查

对申请的审查程序问题，2015年《涉台执行仲裁裁决规定》第8条规定：“对于符合本规定第四条和第七条规定条件的申请，人民法院应当在收到申请后七日内立案，并通知申请人和被申请人，同时将申请书送达被申请人；不符合本规定第四条和第七条规定条件的，应当在七日内裁定不予受理，同时说明不予受理的理由；申请人对裁定不服的，可以提起上诉。”第9条规定：“申请人申请认可台湾地区仲裁裁决，应当提供相关证明文件，以证明该仲裁裁决的真实性。申请人可以申请人民法院通过海峡两岸调查取证司法互助途径查明台湾地区仲裁裁决的真实性；人民法院认为必要时，也可以就有关事项依职权通过海峡两岸司法互助途径向台湾地区请求调查取证。”

对申请的审查内容问题，2015年《涉台执行仲裁裁决规定》第14条规定：“对申请认可和执行的仲裁裁决，被申请人提出证据证明有下列情形之一的，经审查核实，人民法院裁定不予认可：（一）仲裁协议一方当事人依对其适用的法律在订立仲裁协议时属于无行为能力的；或者依当事人约定的准据法，或当事人没有约定适用的准据法而依台湾地区仲裁规定，该仲裁协议无效的；或者当事人之间没有达成书面仲裁协议的，但申请认可台湾地区仲裁调解的除外；（二）被申请人未接到选任仲裁员或进行仲裁程序的适当通知，或者由于其他不可归责于被申请人的原因而未能陈述意见的；（三）裁决所处理的争议不是提交仲裁的争议，或者不在仲裁协议范围之内；或者裁决载有超出当事人提交仲裁范围的事项的决定，但裁决中超出提交仲裁范围的事项的决定，与提交仲裁事项的决定可以分开的，裁决中关于提交仲裁事项的决定部分，可以予以认可；（四）仲裁庭的组成或者仲裁程序违反当事人的约定，或者在当事人没有约定时与台湾地区仲裁规定不符的；（五）裁决对当事人尚无约束力，或者业经台湾地区法院撤销或者驳回执行申请的。依据国家法律，该争议事项不能以仲裁解决的，或者认可该仲裁裁决将违反一个中国原则等国家法律的基本原则或损害社会公共利益的，人民法院应当裁定不予认可。”

（4）对申请事项的执行

2015 年《涉台执行仲裁裁决规定》第 15 条规定：“人民法院经审查能够确认台湾地区仲裁裁决真实，而且不具有本规定第十四条所列情形的，裁定认可其效力；不能确认该仲裁裁决真实性的，裁定驳回申请。裁定驳回申请的案件，申请人再次申请并符合受理条件的，人民法院应予受理。”第 16 条规定：“人民法院依据本规定第十四条和第十五条作出的裁定，一经送达即发生法律效力。”第 18 条规定：“对人民法院裁定不予认可的台湾地区仲裁裁决，申请人再次提出申请的，人民法院不予受理。但当事人可以根据双方重新达成的仲裁协议申请仲裁，也可以就同一争议向人民法院起诉。”

（5）其他问题

2015 年《涉台执行仲裁裁决规定》还涉及仲裁裁决的承认和执行的其他问题，主要为财产保全问题、“一事两诉”问题、申请的撤回问题、法院的审结期限，以及仲裁裁决的撤销问题等。

对财产保全问题，2015 年《涉台执行仲裁裁决规定》第 10 条规定：“人民法院受理认可台湾地区仲裁裁决的申请之前或者之后，可以按照民事诉讼法及相关司法解释的规定，根据申请人的申请，裁定采取保全措施。”

对“一事两诉”问题，2015 年《涉台执行仲裁裁决规定》第 11 条：“人民法院受理认可台湾地区仲裁裁决的申请后，当事人就同一争议起诉的，不予受理。当事人未申请认可，而是就同一争议向人民法院起诉的，亦不予受理，但仲裁协议无效的除外。”

对申请的撤回问题，2015 年《涉台执行仲裁裁决规定》第 12 条规定：“人民法院受理认可台湾地区仲裁裁决的申请后，作出裁定前，申请人请求撤回申请的，可以裁定准许。”

对法院的审结期限问题，2015 年《涉台执行仲裁裁决规定》第 13 条规定：“人民法院应当尽快审查认可台湾地区仲裁裁决的申请，决定予以认可的，应当在立案之日起两个月内作出裁定；决定不予认可或者驳回申请的，应当在作出决定前按有关规定自立案之日起两个月内上报最高人民法院。通过海峡两岸司法互助途径送达文书和调查取证的期间，不计入审查期限。”

对仲裁裁决的撤销问题，2015 年《涉台执行仲裁裁决规定》第 17 条规定：“一方当事人向人民法院申请认可或者执行台湾地区仲裁裁决，另一方当事人向台湾地区法院起诉撤销该仲裁裁决，被申请人申请中止认可或者执行并且提供充分担保的，人民法院应当中止认可或者执行程序。申请中止认可或者执行的，应当向人民法院提供台湾地区法院已经受理撤销仲裁裁决案件的法律文书。台湾地区法院撤销该仲裁裁决的，人民法院应当裁定不予认可或者裁定终结执行；台湾地区法院驳回撤销仲裁裁决请求的，人民法院应当恢复认可或者执行程序。”

§思考题：

1. 区际法律冲突和区际冲突法的概念和特征是什么？
2. 我国区际法律冲突是如何产生的，其特点有哪些？解决我国区际法律冲突的途径有哪些？
3. 中国区际司法协助的特点是什么？
4. 如何评价我国区际司法协助的现状？

§“法律职业资格考试”要点提示：

区际法律冲突、区际司法协助的概念和我国的相关规定；我国产生区际法律冲突的原因；我国区际司法协助的内容与相关规则。

图书在版编目（CIP）数据

国际私法/刘仁山主编．—6版．—北京：中国法制出版社，2019.3（2023.1重印）

现代法学教材

ISBN 978－7－5093－9679－7

Ⅰ．①国…　Ⅱ．①刘…　Ⅲ．①国际私法－高等学校－教材　Ⅳ．①D997

中国版本图书馆CIP数据核字（2018）第186866号

责任编辑：谢　雯　张海洋　　　　封面设计：蒋　怡

国际私法

GUOJI SIFA

编审/司法部法学教材编辑部

编者/刘仁山

经销/新华书店

印刷/北京虎彩文化传播有限公司

开本/787毫米×960毫米　16开　　　　印张/37.5　字数/620千

版次/2019年3月第6版　　　　2023年1月第6次印刷

中国法制出版社出版

书号ISBN 978－7－5093－9679－7　　　　定价：66.00元

北京西单横二条2号

邮政编码100031　　　　传真：010－66031119

网址：http：//www.zgfzs.com　　　　**编辑部电话：010－66010405**

市场营销部电话：010－66033393　　　　**邮购部电话：010－66033288**

（如有印装质量问题，请与本社印务部联系调换。电话：010－66032926）